DROIT ET PRATIQUE DE L'APPEL

ISBN 978-2-247-15875-1

31-35, rue Froidevaux
75685 PARIS CEDEX 14
SERVICE CLIENTÈLE
+33 (0) 820 800 017
serviceclient@dalloz.fr

www.editions-DALLOZ.fr

DALLOZ RÉFÉRENCE

DROIT ET PRATIQUE DE L'APPEL

DEUXIÈME ÉDITION
15 SEPTEMBRE 2016

DOMINIQUE D'AMBRA
Avocat à la cour d'appel de Colmar
Professeur à l'université de Strasbourg

DALLOZ

Nota bene

L'ouvrage est à jour au 15 septembre 2016, date à laquelle le décret réformant l'appel en matière civile est toujours au stade de projet.

Les modifications et précisions les plus importantes de ce projet de décret sont synthétisées au numéro 21.01.

Des renvois à cette synthèse du projet de décret sont insérés dans le corps du texte chaque fois que nécessaire. Ces renvois sont concrétisés par le pictogramme ▶.

Sommaire

Table des matières

0. INTRODUCTION

SECTION 0
ORIENTEUR

0.00 **Plan.**

0.01 **Textes applicables.**

C. pr. civ., art. 542 à 570, 899 à 972

0.03 **Bibliographie.**

> **Ouvrages généraux de procédure.** S. Amrani-Mekki et Y. Strickler, *Procédure civile*, PUF, 2014 – L. Cadiet et E. Jeuland, *Droit judiciaire privé*, 8e éd., LexisNexis, 2013 – L. Cadiet, J. Normand et S. Amrani-Mekki, *Théorie générale du procès*, 2e éd., PUF, 2013 – J.-M. Coulon, M.-N. Teiller et E. Serrand, *Réflexions et propositions sur la procédure civile*, Doc. fr., 1997 – G. Couchez et X. Lagarde, *Procédure civile*, 17e éd., Sirey, 2014 – G. Couchez, J.-P. Langlade et D. Lebeau, *Procédure civile*, Dalloz, 1998 – H. Croze et C. Laporte, *Guide pratique de procédure civile*, 4e éd., Litec, 2012 – M. Douchy-Oudot, *Procédure civile*, 6e éd., Gualino, 2014 – N. Fricero, *Procédure civile*, 12e éd., Gualino, 2015 – N. Fricero et P. Julien, *Procédure civile*, 5e éd., LGDJ, 2014 – Garsonnet et Cézar-Bru, *Traité théorique et pratique de procédure civile et commerciale*, t. 6, 3e éd., Sirey, 1915 – S. Guinchard, C. Chainais et F. Ferrand, *Procédure civile. Droit interne et droit de l'Union européenne*, 32e éd., « Précis », Dalloz, 2014; *Procédure civile*, 4e éd., « Hypercours », Dalloz, 2015 – S. Guinchard *et alii*, *Droit processuel. Droit commun et droit comparé du procès équitable*, 8e éd., « Précis », Dalloz, 2015 – S. Guinchard, G. Montagnier, A. Varinard et T. Debard, *Institutions juridictionnelles*, 13e éd., « Précis », Dalloz, 2015 – S. Guinchard (dir.), Dalloz action *Droit et pratique de la procédure civile*, 2014/2015 – E. Jeuland, *Droit processuel général*, 3e éd., Montchrestien, 2014 – P. Julien et N. Fricero, *Droit judiciaire privé*, 3e éd., LGDJ, 2009 – J. Héron et T. Le Bars, *Droit judiciaire privé*, 5e éd., Montchrestien, 2012 – C. Lefort, *Procédure civile*, 4e éd., « Cours », Dalloz, 2014 – J. Miguet, *Immutabilité et évolution du litige*, LGDJ, 1977 – R. Morel, *Traité élémentaire de procédure civile*, 2e éd., Sirey, 1949 – H. Solus et R. Perrot, *Traité de droit judiciaire privé*, t. 1 : *Introduction, notions fondamentales et organisation judiciaire*, et index, Sirey, 1961; t. 2 : *La compétence*, et index, Sirey, 1973 – O. Staes, *Droit judiciaire privé*, Ellipses, 2006 – Y. Strickler, *Procédure civile*, 6e éd., Paradigme, 2015 – E. Verges, *Procédure civile*, PU Grenoble, 2007.

> **Ouvrages de procédure sur l'appel.** C. Brenner et N. Fricero, *La nouvelle procédure d'appel*, 2e éd., 2011, Lamy – L. Cadiet et D. Loriferne (dir.), *La réforme de la procédure d'appel*, IRJS, 2011 – J.-L. Gallet, *La procédure civile devant la cour d'appel*, 3e éd., LexisNexis, 2014 – Ph. Gerbay et N. Gerbay, *Guide du procès civil en appel 2016*, LexisNexis, 2015 – M. Zavaro, *La réforme de la procédure civile devant la cour d'appel*, Édilaix, 2011 – Rapport Magendie II, *Célérité et qualité de la justice devant la cour d'appel*, Doc. fr., 2008.

> **Thèses.** S. Durfort, *L'appel : notions et fonctions*, th. Rennes, 1990 – Ph. Hoonakker, *L'effet suspensif des voies de recours dans le Nouveau Code de procédure civile*, th. Strasbourg, 1988 – C. Lefort, *Théorie générale de l'appel*, th. Angers, 2000 – D. Mas, *La portée de l'effet dévolutif de l'appel aux fins d'annulation d'un jugement sur le fond*, th. Nice, 1987 – K. Sahli, *Contribution à une théorie générale des voies de recours en droit judiciaire privé*, th. Caen, 2004.

> **Articles.** D. d'Ambra et A.-M. Boucon, « Le décret no 2009-1524 du 9 décembre 2009 réformant la procédure d'appel et la gestion du flux de contentieux judiciaire », *D.* 2010. 1093 – S. Amrani-Mekki, « Présentation générale, la voie de l'appel », *in* Cadiet et Loriferne (dir.), *La réforme de la procédure d'appel*, IRJS, 2011, p. 17 s. – S. Amrani-Mekki, E. Jeuland, Y.-M. Serinet et L. Cadiet, « Le procès civil français à son point de déséquilibre ? À propos du décret "procédure" », *JCP* 2006. I. 146 – C. André, « Le rôle des

parties et l'office du conseiller de la mise en état », *in* L. Cadiet et D. Loriferne (dir.), *La réforme de la procédure d'appel*, IRJS, 2011, p. 29 s. – Appert et Julliard, « Tableau des voies de recours du Nouveau Code de procédure civile. À propos de l'appel des ordonnances sur requête », *D.* 1976. Chron. 140 – C. Atias, « Le dossier de plaidoirie et les délais pour conclure devant la cour d'appel, » *D.* 2012. 512 – O. Barret, « L'appel-nullité », *Rev. jur. Ouest* 1989. 359; « L'appel-nullité (dans le droit commun de la procédure civile) », *RTD civ.* 1990. 199 – Barthélémy, Berthel, Marec et Yvars, « Le régime de l'exécution des arrêts frappés d'appel », Journées d'études, Procédure civile et droit comparé, *Cah. CDPC*, 2011, n° 8, p. 77 s. – Blin, Didier et Leroy, « Quelques remarques sur la rédaction des arrêts d'appel en matière civile », *JCP* 1974. I. 2635 – D. Boccara, « Le déféré d'appel : un appel dans l'appel ? », *RGDP* 1998. 573 – G. Bolard, « L'appel-nullité », *D.* 1988. Chron. 177; « Le recours-nullité en procédure civile », *Justices* 1996, n° 4, p. 119 s.; « Les écritures qualificatives », *JCP* 2000. I. 214 – Bordeaux, « Connaissance des cours d'appel », *Ann. Fac. Lyon* 1970. II. 293 – M. Cabrillac, « Les aspects procéduraux du redressement et de la liquidation judiciaires des entreprises, II : Les voies de recours », *Gaz. Pal.* 1987. 1. Doctr. 175 s. – L. Cadiet, « L'appel-nullité dans les procédures collectives », *Rev. proc. coll.* 1989. 361 – L. Cadiet et S. Guinchard, « Le double degré de juridiction », *Justices* 1996, n° 4, p. 1 s. – G. Canivet, « Économie de la justice et procès équitable », *JCP* 2001. I. 361 – Cassan, « L'effet dévolutif de l'appel devant les faits nouveaux », *Mon. jud.* 1er juill. 1963 – N. Cayrol, « La saisine de la cour d'appel », Journées d'études, Procédure civile et droit comparé, *Cah. CDPC*, 2011, n° 8, p. 11 s. – C. Charruault, « L'excès de pouvoir du juge civil », *Études offertes au doyen Philippe Simler*, Dalloz/Litec, 2006, p. 857 – Cohen et Argelies, « Procédure d'appel, Dix années d'application, Bilan et perspectives », *Gaz. Pal.* 8 sept. 1983, p. 2 – H. Croze, « Procédure d'appel avec représentation obligatoire en matière civile », *JCP* 11 janv. 2010, n° 3, p. 8 – C. Debouy, « Du nouveau pour l'appel des jugements avant dire droit (article 3 du décret n° 84-819 du 29 août 1984) », *JCP* 1985. I. 3194 – M. Deguergue, « Le double degré de juridiction », *AJDA* 2006. 1308 – Désidéréi, « Le fondement juridique de la demande dans le procès civil », *LPA* 2000, n° 111, p. 5 – A. Duhamel, « L'effet dévolutif de l'appel au regard de l'acte d'appel et des écritures des parties », *BICC* avr. 2003, HS n° 2, p. 48 – M. Dupuis, « Une nouvelle conception du rôle de la cour d'appel », *Gaz. Pal.* 6-10 sept. 1996, n° spéc. « XXe anniversaire de la cour d'appel de Versailles », p. 15 – S. Durfort, « L'aspect sociologique », *Justices* 1996, n° 4, p. 35 (à propos du double degré de juridiction) – P. Estoup, « La procédure abrégée en appel et son critère », *D.* 1984. Chron. 236; « Le contrat de procédure en appel », *D.* 1985. Chron. 195 – F. Ferrand, « La restriction du champ de l'appel : les précieux enseignements du droit allemand », *Justice et droit du procès. Du légalisme procédural à l'humanisme processuel. Mél. S. Guinchard*, Dalloz, 2010, p. 249; « L'évolution récente de l'appel civil en droit français », *ZZP Int.* 14/2009. 43 – A. Fisselier, « Réflexions sur la procédure à jour fixe devant la cour d'appel », *Bull. ch. avoués* 1984. 43 – Flichy-Maigne, « L'avocat et l'appel », *Gaz. Pal.* 6-10 sept. 1996, n° spéc. « XXe anniversaire de la cour d'appel de Versailles », p. 17 – N. Fricero, « L'excès de pouvoir en procédure civile », *RGDP* 1998. 17, n° 1; « Le décret n° 2005-1678 du 28 décembre 2005 : pour un nouveau procès civil ? », *Dr. et proc.* 2006. 68; « L'appel nouveau est arrivé ! », *Procédures* mai 2010. Étude 3; « Procédure d'appel : la réforme de la réforme ! », *JCP* 2011, n° 37, p. 80; « Transformations de l'appel, bilan et perspectives », *Procédures* janv. 2015. Dossier 2 – Ph. Gallière, « La justice victime de la chasse aux appels dilatoires », *Gaz. Pal.* 2-3 déc. 2005, p. 6 – D. Gas, « Autonomie des appels incidents », *Gaz. Pal.* 1981. 2. Doctr. 325 – Ph. Gerbay, « Les effets de l'appel voie d'annulation », *D.* 1993. Chron. 143; « Nouvelles réflexions sur les effets de l'appel voie d'annulation », *Gaz. Pal.* 24-25 janv. 2003, p. 6; « L'article 526 du Nouveau Code de procédure civile : premières approches », *Gaz. Pal.* 12-14 févr. 2006, p. 3; « La réforme de la procédure d'appel avec représentation obligatoire en matière civile », *Gaz. Pal.* 10-12 janv. 2010, p. 12; « L'avenir du décret Magendie », *JCP* 2012. 532 – Ph. Gerbay et N. Gerbay, « L'audience civile en appel », *JCP* 2012. 398, n° 230 – J.-L. Gillet, « Le second degré de juridiction en matière civile, sa place et sa portée », *Gaz. Pal.* 6-10 sept. 1996, n° spéc. « XXe anniversaire de la cour d'appel de Versailles », p. 11 – M.-J. Gisser-Pierrard, « L'évolution du litige », *JCP* 1978. I. 2888 – Giverdon, « Les conclusions dans la procédure d'appel », *Bull. nat. avoués d'appel*, Journées de Bourges, 6 et 7 oct. 1972; « Questions de procédure civile, II : Effet dévolutif de l'appel », *Gaz. Pal.* 1974. 1. Doctr. 28; « La juridiction du premier président », *Gaz. Pal.* 1974. 1. Doctr. 426; « Les nullités et les fins de non-recevoir dans la procédure d'appel », *Gaz. Pal.* 14-15 juill. 1982; « Les interventions en appel », *Gaz. Pal.* 1986. 1. Doctr. 121 – Giverdon, Avril et Verdun, « Restrictions au droit d'appel des jugements concernant plusieurs parties ou comportant des chefs de décision de natures différentes », Journée d'études des avoués près les cours d'appel, *Gaz. Pal.* 1986. 2. Doctr. 517 – S. Guinchard, « Le second degré de juridiction en matière civile aujourd'hui et demain », *Gaz. Pal.* 6-10 sept. 1996, n° spéc. « XXe anniversaire de la cour d'appel de Versailles », p. 26; « Un bon exemple de la France d'en haut contre la France d'en bas : le projet de suppression de l'effet suspensif de l'appel », *LPA* 5 juin 2002, p. 4; « Pour une exécution provisoire à visage humain et le droit de libre critique des choses de la justice », *LPA* 28 oct. 2002, p. 7; « Petit à petit, le droit à un juge s'effrite », *La création du droit jurisprudentiel. Mél. J. Boré*, Dalloz, 2006, p. 275 – H. Guyader, « Brèves réflexions sur les nouveaux délais d'appel », *Procédures* 2010. Alerte 11 – P. Hébraud, « Effet dévolutif et évocation, la règle du double degré de juridiction », *La voie d'appel, Colloque national d'études judiciaires, 1963, Aix-en-Provence*, Institut d'études judiciaires de la Faculté de droit et des sciences économiques, 1964, p. 141 – H. Herman, « Dans les méandres de la nouvelle procédure d'appel avec représentation obligatoire : nouvelles obligations pour conclure », *Gaz. Pal.* 11-13 sept. 2011, p. 11 – J. Héron et T. Le Bars, « La fonction d'une cour d'appel, réflexion sur le second degré de juridiction », *Colloque 11-12 décembre 1992*, PUAM, 1994 – J. Hilaire, « Un peu d'histoire », *Justices* 1996, n° 4, p. 9 s. (à propos du double degré de juridiction) – Ph. Hoonakker, « L'exécution immédiate ou de l'incohérence à la cohérence du droit à l'exécution », *La justice civile au XXIe siècle. Mél. P. Julien*, Édilaix, 2003, p. 209; « Dernières réformes de l'exécution provisoire : raison et déraison », *D.* 2006. Chron. 754 – P. Julien, « L'effet dévolutif de l'appel au regard de l'appel tendant à l'annulation du jugement », *BICC* avr. 2003, HS n° 2, p. 52 – E. Jullien, « Célérité, qualité, modernité : la nouvelle devise du procès en appel », *Annonces de la Seine* 18 févr. 2010, p. 12 – J. Junillon, « Quelques interrogations procédurales à propos de la procédure à jour fixe », *RGDP* 1998. 577 – J. Junillon et R. Laffly, « Décrets Magendie, deux ans de jurisprudence », *JCP* 2013. Doctr. 249 – A. Kohl, « L'effet dévolutif de l'appel en droit belge, français et allemand », *Liber amicorum en l'honneur de Raymond Martin*, Bruylant/LGDJ, 2004, p. 111 – J.-F. Kriegk, « La procédure civile revisitée au travers des principes généraux : la voie d'appel », *Gaz. Pal.* 1997. 2. Doctr. 1467 – A. Lacabarats et J.-P. Lacroix-Andrivet, « La procédure de radiation du rôle des articles 526 et 1009-1 du Code de procédure civile et le droit d'accès au juge », *Justice et droit du procès. Du légalisme procédural à l'humanisme processuel. Mél. S. Guinchard*, Dalloz, 2010, p. 783 – R. Laffly, « Décrets Magendie : "Premier bilan après l'apocalypse" », *JCP* 2014. Doctr. 1293 – T. Le Bars, « Les délais applicables à la procédure d'appel », L. Cadiet et D. Loriferne (dir.), *La réforme de la procédure d'appel*, IRJS, 2011, p. 41 s. – C. Lefort, « Le tiers dans le Nouveau Code de procédure civile », *Liber amicorum en l'honneur de Raymond Martin*, Bruylant/LGDJ, 2004, p. 153 – G. Légier, « L'intervention forcée en appel et l'évolution du litige (article 555 NCPC) », *D.* 1978. Chron. 151 – L. Leveneur, « À propos de la plénitude de juridiction de la cour d'appel », *Gaz. Pal.* 1970. 2. Doctr. 10 – Y. Lobin, « Une réforme souhaitable : une procédure autonome de la mise en état devant la cour d'appel », *D.* 1967. Chron. 91; « La procédure devant la cour d'appel », *D.* 1973. Chron. 121; « SOS contre un appel par déclaration au greffe », *D.* 1975. Chron. 97; « L'appel incident et l'appel provoqué : rapport journées d'études avoués, Rennes, 1984 », *Gaz. Pal.* 1986. 1. Doctr. 125 – Ph. Maria, « Laxisme ou rigueur en matière d'évolution du litige », *Gaz. Pal.* 1984. 1. Doctr. 255 – M. Mallard, « Le conseiller nouveau de la mise en état est arrivé », Journées d'études, Procédure civile et droit comparé, *Cah. CDPC*, 2011, n° 8, p. 29 s. – C. Martello, « Les nouvelles sanctions procédurales », Journées d'études, Procédure civile et droit comparé, *Cah. CDPC*, 2011, n° 8, p. 35 s. – D. Mas, « L'effet dévolutif de l'appel et les procédures collectives de règlement du passif », *D.* 1984. Chron. 169 – L. Maupas, « L'appel-nullité et les procédures collectives », *Rev. proc. coll.* déc. 2002, n° 4 – R. Mehdi, « L'aspect européen », *Justices* 1996, n° 4, p. 51 s. (à propos du double degré de juridiction) – Meurisse, « Effet dévolutif de l'appel, évocation, plénitude de juridiction », *Gaz. Pal.* 1950. 1. Doctr. 2 – Molfessis, « La protection constitutionnelle du double degré de juridiction », *Justices* 1996, n° 4, p. 17 s. (à propos du double degré de juridiction) – H. Motulsky, « Nouvelles réflexions sur l'effet dévolutif de l'appel et l'évocation », *JCP* 1958. I. 1423 – J. Moury, « De la règle de l'effet suspensif de l'appel en matière civile », *Justice et droits fondamentaux, Études offertes à Jacques Normand*, Litec, 2003, p. 353 – G. Narran, « La nouvelle procédure d'appel est arrivée ! », *Gaz. Pal.* 20-22 déc. 2009, p. 2 – V. Norguin, « Le nouveau régime de l'exécution provisoire depuis le décret n° 2005-1678 du 28 décembre 2005 », *Dr. et proc.* 2006. 252 – J. Normand, « Les apports respectifs du juge et des parties à la solution du litige, aujourd'hui et demain », *RTD civ.* 1998. 461 – Parmentier, « L'appel des ordonnances de référé, ordonnant expertise ou sursis à statuer », *Bull. ch. avoués* 1980, n° 4, p. 1; « L'appel des jugements avant dire droit », *Bull. ch. avoués* 1979, n° 72, p. 1; « Les jugements mixtes au regard de la recevabilité du contredit et de l'appel », *Bull. ch. avoués* 1984, n° 92, p. 109; « L'effet dévolutif de l'appel en cas d'irrégularité de la saisine des premiers juges », *Bull. ch. avoués* 2001, n° 156 – Passa, « La recevabilité en appel des demandes tendant aux mêmes fins dans le procès civil », *Justices* 1997, n° 7, p. 105 s. – J. Pellerin, « La dématérialisation de la procédure devant la cour d'appel », *in* L. Cadiet et D. Loriferne (dir.), *La réforme de la procédure d'appel*, IRJS, 2011, p. 49 s.; « La procédure d'appel en question », *Gaz. Pal.* 7-8 sept. 2012, p. 11 – Pennec, « Un appel efficace ? », Journées d'études, Procédure civile et droit comparé, *Cah. CDPC*, 2011, n° 8, p. 45 s. – A. Perdriau, « Pour une nouvelle écriture des écritures des procès civils », *Gaz. Pal.* 1997. Doctr. 405; « Les termes du litige au regard de la Cour de cassation », *Gaz. Pal.* 1997. Doctr. 670 – R. Perrot, « Les effets de l'appel quant aux personnes », *Gaz. Pal.* 1974. 1. Doctr. 411; « Les demandes nouvelles en appel et la notion de "lien suffisant" : que reste-t-il de la prohibition des demandes nouvelles en cause d'appel ? », *RTD civ.* 1980. 624; « Intervention forcée en cause d'appel : évolution du litige et revirement de jurisprudence », *RTD civ.* 1985. 621; « Les interdictions du droit d'appel, Introduction aux journées d'études de la Chambre nationale des avoués à la cour, Versailles, octobre 1985 », *Gaz. Pal.* 17-18 sept. 1986, p. 3 – R. Perrot, Hardouin et A. Fisselier, « Interdictions au droit d'appel, Journée d'études des avoués près les cours d'appel », *Gaz. Pal.* 18 sept. 1986 – I. Nayral De Puybusque, « De l'appel des jugements avant dire droit », *Gaz. Pal.* 1976. 2. Doctr. 700 – Raschel, « La nouvelle procédure d'appel », *RLDC* 2010, n° 73 – P. Raynaud, « L'effet dévolutif de l'appel et l'application d'une loi nouvelle aux instances en cours », *JCP* 1942. I. 282 – L. Richer, « L'appel en contentieux administratif », *AJDA* 2006. 1308 – A. Robert, « L'appel nullité », *Dr. et patr.* févr. 1998. 58 – Roland, « Les moyens procéduraux d'une justice numérique ? », Journées d'études, Procédure civile et droit comparé, *Cah. CDPC*, 2011, n° 8, p. 55 s. – Rousse, « Les demandes reconventionnelles formées pour la première fois en appel », *Gaz. Pal.* 1976. 2. Doctr. 619 – Y. Du Rusquec, « Réflexions sur la réforme de la procédure civile. Les modalités de l'appel devant la chambre sociale », *JCP* 1959. I. 1491; « La nature juridique de l'appel », *Gaz. Pal.* 1989. 2. Doctr. 403 – O. Salati, « Présentation des principales dispositions du décret du 9 décembre 2009 relatif à la procédure d'appel avec représentation obligatoire en matière civile », *Dr. et proc.* 2010. 3 – M. Santa-Croce, « De la limitation des voies de recours à la délimitation de l'excès de pouvoir », *Dialogues avec Michel Jeantin. Prospectives du droit économique*, Dalloz, 1999, p. 467 – B. Soinne, « Le recours-nullité dans le cadre des procédures collectives », *Gaz. Pal.* 1987. 2.

Doctr. 695 – Y. Strickler, « La concentration des moyens et la nouvelle procédure d'appel », *Dr. et proc.* 2011. 166 – R. Tudéla, « Décret du 28 décembre 2005 : vers une contractualisation de la procédure civile ? », *Gaz. Pal.* 26-28 mars 2006, p. 13 – Verdun, « La recevabilité des appels incidents et provoqués ou le chemin difficile », *Gaz. Pal.* 1986. 1. Doctr. 127; « Le magistrat de la mise en état, "juge d'exception" », *Gaz. Pal.* 2000. 1. Doctr. 727; « Décret n° 2005-1678 du 28 décembre 2005 relatif à la procédure civile : réflexions et commentaires », *Gaz. Pal.* 22-23 févr. 2006, p. 9; « La radiation atypique de l'article 526 du Code de procédure civile. Sa raison d'être – sa portée – ses limites », *Justice et droit du procès. Du légalisme procédural à l'humanisme processuel. Mél. S. Guinchard*, Dalloz, 2010, p. 869 – Viatte, « L'appel du jugement ordonnant une mesure d'instruction », *Gaz. Pal.* 1974. 2. Doctr. 873; « L'exécution des arrêts d'appel », *Gaz. Pal.* 1979. 2. Doctr. 544 – J. Villacèque, « Le nouveau procès civil devant la cour d'appel : la technique et les hommes, paradoxe d'une réforme », *D.* 2010. 663 – J. Vincent, « Les effets de l'appel et les réformes récentes de la procédure civile », *Ann. Fac. Lyon* 1972. II. 209; « Les dimensions nouvelles de l'appel en matière civile », *D.* 1973. Chron. 179; « Les effets de l'appel, L'ouverture quant à l'objet du litige », *Gaz. Pal.* 1974. 1. Doctr. 404 – L. Weiller, « Réforme de la procédure d'appel : entre efficience et équité », *D.* 2010. 591.

V. ÉGAL., *La voie d'appel, Colloque national d'études judiciaires, 1963, Aix-en-Provence*, Institut d'études judiciaires de la Faculté de droit et des sciences économiques, 1964 – « Chambre nationale des avoués, Journées des 29 et 30 octobre 1973, Dijon », *Gaz. Pal.* 1974. 1. Doctr. 393 – « Les nullités et les fins de non recevoir dans la procédure d'appel », *Gaz. Pal.* 14-15 juill. 1982 – « Dix ans de procédure d'appel », *Gaz. Pal.* 6-7 sept. 1983 – « L'appel et l'Europe », *Gaz. Pal.* 29 déc. 1987 – « Journées d'études : Procédure civile et droit comparé », *Cah. CDPC* (Centre de droit et de politique comparés de l'université de Toulon), 2011, n° 8, 2011.

SECTION 1
ÉVOLUTION DES CONCEPTIONS DE L'APPEL

0.11 Une voie ordinaire de recours. L'article 542 du Code de procédure civile rappelle que : « *L'appel tend à faire réformer ou annuler par la cour d'appel un jugement rendu par une juridiction du premier degré* ». Voie ordinaire de recours, l'appel appartient à notre tradition juridique. Sous l'Ancien Régime, il a été un instrument politique qui a permis au roi d'affirmer ses droits souverains face aux juridictions seigneuriales et ecclésiastiques. Cinq, six appels successifs pouvaient se superposer. L'Assemblée constituante a posé la règle du double degré de juridiction et n'a toléré qu'un seul appel, conçu comme une garantie de bonne justice : l'affaire est renvoyée pour être rejugée en fait et en droit par une juridiction supérieure. Voie de réformation ou d'annulation, l'appel réalise le principe du double degré de juridiction : « *Il remet le fond en question. Tout son régime procède de là* »[1]. L'appel a un intérêt curatif puisqu'il permet la censure des décisions entachées d'insuffisance ou d'erreur. Il présente également un caractère préventif, sachant que sa décision peut être réformée, le juge du premier degré tranche avec d'autant plus de soin et d'attention.

0.12 Les deux conceptions de l'appel. Il existe deux conceptions de l'appel. La première vient du droit romain : l'instance d'appel doit avoir le même objet que celui sur lequel a statué le jugement déféré à la cour. La seconde conception est d'origine germanique et admet en appel des modifications par rapport à la première instance affectant les personnes ou l'objet. Le Code de procédure civile de 1806 se rattachait plutôt à la conception romaine puisqu'il interdisait les demandes nouvelles en appel, mais avec une certaine souplesse car la règle n'était pas d'ordre public; la nouveauté de la demande était appréciée à l'aune des conditions de l'autorité de chose jugée. En février 1963, lors d'un colloque sur l'appel qui se tenait à la faculté de droit d'Aix-en-Provence, la notion « *d'appel-voie d'achèvement du litige* » a été dégagée : l'appel ne doit pas être limité à la censure des décisions de première instance, les juges d'appel doivent pouvoir prendre en compte l'évolution du litige et prévenir ainsi la multiplication des instances. Le « Nouveau » Code de procédure civile s'est inspiré de ces théories mais avec des réserves : la règle demeure l'interdiction des demandes nouvelles; cependant elle souffre de nombreuses exceptions (v. s^s^ n°s 122.21 s.) de manière à prendre en compte les nouvelles données qui ont pu intervenir depuis la première instance. Puisque l'appel remet la chose jugée en question devant les juges du second degré pour qu'il soit statué à nouveau en fait et en droit, le « Nouveau » Code de procédure civile a calqué la procédure d'appel sur la procédure devant le tribunal de grande instance. Deux ans après la célébration du trentenaire du « Nouveau » Code de procédure civile, le garde des Sceaux demandait au premier président Magendie de reprendre, en se préoccupant de la procédure d'appel, les travaux qu'il avait menés jusqu'au rapport de septembre 2004 intitulé *Célérité et qualité de la justice*. L'objectif était « *de garantir au justiciable qu'une décision effective soit rendue dans un délai raisonnable et de permettre aux cours d'appel de devenir de véritables pôles d'excellence* ».

0.13 La nouvelle procédure d'appel avec représentation obligatoire. Le décret du 9 décembre

1. G. Cornu et J. Foyer, *Procédure civile*, 3e éd., Thémis, 1996, n° 146, p. 608.

2009 portant réforme de la procédure d'appel avec représentation obligatoire est inspiré par les propositions de modernisation de la voie d'appel contenues dans le second rapport Magendie, remis au ministre de la Justice le 24 mai 2008. Il tend à éviter une modification trop importante des données du litige en appel, cette voie de recours devient « *une voie d'achèvement maîtrisée* » : désormais le juge d'appel peut soulever d'office la fin de non-recevoir tirée de l'interdiction des demandes nouvelles [1]. Pour accélérer la procédure d'appel avec représentation obligatoire les auteurs du décret se sont inspirés de la procédure devant la Cour de cassation; la procédure devient un parcours semé d'embûches. Pour compliquer encore un peu la situation, pour le justiciable cette réforme est entrée en vigueur le 1er janvier 2011, c'est-à-dire un an avant la disparition des avoués qui seuls maîtrisaient la procédure d'appel; en outre, cette suppression de la profession d'avoué s'est effectuée une année avant l'entrée en vigueur de la dématérialisation complète de cette procédure d'appel qui simplifie les problèmes de notification des conclusions pour des avocats éparpillés dans tout le ressort de la cour d'appel. Ces différentes réformes, comme le défaut d'harmonisation de leurs dates d'entrée en vigueur, visaient à dissuader les plaideurs d'interjeter appel; elles ont été opérées dans le souci de permettre à l'État de faire des économies [2]. Elles sont à l'origine d'un contentieux purement procédural et anxiogène [3] mais elles ne semblent pas avoir affecté l'attrait de l'appel pour les justiciables. Les chiffres-clés de la Justice révèlent une augmentation de 2,7 % des appels en 2014 par rapport à l'année précédente [4].

La doctrine enseigne que le double degré de juridiction est un principe essentiel de l'organisation judiciaire. Selon Motulsky, MM. Bolard et Wierderkehr, le droit de critiquer une décision de justice appartient aux droits de la défense. En 2000, Christophe Lefort [5], dans sa thèse de doctorat sur *La théorie générale de la voie d'appel*, considère ce principe comme un droit fondamental.

La Cour de cassation n'a-t-elle pas jugé, à plusieurs reprises tout au cours du XXe siècle et encore en ce début du XXIe siècle, que « *l'appel est un droit dans tous les cas qui ne sont pas formellement exceptés par un texte* » [6] ? Et le Conseil d'État n'a-t-il pas rappelé, pendant plus d'un siècle, que « *le double degré de juridiction est un principe général de procédure auquel seule la loi pourrait porter atteinte* » [7] ?

Mais le Conseil constitutionnel n'a jamais inclus le principe du double degré de juridiction dans le bloc de constitutionnalité et il a affirmé, dans une décision du 12 février 2004 [8], que ce principe n'a pas en lui-même valeur constitutionnelle. S'il lui arrive parfois de protéger le droit d'appel, c'est par l'intermédiaire d'autres principes, notamment le principe d'égalité. Aussi le Conseil d'État n'a pas hésité à revenir sur sa jurisprudence, pourtant constante pendant plus d'un siècle, et, après avoir jugé dans un arrêt en 2000 [9] qu'une disposition du Code de la sécurité sociale n'est pas contraire à l'article 6 de la Convention européenne des droits de l'homme qui n'impose pas l'existence d'un double degré de juridiction, a décidé, dans un arrêt du 17 décembre 2003 [10], que le double degré de juridiction ne constitue pas un principe général de procédure.

0.14 Multiplication des voies de droit. Il est vrai qu'aujourd'hui, le justiciable dispose de nombreux recours : après avoir introduit une instance devant un tribunal, il peut poser une question prioritaire de constitutionnalité, faire appel du jugement, se pourvoir en cassation, saisir la Cour européenne des droits de l'homme, sans parler du renvoi préjudiciel. On assiste à une multiplication des voies de droit. Tous ces recours sont-ils nécessaires à une bonne administration de la justice ? Ne faudrait-il pas, pour accélérer les procédures et réduire le coût de la justice, limiter les recours en droit interne ? La logique voudrait qu'un tel rééquilibrage porte sur la cassation qui est une voie extraordinaire de recours. Faut-il transformer cette juridiction en une véritable Cour suprême et limiter son intervention aux cas soulevant une question de droit importante [11] ?

1. La Cour de cassation a cependant précisé que cette fin de non-recevoir n'est pas d'ordre public : Civ. 2e, 10 janv. 2013, no 12-11.667, *Bull. civ.* II, no 1; *D.* 2013. 182 et 2058. chron. Leroy-Gissinger et Renault-Malignac; *D.* 2014. 804, obs. Fricero.
2. C. Castaing, « Les procédures civile et administrative confrontées aux mêmes exigences du management de la justice », *AJDA* 2009. 913 – D. d'Ambra et A.-M. Boucon, « Le décret no 2009-1524 du 9 décembre 2009 réformant la procédure d'appel et la gestion du flux de contentieux judiciaire », *D.* 2010. 1093.
3. N. Fricero, « Transformations de l'appel, bilan et perspectives », *Procédures* 2015. Dossier 2.
4. Min. Justice, « Les chiffres-clés de la Justice 2015 », http://www.justice.gouv.fr/publication/chiffres_cles_20151005.pdf
5. C. Lefort, *Théorie générale de la voie de l'appel*, th. (dactyl.), Angers, 2000.
6. Com. 26 juin 2001, no 98-19.665, *Bull. civ.* IV, no 127; *RTD com.* 2001. 778, obs. Valens.
7. V. PAR EX., CE 21 févr. 1968, *Lebon* 123.
8. Cons. const.,. 12 févr. 2004, no 2004-491 DC, *Loi complétant le statut d'autonomie de la Polynésie française*, *JO* 2 mars, p. 4227.
9. CE 9 févr. 2000, req. no 185667, *Lebon*.
10. CE 17 déc. 2003, req. no 258253, *Lebon*.
11. D. de Béchillion et M. Guillaume, « La régulation des contentieux devant les cours suprêmes », *JCP* 2014. Doctr. 1194 – ▶

Curieusement il ressort des réformes et des modifications apportées à la procédure d'appel que le rééquilibrage de l'organisation judiciaire affecte d'abord l'appel. Doit-on effectivement réduire l'importance de l'appel ? Faut-il en revenir à la conception romaine et limiter l'appel à la censure des décisions rendues en première instance[1] ? En effet, comme le remarque un auteur, il est possible désormais d'émettre « *l'hypothèse selon laquelle la question prioritaire de constitutionnalité pourrait ramasser la part utile du débat en termes de recours et faire perdre une grande partie de son utilité à l'appel. L'hypothèse ne vaudrait que dans la mesure où on considérerait que, dans la façon dont nos systèmes judiciaires fonctionnent aujourd'hui, la première instance s'est tellement perfectionnée et professionnalisée que l'appel n'a plus la même utilité que lors de sa création. Dans un tel contexte, la QPC parachèverait l'évolution en venant extraire la part utile du débat d'appel avec l'effet de remplacer un procès par empilement vertical, pyramidal, par un procès comportant une partie principale et des annexes sur les questions essentielles, une sorte de procès en réseau faisant intervenir une pluralité de juridictions* »[2].

Toutefois le nombre important d'infirmations prononcées par les cours d'appel[3] fait douter de l'amélioration de la qualité de la justice rendue en première instance. Or la seule possibilité pour la partie succombante de voir son affaire rejugée en fait et en droit par une juridiction supérieure reste l'appel. Cette voie de recours conserve aujourd'hui encore tout son intérêt et le présent ouvrage a notamment pour objet d'aider à prévenir les pièges de la nouvelle procédure d'appel, à commencer par les conflits de lois.

▶ B. Louvel, « Réflexions à la Cour de cassation », *D.* 2015. 1326; « La Cour de cassation face aux défis du XXIe siècle. Réflexions sur la réforme de la Cour de cassation », mars 2015, https://www.courdecassation.fr/ publications – P. Casia, « Filtrer l'accès au juge de cassation ? », *D.* 2015. 1361 – B. Haftel, « Libres propos sur l'avant-projet de réforme de la Cour de cassation et la fonction de juger », *D.* 2015. 1378.

1. Conférence des premiers présidents, séminaire de La Baule, délibération sur l'accès au droit – l'office du juge – l'organisation judiciaire et processuelle, adoptée 31 mai 2013 – P. Delmas-Goyon, *Le juge du XXIe siècle. Un citoyen acteur, une équipe de justice*, rapport au garde des Sceaux, ministre de la Justice, déc. 2013.
2. H. Ruiz Fabri, « La légitimité des juridictions internationales », *in* D. d'Ambra (dir.), *Le rééquilibrage du pouvoir juridictionnel*, « Thèmes et commentaires », Dalloz, 2013, p. 174.
3. Selon l'*Annuaire des statistiques de la Justice*, plus de la moitié des décisions attaquées sont aujourd'hui au moins partiellement infirmées par des arrêts statuant sur le fond. Plus précisément, de 2012 à 2014, les chiffres établissent que seulement 42 à 43 % des affaires aboutissaient à une confirmation totale et en moyenne 22 % des jugements étaient totalement infirmés.

SECTION 2
APPLICATION DE LA LOI DANS LE TEMPS

§ 1
Règles régissant les conflits de lois dans le temps en matière de voies de recours

0.21 Les principes. Lorsque le nouveau texte contient des dispositions transitoires il faut les appliquer. Ainsi l'article 15 du décret n° 2009-1524 du 9 décembre 2009[4], relatif à la procédure d'appel avec représentation obligatoire en matière civile, ou l'article 17 du décret n° 2010-1165 du 1er octobre 2010[5] contiennent des dispositions destinées à régler les conflits de lois dans le temps.

À défaut de dispositions spéciales dans le nouveau texte, il faut se référer aux principes qui permettent de résoudre ce type de conflits de lois : les lois de forme sont d'application immédiate et elles ne sont pas rétroactives. La Cour de cassation a rappelé ces règles dans un avis du 22 mars 1999 : « *Vu les principes généraux du droit transitoire, selon lesquels, en l'absence de disposition spéciale, les lois relatives à la procédure et aux voies d'exécution sont d'application immédiate; cependant, si elles sont applicables aux instances en cours, elles n'ont pas pour conséquence de priver d'effet les actes qui ont été régulièrement accomplis, sous l'empire de la loi ancienne* »[6].

Afin de résoudre les difficultés que peut poser l'application de ces deux principes, application immédiate et absence d'effet rétroactif, il faut encore apporter quelques précisions. Pour les lois de procédure relatives aux voies de recours, il convient de distinguer entre les formes de l'acte d'appel et les conditions de recevabilité du recours. La loi nouvelle s'applique aux formes de l'appel même si le jugement a été rendu sous l'empire de la loi ancienne; il faut donc, dans ce cas, appliquer la loi en vigueur au moment où l'appel est formé[7]. En revanche, en ce qui concerne les conditions de recevabilité du recours, notamment les délais ou la suppression d'une voie de recours, il s'agit de qualités

4. Décr. n° 2009-1524, 9 déc. 2009, *JO* 11 déc., p. 21386.
5. Décr. n° 2010-1165, 1er oct. 2010, relatif à la conciliation et à la procédure orale en matière civile, commerciale et sociale, *JO* 3 oct., p. 17986.
6. Cass., avis, 22 mars 1999, nos 99-00.001 et 99-00.005, *Bull. civ. avis*, n° 2.
7. Sauf si les dispositions transitoires prévoient une autre solution : V. PAR EX., Civ. 1re, 27 mai 2010, n° 09-16.094, *Bull. civ.* I, n° 124, appliquant l'article 45, II, 3° de la loi n° 2007-308 du 5 mars 2007, qui précise que l'appel et le pourvoi en cassation sont jugés selon les règles applicables lors du prononcé de la décision de première instance.

inhérentes au jugement lui-même, aussi c'est la loi en vigueur au moment où le jugement a été rendu qui doit être appliquée[1]. La Cour de cassation a eu l'occasion de rappeler cette règle à propos de la loi du 8 février 1995 qui a limité les possibilités de former appel contre les décisions du juge du surendettement statuant sur les modalités de redressement du débiteur[2] et plus récemment à propos du décret n° 2014-1338 du 6 novembre 2014 relatif à la procédure civile[3]. Certains auteurs critiquent cette solution lorsqu'elle concerne la fermeture d'une voie de recours au motif qu'elle serait contraire à l'idée de procès équitable car le plaideur, lorsqu'il introduit une procédure, prend en considération la perspective d'un nouvel examen du litige en fait et en droit par la cour d'appel, aussi faudrait-il appliquer la loi en vigueur au jour de l'acte introductif d'instance[4]. Dans la mesure où le double degré de juridiction n'est pas considéré comme un principe fondamental en procédure civile, il n'est pas sûr que la jurisprudence consacre une telle solution.

§ 2
Application dans le temps de la nouvelle procédure d'appel avec représentation obligatoire

0.30 Dispositions transitoires du décret du 9 décembre 2009. Comme nous venons de l'indiquer, le décret du 9 décembre 2009[5] contient des dispositions transitoires (Décr. 9 déc. 2009, art. 15). Son entrée en vigueur était prévue le 1er janvier 2011 à l'exception de l'article 4 qui a inséré, dans le titre du Code de procédure civile relatif à la communication par voie électronique, l'article 748-7 disposant que : « *Lorsqu'un acte doit être accompli avant l'expiration d'un délai et ne peut être transmis par voie électronique le dernier jour du délai pour une cause étrangère à celui qui l'accomplit, le délai est prorogé jusqu'au premier jour ouvrable suivant* ». Cette disposition est entrée immédiatement en vigueur. Pour déterminer la date d'entrée en vigueur des autres dispositions de ce décret[6], il convient de distinguer entre les dispositions qui sont effectivement entrées en vigueur au 1er janvier 2011, celles qui auraient dû entrer en vigueur au 1er janvier 2011 et enfin celles dont l'entrée en vigueur a été fixée dès l'origine après le 1er janvier 2011.

0.31 1) Dispositions entrées effectivement en vigueur le 1er janvier 2011. Sont applicables aux appels formés depuis le 1er janvier 2011, toutes les nouvelles dispositions relatives à la procédure ordinaire, c'est-à-dire les nouveaux articles 901 à 916 du Code de procédure civile. Quelques situations ont posé des difficultés. La demande d'aide juridictionnelle n'interrompt pas le délai d'appel[7] et depuis le 1er janvier 2011, il faut appliquer les nouveaux délais pour conclure dans les procédures avec représentation obligatoire et mise en état, nonobstant le bénéfice de l'aide juridictionnelle. Toutefois le décret du 15 mars 2011[8] prévoit que « *le délai imparti pour signifier la déclaration d'appel, mentionné à l'article 902 du Code de procédure civile, et les délais impartis pour conclure, mentionnés aux articles 908 à 910 du même code, courent à compter : a) De la notification de la décision constatant la caducité de la demande; b) De la date à laquelle la décision d'admission ou de rejet de la demande est devenue définitive; c) Ou, en cas d'admission, de la date, si elle est plus tardive, à laquelle un auxiliaire de justice a été désigné* » (Décr. 19 déc. 1991, mod. art. 38-1).

Pour toutes les procédures introduites par des appels formés à compter du 1er janvier 2011, chaque fois que l'on fait état d'une pièce en appel, il faut la communiquer spontanément, même si cette pièce a été produite en première instance car l'article 132 alinéa 3 du Code de procédure civile a été abrogé par le décret du 9 décembre 2009.

Le décret du 28 décembre 2010[9] prévoit que les nouvelles dispositions de l'article 954 du Code de procédure civile relatives à la forme des conclusions d'appel, prévues par le décret du 9 décembre 2009, s'appliquent aux appels formés à compter du 1er janvier 2011.

Depuis le 1er janvier 2011, l'irrecevabilité des demandes nouvelles en appel peut être soulevée d'office par le juge, même si la procédure d'appel a été engagée avant le 1er janvier 2011.

0.32 2) Dispositions qui auraient dû entrer en vigueur le 1er janvier 2011. Selon le décret du 9 décembre 2009, les déclarations d'appel et les constitutions d'avoués auraient dû être faites sous

1. Solus et Perrot, *Droit judiciaire privé*, t. 1, Sirey, 1961, n° 34.
2. Civ. 1re, 27 mai 1997, n° 96-04.051, *Bull. civ.* I, n° 171 – DANS LE MÊME SENS à propos de l'art. 639 du C. com. : Com. 3 oct. 2006, n° 02-13.829, *Bull. civ.* IV, n° 202.
3. Civ. 2e, 24 sept. 2015, n° 14-25.496, *Bull. civ.* II, [à paraître].
4. P. et N. Gerbay, *Guide du procès en appel*, LexisNexis, 2016, p. 438.
5. Décr. n° 2009-1524, 9 déc. 2009, préc.
6. V. tableau de synthèse sur les dates d'entrée en vigueur des principales dispositions nouvelles régissant les procédures d'appel, ss n° 43.02.
7. Décr. n° 91-1266, 19 déc. 1991, art. 38-1, al. 1er.
8. Décr. n° 2011-272, 1er mars 2011, portant diverses dispositions en matière d'aide juridictionnelle et d'aide à l'intervention de l'avocat, *JO* 17 mars, p. 4825.
9. Décr. n° 2010-1647, 28 déc. 2010, modifiant la procédure d'appel avec représentation obligatoire en matière civile, *JO* 29 déc., p. 22919.

forme électronique à compter du 1er janvier 2011 (art. 15, al. 3). Mais le décret modificatif du 28 décembre 2010 a prévu que les dispositions des articles 5, 6 et 7 du décret du 9 décembre 2009 (tous ces textes sont relatifs au nouvel article 930-1 du Code de procédure civile qui traite de la communication électronique) seraient « *applicables à compter de la date et dans les conditions fixées par l'arrêté prévu à l'article 930-1 et au plus tard au 1er janvier 2013* ».

Le décret du 28 décembre 2010 a donc retardé le recours obligatoire à la communication électronique pour les déclarations d'appel et les constitutions devant la cour d'appel à la date de publication de l'arrêté prévu à l'article 930-1 qui devait définir les modalités des échanges par voie électronique et au plus tard au 1er janvier 2013. Pourquoi retarder ainsi l'utilisation de la communication électronique pour les déclarations d'appel et les constitutions ? Il n'est pas sûr que les cours d'appel auraient pu communiquer de manière satisfaisante avec les auxiliaires de justice dès le 1er janvier 2011 compte tenu des difficultés de mise en place des systèmes nécessaires aux communications électroniques. Or la Cour Européenne des droits de l'homme a condamné l'État slovaque[1] pour entrave substantielle à l'accès au juge et violation du procès équitable parce que le code de procédure civile de ce pays avait ouvert la possibilité de recourir aux nouvelles technologies, notamment pour la formation des demandes, alors que les juridictions n'étaient pas suffisamment équipées. C'est l'arrêté du 30 mars 2011[2] qui a prévu que « *pour les appels formés à compter du 1er septembre 2011, les envois et remises des actes prévus à l'article 2* [les déclarations d'appel et les constitutions] *ainsi que des pièces qui leur sont associées doivent être effectués par voie électronique* ». Certains se sont demandé si les constitutions devaient également être faites par voie électronique à compter du 1er septembre 2011 sous peine de nullité relevée d'office. Si l'on se fonde sur la lettre du texte, les actes de constitution par voie électronique ne sont obligatoires que pour les appels formés depuis le 1er septembre 2011.

0.33 3) Dispositions qui sont entrés en vigueur le 1er janvier 2013. Le décret du 9 décembre 2009 a précisé que les dispositions du nouvel article 930-1 du Code de procédure civile prévoyant qu'à peine d'irrecevabilité relevée d'office les actes de procédure sont remis à la juridiction par voie électronique seront applicables à compter de la date fixée par l'arrêté du garde des Sceaux prévu à cet article et au plus tard au 1er janvier 2013. Depuis cette date la procédure d'appel avec représentation obligatoire est dématérialisée. Tous les actes de procédure doivent être faits sous forme électronique[3]. Ainsi la dématérialisation complète et obligatoire de la procédure d'appel avec représentation est entrée en vigueur un an après la disparition des avoués organisée par loi du 25 janvier 2011[4].

1. CEDH 16 juin 2009, Lawyer Partner s. a. c/Slovaquie, req. n° 54252/07 et a.
2. Arr. 30 mars 2011, relatif à la communication par voie électronique dans les procédures avec représentation obligatoire devant les cours d'appel, *JO* 31 mars, p. 5600. Toutefois les dispositions de cet arrêté ne sont pas applicables aux procédures d'appel portées devant la chambre d'appel de Mamoudzou (département de Mayotte).
3. Sur les sanctions en cas de non-respect de la forme électronique, v. ss nos 212.111 s.
4. L. n° 2011-94, 25 janv. 2011, portant réforme de la représentation devant les cours d'appel, *JO* 26 janv., p. 1544.

LIVRE

1. L'APPEL, UNE VOIE DE RECOURS ORDINAIRE

SECTION 0

ORIENTEUR

1.00 Plan du livre.

TITRE

11. Les conditions de l'appel

SECTION 0

ORIENTEUR

11.00 Plan du titre.

11.01 Division. Le droit d'interjeter appel est une garantie pour les justiciables contre les erreurs ou les irrégularités qui peuvent être commises par les juges de première instance. L'appel est une **voie ordinaire de recours**, aussi l'article 543 du Code de procédure civile pose le principe que : « *La voie de l'appel est ouverte en toutes matières, même gracieuses, contre les jugements de première instance, s'il n'en est autrement disposé* ». Il en résulte qu'en principe, et sauf disposition contraire, toute décision rendue en première instance est susceptible d'appel. Mais le principe du double degré de juridiction n'étant pas considéré comme un droit fondamental en procédure civile, le législateur a tendance à apporter de plus en plus de restrictions au droit d'appel. La conception de l'appel a évolué au cours des dernières décennies. Le décret du 28 août 1972 a conçu l'appel comme **voie d'achèvement du procès** afin de tenir compte de l'évolution des faits et des situations depuis la première instance. Cette conception de l'appel conduit à un **élargissement du cadre du litige** quant à son objet, mais également quant aux parties à l'instance d'appel. Enfin l'appel ne doit pas être un moyen dilatoire permettant aux plaideurs de mauvaise foi de retarder le moment où la décision passera en force de chose jugée. Le législateur a tenté d'uniformiser la **durée**, le **mode de computation** et le **point de départ** des **délais d'appel**.

L'appel est ainsi soumis à un certain nombre de conditions; elles concernent les décisions susceptibles d'appel (chap. 111), les parties à l'instance d'appel (chap. 112) et les délais pour interjeter appel (chap. 113).

CHAPITRE

111. Décisions susceptibles d'appel

SECTION 0 ORIENTEUR

111.00 **Plan du chapitre.**

111.01 **Textes applicables.**

TEXTES CITÉS

> Jugements susceptibles d'appel

C. pr. civ., art. 543 à 545

TEXTES CITÉS REPRODUITS *IN EXTENSO*

> Jugements susceptibles d'appel

[C. pr. civ., art. 543 à 545]

C. pr. civ., art. 543

La voie de l'appel est ouverte en toutes matières, même gracieuses, contre les jugements de première instance s'il n'en est autrement disposé.

C. pr. civ., art. 544

Les jugements qui tranchent dans leur dispositif une partie du principal et ordonnent une mesure d'instruction ou une mesure provisoire peuvent être immédiatement frappés d'appel comme les jugements qui tranchent tout le principal.

Il en est de même lorsque le jugement qui statue sur une exception de procédure, une fin de non-recevoir ou tout autre incident met fin à l'instance.

C. pr. civ., art. 545

Les autres jugements ne peuvent être frappés d'appel indépendamment des jugements sur le fond, que dans les cas spécifiés par la loi.

111.02 **Jurisprudence de référence.**

> Technicien – Remplacement – Ordonnance de référé – Nature – Simple mesure d'administration judiciaire (non)

• **Civ. 2e, 14 juin 1978, n° 77-12.084,** *Bull. civ.* II, n° 158

* V. s^s n° 111.11

« Aux termes de l'article 490 du Code de procédure civile, toute ordonnance de référé peut être frappée d'appel à moins qu'elle n'émane du Premier président de la cour d'appel. L'ordonnance qui refuse de remplacer un expert sur une demande formée en application de l'article 235 alinéa 2 du Code de procédure civile est susceptible d'appel, cette décision étant, non un acte d'administration judiciaire, mais une ordonnance de référé ».

> Excès de pouvoir – Définition – Exclusion – Cas – Méconnaissance du principe de loyauté des débats

• **Com. 12 juill. 2011, n° 09-71.764,** *Bull. civ.* IV, n° 120

* V. s^s n° 111.22

« L'excès de pouvoir rendant recevables les recours nullité à l'encontre d'une décision de justice ne saurait résulter ni de la méconnaissance du principe de loyauté des débats, ni du grief tiré d'une violation de l'article 6 § 1 de la Convention de sauvegarde des droits de l'homme et des libertés fondamentales ».

> Décisions susceptibles d'appel – Décision d'avant dire droit – Dispositif tranchant une partie du principal – Pluralité des parties – Portée

• **Civ. 2e, 24 mai 1984, no 83-11.781,** *Bull. civ.* II, no 91

* V. ss no 111.31

« En vertu des articles 272 alinéa 1er, 380 alinéa 1er, 544 et 545 du [nouveau] code de procédure civile, la décision qui, sans trancher une partie du principal, ordonne une expertise ou prononce le sursis à statuer, ne peut être frappée d'appel que sur autorisation du premier président de la cour d'appel; pour chaque partie le principal s'entend de l'objet du litige la concernant. Par suite, encourt la cassation l'arrêt qui déclare recevable l'appel formé par une partie alors que le jugement qui avait prononcé diverses condamnations à l'encontre d'autres parties, s'était borné à son égard à ordonner une expertise et à surseoir à statuer jusqu'à son résultat sans trancher aucune fraction du principal ».

> Appel – Ouverture – Conditions – Décision tranchant tout ou partie du principal – Définition – Exclusion – Cas

• **Civ. 2e, 26 oct. 2006, no 05-14.489,** *Bull. civ.* II, no 289

* V. ss no 111.31

« Viole les articles 380 et 544 du nouveau code de procédure civile la cour d'appel qui, pour déclarer recevable l'appel non autorisé formé contre un jugement ayant ordonné le sursis à statuer sur une demande d'autorisation de saisir des rémunérations et condamné le demandeur à verser à son adversaire une certaine somme à titre de dommages-intérêts pour procédure abusive, retient qu'il s'agit d'un jugement mixte, alors que la condamnation à payer des dommages-intérêts pour procédure abusive, qui n'était pas afférente au fond du litige, n'avait pas tranché une partie du principal ».

> Décisions susceptibles d'appel – Décision d'avant dire droit – Dispositif tranchant une partie du principal – Définition – Exclusion – Décision allouant une provision

• **Cass., ch. mixte, 25 oct. 2004, no 03-14.219,** *Bull. ch. mixte*, no 3

* V. ss no 111.31

« Sauf dans les cas spécifiés par la loi, les jugements qui ordonnent une mesure d'instruction ou une mesure provisoire ne peuvent être frappés d'appel indépendamment des jugements sur le fond que s'ils tranchent dans leur dispositif une partie du principal. L'absence d'ouverture d'une voie de recours devant être relevée d'office, viole les articles 125, 544 et 545 du nouveau Code de procédure civile la cour qui déclare recevable l'appel interjeté contre un jugement qui ne tranchait pas une partie du principal dès lors qu'il se bornait, dans son dispositif à ordonner une expertise médicale et le versement d'une provision ».

> Décisions susceptibles d'appel – Dispositif tranchant une partie du principal – Nécessité

• **Civ. 2e, 11 avr. 1975, no 74-40.031,** *Bull. civ.* II, no 100

* V. ss no 111.31

« Les jugements qui tranchent dans leur dispositif une partie du principal et ordonnent une mesure d'instruction ou une mesure provisoire peuvent être immédiatement frappés d'appel. Il n'y a pas à tenir compte de dispositions qui ne sont pas contenues dans le dispositif lui-même et ce même si ces dispositions semblent présenter un caractère décisoire ».

> Juge de la mise en état – Compétence – Étendue – Incidents mettant fin à l'instance – Définition

• **Cass., avis, 13 nov. 2006, no 06-00.012,** *Bull. civ. avis*, no 10

* V. ss no 111.34

« Est d'avis que : les incidents mettant fin à l'instance visés par le deuxième alinéa de l'article 771 du [nouveau] code de procédure civile sont ceux mentionnés par les articles 384 et 385 du même code et n'incluent pas les fins de non-recevoir ».

> Appel concomitant d'un jugement sur le fond et d'un jugement avant dire droit – Formalités

• **Civ. 2e, 5 avr. 2001, no 99-17.613,** *Bull. civ.* II, no 70

* V. ss no 111.41

« L'appel d'un jugement avant dire droit et l'appel du jugement sur le fond doivent être déclarés, selon l'article 545 du [nouveau] Code de procédure civile, concomitamment, ce qui s'entend d'un même acte ou de deux actes du même jour ».

> Jugement avant dire droit – Appel – Recevabilité – Cas – Appel par une autre partie du jugement rendu sur le fond dans la même instance

• **Civ. 2e, 2 déc. 2010, no 09-14.596,** *Bull. civ.* II, no 197

* V. ss no 111.41

« Une partie à une instance est recevable à former un appel dirigé exclusivement contre un jugement avant dire droit lorsqu'une autre partie a fait appel du jugement rendu sur le fond dans la même instance, les deux appels devant être jugés ensemble ».

> Effet dévolutif – Portée – Appel limité – Redressement et liquidation judiciaires

• **Com. 6 juin 2000, no 98-12.226,** *Bull. civ.* IV, no 119

* V. ss no 111.72

« Fait l'exacte application des dispositions des articles 561 et 562 du [nouveau] Code de procédure civile la cour d'appel qui, après avoir annulé le jugement de liquidation judiciaire, a, statuant sur le fond, répondu aux conclusions qui déterminent les moyens des parties en prolongeant la période d'observation, en constatant qu'il ne lui était pas possible de se prononcer sur le sort de l'entreprise et en renvoyant l'affaire devant le tribunal de la procédure collective ».

> Taux du ressort – Montant de la demande – Pluralité de demandes – Cumul – Conditions – Demandes principale et incidente dirigées contre le même adversaire – Nécessité

• **Civ. 2e, 24 mai 2007, no 06-12.741,** *Bull. civ.* II, no 137

* V. ss no 111.83

« Pour déterminer le taux du ressort au regard du montant de la demande, l'article 35 du [nouveau] code de procédure civile vise les prétentions émises par un demandeur, contre le même adversaire, dans la même instance. En conséquence, doit être approuvé l'arrêt qui retient que les demandes principale et incidente, qui n'étaient pas dirigées contre le même adversaire, ne pouvaient se cumuler ».

> Décisions susceptibles d'appel – Qualification erronée en dernier ressort – Demande indéterminée – Demande tendant à l'annulation d'une clause de non-concurrence

• **Soc. 15 mars 1978, n° 77-40.334,** *Bull. civ.* V, n° 186

* V. s^s n° 111.86

« La demande tendant à l'annulation d'une clause de non-concurrence qu'un employeur a fait souscrire à son employé revêt un caractère indéterminé. Le jugement du Conseil de prud'hommes statuant sur une telle demande est donc susceptible d'appel et le pourvoi formé contre ce jugement est irrecevable ».

> Contrat judiciaire – Décision ayant entériné l'accord des parties – Décision susceptible de pourvoi en cassation (non) – Décision ayant un caractère juridictionnel (non)

• **Civ. 3e, 4 mars 1998, n° 95-20.633,** *Bull. civ.* III, n° 56

* V. s^s n° 111.91

« Une décision qui se borne à constater un contrat judiciaire n'a pas le caractère d'un jugement et n'est pas susceptible d'un pourvoi en cassation ».

> Fin de non-recevoir – Définition – Notification dans le délai prescrit par l'article 528-1 du Code de procédure civile – Absence

• **Civ. 2e, 19 mai 1998, n° 96-11.935,** *Bull. civ.* II, n° 156

* V. s^s n° 111.101

« Le délai édicté par l'article 528-1 du [nouveau] Code de procédure civile n'est pas un délai de péremption mais un délai relatif à l'exercice des voies de recours dont l'inobservation constitue une fin de non-recevoir qui peut être invoquée en tout état de cause et qui doit être relevée d'office par le juge ».

> Article 526 du Code de procédure civile

• **CEDH 31 mars 2011, *Chatellier c/France*, req. n° 34658/07**

* V. s^s n° 111.111

« Si les buts poursuivis par l'obligation d'exécution d'une décision, notamment de protéger le créancier, d'éviter les appels dilatoires, d'assurer une bonne administration de la justice en désengorgeant les tribunaux, la disproportion (de 1 à 240) entre la situation matérielle du requérant et les sommes dues au titre de la décision frappée d'appel est évidente, de sorte que la décision de radiation a constitué en l'espèce une mesure disproportionnée au regard des buts visés et l'accès effectif du requérant au tribunal s'en est trouvé entravé dans sa substance même, en violation de l'article 6 § 1 de la Convention européenne des droits de l'homme ».

> Décision provisoire – Exécution – Exécution aux risques et périls du demandeur

• **Civ. 2e, 10 juill. 2003, n° 01-14.778,** *Bull. civ.* II, n° 244

* V. s^s n° 111.112

« L'exécution d'une décision de justice exécutoire à titre provisoire n'a lieu qu'aux risques et périls de celui qui la poursuit, à charge par lui d'en réparer les conséquences dommageables. Le droit à réparation n'est, dès lors, pas subordonné à une faute dans l'exécution de la décision ».

> Référé – Ordonnance – Exécution – Exécution provisoire de plein droit – Exécution aux risques du créancier

• **Cass., ass. plén., 24 févr. 2006, n° 05-12.679,** *Bull. ass. plén.*, n° 2

* V. s^s n° 111.112

« L'exécution d'une décision de justice exécutoire à titre provisoire n'a lieu qu'aux risques de celui qui la poursuit, à charge par lui, si le titre est ultérieurement modifié, d'en réparer les conséquences dommageables. Pour rejeter la demande de M. Y…, l'arrêt retient que les époux X… n'ont effectué aucun acte d'exécution forcée de l'ordonnance du 18 mai 1992, qui a été spontanément exécutée par M. Y…, lequel, dès lors, ne peut obtenir réparation du préjudice qu'il a subi du fait de cette exécution; en statuant ainsi, alors que l'ordonnance de référé ayant été signifiée à la requête des époux X… à M. Y… le 29 mai 1992, ce dernier était tenu de l'exécuter, la cour d'appel a violé le texte susvisé ».

> Intérêt légal – Point de départ – Sommes détenues en vertu d'une décision de justice exécutoire

• **Cass., ass. plén., 3 mars 1995, n° 91-19.497,** *Bull. ass. plén.*, n° 1

* V. s^s n° 111.112

« La partie qui doit restituer une somme qu'elle détenait en vertu d'une décision de justice exécutoire n'en doit les intérêts au taux légal qu'à compter de la notification, valant mise en demeure, de la décision ouvrant droit à restitution ».

111.03 Bibliographie indicative.

Actualisables. *J.-Cl. Pr. civ.*, fasc. 712 [Appel. Jugements susceptibles d'appel], par P. Gerbay et V. Parenty Baut [actu. par Y. Desdevises et M. Douchy-Oudot] – Rép. pr. civ., V^o *Appel*, par F. Ferrand, mars 2012 [actu. avr. 2015], n°s 40 à 371.

Ouvrages. C. Brenner et N. Fricero, *La nouvelle procédure d'appel*, 2e éd. Lamy, 2011, p. 18 – J.-L. Gallet, *La procédure civile devant la cour d'appel*, 3e éd., LexisNexis, 2014, p. 6 – Ph. Gerbay et N. Gerbay, *Guide du procès civil en appel 2016*, LexisNexis, 2015, p. 1 à 194 – S. Guinchard (dir.), Dalloz action *Droit et pratique de la procédure civile*, 2014/2015, n°s 542.11 à 542.81, par J. Pellerin – D. Le Ninivin, *La juridiction gracieuse dans le Nouveau Code de procédure civile*, Litec, 1983.

Articles. O. Barret, « L'appel-nullité (dans le droit commun de la procédure civile) », *RTD civ.* 1990. 199 – Bergel, « La juridiction gracieuse en droit français », *D.* 1983. 153 – G. Bolard, « L'appel nullité », *D.* 1988. Chron. 177 – L. Cadiet, « Sur l'appel nullité dans les procédures collectives », *Rev. proc. coll.* 1988. Étude 17 – D. Cholet, « Le contrôle de l'activité non juridictionnelle des juridictions », *Gaz. Pal.* 2007. 8 – M. Degoffe et E. Jeuland, « Les mesures d'administration judiciaire en droit processuel : problèmes de qualification », *in Justice et droits fondamentaux : études offertes à Jacques Normand*, 2003, Litec, p. 141 – N. Fricero, « L'excès de pouvoir en procédure civile », *RGDP* 1998, n° 1, p. 17 – P. Gerbay, « Les effets de l'appel-voie d'annulation », *D.* 1993.

Chron. 143 – F. Kernaleguen, « L'excès de pouvoir du juge », *Justices* 1996. 151 – A. Perdriau, « Pour une limitation des appels-nullité », *Gaz. Pal.* 5 mars 1996. Doctr.; « Les mesures d'administration judiciaire au regard du juge de cassation », *Gaz. Pal.* 6-7 mars 2002, p. 2 – M. Santa-Croce, « De la limitation des voies de recours à la délimitation de l'excès de pouvoir », *in Mél. Jeantin*, Dalloz, 1998, p. 467 – J.-M. Sommer, « L'excès de pouvoir du juge dans la jurisprudence de la Cour de cassation, 1990-2010. Étude empirique », *in* L. Cadiet et D. Loriferne (dir.), *La réforme de la procédure d'appel*, IRJS, 2011, p. 107 s. – G. Wiederkehr, « L'évolution de la justice gracieuse », *in Le juge entre deux millénaires, Mél. P. Drai*, Dalloz, 2000, p. 481, spéc. p. 483.

111.04 Questions essentielles.

> Quels sont les jugements susceptibles d'appel ?
* V. s[s] n°s 111.11 s.
> Quelles sont les décisions susceptibles d'un appel immédiat ?
* V. s[s] n°s 111.31 s.
> Quelles sont les décisions susceptibles d'un appel différé ?
* V. s[s] n° 111.41
> Qu'est-ce qu'un appel-nullité ?
* V. s[s] n°s 111.60 s.
> Quelles sont les exceptions au principe général du droit d'appel ?
* V. s[s] n° 111.81
> Quand y a-t-il abus du droit d'appel ?
* V. s[s] n° 111.121

111.09 Division. La reconnaissance par la jurisprudence d'un **principe général de droit d'appel** contre les décisions de première instance est ancienne[1]. Ce principe s'appliquait à toute décision juridictionnelle de première instance[2] quelle que soit la qualification donnée[3]. La jurisprudence refusait également d'ouvrir les voies de recours à l'encontre des **décisions rendues en matière gracieuse** compte tenu, pensait-on, de leur caractère provisoire et parce qu'il existait, en raison de l'absence d'autorité de chose jugée, une **action principale en nullité** non contre la décision gracieuse du juge comme dans la tradition romaine mais contre l'acte de volonté homologué par le juge[4]. Toutefois l'action principale en nullité s'est révélée insuffisante dans certains cas et il a fallu ouvrir une voie de recours aux parties déboutées et aux tiers. Pour permettre l'appel, la jurisprudence avait été amenée à qualifier de contentieuses des décisions gracieuses[5]. Afin de remédier à cette situation la loi du 15 juillet 1944 a aménagé l'appel des **décisions rendues en chambre du conseil**. Puis le Nouveau Code de procédure civile a consacré l'idée que les voies de recours ne sont pas liées à la nature de l'acte accompli par le juge, que celui-ci soit d'une nature contentieuse ou d'une nature gracieuse. Aussi, l'article 543 du Code de procédure civile pose le principe que : « *La voie de l'appel est ouverte en toutes matières, même gracieuses, contre les jugements de première instance, s'il n'en est autrement disposé* ». La jurisprudence a toujours interprété de manière stricte les exceptions au principe du double degré de juridiction.

Pour ne citer que des exemples pris dans la jurisprudence récente nous mentionnerons l'arrêt jugeant que les **décisions des tribunaux des affaires de sécurité sociale** statuant sur la contestation relative à l'exigibilité de majorations et pénalités, d'un montant excédant le taux du dernier ressort, correspondant à des cotisations dont l'exigibilité est elle-même mise en cause, sont susceptibles d'appel[6] et ceux qui ont admis l'appel contre une **décision du juge de l'expropriation** statuant sur requête d'un exproprié tendant à faire constater la perte de base légale d'une ordonnance d'expropriation en raison de l'annulation par la juridiction administrative des arrêtés portant déclaration d'utilité publique et de cessibilité[7] ou contre le jugement tranchant une contestation relative à la désignation des représentants au comité d'entreprise européen[8]. Pour déterminer les décisions susceptibles d'appel, nous préciserons le domaine du principe général du droit d'appel (sect. 1), avant d'examiner les exceptions à ce principe (sect. 2), et la sanction des abus dans l'exercice de ce droit (sect. 3).

SECTION 1
DOMAINE DU PRINCIPE GÉNÉRAL DU DROIT D'APPEL

111.10 Division. Le principe général de droit d'appel implique l'ouverture de ce recours contre tous les jugements au sens large du terme, que cet appel soit immédiat ou différé (§ 1). Cependant, le législateur a mis en place des régimes spécifiques afin de limiter, sans l'exclure, l'application du principe (§ 2). Pour sauvegarder le principe général, la jurisprudence a été amenée à rétablir, dans certains cas, le droit d'appel nonobstant la volonté du législateur de l'exclure (§ 3).

1. Civ. 12 févr. 1923, *DP* 1924. 1. 19 – Civ. 1re, 4 janv. 1958, *D.* 1958. 129.
2. Paris, 13 juill. 1978, *D.* 1980. 45, note Rameau.
3. Civ. 2e, 14 juin 1978, *JCP* 1978. IV. 250.
4. Req. 3 mai 1897, *DP* 1897. 1. 224.
5. V. PAR EX., Civ. 3 avr. 1895, *DP* 1896. 1. 5, note Glasson.
6. Com. 11 déc. 2007, n° 06-16.095, NP.
7. Civ. 3e, 23 mai 2007, n° 06-18.152, *Bull. civ.* III, n° 87; *D.* 2007. 1661; *AJDI* 2008. 227, obs. Lévy.
8. Soc. 24 sept. 2008, n° 07-60.350, *Bull. civ.* V, n° 182.

§ 1
Principe général

A.
Ouverture de l'appel en toutes matières

1°
Ouverture de l'appel contre toutes les sortes de jugements

111.11 Jugements contentieux. Le terme « jugement », employé par l'article 543 du Code de procédure civile, inclut en premier lieu **toutes les décisions juridictionnelles rendues en première instance**, quelle que soit la qualification donnée[1]. Ainsi l'appel est admis pour tous les litiges qu'ils soient de nature personnelle ou réelle, mobilière ou immobilière, patrimoniale ou extrapatrimoniale, portés devant une juridiction de droit commun ou devant une juridiction d'exception. Chaque fois que le juge tranche un litige, sa décision est susceptible d'appel à moins qu'il n'en soit disposé autrement.

Les **jugements sur le fond** sont susceptibles d'appel, mais également les **ordonnances de référés** puisque l'article 490 du Code de procédure civile prévoit qu'elles peuvent être frappées d'appel à moins qu'elles n'émanent du premier président de la cour d'appel ou qu'elles n'aient été rendues en dernier ressort en raison du montant ou de l'objet de la demande. Même les **ordonnances de référé statuant uniquement sur la compétence** sont susceptibles d'appel et non de contredit (C. pr. civ., art. 98). Lorsqu'elles ordonnent une **expertise**, si le juge des référés a épuisé sa saisine, elles peuvent être immédiatement frappées d'appel sans autorisation du premier président (v. s^{s} n°s 313.11 s.).

Les **ordonnances sur requête** sont également susceptibles d'appel, qu'elles soient rendues en matière gracieuse ou en matière contentieuse. L'article 496 du Code de procédure civile précise que lorsqu'il n'est pas fait droit à la requête, un appel peut être formé à moins que l'ordonnance n'émane du premier président de la cour d'appel, cet appel est instruit et jugé comme en matière gracieuse. S'il est fait droit à la requête, tout intéressé peut en référer au juge qui a rendu l'ordonnance. Le droit d'appel s'applique aux **décisions du juge de l'exécution** (C. pr. exéc., art. R. 121-19), à certaines **ordonnances du juge de la mise en état** (C. pr. civ., art. 776), du **juge rapporteur du tribunal de commerce** (C. pr. civ., art. 868), ou encore à certaines décisions du **juge aux affaires familiales** (C. pr. civ., art. 1102, 1112, 1119, 1134).

L'appel est possible contre les **jugements contradictoires** (C. pr. civ., art. 467), c'est-à-dire rendus lorsque toutes les parties ont comparu et ont débattu contradictoirement des questions litigieuses. L'appel est également recevable contre les **jugements dits contradictoires**, lorsque le demandeur ne comparaît pas sans motif légitime et que le défendeur requiert un jugement sur le fond (C. pr. civ., art. 468, al. 1er), ou encore lorsqu'après avoir comparu une partie s'abstient d'accomplir les actes de procédures dans les délais requis (C. pr. civ., art. 469, al. 1er).

La voie de l'appel est enfin ouverte contre les **jugements réputés contradictoires**. Un jugement est réputé contradictoire lorsqu'il est susceptible d'appel ou lorsque la citation a été délivrée à la personne du défendeur, même si celui-ci ne comparaît pas (C. pr. civ., art. 473, al. 2). Dans la mesure où la voie de l'appel est ouverte ou dans la mesure où le défendeur a été avisé de la citation et des conséquences de son défaut de comparaître, le jugement est réputé contradictoire et le défendeur, qui n'a pas comparu, privé du droit d'opposition.

EN REVANCHE, lorsque le **jugement** a été **rendu par défaut** (C. pr. civ., art. 473, al. 1er), c'est-à-dire lorsque le défendeur n'a pas comparu et que la décision a été rendue en dernier ressort ou lorsque la citation n'a pas été délivrée à personne, le jugement devra être **frappé d'opposition** et non d'appel.

111.12 Jugements rendus en matière gracieuse. Selon l'article 25 du Code de procédure civile, le juge statue en matière gracieuse lorsqu'en l'absence de litige il est saisi d'une demande dont la loi exige, en raison de la nature de l'affaire ou de la qualité du requérant, qu'elle soit soumise à son contrôle. C'est la loi du 15 juillet 1944[2] qui a autorisé l'**appel des décisions rendues en chambre du conseil**. La matière a été remodelée par le décret du 28 août 1972[3] et le [Nouveau] Code de procédure civile a ouvert les voies de recours quelle que soit la nature du jugement, gracieuse ou contentieuse. L'ouverture et l'interdiction de l'appel sont désormais indépendantes de la nature du jugement rendu par le juge.

2°
Absence de recours contre les mesures d'administration judiciaire

111.21 Exposé de la règle. L'article 537 du Code de procédure civile prévoit que les actes d'administration judiciaire ne sont susceptibles d'aucun recours car ils ne se rattachent ni à la juridiction

1. Civ. 2e, 14 juin 1978, n° 77-12.084, *Bull. civ.* II, n° 158; *JCP* 1978. IV. 251, à propos du remplacement d'un expert par voie de référé.

2. L. 15 juill. 1944, *DA* 1944. 81.
3. Décr. n° 72-788, 28 août 1972, instituant une troisième série de dispositions destinées à s'intégrer dans le nouveau Code de procédure civile, *JO* 30 août, p. 9300.

gracieuse, ni à la juridiction contentieuse. Il s'agit des **mesures relatives au fonctionnement du tribunal ou au bon déroulement de l'instance** (v. s[s] n°s 321.06 s.). Le code précise parfois les actes qui entrent dans cette catégorie. Ainsi en est-il des décisions qui ordonnent la **jonction** ou la **disjonction de l'instance** (C. pr. civ., art. 368), des décisions de **radiation** ou de **retrait du rôle** (C. pr. civ., art. 383). Mais le Code de procédure civile ne contient aucune définition des mesures d'administration judiciaire. Or, la qualification n'est pas toujours aisée.

111.22 Problèmes de qualification. Il n'est pas toujours facile de déterminer la qualification de l'acte pris par le juge.

Ainsi, il a été jugé que constitue une mesure d'administration judiciaire la **décision de joindre les incidents de procédure avec le fond** car elle ne présente « *aucunement le caractère d'un déni de justice de ses attributions juridictionnelles commis par le tribunal mais l'exercice, dans l'intérêt d'une bonne administration de la justice, de sa faculté de joindre plusieurs instances prévue par l'article 367 du Code de procédure civile* » et « *la cour d'appel a exactement retenu que la banque n'était pas fondée à arguer d'un excès de pouvoir et qu'en conséquence son appel en nullité était irrecevable* »[1].

Ont encore été qualifiés de mesures d'administration judiciaire « *la décision statuant sur une demande de renvoi de l'audience* »[2] et le jugement qui ordonne la réouverture des débats[3]. La Cour de cassation a estimé que la radiation prévue par l'article 526 du Code de procédure civile, lorsque l'exécution provisoire est de droit ou a été ordonnée et que l'appelant n'a pas exécuté les condamnations prononcées à son encontre par la décision frappée d'appel, est une simple mesure d'administration judiciaire insusceptible de recours[4]. Cette solution est critiquable (v. s[s] n°s 322.11 et 322.12).

A également été contestée (v. s[s] n° 322.21) la solution qui consiste à qualifier de mesure d'administration judiciaire l'**ordonnance du premier président autorisant à assigner à jour fixe** devant la cour d'appel conformément aux dispositions de l'article 917 du Code de procédure civile[5].

1. Com. 12 juill. 2011, n° 09-71.764, *Bull. civ.* IV, n° 120; *D.* 2011. 1966, obs. Lienhard.
2. Civ. 2e, 10 mars 2011, n° 10-14.111, NP.
3. Civ. 2e, 10 mars 2011, n° 10-14.629, NP.
4. Civ. 2e, 18 juin 2009, n° 08-15.424, *Bull. civ.* II, n° 167; *D.* 2009. 2532, note Norguin; *D.* 2009. 2069, chron. Sommer et Nicolétis; *D.* 2010. 169, obs. Fricero; *RTD civ.* 2009. 574, obs. Perrot – Civ. 2e, 10 févr. 2011, n° 09-72.947, NP.
5. Civ. 2e, 25 févr. 2010, n° 09-10.403, *Bull. civ.* II, n° 48; *D.* 2010. 2246, note Théron; *Dr. et proc.* 2010. 179, obs. Douchy-Oudot.

En revanche, ont été qualifiées de décisions susceptibles de recours, la décision de récusation d'un technicien[6] et la décision de dessaisissement du juge des enfants en raison du changement de résidence de la personne à qui l'enfant est confié[7].

B. Appel immédiat et appel différé

111.30 Division. Il résulte de l'article 544 du Code de procédure civile que seuls les jugements qui tranchent dans leur dispositif une partie du principal et ordonnent une mesure d'instruction ou une mesure provisoire, peuvent immédiatement être frappés d'appel comme les jugements qui tranchent tout le principal (1°). Peut être également frappé immédiatement d'appel le jugement qui statue sur une exception de procédure, une fin de non-recevoir ou tout autre incident mettant fin à l'instance. En principe il ne peut être interjeté appel contre un jugement avant dire droit qu'en même temps que contre le jugement sur le fond, l'appel est différé (2°). Ce principe souffre quelques exceptions dans des cas spécifiés par la loi (C. pr. civ., art. 545).

1° Appel immédiat

111.31 Jugements tranchant tout ou partie du principal. Lorsque le juge tranche l'**entier litige**, il est dessaisi et sa décision peut, en principe, être frappée d'appel. Cette solution est applicable, par exemple, à la décision du juge de l'exécution statuant sur toutes les demandes dont il a été saisi et mettant ainsi fin à l'instance[8]. La règle vaut en matière d'arbitrage : la cour d'appel de Paris a jugé que seules peuvent faire l'objet d'un recours immédiat les sentences arbitrales, c'est-à-dire les décisions des arbitres qui tranchent, de manière définitive, en tout ou partie, le litige qui leur est soumis, que ce soit sur le fond, sur la compétence ou sur un moyen de procédure qui les a conduits à mettre fin à l'instance; la qualification de sentence ne dépendant pas des termes retenus par les arbitres ou par les parties[9].

Peuvent également faire l'objet d'un appel immédiat, les jugements qui **tranchent dans leur dispositif une partie du principal** et ordonnent une mesure d'instruction ou une mesure provisoire. Il résulte

6. Toulouse, 2 avr. 1982, *JCP* 1983. IV. 322.
7. Civ. 1re, 11 mars 2009, n° 08-12.097, *Bull. civ.* I, n° 57; *D.* 2009. 1504, note Huyette; *D.* 2010. 989, obs. Douchy-Oudot.
8. Civ. 2e, 15 sept. 2005, n° 03-20.644, *Bull. civ.* II, n° 217; *D.* 2005. 2407.
9. Paris, 4 et 11 avr. 2002, *Rev. arb.* 2003. 143, note Bensaude.

ainsi de l'article 544 que les **jugements mixtes** peuvent être frappés d'un appel immédiat. Le jugement mixte suppose que le juge de première instance ait tranché une partie du principal. Le principal s'entend pour chaque partie de l'objet du litige qui la concerne[1]. L'objet du litige est déterminé par les prétentions des parties (C. pr. civ., art. 4).

Ainsi statue sur tout ou partie du principal, la décision qui se prononce sur le fond du droit, relativement à l'objet du litige et dont l'effet propre est d'éteindre l'instance sur le point qu'elle tranche[2]. La Cour de cassation a jugé que ne tranche pas une partie du principal la décision qui prononce une condamnation à payer des dommages et intérêts pour procédure abusive[3]. Il a été également jugé que le jugement se bornant dans son dispositif à ordonner une expertise et le versement d'une provision ne tranche pas une partie du principal et la cour d'appel doit déclarer d'office l'appel irrecevable[4].

Mais tranche une partie du principal la décision qui fixe la créance du bailleur à l'égard des locataires et ordonne une mesure d'instruction, peu importe que les chefs critiqués aient été relatifs à un sursis à statuer et à l'instauration d'une mesure d'expertise[5]. Pour que la décision puisse être frappée d'un appel immédiat, encore faut-il que **le jugement ait tranché tout ou partie du principal dans le dispositif**. En effet, conformément aux dispositions de l'article 544 du Code de procédure civile, il ne peut être tenu compte de dispositions, même si elles ont un caractère décisoire, qui ne sont pas comprises dans le dispositif lui-même[6].

111.32 Jugements statuant sur les incidents mettant fin à l'instance. Selon l'article 944, alinéa 2 du Code de procédure civile, peuvent être frappés immédiatement d'appel les jugements qui statuent sur une **exception de procédure**, une **fin de non-recevoir** ou tout autre **incident mettant fin à l'instance**. Il faut que le jugement statuant sur cet incident mette fin à l'instance.

1. Civ. 2e, 24 mai 1984, no 83-11.781, *Bull. civ.* II, no 91; *RTD civ.* 1985. 216, obs. Perrot; *D.* 1985. IR 261, obs. Julien – Civ. 1re, 7 juill. 1993, no 90-16.695, *Bull. civ.* I, no 242.
2. L. Cadiet et E. Jeuland, *Droit judiciaire privé*, 8e éd., LexisNexis, 2013, no 90.
3. Civ. 2e, 26 oct. 2006, no 05-14.489, *Bull. civ.* II, no 289; *Procédures* 2007. Comm. 4, obs. Perrot; *D.* 2006. 2872 – Civ. 2e, 30 avr. 2009, nos 08-14.883, 08-15.187, 08-15.273 et 08-15.326, *Bull. civ.* II, no 107.
4. Cass., ch. mixte, 25 oct. 2004, no 03-14.219, *Bull. ch. mixte*, no 3; *D.* 2005. 755, note Serinet; *Procédures* 2004. Comm. 251, obs. Perrot; *RTD civ.* 2005. 187, obs. Perrot.
5. Civ. 3e, 13 juin 2007, no 06-11.784, *Bull. civ.* III, no 103; *JCP* 2007. IV. 2470; *D.* 2007. 2757, chron. Monge et Nési; *AJDI* 2007. 943, obs. de La Vaissière.
6. Civ. 2e, 11 avr. 1975, no 74-40.031, *Bull. civ.* II, no 100; *Gaz. Pal.* 1975. 2. 615, note Viatte; *RTD civ.* 1975. 588, obs. Normand.

C'est le cas du jugement qui accueille une fin de non-recevoir tirée de la prescription ou une exception de procédure tenant à la capacité du demandeur d'ester en justice. Il a été ainsi jugé que met fin à l'instance et peut être frappé d'un appel immédiat, le jugement qui déclare irrecevable, en l'état, la demande d'un syndicat des copropriétaires, faute par le syndic d'avoir justifié de son habilitation à agir en justice[7], ou encore la décision par laquelle le juge de l'exécution écarte une créance dans une procédure de traitement d'une situation de surendettement[8].

EN REVANCHE, il a été jugé que ne met pas fin à l'instance le jugement qui rejette le moyen pris de la péremption d'instance[9], celui qui écarte une fin de non-recevoir[10], celui qui rejette une demande de sursis à statuer[11]. Conformément aux dispositions de l'article 78 du Code de procédure civile, si le juge se contente de statuer sur la compétence, sans statuer sur le fond, sa décision n'est pas susceptible d'appel mais de contredit.

111.33 Appel immédiat avec autorisation du premier président. résulte de la combinaison des articles 544 et 545 du Code de procédure civile que les jugements avant dire droit ne peuvent être frappés d'appel indépendamment du jugement sur le fond. Toutefois l'article 545 réserve les cas spécifiés par la loi. Parmi ces cas les articles 272 et 380 du Code de procédure civile autorisent l'appel immédiat à l'encontre des décisions ordonnant une **expertise** ou prononçant un **sursis à statuer**, sur autorisation du premier président de la cour d'appel lorsqu'il est justifié d'un motif grave et légitime (v. ss nos 313.11 à 313.111). Dans ces hypothèses, le plaideur doit saisir le **premier président qui statue en la forme des référés**. Il ne vérifie pas le bien-fondé de la décision dont il est demandé l'autorisation d'interjeter appel mais l'existence d'un motif grave et légitime justifiant un appel immédiat. S'il est fait droit à la demande, le premier président fixe le jour où l'affaire sera examinée par la cour. La cour est saisie et statue comme en matière de procédure à jour fixe.

111.34 Autres jugements avant dire droit susceptibles d'un appel immédiat. Les jugements avant dire droit ne peuvent faire l'objet d'un appel immédiat indépendamment du jugement sur le fond que dans les cas spécifiés par la loi (C. pr. civ., art. 545). C'est ainsi que l'article 776 du Code de procédure civile, après avoir rappelé que les **ordonnances du juge de la mise en état** ne peuvent être

7. Civ. 2e, 9 oct. 1985, no 84-12.334, *Bull. civ.* II, no 147.
8. Civ. 1re, 2 oct. 2001, no 00-04.165, *Bull. civ.* I, no 241, à propos d'un pourvoi en cassation.
9. Civ. 2e, 20 janv. 1983, *Gaz. Pal.* 1983. 1. Pan. 158.
10. Civ. 3e, 24 févr. 1982, no 80-15.143, *Bull. civ.* III, no 53.
11. Civ. 2e, 24 oct. 1979, no 78-10.259, *Bull. civ.* II, no 245 – Soc. 27 févr. 1991, no 87-43.206, *Bull. civ.* V, no 99.

frappées d'appel qu'avec le jugement statuant sur le fond, ajoute qu'elles sont susceptibles d'appel dans les cas et les conditions prévues en matière d'expertise ou de sursis à statuer (v. s^s n° 111.33) et qu'elles « *le sont également dans les quinze jours à compter de leur signification lorsque : 1° elles statuent sur un incident mettant fin à l'instance, elles ont pour effet de mettre fin à celle-ci ou elles en constatent l'extinction; 2° elles statuent sur une exception de procédure; 3° elles ont trait aux mesures provisoires ordonnées en matière de divorce ou de séparation de corps; 4° dans le cas où le montant de la demande est supérieur au taux de compétence en dernier ressort, elles ont trait aux provisions qui peuvent être accordées au créancier au cas où l'existence de l'obligation n'est pas sérieusement contestable* ».

Peu importe ici que la décision statuant sur l'exception de procédure ne mette pas fin à l'instance; il suffit que le juge statue sur une **exception d'incompétence, de litispendance ou de connexité,** sur une **exception de nullité pour vice de forme** ou **pour irrégularité de fond.** Et qu'importe qu'elles n'accordent que des provisions ou ne statuent que sur des mesures provisoires. Il convient de rappeler qu'en vertu de l'article 771 du Code de procédure civile, le juge de la mise en état est, à compter de sa désignation et jusqu'à son dessaisissement, seul compétent à l'exclusion de toute autre formation pour statuer sur les exceptions de procédure, les demandes formées en application de l'article 47 et les incidents mettant fin à l'instance. La Cour de cassation a précisé que **les incidents mettant fin à l'instance** sont ceux mentionnés par les articles 384 et 385 du Code de procédure civile et **n'incluent pas les fins de non-recevoir**[1]. Dans les mêmes conditions, le juge de la mise en état est seul compétent pour accorder une provision au créancier lorsque l'existence de l'obligation n'est pas sérieusement contestable, pour allouer une provision *ad litem*. Il peut ordonner des mesures provisoires, même conservatoires, à l'exception des saisies conservatoires, des hypothèques et nantissements provisoires et enfin il peut ordonner, même d'office, des mesures d'instruction.

2°
Appel différé contre les jugements avant dire droit

111.41 Jugements avant dire droit. Il résulte des dispositions combinées des articles 544 et 545 du Code de procédure civile que les jugements avant dire droit ne peuvent être frappés d'appel indépendamment du jugement sur le fond.

Ainsi, les jugements qui statuent sur une exception de procédure, une fin de non-recevoir ou tout autre incident et ne mettent pas fin à l'instance sont **insusceptibles d'un appel immédiat**[2]. Un jugement qui déclare l'action recevable en écartant des fins de non-recevoir soulevées par la partie adverse[3] comme le jugement qui alloue une provision et ordonne une expertise[4] ou le jugement qui se borne à ordonner une expertise et à fixer un loyer provisionnel sont des jugements avant dire droit insusceptibles d'appel immédiat[5]. La chambre mixte de la Cour de cassation a rappelé que le jugement qui se limite, dans son dispositif, à ordonner une expertise et le versement d'une provision ne tranche pas une partie du principal et que la cour d'appel doit, d'office, déclarer l'appel irrecevable[6]. La règle s'applique à l'ordonnance de référé qui ordonne une expertise sans épuiser sa saisine[7]. Elle a été appliquée en matière arbitrale[8].

L'appel du jugement avant dire droit doit être formé en même tant que **l'appel du jugement sur le fond**, soit dans le **même acte**, soit dans **deux actes du même jour**[9]. Si l'on omet de frapper d'appel, concomitamment avec le jugement sur le fond, le jugement avant dire droit, ce dernier acquiert autorité de chose jugée et ne pourra plus être remis en cause devant la cour d'appel. Ainsi, le jugement avant dire droit qui a rejeté une demande de contre-expertise aura autorité de chose jugée s'il n'est pas frappé d'appel en même temps que la décision sur le fond et toute demande de contre-expertise devant la cour se heurtera à cette autorité de chose jugée[10]. Mais une partie à une instance est recevable à former un appel dirigé exclusivement contre un jugement avant dire droit lorsqu'une autre partie a fait appel du jugement sur le fond dans la même instance, les deux appels devront alors être jugés ensemble[11]. La déclaration d'appel qui ne contient que l'indication du jugement rendu sur le

1. Cass., avis, 13 nov. 2006, n° 06-00.012, *Bull. civ. avis*, n° 10; *Procédures* 2007. Comm. 8, obs. Perrot; *JCP* 2007. II. 10027, obs. Salati; *D.* 2007. Pan. 1382, obs. Julien; *RTD civ.* 2007. 177, obs. Perrot – Civ. 2e, 17 avr. 2008, n° 07-14.298, NP.

2. Civ. 2e, 20 janv. 1983 (préc. s^s n° 111.32) – Civ. 3e, 24 févr. 1982, n° 80-15.143, P (préc. s^s n° 111.32).
3. Civ. 2e, 7 oct. 1981, n° 80-12.240, *Bull. civ.* II, n° 178.
4. Civ. 3e, 7 oct. 1998, n° 96-20.404, *Bull. civ.* III, n° 186; *Procédures* 1998. Comm. 12, obs. Perrot.
5. Civ. 2e, 5 juin 1996, n° 94-15.791, *Bull. civ.* II, n° 120.
6. Cass., ch. mixte, 25 oct. 2004, n° 03-14.219, *Bull. ch. mixte* n° 3; *RTD civ.* 2005. 187, obs. Perrot; *D.* 2005. 757, note Serinet; *Procédures* 2004. Comm. 251, obs. Perrot.
7. Civ. 2e, 23 sept. 2004, n° 02-19.821, *Bull. civ.* II, n° 408; *D.* 2004. IR 2619; *Procédures* 2004. Comm. 228, obs. Perrot; *AJDI* 2004. 907.
8. Civ. 2e, 6 déc. 2001, n° 99-21.870, *Bull. civ.* II, n° 182.
9. Civ. 2e, 5 avr. 2001, n° 99-17.613, *Bull. civ.* II, n° 70; *JCP* 2001. IV. 2022; *D.* 2001. IR 1361; *RTD civ.* 2001. 265, obs. Perrot; *Procédures* 2001. Comm. 121, obs. Perrot.
10. Soc. 13 nov. 1985, n° 83-14.741, *Bull. civ.* V, n° 524; *JCP* 1986. IV. 38.
11. Civ. 2e, 2 déc. 2010, n° 09-14.596, *Bull. civ.* II, n° 197; *D.* 2010. 634, obs. Sommer et Leroy-Gissinger.

fond ne défère pas à la cour les décisions antérieures, rendues dans la même instance, ayant statué sur une exception de procédure, une fin de non-recevoir ou tout autre incident[1].

Font encore l'objet d'un **appel différé** les **ordonnances du juge de la mise en état** (C. pr. civ., art. 776, al. 2). En effet sous réserve des exceptions prévues par l'article 776 alinéa 4, 1° à 4°, les ordonnances du juge de la mise en état doivent être frappées d'appel **en même temps que le jugement sur le fond**.

Enfin, font l'objet d'un **appel différé** les **décisions relatives aux mesures d'instructions**, qu'elles les ordonnent ou qu'elles modifient les mesures déjà ordonnées ou encore qu'elles refusent d'ordonner ou de modifier une mesure d'instruction (C. pr. civ., art. 150) et les **décisions afférentes à l'exécution des mesures d'instruction** (C. pr. civ., art. 170). EN REVANCHE, il a été jugé que la décision refusant de faire droit à une demande de remplacement d'expert ou encore celle relative à la récusation d'un expert mettent fin à une instance incidente, indépendante de la procédure principale qui l'a fait naître et sont susceptibles d'un appel immédiat[2]. Cette solution a été critiquée : « *Cette atomisation de l'instance porte en elle tous les germes destructeurs des règles qui font obstacle à l'appel d'une décision avant dire droit indépendamment du jugement sur le fond ou à un recours en cassation immédiat* »[3] et la Cour de cassation semble être revenue sur cette jurisprudence[4]. Les ordonnances du juge rapporteur du tribunal de commerce ne peuvent être frappées d'appel indépendamment du jugement sur le fond (C. pr. civ., art. 868). Les décisions du bureau de conciliation prises en application des articles R. 1454-14 et R. 1454-15 du Code du travail ou par le conseiller rapporteur (C. trav., art. R. 1454-6) ne peuvent faire l'objet d'un appel immédiat[5] (C. trav., art. R. 1454-16), sous réserve des cas d'excès de pouvoir (v. s[s] n° 111.62).

§ 2
Régimes spécifiques

111.51 Décisions rendues en matière de procédures collectives et de prévention des difficultés des entreprises. La matière exige que les situations soient traitées sans retard. Aussi, toutes les décisions ne sont pas susceptibles d'appel et seules certaines personnes sont autorisées à interjeter appel lorsque celui-ci est admis. Les jugements susceptibles d'appel sont énumérés aux articles L. 661-1, L. 661-2, L. 661-3, L. 661-6, L. 661-11 du Code de commerce pour les **procédures collectives** et les articles L. 611-6, L. 611-10, R. 611-20, R. 611-26 pour les **procédures de prévention des difficultés des entreprises**. Les personnes autorisées à former un appel sont précisées par ces textes.

Seul le ministère **public** peut interjeter appel de toutes ces décisions. Son appel est suspensif à l'exception de celui portant sur les décisions statuant sur l'ouverture d'une procédure de sauvegarde ou de redressement judiciaire (C. com., art. L. 661-6, L. 661-11, L. 661-12).

En principe les ordonnances du juge commissaire peuvent faire l'objet d'un recours devant le tribunal de commerce (C. com., art. R. 621-21) et les décisions du tribunal peuvent être frappées d'appel. Cependant les ordonnances par lesquelles le juge commissaire ordonne une substitution de garantie (C. com., art. L. 622-8) ou statue sur l'admission ou le rejet d'une créance dont le montant est supérieur au taux du dernier ressort ou lorsqu'il statue sur une contestation portant sur l'état des créances (C. com., art. L. 624-4 et R. 624-3, R. 624-4, R. 624-7 et R. 624-10) et les ordonnances relatives à la prise en charge de certains frais de justice par le Trésor public (C. com., art. L. 633-1 et R. 663-2) enfin celles rendues en matière de cession d'actifs au titre des opérations de liquidation judiciaire (C. com., art. R. 642-37-1 et R. 642-37-3) peuvent faire l'objet d'un **appel immédiat** devant la cour d'appel. L'article R. 662-1 du Code de commerce précise que « *à moins qu'il n'en soit disposé autrement par le présent livre : 1° les règles du Code de procédure civile sont applicables dans les matières régies par le livre VI* ». La Cour de cassation en a déduit que les recours formés contre les ordonnances du juge commissaire qui ne sont pas visées par les dispositions de la loi du 26 juillet 2005 sont susceptibles de recours selon les règles du droit commun. Aussi, le jugement ayant rejeté le recours contre une ordonnance du juge commissaire qui n'avait pas accueilli une demande de revendication des marchandises vendues avec clause de réserve de propriété, restées impayées, est susceptible d'un appel et ne peut faire l'objet d'un pourvoi en cassation[6]. Cette solution devrait s'appliquer aux décisions rendues sur les demandes de relevé de forclusion ou sur les jugements statuant sur la continuation des contrats en cours[7].

1. Civ. 2e, 21 janv. 1998, n° 95-18.728, *Bull. civ.* II, n° 18.
2. Civ. 2e, 18 oct. 2001, n° 98-17.475, *Bull. civ.* II, n° 158; *Procédures* 2001. Comm. 227, obs. Perrot; *D.* 2001. 3251, et obs. – Civ. 2e, 23 juin 2005, n° 03-16.627, *Bull. civ.* II, n° 170; *D.* 2005. 2102; *RTD civ.* 2005. 635, obs. Perrot.
3. V. obs. Perrot, préc. s[s] prés[t] n°.
4. Civ. 2e, 17 avr. 2008, n° 07-11.132, *Bull. civ.* II, n° 84; *D.* 2008. 1420.
5. Soc. 10 oct. 1985, n° 83-45.69, *Bull. civ.* V, n° 456.
6. Com. 14 oct. 2008, n° 07-17.824, NP.
7. V. EN CE SENS, J.-L. Gallet, *La procédure devant la cour d'appel*, LexisNexis, 2014, n° 32.

111.52 Décisions en matière de procédure de saisie immobilière et de distribution de prix. Depuis l'ordonnance du 21 avril 2006[1] et le décret du 27 juillet 2006[2], qui sont entrés en vigueur le 1er janvier 2007, tous les jugements rendus dans cette matière sont **susceptibles d'appel, sauf dispositions contraires.** Des modifications ont été apportées à ces textes par l'ordonnance du 18 décembre 2008, portant réforme du droit des entreprises en difficulté[3], et par le décret du 12 février 2009[4], pris pour l'application de cette ordonnance. L'ordonnance du 21 avril 2006 a été abrogée par l'ordonnance du 19 décembre 2011[5] relative à la partie législative du Code des procédures civiles d'exécution et le décret du 27 juillet 2006, à l'exception de son article 168, a été abrogé par le décret du 31 mai 2012[6]. Les textes de l'ordonnance et ceux du décret ont été rassemblés, pour les premiers, dans la partie législative et pour les seconds, dans la partie réglementaire du Code des procédures civiles d'exécution.

La **saisie immobilière** relève aujourd'hui de la compétence du **juge de l'exécution.** L'article R. 311-7 alinéa 1er de ce nouveau code prévoit que les jugements en matière de saisie immobilière sont en principe susceptibles d'**appel dans un délai de quinze jours** à compter de leur notification. L'appel est jugé selon la procédure de l'article 905 du Code de procédure civile.

Le code a repris les **exceptions** qui résultaient du décret du 27 juillet 2006. Ainsi ne peuvent faire l'objet d'un appel certaines décisions du juge de l'exécution statuant en matière de saisie immobilière et de distribution de prix (C. pr. exéc., art. R. 311-9, al. 3; R. 322-21, al. 4; R. 322-37 *in fine*; R. 322-65, al. 2; R. 322-68; R. 332-10 *in fine*), les jugements constatant la vente amiable (C. pr. exéc., art. R. 322-25, al. 2), les jugements d'adjudication à l'exception de ceux qui statuent sur une contestation (C. pr. exéc., art. R. 322-60, al. 2).

1. Ord. nº 2006-461, 21 avr. 2006, réformant la saisie immobilière, *JO* 22 avr., p. 6072.
2. Décr. nº 2006-936, 27 juill. 2006, relatif aux procédures de saisie immobilière et de distribution du prix d'un immeuble, *JO* 29 juill., p. 11316.
3. Ord. nº 2008-1345, 18 déc. 2008, portant réforme du droit des entreprises en difficulté, *JO* 19 déc., p. 19462.
4. Décr. nº 2009-160, 12 févr. 2009, pris pour l'application de l'ordonnance nº 2008-1345 du 18 décembre 2008 portant réforme du droit des entreprises en difficulté et modifiant les procédures de saisie immobilière et de distribution du prix d'un immeuble, *JO* 13 févr., p. 2596.
5. Ord. nº 2011-1895, 19 déc. 2011, relative à la partie législative du Code des procédures civiles d'exécution *JO* 20 déc., p. 21464.
6. Décr. nº 2012-783, 30 mai 2012, relatif à la partie réglementaire du Code des procédures civiles d'exécution, *JO* 31 mai, p. 9375.

§ 3
Appel-nullité

111.60 Division. L'article 460 du Code de procédure civile rappelle la règle traditionnelle selon laquelle « *voies de nullité, n'ont lieu contre les jugements* ». L'adage signifie qu'un jugement ne peut être attaqué qu'au moyen des voies de recours ouvertes par la loi. L'annulation d'un jugement constitue une des finalités de l'appel, comme le rappelle l'article 542 du Code de procédure civile. Cependant **l'appel-nullité, création de la jurisprudence,** ne doit pas être confondu avec l'appel qui a pour but de faire annuler un jugement conformément aux dispositions de l'article 542. En effet, la jurisprudence a peu à peu consacré des recours nullité, dits autonomes, lorsque la loi exclut tout recours ou le diffère dans le temps. Cette **création prétorienne** a été développée *contra legem* afin de pallier les inconvénients de ces exclusions. L'appel-nullité a été qualifié d'**autonome** parce qu'il n'est pas lié à une existence ou à l'exercice d'un recours réformation. La Cour de cassation a posé la règle « *qu'aucune disposition ne peut interdire de faire constater, selon les voies de recours du droit commun, la nullité d'une décision entachée d'excès de pouvoir* »[7].

Cette jurisprudence trouve son origine dans la **prohibition de l'appel immédiat** contre les décisions du bureau de conciliation du conseil de prud'hommes et dans les **limitations de l'appel** dans les procédures de redressement et de liquidation judiciaires. Les **procédures collectives** et l'**arbitrage**, avant la réforme réalisée par le décret du 11 janvier 2011[8], offraient l'utilisation la plus fréquente de l'appel-nullité[9]. Mais ce recours autonome est également appliqué en **droit de la famille**, en **droit du travail** et plus généralement dans tous les domaines où l'appel est interdit ou retardé par la loi. L'appel-nullité a le mérite de « *contribuer à faire respecter l'ordre procédural* » et en présence de décisions entachées de graves irrégularités de permettre « *que soit atténué la portée des atteintes légales au principe du double degré de juridiction* »[10]. L'appel-nullité est une illustration de la **consécration du droit à un recours juridictionnel.** Cependant les conditions (A) et les effets (B) de l'appel-nullité sont parfois flous et nécessitent d'être précisés.

7. Com. 12 mai 1992, nº 90-14.124, *Bull. civ.* IV, nº 182; *D.* 1992. 345, note Bolard.
8. Décr. nº 2011-48, 13 janv. 2011, portant réforme de l'arbitrage, *JO* 14 janv., p. 777.
9. J.-M. Sommer, « L'excès de pouvoir du juge dans la jurisprudence de la Cour de cassation, 1990-2010. Étude empirique », L. Cadiet et D. Loriferne (dir.), *La réforme de la procédure d'appel*, IRJS, 2011, p. 107 s.
10. O. Barret, « L'appel-nullité (dans le droit commun de la procédure civile) », *RTD civ.* 1990. 199.

A. Conditions

111.61 Énumération des conditions. Comme tous les appels, l'appel-nullité pour être recevable doit en principe émaner d'une personne qui a été **partie** en première instance[1] et qui a un **intérêt à agir**[2]. En outre, il faut qu'un **texte interdise** provisoirement ou définitivement l'exercice d'une **voie de recours de droit commun**, qu'elle soit ordinaire ou extraordinaire[3]. L'appel-nullité suppose un jugement *lato sensu*, il ne peut être formé contre une mesure d'administration judiciaire[4]. Enfin la décision doit être affectée d'un **vice particulièrement grave**. En effet, l'appel-nullité est une **voie de recours exceptionnelle** qui ne peut être utilisée que de manière restrictive pour sanctionner les violations les plus graves des règles de procédure. Au fil des décisions il est apparu que l'appel-nullité était subordonné soit à la commission d'un **excès de pouvoir**, soit à la **violation d'un principe essentiel de procédure**[5]. La violation du principe de la contradiction n'a pas été retenue par toutes les chambres de la Cour de cassation. En effet, la première chambre civile a jugé que « *les dispositions des articles 544 et 545 du Code de procédure civile ne reçoivent exception qu'en cas d'excès de pouvoir* » et a ajouté que « *ne constitue pas un tel excès la violation du principe de la contradiction* »[6]. Au contraire, la chambre commerciale admettait plus largement l'appel-nullité en cas de violation du principe de la contradiction[7]. Ces désaccords ont conduit à la **saisine de la chambre mixte** qui a réduit le domaine de l'appel-nullité en en limitant la recevabilité aux seuls cas où un **excès de pouvoir** a été commis[8].

1. Com. 22 mars 1988, nos 87-15.901 et 87-15.902, *Bull. civ.* IV, n° 113; *D.* 1988. 375, note Derrida et Julien.
2. Paris, 6 mars 1991, *D.* 1992. Somm. 92, obs. Derrida.
3. Civ. 1re, 8 juin 2004, nos 01-17.500 et 02-15.186, *Bull. civ.* I, n° 161.
4. Com. 12 juill. 2011, n° 09-71.764, *Bull. civ.* IV, n° 120; *D.* 2011. 815, et obs.; *RTD com.* 2011. 424, obs. Vallens.
5. Soc. 3 oct. 1985, n° 83-41.084, *Bull. civ.* V, n° 439; *JCP* 1985. IV. 354 – Soc. 3 oct. 1985, n° 83-40.960, *Bull. civ.* V, n° 440; *JCP* 1985. IV. 353 – Com. 3 mars 1992, n° 90-12.602, *Bull. civ.* IV, n° 103, et Com. 12 mai 1992, n° 90-14.124, *Bull. civ.* IV, n° 182; *D.* 1992. 345, note Bolard – Com. 28 mai 1996, n° 94-14.232, *Bull. civ.* IV, n° 150; *D.* 1997. 538, note Bolard; *RTD civ.* 1996. 985, obs. Perrot – Com. 1er oct. 1997, nos 94-15.084 et 95-11.737, *Bull. civ.* IV, n° 232 – Com. 2 mai 2001, n° 98-11.329, *Bull. civ.* IV, n° 83.
6. Civ. 1re, 28 avr. 1998, n° 95-22.241, *Bull. civ.* I, n° 151; *Procédures* 1998. Comm. 165, obs. Perrot; *Justices* 1998, n° 4, p. 654, obs. Wiederkher; *D.* 1998. 137.
7. Com. 28 avr. 1998, n° 95-18.132, *Bull. civ.* IV, n° 138; *D.* 1998. 164; *RTD civ.* 1999. 465, obs. Perrot; *RTD com.* 1998. 690, obs. Vallens.

111.62 Excès de pouvoir. Afin de mettre un terme aux divergences de solutions retenues par les chambres civiles de la Cour de cassation, la chambre mixte a jugé que lorsqu'un recours immédiat est interdit par la loi, « *il n'est dérogé à cette règle, comme à toute règle interdisant ou différant un recours, qu'en cas d'excès de pouvoir* ». Et elle poursuit en indiquant, comme l'avait fait auparavant la première chambre civile, que « *ne constitue pas un excès de pouvoir la violation du principe de la contradiction* ». À la suite de cette décision la deuxième chambre civile a jugé que ne constituait un excès de pouvoir ni la violation des règles relatives à la composition des juridictions, ni la violation du principe de la contradiction[9] et la première chambre a rappelé que « *l'appel-nullité n'est recevable qu'en cas d'excès de pouvoir consistant pour le juge à méconnaître l'étendue de son pouvoir de juger* »[10].

Depuis cet arrêt de la chambre mixte du 28 janvier 2005, la violation d'un principe essentiel de procédure ne devrait plus pouvoir fonder un recours nullité. Seul l'excès de pouvoir est susceptible de constituer le grief rendant recevable un tel recours. Cet excès peut être **positif**, lorsque le juge use de prérogatives que la loi ne lui attribue pas[11] ou il peut être **négatif** quand le juge n'exerce pas son pouvoir[12]. Commet ainsi un excès de pouvoir le président du tribunal de grande instance qui se déclare incompétent pour statuer sur une demande de désignation d'un second arbitre fondée sur l'article 1493 alinéa 2 du Code de procédure civile[13].

Il existe **différentes hypothèses d'excès de pouvoir**[14]. Il y a tout d'abord excès de pouvoir lorsqu'une atteinte est portée à la séparation des pouvoirs, lorsque le juge empiète sur le domaine de compétence du législateur ou du pouvoir exécutif[15]. Il y a encore excès de pouvoir lorsque le juge judiciaire méconnaît le principe de la séparation des autorités judi-

8. Cass., ch. mixte, 28 janv. 2005, n° 02-19.153, *Bull. ch. mixte*, n° 1; *BICC* 15 avr. 2005, n° 617; *D.* 2006. Pan. 545, obs. Julien; *Procédures* 2005. Comm. 87, obs. Perrot.
9. Civ. 2e, 17 nov. 2005, n° 03-20.815, *Bull. civ.* II, n° 293; *D.* 2005. 3085, note Lienhard; *Procédures* 2006. Comm. 12, obs. Perrot.
10. Civ. 1re, 20 févr. 2007, n° 06-13.134, *Bull. civ.* I, n° 61; *D.* 2007. AJ 803; *RTD civ.* 2007. 386, obs. Perrot.
11. Soc. 3 oct. 1985, n° 83-41.084, *Bull. civ.* V, n° 439; *JCP* 1985. IV. 354.
12. V. PAR EX., Civ. 1re, 1er févr. 2005, nos 01-13.742 et 02-15.237, *Bull. civ.* I, n° 53; *D.* 2005. 2727, note Hotte; *JCP* 2005. I. 134, p. 780, note Beguin.
13. Civ. 1re, 1er févr. 2005, nos 01-13.742 et 02-15.237, P (préc. ss prést n°).
14. V. rapp. M. Charruault ss Cass., ch. mixte, 28 janv. 2005, n° 02-19.153, P (préc. ss n° 111.61); *BICC* 15 avr. 2005, n° 617.
15. Civ. 1re, 30 mai 1967, *Bull. civ.* I, n° 188 (le juge critique un décret dans les motifs de son jugement).

ciaires et administratives[1]. Constitue une dernière catégorie d'excès de pouvoir, le fait pour le juge d'user de prérogatives que la loi ne lui a pas attribuées. C'est classiquement le cas du bureau de conciliation qui alloue des provisions d'un montant supérieur au plafond prévu par l'article R. 1454-14 du Code du travail[2]. On trouve encore des exemples de ce type d'excès de pouvoir en matière d'arbitrage[3].

Faut-il déduire de la jurisprudence postérieure à l'arrêt de la chambre mixte que désormais toute atteinte à un principe fondamental de procédure, notamment la violation du principe de la contradiction, ne peut ouvrir un recours nullité ? Certains arrêts de la chambre commerciale de la Cour de cassation peuvent laisser penser le contraire. Ainsi, elle a affirmé que le fait pour un juge, qui se prononce en matière de réalisation d'actifs du débiteur en liquidation judiciaire, de statuer sans que le débiteur ait été entendu ou dûment appelé, constitue un excès de pouvoir[4]. Cette hypothèse n'entre pas dans le schéma classique de l'excès de pouvoir, c'est une violation du principe de la contradiction. La position de la chambre commerciale doit être approuvée. En effet il a été démontré que « *l'inflexion nouvelle donnée par la Cour de cassation à la notion d'excès de pouvoir résulte davantage d'un souci de régulation des flux, d'une logique purement gestionnaire, que d'une approche conceptuelle, car, quelle différence, pour le justiciable, au regard de ses intérêts, entre un juge qui empiète sur les pouvoirs d'autres autorités et celui qui transgresse gravement ses obligations qui forment le cœur de sa mission juridictionnelle ? Dans les deux cas, la nécessité sociale de redresser la situation, de corriger l'erreur, impose un recours-nullité restauré immédiatement* »[5]. Le procédé est d'autant plus critiquable qu'il conduit à transmettre une partie du contentieux de la violation des principes fondamentaux régissant la procédure à la Cour européenne des droits de l'homme alors que le **principe de subsidiarité** voudrait que les **juridictions nationales veillent**, nonobstant toute disposition réglementaire ou législative contraire, **au respect des principes régissant le procès équitable**. L'arrêt de la chambre mixte contribue à l'accroissement de l'encombrement de la Cour européenne des droits de l'homme[6].

111.63 Délais. Il avait été initialement admis que le délai pour interjeter un appel-nullité devait être le délai de droit commun puisque l'appel-nullité vise à sanctionner une grave violation et qu'il convient de permettre aux parties lésées d'accéder effectivement à une voie de recours malgré la prohibition légale[7]. Ce n'est pas la solution retenue par la chambre commerciale de la Cour de cassation qui considère que les voies de recours demeurent soumises aux conditions de forme et de délai qui leur sont propres « *sans qu'il y ait lieu de distinguer selon qu'elles tendent à la réformation, à l'annulation ou à la rétractation de la décision attaquée* »[8]. Ainsi, en matière de difficultés des entreprises le délai d'appel est généralement de dix jours (C. com., art. R. 661-3). L'appel-nullité doit donc être régularisé selon les formes et les délais spécifiques à la matière dans laquelle la décision critiquée est rendue.

111.64 Vers une disparition de l'autonomie du régime procédural de l'appel-nullité ? La deuxième chambre civile de la Cour de cassation a cassé, sous le visa de l'article 542 du Code de procédure civile, un arrêt au motif que « *l'appel-nullité, ouvert en cas d'excès de pouvoir, n'est pas une voie de recours autonome* »[9].

Dans cette affaire la cour d'appel avait jugé qu'une déclaration d'appel, indiquant que le recours tendait à la réformation ou à l'annulation de la décision du tribunal, constituait un appel de droit commun et que les conclusions ultérieurement déposées, invoquant un excès de pouvoir, constituaient un appel-nullité formé hors délai. Faut-il déduire de cet arrêt que le régime procédural spécifique de l'appel-nullité disparaît et est intégré dans le domaine de l'article 542 du Code de procédure civile ? Dans ce cas, en formant un **appel de droit commun** il devient possible, dans des conclusions postérieures, de conclure à la nullité du jugement en raison de l'excès de pouvoir du juge mais encore faut-il avoir précisé, dans la **déclaration d'appel**, que l'objet de l'appel tendait à l'infirmation et à l'annulation du jugement (v. s[s] n°s 211.32, 211.33 et 211.41). Il est toutefois inutile d'indiquer dans l'acte de notification du jugement de

1. Civ. 1re, 6 mai 1985, n° 84-12.869, *Bull. civ.* I, n° 143.
2. Soc. 3 oct. 1985, n° 83-41.084, P (préc. s[s] prés[t] n°).
3. V. Civ. 2e, 27 juin 2002, n° 01-13.935, *Bull. civ.* II, n° 146; *RTD com.* 2002. 655, obs. Loquin.
4. Com. 16 juin 2009, n° 08-13.565, *Bull. civ.* IV, n° 82; *D.* 2009. 1756, obs. Lienhard.
5. S. Guinchard, C. Chainais et P. Ferrand, *Procédure civile, droit interne et droit de l'Union européenne,* 32e éd., « Précis », Dalloz, 2014, n° 1156 *in fine*, p. 828.
6. Sur ce problème, v. C. Grewe, « Les outils dans le cadre de la Convention européenne des droits de l'homme », D. d'Ambra (dir.), *Le rééquilibrage du pouvoir juridictionnel*, « Thèmes et commentaires », Dalloz, 2013, p. 101-113 et spéc. p. 109-112.
7. Paris, 8 juill. 1987, *D.* 1987. 11 – Douai, 16 juill. 1987, *Gaz. Pal.* 1987. 593 – Paris, 7 févr. 1997, *LPA* 8 avr. 1998, note Derrida.
8. Com. 15 janv. 1991, n° 89-18.185, *Bull. civ.* IV, n° 26; *D.* 1992. Somm. 91, obs. Derrida – Com. 26 avr. 1994, n°s 92-18.966, 92-1.719, 92-20.213, 92-20.789 et 92-20.790, *Bull. civ.* IV, n° 154.
9. Civ. 2e, 8 déc. 2011, n° 10-18.413, *Bull. civ.* II, n° 222; *Dr. et proc.* 2012. 40, obs. Salati; *RTD civ.* 2012. 375, obs. Perrot.

première instance, le délai et les modalités de recours de l'appel-nullité en cas d'excès de pouvoir[1].

111.65 Appréciation de la recevabilité. Dans les procédures avec représentation obligatoire et mise en état, si la recevabilité de l'appel est contestée la question doit-elle être tranchée par le conseiller de la mise en état ? Avant l'entrée en vigueur du décret n° 2009-1524 du 9 décembre 2009[2], il avait été jugé, à propos des **exceptions de procédure** que le conseiller de la mise en état ne pouvait être considéré comme le juge d'appel de la décision de première instance; par suite il ne pouvait statuer sur les exceptions qui concernent la première instance[3]. Il était logique d'étendre cette solution aux **incidents qui mettent fin à l'instance** et notamment à la question de la recevabilité de l'appel. Pour juger de la recevabilité d'un appel-nullité, il faut apprécier la commission d'un excès de pouvoir par les juges de première instance et il était légitime de penser qu'il appartenait exclusivement à la formation collégiale de la cour d'appel de trancher une telle question. Pourtant la chambre commerciale de la Cour de cassation avait admis la **compétence du conseiller de la mise en état** pour déclarer **l'appel irrecevable** même en cas d'appel-nullité[4]. On a clairement voulu faire du juge de la mise en état un **organe de gestion de l'instance civile** et depuis le décret du 9 décembre 2009 ses pouvoirs ont été encore renforcés. Il est désormais seul compétent, de sa désignation jusqu'à son dessaisissement, « *pour déclarer l'appel irrecevable et trancher à cette occasion toute question ayant trait à la recevabilité de l'appel* » (C. pr. civ., art. 914). Et les parties ne sont plus recevables à invoquer l'irrecevabilité après son dessaisissement à moins que la cause ne survienne ou ne soit révélée postérieurement. Mais la cause de l'appel-nullité ne peut, par hypothèse, survenir pendant l'instance d'appel et il est peu probable qu'elle soit découverte après le dessaisissement du conseiller de la mise en état. L'article 914 ajoute que les ordonnances du conseiller de la mise en état ont autorité de chose jugée au principal. Bien que la solution soit critiquable, compte tenu de la rédaction des dispositions du Code de procédure civile, il appartient au plaideur qui conteste l'excès de pouvoir de soulever, devant le conseiller de la mise en état, l'irrecevabilité de l'appel-nullité et à celui qui conteste la solution retenue par le magistrat de la mise en état de frapper son ordonnance de déféré dans les quinze jours de sa date, conformément aux dispositions de l'article 916 alinéa 2 du code. Il faut noter que le déféré est ouvert contre les ordonnances qui statuent sur la fin de non-recevoir tirée de l'irrecevabilité de l'appel ou pas uniquement contre celles qui mettent fin à l'instance.

Dans les **procédures sans mise en état ou sans représentation obligatoire**, c'est **la cour** qui statue sur la **recevabilité de l'appel-nullité** lorsqu'elle est contestée.

B.
Effets de l'appel-nullité

111.71 Effet suspensif. Bien que la Cour de cassation n'ait pas eu à se prononcer sur cette question, il est légitime de penser que l'appel-nullité bénéficie de l'effet suspensif attaché à l'appel ordinaire. Cette solution « *paraît opportune, car si la décision est réellement entachée d'un excès de pouvoir, il n'est pas souhaitable qu'elle puisse être mise à exécution rapidement* »[5]. Mais faut-il décider que l'appel-nullité est suspensif nonobstant le **prononcé de l'exécution provisoire ?** Dans la mesure où la Cour de cassation semble désormais condamner l'autonomie de l'appel-nullité (v. s[s] n° 111.64), il est fort probable qu'elle rejette une telle solution, aussi il appartient à l'appelant de **solliciter le sursis à l'exécution provisoire** dans les conditions prévues à l'article 524 du Code de procédure civile.

111.72 Effet dévolutif. S'il n'y a pas d'autonomie procédurale de l'appel-nullité, il faut appliquer les solutions retenues pour l'appel ordinaire. Il résulte de l'article 562 alinéa 2 du Code de procédure civile que « *la dévolution s'opère pour le tout lorsque l'appel n'est pas limité à certains chefs, lorsqu'il tend à l'annulation du jugement ou si l'objet du litige est indivisible* ». Ainsi lorsque l'appel tend à l'annulation du jugement, la dévolution s'opère pour le tout, sans qu'il soit besoin de se référer aux conditions posées par l'article 568 pour l'évocation[6]. Mais l'appel est dépourvu d'effet dévolutif lorsque le jugement est nul en raison d'une irrégularité de l'acte introductif d'instance, la cour ne peut qu'inviter les parties à mieux se pourvoir[7].

1. Com. 17 juill. 2001, n° 98-15.963, NP; *RTD com.* 2001. 981, obs. Vallens – Com. 9 juin 1998, n° 95-18.486, *Bull. civ.* IV, n° 188; *D.* 1999. 70, obs. Honorat; *RTD com.* 1998. 951, obs. Vallens.
2. Décr. n° 2009-1524, 9 déc. 2009, relatif à la procédure d'appel avec représentation obligatoire en matière civile, *JO* 11 déc., p. 21386.
3. Paris, 5 oct. 2002, *D.* 2003. Somm. 1404.
4. Com. 14 mai 2008, n° 07-11.036, *Bull. civ.* IV, n° 99; *D.* 2008. 1559; *Procédures* 2008. Comm. 225, obs. Perrot.
5. J. Héron et T. Le Bars, *Droit judiciaire privé*, 5e éd., « Domat droit privé », Montchrestien, 2012, n° 736, note 88 – EN CE SENS, v. Rép. pr. civ., V° *Appel*, par F. Ferrand, mars 2012 [actu. avr. 2015], n° 340.
6. Civ. 2e, 8 juin 1983, *Gaz. Pal.* 1983. Pan. 265, obs. Guinchard – Com. 21 mai 1985, n° 83-10.815, *Bull. civ.* IV, n° 159; *JCP* 1985. IV. 268.
7. Com. 22 déc. 1975, *Gaz. Pal.* 1976. 275, note R. P.; *RTD civ.* 1976. 406, obs. Perrot – Com. 30 nov. 1999, n° 97-14.595, *Bull. civ.* IV, n° 218; *D.* 2000. 627, note Lamazerolles.

Toutefois l'effet dévolutif jouera nonobstant la nullité de l'acte introductif d'instance si l'appelant a conclu au fond à titre principal devant la cour d'appel[1]. Lorsqu'elle écarte le moyen de nullité, la cour ne peut statuer au fond qu'après avoir mis toutes les parties en demeure de conclure sur le fond[2]. Il avait été jugé que l'effet dévolutif jouait en cas de procédure collective même lorsque l'irrégularité affectait la saisine des premiers juges[3]. Cette solution, bien établie, était fondée sur l'article 11 du décret du 27 décembre 1985[4] (devenu C. com., art. R. 631-6) qui prévoyait que « *la cour d'appel qui annule ou infirme un jugement de redressement judiciaire ou prononçant la liquidation judiciaire peut d'office, soit ouvrir la procédure de redressement judiciaire, soit prononcer la liquidation judiciaire* ». Mais elle a été remise en cause par la chambre commerciale de la Cour de cassation[5].

SECTION 2
EXCEPTIONS AU PRINCIPE GÉNÉRAL DU DROIT D'APPEL

111.80 Division. Certaines décisions ne sont pas susceptibles d'appel (§ 1), tantôt en raison du faible montant de la demande, tantôt en raison de la nature de la décision rendue. Il arrive également que le droit d'appel soit mis en échec en raison d'un défaut de diligence postérieur au jugement (§ 2).

§ 1
Décisions insusceptibles d'appel

A.
En fonction du taux du ressort

111.81 Suppression du droit d'appel en-deçà du taux du ressort. L'appel n'est possible que si la décision a été rendue dans **un litige qui revêt une certaine importance**. Le **taux du ressort** au-dessous duquel l'appel n'est pas ouvert est déterminé par les règles propres à chaque juridiction (C. pr. civ., art. 34). Le taux du ressort est fixé par décret. Il n'était pas le même pour toutes les juridictions de l'ordre judiciaire et faisait chaque année l'objet d'un décret en ce qui concerne le conseil de prud'hommes. Mais l'article 58 de la loi du 9 décembre 2004 de simplification du droit[6] a supprimé le principe de la révision annuelle du taux du ressort. Il est désormais **unifié** pour les différentes juridictions et il a été fixé à **4 000 euros.** Lorsque la valeur en litige est inférieure au taux du ressort, la décision est rendue en premier et dernier ressort et n'est susceptible que d'un pourvoi en cassation, voie extraordinaire de recours. Lorsque l'affaire est susceptible d'appel, elle est rendue en premier ressort. L'article 536 du Code de procédure civile précise que la qualification inexacte d'un jugement par les juges qui l'ont rendu est sans effet sur le droit d'exercer un recours. Ainsi il est possible d'interjeter appel d'un jugement faussement qualifié en premier et dernier ressort[7] et l'appel n'est pas ouvert contre un jugement qualifié à tort en premier ressort[8]. L'alinéa second de l'article 536 du Code de procédure civile ajoute que si le recours est déclaré irrecevable en raison de **l'inexactitude de qualification du jugement** par les juges qui l'ont rendu, la décision d'irrecevabilité est notifiée par le greffe à toutes les parties à l'instance du jugement. Cette notification fait courir à nouveau le délai prévu pour l'exercice du recours approprié. Ce texte, ajouté par le décret du 20 août 2004[9], vise à **protéger les parties de l'erreur du juge en ouvrant un nouveau délai de recours** pour qu'elles puissent exercer le bon recours. Auparavant la jurisprudence avait jugé que le délai d'appel ne courait pas lorsque le jugement entrepris comportait une qualification erronée[10] sauf si l'acte de notification de la décision avait indiqué la bonne voie de recours[11]. La Cour de cassation a déduit de l'article 536 alinéa 1er qu'aucun recours n'est ouvert à seule fin de faire rectifier la qualification erronée retenue par les juges[12].

1. Civ. 2e, 3 oct. 2002, no 00-21.648, *Bull. civ.* II, no 200; *D.* 2002. 2846, et obs.
2. Civ. 2e, 24 oct. 1990, no 89-15.113, *Bull. civ.* II, no 212.
3. Com. 28 avr. 1980, no 78-14.775, *Bull. civ.* IV, no 168; *D.* 1980. IR 510, note Honorat – Com. 31 mars 1998, no 94-17.096, NP; *Procédures* 1998. 137, obs. Perrot.
4. Décr. no 85-1388, 27 déc. 1985, relatif au redressement et à la liquidation des entreprises, *JO* 29 déc., p. 15281.
5. Com. 6 juin 2000, no 98-12.226, *Bull. civ.* IV, no 119; *D.* 2000. AJ 319, obs. Pisoni; *JCP* 2000. IV. 2321 – Com. 4 janv. 2005, no 03-11.465, *Bull. civ.* IV, no 2; *D.* 2005. Pan. 2012, obs. Lucas et Le Corre; *D.* 2005. 280, note Lienhard; *RTD civ.* 2005. 636, obs. Perrot.
6. L. no 2004-1343, 9 déc. 2004, de simplification du droit, *JO* 10 déc., p. 20857.
7. Civ. 3e, 16 juill. 1974, no 73-11.221, *Bull. civ.* III, no 304 – Soc. 15 juin 1995, nos 92-40.078, 92-42.601 à 92-42.605, 92-42.588 à 92-42.592, 92-42.594 à 92-42.599, 92-42.690 et 91-45.382, NP; *JCP* 1995. II. 22530, note Perdriau.
8. Civ. 2e, 6 déc. 1991, no 90-17.415, *Bull. civ.* II, no 330; *Gaz. Pal.* 1992. Somm. 271, obs. Ferrand et Moussa.
9. Décr. no 2004-836, 20 août 2004, portant modification de la procédure civile, *JO* 22 août, p. 15032.
10. Civ. 2e, 3 juin 1999, no 97-15.511, *Bull. civ.* II, no 108; *RTD civ.* 1999. 702, obs. Perrot; *Procédures* 1999. Comm. 226, obs. Perrot – Civ. 2e, 13 févr. 2003, no 01-04.171, *Bull. civ.* II, no 36.
11. Civ. 2e, 16 mai 2002, no 01-02.300, *Bull. civ.* II, no 100; *D.* 2002. IR 2647, note Julien.
12. Civ. 2e, 18 oct. 2001, no 00-13.650, *Bull. civ.* I, no 157; *JCP* 2001. IV. 2904; *D.* 2001. 3247, et obs.

111.82 Le taux du ressort dépend de la valeur en litige. Pour déterminer si un jugement a été rendu ou non en premier ressort il faut se référer à la valeur en litige telle qu'elle résulte des dernières conclusions échangées [1] ou des mentions du plumitif d'audience dans les procédures sans représentation obligatoire. C'est donc la **valeur de la demande** qu'il faut prendre en considération et non celle de la condamnation prononcée [2]. La réduction de la demande dans les dernières écritures, à un chiffre inférieur au taux du ressort, rend l'appel non recevable [3] à condition qu'elle ait été notifiée au défendeur non comparant [4] à défaut elle n'aura pas pour effet de modifier le taux du ressort. Le jugement n'est pas susceptible d'appel lorsqu'aucune des demandes principales ou incidentes n'est supérieure au taux du ressort. Si l'une d'elle est supérieure à ce taux, le juge statue en premier ressort sur toutes les demandes à moins que la seule demande qui excède le taux du dernier ressort soit une demande reconventionnelle en dommages et intérêts fondée exclusivement sur la demande initiale (C. pr. civ., art. 39, et C. trav., art. R. 1462-2). **La demande est appréciée en principal** et pour l'évaluer il convient, outre le **capital**, de prendre en compte les **fruits** et les **intérêts** au jour de la demande ainsi que la somme réclamée au titre de la **clause pénale**. Mais ne sont pas pris en compte les intérêts échus et les fruits produits postérieurement à la demande afin que l'appel ne dépende pas de la longueur du procès [5], ni des frais d'expertise [6], ni de la demande au titre des frais irrépétibles [7], ni des dépens. Quant aux **dommages et intérêts**, ils peuvent constituer l'objet de la demande et dans ce cas ils constituent le principal. Lorsque les dommages et intérêts ont une cause antérieure à l'introduction de l'instance, ils constituent un des chefs de la demande et sont additionnés à la valeur de l'objet du litige pour déterminer le taux du ressort [8]. Il convient de prendre en compte ces dommages et intérêts même s'ils n'ont pas été demandés dans l'acte introductif d'instance mais dans une demande additionnelle.

Pendant longtemps doctrine et jurisprudence ont été divisées sur la question de savoir s'il fallait ajouter à la demande principale les dommages et intérêts sollicités par le demandeur et ayant une cause postérieure à l'introduction de l'instance. Leur inclusion dans la demande principale a été admise au motif que le texte limitant la possibilité d'appel en cas de demande de dommages et intérêts ne vise que la demande reconventionnelle [9].

111.83 Pluralité de prétentions. Lorsque plusieurs prétentions, fondées sur des faits différents et non connexes, sont émises par un demandeur contre le même adversaire et réunies dans une même instance, le taux du ressort est déterminé par **la nature et la valeur de chaque prétention** considérée isolément (C. pr. civ., art. 35, al. 1er) [10]. Lorsque les prétentions réunies sont fondées sur les mêmes faits ou sont connexes, le taux du ressort est déterminé par la **valeur totale de ces prétentions** (C. pr. civ., art. 35, al. 2). La Cour de cassation a limité le champ d'application de ce texte en précisant que l'article 35 du Code de procédure civile vise les prétentions émises par un demandeur contre le même adversaire, dans une même instance. L'article ne s'applique pas à des demandes réciproques [11] ou lorsqu'une des deux demandes est subsidiaire de l'autre [12].

111.84 Matière prud'homale. L'article R. 1462-1 du Code du travail prévoit que le conseil de prud'hommes statue en dernier ressort :

1° lorsque la valeur totale des prétentions d'aucune des parties ne dépasse le taux de compétence fixé par décret;

2° lorsque la demande tend à la remise, même sous astreinte, de certificats de travail, de bulletins de paie ou de toutes pièces que l'employeur est tenu de délivrer, à moins que le jugement ne soit en premier ressort en raison du montant des autres demandes.

Auparavant le jugement était rendu en premier et dernier ressort lorsqu'aucun des chefs des demandes initiales ou incidentes ne dépassait à lui seul le taux de l'appel. Puis revenant sur la jurisprudence antérieure, la chambre sociale de la Cour de cassation avait précisé par deux arrêts en date du 17 juillet 1996 que constituent **un seul chef de la demande**, les prétentions qui présentent un **caractère salarial** (salaires, primes, repos compensatoires, heures supplémentaires et indemnités de congés payés, à l'exception des indemnités compensatrices de congés payés de préavis) et celles qui pré-

1. Civ. 1re, 5 janv. 1967, *Bull. civ.* II, n° 1.
2. Civ. 26 juill. 1882, *DP* 1883. 1. 342.
3. Civ. 2e, 26 janv. 1994, n° 92-15.328, *Bull. civ.* II, n° 37.
4. Soc. 21 juin 1989, n° 86-40.102, *Bull. civ.* V, n° 458.
5. Civ. 2e, 17 nov. 1993, n° 92-12.333, *Bull. civ.* II, n° 332; *JCP* 1994. IV. 141.
6. Civ. 2e, 17 nov. 1993, n° 92-12.684, *Bull. civ.* II, n° 331; *JCP* 1994. IV. 140.
7. Civ. 2e, 2 oct. 1981, n° 80-13.503, *Bull. civ.* II, n° 177.
8. Civ. 9 juill. 1959, *Bull. civ.* II, n° 578 – Com. 10 févr. 1975, n° 74-10.861, *Bull. civ.* IV, n° 36.
9. Civ. 7 juill. 1890, *S.* 1890. 1. 440 – V. H. Solus et R. Perrot, *Droit judiciaire privé*, t. 2, Sirey, 1973, n° 422.
10. Soc. 29 nov. 1979, n° 77-41.438, *Bull. civ.* V, n° 929.
11. Civ. 2e, 24 mai 2007, n° 06-12.741, *Bull. civ.* II, n° 137; *JCP* 2007. IV. 2294; *Procédures* 2007. Comm. 183, obs. Perrot; *D.* 2008. 1300, obs. Damas; *AJDI* 2007. 832, obs. Saint-Didier.
12. Civ. 2e, 24 oct. 1984, n° 83-12.772, *Bull. civ.* II, n° 157.

sentent un **caractère indemnitaire** lié à la rupture du contrat de travail (indemnités légales ou conventionnelles de licenciement, indemnités compensatrices de congés payés et indemnités compensatrices de préavis)[1]. Le conseil de prud'hommes était la **seule juridiction devant laquelle le montant de la demande était calculé par chef de demande** et non en totalisant les sommes réclamées. Cette **particularité** est désormais **supprimée.** En effet, l'article R. 1462-1 du Code du travail prévoit que le jugement est rendu en dernier ressort lorsque la valeur totale des prétentions d'aucune des parties ne dépasse le taux de compétence fixé par décret. Le taux du ressort est fixé à 4 000 euros (C. trav., art. D. 1462-3), il s'applique aux demandes introduites devant le conseil de prud'hommes depuis le 1er octobre 2005. L'appel n'est pas recevable si la seule demande reconventionnelle en dommages et intérêts, fondée exclusivement sur la demande initiale, dépasse le taux de compétence en dernier ressort (C. trav., art. R. 1462-2).

Les demandes tendant à la **remise de documents** que l'employeur est tenu de délivrer sont des **demandes indéterminées** mais l'article R. 1462-1, 2° précise que le jugement n'est pas susceptible d'appel.

111.85 Pluralité de demandeurs ou de défendeurs. Lorsque des prétentions sont émises dans une même instance et en vertu d'un titre commun, par plusieurs demandeurs ou contre plusieurs défendeurs, le taux du ressort est déterminé, **pour l'ensemble des prétentions, par la plus élevée d'entre elles** (C. pr. civ., art. 36). S'il n'y a pas de titre commun les juges appliquent les dispositions de l'article 35 du Code de procédure civile (v. ss n° 111.83). Que faut-il entendre par **titre commun ?** La jurisprudence a tendance à retenir **un acte juridique** et à exclure la notion de titre commun pour des victimes agissant ensemble en réparation de leur préjudice sur le fondement d'un même délit[2]. Pour la doctrine, les demandes sont formées en vertu d'un titre commun lorsqu'elles reposent sur les mêmes faits et contiennent des prétentions identiques en droit, par exemple lorsque la victime d'un accident agit contre plusieurs coauteurs ou lorsque plusieurs victimes agissent ensemble contre l'auteur ou les auteurs de leurs préjudices. Toutefois pour certains auteurs le titre commun s'entend non pas d'un fait mais d'un acte juridique, constituant la source du droit : « *convention, titre de propriété ou de créance, acte de partage ou statuts de sociétés, etc.* »[3].

111.86 Demande indéterminée. Quand le jugement statue sur une demande indéterminée, il est, sauf disposition contraire, susceptible d'appel (C. pr. civ., art. 40).

Les demandes indéterminées sont celles qui par leur nature ne peuvent correspondre à un montant évaluable en argent, par exemple les **demandes en matière extrapatrimoniale** ou encore les demandes qui ne sont pas chiffrées parce que le demandeur ne dispose pas des éléments nécessaires pour évaluer sa demande. Le seul fait de trancher une question de principe n'ouvre pas l'appel si l'intérêt du litige est inférieur au taux en premier et dernier ressort[4]. Lorsque la demande est indéterminée par le fait du demandeur qui, sans avoir évalué sa demande, fournit cependant dans ses pièces ou les documents, des éléments qui permettent une évaluation, le juge peut faire état des renseignements mis ainsi à sa disposition pour en déduire que le litige a été tranché en premier ou en dernier ressort[5]. Et lorsque la demande porte sur une chose dont la valeur est manifestement inférieure au taux du ressort, la décision n'est pas susceptible d'appel[6]. Cependant lorsque **la demande tend à l'annulation ou à la résolution d'un contrat** elle est par nature indéterminée[7] même si la valeur de l'objet du contrat est connue car « *en soi, l'annulation ou la résolution de ce contrat n'a pas de valeur monétaire* »[8].

Constituent également des demandes indéterminées, par leur nature, **les demandes fondées sur un intérêt moral.** Il a ainsi été jugé que la demande d'un syndicat tendant à la publication de la condamnation à intervenir présente un caractère indéterminé[9].

Est une demande indéterminée la **demande dont l'objet, bien que matériel, ne peut faire l'objet d'une évaluation précise.** C'est le cas de la demande tendant à voir prendre en charge la poursuite du versement d'indemnités journalières au titre de la législation des accidents du travail[10], de la demande par laquelle un salarié conteste devant le bureau de jugement d'un conseil de prud'hommes la décision du représentant des créanciers de ne pas faire figu-

1. Soc. 17 juill. 1996, nos 93-41.530 et 93-44.030, *Bull. civ.* V, nos 292 et 293.
2. Civ. 2e, 29 avr. 1997, n° 95-11.551, *Bull. civ.* II, n° 125; *Procédures* 1997. Comm. 377, obs. Perrot; *D.* 1997. 129.
3. S. Guinchard, C. Chainais et P. Ferrand, *Procédure civile, droit interne et droit de l'Union européenne,* 32e éd., « Précis », Dalloz, 2014, n° 1533, note 2., p. 1041.
4. Soc. 14 oct. 1981, n° 81-40.501, *Bull. civ.* V, n° 781 (à propos de l'interprétation d'une convention collective).
5. Req. 23 janv. 1865, *DP* 1865. 1. 215 – Req. 8 janv. 1912, *S.* 1912. 1. 155.
6. Soc. 14 mai 1987, n° 82-41.989, *Bull. civ.* V, n° 333.
7. Civ. 1re, 7 févr. 1995, n° 92-17.894, *Bull. civ.* I, n° 70.
8. J. Héron et T. Le Bars, *Droit judiciaire privé,* 5e éd., « Domat droit privé », Montchrestien, 2012, n° 724, p. 589, note 16.
9. Soc. 23 mars 2011, n° 09-70.827, *Bull. civ.* V, n° 78; *D.* 2011. 1022.
10. Soc. 11 juill. 2002, n° 01-20.319, NP.

rer tout ou partie de sa créance sur les relevés des créances résultant d'un contrat de travail[1].

Ont un caractère indéterminé les demandes qui tendent à faire **constater la nullité d'un acte**[2], les demandes tendant à voir ordonner une **réintégration**[3] ou une **expulsion**[4]. Mais la demande en paiement d'un franc symbolique de dommages-intérêts n'est pas indéterminée[5]. Enfin, il a été retenu que la demande avait un caractère indéterminé lorsque l'intérêt litigieux était susceptible de varier en fonction de circonstances futures[6].

111.87 Interprétation, erreurs et omissions matérielles. Les décisions interprétatives et les décisions qui réparent les omissions et les erreurs matérielles sont soumises aux mêmes règles pour l'ouverture des voies de recours que les décisions interprétées ou rectifiées[7]. Aussi le recours en cassation n'étant ouvert que contre les décisions judiciaires rendues en dernier ressort, le pourvoi formé contre un jugement interprétatif, susceptible d'appel, est irrecevable et ce même si le jugement interprété est passé en force de chose jugée. Il convient cependant de rappeler que les décisions rectificatives ne peuvent être attaquées que par la voie du recours en cassation si la décision rectifiée est passée en force de chose jugée, conformément à l'article 462 alinéa 5 du Code de procédure civile. Mais cette disposition n'est pas applicable aux décisions qui rejettent les requêtes en rectification[8].

B.
En raison de la nature du litige

111.91 Généralités. Ne constitue pas une véritable exception au principe général du droit d'appel **l'exclusion de l'appel contre des mesures qui ne sont pas des jugements.** Ainsi, l'article 537 du Code de procédure civile prévoit que les mesures d'administration judiciaire ne sont sujettes à aucun recours. C'est le cas des décisions de jonction et de disjonction d'instance, de réouverture des débats, de radiation et de retrait du rôle[9], des décisions de prolonger le délibéré[10] ou statuant sur une demande de renvoi[11], des contrats judiciaires qui sont jugements donnant acte aux parties de leur accord sans élaborer une véritable sentence[12].

Le **contrat judiciaire** se rencontre lorsqu'au cours d'une instance les parties se rapprochent et transigent. Cette transaction peut également intervenir à la suite d'une initiative du juge exerçant son rôle de conciliateur. Le juge confère simplement l'authenticité à un document écrit.

Ces hypothèses doivent être distinguées du **jugement d'expédient ou convenu**, rendu par une juridiction alors que les plaideurs ont simulé un litige pour obtenir un jugement susceptible de consacrer leurs droits respectifs avec l'autorité de la chose jugé. Comme l'avait fait remarquer Vizioz, dans un jugement d'expédient les parties se comportent extérieurement comme s'il existait entre elles une contestation réelle. Il y a donc une contestation simulée et l'application des principes régissant la simulation conduit à admettre la validité de cette utilisation de l'activité juridictionnelle pour des fins autres que celles prévues par la loi mais elle amène également à reconnaître à l'instance et au jugement un caractère juridictionnel comme s'il y avait eu un véritable litige[13]. Il en résulte que les voies de recours sont ouvertes contre les jugements d'expédient ou convenus alors que les jugements qui refusent de donner acte aux parties de leur accord ne sont pas susceptibles de recours[14].

À côté de ces hypothèses il existe de véritables exceptions au principe général du droit d'appel. Elles s'expliquent par la volonté du législateur d'**accélérer certaines procédures** et d'**éviter les appels dilatoires**, dans un souci d'effectivité. Nous citerons les principales exclusions, sans prétendre à l'exhaustivité.

111.92 Certaines décisions du juge de l'exécution. Les décisions du juge de l'exécution, en matière de **surendettement** sont rendues en dernier ressort[15] sauf dispositions contraires (C. consom., art. R. 331-9-2). Ainsi, sont par exemple susceptibles d'appel les jugements statuant sur la demande de suspension d'une mesure d'expulsion (C. consom., art. R. 331-12), les jugements statuant sur une contestation de

1. Soc. 12 juin 2002, n° 00-40.278, NP.
2. Soc. 15 mars 1978, n° 77-40.334, *Bull. civ.* V, n° 186.
3. Soc. 15 juill. 1998, n° 96-42.703, NP.
4. Civ. 2e, 18 oct. 1978, n° 77-11.657, *Bull. civ.* II, n° 209.
5. Civ. 2e, 4 juin 1971, n° 70-11.021, *Bull. civ.* II, n° 91 – Civ. 2e, 24 janv. 1996, n° 94-14.095, *Bull. civ.* II, n° 8.
6. Civ. 2e, 1er déc. 1960, *Bull. civ.* II, n° 731 – Sur la nomenclature des demandes indéterminées, v. Rép. pr. civ.., V° *Appel*, par F. Ferrand, mars 2012 [actu. avr. 2015], nos 235 à 243.
7. Civ. 2e, 18 juill. 1977, n° 76-13.542, *Bull. civ.* II, n° 188 – Soc. 27 janv. 2000, n° 97-43.998, NP; *JCP* 2000. II. 10330, note Perdriau.
8. Civ. 2e, 26 oct. 1983, n° 82-70.123, *Bull. civ.* II, n° 169.
9. Civ. 1re, 16 nov. 2004, n° 02-14.528, *Bull. civ.* I, n° 266; *D.* 2005. 339; *D.* 2005. 332, obs. Julien et Fricero; *AJDI* 2005. 152.
10. Civ. 1re, 23 mai 2006, n° 05-13.003, *Bull. civ.* I, n° 266.
11. Civ. 2e, 6 mai 1987, n° 86-10.581, *Bull. civ.* II, n° 106.
12. Civ. 2e, 28 nov. 1973, *RTD civ.* 1974. 767, obs. Perrot – Civ. 3e, 4 mars 1998, n° 95-20.633, *Bull. civ.* III, n° 56; *Justices* 1998, n° 4, p. 657, obs. Wiederkehr – Civ. 2e, 10 févr. 2000, n° 98-10.713, NP.
13. H. Vizioz, *Études de procédures*, Éd. Bière, 1956, p. 61, note 1.
14. Civ. 1re, 11 mai 1982, n° 81-12.210, *Bull. civ.* I, n° 166.
15. Civ. 2e, 23 sept. 2004, n° 03-12.177, *Bull. civ.* IV, n° 429.

la recommandation aux fins de rétablissement personnel sans liquidation judiciaire (C. consom., art. R. 334-26) ou encore les jugements qui arrêtent les créances et prononcent la liquidation ou la clôture pour insuffisance d'actif (C. consom., art. R. 334-40).

Certaines décisions du juge de l'exécution, rendues en matière de **saisie immobilière** et de **distribution de prix**, ne sont pas susceptibles d'appel (v. s[s] n° 111.52). Auparavant, l'article 731, alinéa 2 de l'ancien Code de procédure civile disposait qu'en matière d'incident de saisie immobilière, seuls étaient susceptibles d'appel les jugements qui avaient statué sur des moyens de fond tirés de l'incapacité de l'une des parties, de la propriété, de l'insaisissabilité et de l'inaliénabilité des biens saisis et ceux qui accordaient une remise de l'adjudication. Le décret du 27 juillet 2006 [1], entré en vigueur le 1er janvier 2007 mais qui n'est pas applicable aux procédures de saisie immobilière ayant donné lieu avant son entrée en vigueur au dépôt du cahier des charges prévu à l'article 288 de l'ancien Code de procédure civile, a prévu que tous les jugements sont susceptibles d'appel, sauf dispositions contraires. Aujourd'hui la saisie immobilière relève de la compétence du juge de l'exécution et c'est l'article R. 311-7 alinéa 1er du Code des procédures civiles d'exécution qui prévoit que les jugements en matière de saisie immobilière sont en principe susceptibles d'appel dans un **délai de quinze jours à compter de leur notification**.

111.93 Certaines décisions du juge d'instance. **L'ordonnance portant injonction de payer** ne peut être frappée que d'une opposition par le débiteur (C. pr. civ., art. 1412). Si le juge rejette la requête en injonction de payer, sa décision ne peut faire l'objet d'un recours de la part du créancier (C. pr. civ., art. 1409, al. 2). S'il ne fait que partiellement droit à la requête, sa décision est sans recours pour le créancier qui pourra bien sûr procéder selon les voies du droit commun et renoncer à faire signifier l'ordonnance portant injonction de payer. **L'ordonnance portant injonction de faire** n'est pas susceptible de recours (C. pr. civ., art. 1425-4). Si le juge rejette la requête, le requérant devra procéder selon les voies du droit commun. Enfin les **décisions du juge d'instance** statuant sur les contestations relatives à la **désignation du représentant des salariés dans la procédure de sauvegarde** sont insusceptibles d'appel (C. com., art. L. 621-6).

111.94 Certaines décisions en matière prud'homale. Les décisions du conseil de prud'hommes statuant sur la **remise**, même sous astreinte, de certificat de travail, de bulletin de paye, **de toutes pièces** que l'employeur est tenu de délivrer, sont insusceptibles d'appel à moins que le jugement ne soit rendu en premier ressort en raison des autres demandes (C. trav., art. R. 1462-1-2°). Cette solution est logique car il s'agit de simples mesures d'administration judiciaire.

111.95 Certaines décisions du juge aux affaires familiales. La décision par laquelle le juge aux affaires familiales **prononce le divorce par consentement mutuel** n'est pas susceptible d'appel (C. pr. civ., art. 1102, al. 1er). L'ordonnance par laquelle le juge aux affaires familiales, saisi d'une requête initiale en divorce, indique les jour, heure et lieu auquel il procédera à la **tentative de conciliation** et prescrit toutes les mesures d'urgence prévues à l'article 257 du Code civil, ne peut faire l'objet d'aucun recours. L'article 1112 du Code de procédure civile précise que **l'ordonnance de non-conciliation**, rendue en application des articles 1110 et 1111 du Code de procédure civile, est susceptible d'appel dans les quinze jours de sa notification mais seulement quant à la compétence et aux mesures provisoires. A été jugé irrecevable le recours contre une décision d'irrecevabilité de la requête initiale en divorce pour rupture de la vie commune [2].

111.96 Certaines ordonnances du président du tribunal de grande instance. Les ordonnances de référé rendues par le président du tribunal de grande instance dans la **procédure de recouvrement public des pensions alimentaires** ne peuvent être frappées d'appel (L. 11 juill. 1975, art. 4, al. 3) [3].

§ 2
Mise en échec du droit d'appel pour défaut de diligence postérieur au jugement

111.100 Division. Plusieurs dispositions du Code de procédure civile viennent neutraliser le droit d'appel parce que l'une des parties n'a pas effectué les diligences qu'elle aurait dû accomplir après qu'a été rendue la décision de première instance. En effet, tantôt ce sont les négligences de celui qui a obtenu le jugement qui sont sanctionnées (A), tantôt c'est la non-exécution du jugement par l'appelant (B).

1. Décr. n° 2006-936, 27 juill. 2006.

2. Paris, 9 déc. 1935, *Bull. ch. avoués,* 1988. 1. 3 – Civ. 2e, 28 févr. 1996, n° 94-10.202, *Bull. civ.* II, n° 43; *RTD civ.* 1996. 370, obs. Hauser – Civ. 2e, 4 juill. 2002, n° 01-02.284, *Bull. civ.* II, n° 152; *AJ fam.* 2003. 28, obs. S. D.
3. L. n° 75-618, 11 juill. 1975, relative au recouvrement public des pensions alimentaires, *JO* 12 juill., p. 7178.

A.
Négligence de la partie qui a comparu

111.101 Défaut de notification du jugement dans un délai de deux ans. L'article 528-1 du Code de procédure civile dispose que : « *Si le jugement n'a pas été notifié dans un délai de deux ans de son prononcé, la partie qui a comparu n'est plus recevable à exercer un recours à titre principal, après l'expiration dudit délai. Cette disposition n'est applicable qu'aux jugements qui tranchent tout le principal et à ceux qui, statuant sur une exception de procédure, une fin de non-recevoir ou tout autre incident, mettent fin à l'instance* ». Il faut que la partie néglige d'exercer un recours, y compris l'appel, pendant un délai de deux ans à compter du jour du prononcé du jugement, peu important la date à laquelle elle a eu connaissance effective de cette décision, même s'il ne lui avait pas été indiqué la date à laquelle elle serait rendue[1]. La Cour de cassation a précisé que **ce délai n'était pas un délai de péremption** mais un **délai relatif à l'exercice des voies de recours** dont l'inobservation constitue une fin de non-recevoir. Cette qualification permet au juge de **relever d'office l'irrecevabilité du recours**[2], alors qu'il n'aurait pas pu le faire s'il s'était agi d'un délai de péremption. Il s'agit d'une **fin de non-recevoir d'ordre public**, aussi une notification postérieure à l'expiration du délai de deux ans ne fait pas courir un nouveau délai de recours[3]. Le délai de deux ans n'est pas interrompu par une requête en rectification d'erreur matérielle de la décision non signifiée[4].

La deuxième chambre civile a jugé que l'article 528-1 du Code de procédure civile ne s'applique pas si le jugement a été notifié dans un délai de deux ans, même si la notification est entachée d'une irrégularité susceptible d'en affecter l'efficacité[5] ou sa validité[6]. Elle estime que l'article 528-1 n'est pas applicable lorsqu'un appel a été interjeté contre le jugement non notifié dans un délai de deux ans et déclaré irrecevable[7].

Mais la chambre sociale de la Cour de cassation n'est pas du même avis et juge que les dispositions de l'article 528-1 du Code de procédure civile ne fixent pas le point de départ d'un délai de recours mais le terme au-delà duquel aucun recours ne peut plus être exercé par la partie qui a comparu, même si elle a interjeté un appel jugé irrecevable avant l'expiration du délai de deux ans[8].

111.102 Notification dans le délai de six mois d'un jugement par défaut ou réputé contradictoire. L'article 478 du Code de procédure civile dispose que : « *Le jugement rendu par défaut ou le jugement réputé contradictoire, au seul motif qu'il est susceptible d'appel, est non avenu s'il n'a pas été notifié dans les six mois de sa date.* » La partie défaillante en première instance peut opposer ce texte à la partie comparante qui a interjeté appel. Mais elle seule peut se prévaloir des dispositions de l'article 478, la cour n'ayant pas le pouvoir d'appliquer ce texte d'office. Il s'agit d'**une exception** et **non d'une fin de non-recevoir**. Aussi, ce moyen doit être soulevé *in limine litis* **par l'intimé**. L'appel de la partie défaillante, qui entend faire constater le caractère non avenu du jugement non notifié dans le délai de six mois, est irrecevable[9]. La partie défaillante, contre qui est exercée une **mesure d'exécution**, doit saisir le juge de l'exécution et opposer la caducité du jugement qui lui est notifié tardivement.

A été cassé l'arrêt déclarant qu'un jugement réputé contradictoire qui n'a pas été notifié à la partie défaillante condamnée au versement d'une somme n'est pas non avenu parce qu'appel de ce jugement ayant été relevé avant l'expiration du délai de six mois, par le seul effet dévolutif, la chose jugée se trouve remise en question alors que l'appel n'avait pas été formé par la partie défaillante[10].

Lorsque le défendeur ne comparaît pas, seul est non avenu, s'il n'a pas été signifié dans les six mois de sa date, le jugement réputé contradictoire au motif qu'il est susceptible d'appel, rendu sur une assignation qui n'a pas été délivrée à personne[11]. Aussi, en cas de pluralité de défendeurs, dont tous n'ont pas été cités à personne et n'ont pas comparu en première instance, hors le cas d'indivisibilité, le défendeur, lui-même non comparant, n'est pas

1. Civ. 2e, 11 mars 1998, n° 96-12.749, *Bull. civ.* II, n° 81; *RTD civ.* 1998. 475, obs. Perrot.
2. Civ. 2e, 19 mai 1998, n° 96-11.935, *Bull. civ.* II, n° 156; *D.* 1998. 147.
3. Soc. 17 nov 1998, n° 96-43.838, *Bull. civ.* V, n° 493 – Civ. 2e, 14 oct. 1999, n° 97-22.207, NP.
4. Civ. 2e, 22 mars 2006, n° 04-12.767, *Bull. civ.* II, n° 83; *D.* 2006. 1184; *AJDI* 2006. 483.
5. Civ. 2e, 2 mars 2000, n° 98-13.648, *Bull. civ.* II, n° 38; *RTD civ.* 2000. 404, obs. Perrot; *D.* 2000. IR 87 – Civ. 2e, 9 nov. 2000, n° 99-11.138, NP; *Procédures* 2001. Comm. 1, obs. Perrot.
6. Civ. 2e, 7 juill. 2005, n° 03-13.943, *Bull. civ.* II, n° 184; *D.* 2005. 2174; *D.* 2006. 545, obs. Julien et Fricero; *RTD civ.* 2005. 825, obs. Perrot – Civ. 2e, 14 sept. 2006, n° 05-15.904, NP.
7. Civ. 2e, 10 mars 2004, n° 02-14.855, *Bull. civ.* II, n° 112; *AJDI* 2004. 404 – Civ. 2e, 15 mai 2003, n° 01-03.407, *Bull. civ.* II, n° 146; *RTD civ.* 2003. 547, obs. Perrot; *D.* 2003. 1601 (pour un pourvoi en cassation).
8. Soc. 9 nov. 2005, n° 02-47.243, *Bull. civ.* V, n° 318.
9. Civ. 2e, 11 oct. 1995, n° 93-14.326, *Bull. civ.* II, n° 233; *RTD civ.* 1996. 707, obs. Perrot; *D.* 1997. 73, note Ruellan et Lauba.
10. Civ. 2e, 27 mars 1996, n° 94-14.578, *Bull. civ.* II, n° 76; *RTD civ.* 1996. 707, obs. Perrot.
11. Civ. 2e, 22 mars 2007, n° 06-10.020, NP; *Procédures* 2007. Comm. 130, obs. Perrot.

fondé à arguer de la caducité pour défaut de signification du jugement dans les six mois, dès lors que la citation avait été délivrée à sa personne[1].

B. Défaut d'exécution du jugement par l'appelant

111.111 Radiation du rôle en cas d'inexécution du jugement par l'appelant. Le décret n° 2005-1578 du 28 décembre 2005 a introduit le nouvel article 526 du Code de procédure civile pour éviter les appels dilatoires[2]. Cette disposition **prive provisoirement l'appelant de l'exercice du droit d'appel**, tant qu'il n'a pas procédé à l'exécution des condamnations prononcées à son encontre, assortie d'**exécution provisoire**. En effet lorsque la décision de première instance bénéficie de l'**exécution provisoire de droit** ou parce qu'elle a été **ordonnée par le juge**, si l'appelant n'a pas exécuté les condamnations prononcées à son encontre, l'article 526 prévoit que le premier président, ou dès qu'il est saisi le conseiller de la mise en état, peut, en cas d'appel, décider, à la demande de l'intimé et après avoir recueilli les observations des parties, la radiation du rôle de l'affaire lorsque l'appelant ne justifie pas avoir exécuté la décision frappée d'appel ou avoir procédé à la consignation autorisée dans les conditions prévues à l'article 521, à moins qu'il lui apparaisse que l'exécution serait de nature à entraîner des conséquences manifestement excessives ou que l'appelant est dans l'impossibilité d'exécuter la décision.

Ce texte **transpose à la procédure d'appel le mécanisme de l'article 1009-1** du Code de procédure civile relatif à la procédure de cassation. Or l'appel, contrairement au pourvoi en cassation, est une **voie de recours ordinaire**; aussi l'article 526 a été très critiqué. C'est le premier président, puis à compter de sa désignation le conseiller de la mise en état, qui est compétent pour ordonner la radiation de l'affaire. EN REVANCHE la juridiction d'appel n'a pas cette compétence[3]. Si l'affaire est radiée elle ne pourra être rétablie, sur autorisation du premier président ou du conseiller de la mise en état, que si l'appelant a exécuté la décision de première instance.

Toutefois, dans certaines hypothèses **l'affaire peut être rétablie sans une exécution totale de la décision de première instance** : l'ouverture d'une procédure collective postérieurement à la radiation interdisant l'exécution, l'affaire devrait pouvoir être rétablie sans qu'il y ait été procédé. Il semble également qu'une exécution partielle permette le rétablissement de l'affaire si elle traduit la volonté de respecter la décision attaquée[4].

Cependant **le délai de péremption court pendant que l'affaire est radiée.** Quel est le point de départ de ce délai ? La Cour de cassation avait retenu, avant la modification de l'article 1009-2, que c'était la date de la décision du retrait du rôle qui comptait[5]. L'article 1009-2 fait courir le délai **à compter de la notification de la radiation.** L'article 526 ne contient aucune précision. Il faut souhaiter que la jurisprudence retienne la même solution que celle contenue dans l'article 1009-2 car les **conséquences d'une péremption** sont **graves** puisque l'instance est éteinte et cette extinction confère au jugement de première instance la force de chose jugée, même en l'absence de notification.

L'inexécution de la condamnation doit être imputable à l'appelant et en cas de pluralité de débiteurs, tenus d'une obligation *in solidum*, le paiement fait par un des coobligés, même s'il n'a pas interjeté appel, empêche la radiation[6]. **La radiation** de l'affaire est une simple **mesure d'administration judiciaire**[7] de sorte qu'elle n'est **susceptible d'aucune voie de recours.**

L'article 526 pose **deux limites :**

– la radiation ne sera pas ordonnée s'il apparaît que l'exécution est de nature à entraîner des conséquences manifestement excessives,

– ou si l'appelant est dans l'impossibilité d'exécuter la décision.

Ces limites tendent à sauvegarder le droit fondamental d'accès au tribunal de l'appelant. Elles n'ont pas empêché la Cour européenne des droits de l'homme de condamner la France au motif que la décision de radiation avait constitué « *une mesure disproportionnée au regard des buts visés et de l'accès effectif du requérant au tribunal, eu égard à la disproportion (de 1 à 240) entre la situation matérielle du requérant et les sommes dues au titre de la décision frappée d'appel* »[8].

1. Civ. 2e, 23 sept. 2004, n° 02-14.200, *Bull. civ.* II, n° 420; *D.* 2004. 2623.
2. Circ. n° CIV/04/06, 8 févr. 2006, relative à l'entrée en vigueur le 1er mars 2005 du décret n° 2005-1678 du 28 décembre 2005, relatif à la procédure civile, à certaines procédures d'exécution et à la procédure de changement de nom, *BOMJ*, n° 101, p. 8; *JCP* 2006. III. 20003.
3. Civ. 2e, 23 sept. 2010, n° 09-14.864, *Bull. civ.* II, n° 160; *D.* 2011. 632, obs. Sommer et Leroy-Gissinger.
4. Cass., ord. 1er prés., 9 mai 2001, n° 99-11.328, *Bull. civ. ord.*, n° 14 (à propos de l'article 1009-1 C. pr. civ.).
5. Civ. 3e, 20 janv. 1999, n° 94-12.652, *Bull. civ.* III, n° 15.
6. Paris, 21 déc. 2006, *Bull. ch. avoués* 2007, n° spéc. 175, p. 7.
7. Civ. 2e, 18 juin 2009, n° 08-15.424, *Bull. civ.* II, n° 167; *D.* 2009. Pan. 169, obs. Fricero; *D.* 2009. 2532, note Norguin; *Dr. et proc.* 2009. 349, obs. Douchy-Oudot; *RTD civ.* 2009. 574, obs. Perrot.
8. CEDH 31 mars 2011, Chatellier c/France, req. n° 34658/07, *Procédures* 2011. Comm. 17, obs. Fricero; *JCP* 2011. 735, note Milano; *D.* 2011. 1089, et obs.; *D.* 2012. 244, obs. Fricero; *RTD civ.* 2011. 313, obs. Marguénaud.

111.112 Exécution provisoire poursuivie aux risques et périls du créancier. Il est important de rappeler que l'exécution provisoire s'effectue aux risques et périls du créancier. L'article 31 de la loi du 9 juillet 1991[1], devenu l'article L. 111-10 du Code des procédures civiles d'exécution, énonce la règle selon laquelle « *l'exécution forcée peut être poursuivie jusqu'à son terme en vertu d'un titre exécutoire à titre provisoire* » et que « *l'exécution est poursuivie aux risques du créancier* ». La responsabilité du créancier est une **responsabilité objective**. Il est inutile de démontrer qu'il a commis une faute[2]. Il suffit que le débiteur établisse qu'il a subi un **dommage** lié directement à l'exécution provisoire du jugement de première instance.

L'assemblée plénière de la Cour de cassation a même jugé que : « *L'exécution d'une décision de justice à titre provisoire n'a lieu qu'aux risques de celui qui la poursuit, à charge pour lui, si le titre est ultérieurement modifié, d'en réparer les conséquences dommageables* ». Et elle a condamné à une telle réparation un créancier alors que celui-ci n'avait pas fait exécuter la décision mais s'était contenté de faire signifier une ordonnance de référé exécutoire de plein droit. L'assemblée plénière estime que cette ordonnance ayant été signifiée, l'appelant était tenu de l'exécuter[3]. Comme le relève Perrot le seul fait d'avoir pris l'initiative de signifier l'ordonnance ultérieurement infirmée suffisait à faire peser sur les requérants une responsabilité sans faute dans les conditions prévues par l'article 31 de la loi du 9 juillet 1991. La réparation, qui pèse sur celui qui a pris le risque de faire exécuter, comprend la **restitution des montants perçus** auxquels il convient d'ajouter les **intérêts moratoires** dès la notification de la décision qui fonde le droit à restitution[4]. Il faudra donc réparer toutes les conséquences dommageables de l'exécution, c'est-à-dire les **frais de justice**, les **frais de poursuite**, les **frais exposés** pour contracter un prêt avec hypothèque afin de procéder à l'exécution provisoire du jugement ultérieurement infirmé[5]. Mais **l'exécution d'une décision non exécutoire vaut acquiescement** sans qu'il faille rechercher si la partie qui a exécuté la décision frappée d'appel avait ou non l'intention d'y acquiescer[6].

SECTION 3
ABUS DU DROIT D'APPEL

111.121 Notion d'abus. L'article 559 du Code de procédure civile dispose que :

« *En cas d'appel principal dilatoire ou abusif, l'appelant peut être condamné à une amende civile d'un maximum de 3 000 euros sans préjudice des dommages et intérêts qui lui seraient réclamés.*

Cette amende, perçue séparément des droits d'enregistrement de la décision qui l'a prononcée, ne peut être réclamée aux intimés. Ceux-ci peuvent obtenir une expédition de la décision revêtue de la formule exécutoire sans que le non-paiement de l'amende puisse y faire obstacle ».

Interjeter appel c'est exercer son **droit d'ester en justice**. L'appel étant un droit général, l'**abus** dans l'exercice de ce droit oblige la cour d'appel à caractériser la **faute** dans sa motivation, sous le contrôle de la Cour de cassation[7]. Le simple rejet de l'appel ne suffit pas à établir l'abus[8], même si l'appelant avait été éclairé par la motivation du jugement qu'il avait frappé d'appel[9]. La solution est plus nuancée lorsque l'appelant se contente de reprendre en appel les moyens avancés devant les premiers juges[10]. Il est nécessaire de démontrer la faute dans le comportement procédural ou que l'inexistence ou la validité des moyens invoqués traduit un manquement à la loyauté ou à la bonne foi[11]. Mais il a également été jugé que l'abus n'exige ni la mauvaise foi ni le dol[12]. Le fait de ne pas soutenir un appel montre le caractère abusif et dilatoire de ce dernier[13], comme le fait de n'avancer aucun moyen sérieux dans le

1. L. n° 91-650, 9 juill. 1991, portant réforme des procédures civiles d'exécution, *JO* 14 juill., p. 9228.
2. Civ. 2e, 10 juill. 2003, n° 01-14.778, *Bull. civ.* II, n° 244; *D.* 2003. IR 2207 – Civ. 2e, 22 janv. 2004, n° 01-00.580, *Bull. civ.* II, n° 18; *D.* 2004. 398; *AJDI* 2004. 228 – Civ. 2e, 14 avr. 2005, n° 03-14.195, *Bull. civ.* II, n° 91; *D.* 2005. 1305; *D.* 2005. 3050, obs. Clay.
3. Cass., ass. plén., 24 févr. 2006, n° 05-12.679, *Bull. ass. plén.*, n° 2; *D.* 2006. 1085, note Perrot; *JCP* 2006. I. 16, obs. Stoffel-Munck; *JCP* 2006. II. 10063, note Croze; *RTD civ.* 2006. 368, obs. Théry et 376, obs. Perrot; *Dr. et proc.* 2006. 159, note Fricero.
4. Cass., ass. plén., 3 mars 1995, n° 91-19.497, *Bull. ass. plén.*, n° 1; *D.* 1995. 249, concl. Jéol.
5. Civ. 2e, 14 avr. 2005, n° 03-14.195, *Bull. civ.* II, n° 91; *D.* 2005. Pan. 3063, obs. Clay.
6. Civ. 3e, 3 nov. 2011, n° 10-10.627, NP; *Procédures* 2012. Comm. 1, obs. Perrot.
7. Cass., ch. mixte, 11 mars 2005, nos 02-41.371 et 02-41.372, *Bull. ch. mixte*, n° 2.
8. Civ. 3e, 7 déc. 1976, n° 75-13.461, *Bull. civ.* III, n° 442; *D.* 1977. IR 121; *Gaz. Pal.* 1977. 1. Somm. 85.
9. Civ. 2e, 7 oct. 2004, n° 03-50.114, *Bull. civ.* II, n° 438.
10. Com. 9 févr. 2010, n° 09-11.191, NP, qui y voit une légèreté blâmable dégénérant en abus – CONTRA, Civ 3e, 22 mai 1986, *Gaz. Pal.* 1987. 1. Somm. 41, obs. Croze et Morel – Civ. 3e, 16 janv. 1991, n° 89-13.236, *Bull. civ.* III, n° 26; *D.* 1991. Somm. 323, obs. Aubert; *D.* 1992. 109, note Testu.
11. Com. 7 juin 2006, n° 04-17.374, NP – Civ. 3e, 28 nov. 2001, n° 00-14.539, *Bull. civ.* III, n° 138.
12. Civ. 1re, 26 avr. 1978, n° 76-14.421, *Bull. civ.* I, n° 156 – Civ. 2e, 5 mai 1978, n° 76-14.728, *Bull. civ.* II, n° 116.
13. Civ. 2e, 25 févr. 1976, n° 74-14.049, *Bull. civ.* II, n° 63 – Civ. 2e, 8 déc. 1982, *Gaz. Pal.* 1983. 1. Pan. 133, obs. Guinchard.

cadre d'une dénégation systématique de la loi [1]. Il appartient au juge pour apprécier le caractère abusif d'un appel, d'examiner l'ensemble des moyens invoqués par l'appelant au soutien du recours qu'il a formé [2]. Il a été jugé que l'action en justice ne peut, sauf circonstances particulières, qu'il appartient au juge du fond de caractériser, constituer un abus de droit, dès lors que sa légitimité a été reconnue au moins partiellement par la juridiction du premier degré [3].

En condamnant une partie à des dommages et intérêts pour procédure abusive, la cour ne tranche pas une partie du principal [4].

111.122 Domaine de l'article 559 du Code de procédure civile. Seul **l'appelant à titre principal** peut être condamné pour abus de droit d'appel même si l'intimé a relevé un appel incident car celui-ci est motivé par l'appel principal [5]. Si l'intimé est à l'origine d'une procédure abusive, il peut être condamné à des dommages et intérêts pour abus dans l'exercice de l'action [6] mais pas sur le fondement de l'article 559.

Le contredit n'est pas assimilé à un appel et ne peut donner lieu à application de l'article 559 [7] contrairement au recours en annulation contre une sentence arbitrale qui est formé, instruit et jugé selon les dispositions relatives à la procédure contre les jugements [8].

111.123 Conséquences de l'abus. Outre la condamnation à une **amende civile maximum de 3 000 euros** au profit du trésor public, l'auteur d'un appel abusif peut être condamné à des **dommages et intérêts.** Une telle condamnation suppose que l'intimé en ait fait la demande, les dommages et intérêts ne pouvant être accordés d'office. Il lui appartient de démontrer la **faute**, le **préjudice** et le **lien de causalité** [9]. Il est inutile de former un appel incident [10]. L'évaluation du préjudice relève du pouvoir souverain des juges du fond.

D'**autres sanctions** peuvent frapper l'appelant. L'article 560 du Code de procédure civile dispose que : « *Le juge d'appel peut condamner à des dommages-intérêts celui qui forme un appel principal après s'être abstenu, sans motif légitime, de comparaître en première instance* ». Ce texte permet de condamner un plaideur qui a gagné en appel mais qui a laissé, sans motif légitime, intervenir un jugement réputé contradictoire à son encontre.

Enfin l'article 700 du Code de procédure civile prévoit que le juge condamne la **partie tenue aux dépens** ou, à défaut, la **partie perdante**, à payer à l'autre partie la somme qu'il détermine, au titre des frais exposés et non compris dans les dépens. Le juge tient compte de l'équité ou de la situation économique de la partie condamnée. Il peut, même d'office, pour des raisons tirées des mêmes considérations, dire qu'il n'y a pas lieu à cette condamnation (C. pr. civ., art. 700). La condamnation sur le fondement de l'article 700 doit être **demandée** mais la demande peut être implicite et résulter d'une **demande en dommages-intérêts pour procédure abusive** [11].

1. Civ. 2e, 2 déc. 2010, nº 09-17.495, *Bull. civ.* II, nº 199; *D.* 2011. 1509, obs. Leborgne.
2. Civ. 1re, 6 mai 2003, nº 01-02.543, *Bull. civ.* I, nº 105.
3. Civ. 2e, 5 avr. 2001, nº 99-16.503, NP – Civ. 1re, 9 oct. 2001, nº 98-14.991, *Bull. civ.* I, nº 244; *D.* 2001. 3169; *AJDI* 2002. 159 – Civ. 2e, 13 mars 2003, nº 01-17.418, *Bull. civ.* II, nº 66 – Civ. 2e, 10 mai 2007, nº 05-13.628, NP; *Procédures* 2007. Comm. 156, obs. Perrot.
4. Civ. 2e, 26 oct. 2006, nº 05-14.489, *Bull. civ.* II, nº 289; *D.* 2006. 2872.
5. Com. 19 janv. 1982, *Gaz. Pal.* 1982. 2. Pan. 205.
6. Com. 5 janv. 1999, nº 96-15.478, *Bull. civ.* IV, nº 5.
7. Civ. 1re, 8 déc. 1993, nº 91-21.210, NP.
8. Civ. 1re, 23 févr. 1994, nº 92-12.309, *Bull. civ.* I, nº 75.
9. Com. 8 juin 1983, nº 81-15.260, *Bull. civ.* IV, nº 169.
10. Grenoble, 22 mai 1967, *JCP* 1967. II. 15194, note J. A.
11. Civ. 3e, 9 oct. 1979, nº 77-15.548, NP; *JCP* 1979. IV. 369; *Gaz. Pal.* 1980. 1. Pan. 41; *RTD civ.* 1981. 433, obs. Normand – Com. 26 janv. 1982, nº 80-13.372, *Bull. civ.* IV, nº 31; *RTD civ.* 1983. 184, obs. Normand – CONTRA : Civ. 3e, 8 déc. 1981, *Gaz. Pal.* 1982. 1. Pan. 156; Rép. pr. civ., Vº *Frais et dépens*; *RTD civ.* 1983. 183, obs. Normand.

CHAPITRE

112. Parties à l'instance d'appel

SECTION 0 ORIENTEUR

112.00 Plan du chapitre.

112.01 Textes applicables.

TEXTES CITÉS

> Parties à l'instance d'appel

C. pr. civ., art. 546 à 555

> Renonciation à appel

C. pr. civ., art. 556 à 558

TEXTES CITÉS REPRODUITS *IN EXTENSO*

> Parties à l'instance d'appel
[C. pr. civ., art. 546 à 555]

C. pr. civ., art. 546
Le droit d'appel appartient à toute partie qui y a intérêt, si elle n'y a pas renoncé.

En matière gracieuse, la voie de l'appel est également ouverte aux tiers auxquels le jugement a été notifié.

C. pr. civ., art. 547
En matière contentieuse, l'appel ne peut être dirigé que contre ceux qui ont été parties en première instance. Tous ceux qui ont été parties peuvent être intimés.

En matière gracieuse, l'appel est recevable même en l'absence d'autres parties.

C. pr. civ., art. 548
L'appel peut être incidemment relevé par l'intimé tant contre l'appelant que contre les autres intimés.

C. pr. civ., art. 549
L'appel incident peut également émaner, sur l'appel principal ou incident qui le provoque, de toute personne, même non intimée, ayant été partie en première instance.

C. pr. civ., art. 550
Sous réserve des articles 909 et 910, l'appel incident ou l'appel provoqué peut être formé en tout état de cause, alors même que celui qui l'interjetterait serait forclos pour agir à titre principal. Dans ce dernier cas, il ne sera toutefois pas reçu si l'appel principal n'est pas lui-même recevable.

La cour peut condamner à des dommages-intérêts ceux qui se seraient abstenus, dans une intention dilatoire, de former suffisamment tôt leur appel incident ou provoqué.

C. pr. civ., art. 551
L'appel incident ou l'appel provoqué est formé de la même manière que le sont les demandes incidentes.

C. pr. civ., art. 552
En cas de solidarité ou d'indivisibilité à l'égard de plusieurs parties, l'appel formé par l'une conserve le droit d'appel des autres, sauf à ces dernières à se joindre à l'instance.

Dans les mêmes cas, l'appel dirigé contre l'une des parties réserve à l'appelant la faculté d'appeler les autres à l'instance.

La cour peut ordonner d'office la mise en cause de tous les co-intéressés.

C. pr. civ., art. 553
En cas d'indivisibilité à l'égard de plusieurs parties, l'appel de l'une produit effet à l'égard des autres même si celles-ci ne se sont pas jointes à l'instance; l'appel formé contre l'une n'est recevable que si toutes sont appelées à l'instance.

C. pr. civ., art. 554
Peuvent intervenir en cause d'appel dès lors qu'elles y ont intérêt les personnes qui n'ont été ni parties ni représentées en première instance ou qui y ont figuré en une autre qualité.

C. pr. civ., art. 555
Ces mêmes personnes peuvent être appelées devant la cour, même aux fins de condamnation, quand l'évolution du litige implique leur mise en cause.

> Renonciation à appel
[C. pr. civ., art. 556 à 558]

C. pr. civ., art. 556
Les personnes capables de compromettre peuvent renoncer à l'appel. Elles ne le peuvent que pour les droits dont elles ont la libre disposition.

C. pr. civ., art. 557
La renonciation à l'appel ne peut être antérieure à la naissance du litige.

C. pr. civ., art. 558
La renonciation peut être expresse ou résulter de l'exécution sans réserve d'un jugement non exécutoire.

La renonciation ne vaut pas si, postérieurement, une autre partie interjette elle-même régulièrement appel.

112.02 Jurisprudence de référence.

> Appel – Intérêt

• **Civ. 2e, 20 mars 1991, n° 89-15.297,** *Bull. civ.* II, n° 88
* V. s^s n° 112.21
« L'appel contre une décision ayant prononcé un divorce pour faute sans énoncer les torts et griefs, à la demande des parties, n'est pas recevable, l'appelant qui a obtenu en première instance entière satisfaction sur ses demandes, et étant sans intérêt à interjeter appel ».

> Ministère public – Appel – Recevabilité – Jugement conforme à ses réquisitions

• **Civ. 1re, 10 mars 1998, n° 96-13.497,** *Bull. civ.* I, n° 103
* V. s^s n° 112.21
« Le ministère public est recevable à agir pour faire appel d'un jugement conforme à ses réquisitions, dès lors que son recours tend à l'exacte application de la loi ».

> Acquiescement – Portée – Limite – Appel civil – Appel postérieur – Appelant ayant des intérêts opposés

• **Civ. 2e, 20 juin 1996, n°s 93-20.712, 94-13.138,** *Bull. civ.* II, n° 173
* V. s^s n° 112.32
« Si l'acquiescement au jugement emporte soumission aux chefs de celui-ci et renonciation aux voies de recours, sauf lorsque postérieurement une autre partie forme régulièrement un recours, l'exception ne s'applique qu'à la condition qu'il s'agisse d'une partie ayant des intérêts opposés. Par suite, l'appel interjeté du chef d'un mineur contre un jugement ayant fixé son préjudice à la suite de l'accident dont il a été victime ne pouvant préjudicier aux intérêts de ses père et mère, n'a pas pu avoir effet sur l'acquiescement préalable de ceux-ci au jugement qui avait laissé à leur charge une part de responsabilité et à celui statuant sur leurs préjudices propres ».

> Renonciation – Appel – Manifestation sans équivoque de la volonté de renoncer – Nécessité

• **Civ. 2e, 10 nov. 1982, n° 81-14.266,** *Bull. civ.* II, n° 142
* V. s^s n° 112.42
« La renonciation au droit d'interjeter appel ne résulte que d'actes manifestant sans équivoque la volonté de renoncer. Par suite, manque de base légale l'arrêt qui pour déclarer irrecevables des appels formés contre des jugements avant dire droit et au fond, relève d'une part que l'intimé avait tenté de faire rectifier, à titre d'erreur matérielle, le jugement sur le fond en ce qu'il portait qu'il était rendu en premier ressort, d'autre part, que l'appelant persistait à soutenir en cause d'appel la validité d'une "clause compromissoire" excluant l'appel, et en déduit que la renonciation au droit d'appel des jugements rendus résulte de l'intention commun des parties ».

> Acquiescement implicite – Exécution volontaire de la décision – Décision exécutoire par provision – Ordonnance de référé

• **Civ. 2e, 12 févr. 2004, n° 02-12.392,** *Bull. civ.* II, n° 51
* V. s^s n° 112.61
« La présomption d'acquiescement de l'article 410 du Code de procédure civile ne peut s'appliquer à l'exécution d'une ordonnance de référé, exécutoire de droit ».

> Acquiescement implicite – Exécution volontaire de la décision – Décision non exécutoire – Participation à une mesure d'instruction

• **Civ. 2e, 22 mai 1995, n° 93-11.413,** *Bull. civ.* II, n° 146
* V. s^s n° 112.61
« Vu les articles 410 et 558 du [nouveau] Code de procédure civile; attendu que ces textes ne sont pas applicables en cas

de seule participation à une mesure d'instruction ordonnée par un jugement ».

> Appel – Désistement – Procédure orale – Demande incidente – Formulation par un écrit déposé au greffe – Moment – Portée

• **Cass., ch. mixte, 13 mars 2009, n° 07-17.670,** *Bull. ch. mixte*, n° 1

* V. s[s] n° 112.72

« Lorsque dans une procédure orale une demande incidente a été formulée par un écrit déposé au greffe antérieurement au désistement d'appel, l'égalité des armes et l'exigence d'un procès équitable imposent qu'il soit statué sur la demande incidente soutenue à l'audience ».

> Intimé – Définition – Partie en première instance – Qualité dans laquelle il figurait – Appréciation – Nécessité

• **Cass., ass. plén., 6 déc. 2004, n° 03-11.053,** *Bull. ass. plén.*, n° 13

* V. s[s] n° 112.81

« Viole les articles 4, 547 et 901 du [nouveau] Code de procédure civile, ainsi que l'article 6.1 de la Convention européenne de sauvegarde des droits de l'homme et des libertés fondamentales, la cour d'appel qui, pour déclarer un appel irrecevable comme ayant été dirigé contre une personne qui n'était pas partie en première instance, retient que la qualité mentionnée dans la déclaration d'appel ne pouvait résulter d'une erreur due à la rédaction de l'entête du jugement et que les événements procéduraux postérieurs à l'acte d'appel n'avaient pas pu modifier les conditions dans lesquelles l'acte d'appel avait été formé, alors que l'erreur manifeste dans la désignation de l'intimé, au regard de l'objet du litige tel que déterminé par les prétentions des parties devant les juges du fond, n'est pas de nature à entraîner l'irrecevabilité de l'appel ».

> Appel d'un coobligé – Instance poursuivie sur renvoi après cassation – Jonction d'un second coobligé – Portée

• **Civ. 2e, 20 janv. 2005, n° 03-13.607,** *Bull. civ.* II, n° 16

* V. s[s] n° 112.131

« En cas de solidarité à l'égard de plusieurs parties, l'appel formé par l'une conserve le droit d'appel des autres, sauf à ces dernières à se joindre à l'instance. En cas de renvoi après cassation, l'instance se poursuit devant la juridiction de renvoi. Dès lors, viole les articles 552, alinéa 1er, du nouveau Code de procédure civile, ensemble l'article 631 du même Code, la cour d'appel statuant sur renvoi après cassation qui, pour déclarer irrecevable la demande formée devant elle par une partie condamnée solidairement avec une autre au paiement d'une certaine somme, retient que cette partie n'est pas appelante du jugement déféré et n'est pas non plus appelante incidente, alors qu'elle constatait que cette partie s'était jointe à l'instance d'appel qui se poursuivait devant elle ».

> Intimé – Pluralité – Appel interjeté contre un seul – Litige indivisible – Appel postérieur contre les autres parties – Possibilité

• **Civ. 2e, 23 juin 1999, n° 97-22.607,** *Bull. civ.* II, n° 146

* V. s[s] n° 112.161

« Encourt la cassation l'arrêt qui, pour déclarer irrecevable un second appel dirigé par l'appelant contre une autre partie, retient que l'article 552, alinéa 2 du nouveau Code de procédure civile, sur les conséquences de l'indivisibilité est inapplicable, alors que l'instance introduite par l'appel formé dans le délai était toujours en cours et que l'absence d'indivisibilité n'avait pas été relevée ».

> Méconnaissance des termes du litige – Chose non demandée – Condamnation d'une partie

• **Civ. 2e, 5 oct. 1983, n° 82-14.161,** *Bull. civ.* II, n° 159

* V. s[s] n° 112.171

« Une partie ne peut être condamnée au profit d'une autre qui n'a rien demandé contre elle ».

> Appel provoqué par l'appel incident – Appel incident formé par l'intimé – Second appel formé par l'appelant principal – Recevabilité

• **Soc. 5 juill. 2005, n° 03-44.366,** *Bull. civ.* V, n° 229

* V. s[s] n° 112.191

« La limitation de son appel principal par une partie ne lui interdit pas de former, de la même manière que le sont les demandes incidentes, un appel provoqué par l'appel incident de l'intimé et d'étendre ainsi sa critique du jugement ».

> Appel incident – Formation – Mode de formation – Dépôt de conclusions – Moment – Effets – Étendue.

• **Cass., ch. mixte, 3 févr. 2006, n° 03-16.203,** *Bull. ch. mixte*, n° 1

* V. s[s] n° 112.192

« L'appel incident peut être formé en tout état de cause. Lorsque des conclusions comportent un tel appel, elles peuvent être déposées jusqu'à la date de l'ordonnance de clôture et il appartient alors à la partie adverse, si elle entend y répondre, de demander soit le report de cette date, soit la révocation de l'ordonnance de clôture, sans préjudice de son droit de solliciter l'attribution de dommages-intérêts. Dès lors, viole l'article 550 du nouveau code de procédure civile, la cour d'appel qui, pour déclarer irrecevables les conclusions déposées par l'intimé sept jours avant la date de l'ordonnance de clôture, retient que les écritures déposées par l'intimé devaient être écartées comme tardives car elles ne permettaient pas à la partie adverse d'y répliquer dans le respect des délais de procédure, alors que l'appelant principal n'avait pas demandé le report ni la révocation de l'ordonnance de clôture ».

> Mise en cause d'un tiers – Conditions – Évolution du litige – Définition – Portée

• **Cass., ch. mixte, 9 nov. 2007, n° 06-19.508,** *Bull. ch. mixte*, n° 10

* V. s[s] n° 112.261

« L'évolution du litige impliquant la mise en cause d'un tiers devant la cour d'appel n'est caractérisée que par la révélation d'une circonstance de fait ou de droit née du jugement ou postérieurement à celui-ci et modifiant les données juridiques du litige. Justifie légalement sa décision la cour d'appel qui, après avoir relevé que le preneur à bail commercial avait découvert, au cours de la première instance l'opposant à son bailleur, que l'affectation commerciale des locaux n'était régulière que pour une partie d'entre eux et retenu qu'il disposait ainsi, dès la première instance, des éléments lui permettant d'orienter la procédure comme il l'estimait nécessaire, en a déduit qu'il ne pouvait attraire les précédents propriétaires des locaux pour la première fois en appel ».

> Appel – Mise en cause d'un tiers – Conditions – Évolution du litige – Définition – Portée

• **Cass., ass. plén., 11 mars 2005, n° 03-20.484,** *Bull. ass. plén.*, n° 4

* V. s[s] n° 112.292

« Au sens de l'article 555 du [nouveau] Code de procédure civile, l'évolution du litige impliquant la mise en cause d'un tiers devant la cour d'appel n'est caractérisée que par la révélation d'une circonstance de fait ou de droit née du jugement ou postérieurement à celui-ci et modifiant les données juridiques du litige. Ainsi, une cour d'appel ayant constaté que les désordres décrits dans les expertises ordonnées en première instance et en appel étaient identiques et que leurs causes avaient été décelées par le premier expert, a retenu à bon droit que la dernière expertise n'avait pas modifié les données juridiques du litige, dont l'évolution ne résidait que dans la nature et le coût des réparations ».

112.03 **Bibliographie indicative.**

Actualisables. *J.-Cl. Pr. civ.*, fasc. 713 et 714 [Appel. Parties à l'instance d'appel], par N. Fricero; fasc. 105 [Parties à l'instance], par Chevallier – Rép. pr. civ., V° *Appel*, par F. Ferrand, mars 2012 [actu. avr. 2015], n°s 372 à 659.

Ouvrages. C. Brenner et N. Fricero, *La nouvelle procédure d'appel*, 2e éd. Lamy, 2011, p. 18 – J.-L. Gallet, *La procédure civile devant la cour d'appel*, 3e éd., LexisNexis, 2014, p. 70 – Ph. Gerbay et N. Gerbay, *Guide du procès civil en appel 2016*, LexisNexis, 2015, p. 165 à 194 – S. Guinchard (dir.), Dalloz action *Droit et pratique de la procédure civile*, 2014/2015, n°s 542.91 à 542.282, par J. Pellerin.

Articles. P. Delebecque, « Les renonciations à recours », *in Mél. Simler*, Litec/Dalloz, 2006, p. 563 – F. Derrida, « La notion de partie dans les décisions relatives au redressement et à la liquidation judiciaires des entreprises », *LPA* 1988, n° 145 – J. Théron, « De la communauté d'intérêts », *RTD civ.* 2009. 19 – P. et D. Veaux, « La représentation mutuelle des coobligés », *in Mél. Weill*, Litec, 1983, p. 547, spéc. n° 23.

112.04 **Questions essentielles.**

> Qui a intérêt pour interjeter appel ?

* V. s[s] n°s 112.21 s.

> Qui a qualité pour interjeter appel ?

* V. s[s] n°s 112.81 s.

> Qui a la capacité pour interjeter appel ?

* V. s[s] n°s 112.111 s.

> Qui a qualité pour être intimé ?

* V. s[s] n°s 112.101 s.

> Quelles sont les conséquences du changement de qualité de l'intimé ?

* V. s[s] n°s 112.121 s.

> Quels sont les effets de la solidarité et de l'indivisibilité ?

* V. s[s] n°s 112.130 s.

> Qui peut former un appel incident ?

* V. s[s] n°s 112.191 s.

> Contre qui peut être formé un appel incident ?

* V. s[s] n°s 112.201 s.

> Qu'est-ce qu'un appel provoqué ?

* V. s[s] n°s 112.211 s.

> Qui peut intervenir à l'instance d'appel ?

* V. s[s] n°s 112.221 s.

112.05 **Formulaire de procédure civile (renvois).**
Appel – Appel provoqué (Assignation à fin d'appel incident provoqué)

112.09 **Division.** Le décret du 28 août 1972[1] a consacré la conception de l'appel comme **voie d'achèvement du procès.** Il s'agit de tenir compte de l'évolution des faits, des situations depuis la première instance. Cette nouvelle conception de l'appel se traduit par un **élargissement du cadre du litige** quant à son objet mais également quant aux parties à l'instance d'appel. En principe, seules les parties en première instance peuvent être parties à la procédure d'appel (sect. 1). Mais la personne qui n'a pas interjeté un appel principal pourra, sous certaines conditions, former un appel incident ou un appel provoqué (sect. 2). En outre, un tiers qui n'a pas été partie à l'instance d'appel pourra intervenir volontairement ou faire l'objet d'une intervention forcée (sect. 3).

SECTION 1
PARTIES À L'APPEL PRINCIPAL

112.10 **Division.** Les parties devant la cour sont l'appelant principal et l'intimé, contre qui l'appel est dirigé. En principe, seules les parties en première instance ont le droit de figurer à l'instance d'appel mais en matière gracieuse la voie d'appel est ouverte non seulement aux parties mais également aux tiers auxquels la décision a été notifiée (C. pr. civ., art. 546). Pour pouvoir être partie à l'instance d'appel il faut remplir un certain nombre de conditions. Certaines sont propres aux appelants (§ 1), d'autres sont communes aux appelants et aux intimés (§ 2). Il a été prévu des règles particulières en cas de solidarité ou d'indivisibilité entre les parties (§ 3).

§ 1
Conditions propres aux appelants

112.20 **Division.** L'article 546 du Code de procédure civile dispose que : « *Le droit d'appel appartient à toute partie qui y a intérêt, si elle n'y a pas renoncé* ».

1. Décr. n° 72-788, 28 août 1972, instituant une troisième série de dispositions destinées à s'intégrer dans le nouveau Code de procédure civile, *JO* 30 août, p. 9300.

Ainsi pour pouvoir interjeter appel, l'appelant doit y avoir intérêt (A) et ne pas avoir renoncé au droit d'appel (B).

A.
Intérêt

112.21 « Pas d'intérêt, pas d'action ». L'article 546 alinéa 1er du Code de procédure civile n'est qu'une application de la règle particulière « *pas d'intérêt, pas d'action* ». Il faut un intérêt à agir (C. pr. civ., art. 31).

Ainsi, l'appel dirigé uniquement contre une partie à l'encontre de laquelle aucune demande n'avait été formée en première instance par l'appelant et qui, elle-même, n'avait formulé aucune demande contre l'appelant, est irrecevable[1]. Une Caisse de sécurité sociale qui n'a formulé aucune demande en première instance ne justifie pas posséder un intérêt au sens de l'article 546 du Code de procédure civile pour interjeter appel, son recours est donc irrecevable[2]. Et une partie qui a obtenu entière satisfaction devant les premiers juges n'est pas recevable à interjeter appel contre le jugement qui a fait droit à toutes ses demandes[3]. L'appel formé pour obtenir des dommages et intérêts non réclamés en première instance est irrecevable[4].

L'intérêt peut être **pécuniaire** ou **moral**. Il faudra dans tous les cas que le jugement de première instance cause un **grief** à l'appelant. Ce grief peut résulter de la seule condamnation aux dépens de l'instance[5]. L'intérêt peut également être **collectif**[6]. C'est toujours au moment de la **déclaration d'appel** qu'il convient de se placer pour apprécier l'intérêt[7]; un appel ne peut dépendre de circonstances postérieures qui le rendent sans objet[8]. Les **tiers** qui interjettent appel d'un jugement dont ils ont reçu notification, en matière gracieuse, doivent également justifier d'un intérêt. Mais la règle ne s'applique pas au ministère **public** qui est toujours recevable à former appel contre un jugement rendu conformément à ses dispositions, dès lors que son appel tend à une exacte application de la loi[9].

112.22 Pour appeler, il faut avoir succombé. Une partie succombe dès qu'elle a été **condamnée** par le jugement choqué d'appel ou qu'elle a été **déboutée** de l'un de ses chefs de demande, même implicitement. La condamnation peut être simplement partielle et il suffit que l'appelant n'ait pas obtenu l'intégralité de ses demandes[10].

La mise hors de cause[11] d'un des défendeurs, le rejet d'une demande accessoire[12], le rejet d'une fin de non-recevoir alors qu'il a été fait droit à des conclusions subsidiaires[13], constituent un intérêt suffisant. Le fait de s'en rapporter à justice n'est pas une renonciation au droit d'appel et ne fait pas disparaître l'intérêt de cette partie pour interjeter appel[14]. La condamnation aux dépens constitue un intérêt suffisant pour interjeter appel même si l'appelant a obtenu gain de cause sur le fond[15].

EN REVANCHE, une simple erreur matérielle ou l'*infra petita* ne constitue pas un intérêt pour interjeter appel; il appartient à celui à qui la décision fait grief de retourner devant le même juge sur le fondement des articles 462 et 463 du Code de procédure civile.

Pour vérifier si une partie a succombé en première instance, il faut se référer à ses **prétentions** et, dans les procédures avec représentation obligatoire, au dispositif de ses **dernières conclusions récapitulatives.** Il faut également analyser le dispositif du jugement; seul le **dispositif de la décision** doit être pris en compte, à l'exclusion des motifs décisoires[16].

B.
Absence de renonciation à appel

112.30 Modalités des renonciations à appel de jugements et cas particuliers des sentences arbitrales. L'article 546 du Code de procédure civile prévoit que « *le droit d'appel appartient à toute partie qui y a intérêt, si elle n'y a pas renoncé* ». La renon-

1. Civ. 2e, 21 oct. 2004, no 02-20.800, NP.
2. Civ. 2e, 6 mars 2008, no 07-12.538, *Bull. civ.* II, no 62.
3. Civ. 1re, 16 janv. 1979, *D.* 1979. IR 289, obs. Julien – Civ. 2e, 20 mars 1991, no 89-15.297, *Bull. civ.* II, no 88 – Civ. 2e, 23 sept. 2004, no 03-13.449, NP.
4. Civ. 2e, 25 nov. 1999, no 97-20.062, NP.
5. Civ. 3e, 22 avr. 1975, no 73-11.459, *Bull. civ.* III, no 126; *D.* 1985. IR 153.
6. Civ. 1re, 25 avr. 1974, no 72-11.144, *Bull. civ.* I, no 119; *D.* 1977. 108, note de Poulpiquet.
7. Civ. 2e, 4 mars 1981, no 79-17.130, *Bull. civ.* II, no 44; *D.* 1983. IR 141, obs. Julien.
8. Civ. 2e, 5 janv. 1978, no 76-10.684, *Bull. civ.* II, no 5; *Gaz. Pal.* 1978. 1. 234, note Viatte.
9. Civ. 1re, 10 mars 1998, no 96-13.497, *Bull. civ.* I, no 103; *RTD civ.* 1999. 104, obs. Perrot; *Justices* 1998. 653, obs. Wiederkehr.
10. Civ. 2e, 17 janv. 1968, *Bull. civ.* II, no 22; *D.* 1968. Somm. 56 – Civ. 1re, 21 avr. 1970; *RTD civ.* 1970. 824, obs. Raynaud.
11. Soc. 20 janv. 1960, *Bull. civ.* IV, no 59.
12. Req. 29 juill. 1896, *DP* 1897. 1. 283.
13. Civ. 2e, 9 juill. 1981, no 79-17.055, *Bull. civ.* II, no 155; *D.* 1983. IR 141, obs. Julien.
14. Civ. 2e, 23 janv. 1991, no 89-20.024, *Bull. civ.* II, no 29; *Gaz. Pal.* 1991. 2. 646, note du Rusquec; *RTD civ.* 1991. 407, obs. Perrot.
15. Civ. 3e, 22 avr. 1975, no 73-11.459, P (préc. ss no 112.21).
16. Civ. 2e, 17 nov. 1976, no 74-14.832, *Bull. civ.* II, no 308 – Com. 8 avr. 1976, no 74-14.351, *Bull. civ.* IV, no 105 – Civ. 2e, 19 nov. 1981, *D.* 1983. IR 78, obs. Groslière – Soc. 29 avr. 1981, no 79-41.759, *Bull. civ.* V, no 360; *D.* 1982. 66, note Blaisse – Civ. 1re, 12 avr. 1983, no 82-11.920, *Bull. civ.* I, no 113; *JCP* 1984. II. 20288, note Blaisse – Civ. 3e, 18 mars 1980, no 78-16.019, *Bull. civ.* III, no 61.

ciation unilatérale à l'appel est régie par les articles 556 à 558 du Code de procédure civile. La **renonciation à l'appel**, avant que le jugement ne soit rendu, n'est possible que si elle est **convenue entre les parties**. Cette hypothèse est régie par l'article 41 alinéa 2 du Code de procédure civile.

Enfin, l'article 1482 du même code prévoyait que la **sentence arbitrale** est susceptible d'appel « *à moins que les parties n'aient renoncé à l'appel dans la convention d'arbitrage* ». Mais ce texte a été modifié par le décret du 13 janvier 2011[1] qui a réformé l'arbitrage. Désormais la sentence arbitrale n'est **pas susceptible d'appel sauf volonté contraire des parties** (C. pr. civ., art. 1489). Lorsque les parties ont prévu l'appel, il tend à la **réformation** ou à **l'annulation de la sentence** et la cour statue en droit ou en amiable compositeur dans les limites de la mission du tribunal arbitral (C. pr. civ., art. 1490). EN REVANCHE, la sentence arbitrale peut toujours faire l'objet d'un **recours en annulation** à moins que les parties n'aient prévu l'appel (C. pr. civ., art. 1491). L'article 1492 précise les cas d'ouverture du recours en annulation. Ces règles sont applicables à **l'arbitrage interne**.

Pour **l'arbitrage international**, le code prévoit que les sentences rendues en France ne peuvent faire l'objet que d'un **recours en annulation** (C. pr. civ., art. 1518). Les parties peuvent à tout moment renoncer expressément au recours en annulation, ce qu'elles ne peuvent pas faire en matière d'arbitrage interne, mais si elles renoncent au recours en annulation, elles pourront toujours faire **appel de l'ordonnance d'*exequatur*** pour l'un des motifs visés à l'article 1520. Le recours en annulation contre la sentence arbitrale emporte de plein droit, dans les limites de la saisine de la cour, recours contre l'ordonnance du juge ayant statué sur l'*exequatur* ou dessaisissement de ce juge (C. pr. civ., art. 1524, al. 2). La décision qui refuse la reconnaissance ou l'*exequatur* d'une sentence arbitrale internationale rendue en France est susceptible d'appel (C. pr. civ., art. 1523, al. 1er). Enfin, la décision qui statue sur une demande de reconnaissance ou d'*exequatur* d'une sentence arbitrale rendue à l'étranger est susceptible d'appel (C. pr. civ., art. 1525, al. 1er).

La renonciation à l'appel doit répondre à certaines conditions (1°) et ne peut être faite que sous certaines formes (2°).

1°
Conditions de la renonciation à appel

112.31 Conditions posées par l'article 556 du Code de procédure civile. L'article 556 prévoit que « *seules les personnes capables de compromettre peuvent renoncer à l'appel et qu'elles ne le peuvent que pour les droits dont elles ont la libre disposition* ». L'article 41 alinéa 2 rappelle également que les parties peuvent convenir que leur différend sera jugé sans appel, une fois le litige né, pour les droits dont elles ont la libre disposition. Mais : « *On ne peut compromettre sur les questions d'état et de capacité des personnes, sur celles relatives au divorce et à la séparation de corps ou sur les contestations intéressant les collectivités publiques et les établissements publics et plus généralement dans toutes les matières qui intéressent l'ordre public. Toutefois des catégories d'établissements publics à caractère industriel et commercial peuvent être autorisées par décret à compromettre* » (C. civ., art. 2060). Pour être valable la renonciation ne doit pas être affectée d'un **vice du consentement**.

112.32 Moment de la renonciation. Il a toujours été admis que la renonciation au droit d'appel puisse intervenir **après le prononcé du jugement** de la part de celui qui a succombé[2]; mais cette renonciation ne vaut pas si postérieurement, une autre partie interjette elle-même régulièrement appel (C. pr. civ., art. 403, 409, 558, al. 2). Encore faut-il que cette partie ait des **intérêts opposés** à l'auteur de la renonciation[3]. La renonciation à l'appel ne peut pas être antérieure à la naissance du litige (C. pr. civ., art. 557 et 41). Une fois le litige né, les parties peuvent renoncer à l'appel à condition de respecter les règles régissant les formes de la renonciation.

2°
Formes de la renonciation

112.41 Renonciation avant le prononcé du jugement. La renonciation avant le prononcé du jugement suppose l'accord des parties. Cet **accord** doit être **exprès** (C. pr. civ., art. 41, al. 2). Il ne faut pas qu'il puisse y avoir de doute sur la volonté des parties[4].

112.42 Renonciation après le prononcé du jugement. Après le prononcé du jugement la renonciation peut être **unilatérale**. Elle peut être **expresse** ou résulter de **l'exécution sans réserve d'un jugement non exécutoire** (C. pr. civ., art. 558) ce qui équivaut à un acquiescement. Il faut que la volonté de renoncer à l'appel ne prête pas à équi-

1. Décr. n° 2011-48, 13 janv. 2011, portant réforme de l'arbitrage, *JO* 14 janv., p. 777.

2. Civ. 1re, 27 mai 1986, n° 84-14.154, *Bull. civ.* I, n° 144; *D.* 1987. 209, note Gautier.
3. Civ. 2e, 20 juin 1996, nos 93-20.712 et 94-13.138, *Bull civ.* II, n° 173; *Procédures* 1996. Comm. 288, obs. Perrot; *D.* 1996. 197.
4. Civ. 1re, 6 nov. 1973, n° 71-12.641; *Bull. civ.* I, n° 293; *D.* 1974. IR 57.

voque[1]. Ainsi, le seul fait de ne pas s'opposer aux demandes formulées devant le juge de première instance n'emporte pas en lui-même renonciation à l'appel[2], ni le fait pour une partie de s'en rapporter à justice[3]. Le simple silence ne constitue pas une renonciation à une voie de recours[4]. Il a encore été jugé que le fait de ne pas s'opposer à une mesure d'expertise n'emporte pas en lui-même renonciation à l'appel d'une décision ayant tranché le litige dans son principe[5].

a) Acquiescement au jugement

112.51 Acquiescement au jugement. L'acquiescement au jugement peut être **exprès** ou **implicite** (C. pr. civ., art. 410, al. 1er). Il doit être **certain** et impliquer une acceptation évidente des dispositions du jugement[6]. Il doit être **exempt de vice.** L'acquiescement donné par erreur est entaché de nullité[7]. L'acquiescement peut être **total** ou **partiel** et ne concerner qu'une disposition particulière du jugement.

Lorsqu'il est **exprès**, il résulte d'une déclaration formelle de celui qui acquiesce. Il produit un **effet extinctif** dès la manifestation de la volonté de celui qui acquiesce et non à la date à laquelle le juge constate l'acquiescement[8].

L'acquiescement **implicite** est plus difficile à caractériser. Il va résulter d'**actes incompatibles avec la volonté d'interjeter appel** et démontrer sans équivoque l'intention de la partie à laquelle on l'oppose d'accepter entièrement la décision intervenue[9]. L'acquiescement peut être établi par la lettre non confidentielle de l'avocat de l'une des parties envoyant à son adversaire le compte détaillé des condamnations pour règlement[10]. Il en est de même en cas d'encaissement sans réserve de sommes dues au titre d'un jugement non assorti de l'exécution provisoire dès lors que la partie qui a reçu les fonds n'a pas fait douter de son intention d'acquiescer[11].

EN REVANCHE, il a été jugé que ne pouvait être considéré comme un acquiescement l'encaissement par la victime d'un accident de la provision qui lui a été allouée[12]. La signification sans réserve d'un jugement[13], l'expiration du délai d'appel[14] ou le fait de s'en rapporter à justice sur les mérites de la demande[15] ou la demande d'octroi de délai de grâce[16] n'ont pas été considérés comme les acquiescements à jugement.

L'article 417 du Code de procédure civile précise que « *la personne investie d'un mandat de représentation en justice est réputée, à l'égard du juge et de la partie adverse, avoir reçu pouvoir spécial de faire ou accepter un désistement, d'acquiescer, de faire, accepter ou donner des offres, un aveu ou un consentement* ». Il a été jugé que ce texte instaurait une présomption irréfragable[17]. Mais dans les procédures sans représentation obligatoire, l'avocat qui assiste son client comparaissant en personne, sans le représenter, n'a pas qualité pour acquiescer au jugement sans mandat spécial[18].

b) Exécution sans réserve d'un jugement non exécutoire

112.61 Exécution sans réserve d'un jugement non exécutoire. L'article 410 alinéa 2 du Code de procédure civile prévoit spécialement cette hypothèse particulière d'acquiescement et dispose que

1. Civ. 2e, 10 nov. 1982, no 81-14.266; *Bull. civ.* II, no 142.
2. Civ. 2e, 3 juill. 2008, no 07-14.078, NP; *Procédures* 2008. Comm. 320, obs. Perrot.
3. Civ. 2e, 5 juill. 2006, no 05-12.365, NP.
4. Civ. 2e, 10 mars 2005, no 03-11.302, *Bull. civ.* II, no 68; *D.* 2008. 2718 – Civ. 1re, 24 mai 2007, no 06-18.218, *Bull. civ.* I, no 209; *D.* 2007. 1667; *D.* 2007. 2690, obs. Douchy-Oudot; *D.* 2008. 2820, obs. Delebecque, Bretzner et Vasseur.
5. Civ. 2e, 31 mars 2011, no 09-69.907, *Bull. civ.* II, no 75; *Procédures* 2011. Comm. 193, obs. Perrot; *Dr. et proc.* 2011. 161.
6. Civ. 1re, 19 mars 2008, no 06-21.250, *Bull. civ.* I, no 80; *D.* 2008. 1059; *D.* 2009. 832, obs. Serra et Williatte-Pellitteri; *RTD civ.* 2008. 461, obs. Hauser.
7. Civ. 2e, 8 juill. 2004, no 02-16.916, *Bull. civ.* II, no 346; *RTD civ.* 2004. 776, obs. Perrot – Civ. 2e, 10 janv. 2008, no 07-13.370, *Bull. civ.* II, no 1.
8. Civ. 2e, 18 nov. 1999, no 97-15.921, NP; *RTD civ.* 2000. 157, obs. Perrot.
9. Civ. 2e, 26 nov. 1975, no 74-10.514, *Bull. civ.* II, no 311 – Soc. 25 mai 1976, no 75-40.127, *Bull. civ.* V, no 320; *D.* 1976. IR 185 – Civ. 2e, 14 janv. 1999, no 97-11.763, *Bull. civ.* II, no 6 – Civ. 1re, 19 mars 2008, no 06-21.250, *Bull. civ.* I, no 80; *D.* 2008. 1059; *D.* 2009. 832, obs. Serra et Williatte-Pellitteri; *RTD civ.* 2008. 461, obs. Hauser.
10. Civ. 2e, 29 mai 1979, no 78-11.527, *Bull. civ.* II, no 159; *Gaz. Pal.* 1979. 2. 397, note Viatte; *D.* 1979. IR 473, obs. Julien; *RTD civ.* 1980. 171, obs. Perrot.
11. Civ. 2e, 17 juin 1998, no 96-15.211, *Bull. civ.* II, no 191; *JCP* 1998. IV. 2769.
12. Civ. 2e, 10 déc. 1986, no 85-11.763, *Bull. civ.* II, no 177; *Gaz. Pal.* 1987. 2. Somm. 334, obs. Croze et Morel.
13. Civ. 2e, 27 févr. 1980, no 78-14.761, *Bull. civ.* II, no 42.
14. Civ. 1re, 3 mars 1998, no 96-10.753, *Bull. civ.* I, no 82; *D.* 1998. 421, concl. Sainte-Rose; *Justices* 1998. 656, obs. Wiederkehr; *D.* 1999. 202, obs. Chatain et Ferrière; *RTD civ.* 1998. 422, obs. Crocq; *RTD civ.* 1998. 950, obs. Crocq; *RTD com.* 1998. 413, obs. Paisant.
15. Civ. 2e, 17 déc. 1998, no 97-15.121, NP; *Procédures* 1998. Comm. 23, obs. Perrot.
16. Civ. 3e, 10 janv. 1990, no 88-16.892, NP; *Rev. loyers* 1990. 225.
17. Soc. 27 janv. 2000, no 97-43.845, NP; *Procédures* 2000. Comm. 102, obs. J.-M. S.
18. Soc. 30 juin 2000, no 98-41.670, NP; *RTD civ.* 2001. 210, obs. Perrot.

« *l'exécution sans réserve d'un jugement non exécutoire vaut acquiescement, hors le cas où celui-ci n'est pas permis* ». L'exécution d'une ordonnance de référé exécutoire de plein droit ne vaut pas acquiescement[1]. De manière générale, lorsqu'une décision est exécutoire l'exécuter n'emporte pas acquiescement[2], sous réserve toutefois de circonstances particulières. En effet, comme l'écrit Perrot « *dès lors que l'acquiescement implicite s'analyse en une présomption de volonté dont l'exécution provisoire serait la négation, rien ne s'oppose à ce que certains indices précis et indépendants de la seule exécution du jugement fassent réapparaître cette présomption* »[3].

Dans l'affaire commentée un jugement déclaratif de faillite avait été rendu, le failli avait participé aux opérations de la procédure jusqu'à la clôture de la faillite, intervenue sur sa propre requête. Pouvait-il interjeter appel de ce jugement de faillite sous prétexte qu'il était assorti de l'exécution provisoire ? La Cour de cassation a répondu par la négative car le failli avait manifesté, par son comportement et ses initiatives, sa volonté implicite mais non équivoque de considérer le jugement comme définitif[4].

La Cour de cassation a jugé qu'une exécution volontaire mais sous l'effet de la peur et en se méprenant sur le caractère exécutoire de la décision ne vaut pas acquiescement[5]. La solution est la même lorsque l'exécution spontanée est due aux mentions erronées du jugement et de l'acte de signification[6]. La Cour de cassation a également eu l'occasion de préciser que la réception d'un paiement volontaire n'est pas une exécution valant acquiescement au jugement[7].

EN REVANCHE, l'exécution spontanée de la condamnation prononcée sur le fondement de l'article 700 du Code de procédure civile non assortie de l'exécution provisoire vaut acquiescement et renonciation à l'appel[8]. C'est que l'exécution d'une décision non exécutoire vaut acquiescement sans qu'il y ait lieu de rechercher si la partie qui a exécuté le jugement avait ou non l'intention d'acquiescer[9]. En outre, la victime qui formule une demande expresse et sans réserve, suivie de l'encaissement du règlement des condamnations prononcées par une commission d'indemnisation des victimes d'infractions (CIVI) non exécutoires par provision, acquiesce au jugement[10]. Toutefois lorsqu'une partie exécute volontairement un chef du jugement non exécutoire, cela n'entraîne pas un acquiescement de sa part aux autres chefs du jugement lorsqu'ils sont distincts et indépendants[11].

L'exécution de mesures d'expertise ne vaut pas acquiescement à tout jugement[12]. La participation sans réserve à une mesure d'instruction ordonnée par un jugement mixte ne peut, à elle seule, valoir acquiescement implicite au jugement[13]. Mais la solution est différente si le chef du dispositif ordonnant l'expertise n'est que la conséquence du chef tranchant le principal[14]. Il a également été jugé que la consignation des frais et la participation à la première réunion d'expertise constituent des actes d'exécution sans réserve du jugement de première instance non assorti de l'exécution provisoire[15].

c)
Désistement d'appel

112.71 Désistement d'appel. L'article 400 du Code de procédure civile dispose que : « *Le désistement de l'appel ou de l'opposition est admis en toutes matières, sauf dispositions contraires* ». Le désistement d'appel est une forme de désistement d'instance. Il peut être **exprès** ou **implicite** (C. pr. civ., art. 405, renvoyant not. à l'article 397). Il peut être **total** ou **partiel**. Lorsque deux parties interjettent un

1. Civ. 2e, 12 févr. 2004, no 02-12.392, *Bull. civ.* II, no 51.
2. Civ. 3e, 30 avr. 2002, no 01-70.076, *Bull. civ.* III, no 87; *AJDI* 2002. 543; *RDI* 2003. 51, obs. Morel – Civ. 2e, 3 avr. 2003, no 00-17.949, *Bull. civ.* II, no 90; *D.* 2003. 1263, et obs. – Civ. 3e, 15 févr. 2006, no 01-70.106, *Bull. civ.* III, no 34; *AJDA* 2006. 780; *D.* 2006. 603; *AJDI* 2006. 583, obs. Lévy; *RDI* 2006. 121, obs. Morel.
3. R. Perrot, obs. ss Civ. 2e, 16 févr. 1984, no 82-12.399, *Bull. civ.* II, no 30; *RTD civ.* 1984. 368.
4. Civ. 2e, 16 févr. 1984, no 82-12.399, P (préc. ss prést no); *JCP* 1984. IV. 75.
5. Civ. 2e, 5 avr. 2007, no 06-12.216, NP; *Procédures* 2007. Comm. 125, obs. Perrot.
6. Civ. 2e, 10 janv. 2008, no 07-13.370, *Bull. civ.* II, no 1; *JCP* 2008. IV. 1235.
7. Civ. 2e, 15 déc. 2005, no 04-10.847, *Bull. civ.* II, no 324; *Procédures* 2006. Comm. 24, obs. Perrot; *D.* 2006. 175.
8. Civ. 2e, 21 juin 1989, no 88-12.708, *Bull. civ.* II, no 130 – Soc. 2 avr. 1997, no 95-40.447, NP; *Procédures* 1998, no 144, obs. Perrot.
9. Civ. 3e, 3 nov. 2011, no 10-10.627, NP; *Procédures* 2012. Comm. 1, obs. Perrot.
10. Civ. 2e, 15 févr. 2007, no 05-22.089, *Bull. civ.* II, no 39; *D.* 2007. 726.
11. Civ. 2e, 10 déc. 1981, no 80-15.613, *Bull. civ.* II, no 215; *D.* 1983. IR 78, obs. Groslière – Civ. 2e, 14 janv. 1999, no 97-11.782, *Bull. civ.* II, no 6 (à propos des différents chefs d'un jugement de divorce).
12. Civ. 2e, 22 mai 1995, no 93-11.413, *Bull. civ.* II, no 146; *RTD civ.* 1995. 685, obs. Perrot; *Procédures* 1995, no 180, obs. Perrot; *Justices* 1996, no 4, p. 274, obs. Wiederkehr – Civ. 3e, 7 mai 2002, no 99-16.153, *Bull. civ.* III, no 91; *D.* 2002. 1729; *AJDI* 2002. 605, obs. Dumont; *RTD civ.* 2002. 563, obs. Perrot.
13. Civ. 2e, 8 avr. 2004, no 02-15.884, *Bull. civ.* II, no 159.
14. Civ. 2e, 20 mai 1981, no 79-15.941, *Bull. civ.* II, no 124 – Civ. 3e, 11 oct. 1989, no 88-10.784, *Bull. civ.* III, no 185; *Gaz. Pal.* 1990. 2. Somm. 342, obs. Guinchard et Moussa.
15. Civ. 2e, 5 oct. 1988, no 87-14.100, *Bull. civ.* II, no 186; *JCP* 1988. II. 21273, obs. Cadiet – V. Delage « Acquiescement au jugement et participation à une mesure d'instruction », *Rev. huiss.* 1997. 1405.

appel principal d'un même jugement, le désistement de son appel par une partie laisse subsister celui de l'autre même si elle a accepté le désistement[1]. Le désistement ne se présume pas et la cour dispose d'un pouvoir souverain d'appréciation de l'existence du désistement.

N'ont pas été considérés comme des désistements le fait pour un salarié de signer un reçu pour solde de tout compte après l'introduction par lui d'une procédure prud'homale[2] ou le fait pour un appelant de ne pas accomplir les actes de procédures dans les délais impartis[3] ou encore le fait de ne pas comparaître à une audience à laquelle il a été convoqué.

Le désistement d'appel ne peut valablement émaner que de la **partie ayant formé le recours** ou de celle **ayant qualité pour poursuivre l'action ou y renoncer**. Aussi, le commissaire à l'exécution du plan de redressement ne peut se désister de l'appel interjeté par la société avant qu'elle ne soit déclarée en redressement judiciaire car celle-ci a retrouvé par, l'effet du jugement arrêtant le plan, la totalité de ses pouvoirs[4]. Le désistement d'appel doit émaner de celui dont les droits propres sont concernés. La Cour de cassation a censuré une cour d'appel en affirmant qu'elle ne pouvait dire parfait le désistement émanant du seul liquidateur, intervenant volontaire à l'instance d'appel, sans avoir constaté le désistement du débiteur dans l'exercice de son droit propre qui avait relevé appel avant sa mise en liquidation judiciaire[5].

Dans les **procédures avec représentation obligatoire**, il a été jugé que le désistement ne pouvait être formulé que par voie de **conclusions écrites**[6]. Mais lorsque le désistement d'appel n'a pas besoin d'être accepté, la Cour de cassation a admis qu'il pouvait produire son effet sans qu'il soit nécessaire de le notifier à la partie adverse[7].

Dans les **procédures sans représentation obligatoire**, le désistement d'appel peut être régularisé par un acte de désistement d'instance régulièrement signifié[8], par une lettre adressée à la juridiction[9]. Mais il est plus sûr de se désister par des conclusions écrites[10]. En réalité le désistement dans les procédures orales n'est pas soumis à un formalisme mais doit être exprimé de manière non équivoque.

112.72 Le désistement doit-il être accepté ? Il résulte de l'article 401 du Code de procédure civile que le désistement d'appel n'a besoin d'être accepté que s'il contient des réserves ou si la partie à l'égard de laquelle il est fait a préalablement formé un appel incident ou une demande incidente. En principe, en l'absence d'appel incident ou de demande incidente, le désistement d'appel produit immédiatement son effet extinctif[11].

EN REVANCHE le désistement a besoin d'être accepté s'il contient des **réserves** ou si la partie à l'égard de laquelle il a été fait a préalablement formé un **appel incident** ou **demande incidente**. Lorsque le désistement et les conclusions contenant l'appel incident ou la demande incidente sont du même jour, il est admis que les **conclusions de désistement** bénéficient d'une **présomption d'antériorité**, de sorte que le désistement n'a pas besoin d'être accepté[12]. Mais cette présomption n'est que simple et l'auteur de l'appel incident est admis à porter la preuve contraire[13].

Toutefois la chambre sociale semble développer une **jurisprudence favorable à l'appel incident** en raison du principe de l'unicité de l'instance et elle a jugé qu'en l'absence de mention horaire sur les actes de signification du désistement du pourvoi principal et de la réception du pourvoi incident, celui-ci, formé le jour même de la signification du désistement du pourvoi principal, doit être déclaré recevable et que, faute d'acceptation, le désistement est non avenu[14].

Dans les **procédures orales** la question de l'antériorité est complexe car les parties sont tenues de comparaître ou de se faire représenter pour formuler verbalement leurs prétentions.

Si des conclusions écrites n'ont pas été déposées la question est réglée par **le principe d'antériorité** l'appelant ayant en principe la parole en premier, il pourra se désister sans avoir besoin de l'acceptation de l'intimé[15]. La chambre sociale a cependant jugé

1. Civ. 1re, 25 mars 1997, n° 95-10.649, *Bull. civ.* I, n° 101.
2. Soc. 12 mars 1996, n° 92-41.159, *Bull. civ.* V, n° 92; *JCP* 1996. IV. 1050; *D.* 1996. 114.
3. Civ. 2e, 12 juin 1985, n° 84-10.853, *Bull. civ.* II, n° 115; *JCP* 1985. IV. 293; *Gaz. Pal.* 1985. Pan. 291.
4. Soc. 7 déc. 2005, n° 04-40.557, *Bull. civ.* V, n° 357; *Procédures* 2006. Comm. 110, obs. Martinon.
5. Com. 1er oct. 2002, n° 99-21.143, *Bull. civ.* IV, n° 133; *Procédures* 2002. Comm. 222, obs. Perrot; *D.* 2002. 3013, et obs.
6. Civ. 2e, 3 juin 1998, n° 96-20.057, *Bull. civ.* II, n° 170; *Justices* 1999. 219, obs. Wiederkehr.
7. Civ. 2e, 10 juill. 2008, n° 07-17.042, *Bull. civ.* II, n° 174; *D.* 2008. 2230.
8. Limoges 29 mai 2001, *D.* 2001. Somm. 2713, obs. Fricero; *JCP* 2001. I. 362, n° 17, obs. Cadiet.
9. Soc. 17 mai 2005, n° 03-43.195, *Bull. civ.* V, n° 168; *RTD civ.* 2005. 634, obs. Perrot.
10. Soc. 29 avr. 2003, n° 01-41.631, *Bull. civ.* V, n° 146; *Procédures* 2003, n° 162, obs. Perrot; *D.* 2003. 1548.
11. Soc. 17 mai 2005, n° 03-43.195, *Bull. civ.* V, n° 168; *RTD civ.* 2005. 634, obs. Perrot.
12. Civ. 2e, 3 oct. 1984, n° 82-17.067, *Bull. civ.* II, n° 139; *JCP* 1984. IV. 336; *Gaz. Pal.* 1985. 1. Pan. 51, obs. Guinchard.
13. Soc. 27 janv. 2000, n° 97-43.845, NP – Civ. 2e, 15 janv. 2009, n° 07-17.913, *Bull. civ.* II, n° 14.
14. Soc. 24 sept. 2008, n° 07-41.383, *Bull. civ.* V, n° 173; *RTD civ.* 2009. Comm. 172, obs. Perrot.
15. Soc. 17 mai 2005, n° 03-43.195, *Bull. civ.* V, n° 168; *RTD civ.* 2005. Comm. 634, obs. Perrot.

que « *lorsque l'employeur a licencié un salarié puis a saisi la juridiction prud'homale, ni son désistement, ni la règle de l'unicité de l'instance ne peut faire obstacle aux droits du salariés de contester en justice son licenciement* »[1].

Lorsque l'appel incident ou la demande incidente a été formée par un **écrit**, déposé antérieurement au désistement d'appel, la chambre sociale de la Cour de cassation a jugé que **le désistement devait être accepté par l'auteur de l'appel incident**[2]. Cette solution a été généralisée par la chambre mixte à toutes les procédures orales. Elle a jugé que « *lorsque dans une procédure orale, une demande incidente a été formulée par un écrit déposé au greffe antérieurement au désistement d'appel l'égalité des armes et l'exigence d'un procès équitable impose qu'il soit statué sur la demande incidente soutenue à l'audience* »[3].

La jurisprudence a également précisé ce qu'il y avait lieu d'entendre par le terme « **réserve** » utilisé par l'article 401 du Code de procédure civile. Il s'agit d'une restriction dans l'acte de désistement par laquelle l'appelant manifeste qu'il entend, en cas de rebondissement imprévu, faire valoir ses droits sans que puisse lui être opposé son désistement[4]. La jurisprudence a également précisé que la demande d'indemnité sur le fondement de l'article 700 du Code de procédure civile n'est pas une demande incidente[5]. Mais une demande de dommages et intérêts est une demande incidente[6], à moins qu'elle tende à obtenir la compensation auquel cas elle doit être analysée comme une défense au fond[7]. La **non-acceptation de l'intimé** doit être fondée sur un **motif légitime** sinon la cour d'appel peut passer outre (C. pr. civ., art. 396 et 405). Les juges du fond peuvent apprécier souverainement l'existence du motif légitime[8].

1. Soc. 7 juin 2006, n° 04-43.774, *Bull. civ.* V, n° 211 ; *D.* 2006. 2212 ; *D.* 2007. 1380, obs. Julien.
2. Soc. 14 mars 2007, n° 05-42.379, *Bull. civ.* V, n° 49 ; *Procédures* 2007. Comm. 131, obs. Perrot ; *D.* 2007. AJ 1007, obs. Guiomard ; *Dr. et proc.* 2007. 214, obs. Fricero ; *Just. et cass.* 2008. 415, rapp. Perony ; *RTD civ.* 2007. 642, obs. Perrot ; *RDT* 2007. 335, obs. Boulmier.
3. Cass., ch. mixte, 13 mars 2009, n° 07-17.670, *Bull. ch. mixte*, n° 1 ; *JCP* 2009. II. 10085, comm. Travier et Cros ; *RTD civ.* 2009. 369, obs. Perrot ; *Procédures* 2009. Comm. 137, obs. Perrot ; *D.* 2009. 2704, obs. Blanchard ; *D.* 2010. 169, obs. Fricero.
4. Paris, 29 mars 2001, *D.* 2001. IR 1434.
5. Civ. 2e, 10 déc. 1986, n° 85-16.359, *Bull. civ.* II, n° 179 ; *Gaz. Pal.* 1987. Somm. 335, note Croze et Morel ; *RTD civ.* 1987. 153, obs. Perrot.
6. Civ. 2e, 5 avr. 1991, n° 89-20.876, *Bull. civ.* II, n° 104, à propos d'une demande en dommages et intérêts pour appel abusif.
7. Paris, 10 sept. 1999, *Gaz. Pal.* 2000. 7, note Vray.
8. Civ. 2e, 3 juill. 2008, n° 07-16.130, *Bull. civ.* II, n° 163 ; *RTD civ.* 2008. 548, obs. Perrot.

112.73 Effets du désistement d'appel. Aux termes de l'article 403 du Code de procédure civile, le désistement emporte **acquiescement au jugement** et entraîne **l'extinction de l'instance** à moins qu'une autre partie interjette elle-même régulièrement appel après ce désistement; il sera alors non avenu. La Cour de cassation a jugé que fait une exacte application de l'article 403 du Code de procédure civile, la cour d'appel qui déclare irrecevable l'appel formé à la suite du désistement sans réserve d'un précédent appel formé devant une autre cour d'appel au motif qu'elle serait territorialement incompétente, en retenant qu'un tel désistement emportait acquiescement au jugement[9]. Puisque le désistement d'appel emporte acquiescement au jugement, en cas de désistement de l'appel formé contre un jugement ayant assorti une obligation d'une **astreinte**, le point de départ de l'astreinte court à compter du désistement qui a produit immédiatement son effet extinctif et non à compter de la décision qui le constate laquelle n'a qu'un caractère déclaratif[10]. Il appartient à la cour d'appel de statuer sur les demandes formées au titre de l'article 700 du Code de procédure civile et, tenue de statuer sur cette demande, elle peut discrétionnairement infirmer la décision du chef de la condamnation prononcée sur ce fondement[11]. L'article 399 du Code de procédure civile précise que le désistement emporte, sauf convention contraire, **soumission de payer les frais de l'instance éteinte**[12]. Le désistement d'instance emporte **renonciation aux voies de recours.** La partie qui s'est désistée ne pourra donc pas régulariser un pourvoi en cassation et elle ne peut pas reprendre l'instance au premier degré car le jugement attaqué est passé en **force de chose jugée,** même si ce jugement n'a pas été signifié dans les six mois de sa date[13].

§ 2
Conditions communes aux appelants et aux intimés

112.80 Division. En principe, pour être partie à l'instance d'appel il faut avoir eu la qualité de partie en première instance (A), il faut également avoir la capacité pour ester en justice (B).

9. Civ. 2e, 27 févr. 2014, n° 13-11.199, *Bull. civ.* II, n° 50 ; *Procédures* 2014, n° 135, obs. Perrot.
10. Civ. 2e, 8 juill. 2004, n° 02-15.921, *Bull. civ.* II, n° 354 ; *RTD civ.* 2004. 777, obs. Perrot ; *D.* 2004. 2544.
11. Civ. 2e, 22 mars 2006, n° 04-17.215, *Bull. civ.* II, n° 85 ; *D.* 2006. 1188 – Civ. 2e, 7 nov. 2002, n° 01-00.861, NP.
12. Civ. 2e, 9 nov. 2006, n° 05-16.611, *Bull. civ.* II, n° 315 ; *D.* 2007. 898, obs. Vigneau.
13. Civ. 2e, 28 nov. 1984, n° 82-15.281, *Bull. civ.* II, n° 181 ; *Gaz. Pal.* 1985. Pan. 146, obs. Croze et Morel.

A. Qualité de partie en première instance

1° Qualité pour interjeter appel

a) Le principe

112.81 Le droit d'appel appartient aux parties en première instance. L'article 546 du Code de procédure civile dispose que : « *Le droit d'appel appartient à toute partie qui y a intérêt si elle n'y a pas renoncé* ». Le droit d'appel appartient, en principe, aux personnes qui ont été parties devant la juridiction du premier degré. S'il y a appellation différente, il appartient au juge de vérifier s'il y a identité de parties[1]. Ce droit appartient non pas à la personne qui a figuré en première instance mais à la **qualité en raison de laquelle elle a figuré**.

AINSI, l'administrateur d'un établissement peut faire appel d'un jugement rendu contre l'administrateur auquel il a succédé[2]. Il a été jugé que l'appel formé par une société X et Madame Y, « *ès qualité d'administrateur judiciaire de la Société X* », était irrecevable car, par conclusions ultérieures, Madame Y avait précisé qu'elle n'agissait plus en qualité d'administrateur judiciaire mais de commissaire à l'exécution du plan et elle sollicitait la rectification de l'erreur matérielle affectant le jugement frappé d'appel et la déclaration d'appel. La cour d'appel de Paris a déclaré cet appel irrecevable au motif que ni la société X, ni Madame Y, ès qualité d'administrateur au redressement judiciaire, n'avait qualité pour interjeter appel et que cette irrégularité n'ayant pas été couverte en application de l'article 126 du Code de procédure civile, avant l'expiration du délai d'appel, l'appel était irrecevable[3]. La cour d'appel de Paris refuse d'analyser l'erreur comme une simple erreur matérielle.

Mais l'assemblée plénière de la Cour de cassation a estimé que lorsque la déclaration d'appel était entachée d'une **erreur manifeste sur la qualité de l'intimé**, l'irrecevabilité de l'appel ne devait pas être prononcée si les écritures postérieures de l'appelant ne reprennent pas cette erreur de plume.

Dans cette affaire un mandataire liquidateur, assigné à titre personnel en première instance, avait été désigné dans l'acte d'appel « ès qualité de liquidateur ». Les conclusions ultérieures étaient en revanche dirigées contre cette personne personnellement. La cour d'appel avait déclaré les demandes irrecevables car dirigées contre une personne non intimée. La Cour de cassation casse cette décision[4].

La deuxième chambre civile de la Cour de cassation a fait preuve de la même attitude libérale dans une affaire où **l'intimé était désigné sous le nom d'une enseigne**. La cour estime qu'il s'agit d'un simple vice de forme qui ne peut entraîner la nullité de l'acte que s'il est prouvé que le vice cause un grief à celui qui le soulève. Elle relève que la circonstance que la société appelante se soit présentée sous une dénomination constituant un nom commercial ne la privait pas de la capacité d'ester en justice qui est attachée à la personne quelle que soit la désignation et juge en conséquence que la cour d'appel a violé les articles 114 et 117 du Code de procédure civile[5].

La deuxième chambre civile de la Cour de cassation a également précisé que le **titre professionnel** qui accompagne le nom de l'appelant dans la déclaration d'appel ne doit pas être confondu avec sa **qualité**. Ainsi dans une affaire où l'appelant s'était présenté comme PDG de la société, alors qu'en première instance il avait été condamné en son nom personnel, la cour d'appel en avait déduit un changement de qualité et avait déclaré l'appel irrecevable. L'arrêt est cassé pour dénaturation du sens et de la portée de l'acte d'appel car l'indication de la qualité de l'appelant ne constituait pas une prise de qualité mais un simple élément d'identification de sa personne et rien ne permettait d'en déduire qu'il agissait en qualité de représentant légal de la société[6].

Doivent être considérées comme parties en première instance les personnes qui ont été **demanderesses initiales ou défenderesses.** Elles peuvent interjeter appel à moins qu'un texte spécial ne le leur interdise. Il convient d'ajouter que lorsque certaines personnes subissent une interdiction légale de former appel, elles peuvent néanmoins être déclarées recevables à former un appel-nullité lorsque la décision est entachée d'un excès de pouvoir[7]. EN REVANCHE, ne peuvent interjeter appel ceux qui n'ont été ni parties, ni représentés en première instance.

Peut également interjeter appel **l'intervenant principal en première instance**, il a la qualité de partie puisqu'il invoque un droit qui lui est propre[8].

1. Civ. 2e, 27 mai 2004, n° 02-12.000, *Bull. civ.* II, n° 241.
2. Civ. 11 mai 1897, *DP* 1897. 1. 901.
3. Paris, 20 juin 2002, *Bull. ch. avoués* 2003. 22, n° 161-162.
4. Cass., ass. plén., 6 déc. 2004, n° 03-11.053, *Bull. ass. plén.*, n° 13; *BICC* 15 mars 2005, n° 594, rapp. Gallet, 1er av. gén. Benmakhlouf; *Dr. et proc.* 2005. 161, obs. Douchy-Oudot; *Procédures* 2005, n° 27, obs. Perrot; *RTD civ.* 2005. 185, obs. Perrot; *D.* 2005. 11, obs. Avena-Robardet.
5. Civ. 2e, 24 mai 2007, nos 06-12.454 (dénomination de l'appelant par un nom commercial) et 06-11.006 (désignation de l'intimé sous une enseigne), *Bull. civ.* II, nos 129 et 132; *D.* 2007. IR 1735; *D.* 2007. 2336, obs. Vigneau.
6. Civ. 2e, 10 juill. 2003, n° 01-03.179, *Bull. civ.* II, n° 236; *Procédures* 2003. Comm. 233, obs. Perrot.
7. Paris, 11 juill. 1986, *D.* 1987. 55, note Faviani.
8. Soc. 2 déc. 1982, n° 80-41.578, *Bull. civ.* V, n° 676 – Com. 10 déc. 2002, n° 99-18.502, *Bull. civ.* IV, n° 193; *D.* 2003. 348, et obs.; *Rev. sociétés* 2003. 151, note Guyon.

Mais en cas d'intervention accessoire, l'intervenant ne peut se prévaloir d'un droit propre et n'est pas recevable à exercer un recours au lieu et place de la partie principale[1]. Il convient de préciser que l'irrecevabilité de l'appel contre une personne qui n'a pas été partie en première instance n'est pas d'ordre public. Aussi, le juge n'est pas obligé de la relever d'office mais l'article 125 du Code de procédure civile, modifié par le décret du 20 août 2004[2], prévoit désormais que le juge peut relever d'office la fin de non-recevoir tirée du défaut de qualité. Toutefois, si l'intimé se contente de conclure à la confirmation du jugement, il ne peut critiquer, devant la Cour de cassation, l'arrêt qui n'a pas déclaré irrecevable l'appel de **l'intervenant accessoire**[3]. L'intervenant forcé peut interjeter appel du jugement s'il a succombé en première instance. La Cour de cassation a jugé qu'un **intervenant forcé** pouvait interjeter appel contre le demandeur principal s'il avait échangé des conclusions avec ce dernier ou s'il avait été condamné aux dépens au profit de celui-ci[4].

112.82 Changement de qualité. En cas de changement de qualité entre la première instance et l'appel, l'appel est irrecevable.

AINSI, celui qui a figuré dans les débats de première instance ès qualité n'est pas recevable à former un appel à titre personnel[5]. Mais il a été jugé qu'il n'y avait pas changement de qualité rendant l'appel irrecevable lorsque l'appelant avait contesté en première instance la qualité en laquelle les premiers juges l'ont condamné[6]. Lorsque l'omission par l'appelant de l'indication de sa qualité exacte dans les actes de procédure est le résultat d'une simple erreur matérielle, elle n'entraîne pas l'irrecevabilité de l'appel et il appartient aux juges du fond de rechercher la portée exacte d'une déclaration d'appel faite sans indication de qualité[7].

112.83 Représentation. Sont considérées comme parties en première instance les personnes qui y ont été représentées. Aussi les **héritiers, ayants cause à titre universel** d'une personne, peuvent interjeter appel du jugement rendu contre leur auteur lorsque l'action est transmissible.

EN REVANCHE, les ayants cause à titre particulier ne sont pas représentés en principe par leur auteur mais ils peuvent interjeter appel des jugements rendus contre celui-ci lorsqu'ils ont acquis leurs droits et l'objet litigieux postérieurement à l'introduction de l'instance.

Il en va ainsi de l'acheteur, du légataire, du cessionnaire d'une créance si la cession a été signifiée ou acceptée après l'introduction de l'instance. En revanche les droits acquis antérieurement n'ouvrent que le recours en tierce-opposition[8].

Depuis la loi du 23 décembre 1985[9], il a été instauré une stricte égalité entre époux et l'article 1421 du Code civil prévoit que **chacun des époux a le pouvoir d'administrer seul les biens communs et d'en disposer**, sauf à répondre des fautes qu'il aurait commises dans sa gestion. Les actes accomplis sans fraude par un conjoint sont opposables à l'autre. Dans le régime de la communauté légale, il semble que chaque époux puisse intenter une action relative à la communauté et représenter l'autre époux auquel la décision sera opposable. Il faut en déduire que **chaque époux peut interjeter appel du jugement rendu**[10].

Les **créanciers chirographaires d'une partie** peuvent interjeter appel sur le fondement de l'article 1166 du Code de procédure civile même s'ils n'ont pas été parties aux débats, à condition que le procès ne porte pas sur un droit exclusivement attaché à la personne du débiteur[11]. Les **créanciers hypothécaires** sont représentés par leur débiteur et peuvent interjeter appel des décisions relatives à l'immeuble sur lequel porte leur sûreté[12]. Les coïndivisaires ne se représentent pas mutuellement, aussi interjeter appel nécessite un mandat spécial donné par les coïndivisaires à l'un d'entre eux[13]. Les **codébiteurs solidaires** peuvent faire appel de la décision rendue contre l'un d'entre eux, même s'ils n'ont pas été personnellement attraits à l'instance[14]. Ainsi la caution solidaire est représentée dans la procédure de vérification du passif du débiteur faisant l'objet d'une procédure collective[15].

Les **personnes morales** ne peuvent être représentées que par la personne habilitée par la loi ou par les statuts. Elle est seule à pouvoir interjeter appel

1. Com. 8 déc. 1980, n° 79-13.272, *Bull. civ.* IV, n° 411; *Gaz. Pal.* 1981. 1. Pan. 218 – Lyon, 20 mai 1980, *Gaz. Pal.* 1981. 93, obs. Hanine.
2. Décr. n° 2004-836, 20 août 2004, portant modification de la procédure civile, *JO* 22 août, p. 15032.
3. Civ. 2e, 24 févr. 1993, n° 91-18.213, *Bull. civ.* II, n° 73.
4. Civ. 3e, 9 avr. 1970, *D.* 1970. 585; *RTD civ.* 1971. 204, obs. Raynaud – Civ. 2e, 1er avr. 2004, n° 02-12.337, *Bull. civ.* II, n° 146; *Procédures* 2004, n° 122, obs. Perrot.
5. Civ. 2e, 23 févr. 1961, *Bull. civ.* II, n° 153.
6. Civ. 5 mai 1885, *DP* 1885. 1. 156.
7. Com. 29 janv. 1980, n° 78-10.517, *Bull. civ.* IV, n° 46.
8. Civ. 1re, 28 févr. 1967, *Bull. civ.* I, n° 84; *Gaz. Pal.* 1967. 1. 322; *RTD civ.* 1967. 886, obs. Raynaud.
9. L. n° 85-1372, 23 déc. 1985, relative à l'égalité des époux dans les régimes matrimoniaux et des parents dans la gestion des biens des enfants mineurs, *JO* 26 déc., p. 15111.
10. EN CE SENS, v. *J.-Cl. Pr. civ.*, fasc. 713, n° 40, par Beauchard – Rép. pr. civ., V° *Appel*, par F. Ferrand, mars 2012 [actu. avr. 2015], n° 394.
11. Req. 18 juill. 1877, *DP* 1878. 1. 107 – Com. 14 mai 1997, n° 89-16.696, *Bull. civ.* IV, n° 160.
12. Civ. 25 oct. 1893, *S.* 1894. 1. 228.
13. C. civ., art. 815-3, al. 1er.
14. Civ. 2e, 6 nov. 1969, *Bull. civ.* II, n° 300.
15. Com. 26 févr. 1980, n° 78-13.745, *Bull. civ.* IV, n° 96; *D.* 1980. IR 509, obs. Honorat; *D.* 1981. IR 25, obs. Vasseur.

au nom de la société[1] (sur la sanction de l'irrégularité de l'indication du représentant d'une personne morale, v. s[s] n° 211.71).

b)
Exceptions au principe

112.91 Exceptions posées par des textes spéciaux. Quelques textes permettent à des personnes qui n'étaient pas parties en première instance d'interjeter appel.

AINSI l'article R. 142-28 du Code de la sécurité sociale précise que peuvent interjeter **appel d'une décision du tribunal des affaires de sécurité sociale**, le directeur régional des affaires sanitaires et sociales pour les litiges auxquels donnent lieu l'application de la législation de sécurité sociale, le chef du service régional de l'inspection du travail, de l'emploi et de la politique sociale agricole pour les litiges auxquels donnent lieu l'application des législations de mutualité sociale agricole, le ministre chargé de la sécurité sociale pour les litiges relatifs au recouvrement de certaines cotisations et contributions.

L'article L. 464-8 du Code de commerce ouvre au ministre chargé de l'économie un **recours en annulation ou en réformation** contre les décisions du Conseil de la concurrence.

L'article L. 552-9 du Code de l'entrée, du séjour des étrangers et du droit d'asile (CESEDA) reconnaît à l'autorité administrative la possibilité d'interjeter **appel des décisions du juge des libertés** alors qu'elle n'était pas partie à l'instance devant ce juge.

L'article 535 du Code de procédure civile dispose que « *celui qui représentait légalement une partie peut, en cas de cessation de ses fonctions et s'il a un intérêt personnel, exercer le recours en son nom* ». L'article 1163 alinéa 2 du Code de procédure civile autorise, en matière de déclaration d'abandon, les personnes auxquelles le jugement a été notifié ainsi que le ministère public à interjeter appel.

112.92 Ministère public. Le ministère public peut interjeter appel lorsqu'il a été partie principale en première instance.

EN REVANCHE, lorsqu'il a figuré à l'instance comme partie jointe, il ne peut en principe exercer de voie de recours[2], sous réserve du pourvoi en cassation dans l'intérêt de la loi qui peut être formé par le procureur général près la Cour de cassation. Toutefois le ministère public peut **interjeter appel d'un jugement lorsqu'il n'a été que partie jointe** en première instance si ce **jugement** est **de nature à porter atteinte à l'ordre public**[3]. Il pourra encore, bien que partie jointe, interjeter appel lorsqu'un texte le prévoit[4]. L'appel est recevable même s'il a été rendu conformément aux conclusions du ministère public[5].

112.93 Matière gracieuse. L'article 546 alinéa 2 du Code de procédure civile prévoit qu'en matière gracieuse, la voie de l'appel est également ouverte aux **tiers auxquels le jugement a été notifié**. Guidé par l'idée que la matière gracieuse a une finalité préventive de litige, le législateur a voulu éviter une remise en cause tardive par les tiers de la décision gracieuse. Pour « *faire l'économie de ce procès à retardement* »[6], le législateur a fait en sorte que le contentieux transparaisse rapidement. Aussi, le Code de procédure civile autorise les parties qui ont obtenu une décision gracieuse à la notifier aux tiers intéressés. S'il désire intenter un recours contre cette décision, **le tiers ne dispose désormais que de l'appel lorsque cette voie de recours est ouverte**, la tierce-opposition lui est interdite puisque l'article 583 alinéa 3 du Code de procédure civile prévoit qu'en matière gracieuse la tierce-opposition n'est ouverte qu'aux tiers auxquels la décision n'a pas été notifiée ou lorsque le jugement a été rendu en dernier ressort.

AINSI, la Cour de cassation a cassé un arrêt qui refusait le droit d'interjeter appel à des personnes ayant reçu la notification d'un jugement d'adoption[7]. Mais le jugement homologuant un changement de régime matrimonial qui n'a pas été notifié à l'enfant du premier lit ne peut être régulièrement frappé d'appel par ce dernier[8].

En matière gracieuse, comme en matière contentieuse, l'appelant doit avoir un intérêt à interjeter appel[9].

112.94 Procédures collectives. Il arrive qu'une personne ait été partie en première instance et qu'elle soit **privée par un texte spécial du droit d'interjeter appel.**

AINSI, en matière de procédure collective le législateur dans un souci de sévérité a privé les parties en première instance du droit d'interjeter appel d'un certain nombre de décisions (C. com., art. L. 661-1).

1. Civ. 2e, 1er avr. 1998, n° 95-18.030, *Bull. civ.* II, n° 113; *D.* 1998. 118.
2. Com. 20 oct. 2009, n° 08-14.468, NP; *Procédures* 2009. Comm. 384, obs. Perrot.
3. Com. 20 oct. 2009, n° 08-14.468, NP (préc. s[s] prés[t] n°).
4. Com. 8 juill. 2003, n° 00-19.236, *Bull. civ.* IV, n° 128; *D.* 2003. 2008, obs. Lienhard; *D.* 2004. 57, obs. Le Corre; *RTD com.* 2003. 814, obs. Saint-Alary-Houin.
5. Toulouse, 31 mars 1947, *S.* 1947. 2. 109.
6. R. Perrot, *RTD civ.* 1980. 164.
7. Civ. 2e, 5 janv. 1983, NP; *JCP* 1983. II. 20043, note Le Ninivin.
8. Civ. 1re, 23 janv. 1996, n° 93-20.553, *Bull. civ.* I, n° 42; *D.* 1996. IR 45; *Justices* 1997, n° 8, p. 133, obs. Wiederkehr.
9. Civ. 2e, 19 juin 1980, *D.* 1980. IR 462, obs. Julien; *D.* 1981. 531, note Massip; *Gaz. Pal.* 1981. 758, note Viatte.

Lorsque la décision est entachée d'un excès de pouvoir, ces parties retrouvent, si elles y ont intérêt, le droit d'interjeter un **appel-nullité** (v. s[s] n°s 111.60 s).

Le droit des procédures collectives offre aussi un certain nombre d'exemples d'**ouverture de la voie de l'appel** à des personnes qui ne sont pas directement parties à la procédure de redressement ou de liquidation judiciaire.

AINSI, en matière de cession d'entreprise (C. com., art. L. 642-1) ou de crédit-bail, location de fournitures, de biens ou services nécessaires au maintien de l'activité (C. com., art. L. 642-7), le greffier doit notifier la décision dans les quarante huit heures de son prononcé au cocontractant, au cessionnaire et au bailleur, qui disposent d'un **délai de dix jours** à compter de la notification pour interjeter appel (C. com., art. R. 661-3, al. 3).

2°
Qualité de l'intimé

112.101 **Principe.** L'article 547 du Code de procédure civile prévoit, d'une part :

- qu'en *matière gracieuse*, **l'appel est recevable même en l'absence d'autres parties** : cette matière suppose une absence de litige donc d'adversaire or le requérant qui n'a pas obtenu gain de cause doit pouvoir former un recours devant la juridiction supérieure d'où cette disposition.

Le texte pose, d'autre part, deux règles pour la *matière contentieuse :*

- seuls ceux qui ont été parties en première instance peuvent être intimés;
- et tous ceux qui ont été parties en première instance peuvent être intimés.

112.102 **Seuls ceux qui ont été parties en première instance peuvent être intimés.** La qualité d'une partie en première instance confère qualité à l'intimé. La notion de partie couvre à la fois les **parties principales** et les **parties intervenantes.**

L'appel en garantie a posé quelques difficultés. L'article 334 du Code de procédure civile fait la distinction entre la **garantie simple** lorsque le demandeur en garantie est lui-même poursuivi en tant que personnellement obligé et la **garantie formelle** lorsque le demandeur en garantie est seulement détenteur d'un bien. Lorsque le demandeur originaire a obtenu gain de cause contre le garanti, celui-ci peut faire appel contre lui, que la garantie soit simple ou formelle. La Cour de cassation considère que l'appel en garantie ne crée de lien juridique qu'entre l'appelant en garantie et l'appelé en garanti à l'exclusion de tout lien entre le demandeur à l'action principale et l'appelé en garanti[1]. La solution est la même en matière de garantie formelle, même si le garanti a été mis hors de cause, car l'article 337 prévoit que le jugement rendu contre le garant formel peut être mis à exécution contre le garanti à la seule condition qu'il lui ait été notifié. Dans la mesure où l'appel en garantie ne crée pas de lien de droit entre l'appelant en garanti et le prétendu garant, **l'appel du garant contre le demandeur originaire a été discuté.**

Aujourd'hui il est admis que **le garant puisse interjeter appel contre le demandeur originaire dès lors qu'il y a intérêt** puisque l'appel de l'intimé est possible et qu'il peut être dirigé contre tous ceux qui ont été parties au procès, soit à titre principal, soit par le biais d'un appel provoqué[2]. Lorsque le demandeur originaire a perdu son procès contre le garanti, il peut interjeter appel contre ce dernier. Il peut intimer le garant mais généralement c'est le garanti qui appellera celui-ci en la cause, s'il l'estime utile.

Quelle est la sanction de l'indication dans l'acte d'appel d'une **qualité de l'intimé différente de celle dans laquelle il figurait en première instance ?** L'assemblée plénière de la Cour de cassation a retenu une solution libérale[3]. La Cour a en effet jugé qu'une telle situation n'entraîne pas l'irrecevabilité de l'appel dès lors que les **écritures de première instance et d'appel permettent de rétablir l'exacte qualité de l'intimé** et la recevabilité de l'appel est appréciée en fonction de **l'objet du litige dévolu à la cour d'appel** au regard de celui qui avait été soumis au premier juge. La Cour refuse de priver l'appelant de son droit d'appel pour une simple erreur et la solution n'est pas choquante dans la mesure où l'intimé connaissait l'objet du litige en première instance.

Mais, cette jurisprudence ne saurait être utilement invoquée lorsque l'erreur consiste à désigner une autre personne dans l'acte d'appel que la partie au procès en première instance[4]. La qualité de l'intimé doit être, en appel, la même que celle de première instance. Un **changement de qualité** doit être qualifié de **demande nouvelle,** en principe **irrecevable en appel** (C. pr. civ., art. 564)[5]. Il faut assimiler aux parties en première instance celles qui ont été représentées. La règle s'applique aux ayants cause à titre universel. La question pose plus de dif-

1. Civ. 1re, 25 févr. 1992, n° 89-12.423, *Bull. civ.* II, n° 62; *JCP* 1992. IV. 1228 – Com. 8 févr. 2000, n° 97-10.794, *Bull. civ.* IV, n° 26; *D.* 2000. 92.
2. EN CE SENS, v. Rép. pr. civ., V° *Appel*, par F. Ferrand, mars 2012 [actu. avr. 2015], n° 471.
3. Cass., ass. plén., 6 déc. 2004, n° 03-11.053, *Bull. ass. plén.*, n° 13; *Procédures* 2004, n° 27, obs. Perrot; *RTD civ.* 2005. 85, obs. Perrot; *Dr. et proc.* 2005, 161, obs. Douchy-Oudot; *D.* 2005. 11, obs. Avena-Robardet.
4. Civ. 2e, 4 oct. 2007, n° 06-16.879, *Bull. civ.* II, n° 223; *D.* 2007. 2677.
5. Civ. 2e, 31 oct. 1958, *Bull. civ.* II, n° 680.

ficultés pour les **ayants cause à titre particulier.** La jurisprudence a estimé que l'ayant cause particulier n'avait pas été représenté à l'instance par son auteur lorsque le titre d'acquisition était antérieur au jugement[1]. La doctrine ancienne considérait que les ayants cause à titre particulier représentent leur auteur même si leur titre est postérieur au jugement et peuvent être intimés au même titre que le précédent propriétaire[2]. Actuellement certains auteurs semblent dire qu'il est préférable que « *l'appel rassemble ceux qui sont directement concernés par la solution du litige et l'ayant cause particulier, propriétaire du bien litigieux, entre dans cette catégorie, quelle que soit la date de l'acquisition du bien* »[3]. Il était jugé que l'irrecevabilité d'une demande contre une personne qui n'a été ni partie, ni représentée en première instance n'était pas d'ordre public et qu'il n'appartenait pas aux juges d'appel de statuer sur une cette fin de non-recevoir lorsque la partie intéressée ne l'avait pas soulevée[4]. Cependant si l'intimé n'avait pas soulevé cette fin de non-recevoir devant la cour d'appel, il ne pouvait critiquer l'arrêt sur ce point devant la Cour de cassation[5]. La demande présentée contre une personne qui n'a été ni partie, ni représentée en première instance est une **demande nouvelle.** Le décret du 9 décembre 2009[6] a réformé l'article 564 du Code de procédure civile qui énonce **l'interdiction des demandes nouvelles en appel.** Ce texte prévoit désormais que **l'irrecevabilité des demandes nouvelles** peut être **prononcée d'office**[7] et remet ainsi en cause la jurisprudence antérieure.

112.103 Tous ceux qui ont été partie en première instance peuvent être intimés. La conception de l'appel comme voie d'achèvement du procès a inspiré cette règle. La Cour de cassation a précisé que le droit d'intimer en appel tous ceux qui ont été parties en première instance ne permet pas de présenter des **prétentions** à l'encontre des parties contre lesquelles l'appelant n'avait pas conclu en première instance[8].

Ainsi un appel en garantie ne créant pas de lien juridique entre l'appelé en garantie et le demandeur à l'instance principale, ce dernier ne peut émettre en appel une prétention contre le garant à moins d'avoir conclu contre lui en première instance. **Faute de conclusions en première instance contre le garant**, il appartient au demandeur principal de l'attraire devant la cour d'appel par le biais d'une **intervention forcée**; cette intervention n'étant cependant recevable, aux termes de l'article 555 du Code de procédure civile, qu'en cas d'**évolution du litige**.

Le **droit de l'appelant d'intimer toutes les parties** en première instance n'est qu'une **faculté** et **non une obligation**, sous réserve des hypothèses d'indivisibilité (v. s^s n°s 112.120 s.).

Dès lors que l'intimé était partie en première instance, est recevable l'appel interjeté par deux colotis contre une société civile immobilière dont ils soutiennent qu'elle n'a pas respecté le cahier des charges, quand bien même cette société ne serait plus, au moment du recours, propriétaire de l'immeuble litigieux[9]. Doit être déclaré recevable l'appel principal d'une partie dirigé contre un demandeur qui n'a formé aucune demande contre elle en première instance et dont seule la garantie est recherchée par le défendeur à l'action principale, dès lors que cette partie a pris position sur les prétentions qui la concerne par « ricochet » et qu'une seule décision a été rendue sur l'action principale et en garantie[10]. Est encore déclaré recevable l'appel principal d'une partie dirigé contre un demandeur qui n'avait formé aucune demande contre elle en première instance et dont la seule garantie était recherchée par un des défendeurs dès lors que cette partie avait pris position sur les prétentions qui la concernaient par « ricochet » et qu'une seule décision avait été rendue sur les actions principales et en garantie[11].

B. Capacité d'ester en justice

1° Capacité de l'appelant

112.111 Existence, capacité, pouvoir de l'appelant. Pour interjeter appel il faut avoir la capacité

1. Douai, 4 avr. 1827 – Orléans, 26 juin 1840, *Jur. gén.*, *V°* « *Appel civil* », n° 609.
2. E. Glasson, R. Tissier et A. Morel, *Traité théorique et pratique d'organisation judiciaire, de compétence et de procédure civile*, t. 3, Sirey, 1929, n° 867 – E. Garsonnet et C. Cézar-Bru, *Traité théorique et pratique de procédure civile et commerciale*, t. 4, 3e éd., Sirey, 1915, n° 23.
3. Rép. pr. civ., V° ép. pr. civ., *V° Appel*, par F. Ferrand, n° 476.
4. Civ. 2e, 3 oct. 1979, n° 78-11.767, *Bull. civ.* II, n° 229; *Gaz. Pal.* 1980. 1. 3, note J. V. – Civ. 1re, 18 mars 2003, n° 01-01.073, *Bull. civ.* I, n° 75; *RTD civ.* 2003. 355, obs. Perrot.
5. Civ. 2e, 23 oct. 1985, n° 84-10.688, *Bull. civ.* II, n° 160; *JCP* 1986. IV. 11 – Civ. 2e, 5 avr. 1993, n° 91-19.545, *Bull. civ.* II, n° 141; *JCP* 1993. IV. 1508.
6. Décr. n° 2009-1524, 9 déc. 2009, relatif à la procédure d'appel avec représentation obligatoire en matière civile, *JO* 11 déc., p. 21386.
7. Civ. 2e, 10 janv. 2013, n° 12-11.667, *D.* 2013. 182 et 2058, chron. Leroy-Gissinger et Renault-Malignac; *D.* 2014. 804, obs. Fricero.
8. Civ. 1re, 18 mars 2003, n° 01-01.073, *Bull. civ.* I, n° 75; *Procédures* 2003, n° 109, obs. Perrot; *RTD civ.* 2003. 357, obs. Perrot.
9. Civ. 3e, 23 janv. 1985, *JCP* 1985. IV. 125; *Gaz. Pal.* 1985. 2. Pan. 147, obs. Croze et Morel.
10. Civ. 2e, 1er avr. 2004, n° 02-12.337, *Bull. civ.* I, n° 146; *Procédures* 2004. Comm. 122, obs. Perrot.
11. Civ. 3e, 4 juill. 1990, n°s 89-10.748 et 89-11.157, *Bull. civ.* III, n° 162.

d'agir en justice. C'est une condition de régularité de la déclaration d'appel. La capacité s'apprécie au moment où l'appel est formé. Le **défaut de capacité** est une **irrégularité de fond** (v. s^s n° 211.61).

Pour avoir la capacité, il faut **exister**. Aussi, une **personne morale** doit avoir la personnalité juridique et son représentant doit avoir le pouvoir d'interjeter appel[1]. Le **défaut de pouvoir** de celui qui représente une personne morale est une **nullité de fond** qui ne peut être couverte après l'expiration du recours[2] (v. s^s n° 211.62).

L'appel formé par une société dépourvue de personnalité juridique ou qui a cessé d'exister[3] ou encore qui a été absorbée[4] est irrecevable. Il s'agit d'une nullité de fond qui ne peut être couverte[5]. Il a été jugé que le fait pour une société appelante de se présenter sous une dénomination sociale constituant un nom commercial ne la prive pas de la capacité d'ester en justice attachée à la personne quelle que soit sa désignation et son appel est recevable[6]. Le maire d'une commune a le pouvoir d'interjeter appel au nom de celle-ci qu'après avoir été autorisé par une délibération du conseil municipal[7].

En ce qui concerne les **personnes physiques**, l'appel interjeté au nom d'une personne décédée est nul[8]. Mais il arrive que la jurisprudence considère, lorsque le défunt était représenté par un mandataire, que la procédure a été faite au nom des ayants cause du défunt[9]. L'article 370 du Code de procédure civile précise que le **décès d'une partie** est une **cause d'interruption de l'instance**, sauf s'il survient ou est notifié après l'ouverture des débats (C. pr. civ., art. 371)[10]. L'interruption de l'instance emporte celle du **délai de péremption**. Lorsque l'action n'est pas transmissible, le décès d'une partie éteint l'instance (C. pr. civ., art. 384).

Dans les **procédures avec représentation obligatoire** la personne capable doit donner mandat à un avocat admis à postuler devant la cour d'appel pour interjeter appel en son nom et la représenter pendant la procédure (v. s^s n°s 211.01 s. à 214.01 s.).

1. Civ. 2e, 13 oct. 1976, n° 75-13.244, *Bull. civ.* II, n° 274 – Civ. 2e, 12 juin 1991, n° 90-12.594, *Bull. civ.* II, n° 178; *D.* 1992. Somm. 123, obs. Julien.
2. Soc. 17 mars 1998, n° 96-60.292, *Bull. civ.* V, n° 150.
3. Civ. 2e, 8 juin 2000, n° 98-13.180, NP.
4. Com. 29 mai 1972, n° 70-11.525, *Bull. civ.* IV, n° 160.
5. Civ. 2e, 26 mars 1997, n° 94-15.528, *Bull. civ.* II, n° 96.
6. Civ. 2e, 24 mai 2007, n° 06-12.454, *Bull. civ.* II, n° 129; *Procédures* 2007. Comm. 157, obs. Perrot; *D.* 2007. 1735; *D.* 2007. 2336, chron. Vigneau.
7. Soc. 5 juin 1991, n° 87-41.552, *Bull. civ.* V, n° 282.
8. Civ. 2e, 12 juin 1991, n° 90-12.594, *Bull. civ.* II, n° 178; *D.* 1992. 123, obs. Julien.
9. Com. 19 juill. 1950, *JCP* 1951. II. 5952, note Motulsky – Com. 16 nov. 1954, *JCP* 1955. II. 8616, note Giverdon.
10. Civ. 2e, 18 janv. 1984, n° 82-12.443, *Bull. civ.* II, n° 10; *D.* 1984. 401, note Desdevises; *Gaz. Pal.* 1984. Pan. 159, obs. Guinchard.

112.112 Incapables. Le **mineur** doit être représenté en justice par son **représentant légal** qui agit à sa place. Lorsque le mineur a un **tuteur**, ce dernier le représente en justice mais il ne peut agir en demande ou en défense pour faire valoir les droits patrimoniaux qu'après avoir obtenu **l'autorisation ou sur injonction du conseil de famille**. Celui-ci peut enjoindre au tuteur de se désister de l'instance ou de l'action ou encore de transiger. L'article 1191 du Code de procédure civile prévoit cependant que **le mineur a le droit d'interjeter appel des décisions du juge des enfants** en matière d'assistance éducative sous réserve qu'il possède un discernement suffisant[11]. L'article 388-1 du Code civil dispose que « *dans toute procédure le concernant, le mineur capable de discernement peut, sans préjudice des dispositions prévoyant son intervention ou son consentement, être entendu par le juge ou la personne désignée par le juge à cet effet* ». Le juge doit s'assurer que le mineur a été informé de son droit à être entendu et à être assisté par un avocat. Mais le texte précise que **l'audition du mineur ne lui confère pas la qualité de partie à la procédure**. Aussi, le mineur ne peut interjeter appel de la décision rendue à la suite de son audition, même lorsqu'il a été assisté d'un avocat.

EN REVANCHE, « *lorsque, dans une procédure, les intérêts du mineurs apparaissent en opposition avec ceux de ses représentants légaux, le juge des tutelles dans les conditions prévues à l'article 389-3 ou, à défaut, le juge saisi de l'instance lui désigne un administrateur ad hoc chargé de le représenter* » (C. civ., art. 388-2). S'il n'est pas fait droit aux prétentions du mineur ainsi représenté, la doctrine admet que **l'administrateur** *ad hoc* **a un droit d'appel**[12].

En ce qui concerne les **majeurs protégés**, celui qui bénéficie d'une mesure d'accompagnement judiciaire conserve en principe le droit d'ester en justice et d'interjeter appel puisque cette mesure n'entraîne aucune incapacité (C. civ., art. 495-3). C'est le tuteur qui peut agir en justice et interjeter appel pour la personne placée sous tutelle pour faire valoir les droits patrimoniaux de cette dernière (C. civ., art. 504, al. 1er et 2). S'agissant de la défense des droits extra-patrimoniaux, l'article 475, alinéa 2 du Code civil précise que le tuteur ne peut agir « *en demande ou en défense, pour faire valoir les droits extra-patrimoniaux de la personne protégée qu'après autorisation ou sur injonction du juge ou du conseil de famille s'il a été constitué. Le juge ou le conseil de famille peut enjoindre également au tuteur de se désister*

11. Civ. 1re, 21 nov. 1995, n° 94-05.102, *Bull. civ.* I, n° 418; *D.* 1996. 420, note Gouttenoire; *RDSS* 1996. 390, obs. Monéger; *RTD civ.* 1996. 140, obs. Hauser.
12. Rép. pr. civ., V° *Appel*, par F. Ferrand, mars 2012 [actu. avr. 2015], n° 452 – J.-L. Gallet, *La procédure devant la cour d'appel*, LexisNexis, 3e éd., 2014, n° 139.

de l'instance ou de l'action ou de transiger ». Enfin, l'article 467 du Code civil précise que « *la personne en curatelle ne peut, sans l'assistance du curateur, faire aucun acte qui, en cas de tutelle, requerrait une autorisation du juge ou du conseil de famille* ».

112.113 Procédures collectives. Lorsqu'une **procédure de sauvegarde** a été ouverte, le débiteur continue d'assurer l'administration de son entreprise (C. com., art. L. 622-1-I). Il n'est pas dessaisi et peut parfaitement interjeter appel.

De manière générale, **pendant la période d'observation** le débiteur continue également à exercer sur son patrimoine les actes, droits et actions qui ne sont pas compris dans la mission de l'administrateur. Aussi, le débiteur pourra faire appel lorsque celui-ci est autorisé.

En cas de **redressement judiciaire**, tout dépendra de la mission de l'administrateur lorsqu'il en est désigné un. Si l'administrateur est chargé de la gestion de l'entreprise, c'est lui qui disposera du droit de faire appel au nom de celle-ci. Lorsqu'un administrateur n'a pas été désigné, le débiteur continue de gérer son entreprise et peut faire appel. Dans tous les cas, le débiteur a le droit, dans un certain nombre de situations, de faire personnellement appel contre des décisions prises dans le cadre de la procédure collective.

En cas de **liquidation judiciaire**, le débiteur est dessaisi. C'est le liquidateur qui exerce tous les droits et actions concernant son patrimoine pendant toute la durée de la procédure (C. com., art. L. 641-9-I). Le droit d'appel appartient au liquidateur sauf en ce qui concerne les droits extra patrimoniaux du débiteur.

2°
Capacité de l'intimé

112.121 Principe. Pour être régulièrement intimé, une partie doit avoir la même capacité, le même pouvoir qu'en première instance. La détermination de cette capacité et de ce pouvoir est soumise aux mêmes règles qu'en première instance et ne pose pas de difficultés particulières. Les difficultés n'apparaissent qu'en cas de changement de capacité entre la première instance et l'instance d'appel.

112.122 Changement de capacité depuis le jugement. Si un changement est survenu dans la capacité de l'intimé, il convient d'en tenir compte **dans la déclaration d'appel**, puis **dans l'instance**.

AINSI, lorsqu'une personne est devenue capable après le jugement, c'est contre elle personnellement que doit être dirigé l'appel et lorsqu'une personne a été frappée d'incapacité après le jugement, l'appel doit être dirigé contre son représentant légal. Lorsque l'incapable est assisté par une autre personne, l'appel doit être dirigé à la fois contre lui et contre la personne chargée de l'assister (C. civ., art. 467, al. 3). La déclaration d'appel, qui ne respecte pas cette règle, est entachée de nullité[1]. Il s'agit d'une **nullité de fond** qui ne peut plus être couverte après l'expiration du délai d'appel.

EN REVANCHE, le représentant légal d'une partie peut, en cas de cessation de ses fonctions, et s'il y a un intérêt personnel, exercer le recours en son nom. Le recours peut également être ouvert contre lui (C. pr. civ., art. 534). Lorsqu'une partie a obtenu un jugement en première instance, l'a notifié puis est décédée, **l'appel peut être notifié à ses héritiers et représentants, collectivement, au domicile du défunt et sans indication de noms et de qualités.** Mais un jugement ne peut être requis contre les héritiers et représentants que si chacun a été cité à comparaître (C. pr. civ., art. 533).

Si la partie à laquelle le jugement a été notifié est décédée, le délai d'appel est interrompu par ce décès. Un nouveau délai pourra courir, en vertu d'une notification faite au domicile du défunt et à compter de l'expiration des délais pour faire inventaire et délibérer, si cette nouvelle notification a eu lieu avant que ces délais soient expirés. Dans ce cas encore, la notification peut être faite aux héritiers et représentants, collectivement, sans désignation de noms et qualités (C. pr. civ., art. 532).

§ 3
Solidarité et indivisibilité

112.130 Principe de l'effet personnel de l'appel. En principe l'appel n'a d'effet qu'à l'égard de la partie qui l'a formé et il ne profite pas aux autres. Parallèlement l'appel régulièrement formé contre une des parties n'a d'effet que contre celle-ci et ne peut être opposé aux autres. En conséquence l'article 529 du Code de procédure civile prévoit « *qu'en cas de condamnation solidaire ou indivisible de plusieurs parties, la notification faite à l'une d'elles ne fait courir le délai qu'à son égard. Dans le cas où un jugement profite solidairement ou indivisiblement à plusieurs parties, chacune peut se prévaloir de la notification faite par l'une d'elle.* » Mais le principe de l'effet personnel de l'appel peut poser des **difficultés en cas d'obligation solidaire ou indivisible.** Les articles 552 et 553 du Code de procédure civile ont repris les dispositions du décret du 28 août 1972[2] qui avaient codifié les solutions jurisprudentielles antérieures. Avec l'entrée en vigueur du décret du 9 décembre 2009[3], qui a réformé la procédure d'appel

1. Civ. 1re, 6 févr. 1996, no 93-21.053, *Bull. civ.* I, no 65; *RTD civ.* 1996. 361, obs. Hauser.
2. Décr. no 72-788, 28 août 1972.
3. Décr. no 2009-1524, 9 déc. 2009.

avec représentation obligatoire, les problèmes ont augmenté, **en cas de pluralité d'appelants**, en raison des **sanctions particulièrement sévères qui frappent le non-respect des délais.** En cas d'indivisibilité ces sanctions pourront être atténuées. En effet, l'appelant dont l'appel a été déclaré caduc pourra se joindre à l'appel des autres appelants, s'il est recevable, et profiter de l'effet des conclusions des autres parties, si ses propres conclusions ont été déclarées irrecevables. Pour examiner les exceptions au principe de l'effet personnel de l'appel, nous examinerons successivement la solidarité (A) puis l'indivisibilité (B).

A. Solidarité

1° À l'égard des parties perdantes

112.131 L'appel interjeté par une partie conserve le droit d'appel des autres. L'article 552 alinéa 1er du Code de procédure civile dispose qu'« *en cas de solidarité ou d'indivisibilité à l'égard de plusieurs parties, l'appel formé par une conserve le droit d'appel des autres, sauf à ces dernières à se joindre à l'instance* ». La règle s'applique non seulement aux **obligations solidaires** mais également aux **obligations *in solidum*.**

Pour que la règle de l'article 552 alinéa 1er puisse s'appliquer, il faut que **l'appel formé par une des parties soit recevable**[1] et que **l'instance soit encore en cours**, sinon le jugement de première instance aura force de chose jugée à l'égard de celui qui n'a pas interjeté appel même s'il a été réformé en appel au profit d'un autre débiteur[2]. Les règles de la solidarité ne sont pas appliquées lorsque les parties ont des **intérêts contraires** et font valoir à l'encontre du demandeur non des moyens de défense communs mais des **moyens de défense personnels, différents, voire incompatibles**[3].

La règle de l'article 552 alinéa 1er a pour conséquence de permettre aux parties intéressées de **se joindre à l'instance d'appel** introduite par l'une d'elle et d'interjeter **appel après l'expiration du délai légal**[4] ou de s'associer aux conclusions de l'appelant[5], même si elles avaient acquiescé au jugement[6]. Si les parties ne se sont pas jointes à l'instance d'appel, la cour peut ordonner leur mise en cause (v. ss no 112.171). Dans la mesure où la cassation replace la cause et les parties dans l'état où elles se trouvaient avant l'arrêt cassé, une partie, qui avait été condamnée solidairement et qui n'est pas intervenue à l'instance d'appel devant la cour dont l'arrêt a été cassé, peut **se joindre à l'instance d'appel devant la cour de renvoi**[7].

2° À l'égard des parties gagnantes

112.141 L'appel dirigé contre l'une des parties réserve à l'appelant la faculté d'appeler les autres à l'instance. Cette règle, posée par l'article 552 alinéa 2 du Code de procédure civile, permet à l'appelant, qui avait interjeté appel contre une seule partie, d'appeler les autres à la cause après l'expiration du délai si elles sont **unies à l'intimé par un lien de solidarité.** Si l'intimé n'use pas de cette faculté, la cour a le pouvoir d'ordonner la **mise en cause de tous les intéressés** (C. pr. civ., art. 552, al. 3). L'appelant ne peut user de cette possibilité que si **l'instance d'appel est toujours en cours**[8].

B. Indivisibilité

112.150 Notion d'indivisibilité. « *Il y a indivisibilité lorsque la situation juridique qui est l'objet du procès, intéresse plusieurs personnes, de telle manière que l'on ne peut la juger sans que la procédure et le jugement retentissent sur tous les intéressés* »[9]. Le Code de procédure civile ne définit pas l'indivisibilité. La Cour de cassation ne contrôle pas toujours la qualification de cette notion. Mais elle exerce au minimum un **contrôle de manque de base légale** et casse les décisions quand les juges d'appel n'ont pas recherché si le litige était indivisible[10]. Elle a retenu le critère de « *l'impossibilité absolue qu'il y aurait à exécuter simultanément à l'égard des diverses parties deux décisions en sens contraire* »[11].

Les juges du fond ont retenu qu'il y avait indivisibilité en matière de procédure collective lorsque deux jugements autorisent deux syndics à traiter à forfait la même collection de voitures[12] ou encore entre les droits du

1. Civ. 2e, 14 nov. 1968, *Bull. civ.* II, no 270.
2. Com. 9 avr. 2002, no 99-19.600, NP; *Procédures* 2002. Comm. 111, obs. Perrot.
3. Com. 31 oct. 1961, *D.* 1962. Somm. 61.
4. Paris, 13 févr. 1978, *Gaz. Pal.* 1978. 2. Somm. 1383.
5. Civ. 3e, 5 oct. 1971, no 69-13.301, *Bull. civ.* III, no 472; *D.* 1972. Somm. 13.
6. Civ. 4 févr. 1895, *S.* 1895. 1. 401, note Tissier.
7. Civ. 2e, 20 janv. 2005, no 03-13.607, *Bull. civ.* II, no 16; *Procédures* 2005, no 83, obs. Perrot; *D.* 2005. 456.
8. Civ. 2e, 15 avr. 1981, no 80-10.228, *Bull. civ.* II, no 88; *Gaz. Pal.* 1981. 2. 614, note Viatte.
9. S. Guinchard et T. Debard (dir.), *Lexique des termes juridiques 2015/2016*, 23e éd., Dalloz, 2015.
10. Civ. 2e, 5 avr. 2007, no 05-20.695, NP.
11. Civ. 2e, 13 sept. 2007, no 06-17.992, NP.
12. Colmar, 9 juin 1983, *Gaz. Pal.* 1983. 1. 47.

garant et ceux du garanti[1], entre plusieurs héritiers dans une instance relative à un droit de sépulture[2].

EN REVANCHE, les actions portant sur un même objet mais qui ont des causes et des effets différents ne sont pas indivisibles, même lorsque la condamnation a été prononcée *in solidum*[3].

Il n'y a pas d'indivisibilité entre les demandes en garantie dirigées contre des entrepreneurs différents[4] ou entre l'action principale du maître de l'ouvrage contre le maître d'œuvre et le recours en garantie de ce dernier contre un autre constructeur[5]. Il n'y a pas non plus d'indivisibilité entre les coïndivisaires d'une créance d'indemnité d'expropriation[6], ni entre des parties condamnées *in solidum* au paiement des frais irrépétibles sur le fondement de l'article 700 du Code de procédure civile[7].

1°
À l'égard des parties perdantes

112.151 Unité du litige. L'article 552 alinéa 1er du Code de procédure civile prévoit, comme pour la solidarité, qu'en cas d'indivisibilité à l'égard de plusieurs parties, **l'appel formé par l'une conserve le droit d'appel des autres sauf à ces dernières à se joindre à l'instance.** Ce texte n'exige pas pour son application que les appelants aient un intérêt commun et soutiennent les mêmes moyens[8]. Celui qui n'a pas formé appel dans les délais pourra se joindre aux conclusions de la partie appelante ou interjeter appel même après l'expiration du délai d'appel en cas d'indivisibilité[9] mais **encore faut-il que l'appel formé dans les délais soit recevable**[10].

L'article 553 complète les dispositions de l'article 552 en prévoyant qu'« *en cas d'indivisibilité à l'égard de plusieurs parties, l'appel de l'une produit effet à l'égard des autres même si celles-ci ne se sont pas jointes à l'instance* ».

En application de cet article, **l'appel de certains indivisaires produit effet à l'égard des autres** du fait de l'indivisibilité entre toutes les parties[11]. L'arrêt produira effet à l'égard de toutes les parties **même si elles ne se sont pas jointes à l'instance**. Il est porté ici **atteinte à la relativité de la chose jugée**. La solution retenue par l'article 553, qui consacre une jurisprudence ancienne, s'explique par le **souci d'assurer l'unité du litige** quant aux effets de la décision à intervenir.

2°
À l'égard des parties gagnantes

112.161 Toutes les parties gagnantes doivent être appelées à l'instance. L'article 552 alinéa 2 du Code de procédure civile prévoit qu'en cas d'indivisibilité, comme en matière de solidarité, l'appel dirigé contre l'une des parties réserve à l'appelant la faculté d'appeler les autres à l'instance. L'appelant pourra ainsi, par **déclaration séparée**, interjeter appel contre les autres parties même après l'expiration des délais[12] mais il faut ici encore que **l'appel effectué dans les délais soit régulier**. La solution posée par l'article 552 alinéa 2 est utile car l'article 553 *in fine* prévoit qu'en cas d'indivisibilité, l'appel formé contre l'une des parties ne sera recevable que si toutes les parties sont appelées à l'instance. L'article 552 alinéa 2 permet, lorsque l'appel a été interjeté en temps utile, de couvrir l'irrégularité qui résulte du fait de ne pas avoir intimé toutes les parties concernées par l'indivisibilité. La Cour de cassation a même admis que l'appelant qui n'aurait pas appelé toutes les parties à l'instance indivisible pourrait le faire ultérieurement par un **appel complémentaire** qui bénéficierait de la date du premier appel[13].

C.
Mise en cause d'office

112.171 Pouvoir du juge. L'article 552 alinéa 3 du Code de procédure civile prévoit que la cour peut **ordonner d'office la mise en cause de tous les cointéressés.** Puisque l'alinéa 1er de cet article vise la solidarité et l'indivisibilité il faut en déduire que la cour dispose de ce pouvoir qu'il y ait indivisibilité ou solidarité. Contrairement aux dispositions de l'article 332 qui prévoient, à propos de l'intervention forcée, que « *le juge peut inviter les parties à mettre en cause tous les intéressés dont la présence lui paraît nécessaire à la solution du litige* », l'article 552 alinéa 3 donne au juge le pouvoir de mettre en cause d'office les parties intéressées. Il a été jugé à propos

1. Paris, 11 déc. 1968, *D.* 1969. Somm. 43.
2. Bordeaux, 23 avr. 1928, *DP* 1929. 2. 165.
3. Civ. 2e, 23 oct. 1991, no 90-14.657, *Bull. civ.* II, no 268.
4. Civ. 3e, 7 déc. 1976, no 75-13.153, *Bull. civ.* III, no 447; *D.* 1977. IR 121.
5. Civ. 2e, 17 janv. 1996, no 94-10.279, *Bull. civ.* II, no 4; *JCP* 1996. II. 22668, note du Rusquec.
6. Civ. 3e, 13 déc. 1995, no 93-70.208, *Bull. civ.* III, no 260; *Gaz. Pal.* 1996. Somm. 285; *AJDI* 1996. 488, obs. Bernard; *RDI* 1996. 335, obs. Bergel; *RDI* 1996. 354, obs. Morel et Denis-Linton.
7. Civ. 2e, 23 oct. 1991, no 90-14.657, *Bull. civ.* II, no 268; *JCP* 1991. IV. 447.
8. Civ. 2e, 21 juill. 1986, *Gaz. Pal.* 1986. 2. Pan. 275.
9. Civ. 3e, 5 oct. 1971, *D.* 1972. Somm. 13 – Paris, 25 oct. 1977, *Gaz. Pal.* 1978. 1. Somm. 111.
10. Civ. 2e, 14 nov. 1968, *Bull. civ.* II, no 270.
11. Civ. 3e, 19 juin 2002, no 00-21.869, *Bull. civ.* III, no 146; *AJDI* 2003. 58; *AJ fam.* 2002. 305, obs. S. D.-B. (l'appel formé par certains indivisaires produit effet à l'égard des autres).
12. Civ. 2e, 25 mars 1992, no 90-18.045, *Bull. civ.* II, no 102.
13. Civ. 3e, 23 juin 1999, no 97-22.607, *Bull. civ.* III, no 146; *JCP* 2000. II. 10260, note du Rusquec.

de l'article 332 que « *viole les articles 4 et 5, le juge qui prononce une condamnation à l'encontre d'une personne qu'une décision antérieure avait, d'office, invité les parties à appeler en cause, alors que cette condamnation n'avait été sollicitée par aucune des parties* » [1].

SECTION 2
APPELANT SUR INCIDENT ET APPELANT PAR PROVOCATION

112.180 Division. Le schéma simple d'un appelant qui a succombé et qui interjette un appel principal contre la partie gagnante, appelée intimée, n'est pas le cas le plus fréquent que l'on rencontre en pratique. En effet il arrive souvent que la partie qui n'a pas entièrement obtenu satisfaction en première instance profite de l'appel principal pour former un appel incident afin d'obtenir la condamnation de l'appelant à l'intégralité des demandes formulées contre lui en première instance. Souvent, le litige oppose une multitude de parties et les auteurs du nouveau Code de procédure civile ont voulu permettre aux parties au procès devant les premiers juges de pouvoir interjeter appel même si elles n'ont pas été intimées (§ 1). Sous certaines conditions elles vont pouvoir former un appel provoqué (§ 2).

§ 1
Appelant incident

112.190 Notion. *Lato sensu*, l'appel incident désigne tous les appels qui n'ont pas été formés par l'appelant principal, mais par l'intimé ou par une autre personne ayant été partie en première instance. Mais il arrive que l'on utilise le terme d'appel incident dans un sens plus étroit afin de le réserver à **l'appel du seul intimé**. L'appel qui émane d'une personne non intimée ou qui a été formé contre une personne qui n'a pas été initialement intimée porte le nom d'**appel provoqué**. La doctrine classique enseigne que l'appel provoqué n'est qu'une forme d'appel incident. Alors que l'appel incident se définit comme celui qui est formé par la partie intimée afin d'obtenir dans son intérêt propre la réformation du jugement qui a été attaqué par l'appelant principal.

L'appelant principal est toujours **celui qui a interjeté appel en premier**. Celui qui a formé un **appel en second**, greffé sur l'appel principal, est **l'appelant sur incident**. Le premier à interjeter appel est l'appelant principal même si son appel ne porte que sur une disposition accessoire comme les dépens. L'appel incident comme l'appel principal tend à la réformation du jugement.

Il convient de ne pas confondre **l'appel incident** et la **demande incidente** [2]. L'appel incident étend l'objet du litige dévolu à la cour, tout en restant dans la limite de la matière litigieuse soumise au premier juge. La demande incidente vise à soumettre à la juridiction une nouvelle prétention et à étendre la matière litigieuse par rapport à la première instance.

A.
Personnes ayant le droit de former un appel incident

112.191 Qui peut former un appel incident ? Pour pouvoir former un appel incident, il faut *premièrement* **avoir la qualité d'intimé.** Cette qualité appartient à tous ceux contre lesquels l'appel principal est dirigé et qui ont été parties ou représentés en première instance. L'intimé doit **interjeter un appel incident en la même qualité** que celle en laquelle il a été intimé.

AINSI, lorsqu'une personne est intervenue en première instance en une double qualité, si l'appelant ne l'intime qu'en l'une de ces qualités, ce n'est qu'en cette qualité que l'intimé pourra former un appel incident et il ne pourra pas former un appel incident contre les autres chefs du jugement concernant la qualité en laquelle il n'a pas été intimé [3].

Il a été admis que l'appel interjeté contre une des parties permet exceptionnellement à **une autre, non intimée mais liée à la première par l'indivisibilité** résultant d'une identité d'objet et de cause juridique, de former un appel incident contre l'appelant principal [4].

Le **ministère public** peut former un appel incident lorsqu'il a été partie principale en première instance et si l'appel principal est formé contre lui. Lorsqu'il est intervenu comme partie jointe, il ne peut former un appel incident que s'il avait le pouvoir d'interjeter un appel principal.

L'appelant principal peut-il interjeter un appel incident sur l'appel incident de l'intimé ? L'article 549 du Code de procédure civile précise que « *l'appel incident peut également émaner, sur appel principal ou*

1. Civ. 2e, 5 oct. 1983, no 82-14.161, *Bull. civ.* II, no 159; *RTD civ.* 1984. 357, obs. Normand; *RTD civ.* 1984. 364, obs. Perrot.

2. J. Héron et T. Le Bars, *Droit judiciaire privé*, 5e éd., « Domat droit privé », Montchrestien, 2012, no 726.
3. Civ. 28 oct. 1919, *DP* 1919. 1. 104 – Civ. 2e, 13 janv. 1993, no 91-16.961, *Bull. civ.* II, no 8; *Gaz. Pal.* 1993. 1. Pan. 146; *JCP* 1993. IV. 126.
4. Civ. 1re, 17 nov. 2011, no 10-25.375, NP.

incident qui le provoque, de toute personne même non intimée, ayant été partie en première instance. » Ainsi, **l'appelant principal peut former un appel provoqué par l'appel incident de l'intimé**[1]. Cependant, si l'appel principal est irrecevable, l'appel provoqué formé par l'appelant principal ne sera recevable que si l'appel incident formé par l'intimé est recevable[2].

Deuxièmement pour pouvoir interjeter un appel incident, l'intimé doit avoir **intérêt**, ce qui signifie que le jugement de première instance ne doit pas lui avoir donné entièrement satisfaction[3]. Pour apprécier l'intérêt de l'intimé il convient de se référer au **dispositif du jugement** et non à ses motifs.

Troisièmement pour pouvoir interjeter appel incident, il faut que **l'intimé n'ait pas acquiescé au jugement.** Si l'intimé a acquiescé avant l'appel principal, l'article 409 alinéa 1er du Code de procédure civile prévoit que « *l'acquiescement au jugement porte soumission au chef de celui-ci et renonciation aux voies de recours, sauf si postérieurement une autre partie interjette régulièrement un recours. Dans ce cas, l'intimé pourra former un appel incident. En revanche si l'acquiescement de l'intimé intervient après l'appel principal, son appel incident est irrecevable. L'acquiescement à un jugement peut être implicite ou tacite mais il doit toujours être certain* ».

La jurisprudence est partagée dans certaines circonstances pour analyser le comportement de l'intimé en un acquiescement.

AINSI, le seul fait d'accepter sans réserve des indemnités allouées par la juridiction de première instance a été parfois considéré comme ne constituant pas une preuve évidente que celui qui a reçu le paiement accepte la décision[4], alors qu'il a été jugé que l'acquiescement au jugement non assorti d'exécution provisoire peut résulter de l'encaissement, sans réserve, de sommes dues, dès lors que la partie, par aucune manifestation, n'a fait douter de son intention d'acquiescer[5]. Des conclusions dans lesquelles l'intimé a demandé la confirmation pure et simple du jugement ont été considérées comme un acquiescement rendant l'appel incident irrecevable[6], alors que d'autres arrêts ont déclaré recevable l'appel incident d'un intimé qui avait conclu à la confirmation du jugement[7]. L'exécution par l'intimé d'un jugement bénéficiant de l'exécution provisoire ne rend pas l'appel incident irrecevable[8].

La jurisprudence est également partagée à propos de la participation à une mesure d'instruction.

Certaines décisions considèrent que la participation sans réserve à une mesure d'instruction, ordonnée par un jugement mixte, ne peut à elle seule valoir acquiescement implicite au jugement sur le principal[9], alors que d'autres y voient un acquiescement, en particulier lorsque le chef du dispositif ordonnant l'expertise n'est que la conséquence d'un chef tranchant le principal[10].

112.192 Conditions de recevabilité de l'appel incident. Pour être recevable, l'appel incident suppose **un appel principal**[11]. Toutefois, si l'appel principal est limité à certains chefs, l'appel incident pourra porter sur des **chefs du jugement qui ne sont pas visés dans l'appel principal**[12]. Mais l'appel incident ne pourra pas porter sur des chefs du jugement concernant une partie qui n'a pas interjeté appel. En principe, l'appel incident ne peut porter que sur le même jugement que celui critiqué par l'appel principal, il ne peut porter sur un autre jugement qui oppose l'intimé à l'appelant[13]. Il a cependant été jugé qu'une partie à une instance est recevable à former un **appel** dirigé exclusivement contre un **jugement avant dire droit**, lorsqu'une autre partie a fait appel du **jugement rendu sur le fond** dans la même instance, les deux appels devant être jugés ensemble[14]; mais il ne s'agit pas d'un appel incident contre le jugement avant dire droit. L'article 550 alinéa 1er du Code de procédure civile dispose que « *l'appel incident peut être formé en tout état de cause alors même que celui qui l'interjetterait serait forclos à*

1. Civ. 3e, 26 mai 1988, no 85-17.734, *Bull. civ.* III, no 97; *Gaz. Pal.* 1988. Somm. 490, obs. Croze et Morel – Soc. 5 juill. 2005, no 03-44.366, *Bull. civ.* IV, no 229; *Procédures* 2005. Comm. 222, obs. Perrot; *D.* 2006. 29.
2. Paris, 6 nov. 1980, *Bull. ch. avoués* 1981. 10, no 78 – Civ. 3e, 26 mai 1988, no 85-17.734, P (préc. ss prést no).
3. Civ. 2e, 19 févr. 1970, *Bull. civ.* II, no 61.
4. Civ. 2e, 21 oct. 1987, no 86-13.275, NP; *Gaz. Pal.* 1987. Pan. 274.
5. Civ. 2e, 17 juin 1998, no 96-15.211, *Bull. civ.* II, no 191.
6. Civ. 1re, 7 nov. 1960, *DP* 1961. Somm. 60 – Civ. 2e, 21 juill. 1986, no 83-16.114, *Bull. civ.* II, no 118; *Gaz. Pal.* 1986. 2. Pan. 242.
7. Com. 20 juin 1960, *Bull. civ.* III, no 242 – Civ. 3e, 13 juin 1979, no 78-11.803, *Bull. civ.* III, no 130; *Gaz. Pal.* 1979. 2. Somm. 382 – Civ. 1re, 14 mars 1984, *Gaz. Pal.* 1984. 2. Pan. 210, obs. Guinchard.
8. Civ. 3e, 15 févr. 2006, no 01-70.106, *Bull. civ.* III, no 34; *AJDA* 2006. 780; *D.* 2006. 603; *AJDI* 2006. 583, obs. Lévy; *RDI* 2006. 121, obs. Morel – Civ. 3e, 30 avr. 2002, no 01-70.076, *Bull. civ.* III, no 87; *AJDI* 2002. 543; *RDI* 2003. 51, obs. Morel.
9. Civ. 3e, 7 mai 2002, no 99-16.153, *Bull. civ.* III, no 91; *RTD civ.* 2002. 563, obs. Perrot; *D.* 2002. 1729; *AJDI* 2002. 605, obs. Dumont – Civ. 2e, 22 mai 1995, no 93-11.413, *Bull. civ.* II, no 146; *Procédures* 1995. Comm. 180, obs. Perrot; *Justices* 1996. 274, obs. Wiederkehr; *RTD civ.* 1995. 685, obs. Perrot.
10. Civ. 2e, 14 oct. 1981, no 80-15.227, *Bull. civ.* II, no 184; *RTD civ.* 1982. 211, obs. Perrot – Civ. 3e, 11 oct. 1989, no 88-10.784, *Bull. civ.* III, no 185; *Gaz. Pal.* 1990. Somm. 342, obs. Guinchard et Moussa.
11. Civ. 3e, 14 mars 1990, no 88-17.354, *Bull. civ.* III, no 73 – Civ. 2e, 13 mars 2008, no 06-18.796, *Bull. civ.* II, no 65.
12. Civ. 2e, 10 juill. 1991, no 90-15.446, *Bull. civ.* II, no 213 – Soc. 22 mars 2006, no 04-43.662, *Bull. civ.* V, no 117.
13. Civ. 1re, 13 mai 1957, *Bull. civ.* I, no 207.
14. Civ. 2e, 2 déc. 2010, no 09-14.596, *Bull. civ.* II, no 197; *D.* 2010. 634, obs. Sommer et Leroy-Gissinger.

agir à titre principal. Dans ce dernier cas il ne sera toutefois pas reçu si l'appel principal n'est pas lui-même recevable ».

Il convient cependant de souligner que dans les **procédures avec représentation obligatoire** le décret du 9 décembre 2009[1] a modifié l'article 909 du Code de procédure civile qui indique désormais que « *l'intimé dispose, à peine d'irrecevabilité relevée d'office, d'un délai de deux mois à compter de la notification des conclusions de l'appelant, prévue à l'article 908, pour conclure et former, le cas échéant, un appel incident* » (v. s^s n° 211.185). L'article 910 indique que « *l'intimé à un appel incident ou à un appel provoqué, dispose, à peine d'irrecevabilité relevée d'office, d'un délai de deux mois à compter de la notification de l'appel incident pour conclure* ». Toutefois **l'appel incident formé après expiration du délai pour interjeter un appel principal**, lorsque celui-ci est irrecevable, sera malgré tout reçu si l'appelant ne conteste pas lui-même la recevabilité de l'appel incident[2]. Il faut également que le **juge d'appel** soit encore **valablement saisi de l'appel principal** au moment où l'appel incident est formé[3]; il ne faut pas que l'appelant principal se soit déjà désisté de son appel (sur les effets du désistement de l'appelant principal sur l'appel incident, v. s^s n° 211.187). Enfin, même si l'appel principal est déclaré irrecevable, l'appel incident sera recevable s'il a été **formé dans le délai d'appel**. La Cour de cassation a refusé d'appliquer cette solution en cas de caducité de l'appel principal[4]. L'article 550 alinéa 2 du Code de procédure civile prévoit que la cour d'appel peut condamner à des dommages et intérêts ceux qui se seraient abstenus, dans une intention dilatoire, de former suffisamment tôt leur appel incident ou provoqué. Le décret du 9 décembre 2009 fait perdre une partie de son intérêt à ce texte, du moins dans les procédures avec représentation obligatoire, puisque désormais celui qui veut former un appel incident dispose d'un délai de deux mois à compter de la notification des conclusions de l'appelant pour régulariser ce recours.

Dans les **procédures sans représentation obligatoire**, l'appel incident peut être formé **jusqu'à la clôture des débats**. La chambre mixte de la Cour de cassation a jugé que l'appel incident peut être formé en tout état de la cause jusqu'à l'ordonnance de clôture[5] et il appartient à la partie adverse, si elle entend y répondre, de solliciter soit le report de la date, soit la révocation de l'ordonnance de clôture sans préjudice de son droit à solliciter l'attribution de dommages et intérêts. Cette jurisprudence conserve son intérêt dans les procédures sans représentation obligatoire : l'appel incident peut être formé jusqu'à la clôture des débats et il appartient dans ce cas à la partie adverse de solliciter un renvoi pour pouvoir répliquer et éventuellement de demander des dommages et intérêts compte tenu de l'attitude dilatoire de l'auteur de l'appel incident.

B.
Personnes contre lesquelles est formé un appel incident

112.201 L'appel incident peut être dirigé contre l'appelant et contre les autres intimés. L'article 548 du Code de procédure civile prévoit que « *l'appel peut être incidemment relevé par l'intimé tant contre l'appelant que contre les autres intimés* ». Cette solution résulte du décret du 28 août 1972[6] et a été reprise par le Code de procédure civile. Désormais **l'appel incident d'intimé à intimé** est possible. Un tel appel ne pose aucune difficulté si les deux intimés ont conclu l'un contre l'autre. Il en va différemment si aucune question litigieuse ne les a opposés. Contrairement à ce qu'avaient cru les premiers commentateurs, l'article 548 ne crée pas une exception à l'interdiction des demandes nouvelles en appel; l'appel incident d'intimé à intimé n'est **pas recevable lorsqu'aucune question litigieuse ne les a opposés en première instance**[7]. Il faut ajouter que depuis le décret du 9 septembre 2009[8] la cour peut relever d'office la **fin de non-recevoir** tirée de la prohibition des prétentions nouvelles en appel (C. pr. civ., art. 564).

§ 2
Appelant par provocation

112.211 Définition. L'appel provoqué est l'appel interjeté par ou contre une partie en première instance mais contre laquelle l'appel principal n'a pas été dirigé. Contrairement à l'intervention, **l'appel provoqué est réservé aux parties au litige en première instance.** Il a pour effet de **modifier l'objet du litige**, tel qu'il a été déféré à la cour par l'appelant principal puisqu'il peut viser des **chefs de la déci-**

1. Décr. n° 2009-1524, 9 déc. 2009.
2. Civ. 2e, 14 janv. 1976, n° 74-13.697, *Bull. civ.* II, n° 12; *D.* 1976. IR 77.
3. Civ. 3e, 27 nov. 1974, n° 73-70.300, *Bull. civ.* III, n° 444.
4. Civ. 2e, 13 mai 2015, n° 14-13.801, *Bull. civ.* II, [à paraître]; *D. Actualité*, 1er juin 2015, obs. Kébir; *Procédures* 2015, comm. 214, obs. Croze.
5. Cass., ch. mixte, 3 févr. 2006, n° 03-16.203, *Bull. ch. mixte*, n° 1; *BICC* 15 avr. 2006, n° 638; *RTD civ.* 2006. 381, obs. Perrot.
6. Décr. n° 72-788, 28 août 1972.
7. Civ. 1re, 12 oct. 1977, n° 76-11.641, *Bull. civ.* I, n° 363; *RTD civ.* 1978. 935, obs. Perrot.
8. Décr. n° 2009-1524, 9 déc. 2009.

sion non attaqués par l'appel principal[1]. Aux termes de l'article 549 du Code de procédure civile, l'appel incident peut émaner, sur l'appel principal ou incident qui le provoque, de toute personne même non intimée, ayant été partie en première instance.

La technique de l'appel provoqué peut être utilisée dans plusieurs situations.

- L'appel provoqué peut tout d'abord **émaner d'une partie en première instance qui n'a pas été intimée.**

AINSI, un maître d'œuvre forme un appel en garantie contre deux entreprises. Le tribunal condamne une entreprise et rejette l'appel en garantie contre l'autre. L'entreprise condamnée interjette un appel principal contre le maître d'œuvre. Ce dernier régularise un appel provoqué contre le second appelé en garantie qui lui permet de reconstituer en appel l'unité du litige qui existait en première instance. Il pourra reprendre ses conclusions contre chacun des deux appelés en garantie.

- La deuxième hypothèse d'appel provoqué est la suivante : l'appel provoqué est **formé par une partie qui n'a pas été intimée en première instance.**

AINSI, le tribunal déboute le demandeur qui interjette l'appel uniquement contre le responsable du dommage sans intimer son assureur, partie à la procédure de première instance. L'assureur a intérêt à être partie à l'instance d'appel pour sauvegarder ses droits. Il peut régulariser un appel provoqué par l'appel principal. Il est possible d'imaginer que cet appel provoqué soit également dû à un appel incident de l'intimé.

- Le dernier cas d'appel provoqué est **celui qui émane de l'appelant principal lui-même.** Il faut imaginer que celui-ci ait limité son appel à certains chefs. L'intimé forme un appel incident et critique le jugement sur d'autres chefs. L'appelant principal pourra régulariser un appel provoqué par l'appel incident de l'intimé. La Cour de cassation a cependant précisé que **l'appelant principal ne peut former un appel provoqué que lorsque cet appel provoqué découle de l'appel incident formé par l'intimé**[2]. Si l'appel provoqué formé par l'appelant ne découle pas de l'appel incident formé par l'intimé, il sera irrecevable[3], à moins d'avoir été régularisé dans le délai pour former un appel principal.

En résumé, l'appel provoqué peut émaner de toute partie en première instance et être dirigé contre toute personne qui a été partie en première instance.

112.212 Conditions de l'appel provoqué. L'appel provoqué suppose tout d'abord l'existence d'un **appel principal.** Il faut que le juge d'appel demeure saisi du fond du litige, ce qui pose le problème du **désistement** de l'appelant principal. Si ce désistement intervient après l'appel incident, il sera sans effet sur cet appel incident (v. s^s^ n° 112.45). L'appel principal doit également être **recevable** conformément aux dispositions de l'article 550 alinéa 1er du Code de procédure civile. Ainsi, l'appel incident sera irrecevable si l'appelant principal n'a pas respecté le délai pour interjeter l'appel. Mais l'appel incident sera recevable s'il a été formé dans le délai pour interjeter un appel principal.

L'appelant par provocation doit avoir **intérêt** à le former. Mais l'intérêt, ici, n'est pas lié à la notion de succombance. L'appel provoqué est recevable s'il existe un **risque éventuel de grief pour son auteur** en raison d'une réformation possible de la décision frappée d'appel[4]. L'exécution sans réserve du jugement, prive-t-il celui qui a exécuté la décision de la possibilité de la frapper d'un appel provoqué ? L'article 410 du Code de procédure civile précise que l'exécution sans réserve d'un jugement vaut acquiescement, hors les cas où celui-ci n'est pas permis. Mais l'article 409 indique que l'acquiescement au jugement emporte soumission aux chefs de celui-ci et renonciation aux voies de recours, sauf si, postérieurement, une autre partie forme régulièrement un recours. Il faut déduire de ces dispositions que **lorsque l'exécution est postérieure à l'appel principal, elle vaut acquiescement et rend irrecevable l'appel provoqué.** EN REVANCHE, si l'exécution a été effectuée avant l'appel principal, elle ne prive pas son auteur du droit de régulariser un appel provoqué[5].

Enfin, il doit exister un **lien de connexité entre l'objet de l'appel provoqué et l'objet de l'appel principal**[6]. La jurisprudence parle souvent d'un **lien suffisant.** Ce lien n'est pas suffisant lorsqu'une partie au litige, à laquelle l'appel principal est étranger, forme un appel provoqué[7].

L'appel provoqué est formé par **voie de conclusions** lorsqu'il est dirigé contre une partie à l'instance et par **voie d'assignation** lorsqu'il est formé contre une personne qui n'est pas encore partie à l'instance d'appel. Il est soumis au même délai que l'appel incident. Il peut être formé en tout état de

1. Civ. 2e, 21 janv. 1997, n°s 94-19.689 et 94-20.144, *Bull. civ.* II, n° 24; *D.* 1997. 41 – Civ. 2e, 4 déc. 2003, n° 01-15.027, *Bull. civ.* II, n° 357; *D.* 2004. 186, et obs.
2. Civ. 2e, 4 déc. 2003, n° 01-15.027, *Bull. civ.* II, n° 357; *D.* 2004. 186, et obs. – Civ. 3e, 26 mai 1988, n° 85-17.734, *Bull. civ.* III, n° 97; *Gaz. Pal.* 1988. Somm. 490, obs. Croze et Morel.
3. Civ. 2e, 4 déc. 2003, n° 01-15.027, P (préc. s^s^ prés^t^ n°).
4. Civ. 2e, 7 oct. 1982, n°s 81-10.623 et 81-10.626, *Bull. civ.* II, n° 119; *Gaz. Pal.* 1983. 1. Pan. 37, obs. Guinchard.
5. V. EN CE SENS, Rép. pr. civ., V° *Appel*, par Ferrand, mars 2012 [actu. avr. 2015], n° 563.
6. Com. 13 févr. 1957, *JCP* 1957. II. 10170 *bis*, note Sinay; *RTD civ.* 1957. 584, obs. Raynaud – Civ. 3e, 5 janv. 1972, n° 70-10.757, *Bull. civ.* II, n° 1.
7. Civ. 2e, 9 mai 1985, n° 84-11.318, *Bull. civ.* II, n° 93; *Gaz. Pal.* 1985. 2. Pan. 242.

cause, sous réserve des dispositions du décret du 9 décembre 2009 pour les **procédures avec représentation obligatoire** et mise en état. Dans ces procédures il doit être formé dans un **délai de deux mois** à compter de la notification des conclusions d'appel (v. s[s] n° 211.184). L'article 550 alinéa 2 dispose que « *la cour peut condamner à des dommages et intérêts, ceux qui se seraient abstenus dans une intention dilatoire de former suffisamment tôt leur appel incident ou provoqué* ».

SECTION 3
INTERVENANTS

112.221 Appel des intervenants en première instance. L'intervenant volontaire principal en première instance pourra interjeter appel soit pour critiquer le jugement qui lui a dénié le droit d'agir, soit pour critiquer la décision statuant sur le fond de sa prétention[1]. Lorsque l'intervenant volontaire forme un appel principal, il est autonome[2] puisque l'intervenant est **appelant** et se prévaut d'un **droit substantiel** qui lui est propre en formulant une **prétention personnelle**[3]. La recevabilité de son appel est subordonnée aux mêmes conditions que celles du demandeur ou du défendeur. Il en est de même de la recevabilité de l'appel interjeté par une des parties principales contre l'intervenant volontaire principal.

EN REVANCHE, **l'intervenant accessoire** qui n'élève aucune prétention pour son propre compte, même s'il agit pour la conservation de ses droits, et qui se borne à appuyer les prétentions d'une autre partie, au besoin par des moyens différents, **n'a pas qualité pour interjeter appel seul**[4]. L'intervenant accessoire ne peut pas régulariser un appel en l'absence de recours de la part de la partie principale dont il a soutenu les prétentions[5]. En revanche, **il peut se joindre à l'appel de cette partie** et la recevabilité de son appel sera subordonnée à celle de l'appel principal. Toutefois, l'irrecevabilité de l'appel interjeté par le seul intervenant volontaire accessoire n'est pas d'ordre public et il appartient à l'intimé de soulever cette irrecevabilité. À défaut, il ne pourra reprocher à la cour d'appel d'avoir accueilli l'appel de l'intervenant volontaire accessoire[6]. Lorsque l'intervenant émet une prétention identique à celle de l'une des parties principales, son intervention a été qualifiée de principale et non d'accessoire, même si elle a le même objet que la demande principale[7]. EN REVANCHE, l'intervenant forcé est recevable à interjeter un appel contre le jugement qui l'a condamné dans les mêmes conditions que l'une des parties principales[8].

112.222 Intervenants à l'instance d'appel. Entre la première instance et l'appel, le litige peut évoluer. Et il faut pouvoir examiner toutes ces évolutions qui ont pu affecter l'objet ou des personnes qui étaient restées étrangères à l'instance. L'appel est devenu une voie d'achèvement du procès et il est désormais admis que des personnes jusque là étrangères au contentieux puisse intervenir ou être attraites devant la cour. Cependant, cette intervention porte atteinte au **principe du double degré de juridiction** et si l'on peut admettre qu'une personne puisse de son propre gré intervenir à l'instance d'appel, il est plus difficile de permettre une intervention forcée qui priverait l'intervenant, contre son gré, du double degré de juridiction. L'intervention peut prendre deux formes. Elle peut être volontaire (§ 1) ou forcée (§ 2). Les articles 454 et 455 régissent les deux formes d'intervention en appel qui sont soumises à des règles différentes pour les raisons qui viennent d'être exposées.

§ 1
Intervenant volontaire

112.230 Division. L'article 554 du Code de procédure civile prévoit que « *peuvent intervenir en cause d'appel dès lors qu'elles y ont intérêt, les personnes qui n'ont été ni parties, ni représentées en première instance ou qui ont figuré en autre qualité* ». Ce texte pose les deux conditions de l'intervention volontaire : il faut avoir la qualité de tiers (A) et un intérêt personnel (B).

A.
Qualité de tiers

112.240 Le principe. Sous réserve de dispositions particulières qui interdisent ou qui autorisent expressément l'intervention en appel, l'article 554 reconnaît la qualité de tiers à ceux qui n'ont été ni parties, ni représentés en première instance (1°) ou qui ont figuré en autre qualité (2°).

1. Com. 29 oct. 2002, n° 97-22.542, *Bull. civ.* IV, n° 154; *D.* 2002. 3143, et obs. – Civ. 2e, 13 juill. 2006, n° 05-16.579, *Bull. civ.* II, n° 213; *D.* 2006. 2211; *D.* 2007. 1380, obs. Julien.
2. Civ. 2e, 3 nov. 2005, n° 03-20.797, *Bull. civ.* II, n° 277.
3. Civ. 2e, 8 juill. 2004, n° 02-17.615, *Bull. civ.* II, n° 376.
4. Civ. 2e, 17 nov. 2005, n° 04-13.008, *Bull. civ.* II, n° 294; *D.* 2005. 2969.
5. Civ. 3e, 12 nov. 2003, n° 02-14.188, NP.
6. Civ. 2e, 24 févr. 1993, n° 91-15.532, *Bull. civ.* II, n° 71.
7. Civ. 3e, 17 mars 2004, n° 00-22.522, *Bull. civ.* III, n° 56.
8. Civ. 1re, 21 juin 2005, n° 02-18.631, *Bull. civ.* I, n° 268; *D.* 2005. 1882.

1°
Personnes n'ayant été ni parties, ni représentées en première instance

112.241 Qualité de tiers. Ceux qui ont été parties en première instance doivent interjeter appel de la décision, ils ne sont pas recevables à intervenir devant la juridiction d'appel.

EN REVANCHE, les personnes qui n'ont été ni parties ni représentées en première instance ont la qualité de tiers et peuvent intervenir, sous certaines conditions, à la procédure d'appel. La distinction entre les tiers et les parties n'est pas toujours aisée à faire.

La chambre sociale de la Cour de cassation a précisé que lorsqu'une affaire est en son entier pendante devant la cour d'appel, seule la voie de l'**intervention** est ouverte aux personnes jusque-là étrangères à l'instance, à l'exclusion de la **tierce-opposition.** La Cour de cassation a nié la qualité de tiers à un coïndivisaire, intervenant en cause d'appel, dans une instance engagée par un autre coïndivisaire qui avait obtenu en première instance une condamnation à une indemnité d'occupation contre un tiers occupant sans titre, ainsi que son expulsion, car l'intervention tendant aux mêmes fins que l'appel avait été faite avant que le coïndivisaire ne se désiste de son appel et devait s'analyser en une demande accessoire à la demande originaire [1].

2°
Personnes ayant figuré en première instance en une autre qualité

112.251 Changement de qualité. Nous avons vu que le droit d'appel est lié à la qualité en vertu de laquelle une personne est intervenue en première instance. Aussi, un changement de qualité doit permettre de considérer cette personne comme un **tiers disposant du droit d'intervenir en appel.** La jurisprudence a ainsi reconnu à une personne qui était intervenue en première instance comme dirigeant de société le droit d'intervenir en appel en qualité personnelle d'actionnaire [2]. Lorsqu'une personne a une double qualité, si elle est intervenue en première instance sous une qualité, elle pourra intervenir en appel sous l'autre qualité.

B.
Intérêt

112.261 Appréciation souveraine des juges du fond. Que l'intervention soit principale ou accessoire, les juges du fond apprécient souverainement l'existence et la suffisance de l'intérêt [3]. Pour être recevable, l'intervention volontaire en cause d'appel est subordonnée à l'existence d'un **intérêt** pour celui qui régularise l'intervention et d'un **lien suffisant avec les prétentions originaires,** tous deux souverainement appréciés par les juges du fond [4]. À la suite de divergences de jurisprudence, notamment entre la deuxième [5] et la troisième [6] chambres civiles de la Cour de cassation, la chambre mixte a confirmé [7] que « *l'appréciation de l'intérêt à agir de l'intervenant et du lien suffisant, relève du pouvoir souverain des juges du fond* » qui ont toutefois l'obligation de motiver leurs décisions au regard de l'article 455 du Code de procédure civile. L'intérêt de l'intervenant est différent selon que l'intervention est principale ou accessoire.

112.262 Intérêt de l'intervenant principal. Selon l'article 329 du Code de procédure civile, « *l'intervention est principale lorsqu'elle élève une prétention au profit de celui qui la forme* ». L'intervenant principal émet une **prétention personnelle.** Il invoque un droit qui lui est propre, soit contre les parties à l'instance, soit à côté d'une des parties à l'instance. Dans la mesure où il agit en vertu d'un intérêt propre, l'intervenant doit avoir un **intérêt actuel** [8]. L'alinéa 2 de l'article 329 ajoute que l'intervention principale n'est recevable que si son auteur a le droit d'agir relativement à cette prétention. Puisque l'intervenant justifie d'un **droit propre et distinct,** sa demande en intervention peut subsister en cas d'**irrecevabilité de la demande principale** [9]. La solution est identique en cas de **désistement** de la part de l'appelant après l'intervention. L'intervenant principal peut donc conclure au mieux de son intérêt [10] mais il n'a pas le droit de soumettre à la cour un nouveau litige [11]. Le sort de l'intervention n'est pas lié à celui de l'action principale lorsque l'intervenant principal se prévaut d'un droit propre, distinct de celui invoqué par le demandeur principal [12]. Il est inutile d'établir une

1. Civ. 2e, 29 nov. 1978, no 76-14.697, *Bull. civ.* II, no 253.
2. Civ. 2e, 22 janv. 1953, *Bull. civ.* II, no 21.
3. Civ. 3e, 20 janv. 1976, no 74-13.290, *Bull. civ.* III, no 22 – Civ. 3e, 9 oct. 1991, no 89-13.299, *Bull. civ.* III, no 236.
4. Civ. 1re, 10 janv. 2006, no 03-17.839, *Bull. civ.* I, no 6; *JCP* 2006. IV. 1221; *D.* 2006. 365, obs. Delpech; *D.* 2006. 2129, chron. Bert; *RTD civ.* 2006. 552, obs. Mestre et Fages.
5. Civ. 2e, 23 sept. 2004, no 01-12.738, NP.
6. Civ. 3e, 9 oct. 1991, no 89-13.299, *Bull. civ.* III, no 236.
7. Cass., ch. mixte, 9 nov. 2007, no 06-19.508, *Bull. ch. mixte,* no 10; *D.* 2007. 2955, obs. Avena-Robardet; *AJDI* 2008. 47.
8. Com. 2 janv. 1967, *Bull. civ.* III, no 2.
9. Civ. 1re, 26 janv. 1965, *D.* 1965. 2012, note Lindon.
10. Civ. 1re, 1er févr. 1978, *D.* 1978. IR 510.
11. Civ. 2e, 17 oct. 2002, no 01-02.414, *Bull. civ.* II, no 229.
12. Civ. 3e, 13 juill. 2010, no 09-15.474, *Bull. civ.* III, no 145; *AJDI* 2010. 714.

évolution du litige pour que l'intervention principale soit recevable[1].

112.263 Intérêt de l'intervenant accessoire. L'article 330 du Code de procédure civile précise que « *l'intervention est accessoire lorsqu'elle appuie des prétentions d'une partie* ». L'intervenant, lorsque l'intervention est accessoire, n'invoque pas un droit personnel mais **soutient une des parties** afin qu'elle obtienne gain de cause. Toutefois, la recevabilité de l'intervention accessoire est subordonnée à **l'intérêt qu'a l'intervenant** à soutenir une des parties pour la conservation de ses droits (C. pr. civ., art. 330, al. 2). L'intérêt peut être **actuel**[2] mais un intérêt **éventuel** est **suffisant**[3]; cependant il doit être **légitime**[4]. L'intervention accessoire ne nécessite pas une évolution du litige[5]; mais un simple intérêt à éviter la création d'un précédent jurisprudentiel ne rend pas l'intervention accessoire recevable[6] à moins que la décision crée un préjugé défavorable au regard des intérêts de l'intervenant[7]. L'intervention accessoire suppose l'existence d'une **instance principale régulière.** Elle est irrecevable lorsque l'instance principale a été engagée au nom d'une personne décédée avant la date de l'acte introductif d'instance[8]. L'irrecevabilité de l'appel rend l'intervention accessoire irrecevable[9]. L'intervenant accessoire peut **se désister** unilatéralement de son intervention (C. pr. civ., art. 330, al. 3). L'intervention volontaire accessoire peut être formée même **après la clôture des débats** en vertu de l'article 784 alinéa 2. Mais l'ordonnance de clôture ne sera révoquée que si la cour ne peut immédiatement statuer sur le tout. Si l'intervention est régularisée tardivement, le juge ne peut la déclarer irrecevable au seul motif qu'elle serait tardive[10]. Il peut cependant **disjoindre les instances** et statuer dans un premier temps sur le litige principal et se prononcer par la suite sur l'intervention (C. pr. civ., art. 326). Si les conditions de qualité et d'intérêt ne sont pas remplies, l'intervention est irrecevable et la cour peut **relever d'office la fin de non-recevoir** tirée du **défaut d'intérêt** ou du **défaut de qualité** (C. pr. civ., art. 125, al. 2).

1. Civ. 2e, 15 janv. 2004, n° 02-10.745, *Bull. civ.* II, n° 6; *D.* 2004. 539; *RTD civ.* 2004. 350, obs. Perrot – Civ. 2e, 10 févr. 2011, n° 09-72.821, NP.
2. Civ. 3e, 15 févr. 1968, *D.* 1968. Somm. 84.
3. Paris, 10 juill. 1957, *RTD civ.* 1958. 136, obs. Raynaud.
4. Req. 9 juill. 1934, *Gaz. Pal.* 1934. 2. 475.
5. Civ. 3e, 1er juill. 1987, n° 86-10.251, *Bull. civ.* III, n° 137.
6. Paris, 10 juill. 1957, *D.* 1957. 622, note Lindon.
7. Civ. 1re, 9 mai 1955, *D.* 1955. 467; *RTD civ.* 1955. 715, obs. Raynaud.
8. Civ. 1re, 10 mars 1982, n° 80-16.679, *Bull. civ.* I, n° 108.
9. Com. 18 mars 1974, *D.* 1974. IR 134.
10. Civ. 1re, 14 mars 1995, n° 91-11.762, *Bull. civ.* I, n° 126; *JCP* 1995. IV. 1175; *D.* 1995. 222, obs. Granet-Lambrechts.

§ 2
Intervenant forcé

112.270 Aperçu général. Par l'intervention forcée, une personne, jusqu'alors tierce à l'instance, y est **appelée par l'une des parties déjà en cause.** L'intervention peut être destinée à étendre à ce tiers l'autorité de la décision à intervenir afin d'éviter qu'il ne puisse ultérieurement former une tierce-opposition. Mais la partie qui appelle l'intervenant à la cause peut également le faire aux fins de condamnation. L'article 555 du Code de procédure civile autorise ainsi « *même aux fins de condamnation* » l'intervention forcée en appel. Ce texte porte **atteinte au principe du double degré de juridiction.** Aussi, les conditions et le régime juridique de l'intervention forcée doivent être soumis à des **contraintes particulières.**

A.
Conditions

112.280 Division. L'intervention forcée en appel doit répondre à des conditions générales (A). Mais dans la mesure où elle porte atteinte au principe du double degré de juridiction, elle est en outre soumise à une condition d'évolution du litige posée par l'article 555 du Code de procédure civile (B).

1°
Conditions générales

112.281 L'intervenant forcé doit être un tiers. L'intervention, qu'elle soit forcée ou volontaire, qu'elle se produise en première instance ou en appel, suppose la qualité de tiers. Il faut que l'intervenant forcé n'ait pas été appelé à la procédure de première instance[11]. Si une partie n'a pas été intimée et que l'on veut l'attraire à la procédure d'appel, il convient de régulariser à son égard un **appel provoqué** (v. ss nos 112.181 s.).

Est-il possible de **régulariser en appel une intervention forcée** à l'égard d'une partie en première instance à l'encontre de laquelle aucune condamnation n'avait été demandée ? La Cour de cassation n'a pas admis que l'on puisse, au second degré, transformer en appel en garantie l'assignation de première instance en déclaration de jugement commun car la notion d'évolution du litige est étrangère à la recevabilité des demandes nouvelles formées en appel contre des personnes qui étaient parties au procès devant le tribunal[12].

11. Civ. 2e, 13 juill. 2005, n° 01-11.798, *Bull. civ.* II, n° 203.
12. Civ. 3e, 15 juin 1982, n° 81-10.509, *Bull. civ.* III, n° 155; *RTD civ.* 1983. 394, obs. Perrot.

Mais dans une autre affaire où une société était intervenue volontairement en première instance sans que personne ne prenne de conclusions contre elle, la Cour de cassation a cassé l'arrêt de la cour d'appel qui avait accueilli une demande nouvelle à son encontre, sans relever une évolution du litige, alors que cette société ne pouvait être considérée comme défenderesse en première instance[1].

On a tenté d'expliquer la divergence de solutions par la qualité en première instance de l'intervenant forcé en appel : dans la première affaire, l'assignation en déclaration de jugement commun aurait conféré à l'intervenant la qualité de partie défenderesse alors qu'en l'absence de conclusions prises contre l'intervenant volontaire dans la seconde affaire, cette partie n'aurait pas eu la qualité de défenderesse. Étant partie à l'instance en « *une autre qualité* » elle aurait pu être condamnée en appel à la suite d'une demande nouvelle en cas d'évolution du litige[2].

La deuxième chambre civile de la Cour de cassation censure sur le fondement de l'article 564 du Code de procédure civile, les décisions qui admettent l'appel en garantie formé pour la première fois en appel par un défendeur en première instance contre un autre défendeur[3] ou les demandes en appel contre un intervenant volontaire à l'encontre duquel aucune prétention n'avait été formulée en première instance[4]. C'est effectivement la **qualité de partie ou de tiers** qui devrait commander l'application de l'article 555 ou de l'article 564 du Code de procédure civile.

En effet, la loi distingue deux situations : l'article 555 permet d'appeler devant la cour, même aux fins de condamnation quand l'évolution du litige implique leur mise en cause, les **personnes qui n'ont été ni parties, ni représentées en première instance** ou qui y ont figuré en une autre qualité, alors que l'article 564 du même code subordonne la recevabilité d'une demande nouvelle entre parties en première instance à la **survenance** ou à la **révélation d'un fait nouveau.** Mais comme l'a justement remarqué un auteur, ces actions recouvrent des **réalités très voisines**[5].

112.282 Intérêt à la mise en cause. Il faut que la partie qui appelle un tiers en intervention forcée ait intérêt à le faire. Il a été jugé que devait être rejetée la demande en **déclaration d'arrêt commun** car aucune autre demande qu'une condamnation à paiement sur le fondement de l'article 700 du Code de procédure civile n'avait été formée. La Cour de cassation a décidé qu'il n'appartient pas à la cour d'appel de rechercher d'office l'intérêt d'appeler une partie en déclaration d'arrêt commun[6]. Il convient cependant de rappeler que le décret du 20 août 2004[7] a complété l'article 125 du Code de procédure civile et a prévu que **le juge pouvait relever d'office** la **fin de non-recevoir tirée du défaut d'intérêt, du défaut de qualité ou de la chose jugée.**

112.283 Objet de l'intervention forcée. L'intervention forcée doit avoir un objet pour que la juridiction puisse statuer.

AUSSI, la jurisprudence considère que l'assignation en intervention forcée constitue une **défense au fond.** Si une partie appelle un tiers en intervention forcée, elle aura présenté une défense au fond et elle sera irrecevable à soulever ultérieurement une exception d'incompétence[8].

L'intervention forcée a pour but d'obtenir contre un tiers, devenu partie à l'instance d'appel, soit un **arrêt de condamnation** soit une **déclaration d'arrêt commun.** On ne peut en conséquence utiliser l'intervention forcée pour obtenir d'un tiers qu'il fournisse des explications sur l'objet du litige ou qu'il éclaire le juge sur les circonstances de la cause[9]. Il faut recourir à **l'enquête** dans une telle situation et non à l'intervention forcée sous peine de la détourner de sa finalité propre. Il existe une autre manière de tenter de détourner l'intervention forcée, elle consiste à provoquer la **mise en cause d'un tiers** afin de dénaturer totalement l'objet initial du litige.

Un arrêt de la cour d'appel de Dijon permet d'illustrer cette situation : un litige oppose deux propriétaires de constructions voisines. Ils se réconcilient et se découvrent un adversaire commun en la personne d'un architecte. Ils renoncent alors aux demandes qu'ils avaient formées l'un contre l'autre en première instance et décident d'appeler à l'instance d'appel cet architecte.

La cour d'appel de Dijon a déclaré cette intervention irrecevable[10]. Comme l'explique Perrot « *il ne faut pas perdre de vue que l'intervention forcée est une demande incidente dont l'objet est de permettre l'extension d'un litige initial. Si, par le jeu de désistements réciproques, les combattants primitifs déposent les armes, le litige initial s'évanouit et leur demande en intervention forcée, loin de trouver sa justification dans une évolution du litige, n'a plus d'autre but que d'initier un nouveau procès, entièrement distinct du précédent, dont la cour ne peut pas connaître pour la pre-*

1. Civ. 3e, 16 mai 1995, no 93-12.793, NP.
2. S. Guinchard (dir.), Dalloz action *Droit et pratique de la procédure civile*, 2014/2015, nos 542.273 et 542.282, par J. Pellerin.
3. Civ. 2e, 23 sept. 2004, no 02-20.134, NP.
4. Civ. 2e, 17 nov. 2005, no 04-12.422, NP.
5. G. Wiederkehr, *Justices* 1996. 380 s.
6. Civ. 2e, 23 nov. 1994, no 92-17.040, NP.
7. Décr. no 2004-836, 20 août 2004.
8. Civ. 2e, 9 mai 1999, no 96-22.143, *Bull. civ.* II, no 82; *RTD civ.* 1999. 700, obs. Perrot.
9. Civ. 3e, 12 juill. 1977, no 75-14.701, *Bull. civ.* III, no 311.
10. Dijon, 27 juin 1977, *D.* 1978. IR 154, obs. Julien; *RTD civ.* 1978. 424, obs. Perrot.

mière fois sans faire échec à la règle du double degré de juridiction ».

112.284 Moment de l'intervention. Il faut que le tiers appelé en intervention forcée, privé du premier degré de juridiction, ait matériellement le temps de construire sa défense. AUSSI, a été déclarée irrecevable l'intervention forcée en cause d'appel, quelques jours avant l'audience de plaidoirie et après la clôture[1]. L'appel à la cause ne doit pas être trop tardif.

2°
Évolution du litige

112.291 Condition de l'article 555 du Code de procédure civile. Qu'il s'agisse d'une **mise en cause aux fins d'appel en déclaration d'arrêt commun** ou d'une **mise en cause aux fins de condamnation**, l'article 555 impose une condition particulière que l'article 554 ne prévoit pas pour l'intervention volontaire : les personnes qui n'ont été ni parties ni représentées en première instance ou qui y ont figuré en une autre qualité ne peuvent être appelées devant la cour que si l'évolution du litige implique leur mise en cause. Cette condition est même exigée dans la procédure prud'homale alors que les demandes nouvelles, dérivant du même contrat de travail, sont recevables même en appel[2]. Cette **condition d'évolution du litige** est exigée également pour une simple demande en déclaration d'arrêt commun[3].

112.292 Évolution jurisprudentielle. La doctrine n'a pas manqué « de *remarquer la fluidité de cette notion* » d'évolution du litige[4] qui a suscité une jurisprudence abondante dont les analyses ont eu le mérite d'éclairer et de fixer peu à peu cette notion.

La chambre mixte de la Cour de cassation avait manqué de se prononcer sur cette question en refusant d'examiner le moyen comme nouveau[5]. C'est l'assemblée plénière, près de vingt ans plus tard, qui a précisé cette notion dans un **arrêt de principe**[6].

L'affaire soumise à l'assemblée plénière était relative à un litige en matière de construction immobilière. Une SCI avait confié la construction d'un immeuble à une entreprise qui avait sous-traité des travaux. À la suite de l'apparition de désordres, la SCI a assigné l'entreprise et sur la base d'un rapport d'expertise antérieur à l'instance, le tribunal a condamné cette dernière à effectuer des travaux d'un montant qui lui paraissait raisonnable. Elle avait donc décidé d'économiser les frais d'un appel en garantie de son assureur, du sous-traitant et de l'assureur de celui-ci. Mais à la suite d'une nouvelle expertise ordonnée en appel, l'entreprise risquait d'être condamnée à des montants beaucoup plus importants. Arguant d'une évolution du litige, elle appela le sous-traitant et les assureurs en intervention forcée. La Cour de cassation a retenu une conception restrictive de la notion et a affirmé que « *l'évolution du litige impliquant la mise en cause d'un tiers devant la cour d'appel, au sens de l'article 555 du Code de procédure civile, n'est caractérisée que par la révélation d'une circonstance de fait ou de droit, née du jugement ou postérieur à celui-ci, modifiant les données juridiques du litige* ». La Cour considère que les désordres décrits dans les différentes expertises étaient identiques, que leur cause avait déjà été décelée dans la première expertise et que l'évaluation différente qui en était faite dans les rapports ne modifiait pas les données juridiques du litige.

AINSI, une **simple transformation de l'importance du préjudice**, donc une simple modification de nature économique ou financière, ne constitue par une évolution du litige impliquant la mise en cause d'un tiers pour la première fois en appel. Cet arrêt veille au **respect du principe du double degré de juridiction**. Mais il a l'inconvénient de ralentir l'issue du litige dans la mesure où celui qui avait régularisé un appel en intervention forcée devra dans ce cas intenter une action en première instance contre le tiers. L'appel devient une voie très relative d'achèvement du procès. La **conception restrictive** de l'assemblée plénière a été reprise par les différentes chambres de la Cour de cassation[7].

112.293 Portée de l'arrêt de l'assemblée plénière. Limiter l'évolution du litige à une modification des données juridiques de celui-ci restreint la possibilité de recourir à l'intervention forcée en appel et contraint les plaideurs qui veulent échapper au coût de procès à retardement à attraire à la première procédure tous ceux à l'encontre desquels il serait opportun de former une demande. Cette jurisprudence s'inscrit dans la **volonté de concentrer les demandes** comme il a été jugé dans un

1. Civ. 2e, 11 juill. 1990, n° 89-12.560, *Bull. civ.* II, n° 172 – Civ. 2e, 13 juill. 2005, n° 01-11.798, *Bull. civ.* II, n° 203.
2. Soc. 20 déc. 2006, n° 04-48.253, *Bull. civ.* V, n° 402 ; *RTD civ.* 2007. 387, obs. Perrot.
3. Civ. 1re, 28 mars 1977, n° 75-14.892, *Bull. civ.* I, n° 162 ; *D.* 1977. IR 409, obs. Julien ; *RTD civ.* 1977. 832, n° 14, obs. Perrot.
4. Obs. R. Perrot, *RTD civ.* 1974. 671.
5. Cass., ch. mixte, 16 janv. 1976, *Gaz. Pal.* 1976. 1. 388.
6. Cass., ass. plén., 11 mars 2005, n° 03-20.484, *Bull. ass. plén.*, n° 4 ; *D.* 2005. 855 ; *D.* 2005. 2368, note Fischer ; *JCP* 2005. I. 183, obs. Serinet ; *RTD civ.* 2005. 455, obs. Perrot ; *Dr. et proc.* 2005. 227, obs. Fricero ; *Procédures* 2005. Comm. 118, obs. Perrot.
7. Civ. 2e, 28 févr. 2006, n° 03-19.125, *Bull. civ.* II, n° 52 ; *D.* 2006. 810 – Civ. 3e, 8 mars 2006, n° 05-12.543, *Bull. civ.* III, n° 60 ; *D.* 2006. 1247 – Civ. 2e, 23 nov. 2006, n° 06-10.942, *Bull. civ.* II, n° 327 ; *D.* 2007. 231 ; *Procédures* 2007. Comm. 89, obs. Perrot – Cass., ch mixte, 9 nov. 2007, n° 06-19.508, *Bull. ch. mixte*, n° 10 ; *JCP* 2008. II. 10070, note Serinet ; *JCP* 2008. I. 138, obs. Amrani-Mekki ; *D.* 2007. 2955, obs. Avena-Robardet ; *AJDI* 2008. 47.

autre arrêt de l'assemblée plénière, l'arrêt *Césareo* du 7 juillet 2006 [1].

Désormais il n'est plus possible d'imaginer corriger en appel une **erreur de stratégie** commise dès la première instance. L'intervention en appel n'est pas destinée à ce qu'une partie puisse réparer un oubli, une négligence ou une mauvaise appréciation de ses droits [2]. Selon la formule de Perrot, « *l'appel ne doit pas être considéré comme une session de rattrapage pour candidats insuffisamment préparés* » [3]. La solution est la même lorsque **l'omission est imputable au tribunal** [4]. Chaque fois que la mise en cause aura été possible en première instance, l'intervention forcée en appel sera refusée [5]. **L'évolution du litige** implique nécessairement l'existence d'un **élément nouveau** révélé par le jugement ou survenu postérieurement [6]. Il n'est pas nécessaire que le fait se soit nouvellement produit, il suffit qu'il ait été révélé [7]. Une **nouveauté juridique** est suffisante telle la survenance, depuis la décision de première instance, d'une jurisprudence nouvelle [8] ou la promulgation d'une loi nouvelle [9] ou encore une nouvelle vision juridique des faits [10].

Constitue aussi une évolution juridique admise par la jurisprudence, la **survenance d'un fait** ou la révélation d'un **élément inconnu en première instance**, telle la révélation d'un contrat d'assurance postérieurement à la clôture des débats de première instance [11], la production en cause d'appel de documents postérieurs au jugement critiqué [12]. L'évolution du litige pourrait résulter éventuellement du **jugement frappé d'appel** lui-même [13] mais l'élément nouveau ne devrait être apparu que dans ce jugement et non déjà au cours de la procédure de premier degré [14]. Il faut donc, dans ce cas, que l'évolution du litige trouve son origine dans le jugement lui-même. L'hypothèse n'a rien d'invraisemblable car il arrive « *que le juge de première instance fonde parfois sa décision sur des moyens inattendus* » [15]. Encore faut-il que ces **moyens** aient été **imprévisibles** pour les parties et que ce ne soit pas seulement leur manque de perspicacité qui les ait empêchées de comprendre l'utilité de la mise en cause dès la première instance [16]. Il ne faut pas non plus que ce soit par calcul ou par ruse que les parties n'aient pas fait la mise en cause en première instance; il faut refuser aux parties la possibilité de retarder l'intervention forcée et de n'y procéder qu'en appel par stratégie procédurale. Il faut encore que cet élément nouveau modifie les données juridiques du procès conformément à la jurisprudence de l'assemblée plénière de la Cour de cassation.

L'ouverture d'une procédure collective à l'encontre du responsable ne justifie pas l'action directe de la victime contre l'assureur de responsabilité formée pour la première fois en appel [17]. **Ne constitue pas une évolution du litige** autorisant un plaideur à appeler l'assureur en garantie, **un arrêt sur contredit décidant d'évoquer le fond de l'affaire** et cette solution n'est pas contraire à l'article 6 de la Convention européenne des droits de l'homme [18]. Cette décision a été critiquée car « *il n'est pas certain du tout, comme l'affirme l'arrêt, que cette solution soit conforme aux exigences* » du procès équitable; en effet l'appel en garantie est considéré comme une défense au fond qui interdit au défendeur de soulever ensuite l'incompétence du tribunal devant lequel il a été cité [19]. La modification de données procédurales du litige constitue un type d'évolution justifiant une intervention forcée [20].

AINSI **constitue une évolution du litige**, la demande reconventionnelle formée pour la première fois à hauteur d'appel [21] par une partie qui n'a pas comparu en première instance. Il a également été jugé que l'admission d'une partie au redressement judiciaire, après le jugement de pre-

1. Cass., ass. plén., 7 juill. 2006, n° 04-10.672, *Bull. ass. plén.*, n° 8; *D.* 2006. 2135, note Weiller; *Procédures* 2006. Comm. 201, obs. Perrot; *RTD civ.* 2006. 825, obs. Perrot; *RDI* 2006. 500, obs. Malinvaud.
2. Paris, 11 janv. 1975, *Gaz. Pal.* 1975. 1. 413.
3. Obs. R. Perrot, *RTD civ.* 1976. 634 s.
4. Paris, 9 mars 1976, *D.* 1976. Somm. 83.
5. Civ. 1re, 22 mars 1977, n° 75-12.213, *Bull. civ.* I, n° 145; *D.* 1977. IR 409, obs. Julien.
6. Civ. 2e, 6 mai 1999, n° 97-14.539, *Bull. civ.* II, n° 83; *D.* 1999. 150; *Rev. sociétés* 1999. 817, note Chartier.
7. Civ. 1re, 6 déc. 1977, n° 76-12.855, *Bull. civ.* I, n° 460.
8. Civ. 1re, 15 janv. 1985, n° 83-14.058, *Bull. civ.* I, n° 21; *D.* 1985. IR 265, obs. Julien; *Gaz. Pal.* 1985. 2. Pan. 172, obs. Croze et Morel; *RTD civ.* 1985. 621, obs. Perrot.
9. Poitiers, 18 juin 1986, *Gaz. Pal.* 1987. 1. Somm. 146.
10. Civ. 2e, 6 mai 1999, n° 97-14.539, P (préc. ss prést n°).
11. Civ. 1re, 10 déc. 1991, n° 90-14.496, NP; *JCP* 1992. IV. 253.
12. Paris, 25 mars 1985, *Bull. ch. avoués* 1985. 57, n° 94.
13. Civ. 2e, 23 sept. 1999, nos 96-22.753, 97-14.086, 97-15.093 et 97-16.016, *Bull. civ.* II, n° 143 – V. CEP., Civ. 3e, 1er févr. 1989, n° 87-16.244, *Bull. civ.* III, n° 29; *RTD civ.* 1989. 623, obs. Perrot.
14. Civ. 1re, 3 mars 1976, n° 74-14.725, *Bull. civ.* I, n° 96; *Gaz. Pal.* 1976. 1. 388; *Bull. civ.* I, n° 96 – Civ. 2e, 10 juill. 1996, *JCP* 1996. IV. 2093.
15. Obs. R. Perrot, *RTD civ.* 1976. 634.
16. Amiens, 16 oct. 1975, *JCP* 1976. IV. 215.
17. Civ. 2e, 13 nov. 2014, n° 13-18.682, NP; *Procédures* 2015. Comm. 6, obs. Croze.
18. Civ. 2e, 7 juin 2007, n° 04-16.251, *Bull. civ.* II, n° 146; *D.* 2006. 1840.
19. R. Perrot, *Procédures* 2006. Comm. 152.
20. S. Guinchard (dir.), Dalloz action *Droit et pratique de la procédure civile*, 2014/2015, nos 542.273 et 542.281 à 542.282, par J. Pellerin.
21. Civ. 3e, 14 déc. 1977, n° 76-11.294, *Bull. civ.* III, n° 448; *Gaz. Pal.* 1978. 1. Pan. 83 – Com. 6 nov. 1984, n° 82-16.298, *Bull. civ.* IV, n° 299; *Gaz. Pal.* 1985. 1. Pan. 91, obs. Guinchard.

mière instance, constitue une évolution du litige rendant recevable l'intervention forcée en appel[1]. L'intervention volontaire d'une partie en appel constitue une évolution du litige justifiant une intervention forcée dès lors qu'elle révèle un fait nouveau[2].

112.294 Contrôle de la Cour de cassation. Si les juges du fond apprécient souverainement les faits pouvant constituer l'évolution du litige[3], la Cour de cassation exerce son **contrôle sur la qualification de la notion.**

AINSI elle a jugé qu'il appartient à la cour d'appel de rechercher si l'appelant disposait devant le tribunal des éléments qui lui auraient permis d'assigner directement en première instance la personne mise en cause[4]. Le cas échéant, les juges du fond doivent rechercher eux-mêmes le **fait nouveau constitutif de l'évolution du litige**[5]. Cet élément doit modifier les données du litige et impliquer la mise en cause du tiers[6]; les juges du fond doivent apprécier, sous peine de cassation, en quoi l'évolution du litige justifie que le tiers soit mis en cause[7].

B. Régime

1° Pouvoir d'initiative du juge

112.301 Le juge peut-il soulever d'office l'irrecevabilité de l'intervention forcée ? La Cour de cassation a jugé que l'irrecevabilité ne pouvait pas être soulevée d'office par la cour d'appel, n'étant pas d'ordre public[8]. En effet, l'absence d'évolution du litige est un **moyen de défense laissé à la disposition des parties.** Ce moyen ne peut pas être soulevé pour la première fois en cassation s'il n'a pas été avancé en appel[9].

112.302 Le juge peut-il ordonner d'office l'intervention forcée ? L'article 332 du Code de procédure civile dispose que « *le juge peut inviter les parties en mettre en cause tous les intéressés dont la présence lui paraît nécessaire à l'évolution du litige* ». Le même pouvoir a été reconnu au **juge de la mise en état** par l'article 768-1 du Code de procédure civile, auquel renvoie l'article 907 du même code. D'après ce texte ce n'est pas le juge qui met les tiers en cause, il invite seulement une partie à le faire. C'est une **faculté pour le juge et non une obligation**[10]. L'article 332 précise que cette invitation ne doit être faite que si la **présence du tiers paraît nécessaire à la solution du litige**; cette condition n'est pas très contraignante pour le juge car elle est laissée à son appréciation. Il faut noter que le juge n'ordonne pas mais invite. Une invitation peut se refuser alors qu'on doit obéir à un ordre. Mais il a été jugé qu'une **injonction d'attraire un tiers** n'est pas un excès de pouvoir du juge mais une erreur de vocabulaire[11]. En effet, l'injonction ne change rien au fait que le juge n'a pratiquement aucun pouvoir d'obliger un plaideur à une mise en cause dont il ne veut pas. **L'initiative d'introduire le tiers dans l'instance appartient aux parties** et non au juge.

Il a été jugé qu'une cour d'appel peut parfaitement déclarer l'intervention irrecevable même si elle résulte d'une invitation du conseiller de la mise en état.[12] *A fortiori*, la mise en cause d'office est exclue. Le juge ne peut procéder lui-même à l'assignation d'un tiers, ni prononcer une condamnation contre des tiers dont il avait ordonné la mise en cause si aucune des parties ne l'a demandée[13].

La **chambre sociale** avait développé une **jurisprudence dissidente** en exigeant que la cour d'appel ordonne dans certains cas, la mise en cause du tiers[14].

Indépendamment de la jurisprudence de la chambre sociale, il faut réserver le cas où **un texte spécial confère au juge** le pouvoir ou l'obligation, dans un domaine donné, de **mettre en cause des tiers.** Il en est ainsi **en matière gracieuse** (C. pr. civ., art. 27 et 332, al. 2, mais la procédure devient contentieuse dès que litige est latent[15]) et parfois **en matière contentieuse** (C. pr. civ., art. 552, al. 3, en cas de solidarité ou d'indivisibilité). Il est intéressant de noter l'emploi des termes : l'article 332 use du verbe « inviter » s'agissant de la procédure contentieuse et du terme « ordonner » pour la procédure

1. Civ. 1re, 25 mars 1991, n° 89-14.645, *Bull. civ.* I, n° 105.
2. Civ. 1re, 28 janv. 1992, n° 89-12.979, NP.
3. Com. 5 juin 1988, *JCP* 1988. IV. 94.
4. Civ. 2e, 6 mai 1999, n° 97-14.539, *Bull. civ.* II, n° 83; *D.* 1999. 150; *Rev. sociétés* 1999. 817, note Chartier.
5. Civ. 3e, 8 avr. 1999, n° 96-18.520, *Bull. civ.* III, n° 92.
6. Civ. 3e, 14 mars 1993, *Gaz. Pal.* 1993. 1. 236.
7. Civ. 3e, 7 déc. 1997, n° 76-13.316, *Bull. civ.* III, n° 438; *JCP* 1978. IV. 41.
8. Civ. 2e, 10 juill. 1996, n° 94-15.811, *Bull. civ.* II, n° 206; *JCP* 1996. IV. 2094.
9. Cass., ch. mixte, 16 janv. 1976, n° 73-11.405, NP – Civ. 2e, 5 avr. 1993, n° 91-19.545, *Bull. civ.* II, n° 141.
10. Com. 11 déc. 2007, n° 06-18.618, NP; *RTD civ.* 2008, 154, obs. Perrot.
11. Civ. 3e, 6 oct. 1993, n° 91-15.728, *Bull. civ.* III, n° 118; *RTD civ.* 1994. 163, obs. Perrot; *RDI* 1994. 75, obs. Leguay et Dubois.
12. Com. 11 déc. 2007, nos 06-16.093, 06-16.104 et 06-16.105, NP.
13. Civ. 2e, 5 oct. 1983, n° 82-14.161, *Bull. civ.* II, n° 159; *Gaz. Pal.* 1984. 1. Somm. 44; *RTD civ.* 1984. 357, obs. Normand, et p. 364, obs. Perrot – Civ. 1re, 25 nov. 1986, n° 84-15.378, *Bull. civ.* I, n° 276; *Gaz. Pal.* 1987. 1. Pan. 13.
14. V. PAR EX., Soc. 15 janv. 1976, n° 74-13.092, *Bull. civ.* V, n° 34 – Soc. 10 avr. 1975, n° 74-10.454, *Bull. civ.* V, n° 181.
15. Com. 21 janv. 2004, n° 00-14.549, NP.

gracieuse, comme l'article 552 alinéa 3. Lorsque le juge invite les parties à mettre en cause un tiers, il ne semble pas qu'il puisse surseoir à statuer jusqu'à ce que la partie invitée ait obtempéré. Mais l'on peut penser que le juge sera en droit de tirer toutes les conséquences du fait que son invitation n'a pas été suivie d'effet.

2°
Défense de l'intervenant forcé

112.311 **Intervention forcée.** L'intervention forcée a pour effet de faire du tiers appelé en la cause une **partie au procès**. Il a toutes les prérogatives d'une partie et à ce titre il défend sa cause comme il l'entend. Il est **privé de la tierce-opposition** mais en revanche il dispose des **voies de recours ouvertes aux parties**, notamment du **pourvoi en cassation.** Dans les procédures avec représentation obligatoire, l'article 910 alinéa 2 prévoit que « *l'intervenant forcé à l'instance d'appel dispose, à peine d'irrecevabilité relevée d'office, d'un délai de trois mois à compter de la date à laquelle la demande d'intervention formée à son encontre lui a été notifiée, pour conclure* ». L'intervenant forcé étant par hypothèse un tiers à l'instance, il devra être assigné.

CHAPITRE

113. Délais pour interjeter appel

SECTION 0 ORIENTEUR

113.00 **Plan du chapitre.**

113.01 **Textes applicables.**

TEXTES CITÉS

C. pr. civ., art. 528 à 542, art. 640 à 647, art. 651 à 694.

> Dispositions communes sur les voies de recours – Délais
C. pr. civ., art. 528 à 537

> Voies ordinaires de recours – Délais
C. pr. civ., art. 538 à 542

> Computation des délais
C. pr. civ., art. 641 à 647

> Notifications
C. pr. civ., art. 651 à 694

• **Forme des notifications**
C. pr. civ., art. 651 et 652

• **Signification**
C. pr. civ., art. 653 à 664

• **Notification des actes en la forme ordinaire**
C. pr. civ., art. 665 à 670-3

• **Notification entre avocats**
C. pr. civ., art. 671 à 673

• **Règles particulières à la notification des jugements**
C. pr. civ., art. 675 à 682

• **Notification des actes à l'étranger**
C. pr. civ., art. 683 à 688

• **Notification des actes en provenance de l'étranger**
C. pr. civ., art. 688-1 à 688-8

• **Lieu des notifications**
C. pr. civ., art. 689 à 691

• **Notifications – Dispositions diverses**
C. pr. civ., art. 692 à 694

TEXTES CITÉS REPRODUITS *IN EXTENSO*

> Dispositions communes sur les voies de recours – Délais
[C. pr. civ., art. 528 à 537]

C. pr. civ., art. 528
Le délai à l'expiration duquel un recours ne peut plus être exercé court à compter de la notification du jugement, à moins que ce délai n'ait commencé à courir, en vertu de la loi, dès la date du jugement.

Le délai court même à l'encontre de celui qui notifie.

C. pr. civ., art. 528-1
Si le jugement n'a pas été notifié dans le délai de deux ans de son prononcé, la partie qui a comparu n'est plus rece-

vable à exercer un recours à titre principal après l'expiration dudit délai.

Cette disposition n'est applicable qu'aux jugements qui tranchent tout le principal et à ceux qui, statuant sur une exception de procédure, une fin de non-recevoir ou tout autre incident, mettent fin à l'instance.

C. pr. civ., art. 529
En cas de condamnation solidaire ou indivisible de plusieurs parties, la notification faite à l'une d'elles ne fait courir le délai qu'à son égard.

Dans les cas où un jugement profite solidairement ou indivisiblement à plusieurs parties, chacune peut se prévaloir de la notification faite par l'une d'elles.

C. pr. civ., art. 530
Le délai ne court contre une personne en tutelle que du jour où le jugement est notifié tant à son représentant légal qu'au subrogé tuteur, s'il y a lieu, encore que celui-ci n'ait pas été mis en cause.

Le délai ne court contre le majeur en curatelle que du jour de la notification faite au curateur.

C. pr. civ., art. 531
S'il se produit, au cours du délai du recours, un changement dans la capacité d'une partie à laquelle le jugement avait été notifié, le délai est interrompu.

Le délai court en vertu d'une notification faite à celui qui a désormais qualité pour la recevoir.

C. pr. civ., art. 532
Le délai est interrompu par le décès de la partie à laquelle le jugement avait été notifié.

Il court en vertu d'une notification faite au domicile du défunt, et à compter de l'expiration des délais pour faire inventaire et délibérer si cette nouvelle notification a eu lieu avant que ces délais fussent expirés.

Cette notification peut être faite aux héritiers et représentants, collectivement et sans désignation de noms et qualités.

C. pr. civ., art. 533
Si la partie qui a notifié le jugement est décédée, le recours peut être notifié au domicile du défunt, à ses héritiers et représentants, collectivement et sans désignation de noms et qualités.

Un jugement ne peut toutefois être requis contre les héritiers et représentants que si chacun a été cité à comparaître.

C. pr. civ., art. 534
Celui qui représentait légalement une partie peut, en cas de cessation de ses fonctions et s'il y a un intérêt personnel, exercer le recours en son nom. Le recours est pareillement ouvert contre lui.

C. pr. civ., art. 535
La partie à laquelle est notifié un recours est réputée, pour cette notification, demeurer à l'adresse qu'elle a indiquée dans la notification du jugement.

C. pr. civ., art. 536
La qualification inexacte d'un jugement par les juges qui l'ont rendu est sans effet sur le droit d'exercer un recours.

Si le recours est déclaré irrecevable en raison d'une telle inexactitude, la décision d'irrecevabilité est notifiée par le greffe à toutes les parties à l'instance du jugement. Cette notification fait courir à nouveau le délai prévu pour l'exercice du recours approprié.

C. pr. civ., art. 537
Les mesures d'administration judiciaire ne sont sujettes à aucun recours.

> Voies ordinaires de recours – Délais
[C. pr. civ., art. 538 à 542 et 640]

C. pr. civ., art. 538
Le délai de recours par une voie ordinaire est d'un mois en matière contentieuse; il est de quinze jours en matière gracieuse.

C. pr. civ., art. 539
Le délai de recours par une voie ordinaire suspend l'exécution du jugement. Le recours exercé dans le délai est également suspensif.

C. pr. civ., art. 540
Si le jugement a été rendu par défaut ou s'il est réputé contradictoire, le juge a la faculté de relever le défendeur de la forclusion résultant de l'expiration du délai si le défendeur, sans qu'il y ait eu faute de sa part, n'a pas eu connaissance du jugement en temps utile pour exercer son recours, ou s'il s'est trouvé dans l'impossibilité d'agir.

Le relevé de forclusion est demandé au président de la juridiction compétente pour connaître de l'opposition ou de l'appel. Le président est saisi comme en matière de référé.

La demande est recevable jusqu'à l'expiration d'un délai de deux mois suivant le premier acte signifié à personne ou, à défaut, suivant la première mesure d'exécution ayant pour effet de rendre indisponibles en tout ou partie les biens du débiteur.

Le président se prononce sans recours.

S'il fait droit à la requête, le délai d'opposition ou d'appel court à compter de la date de sa décision, sauf au président à réduire le délai ou à ordonner que la citation sera faite pour le jour qu'il fixe.

Par exception aux dispositions qui précèdent, le droit au réexamen prévu à l'article 19 du règlement (CE) du Conseil n° 4/2009 du 18 décembre 2008 relatif à la compétence, la loi applicable, la reconnaissance et l'exécution des décisions et la coopération en matière d'obligations alimentaires s'exerce par la voie de l'appel.

C. pr. civ., art. 541
Lorsqu'un intéressé n'a pu, sans faute de sa part, exercer dans le délai prescrit le recours ouvert contre une décision gracieuse, il peut être relevé de la forclusion dans les conditions prévues à l'article précédent.

C. pr. civ., art. 542
L'appel tend à faire réformer ou annuler par la cour d'appel un jugement rendu par une juridiction du premier degré.

C. pr. civ., art. 640
Lorsqu'un acte ou une formalité doit être accompli avant l'expiration d'un délai, celui-ci a pour origine la date de l'acte, de l'événement, de la décision ou de la notification qui le fait courir.

> Computation des délais
[C. pr. civ., art. 641 à 647]

C. pr. civ., art. 641
Lorsqu'un délai est exprimé en jours, celui de l'acte, de l'événement, de la décision ou de la notification qui le fait courir ne compte pas.

Lorsqu'un délai est exprimé en mois ou en années, ce délai expire le jour du dernier mois ou de la dernière année qui porte le même quantième que le jour de l'acte, de l'événement, de la décision ou de la notification qui fait courir le délai. À défaut d'un quantième identique, le délai expire le dernier jour du mois.

Lorsqu'un délai est exprimé en mois et en jours, les mois sont d'abord décomptés, puis les jours.

C. pr. civ., art. 642

Tout délai expire le dernier jour à vingt-quatre heures.

Le délai qui expirerait normalement un samedi, un dimanche ou un jour férié ou chômé, est prorogé jusqu'au premier jour ouvrable suivant.

C. pr. civ., art. 642-1

Les dispositions des articles 640 à 642 sont également applicables aux délais dans lesquels les inscriptions et autres formalités de publicité doivent être opérées.

C. pr. civ., art. 643

Lorsque la demande est portée devant une juridiction qui a son siège en France métropolitaine, les délais de comparution, d'appel, d'opposition, de recours en révision et de pourvoi en cassation sont augmentés de :

1. Un mois pour les personnes qui demeurent en Guadeloupe, en Guyane, à la Martinique, à La Réunion, à Mayotte, à Saint-Barthélemy, à Saint-Martin, à Saint-Pierre-et-Miquelon, en Polynésie française, dans les îles Wallis et Futuna, en Nouvelle-Calédonie et dans les Terres australes et antarctiques françaises;

2. Deux mois pour celles qui demeurent à l'étranger.

C. pr. civ., art. 644

Lorsque la demande est portée devant une juridiction qui a son siège en Guadeloupe, en Guyane, à la Martinique, à La Réunion, à Mayotte, à Saint-Barthélemy, à Saint-Martin, à Saint-Pierre-et-Miquelon et dans les îles Wallis et Futuna, les délais de comparution, d'appel, d'opposition et de recours en révision, sont augmentés d'un mois pour les personnes qui ne demeurent pas dans la collectivité territoriale dans le ressort de laquelle la juridiction a son siège et de deux mois pour les personnes qui demeurent à l'étranger.

C. pr. civ., art. 645

Les augmentations de délais prévues aux articles 643 et 644 s'appliquent dans tous les cas où il n'y est pas expressément dérogé.

Les délais de recours judiciaires en matière d'élections ne font l'objet de prorogation que dans les cas spécifiés par la loi.

C. pr. civ., art. 646

Les dispositions qui précèdent ne font pas obstacle au pouvoir des juges, en cas d'urgence, d'abréger les délais de comparution ou de permettre de citer à jour fixe.

C. pr. civ., art. 647

Lorsqu'un acte destiné à une partie domiciliée en un lieu où elle bénéficierait d'une prorogation de délai est notifié à sa personne en un lieu où ceux qui y demeurent n'en bénéficieraient point, cette notification n'emporte que les délais accordés à ces derniers.

> Notifications

[C. pr. civ., art. 651 à 694]

• Forme des notifications

[C. pr. civ., art. 651 et 652]

C. pr. civ., art. 651

Les actes sont portés à la connaissance des intéressés par la notification qui leur en est faite.

La notification faite par acte d'huissier de justice est une signification.

La notification peut toujours être faite par voie de signification alors même que la loi l'aurait prévue sous une autre forme.

C. pr. civ., art. 652

Lorsqu'une partie a chargé une personne de la représenter en justice, les actes qui lui sont destinés sont notifiés à son représentant sous réserve des règles particulières à la notification des jugements.

• Signification

[C. pr. civ., art. 653 à 664]

C. pr. civ., art. 653

La signification est faite sur support papier ou par voie électronique.

C. pr. civ., art. 654

La signification doit être faite à personne.

La signification à une personne morale est faite à personne lorsque l'acte est délivré à son représentant légal, à un fondé de pouvoir de ce dernier, ou à toute autre personne habilitée à cet effet.

C. pr. civ., art. 655

Si la signification à personne s'avère impossible, l'acte peut être délivré soit à domicile, soit, à défaut de domicile connu, à résidence.

L'huissier de justice doit relater dans l'acte les diligences qu'il a accomplies pour effectuer la signification à la personne de son destinataire et les circonstances caractérisant l'impossibilité d'une telle signification.

La copie peut être remise à toute personne présente au domicile ou à la résidence du destinataire.

La copie ne peut être laissée qu'à condition que la personne présente l'accepte et déclare ses nom, prénoms et qualité.

L'huissier de justice doit laisser, dans tous ces cas, au domicile ou à la résidence du destinataire, un avis de passage daté l'avertissant de la remise de la copie et mentionnant la nature de l'acte, le nom du requérant ainsi que les indications relatives à la personne à laquelle la copie a été remise.

C. pr. civ., art. 656

Si personne ne peut ou ne veut recevoir la copie de l'acte et s'il résulte des vérifications faites par l'huissier de justice, dont il sera fait mention dans l'acte de signification, que le destinataire demeure bien à l'adresse indiquée, la signification est faite à domicile. Dans ce cas, l'huissier de justice laisse au domicile ou à la résidence de celui-ci un avis de passage conforme aux prescriptions du dernier alinéa de l'article 655. Cet avis mentionne, en outre, que la copie de l'acte doit être retirée dans le plus bref délai à l'étude de l'huissier de justice, contre récépissé ou émargement, par l'intéressé ou par toute personne spécialement mandatée.

La copie de l'acte est conservée à l'étude pendant trois mois. Passé ce délai, l'huissier de justice en est déchargé.

L'huissier de justice peut, à la demande du destinataire, transmettre la copie de l'acte à une autre étude où celui-ci pourra le retirer dans les mêmes conditions.

C. pr. civ., art. 657

Lorsque l'acte n'est pas délivré à personne, l'huissier de justice mentionne sur la copie les conditions dans lesquelles la remise a été effectuée.

La copie de l'acte signifié doit être placée sous enveloppe fermée ne portant que l'indication des nom et adresse du destinataire de l'acte, et le cachet de l'huissier apposé sur la fermeture du pli.

C. pr. civ., art. 658

Dans tous les cas prévus aux articles 655 et 656, l'huissier de justice doit aviser l'intéressé de la signification, le jour même ou au plus tard le premier jour ouvrable, par lettre simple comportant les mêmes mentions que l'avis de passage et rappelant, si la copie de l'acte a été déposée en son étude, les dispositions du dernier alinéa de l'article 656. La lettre contient en outre une copie de l'acte de signification.

Il en est de même en cas de signification à domicile élu ou lorsque la signification est faite à une personne morale.

Le cachet de l'huissier est apposé sur l'enveloppe.

C. pr. civ., art. 659

Lorsque la personne à qui l'acte doit être signifié n'a ni domicile, ni résidence, ni lieu de travail connus, l'huissier de justice dresse un procès-verbal où il relate avec précision les diligences qu'il a accomplies pour rechercher le destinataire de l'acte.

Le même jour ou, au plus tard le premier jour ouvrable suivant, à peine de nullité, l'huissier de justice envoie au destinataire, à la dernière adresse connue, par lettre recommandée avec demande d'avis de réception, une copie du procès-verbal à laquelle est jointe une copie de l'acte objet de la signification.

Le jour même, l'huissier de justice avise le destinataire, par lettre simple, de l'accomplissement de cette formalité.

Les dispositions du présent article sont applicables à la signification d'un acte concernant une personne morale qui n'a plus d'établissement connu au lieu indiqué comme siège social par le registre du commerce et des sociétés.

C. pr. civ., art. 660

Si l'acte est destiné à une personne qui demeure, en Polynésie française, dans les îles Wallis et Futuna, en Nouvelle-Calédonie et dans les Terres australes et antarctiques françaises, et à moins que la signification ait pu être faite à personne, l'huissier de justice expédie l'acte à l'autorité compétente aux fins de sa remise à l'intéressé selon les modalités applicables dans la collectivité où il demeure.

L'huissier de justice doit, le jour même ou, au plus tard, le premier jour ouvrable suivant, expédier au destinataire, par lettre recommandée avec demande d'avis de réception, la copie certifiée conforme de l'acte.

C. pr. civ., art. 661

L'autorité compétente informe l'huissier de justice des diligences faites; elle lui transmet, le cas échéant, tout procès-verbal ou récépissé constatant la remise de l'acte. Ces documents sont tenus par l'huissier de justice à la disposition de la juridiction.

C. pr. civ., art. 662

Si, dans les cas prévus aux articles 659 et 660, il n'est pas établi que le destinataire a été effectivement avisé, le juge peut prescrire d'office toutes diligences complémentaires, sauf à ordonner les mesures provisoires ou conservatoires nécessaires à la sauvegarde des droits du demandeur.

C. pr. civ., art. 662-1

La signification par voie électronique est faite par la transmission de l'acte à son destinataire dans les conditions prévues par le titre XXI du présent livre. Les articles 654 à 662 ne sont pas applicables.

L'acte de signification porte mention du consentement du destinataire à ce mode de signification.

La signification par voie électronique est une signification faite à personne si le destinataire de l'acte en a pris connaissance le jour de la transmission de l'acte. Dans les autres cas, la signification est une signification faite à domicile et l'huissier de justice doit aviser l'intéressé de la signification, le premier jour ouvrable, par lettre simple mentionnant la délivrance de la signification par voie électronique ainsi que la nature de l'acte et le nom du requérant.

C. pr. civ., art. 663

Les originaux des actes d'huissier de justice doivent porter mention des formalités et diligences auxquelles donne lieu l'application des dispositions de la présente section, avec l'indication de leurs dates. En cas de signification par voie électronique faite à personne, ils mentionnent les date et heure auxquelles le destinataire de l'acte en a pris connaissance.

Lorsque la signification n'a pas été faite à personne, l'original de l'acte doit préciser les nom et qualité de la personne à laquelle la copie a été laissée. Il en est de même dans le cas prévu à l'article 654 (alinéa 2).

C. pr. civ., art. 664

Aucune signification ne peut être faite avant six heures et après vingt et une heures, non plus que les dimanches, les jours fériés ou chômés, si ce n'est en vertu de la permission du juge en cas de nécessité.

C. pr. civ., art. 664-1

La date de la signification d'un acte d'huissier de justice, sous réserve de l'article 647-1, est celle du jour où elle est faite à personne, à domicile, à résidence ou, dans le cas mentionné à l'article 659, celle de l'établissement du procès-verbal.

La date et l'heure de la signification par voie électronique sont celles de l'envoi de l'acte à son destinataire.

• **Notification des actes en la forme ordinaire**

[C. pr. civ., art. 665 à 670-3]

C. pr. civ., art. 665

La notification doit contenir toutes indications relatives aux nom et prénoms ou à la dénomination ou raison sociale de la personne dont elle émane et au domicile ou siège social de cette personne.

Elle doit désigner de la même manière la personne du destinataire.

C. pr. civ., art. 665-1

Lorsqu'elle est effectuée à la diligence du greffe, la notification au défendeur d'un acte introductif d'instance comprend, de manière très apparente :

1° Sa date;

2° L'indication de la juridiction devant laquelle la demande est portée ;

3° L'indication que, faute pour le défendeur de comparaître, il s'expose à ce qu'un jugement soit rendu contre lui sur les seuls éléments fournis par son adversaire ;

4° Le cas échéant, la date de l'audience à laquelle le défendeur est convoqué ainsi que les conditions dans lesquelles il peut se faire assister ou représenter.

C. pr. civ., art. 666

Les autres mentions que doit comporter la notification sont déterminées, selon la nature de l'acte notifié, par les règles particulières à chaque matière.

C. pr. civ., art. 667

La notification est faite sous enveloppe ou pli fermé, soit par la voie postale, soit par la remise de l'acte au destinataire contre émargement ou récépissé.

La notification en la forme ordinaire peut toujours être faite par remise contre émargement ou récépissé alors même que la loi n'aurait prévu que la notification par la voie postale.

C. pr. civ., art. 668

Sous réserve de l'article 647-1, la date de la notification par voie postale est, à l'égard de celui qui y procède, celle de l'expédition, et, à l'égard de celui à qui elle est faite, la date de la réception de la lettre.

C. pr. civ., art. 669

La date de l'expédition d'une notification faite par la voie postale est celle qui figure sur le cachet du bureau d'émission.

La date de la remise est celle du récépissé ou de l'émargement.

La date de réception d'une notification faite par lettre recommandée avec demande d'avis de réception est celle qui est apposée par l'administration des postes lors de la remise de la lettre à son destinataire.

C. pr. civ., art. 670

La notification est réputée faite à personne lorsque l'avis de réception est signé par son destinataire.

La notification est réputée faite à domicile ou à résidence lorsque l'avis de réception est signé par une personne munie d'un pouvoir à cet effet.

C. pr. civ., art. 670-1

En cas de retour au secrétariat de la juridiction d'une lettre de notification dont l'avis de réception n'a pas été signé dans les conditions prévues à l'article 670, le secrétaire invite la partie à procéder par voie de signification.

C. pr. civ., art. 670-2

Si l'acte est destiné à une personne qui demeure en Polynésie française, dans les îles Wallis et Futuna, en Nouvelle-Calédonie et dans les Terres australes et antarctiques françaises, et à moins que la notification ait pu être faite par lettre recommandée avec demande d'avis de réception, le secrétaire de la juridiction expédie l'acte à l'autorité compétente aux fins de sa remise à l'intéressé selon les modalités applicables dans la collectivité où il demeure.

L'autorité compétente informe la juridiction des diligences faites ; elle lui transmet, le cas échéant, tout procès-verbal ou récépissé constatant la remise de l'acte.

C. pr. civ., art. 670-3

Lorsque, pour la notification à l'étranger accomplie à la diligence du secrétariat de la juridiction, la traduction de l'acte, ou de toute autre pièce, paraît nécessaire, le traducteur est requis par le greffier en chef ou le responsable du secrétariat de la juridiction.

La traduction est rémunérée en application de l'article R. 122 du Code de procédure pénale.

Les frais occasionnés par la notification d'un acte à l'étranger à la diligence du secrétariat de la juridiction sont taxés, avancés et recouvrés au titre des frais prévus par l'article R. 93 (16°) du Code de procédure pénale.

• **Notification entre avocats**

[C. pr. civ., art. 671 à 673]

C. pr. civ., art. 671

Les dispositions des sections I et II ne sont pas applicables à la notification des actes entre avocats. Celle-ci se fait par signification ou par notification directe.

C. pr. civ., art. 672

La signification est constatée par l'apposition du cachet et de la signature de l'huissier de justice sur l'acte et sa copie avec l'indication de la date et du nom de l'avocat destinataire.

C. pr. civ., art. 673

La notification directe s'opère par la remise de l'acte en double exemplaire à l'avocat destinataire, lequel restitue aussitôt à son confrère l'un des exemplaires après l'avoir daté et visé.

• **Règles particulières à la notification des jugements**

[C. pr. civ., art. 675 à 682]

C. pr. civ., art. 675

Les jugements sont notifiés par voie de signification à moins que la loi n'en dispose autrement.

En matière gracieuse, les jugements sont notifiés par le secrétaire de la juridiction, par lettre recommandée avec demande d'avis de réception.

C. pr. civ., art. 676

Les jugements peuvent être notifiés par la remise d'une simple expédition.

C. pr. civ., art. 677

Les jugements sont notifiés aux parties elles-mêmes.

C. pr. civ., art. 678

Lorsque la représentation est obligatoire, le jugement doit en outre être préalablement notifié aux représentants dans la forme des notifications entre avocats, faute de quoi la notification à la partie est nulle. Mention de l'accomplissement de cette formalité doit être portée dans l'acte de notification destiné à la partie.

Toutefois, si le représentant est décédé ou a cessé d'exercer ses fonctions, la notification n'est faite qu'à la partie avec l'indication du décès ou de la cessation de fonctions.

Le délai pour exercer le recours part de la notification à la partie elle-même.

C. pr. civ., art. 679

En matière gracieuse, le jugement est notifié aux parties et aux tiers dont les intérêts risquent d'être affectés par la décision, ainsi qu'au ministère public lorsqu'un recours lui est ouvert.

C. pr. civ., art. 680 *(mod. par Décr. n° 2013-1280, 29 déc. 2013, art. 2)*

L'acte de notification d'un jugement à une partie doit indiquer de manière très apparente le délai d'opposition, d'appel ou de pourvoi en cassation dans le cas où l'une de ces voies de recours est ouverte, ainsi que les modalités selon lesquelles le recours peut être exercé ; il indique, en outre, que l'auteur d'un recours abusif ou dilatoire peut être condamné à une amende civile et au paiement d'une indemnité à l'autre partie.

C. pr. civ., art. 681

La notification, même sans réserve, n'emporte pas acquiescement.

C. pr. civ., art. 682

La notification d'un jugement est valablement faite au domicile élu en France par la partie demeurant à l'étranger.

• Notification des actes à l'étranger

[C. pr. civ., art. 683 à 688]

C. pr. civ., art. 683

Sous réserve de l'application des règlements communautaires et des traités internationaux, la transmission des actes judiciaires et extrajudiciaires à l'étranger est faite par voie de notification ou de signification internationales dans les conditions prévues par la présente sous-section.

C. pr. civ., art. 684

L'acte destiné à être notifié à une personne ayant sa résidence habituelle à l'étranger est remis au parquet, sauf dans les cas où un règlement communautaire ou un traité international autorise l'huissier de justice ou le greffe à transmettre directement cet acte à son destinataire ou à une autorité compétente de l'État de destination.

L'acte destiné à être notifié à un État étranger, à un agent diplomatique étranger en France ou à tout autre bénéficiaire de l'immunité de juridiction est remis au parquet et transmis par l'intermédiaire du ministre de la Justice aux fins de signification par voie diplomatique, à moins qu'en vertu d'un règlement communautaire ou d'un traité international la transmission puisse être faite par une autre voie.

Le parquet auquel la remise doit être faite est, selon le cas, celui de la juridiction devant laquelle la demande est portée, celui de la juridiction qui a statué ou celui de la juridiction dans le ressort de laquelle demeure le requérant. S'il n'existe pas de parquet près la juridiction, l'acte est remis au parquet du tribunal de grande instance dans le ressort duquel cette juridiction a son siège.

C. pr. civ., art. 684-1

L'huissier de justice ou le greffier relate dans l'acte les modalités de son expédition, de sa transmission ou de sa remise.

C. pr. civ., art. 685

L'autorité chargée de la notification remet deux copies de l'acte au procureur de la République qui vise l'original.

Le procureur de la République fait parvenir sans délai les copies de l'acte au ministre de la Justice aux fins de transmission ou à l'autorité désignée en vertu du règlement communautaire ou du traité international applicable.

Il y joint une ordonnance du juge prescrivant la transmission de l'acte lorsque l'intervention du juge est exigée par le pays destinataire.

C. pr. civ., art. 686

À moins que la notification ait pu être faite par voie postale, l'autorité chargée de la notification doit, le jour même ou, au plus tard, le premier jour ouvrable suivant, expédier au destinataire, par lettre recommandée avec demande d'avis de réception, une copie certifiée conforme de l'acte à notifier indiquant de manière très apparente qu'elle en constitue une simple copie.

C. pr. civ., art. 687

Le procureur de la République informe l'autorité requérante des diligences faites; il lui transmet, le cas échéant, tout procès-verbal ou récépissé constatant la remise de la copie de l'acte, pour être annexé au premier original. Si la notification a été requise par un huissier de justice, celui-ci tient ces documents à la disposition de la juridiction.

C. pr. civ., art. 687-1

S'il ressort des éléments transmis par l'autorité requise ou les services postaux que le destinataire n'habite pas à l'adresse indiquée et que celui-ci n'a plus ni domicile ni résidence connus, l'huissier de justice relate dans l'acte les indications ainsi fournies et procède à la signification comme il est dit aux alinéas 2 à 5 de l'article 659.

C. pr. civ., art. 688

La juridiction est saisie de la demande formée par assignation par la remise qui lui est faite de l'acte complété par les indications prévues à l'article 684-1 ou selon le cas, à l'article 687-1, le cas échéant accompagné des justificatifs des diligences accomplies en vue de sa notification au destinataire.

S'il n'est pas établi que le destinataire d'un acte en a eu connaissance en temps utile, le juge saisi de l'affaire ne peut statuer au fond que si les conditions ci-après sont réunies :

1° L'acte a été transmis selon les modes prévus par les règlements communautaires ou les traités internationaux applicables ou, à défaut de ceux-ci, selon les prescriptions des articles 684 à 687;

2° Un délai d'au moins six mois s'est écoulé depuis l'envoi de l'acte;

3° Aucun justificatif de remise de l'acte n'a pu être obtenu nonobstant les démarches effectuées auprès des autorités compétentes de l'État où l'acte doit être remis.

Le juge peut prescrire d'office toutes diligences complémentaires, notamment donner commission rogatoire à toute autorité compétente aux fins de s'assurer que le destinataire a eu connaissance de l'acte et de l'informer des conséquences d'une abstention de sa part.

Toutefois, le juge peut ordonner immédiatement les mesures provisoires ou conservatoires nécessaires à la sauvegarde des droits du demandeur.

• Notification des actes en provenance de l'étranger

[C. pr. civ., art. 688-1 à 688-8]

C. pr. civ., art. 688-1

Les actes en provenance d'un État étranger dont la notification est demandée par les autorités de cet État sont notifiés par voie de simple remise ou de signification.

C. pr. civ., art. 688-2

Le ministre de la Justice transmet les actes qui lui sont adressés au ministère public près le tribunal de grande instance dans le ressort duquel ils doivent être notifiés ou à la chambre nationale des huissiers de justice, à moins qu'en vertu d'un traité la transmission puisse être effectuée directement par les autorités étrangères au ministère public ou à la chambre nationale des huissiers de justice et sous réserve de tous autres modes de notification. Il peut également notifier ces actes à leur destinataire par lettre recommandée avec demande d'avis de réception.

C. pr. civ., art. 688-3
Lorsque la notification est faite par les soins du ministère public, elle a lieu par voie de simple remise et sans frais.

C. pr. civ., art. 688-4
La chambre nationale des huissiers de justice transmet les actes qui lui sont adressés à un huissier de justice territorialement compétent pour les signifier.

C. pr. civ., art. 688-5
La partie requérante est tenue de faire l'avance des frais de signification sous réserve des conventions internationales existantes.

C. pr. civ., art. 688-6
L'acte est notifié dans la langue de l'État d'origine.

Toutefois le destinataire qui ne connaît pas la langue dans laquelle l'acte est établi peut en refuser la notification et demander que celui-ci soit traduit ou accompagné d'une traduction en langue française, à la diligence et aux frais de la partie requérante.

C. pr. civ., art. 688-7
Les pièces constatant l'exécution ou le défaut d'exécution des demandes de notification ou de signification sont transmises en retour selon les mêmes voies que celles par lesquelles les demandes avaient été acheminées.

C. pr. civ., art. 688-8
L'exécution d'une demande de notification ou de signification peut être refusée par l'autorité française si elle est de nature à porter atteinte à la souveraineté ou à la sécurité de l'État. Elle peut également être refusée si la demande n'est pas présentée conformément aux dispositions du présent code.

• **Lieu des notifications**
[C. pr. civ., art. 689 à 691]

C. pr. civ., art. 689
Les notifications sont faites au lieu où demeure le destinataire s'il s'agit d'une personne physique.

Toutefois, lorsqu'elle est faite à personne, la notification est valable quel que soit le lieu où elle est délivrée, y compris le lieu de travail.

La notification est aussi valablement faite au domicile élu lorsque la loi l'admet ou l'impose.

C. pr. civ., art. 690
La notification destinée à une personne morale de droit privé ou à un établissement public à caractère industriel ou commercial, est faite au lieu de son établissement.

À défaut d'un tel lieu, elle l'est en la personne de l'un de ses membres habilité à la recevoir.

C. pr. civ., art. 691
Les notifications destinées au ministère public, et celles qui doivent être faites au parquet, le sont, selon le cas, au parquet de la juridiction devant laquelle la demande est portée, à celui de la juridiction qui a statué ou à celui du dernier domicile connu.

S'il n'existe pas de parquet près la juridiction, la notification est faite au parquet du tribunal de grande instance dans le ressort duquel cette juridiction a son siège.

• **Notifications – Dispositions diverses**
[C. pr. civ., art. 692 à 694]

C. pr. civ., art. 692
Les notifications destinées aux collectivités publiques et aux établissements publics sont faites au lieu où ils sont établis à toute personne habilitée à les recevoir.

C. pr. civ., art. 692-1 *(créé par Décr. n° 2015-282, 11 mars 2015, art. 1)*
Nonobstant toute disposition contraire, les convocations destinées aux personnes morales de droit privé, aux administrations de l'État, aux collectivités territoriales, aux établissements publics à caractère administratif, aux organismes de sécurité sociale et aux autres organismes chargés de la gestion d'un service public administratif peuvent leur être adressées par le greffe par tous moyens auxquels ils ont préalablement consenti.

La convocation adressée dans ces conditions est réputée notifiée à personne à la date à laquelle son destinataire en a accusé réception. À défaut, elle est réputée notifiée à domicile.

C. pr. civ., art. 693
Ce qui est prescrit par les articles 654 à 659, 663 à 665-1, 672, 675, 678, 680,683 à 684-1, 686, le premier alinéa de l'article 688 et les articles 689 à 692 est observé à peine de nullité.

Doivent être également observées, à peine de nullité les dispositions des articles 4, 6, 7 et 8, paragraphes 1, 2 4 et 5 du règlement (CE) n° 1393/2007 du Parlement européen et du Conseil du 13 novembre 2007 en cas d'expédition d'un acte vers un autre État membre de l'Union européenne.

C. pr. civ., art. 694
La nullité des notifications est régie par les dispositions qui gouvernent la nullité des actes de procédure.

113.02 Jurisprudence de référence.

> Appel-nullité – Conditions d'exercice

• **Com. 15 janv. 1991, n° 89-18.185,** *Bull. civ.* IV, n° 26
* V. s[s] n° 113.12

« En matière de redressement judiciaire ou de liquidation judiciaire, les voies de recours restent soumises aux conditions de forme et de délai qui leur sont propres, sans qu'il y ait lieu de distinguer selon qu'elles tendent à la réformation, à l'annulation ou à la rétractation de la décision attaquée. Il en résulte, en application de l'article 157, alinéa 3, du décret du 27 décembre 1985, que le délai d'appel des décisions autres que celles mentionnées à l'article 174 de la loi du 25 janvier 1985 est de 10 jours à compter de la notification aux parties ou de la réception de l'avis donné au procureur de la République ».

> Aide juridictionnelle – Demande – Effets – Interruption d'un délai d'action – Exclusion – Appel

• **Civ. 2e, 2 déc. 2004, n° 03-10.427,** *Bull. civ.* II, n° 509
* V. s[s] n° 113.31

« Il résulte des dispositions des articles 38 et 39 du décret du 19 décembre 1991 portant application de la loi relative à l'aide juridique, qui ne sont pas contraires à celles de l'article 6 § 1 de la Convention européenne de sauvegarde des droits de l'homme et des libertés fondamentales, que l'effet interruptif d'une demande d'aide juridictionnelle, est limité aux actions devant la juridiction du premier degré et aux recours devant la Cour de cassation, et ne s'applique donc pas au délai d'appel ».

> Péremption – Interruption – Interruption de l'instance

• **Civ. 2e, 5 avr. 1993, n° 91-18.734,** *Bull. civ.* II, n° 148
* V. s[s] n° 113.33

« L'interruption de l'instance emporte celle du délai de péremption, cette interruption ne prenant fin que par la reprise de l'instance ».

> Délai – Inobservation – Instructions par lettre de la partie à son avocat de se pourvoir – Adresse inexacte – Retard dans la distribution du pli par la poste – Cas de force majeure

• **Com. 5 mars 1980, n° 78-12.834,** *Bull. civ.* IV, n° 114

* V. s[s] n° 113.42

« Doit être accueillie l'irrecevabilité du pourvoi tirée du non-respect du délai de deux mois ouvert pour exercer le recours, et rejeté le moyen qui, pour justifier l'empêchement, invoque la force majeure liée à la faute du service postal qui a tardé à distribuer par suite d'une erreur dans le libellé de l'adresse portant sur le numéro de la rue; en effet cet événement ne constitue pas un obstacle invincible et indépendant de la volonté de l'expéditeur le mettant dans l'impossibilité absolue de se conformer au délai ».

> Droits de la défense – Partie n'ayant pas comparu à l'audience – Partie domiciliée à l'étranger – Convocation à l'audience par voie postale – Portée

• **Civ. 2e, 14 déc. 2006, n° 05-17.535,** *Bull. civ.* II, n° 351

* V. s[s] n° 113.52

« Nulle partie ne peut être jugée sans avoir été entendue ou appelée. Dès lors, viole les articles 14 et 643 du [nouveau] Code de procédure civile la cour d'appel qui examine au fond une affaire en l'absence de l'appelante, convoquée à l'audience par une lettre ne tenant pas compte de l'augmentation des délais de comparution prévue pour les personnes qui demeurent à l'étranger ».

> Augmentation en raison de la distance – Domaine d'application – Juge des référés – Délai de comparution

• **Civ. 2e, 9 nov. 2006, n° 06-10.714,** *Bull. civ.* II, n° 311

* V. s[s] n° 113.52

« Aucun texte ne fixant le délai de comparution devant le juge des référés, les dispositions des articles 643 et 645 du [nouveau] Code de procédure civile, qui ont pour objet d'en augmenter la durée, ne sont pas applicables ».

> Augmentation en raison de la distance – Application – Compétence – Décision sur la compétence – Contredit

• **Civ. 2e, 10 févr. 1988, n° 86-16.491,** *Bull. civ.* II, n° 39

* V. s[s] n° 113.52

« Les augmentations de délais prévues par les articles 643 et 644 du [nouveau] Code de procédure civile s'appliquent en matière de contredit de compétence ».

> Cassation – Juridiction de renvoi – Saisine – Délai – Augmentation en raison de la distance – Possibilité (non)

• **Civ. 2e, 27 mai 2004, n° 02-17.897,** *Bull. civ.* II, n° 311

* V. s[s] n° 113.52

Les prorogations de délais prévues aux articles 643, 644 et 645 du [nouveau] Code de procédure civile ne s'appliquent pas au délai de saisine, après cassation, de la juridiction de renvoi.

> Appel – Mémoire d'appel – Dépôt – Délai – Augmentation en raison de la distance – Application (non)

• **Civ. 3e, 16 mai 2001, n° 00-70.046,** *Bull. civ.* III, n° 67

* V. s[s] n° 113.52

Les augmentations de délai édictées à l'article 643 du [nouveau] Code de procédure civile ne s'appliquent pas au délai de dépôt du mémoire d'appel prévu par l'article R. 13-49 du Code de l'expropriation.

> Notification – Signification à domicile – Validité – Conditions – Détermination

• **Civ. 2e, 15 janv. 2009, n° 07-20.472,** *Bull. civ.* II, n° 18

* V. s[s] n° 113.113

« Pour l'application de l'article 656 du Code de procédure civile, la mention "nom sur la boîte aux lettres", ne constitue pas à elle seule, une vérification suffisante de ce que le destinataire de l'acte demeure bien à l'adresse de signification, alors qu'une précédente signification a été effectuée à une autre adresse ».

> Signification à personne – Impossibilité de remettre la copie de l'acte au domicile du destinataire – Diligences de l'huissier de justice – Étendue – Avis de la signification donné par lettre à l'intéressé – Mentions – Force probante

• **Cass., ch. mixte, 6 oct. 2006, n° 04-17.070,** *Bull. ch. mixte*, n° 8

* V. s[s] n° 113.113

« Une cour d'appel ayant constaté que l'huissier de justice avait mentionné dans l'acte que la lettre prévue par l'article 658 du [nouveau] Code de procédure civile avait été envoyée "dans les délais légaux prévus par l'article susvisé", et énoncé à bon droit que les mentions de cet acte faisaient foi jusqu'à inscription de faux, n'a pu qu'en déduire que la lettre avait bien été envoyée par l'officier ministériel "le jour même ou au plus tard le premier jour ouvrable", retenant ainsi exactement que l'exception de nullité devait être écartée ».

> Appel – Délai – Point de départ – Signification à partie – Domicile – Lettre – Jour de l'envoi (non)

• **Civ. 2e, 12 oct. 1994, n° 92-19.332,** *Bull. civ.* II, n° 193

* V. s[s] n° 113.113

« Lorsque la signification d'un jugement est faite à domicile, le délai d'appel d'un mois court du jour de cette signification et non de celui de l'envoi de la lettre prévue par l'article 658 du [nouveau] Code de procédure civile et expire le jour du mois suivant portant le même quantième et, à défaut d'un quantième identique, le dernier jour de ce mois ».

> Appel – Délai – Point de départ – Signification à parquet – Date de la remise effective de la copie – Absence d'influence

• **Civ. 2e, 5 janv. 1977, n° 75-11.999,** *Bull. civ.* II, n° 1

* V. s[s] n° 113.121

« C'est la notification du jugement qui fait courir le délai d'appel; par suite, les juges du second degré qui déclarent irrecevable comme tardif l'appel d'un jugement signifié à parquet n'ont pas à rechercher la date de la remise effective de la copie à l'intéressé ».

> Acte de procédure – Nullité – Vice de forme – Exception soulevée d'office (non)

• **Civ. 2e, 21 juill. 1986, n° 84-16.110,** *Bull. civ.* II, n° 132

* V. s[s] n° 113.152

« Un acte de procédure ne peut être annulé pour vice de forme que sur la demande de la partie intéressée et sur justification par elle du préjudice que lui a causé l'irrégularité. Par suite viole les articles 112 et 114 du [nouveau] Code de procédure civile l'arrêt qui relève d'office la nullité de la notification d'un jugement ».

> Voies de recours – Délai – Point de départ – Notification – Seconde notification – Effet à l'égard de la partie qui notifie

• **Civ. 2e, 30 janv. 2003, no 00-19.987,** *Bull. civ.* II, no 24

* V. ss no 113.161

« Selon l'article 528 du [nouveau] Code de procédure civile, le délai à l'expiration duquel un recours ne peut plus être exercé court à compter de la notification du jugement, même à l'encontre de celui qui notifie. Méconnaît le texte précité, une juridiction du second degré qui déclare l'appel d'une partie recevable au motif qu'à la suite d'une première signification qu'elle a fait délivrer comportant une mention erronée sur le recours susceptible d'être exercé, elle a procédé à une nouvelle signification dans le délai d'un mois, alors que cette partie ne pouvait, par une seconde signification, ouvrir à son profit un nouveau délai de recours ».

> Voies de recours – Délai – Point de départ – Notification – Notification à deux reprises – Première notification régulière – Portée

• **Civ. 2e, 5 févr. 2009, no 07-13.589,** *Bull. civ.* II, no 35

* V. ss no 113.161

« Lorsqu'un jugement est notifié à deux reprises, la première notification régulière fait courir les délais de recours ».

> Voies de recours – Délai – Point de départ – Notification – Seconde notification – Effet à l'égard de la partie qui notifie

• **Civ. 2e, 30 janv. 2003, no 00-19.987,** *Bull. civ.* II, no 24

* V. ss no 113.161

« Selon l'article 528 du [nouveau] Code de procédure civile, le délai à l'expiration duquel un recours ne peut plus être exercé court à compter de la notification du jugement, même à l'encontre de celui qui notifie. Méconnaît le texte précité, une juridiction du second degré qui déclare l'appel d'une partie recevable au motif qu'à la suite d'une première signification qu'elle a fait délivrer comportant une mention erronée sur le recours susceptible d'être exercé, elle a procédé à une nouvelle signification dans le délai d'un mois, alors que cette partie ne pouvait, par une seconde signification, ouvrir à son profit un nouveau délai de recours ».

> Délais – Computation – Jour de l'échéance – Fermeture du greffe – Justification – Portée

• **Civ. 2e, 4 oct. 2001, no 00-14.705,** *Bull. civ.* II, no 149

* V. ss no 113.191

« Ayant fait constater par un acte d'huissier de justice que le greffe était fermé à 19 heures le dernier jour du délai, l'appelant qui n'a pu faire enregistrer son appel en temps utile est recevable à le régulariser le lendemain ».

> Droits de la défense – Moyen – Moyen soulevé d'office – Observations préalables des parties – Nécessité

• **Cass., ch. mixte, 10 juill. 1981, no 78-10.425,** *Bull. ch. mixte*, no 6

* V. ss no 113.201

« Méconnaît le principe de la contradiction, l'arrêt qui relève d'office, sans inviter les parties à présenter leurs observations, la fin de non-recevoir résultant de l'irrecevabilité de l'appel formé contre le syndic seul ».

> Appel incident – Recevabilité – Irrecevabilité de l'appel principal – Portée

• **Civ. 2e, 7 déc. 1994, no 92-22.110,** *Bull. civ.* II, no 253

* V. ss no 113.202

« Attendu que l'appel incident est recevable alors même que l'appel principal serait irrecevable, s'il a été formé dans le délai pour agir à titre principal ».

113.03 Bibliographie indicative.

Actualisables. *J.-Cl. Pr. civ.*, fasc. 715 [Appel], par N. Fricero; fasc. 117 [Matière gracieuse], par Y. Desdevises et J.-M. Masson – Rép. pr. civ., Vo *Appel*, par F. Ferrand, mars 2012 [actu. avr. 2015], nos 676 à 834.

Ouvrages. C. Brenner et N. Fricero, *La nouvelle procédure d'appel*, 2e éd. Lamy, 2011, p. 201 – J.-L. Gallet, *La procédure civile devant la cour d'appel*, 3e éd., LexisNexis, 2014, p. 45 – Ph. Gerbay et N. Gerbay, *Guide du procès civil en appel 2016*, LexisNexis, 2015, fiches nos 33 et 35 – S. Guinchard (dir.), Dalloz action *Droit et pratique de la procédure civile*, 2014/2015, nos 542.290 à 542.297, par J. Pellerin.

Articles. B. Appert, « Délais de procédure 1972-1973 », *D.* 1973. Chron. 47; « Délais de procédure 1976 », *D.* 1976. Chron. 17 – J. Cabannes, « Une résurgence de la méthode littérale d'interprétation de l'article 540 du Code de procédure civile (concl. sur Cass., ass. plén., 20 nov. 1981) », *D.* 1982. 121 – Cohen et Argelies, « Procédure d'appel, dix années d'application, Bilan et perspectives », *Gaz. Pal.* 8 sept. 1983, p. 2 et 3 – H. Croze, « Procédure d'appel avec représentation obligatoire en matière civile », *JCP* 2010. Aperçu rapide 3 – C. Debouy, « Du nouveau pour l'appel des jugements avant dire droit (Décr. no 84-819 du 29 août 1984, art. 3) », *JCP* 1985. I. 3194 – P. Estoup, « La procédure abrégée en appel et son critère », *D.* 1984. Chron. 236.

> Sur la réforme du 9 décembre 2009, du 28 décembre 2010 et les délais d'appel ainsi que leurs sanctions : N. Fricero, « Procédure d'appel : la réforme de la réforme ! », *JCP* 2011. Aperçu rapide 37 – Ph. Gerbay, « La réforme de la procédure d'appel avec représentation obligatoire en matière civile », *Gaz. Pal.* 10-12 janv. 2010, p. 12 – E. Jullien, « Célérité, qualité, modernité : la nouvelle devise du procès en appel », *Ann. Seine* 18 févr. 2010, p. 12 – R. Laffly et P. Martin, « Compétences partagées pour statuer sur une fin de non-recevoir entre le conseiller de la mise en état et la cour d'appel », *JCP* 2014. 367 – O. Salati, « Présentation des principales dispositions du décret du 9 décembre 2009 relatif à la procédure d'appel avec représentation obligatoire en matière civile », *Dr. et proc.* 2010. 3 – J. Villacèque, « Le nouveau procès civil devant la cour d'appel : la technique et les hommes, paradoxe d'une réforme », *D.* 2010. 663 – L. Weiller, « Réforme de la procédure d'appel : entre efficience et équité », *D.* 2010. 591.

113.04 Questions essentielles.

> Quelle est la durée du délai d'appel de droit commun en matière contentieuse ?

* V. ss no 113.11

> Quelle est la durée du délai d'appel de droit commun en matière gracieuse ?

* V. ss no 113.11

> Quelle est la durée du délai pour interjeter un appel-nullité ?
* V. s[s] n° 113.12
> Quels sont les délais spéciaux ?
* V. s[s] n°s 113.21 s.
> Quelles sont les causes d'interruption des délais ?
* V. s[s] n°s 113.31 s.
> Existe-t-il des causes de suspension des délais ?
* V. s[s] n°s 113.41 s.
> Quels sont les modes de computation des délais ?
* V. s[s] n°s 113.61 s.
> Quel est le point de départ du délai d'appel ?
* V. s[s] n°s 113.70 s.
> Quelle est l'échéance du délai d'appel ?
* V. s[s] n° 113.191
> Quelles sont les sanctions de l'inobservation du délai d'appel ?
* V. s[s] n°s 113.201 s.
> Comment obtenir un relevé de forclusion ?
* V. s[s] n°s 113.210 s.

113.05 Formulaire de procédure civile (renvois).
Appel – Référé (cour d'appel), (Assignation à fin de relevé de forclusion)

113.09 Division. Le législateur français a souhaité, d'une part, laisser au justiciable qui s'estime lésé par une décision, un **temps de réflexion** suffisant pour former un recours et, d'autre part, **éviter que les plaideurs de mauvaise foi utilisent l'appel comme un moyen dilatoire** pour empêcher une décision de passer en force de chose jugée.

Le décret du 26 novembre 1965[1] a rendu le délai d'appel **suspensif** et a tenté d'uniformiser la durée, le mode de computation et le point de départ des délais d'appel. Jusqu'à l'entrée en vigueur de la réforme de la procédure avec représentation obligatoire par le décret du 9 décembre 2009[2], l'appel incident et l'appel provoqué n'étaient soumis à aucun délai et pouvaient être formés jusqu'à l'ordonnance de clôture dans les procédures avec représentation obligatoire et jusqu'à la clôture des débats dans la procédure sans représentation obligatoire (v. s[s] n° 221.51).

Le décret du 9 décembre 2009 a modifié l'article 550 du Code de procédure civile ainsi que les articles 909 et 910.

Pour les appels formés depuis le 1er janvier 2011, l'intimé dispose, à peine d'irrecevabilité relevée d'office, d'un **délai de deux mois** à compter de la notification des conclusions de l'appelant pour former un appel incident (C. pr. civ., art. 909) et l'intimé à un appel incident ou à un appel provoqué doit, à peine d'irrecevabilité relevée d'office, conclure dans un **délai de deux mois** à compter de la notification de l'appel incident ou provoqué (C. pr. civ., art. 910, al. 1er). Cette modification ne s'applique qu'à la procédure d'appel avec représentation obligatoire et mise en état. Les développements qui suivent sont limités aux **délais pour interjeter appel principal.** Nous étudierons la durée des délais d'appel (sect. 1), leur computation (sect. 2) et les conséquences de l'inobservation des délais (sect. 3).

1. Décr. n° 65-1006, 26 nov. 1965, relatif à la réglementation des délais de procédure et de la délivrance des actes, *JO* 2 déc., p. 10664.
2. Décr. n° 2009-1524, 9 déc. 2009, relatif à la procédure d'appel avec représentation obligatoire en matière civile, *JO* 11 déc., p. 21386.

SECTION 1
DURÉE DES DÉLAIS D'APPEL

§ 1
Différents délais

113.10 Division. L'article 538 du Code de procédure civile, inséré dans un livre consacré aux règles communes à toutes les juridictions, pose les règles de droit commun relatives à la durée des délais d'appel (A). Ces dispositions sont complétées par d'autres, incluses soit dans le livre 2 du Code de procédure civile, soit dans divers textes, qui fixent des délais spéciaux (B).

A.
Délais de droit commun

113.11 Principe posé par l'article 538 du Code de procédure civile. Selon ce texte le délai d'appel est d'**un mois en matière contentieuse** et de **quinze jours en matière gracieuse.** Puisque cet article est inséré dans le livre 1er du Code de procédure civile consacré aux règles communes à toutes les juridictions, il s'applique à la procédure avec représentation obligatoire et à la procédure sans représentation obligatoire. EN PRINCIPE, en matière contentieuse, dès que l'appel immédiat est possible, le délai d'appel est d'un mois qu'il s'agisse d'un jugement rendu sur le fond, d'un jugement avant dire droit, d'un jugement mixte, que ce jugement ait été rendu par une juridiction de droit commun ou par une juridiction d'exception. EN REVANCHE, le délai de recours n'est que de quinze jours en matière gracieuse, c'est-à-dire lorsqu'en l'absence de litige le juge est saisi d'une demande dont la loi exige, en raison de la nature de l'affaire ou de la qualité du requérant, qu'elle soit soumise à son contrôle. Si la procédure a pris un **caractère contentieux**, notamment lorsque le ministère public s'est opposé à la requête, le délai d'appel est **d'un mois** à compter de la signification de la décision[1].

113.12 Délai pour interjeter un appel nullité. Il avait été initialement admis que le délai pour interjeter un appel-nullité (v. s[s] n°s 111.60 s. et spéc. n° 111.63) était le délai de droit commun. Mais la jurisprudence a évolué et semble s'orienter vers la solution retenue par la chambre commerciale de la Cour de cassation qui considère que les voies de recours demeurent soumises aux conditions de forme et de délais qui leur sont propres, sans qu'il y ait lieu de distinguer selon qu'elles tendent à la réformation, à l'annulation ou à la rétractation de la décision attaquée[2].

B. Délais spéciaux

113.21 Diversité de délais. Le décret du 26 novembre 1965 avait instauré principalement deux sortes de délai, le **délai de droit commun d'un mois** et un **délai de quinze jours.** Il avait toutefois laissé subsister quelques délais d'une durée inférieure à quinze jours.

Les textes ultérieurs ont multiplié les exceptions. Le nouveau Code de procédure civile a encore accentué la diversité. Lorsque la décision frappée d'appel statue dans des domaines pour lesquels les délais sont différents, la Cour de cassation applique le délai le plus long[3]. Le délai de quinze jours est encore le plus fréquent des délais spéciaux en matière contentieuse mais il existe de nombreux délais plus courts. Il est impossible de dresser une liste complète des différents délais spéciaux. Nous distinguerons entre les délais de quinze jours et les délais plus courts.

113.22 Délais de quinze jours. L'article 490 du Code de procédure civile prévoit que les **ordonnances de référé** peuvent être frappées d'appel ou d'opposition dans un délai de quinze jours. La règle s'applique quelle que soit la juridiction dont émane l'ordonnance de référé. Elle est reprise par l'article 895 du Code de procédure civile et l'article R. 1455-11 du Code du travail.

Les **ordonnances rejetant une requête** peuvent être frappées d'appel par le requérant dans le même délai (C. pr. civ., art. 496, al. 1er, et art. 898).

Les **décisions du juge rapporteur du tribunal de commerce** ne peuvent être frappées d'appel, en dehors des cas et conditions prévues en matière d'expertise, que lorsqu'elles constatent l'extinction de l'instance. Elles doivent être frappées de ce recours dans les quinze jours de leur date.

Lorsqu'elles peuvent exceptionnellement être frappées d'un appel immédiat (C. pr. civ., art. 776, al. 4 - V. s[s] n° 111.34), les **ordonnances du juge de la mise en état** doivent l'être dans un délai de quinze jours à compter de leur notification.

Rappelons que les **ordonnances du conseiller de la mise en état** ne sont susceptibles d'aucun recours indépendamment de l'arrêt sur le fond mais qu'elles peuvent être déférées par simple requête à la cour d'appel dans les quinze jours de leur date « *lorsqu'elles ont pour effet de mettre fin à l'instance, lorsqu'elles constatent son extinction, lorsqu'elles ont trait à des mesures provisoires en matière de divorce ou de séparation de corps, lorsqu'elles statuent sur une exception de procédure, un incident mettant fin à l'instance, la fin de non-recevoir tirée de l'irrecevabilité de l'appel ou de la caducité de celui-ci ou lorsqu'elles prononcent l'irrecevabilité des conclusions en application des articles 909 et 910 du Code de procédure civile* » (C. pr. civ., art. 916).

Les **décisions du juge de l'exécution** peuvent être frappées d'appel dans les quinze jours à compter de leur notification (C. pr. civ. ex., art. R. 121-20).

Certaines ordonnances du juge aux affaires familiales sont susceptibles d'appel. Ainsi, l'article 1102 de Code de procédure civile prévoit que les décisions du juge aux affaires familiales sont susceptibles d'appel à l'exception de celles qui prononcent le divorce. L'article 1112 dispose que sont susceptibles d'appel les décisions rendues en application des articles 1110 et 1111, c'est-à-dire lorsque qu'il ordonne tout ou partie des **mesures provisoires** prévues aux articles 254 à 257 du Code de procédure civile, après avoir renvoyé les parties à une nouvelle tentative de conciliation ou les avoir autorisées à introduire immédiatement l'instance en divorce. Le délai d'appel est de quinze jours, il court à compter de la notification; l'appel ne peut porter que sur la compétence et les mesures provisoires. L'article 1119 rappelle que la décision relative aux mesures provisoires est susceptible d'appel dans les quinze jours de sa notification. Enfin, lorsque le juge aux affaires familiales refuse d'homologuer la convention, en cas de conversion de la séparation de corps en divorce, son ordonnance est susceptible d'appel dans les quinze jours de la décision. Mais il ne s'agit pas vraiment d'un délai spécial puisque l'appel, dans ce cas, est formé, instruit et jugé selon les règles applicables à la matière gracieuse. L'article 1136-11, relatif à la procédure aux fins de mesures de protection des victimes de violences, précise que le délai de recours contre l'ordonnance rendue par le juge est de quinze jours à compter de sa notification.

1. Paris, 23 juin 1988, *D.* 1988. Somm. 278, obs. Julien.
2. Com. 15 janv. 1991, n° 89-18.185, *Bull. civ.* IV, n° 26; *D.* 1992. Somm. 1991, obs. Derrida – Com. 26 avr. 1994, n°s 92-18.966, 92-19.719, 92-20.213, 92-20.789 et 92-20.790, *Bull. civ.* IV, n° 154.
3. Com. 13 juill. 1950, *Bull. civ.* III, n° 619 – Soc. 29 janv. 1956, *Bull. civ.* IV, n° 78.

113.23 Délais inférieurs à quinze jours. Les jugements susceptibles d'appel, rendus en matière de sauvegarde, de redressement et de liquidation judiciaire, peuvent être frappés de cette voie de recours généralement dans un **délai de dix jours.**

AINSI, selon l'article R. 661-3 du Code de commerce, sauf disposition contraire, **le délai d'appel est de dix jours à compter de la notification** qui leur est faite des décisions rendues en matière de **mandat** *ad hoc*, **de conciliation, de sauvegarde, de redressement et de liquidation judiciaires, de responsabilité pour insuffisance d'actif, de faillite personnelle ou d'interdiction.** Mais le débiteur ne peut interjeter appel du jugement arrêtant le plan ou rejetant le plan de cession de l'entreprise que dans un délai de dix jours à compter du prononcé du jugement (C. com. art. R. 661-3, al. 2). Le ministère public peut faire appel dans un délai de dix jours à compter de la réception de l'avis qui lui est donné de la décision. La Cour de cassation a jugé que les décisions statuant sur les recours formés contre les ordonnances rendues par le juge commissaire, qui ne sont pas visées par les dispositions spéciales de la loi du 26 juillet 2005 [1] réglementant les voies de recours, sont susceptibles de recours selon le droit commun [2].

Est soumis à un **délai abrégé de huit jours,** le **recours des avocats en matière d'élection au Conseil national des barreaux** [3] et le procureur général dispose, quant à lui, d'un délai de quinze jours à partir de la proclamation des résultats pour former un recours. Le recours est porté devant la cour d'appel de Paris.

§ 2
La modification des délais

A.
Interruption du délai

113.31 Généralités. L'interruption fait courir un **nouveau délai de la même durée que l'ancien** lorsque les formalités légales ont été accomplies. Les articles 531 et 532 du Code de procédure civile prévoient deux cas d'interruption du délai d'appel : le **changement dans la capacité d'une partie** ou son **décès lorsque le jugement lui avait été notifié.**

EN REVANCHE la demande d'aide juridictionnelle n'a aucun effet interruptif sur le délai d'appel [4] alors qu'elle interrompt les délais pour agir devant les juridictions du premier degré et devant la Cour de cassation.

Le délai d'appel est valablement interrompu par une déclaration d'appel nulle, en vertu de l'article 2241 alinéa 2 du Code civil, selon lequel l'annulation par l'effet d'un vice de procédure de l'acte de saisine de la juridiction interrompt les délais de prescription et de forclusion [5]. La règle s'applique même en présence d'une nullité pour vice de fond [6].

113.32 1) Changement de capacité d'une partie. L'article 531 du Code de procédure civile prévoit que : « *S'il se produit, au cours du délai de recours, un changement dans la capacité d'une partie à laquelle le jugement avait été notifié, le délai est interrompu* ». Il y a changement dans la capacité d'une partie notamment lorsque **le mineur devient majeur** ou lorsqu'un **majeur est mis sous tutelle.** Il résulte du texte que le changement de capacité doit concerner la partie à laquelle le jugement a été notifié. C'est bien évidemment le **changement de capacité de la partie qui entend interjeter appel** qui interrompt le délai. Lorsqu'il existe plusieurs parties, le changement de capacité de l'une n'interrompt le délai qu'à son égard, même en cas de solidarité ou d'indivisibilité entre les parties condamnées. L'article 529 alinéa 1er du Code de procédure civile prévoit qu'en cas de condamnation solidaire ou indivisible de plusieurs parties, la notification faite à l'une d'elles ne fait courir le délai qu'à son égard. Le changement de capacité doit se produire **durant le délai d'appel.** Pour qu'un nouveau délai d'appel coure, il faut que la partie gagnante ait fait procéder à une **nouvelle notification** à celui qui a désormais qualité pour la recevoir (C. pr. civ., art. 531, al. 2).

113.33 2) décès de la partie à laquelle le jugement a été notifié. Selon l'article 532 du Code de procédure civile « *le délai est interrompu par le décès de la partie à laquelle le jugement avait été notifié* ». Le jugement doit avoir été notifié à la partie décédée; pour faire courir un nouveau délai il faut une **nouvelle notification du jugement.** Si celle-ci est intervenue avant l'expiration des délais pour faire inventaire et délibérer, le délai ne commencera à courir qu'à compter de l'expiration des délais pour faire inventaire et délibérer (C. pr. civ., art. 532, al. 2). Cette notification peut être faite aux **héritiers et représentants collectivement** et sans désignation de noms et qualités. La notification peut également être faite aux **héritiers pris individuellement.** Il a été

1. L. n° 2005-845, 26 juill. 2005, de sauvegarde des entreprises, *JO* 27 juill., p. 12187.
2. Com. 14 oct. 2008, n° 07-17.824, NP.
3. Décr. n° 91-11.97, 27 nov. 1991, organisant la profession d'avocat, *JO* 28 nov., p. 15502, art. 33.
4. Civ. 2e, 2 déc. 2004, n° 03-10.427, *Bull. civ.* II, n° 509; *D.* 2005. 108.
5. Civ. 2e, 16 oct. 2014, n° 13-22.088, *Bull. civ.* II, n° 215; *Procédures* 2014. Comm. 312, obs. Croze.
6. Civ. 3e, 11 mars 2015, n° 14-15.198, *Bull. civ.* III, n° [à paraître].

jugé que le délai d'appel ne court pas à l'encontre des héritiers à qui le jugement n'a pas été notifié[1]. L'**interruption de l'instance** emporte celle du **délai de péremption** qui ne prend fin qu'avec la reprise de l'instance[2].

B. Suspension du délai

113.41 Absence de cause de suspension prévue par le code. Le Code de procédure civile ne prévoit pas la suspension du délai d'appel.

La **force majeure** n'est retenue comme cause de suspension que pour les **jugements par défaut** ou **réputés contradictoires** dans le cadre de la procédure de relevé de forclusion de l'article 540 du Code de procédure civile (v. s[s] n°s 113.210 à 113.221 et 313.120 à 313.143).

Pour les **jugements contradictoires**, il est arrivé qu'un texte légal suspende les délais en raison de circonstances particulières : l'ordonnance du 29 juin 1962[3] a suspendu les délais à la suite des « événements d'Algérie », la loi du 31 juillet 1968[4], pour les « événements de mai 1968 ». À la suite d'une grève du service postal particulièrement perturbatrice et longue, la loi du 27 décembre 1974[5] a également prorogé les délais.

La **demande d'aide juridictionnelle** n'est pas une cause de suspension du délai d'appel[6]. En cas d'urgence l'appelant peut solliciter le bénéfice de l'admission provisoire à l'aide juridictionnelle[7].

113.42 Impossibilité absolue d'agir. Il est arrivé à la **jurisprudence** de retenir qu'un événement puisse suspendre le délai d'appel mais à condition que l'appelant rapporte la **preuve d'un obstacle invincible** qui l'a placé dans l'impossibilité absolue d'agir[8].

1. Civ. 3e, 16 nov. 1988, n° 87-10.015, NP; *JCP* 1989. IV. 22.
2. Civ. 2e, 5 avr. 1993, n° 91-18.734, *Bull. civ.* II, n° 148; *D.* 1993. IR 129; *RTD civ.* 1993. 646, obs. Perrot.
3. Ord. n° 62-707, 29 juin 1962, CCR, *JO* 30 juin, p. 6341.
4. L. n° 68-696, 31 juill. 1968, relative aux forclusions encourues du fait des événements de mai et juin 1968 et prorogeant divers délais, *JO* 2 août, p. 7519.
5. L. n° 74-1115, 27 déc. 1974, relative aux forclusions encourues durant la période d'interruption du service postal, ainsi qu'à la prorogation et la suspension de divers délais, *JO* 28 déc., p. 13121.
6. Civ. 2e, 17 juill. 1975, n° 74-12.426, *Bull. civ.* II, n° 224; *RTD civ.* 1976. 203, obs. Perrot – Civ. 2e, 2 déc. 2004, n° 03-10.427, *Bull. civ.* II, n° 509; *D.* 2005. 108.
7. L. n° 91-647, 10 juill. 1991, relative à l'aide juridique, *JO* 13 juill., p. 9170, art. 20.
8. Civ. 2e, 24 oct. 1973, n° 72-12.789, *Bull. civ.* II, n° 267; *JCP* 1974. II. 17809, note H. B.; *RTD civ.* 1974. 855, obs. Perrot – Com. 5 mars 1980, n° 78-12.834, *Bull. civ.* IV, n° 114.

C. Augmentation du délai

113.51 Généralités. Le délai d'appel est prolongé, **en raison de la distance**, dans deux cas prévus par les articles 643 et 644 du Code de procédure civile. Ces textes s'appliquent dans tous les cas où la loi n'y déroge pas.

L'article 647 du Code de procédure civile prévoit que « *lorsqu'un acte destiné à une partie domiciliée en un lieu où elle bénéficierait d'une prorogation de délai, est notifié à sa personne en un lieu où ceux qui y demeurent n'en bénéficieraient point, cette notification n'emporte que les délais accordés à ces derniers* ». Nous examinerons successivement les deux cas de prorogation de délai envisagés par le code en raison de la distance avant d'évoquer le cas prévu en matière de communication électronique.

113.52 1) Demande portée devant une juridiction qui a son siège en France métropolitaine. Selon l'article 643 du Code de procédure civile le **délai** est **augmenté d'un mois** pour les personnes qui demeurent en Guadeloupe, en Guyane, à la Martinique, à La Réunion, à Mayotte, à Saint-Barthélemy, à Saint-Martin, à Saint-Pierre-et-Miquelon, en Polynésie française, dans les îles Wallis-et-Futuna, en Nouvelle Calédonie et dans les Terres australes et antarctiques françaises et de deux mois pour celles qui demeurent à l'étranger.

La Cour de cassation a jugé que **l'augmentation des délais de distance** au profit des personnes résidant à l'étranger doit être considérée comme impérative en raison des exigences du **principe de la contradiction**[9]. Pour les personnes physiques, on retient le lieu de leur domicile ou de leur résidence et pour les personnes morales, le lieu du siège social ou d'un établissement. L'appréciation du lieu où demeure le destinataire doit être faite au moment où la notification intervient[10]. L'augmentation du délai ne profite qu'à l'appelant et il a été jugé que lorsqu'une personne demeure à l'étranger et a élu domicile en France, la notification qui lui a été faite à ce domicile élu ne l'empêche pas de bénéficier de l'augmentation du délai en raison de la distance[11].

La Cour de cassation a précisé que l'article 643 du Code de procédure civile n'était **pas applicable à la procédure de référé** car aucun texte ne fixe un délai de comparution devant le juge des référés[12] **mais elle s'applique en matière de contredit de com-**

9. Civ. 2e, 14 déc. 2006, n° 05-17.535, *Bull. civ.* II, n° 351.
10. Soc. 26 janv. 1977, n° 76-40.109, *Bull. civ.* V, n° 59.
11. Civ. 2e, 9 sept. 2010, n° 09-70.087, *Bull. civ.* II, n° 146; *D.* 2010. 2072; *Procédures* 2010. Comm. 37, obs. Perrot.
12. Civ. 2e, 9 nov. 2006, n° 06-10.714, *Bull. civ.* II, n° 311; *Procédures* 2007. Comm. 7, obs. Perrot; *D.* 2006. 2874.

pétence[1]. Les prorogations de délais prévues aux articles 643, 644 et 645 du Code de procédure civile ne s'appliquent pas au délai de saisine, après cassation, de la juridiction de renvoi[2]. La Cour de cassation a jugé que l'article 643 concerne le **délai d'appel** et non le délai pour déposer les actes de procédure[3].

113.53 2) Lorsque la demande est portée devant une juridiction qui a son siège dans une collectivité ou un département d'outre-mer. L'article 644 du Code de procédure civile prévoit que lorsque la demande est portée devant une juridiction qui a son siège en Guadeloupe, en Guyane, à la Martinique, à La Réunion, à Mayotte, à Saint-Barthélemy, à Saint-Martin, à Saint-Pierre-et-Miquelon, en Polynésie française, dans les îles Wallis-et-Futuna, **le délai d'appel est augmenté d'un mois** pour les personnes qui ne demeurent pas dans la collectivité territoriale dans le ressort de laquelle la juridiction a son siège et de **deux mois pour les personnes qui demeurent à l'étranger.**

113.54 3) Limites du domaine des articles 643 et 644 du Code de procédure civile. Tout d'abord comme nous venons de le constater **la jurisprudence interprète strictement** les articles 643 et 644 du Code de procédure civile.

Ensuite les articles 645 et 647 apportent **trois limitations** au domaine des délais de distance.

Il ne faut pas qu'un texte y déroge expressément.

Ainsi les articles :

- 714 alinéa 2 du Code de procédure civile, à propos des recours contre les **ordonnances de taxe,**
- 719 en matière de **contestation des frais, émoluments et débours,**
- 746 à propos des appels contre les **décisions refusant d'exécuter une commission rogatoire,**
- R. 464-31 du Code de commerce pour les **recours contre les décisions du Conseil de la concurrence** excluent l'augmentation des délais en raison des distances.

En matière d'élections, les délais de recours judiciaires ne sont prolongés que si un texte le prévoit (C. pr. civ., art. 645, al. 2).

Enfin l'article 647 du Code de procédure civile dispose : « *Lorsqu'un acte destiné à une partie domiciliée en un lieu où elle bénéficierait d'une prorogation de délai est notifié à sa personne en un lieu où ceux qui y demeurent n'en bénéficieraient point, cette notification n'emporte que les délais accordés à ces derniers* ».

113.55 Communication électronique et cause étrangère. L'article 748-7 du Code de procédure civile prévoit que : « *Lorsqu'un acte doit être accompli avant l'expiration d'un délai et ne peut être transmis par voie électronique le dernier jour du délai pour une cause étrangère à celui qui l'accomplit, le délai est prorogé jusqu'au premier jour ouvrable suivant* ». Lorsque la déclaration n'a pu être transmise par voie électronique pour une cause étrangère à l'avocat en raison d'une **défaillance du système de communication électronique**, cet article accorde un **délai supplémentaire** pour permettre, selon le cas, une nouvelle transmission électronique ou une remise au greffe de la déclaration d'appel sur support papier en autant d'exemplaires qu'il y a de parties destinataires, plus deux (C. pr. civ., art. 930-1).

SECTION 2
Computation des délais d'appel

113.60 Division. Le Code de procédure civile précise les règles de computation des délais. Après avoir rappelé ces règles (§ 1) nous étudierons le point de départ (§ 2) et l'échéance du délai (§ 3).

§ 1
Mode de computation des délais

113.61 Principes généraux. Ils sont énoncés aux articles 641 et 642 du Code de procédure civile. L'article 641 précise que : « *Lorsqu'un délai est exprimé en jours, celui de l'acte, de l'événement, de la décision ou de la notification qui le fait courir ne compte pas. Lorsque le délai est exprimé en mois ou en années, ce délai expire le jour du dernier mois ou de la dernière année qui porte le même quantième que le jour de l'acte, de l'événement, de la décision ou de la notification qui fait courir le délai. À défaut d'un quantième identique, le délai expire le dernier jour du mois. Lorsque le délai est exprimé en mois et en jours, les mois sont d'abord décomptés puis les jours.* »

EXEMPLE

Ainsi, lorsqu'une notification d'un jugement ordinaire est intervenue le 15 avril, le délai pour interjeter appel de cette décision expirera le 15 mai. Si le dernier acte de procédure a été accompli le 15 mai 2011, l'affaire fera l'objet d'une péremption le 15 mai 2013. Si le jugement a été notifié le 31 janvier 2013, le délai d'appel expirera le 28 février 2013, à défaut de quantième identique en février.

L'article 642 précise que tout délai expire le dernier jour à 24 heures. **Les délais francs sont supprimés.**

1. Civ. 2e, 10 févr. 1988, no 86-16.491, *Bull. civ.* no 39; *D.* 1988. 452, note Fadlallah; *Gaz. Pal.* 1989. Somm. 165, obs. Guinchard et Moussa.
2. Civ. 2e, 27 mai 2004, no 02-17.897, *Bull. civ.* II, no 242; *Procédures* 2004. Comm. 176, obs. Perrot.
3. Civ. 3e, 16 mai 2001, no 00-70.046, *Bull. civ.* III, no 67; *JCP* 2001. IV. 2263; *D.* 2001. 1998; *AJDI* 2001. 815, obs. Lévy.

Le *dies a quo*, c'est-à-dire le jour de l'événement, ne compte pas dans le calcul du délai mais le jour de l'expiration du délai, le *dies ad quem*, est désormais toujours compris dans le calcul.

Il a été jugé que lorsqu'un constat d'huissier établit que le jour où le délai expirait à 24 heures les portes du greffe étaient fermées à 19 heures, l'appelant est recevable à régulariser un appel le lendemain[1]. Mais cette jurisprudence a perdu de son intérêt **dans les procédures avec représentation obligatoire** devant la cour d'appel puisque désormais **la déclaration d'appel doit être expédiée électroniquement.** Pour être régulière elle devra être effectuée **au plus tard le dernier jour du délai, avant minuit.** Rappelons qu'en cas d'impossibilité d'accomplir l'acte par voie électronique le dernier jour du délai, en raison d'une cause étrangère à celui qui l'accomplit, **le délai est prorogé jusqu'au premier jour ouvrable suivant** (v. s[s] n° 113.55).

113.62 Règles particulières. L'article 642 alinéa 2 du Code de procédure civile prévoit que lorsque le délai expire **un samedi, un dimanche ou un jour férié ou chômé,** le délai est **prorogé jusqu'au premier jour ouvrable suivant.** Cette règle s'applique à tous les délais qu'ils soient de droit commun ou spéciaux[2]. Le texte vise le jour de l'expiration du délai et non son point de départ[3].

Ne sont considérés comme jours fériés ou chômés que ceux qui sont qualifiés ainsi par une loi ou par un règlement; la Cour de cassation n'a pas admis la prorogation dans l'hypothèse d'un pont prévu par un calendrier admis par la fonction publique. Elle a refusé de faire jouer la prorogation dès lors que la continuité du service public était assurée[4]. La règle posée par l'article 642, alinéa 2 du Code de procédure civile joue lorsque le délai est augmenté en raison de la distance[5].

§ 2
Point de départ du délai

113.70 Division. Selon l'article 528 du Code de procédure civile « *le délai à l'expiration duquel un recours ne peut plus être exercé court à compter de la notification du jugement, à moins que ce délai n'ait commencé à courir, en vertu de la loi, dès la date du jugement* ». Il résulte de ce texte, qu'en principe, le point de départ d'un délai de recours, donc du délai d'appel, est fixé au jour de la notification du jugement (A) mais exceptionnellement, si la loi le prévoit, le délai peut courir à compter du jugement (B).

A.
Date de notification

113.80 Division. Il résulte de la combinaison des articles 528, 640 et 675 du Code de procédure civile que le délai à l'expiration duquel un recours ne peut plus être exercé court à compter de la **notification du jugement.** En cas de notifications successives, la **première notification** régulièrement délivrée fait courir le délai d'appel[6]. Ces règles s'appliquent aux jugements *lato sensu*, c'est-à-dire aux décisions rendues en matière contentieuse et en matière gracieuse, aux jugements contradictoires, réputés contradictoires, rendus par défaut.

Certes, les jugements réputés contradictoires ou rendus par défaut sont non avenus s'ils n'ont pas été signifiés dans les six mois de leur date (C. pr. civ., art. 478) et celui qui n'a pas pu interjeter appel de ces jugements dans les délais pourra solliciter un relevé de forclusion (v. s[s] n°s 113.210 s.). La règle s'applique également aux ordonnances de référé.

Seul le **délai de recours contre une ordonnance sur requête,** qui a rejeté la demande, court à compter de la **date de l'ordonnance** et non de celle de la notification[7]. Si la remise n'a pas été faite à la date de l'ordonnance, il appartient au requérant de le prouver et le délai commencera à courir à compter de la remise effective de la décision[8].

Il faut ajouter qu'aux termes de l'article 528-1 du Code de procédure civile « *si le jugement n'a pas été notifié dans le délai de deux ans de son prononcé, la partie qui a comparu n'est plus recevable à exercer un recours à titre principal après l'expiration dudit délai* ». Ce texte s'applique aux jugements qui tranchent tout le principal et à ceux qui mettent fin à l'instance en statuant sur une exception de procédure, une fin de

1. Civ. 2e, 4 oct. 2001, n° 00-14.705, *Bull. civ.* II, n° 149; *Procédures* 2002. Comm. 208, obs. Perrot; *D.* 2001. 3017, et obs.
2. Civ. 2e, 22 févr. 1961, *Bull. civ.* II, n° 142.
3. Soc. 2 juill. 1954, *Bull. civ.* IV, n° 487.
4. Civ. 2e, 16 mai 1990, n° 89-10.751, *Bull. civ.* II, n° 99; *RDI* 1991. 87, obs. Delebecque et Simler – COMP. Civ. 3e, 13 juin 1984, n° 82-12.510, *Bull. civ.* III, n° 113; *Gaz. Pal.* 1984. 1. Pan. 290, obs. Guinchard.
5. Paris, 1er avr. 1963, *JCP A* 1963. IV. 4286, obs. J. A.
6. Civ. 2e, 5 févr. 2009, n° 07-13.589, *Bull. civ.* II, n° 35; *Procédures* 2009. Comm. 107, obs. Perrot – Civ. 1re, 8 avr. 2009, n° 07-21.090, *Bull. civ.* I, n° 77 – Com. 3 nov. 2010, n° 09-68.968, NP; *Procédures* 2011. Comm. 4, obs. Perrot – V. CEP. *CONTRA* : Soc. 9 mai 1990, n° 89-41.027, *Bull. civ.* V, n° 204; *D.* 1991. Somm. 244, obs. Fricero; *RTD civ.* 1993. 651, obs. Perrot – Civ. 2e, 20 déc. 2001, n° 00-14.629, *Bull. civ.* II, n° 197; *D.* 2001. 1165, note Julien (jugeant que la seconde notification d'un jugement, effectuée dans le délai de recours ouvert par une première notification, fait courir un nouveau délai à compter de sa date).
7. Civ. 2e, 22 févr. 2007, n° 05-21.314, *Bull. civ.* II, n° 46; *JCP* 2007. IV. 1644; *RTD civ.* 2007. 385, obs. Perrot.
8. Limoges, 27 janv. 1992, *D.* 1993. Somm. 186, obs. Julien.

non-recevoir ou tout autre incident (v. s[s] n° 111.32). Nous préciserons les conditions de la notification qui fait courir le point de départ du délai (1°) avant d'examiner ses effets (2°).

1°
Conditions de la notification

a)
Conditions de fond

113.81 Notification par une personne ayant qualité et pouvoir de la délivrer. Bien que le texte ne le précise pas, la personne qui fait procéder à la notification du jugement doit avoir qualité, c'est-à-dire qu'elle doit avoir été **partie à la procédure de première instance.** La notification délivrée à la requête d'une personne décédée est nulle à moins que le mandataire prouve la volonté du mandant et qu'il ignorait son décès[1]. Lorsque l'auteur de la signification est **incapable,** elle doit être faite en son nom mais par l'intermédiaire de son **représentant légal.** Dans les procédures où la **représentation par avocat** est obligatoire, celui-ci a le pouvoir de faire procéder à la notification du jugement au nom de son client car son mandat comprend l'exécution du jugement et il n'a pas besoin de pouvoir spécial[2]. L'article 420 du Code de procédure civile pose une limite à la durée du mandat de l'avocat : « *L'avocat remplit les obligations de son mandat sans nouveau pouvoir jusqu'à l'exécution du jugement pourvu que celle-ci soit entreprise moins d'un an après que le jugement soit passé en force de chose jugée* » (C. pr. civ., art. 420, al. 1er).

113.82 Notification à une personne habilitée pour la recevoir. La notification doit être faite à une personne ayant qualité pour la recevoir. Il faut qu'elle ait été **partie ou représentée en première instance.** En cas de pluralité de débiteurs les notifications doivent être faites séparément pour chacune des parties[3]. En matière gracieuse le jugement est notifié aux **parties** et aux **tiers** dont les intérêts risquent d'être affectés par la décision, ainsi qu'au ministère **public** lorsqu'un recours lui est ouvert (C. pr. civ., art. 679).

L'article 652 prévoit que lorsqu'une partie a chargé une personne de la représenter en justice, les actes qui lui sont destinés sont notifiés à son représentant sous réserve des règles particulières à la notification des jugements. Parmi ces règles particulières il est prévu que lorsque la **représentation *ad litem*** est obligatoire, la notification à partie doit être précédée d'une **notification à leur représentant** à peine de nullité[4]. L'article 678 prévoit que l'acte de notification à partie doit comporter **mention de l'accomplissement de cette formalité.** Lorsque la mention fait défaut, il appartient à l'avocat de rapporter la preuve de l'accomplissement de cette formalité[5]. Cette règle connaît une exception lorsque le représentant est décédé ou a cessé d'exercer ses fonctions. Dans ce cas, la notification n'est faite qu'à la partie avec l'indication du décès ou de la cessation des fonctions de représentant (C. pr. civ., art. 678 al. 2). Il a été jugé que la notification entre avocats ayant adhéré au RPVA (réseau privé virtuel des avocats – V. s[s] n° 211.74) peut être effectuée **par voie électronique**[6].

La personne à qui la **notification** est faite doit avoir **pouvoir de la recevoir.** Si une personne est sous tutelle, le délai ne court qu'à compter du moment où le jugement a été notifié à son représentant légal. Si la tutelle comporte un subrogé tuteur, la notification devra être faite au représentant légal et au subrogé tuteur, même si celui-ci n'a pas été mis en cause (C. pr. civ., art. 530, al. 1er). Le texte ne vise pas les mineurs placés sous administration légale. Quant aux majeurs en curatelle, toute notification faite aux majeurs en curatelle doit aussi être faite à son curateur[7].

b)
Conditions de forme

α)
Principes

113.91 Généralités. Pour faire courir le délai d'appel, la notification doit être **régulière,** étant précisé que la cour d'appel n'est pas tenue de vérifier cette régularité avant de se prononcer sur la recevabilité de l'appel[8] en l'absence de contestation de cette régularité par celui qui y a intérêt. Si le juge

1. Civ. 2e, 4 juin 1969, *Bull. civ.* II, n° 185; *JCP A* 1969. IV. 5576.
2. Civ. 2e, 27 févr. 1980, n° 78-14.761, *Bull. civ.* II, n° 42.
3. Civ. 2e, 31 mai 2001, n° 99-20.665, NP; *Procédures* 2002. Comm. 192, obs. Perrot – Civ. 2e, 15 janv. 2009, n° 07-20.472, *Bull. civ.* II, n° 18; *D.* 2009. 757, obs. Sommer; *D.* 2010. 169, obs. Fricero; *Dr. et proc.* 2009. 157, obs. Douchy-Oudot; *Procédures* 2009. Comm. 78, obs. Perrot.
4. Civ. 2e, 15 févr. 1995, n° 93-15.459, *Bull. civ.* II, n° 52 – Civ. 2e, 27 nov. 1996, n° 94-16.399, *Bull. civ.* II, n° 267.
5. Civ. 2e, 4 juill. 1984, n° 83-12.362, *Bull. civ.* II, n° 129; *Gaz. Pal.* 1984. Pan. 291, obs. Guinchard; *RTD civ.* 1985. 214, obs. Perrot.
6. Bordeaux, 5 mars 2012, *JCP* 2012, n° 406, note Croze.
7. Civ. 1re, 20 déc. 2001, n° 00-17.173, NP; *Gaz. Pal.* 31 oct. 2002, p. 30, obs. Massip (toute signification faite au majeur en curatelle doit être faite à son curateur à peine de nullité) – Civ. 1re, 5 oct. 1994, n° 92-20.149, *Bull. civ.* I, n° 274; *D.* 1995. 358, note Massip; *RTD civ.* 1995. 327, obs. Hauser (la signification au curateur ne dispense pas de la signification au majeur protégé lorsque celui-ci exerce seul les actions relatives à des droits patrimoniaux).
8. Soc. 8 janv. 1976, n° 75-10.764, *Bull. civ.* V, n° 15 – Civ. 2e, 7 nov. 1988, n° 87-17.916, *Bull. civ.* II, n° 212; *Gaz. Pal.* 1988. 2. Pan. 275.

annule la notification pour irrégularité, le délai d'appel n'a pas commencé à courir[1]. S'il est allégué un **vice de forme** affectant la notification, il appartient à l'appelant de rapporter la **preuve d'un grief** et précisément que l'irrégularité l'a empêché d'exercer son recours en temps utile. Le délai d'appel ne court pas si la décision n'a pas été notifiée. La chambre mixte de la Cour de cassation a jugé que « *la force de chose jugée attachée à une décision judiciaire dès son prononcée ne peut avoir pour effet de priver une partie d'un droit tant que cette décision ne lui a pas été notifiée* »[2].

Ni la signification d'un commandement d'avoir à exécuter les condamnations prononcées[3], ni la preuve que l'appelant a eu connaissance de la décision[4] ne font courir le délai d'appel. L'appel peut cependant être valablement interjeté même si le jugement n'a pas été notifié à l'appelant. Il résulte de l'article 536, alinéa 1er du Code de procédure civile que la qualification inexacte d'un jugement par les juges qui l'ont rendu est sans effet sur le droit d'exercer un recours, sauf si sur l'acte de notification de cette décision est indiquée la voie de recours effectivement ouverte[5].

En l'**absence de mention** ou en cas de **mention erronée** dans l'acte de **notification du jugement** de la voie de recours ouverte, de ses modalités ou de son délai, **le délai d'appel ne court pas**[6]. Et il n'y a pas lieu à statuer sur le recours d'une partie dès lors que la notification de l'arrêt attaqué contenait des mentions erronées qui ont conduit cette partie à utiliser une procédure inadéquate pour former son recours[7].

113.92 Formalités propres à la notification des jugements. Le jugement peut être notifié par la remise d'une **simple expédition** (C. pr. civ., art. 676). Elle n'a pas besoin de comporter la formule exécutoire[8]. Toutefois, la **copie du jugement** doit être intégrale sinon la signification ne pourra servir de point de départ au délai d'appel[9]. La notification doit encore indiquer, de manière très apparente, le **délai d'appel** lorsque cette voie de recours est ouverte et les **modalités** selon lesquelles le recours pourra être formé (C. pr. civ., art. 680). La Cour de cassation a précisé que constitue une modalité d'exercice de l'appel l'indication que l'avocat constitué par l'appelant ne peut être qu'un avocat admis à postuler devant un tribunal de grande instance dépendant du ressort de la cour d'appel concernée[10]. Lorsque les mentions font défaut ou sont erronées, la notification ne fait pas courir le délai d'appel[11] mais elle ne sera pas annulée. Il a cependant parfois été décidé que le défaut d'indication du délai de recours ou l'indication fausse relative à ce délai pouvait entraîner l'annulation de la signification[12].

Que faut-il entendre par **modalités du recours ?** Le code ne le précise pas. La jurisprudence a retenu qu'il convenait d'indiquer la **juridiction** devant laquelle le recours doit être exercé[13]. L'acte de signification doit également indiquer quelle **voie de recours** peut être intentée[14]. Il a été jugé que l'indication erronée d'un recours à la place d'un autre rendait la signification nulle[15] même si cette erreur a été provoquée par une qualification inexacte du jugement donnée par les juges qui l'ont rendu[16]. La solution est logique puisque l'article 536 du Code de procédure civile prévoit que la qualification inexacte d'un jugement par les juges qui l'ont rendu est sans effet sur le droit d'exercer un recours. Et le deuxième alinéa poursuit « *si le recours est déclaré irrecevable en raison d'une telle inexactitude, la décision d'irrecevabilité est notifiée par le greffe à toutes les parties à l'instance du jugement. Cette notification fait*

1. Civ. 2e, 8 déc. 1982, nº 81-14.603, *Bull. civ.* II, nº 163; *Gaz. Pal.* 1983. 1. Somm. 134, obs. Guinchard – Cass., ass. plén., 15 mai 1992, nº 90-12.705, *Bull. ass. plén.*, nº 6; *Gaz. Pal.* 1992. 1. Pan. 146.
2. Cass., ch. mixte, 16 déc. 2005, nº 03-12.206, *Bull. ch. mixte*, nº 8; *D.* 2006. 177; *AJDI* 2006. 225; *RTD civ.* 2006. 376, obs. Perrot.
3. Civ. 2e, 26 janv. 1972, nº 70-14.098, *Bull. civ.* II, nº 26.
4. Civ. 2e, 13 janv. 1983, nº 80-14.701, *Bull. civ.* III, nº 8; *Gaz. Pal.* 1983. 2. 444 note du Rusquec – Civ. 1re, 3 mai 2000, nº 99-05.011, *Bull. civ.* I, nº 124; *JCP* 2000. IV. 2078; *D.* 2000. IR 155.
5. Civ. 2e, 16 mai 2002, nº 01-02.300, *Bull. civ.* II, nº 100; *D.* 2002. 2647, obs. Julien.
6. Civ. 2e, 12 févr. 2004, nº 02-13.332, *Bull. civ.* II, nº 57; *D.* 2004. 1203, obs. Julien (sur les modalités du recours) – Civ. 2e, 3 mai 2001, nº 02-13.332, *Bull. civ.* II, nº 85; *D.* 2004. 1203, obs. Julien – Civ. 2e, 16 mai 2002, nº 01-02.300, P (préc. ss prést nº) – Soc. 26 avr. 2006, nº 04-41.420, *Bull. civ.* V, nº 149 (indication erronée du délai de recours).
7. Civ. 2e, 13 févr. 2003, nº 01-04.171, *Bull. civ.* II, nº 36 – Civ. 1re, 24 févr. 2004, nº 01-16.457, *Bull. civ.* I, nº 59; *D.* 2004. 1203, obs. Julien; *RTD civ.* 2004. 351, obs. Perrot.
8. Paris, 18 mai 1989, *Bull. ch. avoués* 1989. 2. 41.
9. Reims, 6 déc. 1978, *RTD civ.* 1979. 435, obs. Perrot.
10. Civ. 2e, 4 sept. 2014, nº 13-23.016, *Bull. civ.* II, nº 176; *Procédures* 2014. Comm. 292, obs. H. C.
11. Civ. 2e, 12 févr. 2004, nº 02-13.332, P (préc. ss nº 113.91) – Soc. 26 avr. 2006, nº 04-41.420, P (préc. ss nº 113.91) – Civ. 2e, 24 oct. 1979, nº 77-15.457, *Bull. civ.* II, nº 244.
12. Civ. 2e, 15 avr. 1981, nº 80-12.201, NP; *Gaz. Pal.* 1982. 1. 1, note Viatte – Civ. 2e, 4 juin 1986, nº 85-10.299, *Bull. civ.* II, nº 87; *Gaz. Pal.* 1987. 1. Somm. 41, obs. Guinchard et Moussa.
13. Civ. 2e, 8 déc. 1982, nº 81-14.603, *Bull. civ.* II, nº 163; *Gaz. Pal.* 1983. 1. Pan. 134, obs. Guinchard – CONTRA : Civ. 2e, 17 déc. 1984, nº 82-16.250, *Bull. civ.* II, nº 201; *Gaz. Pal.* 1985. 1. Pan. 83, obs. Guinchard.
14. Soc. 8 nov. 1979, nº 78-40.708, *Bull. civ.* V, nº 830; *Gaz. Pal.* 1981. 1. 19, note du Rusquec; *RTD civ.* 1980. 413, obs. Perrot – Civ. 2e, 15 avr. 1981, nº 80-12.201, NP; *Gaz. Pal.* 1981. 2. 584, note Viatte; *RTD civ.* 1982. 209, obs. Perrot.
15. Soc. 20 juill. 1982, *Gaz. Pal.* 1983. Pan. 2 – Soc. 23 oct. 1984, nº 82-41.101, *Bull. civ.* V, nº 402.
16. Civ. 2e, 1er avr. 1981, nº 79-13.256, *Bull. civ.* II, nº 83; *Gaz. Pal.* 1981. 2. 602, note Viatte; *RTD civ.* 1982. 209, obs. Perrot.

courir à nouveau le délai prévu pour l'exercice du recours approprié » (v. s[s] n° 113.91).

113.93 Différentes formes de notification. Selon l'article 175 alinéa 1er du Code de procédure civile : « *Les jugements sont notifiés par voie de signification à moins que la loi en dispose autrement* ». Il résulte de ce texte que le principe est la signification par huissier de justice. Si aucun texte ne prévoit que les décisions doivent être notifiées par le secrétariat de la juridiction, elles doivent être notifiées par voie de **signification**[1]. Un certain nombre de textes prévoit le recours à la signification ordinaire, c'est-à-dire à la **signification par le greffe de la juridiction** dont émane la décision.

β)
Notification en la forme ordinaire

113.101 Présentation. La **notification par le greffe de la juridiction** dont émane la décision est prévue par différents textes.

AINSI, l'article R. 1454-26 du Code du travail dispose que les **décisions du conseil de prud'hommes** sont notifiées aux parties par le **greffe.** Cette notification est faite par lettre recommandée avec avis de réception (LRAR), sans préjudice du droit des parties, de les faire signifier par acte d'huissier de justice.

L'article 891 du Code de procédure civile prévoit la notification des **décisions du tribunal paritaire des baux ruraux** par le **greffier** au moyen d'une LRAR.

Les **jugements** rendus par les **tribunaux des affaires de sécurité sociale** sont notifiés en la forme ordinaire (CSS, art. R. 142-27).

Les **jugements rendus en matière de déclaration d'abandon d'enfant** (C. pr. civ., art. 1161) et en **matière d'assistance éducative** (C. pr. civ., art. 1190) sont également notifiés par le **greffe.**

Les **décisions du juge de l'exécution** sont notifiées en la forme ordinaire (C. pr. civ. ex., art. R. 121-15).

Enfin l'article 675, alinéa 2 du Code de procédure civile prévoit **qu'en matière gracieuse, les jugements** sont notifiés par le **secrétaire de la juridiction**, par LRAR. Le jugement doit préciser le nom des personnes auxquelles il doit être notifié (C. pr. civ., art. 454 *in fine*).

113.102 Date de la notification en la forme ordinaire. Selon l'article du Code de procédure civile « *sous réserve de l'article 647-1, la date de notification par voie postale est à l'égard de celui qui y procède celle de l'expédition et à l'égard de celui à qui elle est faite la date de réception de la lettre* ». La date de l'expédition d'une notification est celle qui figure sur le **cachet du bureau d'émission** (C. pr. civ., art. 669, al. 1er) et uniquement celle-ci[2]. La date de la réception d'une notification faite par LRAR est celle qui est apposée par l'administration des Postes lors de la remise de la lettre à son destinataire (C. pr. civ., art. 669, al. 3). Seule la date portée par l'administration des Postes doit être prise en compte[3]. Lorsque seule la mention préimprimée « *présenté le...* » a été remplie, à l'exclusion de la mention « *distribué le...* », la Cour de cassation a jugé que la date mentionnée est celle de la présentation et non celle de la remise et qu'il ne s'agit pas de la date de réception de la notification[4]. La jurisprudence a parfois retenu d'autres éléments de preuve, comme les déclarations du receveur des postes[5].

L'article 647-1 du Code de procédure civile précise que la date de notification d'un acte judiciaire ou extra-judiciaire en Polynésie française, dans les îles Wallis-et-Futuna, en Nouvelle-Calédonie et dans les Terres australes et antarctiques françaises, ainsi qu'à l'étranger, est, à l'égard de celui qui y procède, la **date d'expédition de l'acte par huissier de justice ou par le greffe**, ou, à défaut, la date de réception par le parquet compétent.

113.103 Régularité de la notification en la forme ordinaire. La notification en la forme ordinaire est faite aux parties, par voie postale, sous pli fermé avec avis de réception. La notification doit comprendre le **texte intégral du jugement** et il est inutile de le notifier au préalable aux représentants des parties. Les articles 665 à 670-3 du Code de procédure civile contiennent les règles à respecter pour les notifications en la forme ordinaire. L'article 665 précise les indications relatives à celui qui notifie. La notification par voie postale est, selon l'article 670, réputée faite à personne lorsque l'avis de réception est signé par son destinataire. Il faut que l'acte soit **signé par le destinataire lui-même** et non par son conjoint même si ce dernier a procuration pour signer à sa place[6]. Le cachet apposé sur un avis de réception ne vaut pas signature[7]. Lorsque l'acte est notifié à une personne morale, la signature sur l'avis de réception est réputée avoir été

1. Civ. 2e, 8 juill. 2004, n° 02-19.612, *Bull. civ.* II, n° 357; *D.* 2005. 332, obs. Julien et Fricero; *AJDI* 2004. 822.
2. Soc. 5 déc. 1985, n° 84-60.994, *Bull. civ.* V, n° 574.
3. Civ. 1re, 4 févr. 1986, n° 84-03.045, *Bull. civ.* I, n° 3; *D.* 1986. IR 223, obs. Julien; *RTD civ.* 1986. 633, obs. Perrot – Civ. 2e, 21 oct. 2004, n° 02-20.836, *Bull. civ.* II, n° 469; *D.* 2004. 3038.
4. Civ. 2e, 10 mars 2005, n° 03-11.033, *Bull. civ.* II, n° 64; *D.* 2005. 984, obs. Astaix – Civ. 1re, 10 déc. 2002, n° 01-04.199, NP – Civ. 2e, 21 oct. 2004, n° 02-04.221, *Bull. civ.* II, n° 476.
5. Soc. 2 mars 1994, n° 90-43.167, NP.
6. Civ. 2e, 27 mai 1988, n° 03-11.033, *Bull. civ.* II, n° 125; *RTD civ.* 1988. 573, obs. Perrot – Soc. 4 mai 1993, n° 88-45.634, *Bull. civ.* V, n° 124; *D.* 1993. IR 133.
7. Civ. 2e, 24 mai 2006, n° 04-18.928, *Bull. civ.* II, n° 135; *Procédures* 2006. Comm. 153, obs. Perrot; *JCP* 2006. IV. 2332.

apposée par le représentant légal ou une personne habilitée à recevoir l'acte[1].

Le décret du 28 décembre 2005[2] a ajouté un nouvel alinéa à l'article 270 qui précise désormais que **la notification est réputée faite à domicile ou à résidence** lorsque l'avis de réception est signé par une personne munie d'un pouvoir à cet effet. L'article 670-1 du Code de procédure civile indique qu'en cas de retour au secrétariat de la juridiction d'une lettre de notification dont l'avis de réception n'a pas été signé dans les conditions prévues à l'article 670, le secrétaire invite la partie à procéder par **voie de signification**. Il a été jugé qu'en cas de retour au secrétariat de la juridiction d'une lettre de notification qui n'a pu être remise à son destinataire, le délai d'appel ne court que de la signification du jugement par acte d'huissier à la diligence de la partie intéressée[3]. À défaut de signification par huissier, le délai de recours ouvert par la notification en la forme ordinaire ne peut courir[4]. Les dispositions de l'article 670-1 sont applicables en vertu du principe posé par l'article 749 à toutes les juridictions de l'ordre judiciaire statuant en matière civile, commerciale, sociale, rurale ou prud'homale[5]. Si l'accusé de réception de la lettre recommandée ne figure pas au dossier de la procédure, la cour d'appel doit, avant de statuer, vérifier que l'appelant a procédé par voie de signification[6]. Il incombe à la partie intéressée de procéder par voie de signification quel que soit le motif du retour et notamment lorsque la lettre de notification a été refusée par son destinataire[7].

γ)
Signification par huissier de justice

113.111 Généralités sur les notifications par exploit d'huissier. Lorsque la loi n'édicte pas de dispositions dérogatoires, le mode de notification des jugements est la **signification par huissier de justice** (C. pr. civ., art. 675). Cette notification doit respecter les formes prescrites. L'acte doit contenir les **mentions obligatoires** édictées par l'article 648 pour tout acte d'huissier. Il s'agit de la date, des nom, prénoms, profession, domicile, nationalité, date et lieu de naissance des requérants personnes physiques et de la forme, dénomination, siège social, organe qui représente le requérant lorsqu'il s'agit d'une personne morale. L'acte doit encore mentionner les nom, prénoms, la demeure et comporter la signature de l'huissier de justice. Il faut également indiquer les nom, domicile du destinataire ou la dénomination et le siège social lorsque le destinataire est une personne morale. L'article 648 *in fine* prévoit que **ces mentions sont prescrites à peine de nullité**. La signification doit enfin respecter les dispositions des articles 653 à 665 et 683 à 694 du Code de procédure civile.

113.112 Le principe, la signification à personne. En principe, la signification doit être faite à personne (C. pr. civ., art. 654, al. 1er). La loi prévoit que la signification à une personne morale est faite à personne lorsque l'acte est délivré à son représentant légal, à un fondé de pouvoir de ce dernier ou à toute autre personne habilitée à cet effet (C. pr. civ., art. 654, al. 2). En cas de liquidation de la personne morale, l'acte doit être remis au représentant légal qui est le liquidateur[8]. Lorsque plusieurs personnes sont destinataires de la signification, elle doit être faite à chacune, quel que soit le lien de parenté[9]. Lorsque la signification est faite à un avocat qui représente plusieurs plaideurs, elle doit lui être faite en autant d'exemplaires que de destinataires[10]. L'article 689 précise que les notifications sont faites au lieu où demeure le destinataire s'il s'agit d'une personne physique et que la notification est valable quel que soit le lieu où elle a été délivrée à personne, y compris sur le lieu de travail. La notification peut même être valablement faite à domicile élu lorsque la loi l'admet ou l'impose. L'article 690 ajoute que la notification, destinée à une personne morale de droit privé ou à un établissement public ou à caractère industriel ou commercial, est faite au lieu de son établissement. À défaut d'un tel lieu, elle est faite en la personne de l'un des membres de la personne morale habilités à la recevoir. La signification à personne fait courir le délai

1. Civ. 3e, 2 févr. 1994, no 92-70.325, *Bull. civ.* III, no 16; *Justices* 1995. 240, obs. Héron; *D.* 1994. 250, note Bonneau; *RDI* 1994. 424, obs. du Marais et Morel; *Rev. sociétés* 1994. 459, note Barbièri.
2. Décr. no 2005-1678, 28 déc. 2005, relatif à la procédure civile, à certaines procédures d'exécution et à la procédure de changement de nom, *JO* 29 déc., p. 20350.
3. Civ. 2e, 22 juin 1983, no 81-40.854, *Bull. civ.* II, no 134 – Civ. 1re, 25 avr. 1989, nos 87-19.062 et 87-19.063, *Bull. civ.* I, no 171 – Soc. 29 mai 1990, no 87-44.384, *Bull. civ.* V, no 247; *D.* 1991. Somm. 244, obs. Fricero – Soc. 7 juill. 1993, no 90-41.346, *Bull. civ.* V, no 199; *D.* 1993. IR 189.
4. Civ. 2e, 10 mars 2004, no 02-18.241, *Bull. civ.* II, no 103; *JCP* 2004. IV. 1920; *D.* 2004. 2827, obs. Blanchard; *RTD civ.* 2004. 522, obs. Gautier.
5. Civ. 2e, 10 févr. 1982, nos 80-14.969 et 80-15.391, *Bull. civ.* II, no 22; *Gaz. Pal.* 1982. 2. 446, note Viatte.
6. Civ. 1re, 2 oct. 1996, no 95-04.103, NP; *Procédures* 1996. Comm. 326, obs. Perrot – Soc. 11 mai 1999, no 97-40.996, *Bull. civ.* V, no 212; *D.* 1999. IR 147.
7. Soc. 31 mars 2003, no 02-30.765, *Bull. civ.* V, no 123; *Procédures* 2003. Comm. 164, obs. Perrot – Soc. 7 nov. 2007, no 06-41.883, NP; *Procédures* 2008. Comm. 6, obs. Perrot.
8. Civ. 1re, 16 juin 1987, no 85-12.515, *Bull. civ.* I, no 199; *JCP* 1987. IV. 295.
9. Civ. 2e, 31 mai 2001, no 99-16.050, NP – Civ. 2e, 15 janv. 2009, no 07-20.472, *Bull. civ.* II, no 18; *D.* 2009. 757, chron. Sommer et Nicolétis; *D.* 2010. Pan. 169, obs. Fricero.
10. Civ. 2e, 22 nov. 2001, no 99-20.964, NP; *Procédures* 2002, no 55.

d'appel dès la réalisation de cette formalité[1]. Ce n'est que si la signification à personne s'avère impossible que l'acte peut être délivré soit **à domicile** soit, à défaut de domicile connu, **à résidence** (C. pr. civ., art. 655, al. 1er). L'huissier doit mentionner les **circonstances qui caractérisent l'impossibilité de la signification à personne** et notamment préciser quelles ont été ses démarches et quelles personnes ont été interrogées[2].

Ces circonstances doivent être décrites de manière suffisamment précise[3]. Les déclarations postérieures à l'acte de signification démontrant l'impossibilité de signifier à personne, dont il n'a pas été fait état dans l'acte, ne peuvent valider la signification[4]. Il faut que **toutes les diligences aient été faites et qu'elles soient demeurées infructueuses** pour que la signification à domicile soit régulière[5]. Ces diligences doivent être accomplies même en cas de domicile élu[6]. Mais aucune disposition légale n'oblige l'huissier à se présenter à nouveau au domicile de l'intéressé pour parvenir à une signification à personne[7]. L'huissier n'a l'obligation de tenter la signification qu'au lieu du siège social dont l'existence n'est pas contestée[8]. Il n'a pas à rechercher le domicile du gérant[9]. La Cour de cassation a estimé qu'un huissier justifie avoir accompli les diligences nécessaires lorsqu'il s'est rendu au siège de la société, a constaté qu'un employé s'y trouvait mais que celui-ci a refusé de recevoir l'acte en l'absence de son directeur au motif qu'il n'avait pas d'instruction pour le faire. Les juges du fond apprécient souverainement la portée des éléments de fait dont ils déduisent l'impossibilité de signifier à personne[10].

1. Civ. 3e, 15 janv. 1975, no 73-13.675, *Bull. civ.* III, no 15 – Civ. 2e, 23 janv. 1975, no 74-40.094, *Bull. civ.* II, no 23.
2. Civ. 2e, 26 nov. 1986, no 85-13.834, *Bull. civ.* II, no 175.
3. Civ. 2e, 21 juill. 1986, no 85-10.279, *Bull. civ.* II, no 130; *Gaz. Pal.* 1987. 1. Somm. 172, obs. Croze et Morel – Civ. 3e, 21 févr. 2001, nos 99-14.688 et 99-16.979, *Bull. civ.* III, no 18.
4. Civ. 2e, 3 oct. 1979, no 76-14.796, *Bull. civ.* II, no 231; *Gaz. Pal.* 1980. 1. 357, note du Rusquec – Civ. 2e, 26 nov. 1986, no 85-13.834, *Bull. civ.* II, no 175; *D.* 1987. Somm. 357, obs. Julien; *Gaz. Pal.* 1987. 2. 663, note du Rusquec.
5. Civ. 2e, 8 déc. 1983, *Gaz. Pal.* 1984. 1. Pan. 67, obs. Guinchard; *RTD civ.* 1984. 362, obs. Perrot – Civ. 2e, 30 juin 1993, no 91-21.216, *Bull. civ.* II, no 238; *JCP* 1994. II. 22274, note du Rusquec.
6. Civ. 2e, 10 nov. 2005, no 03-20.369, *Bull. civ.* II, no 287.
7. Civ. 2e, 28 mars 1984, no 82-16.779, *Bull. civ.* II, no 56; *RTD civ.* 1984. 558, obs. Perrot – Civ. 2e, 26 févr. 1997, no 95-15.377, *Bull. civ.* II, no 63; *D.* 1997. 73.
8. Civ. 2e, 21 févr. 1990, no 88-17.230, *Bull. civ.* II, no 40; *D.* 1990. IR 63; *RTD civ.* 1990. 555, obs. Perrot.
9. Civ. 2e, 21 juin 1995, no 93-10.326, *Bull. civ.* II, no 192; *D.* 1995. IR 217; *D.* 1996. 242, obs. Descamps-Dubaele.
10. Civ. 2e, 28 mars 1984, no 82-16.779, *Bull. civ.* II, no 56.

113.113 Impossibilité de la signification à personne. Lorsque la signification à personne est impossible et que l'huissier de justice a relaté dans l'acte les diligences qu'il a accomplies pour effectuer la signification à la personne de son destinataire et les circonstances caractérisant l'impossibilité d'une telle signification (C. pr. civ., art. 655, al. 2), l'huissier peut procéder à la **signification à domicile** et, à défaut de domicile connu, **à résidence**. L'huissier remet alors une **copie** à toute personne présente au domicile ou à la résidence du destinataire (C. pr. civ., art. 655, al. 3). « *La copie ne peut être laissée qu'à condition que la personne présente l'accepte et déclare ses nom, prénoms et qualité* » (C. pr. civ., art. 655, al. 4). Enfin, l'huissier doit laisser, dans tous les cas, au domicile ou à la résidence du destinataire **un avis de passage daté**, l'avertissant de la remise de la copie et mentionnant la nature de l'acte, le nom du requérant ainsi que les indications relatives à la personne à laquelle la copie a été remise. L'huissier n'est pas tenu de vérifier l'exactitude des déclarations faites par la personne présente qui accepte la remise[11] et les erreurs sur la qualité de cette personne n'entraînent pas la nullité de la signification[12]. Il a été jugé qu'un enfant de douze ans avait un discernement suffisant pour recevoir l'acte et le remettre à ses parents avec lesquels il demeure[13]. Le **dépôt de l'avis de passage** est une **formalité substantielle** qui doit être **mentionnée dans l'acte à peine de nullité**[14]. Il n'est toutefois pas nécessaire que cet avis de passage soit effectivement parvenu à son destinataire[15].

L'article 656 du Code de procédure civile ajoute que « *si personne ne peut ou ne veut recevoir la copie de l'acte, et s'il résulte des vérifications faites par l'huissier de justice, dont il sera fait mention dans l'acte de signification, que le destinataire demeure bien à l'adresse indiquée, la signification est faite à domicile. Dans ce cas, l'huissier de justice laisse au domicile ou à la résidence de celui-ci un avis de passage conforme aux prescriptions du dernier alinéa de l'article 655. Cet avis mentionne, en outre, que la copie de l'acte doit être retirée dans le plus bref délai à l'étude de l'huissier de justice, contre récépissé ou émargement, par l'intéressé ou par toute personne spécialement mandatée. La*

11. Civ. 2e, 6 oct. 1971, no 69-13.259, *Bull. civ.* II, no 264 – Civ. 2e, 4 juill. 2007, no 06-16.961, *Bull. civ.* II, no 199; *D.* 2007. AJ 2309.
12. Civ. 2e, 12 oct. 1972, no 71-11.981, *Bull. civ.* II, no 56; *D.* 1973. Somm. 67.
13. Civ. 2e, 21 juin 1995, no 93-10.326, *Bull. civ.* II, no 197; *D.* 1996. 242, obs. Descamps-Dubaele; *Justices* 1996. 371, obs. Héron.
14. Nîmes, 19 mars 1975, *Gaz. Pal.* 1975. 1. Somm. 237 – Rennes, 12 nov. 1987, *Gaz. Pal.* 1988. 1. 341, note du Rusquec.
15. Civ. 2e, 18 janv. 1984, no 82-15.456, *Bull. civ.* II, no 11.

copie de l'acte est conservée à l'étude pendant trois mois. Passé ce délai, l'huissier de justice en est déchargé. L'huissier de justice peut, à la demande du destinataire, transmettre la copie de l'acte à une autre étude où celui-ci pourra la retirer dans les mêmes conditions ».

La Cour de cassation a jugé que pour l'application de ce texte, la mention « nom sur la boîte aux lettres » ne constitue pas à elle seule la vérification suffisante de ce que le destinataire de l'acte demeure bien à l'adresse de signification, alors qu'une précédente signification avait été effectuée à une autre adresse[1]. Elle a cassé un arrêt d'une cour d'appel qui pour la débouter de ses demandes avait retenu que « *si Madame X s'est faite domiciliée en Chine vis-à-vis de l'administration fiscale, il apparaît qu'elle possède en France, à Sainte-Marguerite-sur-Mer, une résidence où un huissier de justice a pu délivrer courant 2005 des actes de procédure et que les significations faites à cette résidence étaient valablement effectuées compte tenu des vérifications suffisantes opérées par l'huissier de justice et des différents lieux de vie de Madame X, sans qu'il ne soit déterminé un lieu préférentiel par rapport à un autre* », au motif qu'en statuant ainsi, alors que les seules mentions dans l'acte de signification de la confirmation de résidence par la mairie et de la « *connaissance certaine de l'étude étaient impropres à établir la réalité du domicile de la destinataire de l'acte, la cour d'appel a violé l'article 656 du Code de procédure civile* »[2].

Lorsque l'acte n'est pas délivré à personne, l'huissier de justice mentionne sur la copie les **conditions dans lesquelles la remise a été effectuée**. La copie de l'acte signifié doit être placée sous enveloppe fermée, ne portant que l'indication des nom et adresse du destinataire de l'acte et le cachet de l'huissier apposé sur la fermeture du pli (C. pr. civ., art. 657). Enfin, « *dans tous les cas prévus aux articles 655 et 656, l'huissier de justice doit aviser l'intéressé de la signification, le jour même ou au plus tard le premier jour ouvrable, par lettre simple comportant les mêmes mentions que l'avis de passage et rappelant, si la copie de l'acte a été déposée en son étude, les dispositions du dernier alinéa de l'article 656; la lettre contient en outre une copie de l'acte de signification. Il en est de même en cas de signification à domicile élu ou lorsque la signification est faite à une personne morale. Le cachet de l'huissier est apposé sur l'enveloppe* » (C. pr. civ., art. 658).

La Cour de cassation a approuvé une cour d'appel qui, après avoir constaté que l'huissier de justice avait mentionné dans l'acte que la lettre prévue par l'article 658 du Code de procédure civile avait été envoyée « *dans les délais légaux prévus par l'article susvisé* », a énoncé que les mentions de cet acte faisaient foi jusqu'à inscription de faux et en a déduit que la lettre avait bien été envoyée par l'officier ministériel « *le jour même ou au plus tard le premier jour ouvrable* », retenant ainsi exactement que l'exception de nullité devait être écartée[3]. Lorsque la signification est faite à personne morale, les mentions de l'article 658 sont exigées même si la signification est réputée faite à personne[4]. Mais la nullité n'est encourue que si celui qui s'en prévaut rapporte la preuve que l'omission lui a causé un **grief**[5]. Toutes les règles qui précèdent s'appliquent que la signification soit faite à une personne physique ou à une personne morale et qu'elle soit réalisée au domicile réel ou au domicile élu[6]. En cas de signification à domicile ou à résidence, qu'une personne ait accepté de recevoir la copie de l'acte ou que l'acte ait été déposé en l'étude de l'huissier, le délai d'appel commence à courir le jour où l'huissier a procédé à la signification à domicile ou à résidence et non à compter de l'envoi de la lettre prévue par l'article 658 du Code de procédure civile[7].

113.114 Signification de l'article 659 du Code de procédure civile. Enfin, lorsque le destinataire n'a ni domicile, ni résidence, ni lieu de travail connus, l'huissier doit dresser un **procès-verbal** dans lequel il relate, avec précision, les diligences qu'il a effectuées pour rechercher le destinataire de l'acte. Le jour même ou le jour ouvrable suivant il doit adresser au destinataire, à la dernière adresse connue, par lettre recommandée avec demande d'avis de réception, une **copie du procès-verbal de recherches infructueuses** à laquelle est jointe copie de l'acte objet de la signification. Le jour même, il avise également par lettre simple le destinataire de l'accomplissement de cette formalité (C. pr. civ., art. 659). « *S'il n'est pas établi que le destinataire a été effectivement avisé, le juge peut prescrire d'office toutes dili-*

1. Civ. 2e, 15 janv. 2009, no 07-20.472, *Bull. civ.* II, no 18; *D.* 2009. AJ 378; *D.* 2009. Chron C. cass. 757, obs. Sommer; *Procédures* 2009. Comm. 78, obs. Perrot; *Dr. et proc.* 2009. 157, note Douchy-Oudot; *D.* 2010. 169, obs. Fricero.
2. Civ. 2e, 31 mars 2011, no 09-71.672, NP; *Dr. et proc.* 2011. 162.
3. Cass., ch. mixte, 6 oct. 2006, no 04-17.070, *Bull. ch. mixte*, no 8; *BICC* 15 déc. 2006, rap. Breillat, avis Maynial; *D.* 2006. 2547, obs. Avena-Robardet; *JCP* 2007. I. 139, no 13, obs. Jeuland; *Procédures* 2007. Comm. 58, obs. Perrot.
4. Civ. 2e, 20 juill. 1981, no 80-13.906, *Bull. civ.* II, no 167; *Gaz. Pal.* 1982. 1. 327, note du Rusquec.
5. Civ. 2e, 18 janv. 1984, no 82-15.456, *Bull. civ.* II, no 11 – Civ. 2e, 1er févr. 1995, no 93-15.203, *Bull. civ.* II, no 38.
6. Civ. 2e, 9 févr. 1983, no 81-15.664, *Bull. civ.* II, no 37.
7. Civ. 2e, 29 janv. 1976, no 75-10.231, *Bull. civ.* II, no 31 – Civ. 2e, 28 mai 1979, no 77-15.805, *Bull. civ.* II, no 156 – Civ. 2e, 12 oct. 1994, no 92-19.332, *Bull. civ.* II, no 193; *JCP* 1995. II. 22469, note du Rusquec.

gences complémentaires, sauf à ordonner les mesures provisoires ou conservatoires nécessaires à la sauvegarde des droits du demandeur » (C. pr. civ., art. 662). La **date de la signification** est celle de **l'établissement du procès-verbal** (C. pr. civ., art. 664-1, al. 1er). Ce système a remplacé, depuis l'entrée en vigueur du décret du 20 juillet 1989[1], la signification à parquet lorsque la dernière adresse du destinataire est située en France métropolitaine.

δ)

Signification à parquet

113.121 Signification à parquet pour les personnes domiciliées dans les collectivités d'outre-mer ou à l'étranger en dehors de l'Union européenne. La signification à parquet est imposée lorsque le destinataire demeure en Polynésie française, dans les îles Wallis-et-Futuna, en Nouvelle Calédonie et dans les Terres australes et antarctiques françaises. À moins que la signification ait pu être faite à personne, l'huissier de justice **expédie l'acte à l'autorité compétente aux fins de remise à l'intéressé**, selon les modalités applicables dans la collectivité où il demeure. L'autorité compétente est généralement le parquet. Le jour même, ou au plus tard le premier jour ouvrable suivant, **l'huissier** doit expédier copie de l'acte au destinataire, **par lettre recommandée avec demande d'avis de réception** (C. pr. civ., art. 660, al. 1er). Comme pour la signification de l'article 559, s'il n'est pas établi que le destinataire a été effectivement avisé, le juge peut ordonner d'office toutes diligences complémentaires et prendre des mesures provisoires ou conservatoires pour la sauvegarde des intérêts du demandeur (C. pr. civ., art. 662).

La deuxième hypothèse de signification à parquet est celle dans laquelle **le destinataire est domicilié à l'étranger**, en dehors de l'Union européenne (C. pr. civ., art. 684, al. 1er), à moins qu'il existe une convention diplomatique spécifique entre la France et le pays étranger concerné prévoyant une signification directe. L'acte est déposé par l'huissier de justice auprès du parquet de la juridiction qui a rendu la décision ou auprès du parquet du dernier domicile connu (C. pr. civ., art. 691, al. 1er). Il appartient alors au procureur de la République de réaliser les démarches nécessaires pour que l'acte parvienne à l'intéressé. Les formalités légales sont prévues aux articles 660 à 664 du Code de procédure civile pour les significations dans une collectivité d'outre-mer et par les articles 684 à 688 pour les notifications à l'étranger en dehors de l'Union européenne.

Le **point de départ du délai d'appel** est celui de la **remise de l'acte au parquet par l'huissier de justice**, même s'il est établi que le destinataire de l'acte n'a pas été avisé de cette signification[2]. Cette solution est critiquable dans la mesure où le destinataire demeurant outre-mer ou à l'étranger peut ne pas être informé suffisamment à temps de l'acte qui fait courir, contre lui, le délai d'appel. La jurisprudence estime qu'il appartient à celui qui n'a pas pu agir dans les délais de **saisir le premier président** d'une **demande de relevé de forclusion.**

ε)

Signification par voie électronique

113.131 Signification par voie électronique. Le décret du 15 mars 2012[3] a introduit la signification par voie électronique. L'article 662-1 du Code de procédure civile subordonne le recours à ce procédé au consentement du destinataire. Il précise que : « *La signification par voie électronique est faite par la transmission de l'acte à son destinataire dans les conditions prévues par le titre XXI du présent livre* [Livre 1er : Dispositions communes à toutes les juridictions]. *Les articles 654 à 662 ne sont pas applicables à cette forme de signification. La signification par voie électronique est une signification faite à personne si le destinataire de l'acte en a pris connaissance le jour de la transmission de l'acte. Dans les autres cas, la signification est une signification faite à domicile et l'huissier de justice doit aviser l'intéressé de la signification, le premier jour ouvrable, par lettre simple mentionnant la délivrance de la signification par voie électronique ainsi que la nature de l'acte et le nom du requérant* ». La date et l'heure de la signification par voie électronique sont celles de l'envoi de l'acte à son destinataire (C. pr. civ., art. 664-1, al. 2). Lorsque la signification par voie électronique est faite à personne, les originaux des actes d'huissier mentionnent les date et heure auxquelles le destinataire de l'acte en a pris connaissance (C. pr. civ., art. 663).

ζ)

Notification, signification et transmission au sein de l'Union européenne

113.141 Notifications à l'intérieur de l'Union européenne. La notification et la signification à l'intérieur de l'Union européenne sont régies par le règlement (CE) n° 1393/2007 du 13 novembre

1. Décr. n° 89-511, 20 juill. 1989, modifiant certaines dispositions de procédure civile, *JO* 25 juill., p. 9280.

2. Civ. 2e, 5 janv. 1977, n° 75-11.999, *Bull. civ.* II, n° 1; *D.* 1977. IR 226, obs. Julien – Com. 11 févr. 2004, n° 01-16.651, *Bull. civ.* IV, n° 24; *RTD civ.* 2004. 346, obs. Perrot; *RTD com.* 2004. 395, obs. Delebecque.
3. Décr. n° 2012-366, 15 mars 2012, relatif à la signification des actes d'huissier de justice par voie électronique et aux notifications internationales, *JO* 17 mars, p. 4899.

2007[1] qui a remplacé le règlement (CE) n° 1348/2000 du 29 mai 2000[2]. Ce règlement s'applique en matière civile et commerciale lorsque l'acte doit être transmis d'un État membre à un autre pour y être signifié ou notifié et ne s'applique pas lorsque l'adresse du destinataire de l'acte est inconnue. Dans cette dernière hypothèse, l'huissier de justice devra procéder à une signification selon les règles du droit commun de son Code de procédure civile ou selon les stipulations d'une éventuelle convention bilatérale. Pour assurer une certaine sérénité dans la transmission des actes judiciaires ou extrajudiciaires, le règlement établit des relations directes entre les personnes et les autorités responsables de la transmission et celles chargées de procéder ou de faire procéder à leur signification. Chaque État membre a dû désigner des **entités d'origine** et des **entités requises** chargées de transmettre et de recevoir les actes en question. L'entité désignée par la France est **l'huissier de justice**. Chaque État membre désigne en outre une entité centrale dont la mission consiste à fournir des informations et à résoudre les possibles difficultés liées à la transmission des actes; la France a désigné le **bureau d'entraide internationale du ministère de la Justice**.

Chaque État a communiqué à la commission le nom et l'adresse des entités requises, leur ressort de compétence territoriale, les moyens de réception à leur disposition, ainsi que les langues pouvant être utilisées pour compléter le formulaire type devant accompagner l'acte à signifier ou à notifier. L'entité centrale désignée par chaque État est chargée de donner des informations aux entités d'origine, de rechercher les solutions aux difficultés qui peuvent se présenter lors de la transmission des actes et dans certains cas exceptionnels de faire parvenir elle-même, à la requête de l'entité d'origine, une demande de signification ou de notification à l'entité requise compétente. La Commission européenne a établi un manuel contenant les adresses des entités et des langues pouvant être utilisées dans tous les États membres, parties au règlement.

113.142 Transmissions, significations et notifications selon le règlement (CE) n° 1393/2007. La transmission peut se faire **par tout moyen approprié** à condition que le contenu du document reçu soit fidèle et conforme à celui expédié et que toutes les mentions soient aisément lisibles (règl., art. 4-2). L'acte à transmettre doit être accompagné d'une **demande établie sur le formulaire type** dont le modèle est annexé au règlement. Aucune légalisation n'est exigée (règl., art. 4-4). L'entité requise doit, dans un **délai de sept jours** à compter de la réception de l'acte à signifier, accuser réception à l'entité d'origine en utilisant le formulaire type de l'annexe 1 du règlement (règl., art. 6-1). L'entité requise doit assurer la **signification ou la notification** de l'acte dans le **délai d'un mois** à compter de sa réception (règl., art. 7-2).

D'autres moyens de transmission ou de signification des actes judiciaires par voie consulaire ou diplomatique sont prévus à la section 2 du chapitre 2 dans des circonstances exceptionnelles. L'article 15 du règlement précise que toute personne intéressée à une instance judiciaire peut procéder à la notification ou à la signification d'un acte judiciaire directement, par les soins d'un officier ministériel ou de toute autre personne compétente de l'État membre requis, dès lors que cette signification ou cette notification directe est autorisée par la loi de cet État membre. L'autorité de l'entité d'origine indique au requérant que le destinataire peut refuser d'accepter l'acte s'il n'est pas établi dans une des langues prévues à l'article 8 du règlement. Le requérant peut alors faire procéder à une **traduction** préalable de l'acte dont il prend provisoirement les frais en charge. L'article 8 du règlement indique que l'entité requise qui notifie ou signifie l'acte au destinataire doit l'aviser qu'il a le droit de refuser l'acte si celui-ci est établi dans une langue autre qu'une langue qu'il comprend ou que la langue officielle de l'État membre requis, sans être accompagné d'une traduction. Le destinataire peut refuser l'acte immédiatement ou dans le **délai d'une semaine** à compter de la présentation de l'acte (règl., art. 8-1). Lorsque le destinataire d'un acte a refusé celui-ci en raison de l'absence de traduction, l'expéditeur a la possibilité d'y remédier en envoyant la traduction demandée dans les meilleurs délais (règl., art. 8-3)[3]. Lorsqu'elle reçoit l'acte à faire signifier ou notifier, l'entité requise adresse au plus vite un **accusé de réception** à l'entité d'origine et au plus tard dans les **sept jours** suivant la réception. Si toutes les conditions sont remplies, l'entité requise procède ou fait procéder à la signification ou à la notification. En cas de problème, l'entité requise se met directement en relation avec l'entité d'origine pour obtenir les renseignements ou les pièces faisant défaut. La signification ou la notification peuvent être opérées soit selon la législation de l'État membre requis, soit selon la forme particulière demandée par l'entité d'origine. Le règlement impose que les formalités soient faites **dans les meilleurs délais** et au plus tard dans le **délai d'un mois** sans que les sanctions soient prévues en cas de non-respect du

1. Règl. (CE) n° 1393/2007, 13 nov. 2007, *JOUE* L 324, 10 déc.
2. Règl. (CE) n° 1348/2000, 29 mai 2000, *JOUE* L 160, 30 juin.
3. Sur cette question et sur le problème de la détermination des documents qui requièrent une traduction, v. Rép. pr. civ., V° *Appel*, par F. Ferrand, mars 2012 [actu. avr. 2015], n° 777.

délai. À défaut d'avoir pu accomplir la formalité dans les délais requis, l'entité requise informe l'entité d'origine par attestation sous forme de formulaire type et prend toutes les mesures nécessaires pour assurer la signification ou la notification. Lorsque les formalités ont été accomplies, l'entité requise adresse une attestation en ce sens à l'entité d'origine. Les significations et notifications de l'acte judiciaire en provenance d'un autre État membre ne peuvent donner lieu au paiement de taxes ou de frais pour les services de l'État membre requis. Cependant, l'intervention d'un officier ministériel ou d'une personne compétente selon la loi de l'État membre requis ou en cas d'emploi d'une forme particulière de notification donnera lieu à des **frais d'intervention** qui devront être payés par le requérant. La France a prévu un **droit forfaitaire de 50 euros** en cas d'intervention d'un huissier de justice. La signification ou la notification est réputée intervenue à la date à laquelle l'acte a été notifié ou signifié conformément à la législation de l'État membre requis (règl., art. 9-1). Cependant, lorsque l'acte doit être signifié ou notifié dans un délai déterminé dans le cadre d'une procédure à introduire ou en cours dans l'État membre d'origine, la date à retenir comme date de signification pour le requérant est celle fixée par la loi de l'État membre d'origine. En cas de refus de réception d'un acte pour des raisons linguistiques, la date de signification ou de notification de l'acte est en principe celle à laquelle l'acte, accompagné de sa traduction, a été signifié ou notifié conformément à la législation de l'État membre requis. Toutefois, si la signification ou la notification doit avoir lieu dans un délai déterminé, la date à prendre en considération à l'égard du requérant est celle de la signification ou de la notification de l'acte initial.

113.143 Défaut de comparution du défendeur dans le règlement (CE) nº 1393/2007. Lorsque le défendeur ne comparaît pas alors que l'acte introductif d'instance lui a été transmis pour être signifié ou notifié, le juge doit surseoir à statuer tant qu'il n'est pas établi que l'acte a bien été signifié ou notifié selon le mode prescrit par la loi de l'État membre requis pour la signification ou la notification des actes dressés dans ce pays et qui sont destinés aux personnes se trouvant sur son territoire ou bien que l'acte a été effectivement été remis au défendeur ou à sa résidence selon un autre mode prévu par le règlement. Le juge sursoit à statuer tant qu'il n'est pas établi que la signification, la notification ou la remise de l'acte a eu lieu en temps utile pour que le défendeur puisse se défendre (règl., art. 19-1). Mais tout État membre peut faire savoir à la Commission européenne que ses juges pourront malgré tout statuer si un certain nombre de conditions précises sont réunies, même si aucune attestation constatant la signification, la notification ou la remise de l'acte n'a été reçue. Si un acte introductif d'instance a été transmis dans un autre État membre pour signification ou notification sur la procédure du règlement et qu'une décision a été rendue contre le défendeur qui n'a pas comparu, le règlement (règl., art. 19-4) prévoit que le juge peut relever le défendeur de la forclusion résultant de l'expiration des délais pour former recours, à condition qu'il n'ait pas eu connaissance, sans faute de sa part, en temps utile, de l'acte pour se défendre et de la décision pour former un recours. La **demande en relevé de forclusion** doit être formée dans un **délai raisonnable** à partir du moment où le défendeur a eu connaissance de la décision et les moyens de ce dernier ne doivent pas être dénués de tout fondement.

c)

Sanction des irrégularités

113.151 Formalités prescrites à peine de nullité. L'article 693 du Code de procédure civile énumère les textes dont l'inobservation est édictée à peine de nullité. Il s'agit des articles 654 à 659, relatifs aux différentes formes de signification, des articles 663 à 665-1, relatifs aux mentions des originaux des actes d'huissier de justice, aux heures de signification, à la date de la signification et à certaines mentions des notifications des actes dans la forme ordinaire, des articles 672, 675, 678, 680, 683, 684-1, 686, 688 alinéa 1er, 689 à 692 qui sont relatifs à des formalités essentielles. La cour d'appel n'a pas à vérifier d'office la régularité de la signification, si l'appelant ne la conteste pas [1].

113.152 Régime des nullités. La nullité des notifications est régie par les articles 649 et 694, ce dernier texte renvoyant aux dispositions qui gouvernent la nullité des actes de procédure. Il s'agit des articles 112 à 117 du Code de procédure civile qui réglementent les **nullités des actes pour vice de forme**. La nullité doit être invoquée avant toute défense au fond ou fin de non-recevoir (C. pr. civ., art. 112). S'il existe plusieurs moyens de nullité, ils doivent être soulevés en même temps (C. pr. civ., art. 113). L'acte ne pourra être annulé en raison de vice de forme que si la nullité est expressément prévue par la loi ou s'il s'agit de l'inobservation d'une formalité substantielle ou d'ordre public (C. pr. civ., art. 114). Il appartient à celui qui invoque une nullité de forme de rapporter la preuve que cette irrégularité lui cause un **grief** [2]. La nullité est cou-

1. Com. 28 mai 1991, nº 89-10.750, *Bull. civ.* IV, nº 188.
2. Civ. 2e, 9 févr. 1983, nº 81-16.047, *Bull. civ.* II, nº 36; *Gaz. Pal.* 1983. 1. Pan 177, obs. Guinchard – Civ. 2e, 23 oct. 1991, nº 90-15.830, *Bull. civ.* II, nº 266; *RTD civ.* 1992. 637, obs. Perrot.

verte par la régularisation ultérieure de l'acte si aucune forclusion n'est intervenue et si la régularisation ne laisse subsister aucun grief (C. pr. civ., art. 115). Les juges d'appel ne peuvent relever d'office la nullité de la notification[1].

2° Effets de la notification

113.161 La notification fait courir le délai d'appel. La notification régulière du jugement est nécessaire pour faire courir le délai d'appel. Selon la jurisprudence, « *l'absence de mention ou la mention erronée dans l'acte de notification d'un jugement de la voie de recours ouverte, de son délai ou de ses modalités a pour effet de ne pas faire courir le délai de recours* »[2], sans qu'il soit nécessaire de rapporter la preuve d'un grief[3]. Mais l'article 528-1 du Code de procédure civile énonce que « *si le jugement n'a pas été notifié dans le délai de deux ans de son prononcé, la partie qui a comparu n'est plus recevable à exercer un recours à titre principal après l'expiration dudit délai* ». Comme il a déjà été exposé, ce texte ne s'applique qu'aux jugements qui tranchent tout le principal et à ceux qui, statuant sur une exception de procédure, une fin de non-recevoir ou tout autre incident, ont mis fin à l'instance (v. s[s] n° 113.80). Mais l'article 528-1 du Code de procédure civile n'est pas applicable en cas de notification du jugement de première instance, même si celle-ci est entachée d'une irrégularité[4]. Rappelons encore que les jugements par défaut et les jugements réputés contradictoires au seul motif qu'ils sont susceptibles d'appel doivent être notifiés dans les six mois de leur date, faute de quoi ils seront non avenus (v. s[s] n° 113.80).

La notification régulière fait courir le délai de recours, non seulement à l'égard de la partie à laquelle l'acte est notifié, mais également à l'égard de celui qui fait procéder à la notification[5]. Lorsque la décision de première instance a été notifiée par lettre recommandée de manière régulière et que la partie intéressée a fait procéder ensuite à une signification par voie d'huissier, la question s'est posée de savoir quelle notification faisait courir le délai. Dans un premier temps, le point de départ a été fixé à la **première notification**[6], puis la Cour de cassation a considéré que la seconde notification faisait courir à compter de sa date un nouveau délai de recours, à condition qu'elle ait eu lieu dans le délai ouvert par la première notification opérée à la diligence du greffe[7].

La deuxième chambre civile de la Cour de cassation a jugé récemment que lorsqu'un jugement est notifié deux fois, la première notification fait courir les délais de recours si elle est régulière et ne comporte aucune mention de nature à induire en erreur[8]. La Cour de justice, interrogée à titre préjudiciel par la Cour de cassation belge, a statué dans le même sens. En cas de cumul de significations par l'entremise d'entités et par La Poste, elle a estimé qu'à l'égard du destinataire le point de départ du délai de procédure, lié à l'accomplissement d'une signification, est la date de la première signification valablement effectuée[9].

Lorsque la **seconde notification** est **postérieure à l'expiration du délai d'appel** ouvert par la première, cette dernière fait courir le délai à l'encontre du destinataire lorsqu'elle est régulière[10] et à l'égard de celui qui notifie, même si elle est irrégulière car une partie ne peut ouvrir à son profit un nouveau délai de recours en procédant à une seconde signification du jugement qu'elle a déjà fait signifier par un acte comportant une mention erronée[11].

113.162 Le droit d'appel existe dès le prononcé du jugement. Une partie qui veut interjeter appel n'a pas besoin d'attendre que le jugement lui soit notifié. Elle peut le faire dès son prononcé à moins que la décision ne puisse être frappée immédiatement d'appel et qu'il faille attendre le jugement sur le fond (v. s[s] n° 111.41).

113.163 Détermination des personnes à l'égard desquelles la notification fait courir le délai

1. Civ. 2e, 21 juill. 1986, n° 84-16.110, *Bull. civ.* II, n° 132; *D.* 1987. Somm. 359, obs. Julien.
2. Civ. 2e, 12 févr. 2004, n° 02-13.332, *Bull. civ.* II, n° 57; *D.* 2004. 1203, obs. Julien – Civ. 3e, 30 janv. 2008, n° 07-10.999, *Bull. civ.* III, n° 20; *JCP* 2009. I. 83, n° 21, obs. Huyghe – Civ. 2e, 14 nov. 2013, n° 12-25.454, *Bull. civ.* II, n° 220 – Civ. 2e, 13 nov. 2014, n° 13-24.547, NP; *Procédures* 2015. Comm. 3, obs. Croze – Civ. 2e, 8 janv. 2015, n° 13-27.678, *Bull. civ.* II, [à paraître]; *Procédures* 2015. Comm. 70, obs. Strickler – Com. 10 mars 2015, n° 13-24.276, NP.
3. Civ. 2e, 31 janv. 2002, n° 00-20.690, NP.
4. Civ. 2e, 2 mars 2000, n° 98-13.648, *Bull. civ.* II, n° 38; *D.* 2000. 87; *RTD civ.* 2000. 404, obs. Perrot.
5. Civ. 2e, 30 janv. 2003, n° 00-19.987, *Bull. civ.* II, n° 24; *D.* 2003. Somm. 1399, obs. Julien; *Procédures* 2003. 85 et 112, obs. Perrot.
6. Soc. 5 juin 1980, n° 79-40.330, *Bull. civ.* V, n° 501 – Soc. 10 nov. 1988, n° 86-44.928, *Bull. civ.* V, n° 585.
7. Soc. 9 mai 1990, n° 89-41.027, *Bull. civ.* V, n° 204; *D.* 1991. Somm. 244, obs. Fricero; *RTD civ.* 1993. 651, obs. Perrot – Soc. 27 juin 1990, n° 89-40.993, *Bull. civ.* V, n° 315 – Civ. 2e, 20 déc. 2001, n° 00-14.629, *Bull. civ.* II, n° 197; *D.* 2002. 1165, obs. Julien.
8. Civ. 2e, 5 févr. 2009, n° 07-13.589, *Bull. civ.* II, n° 35; *Procédures* 2009, n° 107, obs. Perrot.
9. CJCE 9 févr. 2006, Plumex c/ Young Sports NV, aff. C-473/04, *D.* 2006. 670; *RTD civ.* 2006. 379, obs. Perrot.
10. Civ. 2e, 23 févr. 1994, n° 92-11.057, *Bull. civ.* II, n° 66.
11. Civ. 2e, 30 janv. 2003, n° 00-19.987, *Bull. civ.* II, n° 24; *D.* 2003. Somm. 1399, obs. Julien; *Procédures* 2003. Comm. 85 et 112, obs. Perrot.

d'appel. En matière gracieuse, la notification a pour effet d'ouvrir la voie de l'appel aux tiers auprès desquels elle a été faite. L'article 528 alinéa 2 du Code de procédure civile précise que le délai d'appel court même à l'encontre de celui qui notifie et ce même lorsque la signification a été faite à un tiers, non partie à l'instance[1]. Cependant la règle ne peut s'appliquer aux notifications faites par le secrétaire-greffier de la juridiction sans qu'intervienne la partie gagnante, même si la notification a été faite à sa demande, car elle demeure dans l'ignorance de la date exacte à laquelle la notification a été effectuée[2]. Même si la notification contient des réserves de la part de son auteur, elle constitue pour lui le **point de départ du délai d'appel.** Mais l'article 681 précise que **la notification, même sans réserve, n'emporte pas acquiescement.** Aussi, la partie qui a notifié le jugement peut interjeter un appel principal tant que court le délai pour exercer cette voie de recours[3].

En cas de **pluralité de parties**, en principe la notification du jugement, faite à une seule partie, ne fait courir le délai d'appel que contre celle-ci et non contre les autres parties condamnées[4]. Lorsque le jugement a été notifié à plusieurs parties mais à des dates différentes, le délai d'appel court à l'égard de chacune d'elles à compter du jour où la notification lui a été faite[5]. Et lorsqu'une décision a été rendue au profit de plusieurs parties, la notification ne fait courir le délai d'appel qu'au profit de celui qui y a fait procéder[6].

La solution est plus compliquée en cas de **solidarité** ou **d'indivisibilité.** L'article 529 du Code de procédure civile distingue deux cas, d'une part, lorsque plusieurs parties ont été condamnées solidairement ou indivisiblement, la signification faite à l'une d'elles ne fait courir le délai qu'à son égard. Pour que le délai coure contre toutes les parties condamnées, il faut signifier la décision individuellement à chacune d'entre elles[7]. L'article prévoit que lorsque le jugement profite solidairement ou indivisiblement à plusieurs parties, chacune d'elles peut se prévaloir de la notification faite par l'une d'entre elles[8]. Ainsi, lorsque le prononcé d'une astreinte profite indivisiblement à deux parties, chacune d'elles peut se prévaloir de la notification faite par l'autre[9].

1. Com. 7 juill. 1987, n°s 84-10.358 et 84-10.464, *Bull. civ.* IV, n° 171 ; *D.* 1988. Somm. 122, obs. Julien ; *JCP* 1987. IV. 319.
2. Soc. 11 déc. 1980, n° 79-40.483, *Bull. civ.* V, n° 892 ; *Gaz. Pal.* 1981. 1. 318, note Viatte ; *RTD civ.* 1981. 696, obs. Perrot.
3. Civ. 2e, 27 févr. 1980, n° 78-14.761, *Bull. civ.* II, n° 42.
4. Civ. 2e, 20 juin 1979, n° 77-10.567, *Bull. civ.* II, n° 183.
5. Civ. 2e, 23 mai 1957, *D.* 1957. 465.
6. Civ. 2e, 30 avr. 1970, n° 69-11.377, *Bull. civ.* II, n° 146 ; *D.* 1970. Somm. 197.
7. Civ. 2e, 16 janv. 1980, n° 78-12.459, *Bull. civ.* II, n° 9 – Civ. 2e, 5 mai 1982, n° 81-11.055, *Bull. civ.* II, n° 70.
8. Civ. 2e, 12 juin 2003, n° 01-13.571, *Bull. civ.* II, n° 186 ; *D.* 2003. 2051.

Encore faut-il qu'il y ait indivisibilité. La jurisprudence a estimé qu'il n'y avait pas d'indivisibilité entre un demandeur et un appelé en garantie simple[10] ni entre l'action principale du maître de l'ouvrage contre le maître d'œuvre et le recours en garantie de ce dernier contre un autre constructeur[11].

B. Date du jugement

113.171 Exceptions au principe de l'article 528 du Code de procédure civile. Il est des hypothèses dans lesquelles la règle posée à l'article 528 du Code de procédure civile ne s'applique pas : **le délai d'appel court à compter du jugement et non de sa notification.**

Ainsi **en matière gracieuse**, le délai d'appel, pour le requérant, court lorsqu'il n'est pas fait droit à la requête à compter du **jour du prononcé de l'ordonnance**, que la notification ait été ordonnée ou pas[12]. Il convient de rappeler que l'article 454 du Code de procédure civile *in fine*, prévoit qu'en matière gracieuse le jugement doit indiquer le nom des personnes auquel il doit être notifié. Pour les **tiers**, le délai de recours commence avec la **notification** qui leur est faite de la décision gracieuse.

La Cour de cassation a également jugé que le **délai de recours** contre une **ordonnance sur requête** court à compter de la **date de l'ordonnance**[13]. Mais si le requérant dont la requête a été rejetée peut rapporter la preuve que l'ordonnance de rejet ne lui a été délivrée qu'à une date ultérieure[14], dans ce cas le délai de quinze jours commence à courir à la date à laquelle le requérant en a eu connaissance.

Les autres exceptions à la règle de l'article 528 du Code de procédure civile sont, notamment, les **décisions** rendues par le **juge rapporteur du tribunal de commerce** lorsqu'elles constatent l'extinction de l'instance (C. pr. civ., art. 868), les **décisions du juge aux affaires familiales** à l'exception de celles qui prononcent le divorce (C. pr. civ., art. 1102), les **ordonnances de conversion de la séparation de**

9. Civ. 2e, 7 juill. 2005, n° 04-13.973, *Bull. civ.* II, n° 182 ; *Procédures* 2005, n° 247, obs. Perrot ; *D.* 2005. 2337.
10. Civ. 2e, 5 mai 1982, n° 81-11.055, *Bull. civ.* II, n° 70 ; *Gaz. Pal.* 1982. 2. Pan. 290.
11. Civ. 2e, 17 janv. 1996, n° 94-10.279, *Bull. civ.* II, n° 4 ; *JCP* 1996. IV. 530.
12. Civ. 2e, 22 févr. 2007, n° 05-21.314, *Bull. civ.* II, n° 46 ; *BICC* 15 juin 2007, n° 663 ; *RTD civ.* 2007. 385, obs. Perrot.
13. Civ. 2e, 16 mai 1990, n° 89-10.243, *Bull. civ.* II, n° 105 ; *JCP* 1991. II. 21645, note du Rusquec ; *RTD civ.* 1991. 172, obs. Perrot.
14. Civ. 2e, 16 mai 1990, n° 89-10.243, *Bull. civ.* II, n° 105 ; *JCP* 1991. II. 21645, note du Rusquec ; *RTD civ.* 1991. 172, obs. Perrot – Civ. 2e, 16 juill. 1992, n° 90-21.922, *Bull. civ.* II, n° 212 ; *JCP* 1993. IV. 2703 ; *D.* 1993. Somm. 186, obs. Julien ; *RTD civ.* 1993. 194, obs. Perrot.

corps en divorce (C. pr. civ., art. 1134), les décisions rendues après demande de **rétractation** ou de **modification** d'une décision ayant ordonné la délivrance d'une pièce par un tiers (C. pr. civ., art. 141), les décisions qui ordonnent une **expertise** (C. pr. civ., art. 272 et 776, al. 3) à condition que le tribunal ait indiqué la date du prononcé de la décision, sinon le délai court à partir du jour où la partie en a eu connaissance[1], sauf si elles émanent du juge des référés[2]. Pour que le délai coure à compter du prononcé de la décision, il faut que la date à laquelle elle devait être rendue ait été portée à la connaissance des parties et que l'accomplissement de cette formalité résulte des mentions de la décision[3]. Les décisions qui ordonnent un **sursis à statuer** peuvent faire l'objet d'un recours à compter de leur prononcé, mais le point de départ du délai de recours est reporté au jour où l'intéressé a eu connaissance de la décision lorsque la date du délibéré n'a pas été annoncée[4]. Certaines **décisions en matière de procédures collectives** ne peuvent faire l'objet d'un recours qu'à compter de leur prononcé (C. com., art. R. 661-3). La **décision qui statue sur la compétence, sans statuer sur le fond**, peut faire l'objet d'un contredit et le délai pour régulariser ce recours commence à courir à compter du prononcé (C. pr. civ., art. 82), à condition que la date du délibéré ait été communiquée aux parties[5]. Si les parties n'ont pas été avisées de cette date, le point de départ du délai de contredit est le jour de la notification de la décision[6].

C.
Date de notification à d'autres personnes qu'à l'intéressé

113.181 Personnes incapables ou décédées. L'article 530 du Code de procédure civile précise que lorsque la personne à laquelle le jugement doit être notifié est sous tutelle ou curatelle, le délai d'appel ne court qu'à compter de la **notification faite au tuteur** ou au **subrogé tuteur** ou au **curateur**. L'article 531 ajoute que s'il se produit pendant le délai de recours un changement dans la capacité d'une partie à laquelle le jugement avait été notifié, **le délai est interrompu** et une **nouvelle notification** doit être faite à celui qui a qualité pour la recevoir. Cette nouvelle notification fait courir un **nouveau délai d'appel**.

En cas de **décès d'une partie** à laquelle le jugement avait été notifié, une **nouvelle notification** doit être faite au domicile du défunt qui fera courir un **nouveau délai d'appel** à compter de l'expiration des délais pour faire inventaire et délibérer si cette nouvelle notification a eu lieu avant que ces délais fussent expirés. Cette notification peut être faite collectivement aux héritiers et représentants (C. pr. civ., art. 532).

113.182 Notification entre avocats. Lorsque la représentation par avocat est obligatoire, la notification du jugement à une partie doit être précédée d'une notification à son avocat (C. pr. civ., art. 678). Il existait un certain nombre d'hypothèses dans lesquelles la notification à l'avocat faisait courir le délai d'appel. Ces dispositions ont été abrogées. La notification entre avocats peut être faite par **acte du palais** ou par voie de **signification par huissier de justice**.

Selon l'article 672 du Code de procédure civile, la **signification** est constatée par l'apposition du **cachet** et de la **signature de l'huissier** de justice sur l'acte et sa copie avec l'indication de la date et du nom de l'avocat destinataire. La **notification directe ou par acte du palais** s'opère par la remise de l'acte en double exemplaire à l'avocat destinataire, lequel restitue aussitôt à son confrère l'un des exemplaires après l'avoir daté et visé (C. pr. civ., art. 673). Les notifications entre avocats peuvent être effectuées par **voie électronique**.

§ 3
Échéance du délai

113.191 Règles de détermination de l'échéance du délai. Quand un délai est exprimé en jours, il expire le dernier jour ouvrable utile, à vingt-quatre heures[7]. L'article 641 alinéa 2 du Code de procédure civile précise que lorsqu'un délai est exprimé en mois ou en année, il expire le jour du dernier mois ou de la dernière année qui porte le même quantième que le jour de l'acte, de l'événement, de la décision ou de la notification qui fait courir le délai. À défaut de quantième identique ? le délai expire le dernier jour du mois. Tout délai expire à vingt-quatre heures (C. pr. civ., art. 642, al. 1er). Le délai qui expirerait normalement un samedi, un dimanche ou un jour férié ou chômé est prorogé jusqu'au jour ouvrable suivant (C. pr. civ., art. 642, al. 2). La règle s'applique même lorsque le délai est libellé en jours et même en heures[8]. Le recours pou-

1. Paris, 16 nov. 1995, *Bull. ch. avoués* 1995. IV. 111.
2. Civ. 2e, 13 avr. 1976, no 74-14.554, *Bull. civ.* II, no 122.
3. Paris, 14 déc. 1988, *D.* 1989. Somm. 177.
4. Civ. 2e, 16 juill. 1992, no 91-11.269, *Bull. civ.* II, no 214; *D.* 1992. IR 235 – Civ. 2e, 30 sept. 1998, no 96-19.404, *Bull. civ.* II, no 252.
5. Civ. 2e, 7 juill. 1983, no 82-11.760, *Bull. civ.* II, no 146; *Gaz. Pal.* 1984. Pan. 9, obs. Guinchard; *D.* 1983. IR 474.
6. Civ. 2e, 10 févr. 1993, no 91-16.628, *Bull. civ.* II, no 53 – Civ. 2e, 11 juin 1997, no 95-14.635, *Bull. civ.* II, no 172; *Gaz. Pal.* 1998. II. 787, note du Rusquec.
7. Douai, 25 oct. 2001, *D.* 2002. 367, note Bottiau.
8. Civ. 2e, 30 nov. 2000, no 99-50.044, *Bull. civ.* II, no 160.

vant être exercé jusqu'à minuit, les horaires de fermeture des greffes posent des difficultés.

Dans une affaire où le greffier avait attesté avoir été destinataire de la déclaration d'appel à une heure à laquelle ses services étaient fermés, il a néanmoins été jugé que le recours était irrecevable pour cause de tardiveté car formé le dernier jour au moyen d'une télécopie adressée au greffe après la fermeture [1].

EN REVANCHE, la Cour de cassation a admis la validité du procédé consistant à faire constater par un huissier de justice que l'appelant avait tenté vainement de se présenter au greffe pour interjeter appel avant l'expiration du délai imparti alors que celui-ci était fermé.

Mais encore faut-il régulariser l'appel dès le premier jour ouvrable [2]. Ce problème ne devrait plus se poser dans les **procédures avec représentation obligatoire** devant la cour d'appel puisque l'appel doit être formé par **voie électronique**. En ce qui concerne les **appels formés par lettre recommandée** avec demande d'avis de réception, l'essentiel est que la **lettre soit parvenue au greffe avant l'expiration du délai d'appel** même si elle a été égarée par la suite par la juridiction. Mais encore faut-il pouvoir prouver que la lettre est bien parvenue au greffe [3].

SECTION 3
CONSÉQUENCES DE L'INOBSERVATION DES DÉLAIS D'APPEL

§ 1
Sanction

113.201 Une fin de non-recevoir. Le non-respect du délai pour interjeter appel entraîne la tardiveté du recours qui est une fin de non-recevoir, régie par les articles 122 à 127 du Code de procédure civile.

AUSSI, elle peut être **invoquée en tout état de cause** mais le juge a la possibilité de sanctionner par des **dommages et intérêts** celui qui se serait abstenu dans une intention dilatoire de la soulever plus tôt (C. pr. civ., art. 123). Celui qui invoque cette fin de non-recevoir n'a pas à prouver un grief [4]. Elle est **d'ordre public** et **le juge doit la soulever d'office** [5] mais cela ne le dispense pas d'assurer le respect du contradictoire et de provoquer les explications des parties [6].

La Cour de cassation a rappelé récemment que le respect du délai d'appel de dix jours en matière de procédures collectives doit être vérifié d'office par la cour d'appel [7]. Enfin, il a été jugé que si le défendeur ne reprend pas le moyen d'irrecevabilité dans ses dernières écritures, cela ne prive pas le juge de son obligation de relever d'office la fin de non-recevoir [8].

113.202 Compétence pour prononcer l'irrecevabilité de l'appel. L'article 914 du Code de procédure civile, modifiée par les décrets des 9 décembre 2009 [9] et 28 décembre 2010 [10], dispose que : « *Le conseiller de la mise en état est, lorsqu'il est désigné jusqu'à son dessaisissement, seul compétent pour prononcer la caducité de l'appel, pour déclarer l'appel irrecevable et trancher à cette occasion toute question ayant trait à la recevabilité de l'appel. Les parties ne sont plus recevables à invoquer la caducité ou l'irrecevabilité après son dessaisissement, à moins que leur cause ne survienne ou ne soit révélée postérieurement* ». Le texte ajoute encore que les **ordonnances des conseillers de la mise en état** statuant sur cette fin de non-recevoir ont **autorité de la chose jugée au principal.** Désormais une partie ne peut plus soulever l'irrecevabilité de l'appel pour la première fois devant la cour, dans les procédures avec représentation obligatoire et mise en état. L'interdiction posée par l'article 914 ne concerne que les parties, la cour peut relever d'office les fins de non-recevoir dans les cas prévus à l'article 125 alinéa 2 pour défaut d'intérêt, défaut de qualité à agir [11] ou de la chose jugée et elle doit le faire lorsque la fin de non-recevoir est d'ordre public, notamment en cas d'inobservation des délais dans lesquels doivent être exercées les voies de recours ou en l'absence d'ouverture d'une voie de recours [12] (C. pr. civ., art. 125, al. 1er). Dans les procédures sans représentation obligatoire et dans les procédures avec représentation obligatoire sans mise en état, **c'est à la cour d'appel qu'il appartient de statuer sur la recevabilité du recours.**

1. Civ 2e, 28 févr. 2006, no 04-15.406, *Bull. civ.* II, no 51; *D.* 2006. 880.
2. Civ. 2e, 4 oct. 2001, no 00-14.705, *Bull. civ.* II, no 149; *D.* 2001. 3017, et obs. – Civ. 1re, 1er juin 2005, no 05-15.476, *Bull. civ.* I, no 240; *Procédures* 2006. Comm. 2, obs. Perrot.
3. Soc. 2 déc. 2008, no 06-44.524, NP.
4. Civ. 2e, 11 juill. 1977, no 75-15.640, *Bull. civ.* II, no 182; *D.* 1978. IR 57, obs. Julien; *RTD civ.* 1978. 419, obs. Perrot.
5. Civ. 2e, 16 juill. 1980, no 78-15.603, *Bull. civ.* II, no 186 – Civ. 2e, 21 juill. 1986, no 85-11.733, *Bull. civ.* II, no 133.
6. Cass., ch. mixte, 10 juill. 1981, no 78-10.425, *Bull. ch. mixte*, no 6; *D.* 1981. 636, concl. Cabannes; *Gaz. Pal.* 1981. II. 627, note Viatte; *RTD civ.* 1981. 677, obs. Normand; *RTD civ.* 1981. 905, obs. Perrot.
7. Com. 17 mai 2011, no 10-16.526, *Bull. civ.* IV, no 79; *D.* 2011. 1550.
8. Com. 5 nov. 2002, no 00-10.929, NP; *Procédures* 2003, no 3, obs. Perrot; *RTD civ.* 2003. 140, obs. Perrot.
9. Décr. no 2009-1524, 9 déc. 2009, relatif à la procédure d'appel avec représentation obligatoire en matière civile, *JO* 11 déc., p. 21386.
10. Décr. no 2010-1647, 28 déc. 2010, modifiant la procédure d'appel avec représentation obligatoire en matière civile, *JO* 29 déc., p. 22919.
11. Civ. 2e, 16 oct. 2014, no 13-24.575, *Bull. civ.* II, no 216.
12. Com. 17 déc. 2013, no 12-26.333 et 13-13.460, NP; *JCP* 2014. 367.

Si l'irrecevabilité de l'appel n'a pas été soulevée devant le second degré de juridiction, elle ne peut plus l'être pour la première fois devant la Cour de cassation[1]. L'irrecevabilité de l'appel principal entraîne l'irrecevabilité de l'appel incident et de l'appel provoqué, greffés sur cet appel, à moins qu'ils n'aient été formés dans le délai légal[2].

113.203 Responsabilité du représentant en justice. La personne chargée de représenter une personne en justice, qui laisse écouler le délai de recours sans agir, engage sa responsabilité selon les conditions du droit commun[3]. La Cour de cassation se réfère également aux articles 412 du Code de procédure civile et à l'article 1147 du Code civil[4] pour retenir la **responsabilité des mandataires *ad litem***. Il appartient à l'avocat d'avertir son client de la possibilité d'interjeter appel et du délai pour exercer un recours. En effet il a été jugé, sur le fondement de l'article 412 du Code de procédure civile, que la mission d'assistance emporte pour l'avocat l'obligation d'informer son client sur les recours possibles et leurs modalités[5].

§ 2
Relevé de forclusion

113.210 Division. L'article 540 du Code de procédure civile prévoit que lorsqu'un jugement a été rendu par défaut ou s'il est réputé contradictoire, le juge a la faculté de relever le défendeur de la forclusion résultant de l'expiration du délai si le défendeur, sans qu'il y ait faute de sa part, n'a pas eu connaissance du jugement en temps utile pour exercer son recours ou s'il s'est trouvé dans l'impossibilité d'agir. Le texte indique la procédure à suivre. Nous évoquerons les conditions (A) et la procédure (B) du relevé de forclusion (pour une étude plus approfondie, v. s[s] n°s 313.120 à 313.143).

A.
Conditions du relevé de forclusion

113.211 Décisions concernées. L'article 540 du Code de procédure civile concerne la matière contentieuse et l'article 541, la matière gracieuse.

En matière contentieuse, le terme jugement utilisé par l'article 540 comprend **toutes les décisions susceptibles de faire l'objet d'un appel ou d'une opposition**[6]. Cette décision doit avoir été rendue par défaut ou être réputée contradictoire. Le relevé de forclusion a pour objet de protéger celui qui n'a pas été informé de la décision ou celui qui a été dans l'impossibilité d'agir pendant les délais utiles.

AUSSI, **seuls les défendeurs défaillants peuvent bénéficier d'un relevé de forclusion**. Le jugement est rendu par défaut lorsque le défendeur ne comparaît pas, à condition que la décision soit rendue en dernier ressort et que la citation n'ait pas été délivrée à personne (C. pr. civ., art. 473, al. 1er). La décision est réputée contradictoire lorsqu'elle est susceptible d'appel ou lorsque la citation a été délivrée à la personne du défendeur (C. pr. civ., art. 473, al. 2). Le relevé de forclusion ne peut pas être accordé lorsque le jugement est contradictoire[7]. La procédure de relevé de forclusion n'est pas applicable en cas de contestation de la régularité de la signification[8].

113.212 Diversité des cas de relevé de forclusion.

– Le *premier cas de relevé de forclusion* prévu par l'article 540 suppose que le requérant démontre qu'il n'a **pas eu connaissance du jugement en temps utile** sans qu'il y ait de faute de sa part.

AINSI, il a été admis que cette condition était remplie lorsque le jugement a été signifié, non pas au siège social de la société défenderesse mais à celui d'une autre société dépendant du même groupe[9] ou encore lorsque le bénéfice de l'aide juridictionnelle, demandée en temps utile, n'a été accordé qu'après l'expiration du délai d'appel[10], lorsqu'une partie s'est pourvue en cassation contre un jugement déclaré à tort en dernier ressort[11], lorsque la boîte aux lettres d'un immeuble collectif est en mauvais état en raison des négligences et des dégradations qui ne sont pas du fait du requérant[12], en cas de signification à parquet sans recherches suffisantes[13], lorsqu'un avis de passage a été laissé sous le portillon d'une entrée secondaire[14].

Mais n'ont pas été admis l'inattention d'un plaideur qui avait formé treize appels au lieu de quatorze[15], la perte par une partie d'un pli égaré dans ses services[16],

1. Com. 28 avr. 1998, n° 95-16.044, NP; *JCP* 1998. II. 10168, note Perdriau.
2. Civ. 2e, 7 déc. 1994, n° 92-22.110, *Bull. civ.* II, n° 253 – Civ. 2e, 26 nov. 1980, n° 79-14.149, *Bull. civ.* II, n° 241 – Soc. 27 mai 1992, n° 88-41.049, *Bull. civ.* V, n° 339; *JCP* 1992. IV. 2102.
3. Civ. 1re, 18 juill. 1972, n° 70-13.717, *Bull. civ.* I, n° 188; *RTD civ.* 1973. 344, obs. Durry.
4. Civ. 1re, 16 sept. 2010, n° 09-14.580, NP; *JCP* 2011. 163, n° 80, note Hocquet-Berg.
5. Civ. 1re, 13 nov. 1997, n° 95-14.141, *Bull. civ.* II, n° 303; *D.* 1997. IR 259; *Procédures* 1998. Comm. 2, obs. Perrot.
6. Paris, 7 oct. 1991, *Bull. ch. avoués* 1993. I. 6, à propos d'un recours formé contre une décision de la COB.
7. Paris 19 nov. 1991, *Bull. ch. avoués* 1991. 181, n° 4.
8. Civ. 2e, 20 janv. 2011, n° 09-72.180, *Bull. civ.* II, n° 18; *D.* 2011. 386.
9. Versailles, 2 mars 1976, *D.* 1978. IR 365, obs. Julien.
10. Paris, 17 avr. 1991, *Bull. ch. avoués* 1991. II. 78.
11. Paris, 8 févr. 1991, *Bull. ch. avoués* 1991. I. 39.
12. Paris, 28 mai 1991, *Bull. ch. avoués* 1991. II. 79.
13. Paris, 28 nov. 1985, *Bull. ch. avoués* 1986. 80, n° 98.
14. Paris, 12 déc. 1984, *Bull. ch. avoués* 1985. 27, n° 93.
15. Paris, 8 avr. 1988, *Bull. ch. avoués* 1988. 2. 76.
16. Paris, 17 juin 1985, *Bull. ch. avoués* 1985. 4. 123.

l'acte de signification remis à un enfant de douze ans[1], le décès de l'avocat du défendeur[2]. Il a été jugé autrement en cas d'assassinat de l'avocat entraînant des investigations policières qui augmentent le désordre des dossiers[3].

Le défendeur ne doit pas avoir commis de faute. L'appréciation de la faute est abandonnée au pouvoir souverain des juges du fond.

Il a été jugé que constitue une faute[4] la négligence d'un requérant qui s'était rendu à l'étranger sans faire suivre son courrier et sans s'occuper de ses affaires pendant six mois. L'inattention[5], le défaut d'entretien d'une boîte aux lettres dans des installations privatives ont été retenus comme fautes[6].

– Le *deuxième cas de relevé de forclusion* est **l'impossibilité d'agir**. L'événement doit encore être **exclusif de la négligence** de celui qui demande le relevé de forclusion.

Le requérant qui invoque une hospitalisation temporaire[7] ou qui se désintéresse de la procédure, après une signification à parquet[8], ne justifie pas d'une impossibilité d'agir susceptible de fonder un relevé de forclusion.

Il faut que les **circonstances** qui l'ont empêché d'agir soient **étrangères à la volonté du requérant.** La notion d'impossibilité d'agir est **proche** de celle **de la force majeure** et elle est interprétée strictement pas la jurisprudence.

En matière gracieuse, l'article 541 prévoit que lorsqu'un intéressé n'a pu, sans faute de sa part, exercer dans le délai prescrit le recours ouvert contre une décision gracieuse, il peut être relevé de la forclusion dans les conditions prévues à l'article 540. La faute doit être appréciée comme en matière contentieuse.

B.
Procédure de relevé de forclusion

113.221 Déroulement de la procédure. La requête en relevé de forclusion doit être présentée au **premier président de la cour d'appel compétente** pour connaître de l'appel. Le premier président a une **compétence exclusive** pour se prononcer. Il est saisi comme en matière de référé (v. s[s] n°s 313.141 s.). Le défendeur doit présenter sa requête dans les formes prévues par les articles 484 et 485 du Code de procédure civile. Le premier président statue sans recours (C. pr. civ., art. 540). S'il est fait droit à la requête, le **délai d'appel** court à compter de la **date de l'ordonnance du premier président**. Il peut réduire le délai de recours ou fixer le jour pour lequel l'appelant devra citer son adversaire devant la cour mais il ne peut pas prolonger le délai légal de recours. Précisons que les **augmentations de délais**, prévues par les articles 642 à 644 du Code de procédure civile, sont applicables en la matière. La procédure est la même que le relevé de forclusion concerne la matière gracieuse ou la matière contentieuse (C. pr. civ., art. 541).

1. Paris, 29 juin 1990, *Bull. ch. avoués* 1990. 3. 103.
2. Paris, 18 janv. 1985, *Bull. ch. avoués* 1985. 1. 27.
3. Paris, 2 déc. 1987, *JCP* 1988. II. 21106, note Assouline.
4. Aix-en-Provence, 8 mai 1978, *Gaz. Pal.* 1978. 2. Somm. 383.
5. Paris, 8 avr. 1988 (préc. s[s] prés[t] n[o]).
6. Paris, 7 juin 1993, *Bull. ch. avoués* 1993. 4. 150.
7. Paris, 20 janv. 1975, *Gaz. Pal.* 1975. 2. 675.
8. Paris, 5 juill. 1974, *Gaz. Pal.* 1974. 2. 851 ; *RTD civ.* 1975. 159, obs. Perrot.

TITRE

12. Les effets de l'appel

SECTION 0

ORIENTEUR

12.00 Plan du titre.

12.01 Division. L'appel remet en question la chose jugée en première instance, la cour aura connaissance de l'entier litige et devra statuer en fait et en droit. Aussi, le délai d'appel et l'appel suspendent, en principe, l'exécution de la décision rendue en première instance. Ainsi en procédure civile l'appel produit deux effets : l'effet suspensif (chap. 121) et l'effet dévolutif (chap. 122). L'évocation, exception au principe du double degré de juridiction, s'oppose à l'effet dévolutif et permet, dans certains cas, à la cour d'appel de trancher des questions qui n'ont pas été jugées en première instance (chap. 123).

CHAPITRE

121. Effet suspensif

SECTION 0
ORIENTEUR

121.00 Plan du chapitre.

121.01 Textes applicables.

TEXTES CITÉS

> Effet suspensif de l'appel
C. pr. civ., art. 500, 526 et 539

TEXTES CITÉS REPRODUITS *IN EXTENSO*

> Effet suspensif de l'appel
[C. pr. civ., art. 500, 526 et 539]

C. pr. civ., art. 500

À force de chose jugée le jugement qui n'est susceptible d'aucun recours suspensif d'exécution.

Le jugement susceptible d'un tel recours acquiert la même force à l'expiration du délai du recours si ce dernier n'a pas été exercé dans le délai.

C. pr. civ., art. 526

Lorsque l'exécution provisoire est de droit ou a été ordonnée, le premier président ou, dès qu'il est saisi, le conseiller de la mise en état peut, en cas d'appel, décider, à la demande de l'intimé et après avoir recueilli les observations des parties, la radiation du rôle de l'affaire lorsque l'appelant ne justifie pas avoir exécuté la décision frappée d'appel ou avoir procédé à la consignation autorisée dans les conditions prévues à l'article 521, à moins qu'il lui apparaisse que l'exécution serait de nature à entraîner des conséquences manifestement excessives ou que l'appelant est dans l'impossibilité d'exécuter la décision.

Le premier président ou le conseiller chargé de la mise en état autorise, sauf s'il constate la péremption, la réinscription de l'affaire au rôle de la cour sur justification de l'exécution de la décision attaquée.

C. pr. civ., art. 539

Le délai de recours par une voie ordinaire suspend l'exécution du jugement. Le recours exercé dans le délai est également suspensif.

121.02 Jurisprudence de référence.

> Expulsion – Décision l'ordonnant – Appel – Effet suspensif – Confirmation – Effet

• **Civ. 2e, 5 avr. 1994, n° 92-19.808,** *Bull. civ.* II, n° 114

* V. s^s n° 121.31

« L'effet suspensif de l'appel ne porte aucune atteinte aux droits résultant pour l'intimé des condamnations prononcées par le jugement frappé d'appel lorsqu'il est confirmé ; l'arrêt confirmatif n'ayant pas fixé un nouveau délai, le délai courait de la signification du jugement prononçant l'expulsion ».

> Astreinte définitive – Condamnation – Point de départ – Jugement confirmé en appel

• **Civ. 2e, 11 juin 1997, n° 95-13.961,** *Bull. civ.* II, n° 170

* V. ss n° 121.42

« L'astreinte ne commence à courir, en cas de confirmation du jugement non exécutoire qui en était assorti qu'à compter du jour où l'arrêt devient exécutoire, à moins que les juges d'appel ne fixent un point de départ postérieur ».

> Décision exécutoire de plein droit par provision – Définition – Jugement accordant une provision

• **Civ. 2e, 18 nov. 1999, no 97-12.709,** *Bull. civ.* II, no 170

* V. ss no 121.101

« Les condamnations au paiement d'une provision prononcées par les juges du fond sont exécutoires de droit à titre provisoire ».

> Décision ordonnant une mesure d'instruction – Exécution provisoire de plein droit (non)

• **Civ. 2e, 27 juin 1990, no 89-13.364,** *Bull. civ.* II, no 147

* V. ss no 121.101

« Il ne résulte d'aucun texte que la décision prescrivant une expertise bénéficie de plein droit de l'exécution provisoire ».

> Exécution – Définition – Étendue – Portée

• **Cass., ass. plén., 24 févr. 2006, no 05-12.679,** *Bull. ass. plén.*, no 2

* V. ss no 121.112

« L'exécution d'une décision de justice exécutoire à titre provisoire n'a lieu qu'aux risques de celui qui la poursuit, à charge par lui, si le titre est ultérieurement modifié, d'en réparer les conséquences dommageables. Viole l'article 31 de la loi no 91-650 du 9 juillet 1991 [devenu C. pr. exéc., art. L. 111-10], la cour d'appel qui, pour rejeter la demande d'indemnisation formée par la partie ayant exécuté une décision exécutoire à titre provisoire ultérieurement infirmée, retient que le bénéficiaire de cette décision n'a effectué aucun acte d'exécution forcée, alors que l'ordonnance de référé concernée ayant été signifiée à la requête de son bénéficiaire, la partie condamnée était tenue de l'exécuter ».

> Intérêt légal – Dette d'une somme d'argent – Point de départ – Sommes détenues en vertu d'une décision de justice exécutoire

• **Cass., ass. plén., 3 mars 1995, no 91-19.497,** *Bull. ass. plén.*, no 1

* V. ss no 121.112

« La partie qui doit restituer une somme qu'elle détenait en vertu d'une décision de justice exécutoire n'en doit les intérêts au taux légal qu'à compter de la notification, valant mise en demeure, de la décision ouvrant droit à restitution ».

> Dispositions de l'article 526 du code de procédure civile – Nature juridique de la décision

• **Civ. 2e, 18 juin 2009, no 08-15.424,** *Bull. civ.* II, no 167

* V. ss no 121.122

« La décision de radiation prise par le conseiller de la mise en état, sur le fondement de l'article 526 du Code de procédure civile, constituant une mesure d'administration judiciaire, une cour d'appel en déduit exactement, sans violer l'article 6 § 1 de la Convention de sauvegarde des droits de l'homme et des libertés fondamentales, que cette décision n'est pas susceptible de recours et ne peut lui être déférée ».

121.03 Bibliographie indicative.

Actualisables. *J.-Cl. Pr. civ.*, fasc. 717-4 [Appel. Évocation], par H. Ouaissi, actu. par M. Douchy-Oudot; fasc. 718 [Appel. Effet dévolutif], par C. Giverdon, actu. par L. Camensuli-Feuillard et M. Douchy-Oudot; fasc. 719 [Appel. Effet dévolutif. Prétentions nouvelles], par C. Giverdon, actu. par L. Camensuli-Feuillard et M. Douchy-Oudot – Rép. pr. civ., Vo *Appel*, par F. Ferrand, mars 2012 [actu. avr. 2015], nos 835 à 884.

Ouvrages. C. Brenner et N. Fricero, *La nouvelle procédure d'appel*, 2e éd., Lamy, 2011, p. 38 – J.-L. Gallet, *La procédure civile devant la cour d'appel*, 3e éd., LexisNexis, 2014, p. 109 – Ph. Gerbay et N. Gerbay, *Guide du procès civil en appel 2016*, LexisNexis, 2015, fiches nos 42, 43, 44, 45, 46 – S. Guinchard (dir.), Dalloz action *Droit et pratique de la procédure civile*, 2014/2015, nos 543.11 à 543.15, par J. Pellerin – P. Hoonakker, *L'effet suspensif des voies de recours dans le Nouveau Code de procédure civile*, thèse, Strasbourg, 1988.

Articles. G. Barthélemy, J. Berthel, L. Marec et C. Yvars, « Le régime de l'exécution des arrêts frappés d'appel », *in Journées d'études, Procédure civile et droit comparé, Cah. CDPC* no 8, 2011. 77 s. – L. Cadiet, « Feu l'exécution immédiate des jugements, regrets de la France du milieu », *JCP* 2002. I. 1489 – J.-M. Coulon, « Restaurer l'autorité du juge de première instance », *Mél. J. Buffet, La procédure dans tous ses états, LPA*, 2004, p. 171 – F. Ferrand, « L'exécution provisoire en France et en RFA », *Gaz. Pal.* 16 mai 1987 – E. Fischer-Achoura, « La conformité à la Constitution d'une réforme de l'appel civil », *Cah. Cons. const.* 2004, no 16, p. 131 – P. Gerbay, « La procédure d'appel dans le tourbillon des réformes », *RJ com.* 2007. 9 – F. Granet-Lambrechts, « La portée de l'effet suspensif de l'appel et du pourvoi en cassation au regard des mesures accessoires au divorce », *Gaz. Pal.* 1983. 1. Doctr. 252 – S. Guinchard, « Un bon exemple de la France d'en haut contre la France d'en bas : le projet de suppression de l'effet suspensif de l'appel », *LPA* 2002, no 112, p. 4 – Ph. Hoonakker, « L'exécution immédiate ou de l'incohérence à la cohérence du droit à l'exécution », *in La justice civile au XXIe siècle. Mél. P. Julien*, Édilaix, 2003, p. 209 – T. Le Bars, « Vers une suppression de l'effet suspensif de l'appel ? », *D.* 2002. 1987 – C. Lefort, « L'appel des décisions du JEX dans le droit des procédures civiles d'exécution », *in La justice civile au XXIe siècle. Mél. P. Julien*, Édilaix, 2003, p. 230 – J.-C. Magendie, « L'exécution immédiate des décisions de justice, l'injuste critique d'une réforme nécessaire », *D.* 2002. Point de vue 2411 – J. Moury, « De la règle de l'effet suspensif de l'appel en matière civile », *in Justice et droits fondamentaux : études offertes à Jacques Normand*, Litec, 2003, p. 353.

121.04 Questions essentielles.

> Quelle est l'étendue du principe de l'effet suspensif ?

* V. ss no 121.11

> Quelle est l'incidence de l'exercice d'une voie de recours suspensive sur la chose jugée ?

* V. ss no 121.21

> Quelles sont les conséquences de la rétroactivité d'un arrêt confirmatif ?

* V. ss no 121.31

> Quelles sont les hypothèses d'exécution provisoire du jugement ?

* V. ss nos 121.80 s.

> Quelles sont les sanctions en cas d'exécution d'une décision exécutoire par provision ?

* V. ss nos 121.80 s.

121.05 **Formulaire de procédure civile (renvois).** *Appel – Référé (cour d'appel),* (Assignation à fin d'arrêter l'exécution provisoire)

121.09 **Aperçu général.** Exercice d'une voie de recours ordinaire, l'appel produit un **effet suspensif** puisqu'il remet le fond en question[1]. Il est alors naturel que soit écartée l'exécution immédiate du jugement frappé d'appel. Mais plusieurs mécanismes permettent de tenir ce principe en échec. Les **premiers juges** peuvent, d'office ou à la demande des parties, ordonner l'**exécution provisoire** à condition qu'elle ne soit pas interdite par la loi. Si elle a été refusée, si elle n'a pas été demandée ou encore si le juge a omis de statuer, l'exécution provisoire pourra être demandée en cas d'appel au **premier président statuant en référé** ou, dès qu'il est saisi, au **magistrat chargé de la mise en état** (C. pr. civ., art. 525 et 525-1 – V. s[s] n° 311.91). En outre, depuis une trentaine d'années, le législateur multiplie les **exceptions au principe de l'effet suspensif**.

AINSI PAR EXEMPLE, les appels contre les ordonnances de référé ou les décisions ordonnant des mesures provisoires ou encore, en matière d'arbitrage international, le recours en annulation formé contre la sentence et l'appel contre l'ordonnance ayant accordé l'*exequatur* ne sont pas suspensifs.

Et si les plaideurs sont tentés d'interjeter appel pour gagner du temps et éviter une exécution immédiate, cette **manœuvre dilatoire** peut être contrée par un certain nombre d'**armes offertes à la partie gagnante :** solliciter une fixation de l'affaire par priorité, faire ordonner l'exécution provisoire, obtenir des dommages-intérêts en cas de condamnation de l'appelant à une amende civile qui peut être prononcée contre lui pour appel dilatoire ou abusif (C. pr. civ., art. 559).

D'aucuns ont pourtant projeté de supprimer l'effet suspensif de l'appel pour lutter de manière radicale contre les manœuvres dilatoires et en même temps contre l'encombrement du rôle des cours d'appel. AINSI, le rapport Coulon[2] proposait, à la suite d'un rapport de la conférence des premiers présidents de cours d'appel de 1995, que les jugements rendus en première instance bénéficient de plein droit de **l'exécution immédiate.** Un projet de décret « *portant diverses dispositions de procédure civile et relatif à la procédure de répartition du prix de vente du fonds de commerce* », en date du 2 avril 2002, devait susciter une controverse doctrinale à propos de l'exécution immédiate. Ce texte, soutenu par quelques magistrats et quelques universitaires, prévoyait que les décisions de première instance seraient exécutoires de plein droit immédiatement. Mais la grande majorité de la doctrine demeurait favorable au principe de l'effet suspensif de l'appel[3] en raison des **dangers de l'exécution immédiate.** En effet, admettre le principe d'une exécution immédiate revient à « *poser comme prémisse que le jugement ne sera pas infirmé* »[4]. Or en cas d'infirmation et d'impossibilité de restitution, le plaideur lésé devra engager la responsabilité de l'État pour fonctionnement défectueux du service public de la Justice. L'exécution immédiate des jugements risque de créer des **contentieux parallèles** : celui de la responsabilité de l'État et celui relatif aux demandes d'arrêt d'exécution immédiate. Lorsque plus de la moitié des arrêts rendus par les cours d'appel infirment, au moins partiellement, les jugements déférés[5], supprimer l'effet suspensif de l'appel impliquerait de relever au préalable la qualité des jugements rendus en première instance, notamment en réduisant les recours au juge unique et en généralisant l'échevinage dans les juridictions qui ne sont pas composées de magistrats de carrière.

À la faveur d'un changement de gouvernement, le projet de décret de 2002 a été abandonné mais un nouveau rapport déposé en 2004 par une commission présidée par M. Magendie, devait formuler « *le vœu que soit posé le principe d'une exécution de plein droit des jugements de première instance* »[6]. Tou-

1. G. Cornu et J. Foyer, *Procédure civile,* 3e éd., Thémis, 1996, n° 147, p. 609.
2. J.-M. Coulon, M.-N. Teiller et E. Serrand, *Réflexions et propositions sur la procédure civile,* rapport au ministre de la Justice, Doc. fr., déc. 1997.
3. EN FAVEUR DU PROJET : L. Cadiet, « Feu l'exécution immédiate des jugements. Regrets de la France du milieu », *JCP* 2002. 1489; « L'exécution des jugements, entre tensions et tendances », *in La justice civile au XXIe siècle. Mél. P. Julien*, Édilaix, 2003, p. 49, spéc. n°s 16 s. – J.-M. Coulon, « Quelques remarques sur un projet de décret de procédure civile », *LPA* 2004, n° 125, p. 4 – J.-C. Magendie, « L'exécution immédiate des décisions de justice : l'injuste critique d'une réforme nécessaire », *D.* 2002. 2411.
CONTRE LE PROJET : S. Guinchard, « Un bon exemple de la France d'en haut contre la France d'en bas : le projet de suppression de l'effet suspensif de l'appel », *LPA* 2002, n° 102, p. 4; « Pour une exécution provisoire à visage humain et le droit de libre critique des choses de la justice », *LPA* 2002, n° 215, p. 7 – T. Le Bars, « Vers une suppression de l'effet suspensif de l'appel ? », *D.* 2002. 1987 – J. Moury, « De la règle de l'effet suspensif de l'appel en matière civile », *Justice et droits fondamentaux : études offertes à Jacques Normand*, Litec, 2003, p. 353 – J. Villacèque, « Vers une suppression de l'effet suspensif de l'appel ? », *D.* 2002. 1989.
4. J. Moury, « De la règle de l'effet suspensif de l'appel en matière civile », préc. s[s] prés[t] n°, p. 360.
5. D. d'Ambra et A.-M. Boucon, « Le décret du 9 décembre 2009 et la gestion des flux du contentieux judiciaire », *D.* 2010. 1093.
6. J.-C. Magendie, *Célérité et qualité de la justice. La gestion du temps dans le procès*, rapport au garde des Sceaux, ministre de la Justice, 15 juin 2004, p. 62.

tefois le décret du 28 décembre 2005[1] n'a pas retenu la proposition de la première commission Magendie et a opté, pour lutter contre les manœuvres dilatoires des appelants, pour un mécanisme inspiré de l'article 1009-1 du Code de procédure civile qui prévoit la **radiation d'une affaire** par le premier président de la Cour de cassation lorsque le demandeur ne justifie pas avoir exécuté la décision frappée de pourvoi, à moins qu'il ne lui apparaisse que l'exécution est de nature à entraîner des conséquences manifestement excessives ou que le demandeur est dans l'impossibilité d'exécuter la décision. C'est ainsi que l'article 526 du Code de procédure civile, modifié par le décret du 28 décembre 2005, dispose que « *lorsque l'exécution provisoire est de droit ou a été ordonnée, le premier président ou, dès qu'il est saisi, le conseiller de la mise en état peut, en cas d'appel, décider, à la demande de l'intimé et après avoir recueilli les observations des parties, la radiation du rôle de l'affaire lorsque l'appelant ne justifie pas avoir exécuté la décision frappée d'appel ou avoir procédé à la consignation autorisée dans les conditions prévues à l'article 521, à moins qu'il lui apparaisse que l'exécution est de nature à entraîner des conséquences manifestement excessives ou que l'appelant est dans l'impossibilité d'exécuter la décision. Le premier président ou le conseiller de la mise en état autorise, sauf s'il constate la péremption, la réinscription de l'affaire au rôle de la cour sur justification de l'exécution de la décision attaquée* ». Il apparaît que le principe de l'effet suspensif (sect. 1) subit d'importantes atteintes (sect. 2).

SECTION 1
PRINCIPE

§ 1
Contenu du principe

121.10 Division. Pour préciser le contenu du principe, il faut distinguer exécution (B) et autorité de chose jugée (B).

A.
Effet suspensif et exécution

121.11 Affirmation du principe. Plusieurs textes énoncent le principe de l'effet suspensif de l'appel.

L'article 539 du Code de procédure civile dispose que : « *Le délai de recours par une voie ordinaire suspend l'exécution du jugement. Le recours exercé dans le délai est également suspensif* ».

L'article 500 alinéa 2 du même code précise qu'un jugement susceptible d'un recours suspensif acquiert force de chose jugée à l'expiration du délai de recours si ce dernier n'a pas été exercé dans le délai.

Enfin, l'article 569 ajoute que l'exécution des jugements improprement qualifiés en dernier ressort, peut être arrêtée par le juge d'appel à tout moment de l'instance.

AINSI, non seulement le délai de l'appel mais l'exercice de celui-ci suspendent l'exécution du jugement. Le jugement doit-il avoir été interjeté dans le délai légal pour que joue l'effet suspensif ? La jurisprudence avait considéré que l'effet suspensif jouait même si l'appel était irrecevable[2] mais la rédaction de l'article 558 de l'ancien Code de procédure civile précisant que l'appel interjeté « *dans le délai légal* » était suspensif, avait fait naître un doute sur le maintien de la jurisprudence des chambres réunies de la Cour de cassation. L'article 539 de l'actuel Code de procédure civile n'a pas repris l'expression « *délai légal* » de sorte que **l'effet suspensif n'est pas subordonné à la validité de l'appel**[3]. Il s'applique aux condamnations principales et aux condamnations accessoires (dépens, condamnation aux frais irrépétibles...).

121.12 Conséquences du principe. Il résulte du principe que l'exécution d'un jugement est subordonnée à la **preuve** de son **caractère exécutoire**.

AINSI, l'article 504 du Code de procédure civile précise que « *la preuve du caractère exécutoire ressort du jugement lorsque celui-ci n'est susceptible d'aucun recours suspensif ou qu'il bénéficie de l'exécution provisoire* ». Le texte ajoute que dans les autres cas « *la preuve résulte soit de l'acquiescement de la partie condamnée* », soit « *de la notification de la décision et d'un certificat permettant d'établir par rapprochement avec cette notification, l'absence dans le délai, d'une opposition, d'un appel ou d'un pourvoi en cassation lorsque le pourvoi est suspensif.* » L'article 505 indique comment se procurer une telle preuve : « *Toute partie peut se faire délivrer par le secrétaire de la juridiction devant laquelle le recours pouvait être formé un certificat attestant l'absence d'opposition, d'appel ou de pourvoi en cassation ou indique la date du recours s'il en a été formé un* ».

La suspension de l'exécution ne prive pas la décision de première instance de toute efficacité. Une décision, même frappée d'appel, peut justifier la

1. Décr. n° 2005-1678, 28 déc. 2005, relatif à la procédure civile, à certaines procédures d'exécution et à la procédure de changement de nom, *JO* 29 déc., p. 20350.
2. Cass., ch. réun., 12 juin 1909, *S.* 1910. 1. 545.
3. Rép. pr. civ., V° *Appel*, par F. Ferrand, mars 2012 [actu. avr. 2015], n° 848.

prise de mesures conservatoires[1]. La mesure conservatoire produit tous ses effets lorsque la cour confirme la décision frappée d'appel[2].

B.
Effet suspensif et autorité de chose jugée

121.21 Quelle est l'incidence de l'exercice d'une voie de recours suspensive sur la chose jugée ? Comme l'observe Perrot, le jugement frappé d'appel « *continue à avoir autorité de chose jugée, aussi bien sous la forme négative d'une fin de non-recevoir s'opposant à toute nouvelle demande identique, que sous la forme positive d'un moyen de preuve que l'on s'efforce d'en tirer* ». La Cour de cassation a en effet jugé que « *si la décision frappée d'appel ne peut servir de base à une demande en justice tendant à la réalisation des effets qu'elle comporte, elle n'en subsiste pas moins et ne peut être remise en cause tant qu'elle n'a pas été réformée* »[3]. Il ne faut pas confondre autorité de chose jugée et force exécutoire. **L'effet suspensif ne concerne que l'exécution du jugement**, il ne touche pas l'autorité de chose jugée. Cette autorité subsiste tant que la décision n'est pas infirmée[4].

AINSI un jugement, nonobstant l'appel, confère immédiatement au gagnant la qualité de créancier de sorte que celui-ci peut, si les conditions sont réunies, intenter une action paulienne contre les actes frauduleux passés par le perdant au cours de l'instance d'appel[5].

§ 2
Limites au principe

121.30 Division. Le caractère rétroactif de la décision, en cas de confirmation, a posé des difficultés lorsqu'un délai pour exécuter une obligation a été fixé par le premier juge (A), en matière d'astreinte (B) et d'intérêts moratoires (C).

A.
Confirmation et rétroactivité de la décision

121.31 Effet suspensif et confirmation ultérieure du jugement. Une jurisprudence ancienne mais constante affirme que lorsque le jugement frappé d'appel est confirmé les **droits** qu'il reconnaissait à l'intimé lui sont **rétroactivement acquis**, sans prendre en compte l'effet suspensif de l'appel[6]. Aussi, en cas de confirmation pure et simple, les condamnations, y compris les intérêts, devront être exécutés[7].

Cette solution a posé des **difficultés pratiques**, notamment lorsque le juge de première instance a ordonné un **délai pour exécuter une obligation**. En effet l'acte d'appel n'interrompt pas le délai imparti par les juges de première instance et ne recule pas le point de départ de ce délai en cas de confirmation pure et simple du jugement[8].

AINSI dans une affaire où un juge d'instance avait validé un congé et ordonné l'expulsion du locataire dans le délai d'un mois à compter de la signification du jugement pour s'acquitter de sa dette et avait précisé qu'au-delà de ce délai la résiliation et l'expulsion interviendraient si le locataire n'avait pas payé nonobstant l'effet suspensif de l'appel, en confirmant purement et simplement ce jugement, la cour d'appel n'a pas accordé un nouveau délai au preneur. Et la Cour de cassation a cassé l'arrêt confirmant l'ordonnance de référé, qui avait qualifié l'expulsion effectuée trois jours après la signification de l'arrêt de voie de fait, au motif « *qu'en se déterminant ainsi, alors que l'arrêt confirmatif n'avait pas fixé un nouveau délai, de telle sorte que le délai courait de la signification du jugement prononçant l'expulsion, la cour d'appel a porté atteinte aux droits qui résultaient, pour l'intervenant volontaire, du jugement confirmé* »[9].

L'appelant qui succombe en appel et qui, profitant de l'effet suspensif n'a pas exécuté l'obligation mise à sa charge dans un certain délai, ne peut plus régulariser la situation. Il n'en est autrement que si la cour infirme au moins partiellement la décision et accorde un nouveau délai au débiteur pour s'exécuter.

B.
Astreinte

121.41 Solutions antérieures au décret du 31 juillet 1992[10]. La jurisprudence avait appliqué

1. Req. 31 déc. 1867, *DP* 1868. 1. 219 – Civ. 2e, 18 févr. 1981, no 78-10.799, *Bull. civ.* II, no 36; *Gaz. Pal.* 1981. 316, note Viatte.
2. Civ. 3e, 15 mai 1974, *D.* 1975. 147, note Franck; *RTD civ.* 1975. 780, obs. Perrot.
3. Civ. 1re, 11 juin 1991, no 88-18.130, *Bull. civ.* I, no 189; *RTD civ.* 1992. 187, obs. Perrot.
4. Com. 5 avr. 2011, no 10-14.080, NP; *Procédures* 2011. Comm. 219, obs. Perrot.
5. Req. 15 nov. 1939, *DH* 1940. 40.
6. Civ. 2e, 5 avr. 1994, no 92-19.808, *Bull. civ.* II, no 114; *JCP* 1995. II. 22381, note du Rusquec; *RTD civ.* 1995. 190.
7. Com. 3 juin 1981, no 80-10.243, *Bull. civ.* IV, no 262 – Com. 16 févr. 1967, *JCP* 1967. II. 15079, note J. A.
8. Civ. 2e, 3 déc. 1969, *JCP* 1970. IV. 5660, obs. J. A.; *RTD civ.* 1970. 411, obs. Raynaud – Civ. 2e, 5 avr. 1994, no 92-19.808, *Bull. civ.* II, no 114; *RTD civ.* 1995. 190, obs. Perrot.
9. Civ. 2e, 5 avr. 1994, no 92-19.808, P (préc. ss prést no).
10. Décr. no 92-755, 31 juill. 1992, instituant de nouvelles règles relatives aux procédures civiles d'exécution pour l'application de la loi no 91-650 du 9 juillet 1991 portant réforme des procédures civiles d'exécution, *JO* 5 août, p. 10530.

la **rétroactivité** en cas de **confirmation** d'un jugement condamnant à une **astreinte.** Elle avait ainsi jugé que c'est à la date du jugement confirmé ou de sa signification que courent les intérêts moratoires et les astreintes [1]. La Cour de cassation rappelait en effet que l'effet suspensif ne peut pas atteindre les droits de l'intimé et appliquait la solution de la rétroactivité en cas de confirmation pure et simple du jugement.

121.42 Solutions postérieures au décret du 31 juillet 1992. L'article 51 du décret du 31 juillet 1992 (devenu C. pr. exéc., art. R. 131-1) a prévu que :

« *L'astreinte prend effet à la date fixée par le juge, laquelle ne peut pas être antérieure au jour où la décision portant obligation est devenue exécutoire.*

Toutefois, elle peut prendre effet dès le jour de son prononcé si elle assortit une décision qui est déjà exécutoire ».

À la suite de ce texte, la jurisprudence a jugé qu'en cas de confirmation du jugement non exécutoire par provision, l'astreinte ne peut commencer à courir que du jour à compter duquel l'arrêt confirmatif est devenu exécutoire [2]. Il faut désormais distinguer, pour le régime de l'astreinte, **selon que le jugement confirmé était exécutoire ou pas.**

S'il n'était pas exécutoire, l'astreinte court à compter de **l'arrêt.**

Si le jugement était exécutoire, l'astreinte court à compter du **jugement frappé d'appel** en cas de **confirmation** de ce dernier. Et ce point de départ de l'astreinte n'est pas modifié lorsque le premier président de la cour d'appel a suspendu l'exécution provisoire du jugement assorti de l'astreinte [3].

En cas de **désistement** d'un appel contre un jugement assorti d'une astreinte, le point de départ de l'astreinte court à compter du désistement qui produit immédiatement son effet extinctif [4].

C.
Intérêts moratoires

121.51 Point de départ des intérêts moratoires en cas de confirmation. Ils sont dus à compter du **jugement confirmé.** Mais la loi du 5 juillet 1985 [5] a introduit un article 1153-1 dans le Code civil prévoyant qu'en « *cas de confirmation pure et simple par le juge d'appel d'une décision allouant une indemnité en réparation d'un dommage, celle-ci porte de plein droit intérêt au taux légal à compter du jugement de première instance. Dans les autres cas, l'indemnité allouée en appel porte intérêt à compter de la décision d'appel. Le juge d'appel peut toujours déroger aux dispositions du présent alinéa* ». Le juge est donc libre qu'il s'agisse ou non de la réparation d'un dommage.

121.52 Majoration de l'intérêt légal. L'article L. 313-3 du Code monétaire et financier dispose qu'en « *cas de condamnation pécuniaire par décision de justice, le taux de l'intérêt légal est majoré de cinq points à l'expiration d'un délai de deux mois à compter du jour où la décision de justice est devenue exécutoire, fût-ce par provision. Cet effet est attaché de plein droit au jugement d'adjudication sur saisie immobilière, quatre mois après son prononcé. Toutefois, le juge de l'exécution peut, à la demande du débiteur ou du créancier, et en considération de la situation du débiteur, exonérer celui-ci de cette majoration ou en réduire le montant* ».

SECTION 2
ATTEINTES AU PRINCIPE

121.60 Division. L'effet suspensif de l'appel est tenu en échec par l'exécution provisoire (§ 1). Mais pour renforcer l'effectivité de cette exécution, le décret du 28 décembre 2005 [6], modifiant l'article 526 du Code de procédure civile, a prévu la radiation du rôle de l'affaire lorsque l'appelant n'a pas justifié avoir exécuté la décision frappée d'appel (§ 2).

§ 1
Exécution provisoire

121.70 Généralités. Si le principe de l'effet suspensif de l'appel demeure, force est de constater que le législateur depuis une trentaine d'années multiplie les exceptions au principe de l'effet suspensif, les cas d'exécution provisoire de plein droit sont de plus en plus nombreux (A). Aussi il a été nécessaire de poser un certain nombre de limites pour éviter les abus en matière d'exécution provisoire (B).

1. Civ. 1re, 17 juill. 1951, *Bull. civ.* I, n° 224 – Civ. 2e, 15 déc. 1955, *Bull. civ.* II, n° 590 – Civ. 2e, 23 avr. 1986, n° 84-14.442, *Bull. civ.* II, n° 59 ; *D.* 1986. IR 221, obs. Julien.
2. Civ. 2e, 11 juin 1997, n° 95-13.961, *Bull. civ.* II, n° 170 ; *D.* 1997. 536 ; *RTD civ.* 1997. 743, obs. Perrot – Civ. 2e, 9 déc. 1997, n° 95-20.144, *Bull. civ.* II, n° 307 ; *D.* 1998. 35 – Civ. 2e, 22 mars 2001, n° 98-21.560, *Bull. civ.* II, n° 58 ; *Rev. huiss.* 2001. 244, obs. Hoonakker ; *D.* 2001. 1213 ; *RTD civ.* 2001. 661, obs. Perrot.
3. Civ. 2e, 8 avr. 1999, n° 96-20.755, NP ; *Procédures* 1999. Comm. 147, obs. Perrot.
4. Civ. 2e, 8 juill. 2004, n° 02-15.921, *Bull. civ.* II, n° 354 ; *D.* 2004. 2544 ; *RTD civ.* 2004. 767, obs. Perrot.
5. L. n° 85-677, 5 juill. 1985, tendant à l'amélioration de la situation des victimes d'accidents de la circulation et à l'accélération des procédures d'indemnisation, *JO* 6 juill., p. 7584.
6. Décr. n° 2005-1678, 28 déc. 2005, relatif à la procédure civile, à certaines procédures d'exécution et à la procédure de changement de nom, *JO* 29 déc., p. 20350.

A.
Cas

121.80 **Division.** Il résulte de l'article 514 alinéa 1er du Code de procédure civile que l'exécution provisoire ne peut pas être poursuivie sans avoir été ordonnée sauf pour les décisions qui en bénéficient de plein droit. Ainsi, l'exécution provisoire doit avoir été ordonnée (1°), à moins qu'elle ne soit prévue par la loi (2°).

1°
Exécution provisoire ordonnée

a)
Exécution provisoire ordonnée en première instance

121.81 **Conditions.** L'article 515 du Code de procédure civile dispose que « *hors les cas où elle est de droit, l'exécution provisoire peut être ordonnée, à la demande des parties ou d'office, chaque fois que le juge l'estime nécessaire et compatible avec la nature de l'affaire, à condition qu'elle ne soit pas interdite par la loi. Elle peut être ordonnée pour tout ou partie de la condamnation* ». Le décret du 28 décembre 2005 a supprimé la dernière proposition de l'article 515 qui prévoyait qu'en aucun cas l'exécution provisoire ne pouvait être ordonnée pour les dépens.

Désormais **tous les chefs du jugement** peuvent bénéficier de l'exécution provisoire mais **le juge peut** décider de **la limiter** à certaines condamnations. Les conditions de l'exécution provisoire sont souples et offrent aux juges un large **pouvoir d'appréciation**. La Cour de cassation n'exerce **pas de contrôle sur la motivation** de l'exécution provisoire[1]. Les cas où l'exécution provisoire est **interdite** par la loi sont assez rares, il s'agit par exemple du prononcé du divorce ou de la condamnation à une prestation compensatoire. L'article 516 prévoit que l'exécution provisoire ne peut être **ordonnée que par la décision qu'elle est destinée à rendre exécutoire**, sous réserve des articles 525 et 525-1 (et non 526, comme indiqué à l'article 516 qui n'a pas été mis à jour) qui accordent des pouvoirs en la matière au premier président de la cour d'appel et au conseiller de la mise en état. AINSI en première instance, seul l'auteur de la décision judiciaire peut ordonner l'exécution provisoire. Il peut le faire d'office ou à la demande d'une partie. L'article 516 implique une temporalité : c'est la décision qu'elle est destinée à rendre exécutoire qui doit ordonner l'exécution provisoire.

1. Civ. 2e, 10 mars 1982, n° 80-16.853, *Bull. civ.* II, n° 41.

b)
Exécution provisoire ordonnée en appel

121.91 **Juges compétents.** Il résulte des articles 525 et 525-1 du Code de procédure civile que la compétence pour ordonner l'exécution provisoire en appel est partagée entre le **premier président** et le **conseiller de la mise en état**. Le premier président est compétent de l'acte d'appel jusqu'au dessaisissement de la cour, à moins que dans l'intervalle un conseiller de la mise en état ne soit désigné. Dans ce cas, le magistrat de la mise en état est seul compétent jusqu'à son dessaisissement pour ordonner l'exécution provisoire (v. ss n° 311.91).

121.92 **Cas de compétence.** L'article 525 du Code de procédure civile prévoit que lorsque l'exécution provisoire a été **refusée** elle ne peut être demandée, en cas d'appel, qu'à condition qu'il y ait **urgence**. L'urgence susceptible de justifier l'exécution provisoire ne résulte pas, même implicitement, de l'ordonnance d'un premier président qui se borne à énoncer, à l'occasion d'un litige opposant un syndicat des copropriétaires à des promoteurs, à des architectes et à des entrepreneurs, que les motifs pour lesquels l'exécution provisoire a été ordonnée par les premiers juges contre les seuls promoteurs conduisent nécessairement à assortir de l'exécution provisoire les condamnations prononcées contre l'architecte et l'entrepreneur appelé à les garantir, lesquels ne démontrent pas le caractère excessif des difficultés qu'ils pourraient rencontrer pour poursuivre la restitution des sommes versées en cas d'infirmation du jugement[2]. Il appartient au premier président ou au conseiller de la mise en état **de rechercher si l'urgence rend l'exécution provisoire nécessaire** eu égard aux circonstances de la cause. Si la décision se fonde sur des considérations d'ordre général elle est entachée de défaut de base légale[3].

EN REVANCHE, l'article 525-1 prévoit que **lorsque l'exécution provisoire n'a pas été demandée**, ou si, l'ayant été, le juge a omis de statuer, elle ne peut être demandée, en cas d'appel, qu'au premier président statuant en référé ou dès lors qu'il est saisi au magistrat chargé de la mise en état. **Ce texte** qui vise les hypothèses dans lesquelles le juge de première instance ne s'est pas prononcé sur l'exécution provisoire, **n'est pas soumis à la condition de l'urgence**. Le premier président ou le conseiller de la mise en état dispose d'un **pouvoir discrétionnaire** pour assortir le jugement de l'exécution provisoire[4].

2. Civ. 2e, 3 mai 1983, *Gaz. Pal.* 1983. 2. Pan. 258.
3. Civ. 3e, 17 juin 1992, n° 90-70.142, NP; *JCP* 1992. IV. 2377.
4. Civ. 3e, 8 avr. 1999, n° 97-14.152, *Bull. civ.* III, n° 90.

2°
Exécution provisoire de droit

121.101 Des cas de plus en plus fréquents. Afin d'accélérer le cours de la justice, le législateur depuis une trentaine d'années multiplie les hypothèses d'exécution provisoire de droit.

AINSI, l'article 514 alinéa 2 prévoit que « *sont notamment exécutoires de droit à titre provisoire les ordonnances de référé, les décisions qui prescrivent des mesures provisoires pour le cours de l'instance, celles qui ordonnent des mesures conservatoires ainsi que les ordonnances du juge de la mise en état qui accordent une provision aux créanciers* ». La jurisprudence a estimé que bénéficient de l'exécution provisoire non seulement les **ordonnances de référé** mais les **jugements en la forme des référés** [1] et les **décisions rendues par une juridiction statuant comme en matière de référé** [2].

La solution a été reprise par le décret du 1er septembre 2011 [3], désormais l'article 492-1, 3° précise que lorsque le juge statue comme en matière de référé ou en la forme des référés, l'ordonnance est exécutoire à titre provisoire, à moins que le juge en décide autrement. Les **mesures provisoires** pour le cours de l'instance et les **mesures conservatoires** bénéficient de l'exécution provisoire. Les **ordonnances du juge de la mise en état** accordant une **provision** sont exécutoires à titre provisoire [4].

EN REVANCHE il a été jugé qu'il ne résulte d'aucun texte que la décision prescrivant une expertise bénéficie de plein droit de l'exécution provisoire [5]. En conséquence, il a été jugé que l'appelant d'un jugement, non assorti de l'exécution provisoire, ne peut se voir opposer une expertise, ordonnée par le jugement, à laquelle il n'a pas assisté et qui a été effectuée avant que la cour ait statué sur l'appel [6].

Sont encore **exécutoires de plein droit**, les **décisions** rendues par le **juge de l'exécution** puisque l'article R. 121-21 du Code des procédures civiles d'exécution prévoit que pour les décisions rendues par ce juge, le délai d'appel et l'appel lui-même n'ont pas d'effet suspensif.

Le décret du 13 janvier 2011 [7] qui a modifié l'article 1526 du Code de procédure civile prévoit, en matière d'**arbitrage international**, que le recours en annulation formé contre la sentence et l'appel de l'ordonnance ayant accordé l'*exequatur* ne sont pas suspensifs. Le texte ajoute que le premier président statuant en référé ou, dès qu'il est saisi, le conseiller de la mise en état, peut arrêter ou aménager l'exécution de la sentence si cette exécution est susceptible de léser gravement les droits de l'autre partie.

La multiplication des hypothèses d'exécution provisoire a conduit le législateur à poser un certain nombre de **limites** pour tenter d'éviter les effets négatifs de l'exécution provisoire.

B.
Limites

121.111 Constitution d'une garantie par le bénéficiaire de l'exécution provisoire. L'article 517 du Code de procédure civile prévoit que l'exécution provisoire peut être subordonnée à la constitution d'une garantie, **réelle** ou **personnelle**, suffisante pour répondre de toutes restitutions ou réparations. La nature, l'étendue et les modalités de la garantie sont précisées par la décision qui la prescrit (C. pr. civ., art. 518), et le Code de procédure civile contient un certain nombre de dispositions relatives aux modalités de fournitures de ces garanties (v. ss n° 311.41).

121.112 Exécution provisoire aux risques et périls du gagnant. En cas d'infirmation ou de cassation, celui qui a fait exécuter doit réparer les éventuelles **conséquences dommageables de l'exécution**. Ce principe est rappelé par plusieurs textes.

AINSI, l'article L. 111-10 du Code des procédures civiles d'exécution indique que l'exécution est poursuivie aux risques du créancier. La Cour de cassation a eu l'occasion de rappeler cette règle dans une affaire où la décision, assortie de l'exécution provisoire, avait simplement été signifiée à la partie condamnée qui avait réglé en l'absence de mesure d'exécution forcée; puis l'ordonnance de référé avait été infirmée et l'appelant avait assigné ses adversaires en réparation du préjudice né de l'exécution spontanée de l'ordonnance. L'assemblée plénière de la Cour de cassation a jugé que « *le seul fait d'avoir pris l'initiative de signifier l'ordonnance, ultérieurement infirmée, suffisait à faire peser sur les requérants une responsabilité sans faute dans les conditions prévues à l'article 31 de la loi du 9 juillet 1991* [devenu C. pr. exéc., art. L. 111-10] ». Et la Cour de citer le principe selon lequel « *l'exécution d'une décision de justice à titre provi-*

1. Paris, 18 mai 1984, *Bull. ch. avoués* 1984. II. 72.
2. Soc. 24 avr. 1985, nos 82-41.450 et 82-41.451, *Bull. civ.* V, n° 252.
3. Décr. n° 2011-1043, 1er sept. 2011, relatif aux mesures conservatoires prises après l'ouverture d'une succession et à la procédure en la forme des référés, *JO* 2 sept., p. 14884.
4. Civ. 2e, 18 nov. 1999, n° 97-12.709, *Bull. civ.* II, n° 170; *D.* 2000. IR 33; *D.* 2001. 3299, chron. Hoonakker – Civ. 2e, 13 janv. 2000, n° 99-13.265, *Bull. civ.* II, n° 5; *Procédures* 2000. Comm. 56, obs. Perrot; *D.* 2000. 36; *D.* 2001. 3299, chron. Hoonakker; *RTD civ.* 2000. 400, obs. Perrot.
5. Civ. 2e, 27 juin 1990, n° 89-13.364, *Bull. civ.* II, n° 147; *Gaz. Pal.* 1991. 1. Somm. 153, obs. Guinchard et Moussa; *RTD civ.* 1991. 164, obs. Perrot.
6. Civ. 2e, 9 oct. 1991, n° 90-15.249, *Bull. civ.* II, n° 243.
7. Décr. n° 2011-48, 13 janv. 2011, portant réforme de l'arbitrage, *JO* 14 janv., p. 777.

soire n'a lieu qu'aux risques de celui qui la poursuit, à charge pour lui, si le titre est ultérieurement modifié, d'en réparer les conséquences dommageables »[1].

La réparation est importante car outre les **intérêts moratoires** qui courent dès la notification de la décision qui fonde la restitution[2], doivent être réparées les **conséquences dommageables de l'exécution**; les **frais de justice et de poursuites** doivent être remboursés et il a même été jugé que doivent être reversés les montants exposés par le débiteur pour le remboursement d'un prêt avec hypothèque contracté pour payer les sommes dues au titre de l'exécution provisoire[3].

121.113 Sursis à l'exécution provisoire. L'article 524 du Code de procédure civile prévoit que lorsque l'exécution provisoire a été ordonnée elle peut être **arrêtée**, en cas d'appel, par le **premier président statuant en référé** si elle est interdite par la loi ou si elle risque d'entraîner des conséquences manifestement excessives.

Ce texte, complété par le décret du 20 août 2004[4], ajoute que le premier président peut arrêter l'exécution provisoire de droit en cas de violation manifeste du principe du contradictoire ou de l'article 12 lorsque l'exécution risque d'entraîner des conséquences manifestement excessives (v. s[s] n° 311.64). Lorsque l'exécution provisoire est **de droit**, le premier président peut prendre les mesures prévues par les articles 521 et 522 du Code de procédure civile (v. s[s] n° 311.71) et lorsque l'exécution provisoire a été **ordonnée**, il peut prendre les mesures prévues aux articles 517 à 522 (v. s[s] n° 311.71).

§ 2
Sanction de la non-exécution

121.121 Texte controversé. Pour assurer l'exécution des jugements et éviter les appels dilatoires, le décret du 28 décembre 2005 n'a pas retenu la proposition de la première commission Magendie[5] de rendre immédiatement exécutoire les décisions de première instance mais a opté pour une solution inspirée la **procédure de radiation** organisée par l'article 1009-1 de Code de procédure civile pour le pourvoi en cassation, en cas de non-exécution de la décision frappée de recours. Le nouvel article 526 du Code de procédure civile a fait l'objet de vives critiques de la part de la doctrine[6]. On lui a surtout reproché, sous couvert de vouloir assurer l'effectivité de décisions de justice, de **restreindre l'accès aux juridictions d'appel** dans une **logique purement gestionnaire**[7].

121.122 Mécanisme. L'article 526 du Code de procédure civile prévoit que :

« *Lorsque l'exécution provisoire est de droit ou a été ordonnée, le premier président ou, dès qu'il est saisi, le conseiller de la mise en état peut, en cas d'appel, décider, à la demande de l'intimé et après avoir recueilli les observations des parties, la radiation du rôle de l'affaire lorsque l'appelant ne justifie pas avoir exécuté la décision frappée d'appel ou avoir procédé à la consignation autorisée dans les conditions prévues à l'article 521, à moins qu'il lui apparaisse que l'exécution serait de nature à entraîner des conséquences manifestement excessives ou que l'appelant est dans l'impossibilité d'exécuter la décision.*

Le premier président ou le conseiller chargé de la mise en état autorise, sauf s'il constate la péremption, la réinscription de l'affaire au rôle sur justification de l'exécution de la décision attaquée » (▶ v. s[s] n° 21.01, 6°).

Le **juge** doit être **saisi par l'intimé** et il doit recueillir les **observations des parties** avant d'ordonner la radiation. Si l'appelant démontre que l'exécution est de nature à entraîner des conséquences manifestement excessives ou qu'il est dans l'impossibilité d'exécuter la décision, il pourra échapper à la radiation. Cette disposition a été dictée par le respect des **règles du procès équitable** et plus particulièrement le **droit d'accès au juge**. Aussi c'est au regard de ces règles que certains juges apprécient la situation de l'appelant[8]. À hauteur de cassation, la requête en radiation fondée sur la non-exécution de la décision frappée de recours, a été rejetée lorsque les montants dus étaient très faibles[9].

La **compétence du conseiller de la mise en état**, dès lors qu'il est saisi, est **exclusive**, le premier président perd la sienne. Mais lorsque ce dernier a été saisi d'une demande d'arrêt de l'exécution provisoire sur le fondement de l'article 524 et le conseiller de la mise en état d'une demande de radiation, fondée sur l'article 526, il a été jugé que le conseil-

1. Cass., ass. plén., 24 févr. 2006, n° 05-12.679, *Bull. ass. plén.* n° 2; *D.* 2006. 1085, note Perrot; *RTD civ.* 2006. 368, obs. Thery; *RTD civ.* 2006. 376, obs. Perrot.
2. Cass., ass. plén., 3 mars 1995, n° 91-19.497, *Bull. ass. plén.* n° 21; *D.* 1995. 249, concl. av. gén. Jéol; *RTD civ.* 1995. 687, obs. Perrot.
3. Civ. 2e, 14 avr. 2005, n° 03-14.195, *Bull. civ.* II, n° 91; *D.* 2005. Pan. 3060, obs. Clay.
4. Décr. n° 2004-836, 20 août 2004, portant modification de la procédure civile, *JO* 22 août, p. 15032.
5. J.-C. Magendie, *Célérité et qualité de la justice. La gestion du temps dans le procès*, rapport au garde des Sceaux, ministre de la Justice, 15 juin 2004.
6. Pour le rappel de ces critiques, v. Rép. pr. civ., V° *Appel*, par F. Ferrand, mars 2012 [actu. avr. 2015], n°s 857 s.
7. V. Norguin, note s[s] Limoges, 31 août 2006, *Dr. et proc.* 2007. 73, note 4.
8. Limoges, 1er prés., 31 août 2006, *Gaz. Pal.* 17-18 nov. 2006, note Vray.
9. Cass., ord. 1er prés., 6 juill. 1995, n° 94-18.310, *Bull. civ. ord.*, n° 24.

ler ne peut pas trancher le problème de l'arrêt de l'exécution, il appartient au premier président de le faire[1]. Le premier président ou le conseiller chargé de la mise en état, s'il n'est pas dessaisi, autorise, sauf s'il constate la péremption, la **réinscription** de l'affaire au rôle de la cour sur justification de l'exécution de la décision attaquée (C. pr. civ., art. 526). Il faut rappeler que la **péremption** en cause d'appel confère au jugement la force de la chose jugée, même s'il n'a pas été notifié (C. pr. civ., art. 390). Aussi il appartient à l'avocat de l'appelant d'être vigilant et d'attirer l'attention de son client sur le risque de péremption lorsque la radiation a été ordonnée.

L'article 383 du Code de procédure civile précise que la **radiation** et le **retrait du rôle** sont des **mesures d'administration judiciaire**. Et la Cour de cassation a jugé que la décision de radiation, prise sur le fondement de l'article 526, constituant une mesure d'administration judiciaire, une cour d'appel en déduit exactement, sans violer l'article 6 § 1 de la Convention européenne des droits de l'homme, que cette décision n'est pas susceptible de recours et ne peut lui être déférée[2].

Comme le fait remarquer Perrot, si, sur le terrain de l'exégèse, la déduction n'est guère discutable, il est difficile de soutenir que la décision, qui statue sur une demande de radiation formulée par l'intimé pour défaut d'exécution du jugement attaqué, n'exerce pas un pouvoir juridictionnel destiné à départager des intérêts rivaux en conflit. « *Qu'on le veuille ou non, la décision qui sera prise aura une densité contentieuse, avec pour enjeu le sort d'une voie de recours qui est une voie de recours ordinaire* »[3].

121.123 L'article 526 du Code de procédure civile et la Convention européenne des droits de l'homme. La Cour européenne des droits de l'homme a retenu une position plus nuancée que la Cour de cassation en jugeant, dans l'affaire *Chatellier c/France*[4], que la **mesure de radiation** décidée sur le fondement de l'article 526 **a privé le requérant du double degré de juridiction** et que, compte tenu de la gravité de l'atteinte au droit à un tribunal à ce stade de la procédure, l'État dispose d'une marge d'appréciation plus restreinte que dans le cas de l'article 1009-1 du Code de procédure civile.

Pour la Cour de Strasbourg, si les buts poursuivis par l'obligation d'exécution d'une décision, notamment de protéger le créancier, d'éviter les appels dilatoires, d'assurer une bonne administration de la justice en désengorgeant les tribunaux, la disproportion (de 1 à 240) entre la situation matérielle du requérant et les sommes dues au titre de la décision frappée d'appel est évidente, de sorte que la **décision de radiation** a constitué en l'espèce **une mesure disproportionnée au regard des buts visés** et l'accès effectif du requérant au tribunal s'en est trouvé entravé dans sa substance même, en violation de l'article 6 § 1 de la Convention européenne des droits de l'homme. Certes, l'article 526 apporte des limites afin de protéger le droit d'accès à la justice de l'appelant en prévoyant que la radiation ne doit pas être ordonnée si l'exécution est de nature à entraîner des conséquences manifestement excessives ou si l'appelant est dans l'impossibilité d'exécuter la décision. Cette réserve devrait permettre au juge national d'exercer le contrôle de proportionnalité imposé par la Cour européenne. Cependant, **en l'absence de voie de recours en droit interne**, puisque la radiation sur le fondement de l'article 526 n'est qu'une mesure d'administration judiciaire, la Cour de Strasbourg est la seule à pouvoir sanctionner l'éventuelle violation du droit fondamental d'accès au juge. Ce n'est pas ainsi que l'État français luttera contre l'engorgement de la Cour européenne des droits de l'homme[5]. Le respect du **principe de subsidiarité** devrait conduire à **changer la qualification de la radiation** sur le fondement de l'article 526.

1. Aix-en-Provence, ord. 1er prés., 6 déc. 2006, *Juris-Data* n° 324686.
2. Civ. 2e, 18 juin 2009, n° 08-15.424, *Bull. civ.* II, n° 167; *D.* 2009. AJ 1768; *D.* 2009. Chron. C. cass. 2073, obs. Sommer et Nicolétis; *D.* 2009. 2532, note Norguin; *JCP* 2009. 269, n° 19, obs. Amrani-Mekki; *Procédures* 2009. Comm. 265, note Perrot; *Dr. et proc.* 2009. 349, note Douchy-Oudot.
3. R. Perrot, obs. ss Civ. 2e, 18 juin 2009, n° 08-15.424, *Bull. civ.* II, n° 167; *RTD civ.* 2009. 574.
4. CEDH 31 mars 2011, Chatellier c/France, req. n° 34658/07, *Procédures* 2011. Comm. 17, obs. Fricero; *JCP* 2011. 735, note Milaneau; *D.* 2012. 244, obs. Fricero; *RTD civ.* 2011. 313, obs. Marguénaud.
5. Sur cette question, v. C. Grewe, « Les outils dans le cadre de la Convention européenne des droits de l'homme », *in* D. d'Ambra (dir.), *Le rééquilibrage du pouvoir juridictionnel*, « Thèmes et commentaires », Dalloz, 2013, p. 101-113 et plus spéc. p. 109-112.

CHAPITRE

122. Effet dévolutif

SECTION 0
ORIENTEUR

122.00 **Plan du chapitre.**

122.01 **Textes applicables.**

TEXTES CITÉS

> Interprétation de jugement
C. pr. civ., art. 461

> Erreurs et omissions affectant un jugement
C. pr. civ., art. 462

> Force exécutoire du jugement
C. pr. civ., art. 501

> Exécution provisoire et appel du jugement
C. pr. civ., art. 525 et 525-1

> Effet dévolutif de l'appel
C. pr. civ., art. 561 à 567

TEXTES CITÉS REPRODUITS *IN EXTENSO*

> Interprétation de jugement

C. pr. civ., art. 461

Il appartient à tout juge d'interpréter sa décision si elle n'est pas frappée d'appel.

La demande en interprétation est formée par simple requête de l'une des parties ou par requête commune. Le juge se prononce les parties entendues ou appelées.

> Erreurs et omissions affectant un jugement

C. pr. civ., art. 462

Les erreurs et omissions matérielles qui affectent un jugement, même passé en force de chose jugée, peuvent toujours être réparées par la juridiction qui l'a rendu ou par celle à laquelle il est déféré, selon ce que le dossier révèle ou, à défaut, ce que la raison commande.

Le juge est saisi par simple requête de l'une des parties, ou par requête commune; il peut aussi se saisir d'office.

Le juge statue après avoir entendu les parties ou celles-ci appelées. Toutefois, lorsqu'il est saisi par requête, il statue sans audience, à moins qu'il n'estime nécessaire d'entendre les parties.

La décision rectificative est mentionnée sur la minute et sur les expéditions du jugement. Elle est notifiée comme le jugement.

Si la décision rectifiée est passée en force de chose jugée, la décision rectificative ne peut être attaquée que par la voie du recours en cassation.

> Force exécutoire du jugement

C. pr. civ., art. 501

Le jugement est exécutoire, sous les conditions qui suivent, à partir du moment où il passe en force de chose jugée à moins que le débiteur ne bénéficie d'un délai de grâce ou le créancier de l'exécution provisoire.

> Exécution provisoire et appel du jugement
[C. pr. civ., art. 525 et 525-1]

C. pr. civ., art. 525 *(mod. par Décr. n° 2014-1338, 6 nov. 2014, art. 3)*

Lorsque l'exécution provisoire a été refusée, elle ne peut être demandée, en cas d'appel, qu'au premier président ou, dès lors qu'il est saisi, au magistrat chargé de la mise en état et à condition qu'il y ait urgence.

C. pr. civ., art. 525-1 *(mod. par Décr. n° 2014-1338, 6 nov. 2014, art. 3)*

Lorsque l'exécution provisoire n'a pas été demandée, ou si, l'ayant été, le juge a omis de statuer, elle ne peut être demandée, en cas d'appel, qu'au premier président ou, dès lors qu'il est saisi, au magistrat chargé de la mise en état.

> Effet dévolutif de l'appel

[C. pr. civ., art. 561 à 567]

C. pr. civ., art. 561

L'appel remet la chose jugée en question devant la juridiction d'appel pour qu'il soit à nouveau statué en fait et en droit.

C. pr. civ., art. 562

L'appel ne défère à la cour que la connaissance des chefs de jugement qu'il critique expressément ou implicitement et de ceux qui en dépendent.

La dévolution s'opère pour le tout lorsque l'appel n'est pas limité à certains chefs, lorsqu'il tend à l'annulation du jugement ou si l'objet du litige est indivisible.

C. pr. civ., art. 563

Pour justifier en appel les prétentions qu'elles avaient soumises au premier juge, les parties peuvent invoquer des moyens nouveaux, produire de nouvelles pièces ou proposer de nouvelles preuves.

C. pr. civ., art. 564

À peine d'irrecevabilité relevée d'office, les parties ne peuvent soumettre à la cour de nouvelles prétentions si ce n'est pour opposer compensation, faire écarter les prétentions adverses ou faire juger les questions nées de l'intervention d'un tiers, ou de la survenance ou de la révélation d'un fait.

C. pr. civ., art. 565

Les prétentions ne sont pas nouvelles dès lors qu'elles tendent aux mêmes fins que celles soumises au premier juge même si leur fondement juridique est différent.

C. pr. civ., art. 566

Les parties peuvent aussi expliciter les prétentions qui étaient virtuellement comprises dans les demandes et défenses soumises au premier juge et ajouter à celles-ci toutes les demandes qui en sont l'accessoire, la conséquence ou le complément.

C. pr. civ., art. 567

Les demandes reconventionnelles sont également recevables en appel.

122.02 Jurisprudence de référence.

> Effet dévolutif – Portée – Jugement sur le fond – Infirmation de la décision

• **Civ. 3e, 28 oct. 1987, nº 86-14.040,** *Bull. civ.* III, nº 176

* V. s[s] nº 122.11

« Viole les articles 561 et 562 du [nouveau] Code de procédure civile l'arrêt qui, infirmant une ordonnance ayant fixé le loyer d'un bail commercial renouvelé à un pourcentage du chiffre d'affaires, décide que le loyer sera fixé à la valeur locative et renvoie les parties devant le juge des loyers commerciaux pour la faire déterminer alors que, l'appel n'étant pas limité, la cour d'appel était tenue de statuer sur l'entier litige en fixant elle-même le montant du loyer renouvelé ».

> Effet dévolutif – Limites – Omission du tribunal de statuer (non)

• **Civ. 3e, 4 mars 1980, nº 78-13.302,** *Bull. civ.* III, nº 49

* V. s[s] nº 122.11

« Viole l'article 562 du [nouveau] Code de procédure civile l'arrêt qui renvoie une partie à se pourvoir sur l'un des chefs de sa demande au motif que le tribunal ayant omis de statuer sur ce chef de demande, il lui appartenait pour garantir à son adversaire le bénéfice du double degré de juridiction, de recourir à la procédure prévue par l'article 463 du nouveau Code de procédure civile ».

> Appel provoqué par l'appel principal – Recevabilité – Appel provoqué par l'intimé forclos à agir à titre principal

• **Soc. 28 nov. 2000, nº 98-42.999,** *Bull. civ.* V, nº 390

* V. s[s] nº 122.31

« L'appel incident peut être formé en tout état de cause, alors même que celui qui l'interjette serait forclos pour agir au principal; si, dans un tel cas, la recevabilité de l'appel incident reste subordonnée à celle de l'appel principal, les limites apportées à celui-ci sont toutefois sans conséquence sur l'appel incident, qui peut, dès lors, être étendu aux chefs de jugement non visés par l'appel principal ».

> Effet dévolutif – Portée – Conclusions de l'appelant – Appelant n'ayant conclu qu'à l'annulation du jugement – Injonction de conclure au fond – Nécessité (non)

• **Civ. 2e, 7 déc. 1997, nº 96-12.472,** *Bull. civ.* II, nº 302

* V. s[s] nº 122.61

« Lorsque l'appel porte sur la nullité du jugement et non sur celle de l'acte introductif d'instance, la cour d'appel saisie de l'entier litige par l'effet dévolutif de l'appel est tenue de statuer sur le fond quelle que soit sa décision sur la nullité sans que l'appelant ait à recevoir une injonction de conclure au fond ».

> Effet dévolutif – Conclusions de l'appelant – Conclusions tendant à l'annulation du jugement

• **Civ. 2e, 25 mai 2000, nº 98-20.941,** *Bull. civ.* II, nº 87

* V. s[s] nº 122.71

« Lorsque l'appel tend à l'annulation du jugement pour irrégularité de la saisine de la juridiction de première instance, la cour d'appel ne peut statuer sur le fond lorsque les conclusions prises sur le fond l'ont été à titre subsidiaire ».

> Effet dévolutif – Appelant concluant à l'annulation de l'acte introductif d'instance – Appelant non comparant en première instance – Effet

• **Civ. 2e, 26 nov. 1997, nº 95-15.288,** *Bull. civ.* II, nº 282

* V. s[s] nº 122.72

« En cas d'appel non limité et lorsque l'appelant, n'ayant pas comparu en première instance, n'a conclu qu'à la nullité du jugement en raison de la nullité de l'acte introductif d'instance, la cour d'appel, si elle écarte cette nullité, ne peut statuer au fond qu'après que les parties ont été mises en demeure de conclure sur le fond ».

> Effet dévolutif – Appelant concluant à l'annulation du jugement – Annulation du jugement – Effet

• **Civ. 2e, 18 déc. 1996, nº 94-16.332,** *Bull. civ.* II, nº 282

* V. s[s] nº 122.73

« En cas d'annulation du jugement, en raison de la nullité de l'acte introductif d'instance, et si la dévolution ne s'opère pas pour le tout, seul un plaideur peut prendre l'initiative d'introduire une nouvelle instance. Encourt, par suite, la cassation, l'arrêt qui, après avoir constaté la nullité de l'assignation et annulé le jugement, a décidé de renvoyer la cause devant les premiers juges ».

> Entreprise en difficulté – Ouverture d'office par la cour d'appel – Possibilité – Irrégularité de l'acte introductif d'instance – Portée

• **Com. 4 janv. 2005, nº 03-11.465,** *Bull. civ.* IV, nº 2

* V. s[s] nº 122.75

« Il résulte de la combinaison des articles 562 du [nouveau] Code de procédure civile et 11 du décret du 27 décembre 1985 que lorsque l'appel tend à l'annulation du jugement pour irrégularité de la saisine de la juridiction de première instance, la cour d'appel qui annule l'acte introductif et le jugement de redressement ou liquidation judiciaire n'a pas le pouvoir de prononcer d'office le redressement ou la liquidation judiciaire ».

> Effet dévolutif – Appel-nullité – Dévolution pour le tout – Conséquences

• **Com. 28 mai 1996, nº 94-14.232,** *Bull. civ.* IV, nº 150

* V. s[s] nº 122.76

« Si la recevabilité de l'appel-nullité est conditionnée par l'existence de griefs autonomes tels l'excès de pouvoir ou la violation d'un principe fondamental de procédure, son effet dévolutif s'opère pour le tout en application de l'article 562, alinéa 2, du [nouveau] Code de procédure civile, la cour d'appel ayant dès lors l'obligation, après avoir annulé la décision attaquée, de statuer au fond en répondant aux conclusions qui déterminent les moyens des parties ».

122.03 Bibliographie indicative.

Actualisables. *J.-Cl. Pr. civ.*, fasc. 717-1 – Rép. pr. civ., Vº *Appel*, par F. Ferrand, mars 2012 [actu. avr. 2015], nºs 885 à 972.

Ouvrages. P. Beauchard, *Le renouvellement en appel de la matière litigieuse*, thèse, Poitiers, 1979 – C. Brenner et N. Fricero, *La nouvelle procédure d'appel*, 2e éd., Lamy, 2011, p. 39 s. – J.-L. Gallet, *La procédure civile devant la cour d'appel*, 3e éd., LexisNexis, 2014, p. 111 – Ph. Gerbay et N. Gerbay, *Guide du procès civil en appel 2016*, LexisNexis, 2015, fiches nºs 47, 48 et 49 – S. Guinchard (dir.), Dalloz action *Droit et pratique de la procédure civile*, 2014/2015, nºs 543.21 à 543.85, par J. Pellerin – D. Mas, *La portée de l'effet dévolutif de l'appel aux fins d'annulation d'un jugement sur le fond*, thèse, Nice, 1987.

Articles. N. Cayrol, « La saisine de la cour d'appel », *in Journées d'études, Procédure civile et droit comparé, Cah. CDPC* nº 8, 2011. 11 s. – J.-P. Duhamel, « L'effet dévolutif de l'appel au regard de l'acte d'appel et des écritures des parties », *BICC* avr. 2003, HS nº 2, p. 48 – E. Fischer, « La notion d'évolution du litige et la politique de la Cour de cassation quant au double degré de juridiction », *D.* 2005. 2368 – P. Gerbay, « Les effets, voie d'annulation », *D.* 1993. Chron. 143; « Nouvelles réflexions sur les effets de l'appel voie d'annulation », *Gaz. Pal.* 24-25 janv. 2003, p. 72 – C. Giverdon, « Effet dévolutif de l'appel », *Gaz. Pal.* 1974. 1. Doctr. 401; « Les interventions en appel », *Gaz. Pal.* 1986. 1. Doctr. 121 – P. Hébraud, « Effet dévolutif et évocation, la règle du double degré de juridiction », *in La voie d'appel*, Colloque Aix-en-Provence 1963, p. 141 – P. Julien, « L'effet dévolutif de l'appel au regard de l'appel tendant à l'annulation du jugement », *BICC* avr. 2003, HS nº 2, p. 52 – A. Kohl, « L'effet dévolutif de l'appel en droit belge, français et allemand », *Liber Amicorum Raymond Martin*, 2004, Bruylant-LGDJ, p. 111 – Levier, « L'intervention en appel et l'évolution du litige », *D.* 1978. Chron. 151 – P. Maria, « Laxisme ou rigueur en matière d'évolution du litige », *Gaz. Pal.* 1984. 1. Doctr. 255 – D. Mas, « L'effet dévolutif de l'appel et les procédures collectives de règlement du passif », *D.* 1984. Chron. 169; « La portée de l'effet dévolutif de l'appel aux fins d'annulation d'un jugement sur le fond », thèse, Nice, 1987 – H. Motulsky, « Nouvelles réflexions sur l'effet dévolutif de l'appel et l'évocation », *JCP* 1958. I. 1423 – Vincent, « Les effets de l'appel et les réformes récentes de la procédure civile », Bourges, oct. 1972, *Ann. Fac. Lyon* 1972. 2. 209; « Les dimensions nouvelles de l'appel en matière civile », *D.* 1973. Chron. 179 – Vincent et du Rusquec, « Les effets de l'appel, l'ouverture quant à l'objet du litige », Dijon, nov.-déc. 1973, *Gaz. Pal.* 1974. 1. Doctr. 404.

122.04 Questions essentielles.

> Quelle est l'étendue du principe de l'interdiction des demandes nouvelles en appel ?

* V. s[s] nºs 122.12 s.

> Quelles sont les dérogations à l'interdiction des demandes nouvelles en appel ?

* V. s[s] nº 122.21

> Quelles sont les limites de l'effet dévolutif ?

* V. s[s] nº 122.32

122.09 Notion. L'acte d'appel introduit une nouvelle instance devant la cour d'appel qui aura connaissance du fond du litige : « *L'appel remet la chose jugée en question devant la juridiction d'appel pour qu'il soit à nouveau statué en fait et en droit* » (C. pr. civ., art. 561). C'est l'effet dévolutif de l'appel dont on a écrit[1] qu'« *il s'agit probablement ici d'une des questions procédurales les plus compliquées et les moins affirmées au regard d'une jurisprudence trop flottante* » et qui mérite d'être étudiée avec soin car elle détermine les **pouvoirs** et les **prérogatives du juge d'appel.** Les juges du second degré sont investis de plein droit de la connaissance de l'entier litige (sect. 1) mais à condition que l'appel ne soit pas limité à certains chefs (sect. 2).

SECTION 1
L'APPEL REMET LA CHOSE JUGÉE EN QUESTION DEVANT LA COUR D'APPEL

122.10 Division. Puisque l'appel remet la chose jugée en question devant les juges du second degré pour qu'il soit statué à nouveau en fait et en droit, la juridiction d'appel décidera « *an bene nel male juridicatum sit* », c'est-à-dire s'il a été bien ou mal jugé dans les **limites de la dévolution intervenue.**

1. S. Guinchard (dir.), Dalloz action *Droit et pratique de la procédure civile*, 2014/2015, nº 543.21, par J. Pellerin.

Le juge d'appel a la même connaissance des éléments de l'affaire que le juge de première instance. S'il estime que celui-ci a bien jugé il confirmera le jugement, au contraire s'il estime que la chose a été mal jugée, il infirmera le jugement et fera ce qu'aurait dû faire le juge de première instance. Il résulte de l'effet dévolutif **l'interdiction des demandes nouvelles en appel** car il n'est dévolu qu'autant qu'il a été jugé (§ 1). Mais les auteurs du [Nouveau] Code de procédure civile se sont inspirés de la notion d'appel - **voie d'achèvement du litige**; aussi le principe de l'interdiction des demandes nouvelles en appel connaît un certain nombre d'**exceptions** (§ 2).

§ 1
Il n'est dévolu qu'autant qu'il a été jugé

122.11 La cour d'appel a l'entière connaissance du litige. Selon une formule maintes fois rappelée par la Cour de cassation les juges du second degré se trouvent investis de plein droit de la connaissance du litige[1]. Puisque le juge d'appel est investi de la connaissance entière de la cause, à moins que l'appel ne soit irrecevable, **le juge d'appel statue en fait et en droit.** Il peut ordonner de nouvelles mesures d'instructions, ne pas maintenir celles qui ont été ordonnées. Il statue dans la limite des pouvoirs du premier juge[2]. Il doit prendre en considération les faits, même ceux survenus au cours de l'instance d'appel s'ils n'introduisent pas des chefs de demandes qui n'ont pas été soumis au premier juge[3]. Cette **plénitude de juridiction du juge d'appel** l'oblige à **statuer sur le fond.** Il ne peut renvoyer l'affaire devant la juridiction du premier degré dont émane le jugement déféré ou devant une autre juridiction[4].

AINSI la cour d'appel, qui infirme un jugement qui a retenu l'existence d'un contrat de travail pour lui substituer la notion de mandat social, ne peut renvoyer l'affaire devant les juges de première instance pour statuer sur les suites de la rupture[5].

La seule limite à l'obligation de statuer sur le fond se trouve dans l'interdiction pour la cour de connaître les conséquences de sa décision.

AINSI, lorsque la cour ouvre une procédure de liquidation des biens, elle doit renvoyer l'affaire devant le tribunal compétent car elle ne peut connaître des opérations de la liquidation des biens ouvertes par son arrêt[6].

Le **prononcé du jugement** a pour effet de **dessaisir les premiers juges** mais ce dessaisissement ne les prive pas du **pouvoir d'interpréter** ou de **rectifier leur décision**, sous réserve qu'un **appel** ne soit pas interjeté.

En cas d'appel le premier juge est dépossédé de la faculté d'interpréter sa décision (C. pr. civ., art. 461), de rectifier les erreurs ou les omissions matérielles (C. pr. civ., art. 462), de réparer les omissions de statuer (C. pr. civ., art. 463) ou de retrancher les chefs du jugement lorsqu'il s'est prononcé sur des choses non demandées ou s'il a accordé plus qu'il n'était demandé (C. pr. civ., art. 464). La jurisprudence a jugé que **le premier juge demeure compétent pour statuer sur ces demandes jusqu'à l'appel** mais qu'à compter de l'enrôlement de la déclaration d'appel[7] sa compétence s'efface au profit de celle de la **cour d'appel**[8].

122.12 L'interdiction des demandes nouvelles. Conformément à l'adage « *tantum appellatum quantum judicatum* », il ne peut être appelé qu'autant qu'il a été jugé. Il n'est pas permis d'omettre le premier degré de juridiction. AUSSI, en principe, les parties ne peuvent soumettre à la cour de nouvelles prétentions (C. pr. civ., art. 564). Jusqu'à l'entrée en vigueur du décret du 9 décembre 2009[9], l'irrecevabilité des prétentions nouvelles n'avait qu'un caractère d'intérêt privé et le juge ne pouvait relever d'office cette fin de non-recevoir. Depuis l'entrée en vigueur de ce texte, c'est-à-dire depuis le 1er janvier 2011, **l'irrecevabilité des demandes nouvelles peut être relevée d'office**, mais il ne s'agit que d'une **faculté** pour le juge d'appel et non d'une obligation[10].

122.13 Limites de l'interdiction des demandes nouvelles. L'irrecevabilité ne concerne ni les moyens de droit ou de fait, ni les pièces, ni les preuves, ni le fondement juridique avancés au soutien des prétentions.

AINSI, les parties sont recevables à invoquer de **nouveaux moyens**, à produire de **nouvelles pièces** ou à proposer de **nouvelles preuves** (C. pr. civ., art. 563). Les moyens sont les considérations destinées à justifier une prétention ou à la combattre[11].

1. Civ. 2e, 2 févr. 1962, *Bull. civ.* II, no 151 - Soc. 15 nov. 1978, no 76-40.782, *Bull. civ.* V, no 771 - Civ. 3e, 28 oct. 1987, no 86-14.040, *Bull. civ.* III, no 176 - Civ. 2e, 18 oct. 2007, no 07-10.451, NP.
2. Civ. 2e, 24 sept. 1997, no 95-13.386, *Bull. civ.* II, no 233; *JCP* 1998. II. 10019, note du Rusquec; *D.* 1997. 220.
3. Civ. 1re, 25 juin 2002, no 99-14.435, *Bull. civ.* I, no 170; *Procédures* 2002. Comm. 180, obs. Perrot; *D.* 2002. 2302.
4. Civ. 3e, 4 mars 1980, no 78-13.302, *Bull. civ.* III, no 49 - Soc. 21 févr. 1981, no 78-40.786, *Bull. civ.* V, no 173.
5. Soc. 1er juin 1978, no 77-40.465, *Bull. civ.* V, no 426.
6. Com. 27 nov. 1979, no 76-13.860, *Bull. civ.* V, no 311; *Gaz. Pal.* 1980. 138.
7. TGI Paris, 10 mai 1990, *RTD civ.* 1991. 168, obs. Perrot.
8. Civ. 2e, 29 mai 1979, no 77-15.004, *Bull. civ.* II, no 163 - Civ. 3e, 4 mars 1981, no 78-13.302, *Bull. civ.* III, no 49.
9. Décr. no 2009-1524, 9 déc. 2009, relatif à la procédure d'appel avec représentation obligatoire en matière civile, *JO* 11 déc., p. 21386.
10. Civ. 2e, 10 janv. 2013, no 12-11.667, *Bull. civ.* II, no 1; *D.* 2013. 182 et 2058, chron. Leroy-Gissinger et Renault-Malignac; *D.* 2014. 804, obs. Fricero.
11. G. Cornu et J. Foyer, *Procédure civile*, 3e éd., Thémis, 1996, p. 527.

Mais une partie ne peut alléguer en appel un moyen auquel elle avait expressément renoncé en première instance[1]. Les parties peuvent baser leurs prétentions sur un **fondement juridique différent** de celui retenu ou invoqué en première instance (C. pr. civ., art. 565). Elles peuvent invoquer un nouveau texte de loi, s'il est d'application immédiate[2] et ne conduit pas à modifier la prétention d'origine.

Quant aux prétentions, le code précise qu'elles ne sont pas nouvelles si elles tendent aux mêmes fins que celles soumises au premier juge. « *On entend par là qu'elle*[s] *tend*[ent] *à obtenir à celui qui l'émet, une satisfaction équivalente à celle à laquelle tendait la prétention déduite devant le premier juge* »[3]. La loi n'exige pas que la prétention ait exactement le même objet qu'en première instance et la jurisprudence a admis la recevabilité de demandes différentes par l'objet mais tendant aux mêmes fins.

Il a été jugé que ne sont pas nouvelles les prétentions par lesquelles les parties élèvent le montant de la réclamation si elles ne diffèrent de celles formulées devant le premier juge que par leur ampleur[4] ou qu'est recevable une demande en démolition et en reconstruction formée en appel, dès lors qu'elle ne constitue qu'une modalité de réparation du préjudice[5] ou encore que n'est pas nouvelle la demande en récusation d'un expert alors qu'il avait été demandé en première instance son remplacement pour manquement à ses devoirs[6].

La demande en **réintégration d'un délégué du personnel,** faite en appel sur un fondement juridique nouveau (un jugement du tribunal administratif annulant l'autorisation administrative de licenciement), n'est pas une demande nouvelle[7].

En matière de **divorce**, il a été jugé que n'est pas nouvelle la demande de pension alimentaire formée pour la première fois en appel par un époux qui avait par erreur demandé en première instance une prestation compensatoire[8] et qu'était recevable la demande de prestation compensatoire formée pour la première fois à hauteur d'appel alors que par erreur il avait été demandé une pension alimentaire en première instance[9].

Mais il a été jugé que **l'action en révision pour lésion** d'une vente immobilière ne tend pas aux mêmes fins qu'une **action en nullité**[10].

1. Civ. 3e, 8 juin 1979, n° 78-11.905, *Bull. civ.* III, n° 125 – Soc. 5 janv. 1995, n° 91-40.826, NP.
2. J. Normand, *RTD civ.* 1976. 387 s.
3. J. Normand, *RTD civ.* 1976. 611.
4. Civ. 2e, 4 mars 2004, n° 00-17.613, *Bull. civ.* II, n° 82; *AJDI* 2004. 313.
5. Civ. 3e, 10 janv. 1990, n° 88-18.098, *Bull. civ.* III, n° 5; *RDI* 1990. 215, obs. Malinvaud et Boubli.
6. Civ. 2e, 15 mars 1979, n° 78-10.299, *Bull. civ.* II, n° 87.
7. Soc. 9 mai 1978, n° 76-40.051, *Bull. civ.* V, n° 335.
8. Civ. 2e, 28 mai 1984, n° 82-13.730, *Bull. civ.* II, n° 96.
9. Civ. 2e, 19 nov. 1980, n° 79-13.060, *Bull. civ.* II, n° 234; *Gaz. Pal.* 1981. 1. 336, note Viatte.
10. Civ. 3e, 21 mai 1979, n° 78-10.578, *Bull. civ.* III, n° 110; *D.* 1979. IR 1974, obs. Julien; *RTD civ.* 1981. 169, obs. Perrot.

Est nouvelle la **demande de dommages et intérêts** pour trouble de jouissance formée pour la première fois à hauteur d'appel alors qu'avait été formée en première instance une **action possessoire**[11].

La conception de l'appel, voie d'achèvement du litige, a amené les auteurs du nouveau Code de procédure civile à aller plus loin et à poser de véritables exceptions au principe de l'interdiction des demandes nouvelles.

§ 2
Dérogations à l'interdiction des demandes nouvelles

122.21 Nécessité des exceptions. Un procès se prolonge pendant des mois, parfois des années et les situations peuvent évoluer. On ne peut ignorer la survenance de faits nouveaux, la publication de nouveaux textes, l'intervention de tiers. Il est indispensable de prendre en compte **l'évolution des faits et des intérêts.** Obliger les parties à revenir devant le premier juge rallongerait l'issue des litiges et en renchérirait le coût. Dans un souci d'efficacité, le législateur a admis des atténuations à l'interdiction des demandes nouvelles. Comme nous le verrons, le législateur a reconnu un **pouvoir d'évocation** (v. s^s n°s 123.09 s.) à la cour d'appel pour lui permettre, dans des conditions précises, de donner à l'affaire une solution définitive plutôt que de renvoyer les parties devant les premiers juges sous prétexte que la question n'a pas été tranchée en première instance. Mais il a également permis aux parties de présenter des prétentions nouvelles devant la cour d'appel. Ces **dérogations** à l'irrecevabilité des demandes nouvelles, reconnues par les articles 564 à 567 du Code de procédure civile, reposent sur trois fondements distincts.

122.22 1°) Prétentions qui explicitent et développent celles de première instance. La *première catégorie d'exceptions* est constituée par les prétentions qui explicitent, développent ou complètent celles soumises au premier juge. Ainsi, l'article 566 du code dispose que « *les parties peuvent aussi expliciter les prétentions qui étaient virtuellement comprises dans les demandes et défenses soumises au premier juge et ajouter à celles-ci toutes les demandes qui sont l'accessoire, la conséquence ou le complément* » (▶ v. s^s n° 21.01, 1°).

La faculté ainsi donnée aux parties d'expliciter leurs prétentions implique qu'une demande ait été formée par elles en première instance[12].

Aussi, lorsqu'une partie n'a formé aucune demande en garantie contre son assureur, intervenu volontai-

11. Civ. 3e, 24 janv. 1990, n° 88-16.993, *Bull. civ.* III, n° 27.
12. Civ. 2e, 20 mars 1974, n°s 72-14.809 et 73-10.448, *Bull. civ.* II, n° 102 – Civ. 3e, 4 janv. 1985, n° 83-14.768, *Bull. civ.* III, n° 3.

rement aux débats, elle ne peut prétendre expliciter, comme virtuellement comme incluse dans celle-ci, une demande qu'elle n'a pas formulée contre lui [1].

Ont été considérées comme **virtuellement comprises dans les demandes soumises au premier juge,** l'augmentation des montants réclamés pour rectifier une erreur [2], la demande de condamnation à un montant précis alors qu'en première instance avait été réclamé le paiement de commissions dont le montant restait à déterminer [3], une demande de restitution en valeur après avoir formulé en première instance une demande en restitution en nature [4].

En revanche, il a été jugé que n'était pas virtuellement comprise dans la prétention d'origine la demande formée pour la première fois en appel afin d'obtenir, en cas de confirmation de la nullité d'une cession de parts d'une société, le paiement d'une somme correspondant à l'investissement complémentaire réalisé et à la plus value dégagée [5].

La *seconde proposition* de l'article 566 du Code de procédure civile concerne la **recevabilité des demandes** qui sont **l'accessoire,** la **conséquence** ou le **complément des prétentions soumises au premier juge.**

Il a été ainsi admis qu'une partie était recevable à demander en appel les **intérêts** qu'elle n'avait pas sollicités devant le premier juge [6] ou encore des **dommages et intérêts** qui sont l'accessoire ou le complément de la défense opposée à la demande principale [7]. Ont été admises des demandes de **capitalisation d'intérêts** [8], une demande de condamnation à une **astreinte** [9], des dommages et intérêts pour résistance abusive [10], une indemnité sur le fondement de l'article 700 du Code de procédure civile [11], la condamnation à une **indemnité d'occupation** en plus d'une demande en résiliation du bail [12], la demande en réparation de nouvelles malfaçons [13]. Il a été jugé que la demande de **prestation compensatoire** étant l'accessoire d'une demande en divorce, elle peut être formée pour la première fois en appel [14].

En revanche, il a été décidé que la demande d'attribution préférentielle de la maison d'habitation ne peut pas être considérée comme l'accessoire d'une demande en séparation de corps [15] ou que la demande en réparation de désordre n'est ni le complément, ni la conséquence de la demande d'indemnité pour retard à l'achèvement de l'immeuble [16]. Enfin, il a été jugé que viole les articles 565 et 566 l'arrêt qui, pour déclarer irrecevable une demande en paiement d'une rémunération complémentaire, estime que cette demande concernait le remboursement d'un avoir consenti à des clients à titre de prime de fidélité et que cette partie n'avait réclamé en première instance que le paiement des commissions [17].

122.23 2°) Prétentions qui constituent des défenses. Sont recevables, même si elles sont formées pour la première fois en appel, les prétentions qui constituent des défenses.

Ainsi, l'article 564 précise que sont recevables les prétentions tendant à opposer la compensation judiciaire, les prétentions tendant à faire écarter les prétentions adverses et l'article 567 précise que les demandes reconventionnelles sont également recevables en appel.

– La **compensation** permettra de réduire le montant de la condamnation. La demande de compensation n'est recevable en appel que si elle est **opposée à une demande de la partie adverse** [18]. Cette demande est recevable même en l'absence de lien avec la prétention originaire [19]. Elle doit permettre à la cour de prononcer la compensation immédiatement [20]. Encore faut-il que les demandes puissent se compenser.

Ainsi une demande en allocation d'une somme d'argent ne peut être opposée à une demande en nullité et restitution de parts [21].

– Sont recevables les **prétentions tendant à faire écarter les prétentions adverses** : la demande formée en appel tendant à faire écarter ou modérer la clause pénale sur laquelle le demandeur fonde sa demande en paiement [22] ou encore la demande en nullité de contrat de location pour s'opposer à une demande de paiement de loyers [23]. La Cour de cassation exige des juges qu'ils vérifient que la préten-

1. Civ. 1re, 4 juin 2002, n° 99-13.408, *Bull. civ.* II, n° 155 ; *D.* 2002. IR 3122 ; *JCP* 2002. II. 10025, note du Rusquec.
2. Com. 4 juin 1973, n° 72-10.860, *Bull. civ.* IV, n° 196.
3. Com. 6 janv. 1975, n° 73-13.046, *Bull. civ.* IV, n° 1.
4. Paris, 23 oct. 1986, *Bull. ch. avoués* 1987. 2. 60.
5. Civ. 1re, 13 nov. 1974, n° 73-10.424, *Bull. civ.* I, n° 302 ; *JCP* 1976. II. 18242, note Couchez.
6. Civ. 3e, 25 juin 1974, n° 73-11.640, *Bull. civ.* III, n° 262.
7. Civ. 2e, 3 mai 1990, n° 88-17.812, *Bull. civ.* II, n° 82.
8. Com. 9 nov. 1993, n° 91-18.813, *Bull. civ.* IV, n° 382 ; *JCP* 1994. IV. 50.
9. Bourges, 16 mai 1948, *Gaz. Pal.* 1948. 1. 240.
10. Civ. 1re, 12 févr. 1975, n° 73-10.960, *Bull. civ.* I, n° 64.
11. Paris, 25 sept. 1987, *Bull. ch. avoués* 1987. 4. 177.
12. Civ. 3e, 13 juin 2001, n° 99-18.415, *Bull. civ.* III, n° 73.
13. Montpellier, 21 nov. 1972, *JCP* 1973. IV. 191.
14. Civ. 2e, 13 juin 1985, n° 83-16.446, *Bull. civ.* II, n° 121 – Civ. 2e, 31 mai 2000, n° 97-16.589, *Bull. civ.* II, n° 92 ; *D.* 2000. 176 ; *RTD civ.* 2000. 550, obs. Hauser ; *JCP* 2000. II. 10425, note Brière.
15. Civ. 2e, 24 nov. 1982, n° 81-11.148, *Bull. civ.* II, n° 152 ; *Gaz. Pal.* 1983. 1. Pan. 98, obs. Guinchard.
16. Civ. 3e, 24 mars 1981, *Gaz. Pal.* 1981. 2. Pan. 298.
17. Com. 15 janv. 2008, n° 06-14.698, *Bull. civ.* IV, n° 4 ; *D.* 2008. 350, obs. Chevrier ; *RTD civ.* 2008. 299, obs. Fages ; *RTD com.* 2008. 495, obs. Saintourens.
18. Civ. 1re, 19 mai 1976, n° 74-13.485, *Bull. civ.* I, n° 180.
19. Civ. 3e, 6 oct. 1999, n° 97-21.777, NP – Civ. 2e, 4 déc. 2014, n° 13-25.931, *Bull. civ.* II, [à paraître] ; *D.* 2014. 2531 ; *D.* 2015. 521, chron. Adida-Canac, Vasseur et de Leiris.
20. Civ. 1re, 15 mai 2002, n° 99-20.203, NP – Civ. 1re, 13 janv. 1969, *Bull. civ.* I, n° 19 ; *Gaz. Pal.* 1969. 1. 203.
21. Civ. 1re, 13 nov. 1974, n° 73-10.424, *Bull. civ.* I, n° 302 ; *JCP* 1976. II. 18242, note Couchez.
22. Civ. 1re, 13 déc. 1988, *D.* 1989. IR 4.
23. Civ. 3e, 29 sept. 1999, n° 97-20.556, NP.

tion nouvelle a bien pour objet de faire échec à la demande originaire[1].

N'ont pas été jugées recevables la demande nouvelle tendant à obtenir la suppression d'ouvertures pour s'opposer à une demande en réparation d'un mur mitoyen[2], une demande de dommages et intérêts pour s'opposer à une demande de nullité de mariage[3] ou encore la demande visant à obtenir un délai de grâce pour faire écarter une demande d'opposition à un commandement[4]. Mais est recevable la demande en nullité d'un contrat pour indétermination du prix afin de s'opposer à une demande de paiement de redevance[5], une demande tendant à la résiliation d'un marché pour éviter d'avoir à payer le solde de travaux[6], la demande en nullité d'un bail pour faire écarter les prétentions du locataire[7].

– Enfin les **demandes reconventionnelles** sont recevables en appel, qu'elles tendent au rejet de la prétention de l'adversaire ou à la condamnation de ce dernier. Les demandes reconventionnelles, en première instance comme en appel, peuvent être formées tant par le défendeur sur la demande initiale que par le demandeur initial en défense aux prétentions reconventionnelles de son adversaire[8]. La demande reconventionnelle doit, conformément aux dispositions de l'article 70 du Code de procédure civile, se rattacher aux **prétentions originaires** par un **lien suffisant**[9]. La Cour de cassation exige que les juges du fond s'expliquent sur la recevabilité de la demande reconventionnelle en vérifiant l'existence d'un lien entre les demandes mais elle leur laisse apprécier souverainement l'existence de ce lien[10]. La Cour sanctionne les décisions qui rejettent les demandes reconventionnelles comme nouvelles sans rechercher si elles n'avaient pas un lien suffisant avec la demande originaire[11].

122.24 3°) Prétentions rendues nécessaires par l'intervention d'un tiers, la survenance ou la révélation d'un fait. Deux sortes d'interventions sont possibles en appel, **l'intervention volontaire**, qui n'est jamais qu'accessoire ou conservatoire, et **l'intervention forcée**, qui peut tendre à la déclaration de jugement commun mais encore à la condamnation d'un tiers à condition que l'évolution du litige implique sa mise en cause (C. pr. civ., art. 555 – Sur la notion d'évolution du litige, v. s[s] n°s 112.291 s.).

AINSI, l'évolution du litige autorise même la mise en cause d'un tiers aux fins de condamnation[12]. La Cour de cassation exige des juges du fond qu'ils caractérisent cette évolution[13]. **L'intervention d'un tiers** va apporter un nouvel éclairage au dossier et peut parfois déplacer l'enjeu du procès. Il est logique que les parties au procès en première instance puissent réagir et émettre de nouvelles prétentions pour faire juger les questions nées de l'intervention de ce tiers.

La **survenance** ou la **révélation d'un fait** entraîne une évolution du litige et il est encore une fois logique de permettre aux parties de former des demandes nouvelles afin de prendre en compte cette évolution.

A été jugée recevable une demande de dommages-intérêts pour concurrence déloyale, formée pour la première fois en appel et fondée sur une correspondance postérieure au jugement[14]. Mais le fait pour une compagnie d'assurances de se rendre compte, après exécution du jugement, qu'elle avait payé une somme dépassant les limites de sa garantie, ne constitue pas un fait nouveau rendant recevable une prétention nouvelle en restitution[15].

SECTION 2
L'ACTE D'APPEL LIMITE L'EFFET DÉVOLUTIF

§ 1
Il n'est dévolu qu'autant qu'il est appelé

122.31 Limitation de l'appel. L'objet de l'instance d'appel est parfois moins étendu qu'en première instance; c'est une conséquence du principe dispositif[16]. **L'appelant peut limiter son appel à certains chefs du jugement**, il n'est alors dévolu qu'autant qu'il est appelé. L'effet dévolutif n'implique pas nécessairement que toutes les questions de fait et de droit soumises au premier juge soient transférées à la cour. « *Tantum dévolutum, quantum appellatum* ». Cet adage est repris dans le principe posé à l'article 562 du Code de procédure civile « *l'appel ne*

1. Civ. 1re, 13 janv. 1969, *Gaz. Pal.* 1969. 1. 203 – Civ. 3e, 23 juin 1971, n° 70-10.603, *Bull. civ.* III, n° 402 – Com. 9 oct. 1972, n° 70-14.377, *Bull. civ.* IV, n° 235.
2. Civ. 3e, 29 févr. 1968, n° 66-12.350, *Bull. civ.* III, n° 78.
3. Paris, 21 mars 1969, *D.* 1969. Somm. 104.
4. Civ. 1re, 17 juin 1975, n° 74-10.664, *Bull. civ.* I, n° 201.
5. Com. 3 mai 1994, n° 92-10.746, NP.
6. Civ. 1re, 15 juin 1966, *Bull. civ.* I, n° 364.
7. Civ. 3e, 29 janv. 2002, n° 00-17.840, NP; *AJDI* 2002. 520.
8. Civ. 2[e], 10 janv. 2013, n° 10-28.735, *Bull. civ.* II, n° 3; *D.* 2013. 877, note Pailler; *D.* 2014. 804, obs. Fricero.
9. Civ. 1[re], 6 juin 1978, n° 77-10.835, *Bull. civ.* I, n° 214 – Civ. 2[e], 29 mai 1979, n° 76-12.543, *Bull. civ.* II, n° 162; *D.* 1979. IR 473, obs. Julien; *RTD civ.* 1980. 624, obs. crit. Perrot – Civ. 2[e], 14 janv. 1987, n° 85-15.691, *Bull. civ.* II, n° 12; *JCP* 1987. IV. 91 – Civ. 3[e], 8 janv. 1997, n° 95-12.314, *Bull. civ.* III, n° 9.
10. Com. 21 mars 1995, n° 93-14.886, NP.
11. Civ. 3[e], 6 nov. 2001, n° 00-13.561, NP – Civ. 2[e], 29 juin 1994, n° 91-18.464, *Bull. civ.* II, n° 174 – Civ. 3[e], 30 juin 1999, n° 97-11.491, *Bull. civ.* III, n° 151; *D.* 2000. 559, note M.-E. Ancel.
12. Sur la distinction entre les conditions de l'article 555 et celles de l'article 564, v. s[s] n° 112.281.
13. Civ. 2e, 26 oct. 1994, n° 92-13.478, *Bull. civ.* II, n° 203.
14. Com. 29 nov. 1994, n° 92-18.839, NP.
15. Civ. 1re, 17 janv. 1978, n° 76-10.142, *Bull. civ.* I, n° 18; *JCP* 1979. II. 19063, note Couchez.
16. G. Cornu et J. Foyer, *Procédure civile*, 3e éd., Thémis, 1996, p. 613.

défère à la cour que la connaissance des chefs du jugement qu'il critique expressément ou implicitement et ceux qui en dépendent ».

Il résulte de ce principe que la cour ne peut aggraver les condamnations prononcées contre l'appelant sur son unique appel ou infirmer le jugement de première instance au profit de l'intimé qui n'a pas régularisé un appel incident. Mais si l'appelant principal ne défère que certains chefs du jugement à la connaissance de la cour, cela ne prive pas l'intimé de **régulariser un appel incident sur des chefs du jugement non visés par l'appel principal**[1]. Ainsi, même si l'appel principal a été limité à certains chefs, il peut arriver que du fait de l'appel incident l'entier litige soit dévolu à la cour d'appel. L'article 562 précise que même lorsque la dévolution est limitée, elle s'étend aux chefs du jugement qui dépendent des **chefs critiqués expressément ou implicitement**. Mais il arrive qu'exceptionnellement la dévolution s'opère pour le tout.

§ 2
Exception : la dévolution pour le tout

122.40 Division. La dévolution s'opère pour le tout soit à la discrétion de l'appelant (A) soit de plein droit (B).

A.
Dévolution pour le tout à la discrétion de l'appelant

122.41 Appel général. Lorsque l'appel n'est pas limité à certains chefs, la dévolution s'opère pour le tout (C. pr. civ., art. 562 – ▶ v. s^s^ n° 21.01, 1°). L'effet dévolutif permet à la cour d'appel, saisie de l'appel du jugement du conseil de prud'hommes, de statuer sur la liquidation de l'astreinte ordonnée par le bureau de conciliation qui s'était réservé le droit de la liquider[2]. La dévolution résulte de **l'acte d'appel** et non des conclusions[3]. Lorsque la cour est saisie d'un appel général sa saisine s'étend à l'ensemble du litige même si les conclusions de l'appelant ne critiquent que certains chefs du jugement déféré. L'acte d'appel détermine **l'étendue de la saisine de la cour** alors que l'objet du litige est déterminé d'après l'état des dernières conclusions des parties[4]. Même si l'appelant s'est limité dans un premier temps à critiquer dans ses conclusions le montant de la pension alimentaire pour l'entretien des enfants, il peut par des conclusions ultérieures remettre en cause le prononcé du divorce[5].

En cas d'appel général, la cour se prononcera sur les **chefs du jugement critiqués** dans les conclusions mais également sur les **chefs non critiqués**, sans pouvoir les réformer faute de prétentions émises dans ce sens[6]. Si l'appelant défère l'entier litige par un acte d'appel général et conclut à l'infirmation des chefs du jugement lui faisant grief, il appartient à l'intimé de ne pas limiter ses conclusions à la seule demande de sursis à statuer et la cour d'appel, saisie par l'effet dévolutif de l'appel, statue sur l'ensemble des données du litige sans être tenue d'inviter l'intimé à s'expliquer sur le fond[7]. L'appel général n'écarte pas le jeu de l'article 5 du Code de procédure civile : le juge doit se prononcer sur tout ce qui est demandé et seulement sur ce qui est demandé. Le juge d'appel n'a l'obligation de répondre qu'aux seuls moyens contenus dans les conclusions.

Lorsque la cour est saisie d'un **appel limité**, l'appelant ne peut, par des conclusions postérieures, critiquer des chefs du jugement écartés dans la déclaration d'appel[8]. Toutefois la limitation de l'appel principal à certains chefs du jugement n'empêche pas **l'intimé** de **former un appel incident** contre des chefs non visés par l'appel principal (v. s^s^ n° 112.192).

B.
Dévolution pour le tout de plein droit

122.50 Division. La dévolution s'opère de plein droit pour le tout dans deux hypothèses prévues à l'article 562 alinéa 2 du Code de procédure civile : lorsque l'objet du litige est indivisible (1°) et lorsque l'appel tend à l'annulation du jugement (2°).

1°
Indivisibilité

122.51 L'objet du litige est indivisible. Lorsque l'objet du litige est indivisible (sur l'indivisibilité,

1. Soc. 28 nov. 2000, n° 98-42.999, *Bull. civ.* V, n° 390; *Procédures* 2001. Comm. 2, obs. Perrot; *Dr. soc.* 2001. 194, obs. Roy-Loustaunau.
2. Soc. 20 oct. 2015, n° 14-10.725, *Bull. civ.* I [à paraître]; *Procédures* 2015. Comm. 364, obs. Bugada.
3. J.-Ph. Duhamel, « L'effet dévolutif de l'appel au regard de l'acte d'appel et des écritures des parties », *BICC* avr. 2003, HS n° 2, p. 48 (Rencontres Université/Cour de cassation, 14 juin 2002).
4. Civ. 1re, 8 janv. 2002, n° 99-13.919, NP; *Procédures* 2002, n° 42, obs. Perrot; *RTD civ.* 2002. 361, obs. Perrot – Civ. 1re, 14 déc. 2004, n° 02-14.937, NP; *Procédures* 2005. Comm. 26, obs. Perrot.
5. Civ. 2e, 7 oct. 2015, n° 14-24.498, NP.
6. Civ. 2e, 7 janv. 1998, n° 95-17.775, *Bull. civ.* II, n° 1; *RTD civ.* 1998. 470, obs. Perrot – CONTRA : Civ. 2e, 10 févr. 2000, n° 98-10.713, NP; *RTD civ.* 2000. 407, obs. Perrot.
7. Civ. 2e, 27 nov. 2014, n°s 12-21.523 et 12-29.672, *Bull. civ.* II, n° 51; *Procédures* 2014. Comm. 194, obs. Perrot.
8. Civ. 1re, 22 juin 1999, n° 97-15.225, *Bull. civ.* I, n° 206; *JCP* 2000. II. 10275, note du Rusquec; *Procédures* 1999. Comm. 293, obs. Perrot; *D.* 1999. 189.

v. s[s] n°s 112.150 s.) il n'est pas possible d'attaquer certains chefs du jugement sans attaquer indirectement les autres. Aussi, **l'effet dévolutif opère pour le tout même si l'appel est limité**[1]. Il n'est pas toujours aisé de caractériser l'indivisibilité[2]. Il semble que la meilleure méthode soit de vérifier que les décisions auraient des **effets incompatibles** si elles étaient rendues séparément et en **contradiction** les unes avec les autres[3]. Il appartient à celui qui invoque l'indivisibilité de l'établir[4].

2°
L'appel tend à l'annulation du jugement

122.60 Généralités. En prévoyant que la dévolution s'opère pour le tout lorsque l'appel tend à l'annulation du jugement, l'article 562 alinéa 2 du Code de procédure civile a enlevé à l'appel, voie d'annulation, une grande partie de sa spécificité et a mis fin à une controverse opposant ceux qui, assimilant nullité et absence de décision, en déduisaient que l'appel ne pouvait avoir d'effet dévolutif car le litige n'avait pas encore été jugé et ceux qui, considérant qu'en dépit de la nullité il avait été statué, estimaient que la dévolution du litige à la cour était nécessaire. Désormais il convient de distinguer deux situations selon que la **nullité** porte soit sur le **jugement** lui-même ou sur la **procédure** qui l'a précédé (a), soit sur une **irrégularité** qui affecte **l'acte introductif d'instance** (b).

a)
La nullité affecte le jugement lui-même ou la procédure qui l'a précédé

122.61 Effet dévolutif de plein droit. Lorsque la nullité affecte la procédure qui a abouti au jugement ou le jugement lui-même, la jurisprudence applique l'article 562 alinéa 2 et fait jouer l'effet dévolutif. Le juge d'appel n'a pas besoin de mettre les parties en demeure de conclure au fond pour pouvoir se prononcer sur le fond du litige[5] et il doit statuer sur le fond sans avoir à se prononcer auparavant sur le moyen tiré de l'irrégularité du jugement[6]. Dans cette hypothèse, la voie d'annulation ne présente plus de spécificité par rapport à la **réformation**[7]. Si le juge estime que le moyen de nullité n'est pas fondé, il peut confirmer ou infirmer le jugement.

b)
La demande d'annulation du jugement vise une irrégularité affectant l'acte introductif d'instance

122.71 Hésitations jurisprudentielles. Dans l'hypothèse où il est argué de la nullité du jugement en raison d'une irrégularité qui affecte l'acte introductif d'instance, la jurisprudence de la Cour de cassation a considérablement évolué à la suite des **critiques doctrinales.**

Si la cour a toujours admis que la nullité de l'acte introductif d'instance, et par voie de conséquence du jugement, a privé l'appel d'effet dévolutif dans la mesure où le premier degré de juridiction n'a jamais véritablement existé, elle avait admis que **l'appelant pouvait renoncer au premier degré de juridiction en concluant sur le fond** à titre principal ou à titre subsidiaire.

Cette dernière solution, qui était très critiquée par la doctrine, a été abandonnée par la deuxième chambre civile par un arrêt du 25 mai 2000[8] : **des conclusions subsidiaires sur le fond ne suffisent plus à faire présumer la volonté de l'appelant de renoncer au double degré de juridiction.** La situation s'étant clarifiée en jurisprudence, il convient de distinguer désormais entre plusieurs hypothèses.

122.72 La cour d'appel n'annule pas le jugement. Lorsque la cour d'appel estime que le vice allégué n'est pas fondé, elle n'annule pas le jugement mais, conformément aux dispositions de l'article 562 alinéa 2, **la dévolution s'opère pour le tout** lorsque l'appel tend à l'annulation du jugement. AUSSI, il appartient à la cour d'appel de statuer au fond mais elle ne peut le faire **qu'après avoir invité les parties à conclure**[9]. Cette solution est appliquée par la Cour de cassation même lorsque l'appelant a comparu et conclu en première instance[10]. Mais si l'appelant a conclu à titre principal à la nullité de l'acte introductif d'instance et

1. Soc. 30 juin 1950, *Bull. civ.* III, n° 562 – Civ. 15 déc. 1943, *DP* 1944. 37.
2. À TITRE D'EXEMPLE, v. Caen, 12 sept. 1995, *JCP* 1995. IV. 2667.
3. S. Guinchard (dir.), Dalloz action *Droit et pratique de la procédure civile*, 2014/2015, n° 543.64, par J. Pellerin.
4. Com. 30 oct. 1966, *Bull. civ.* IV, n° 301.
5. Civ. 2e, 11 juin 1997, n° 94-20.249, NP; *Procédures* 1997. Comm. 230, obs. Perrot – Civ. 2e, 7 déc. 1997, n° 96-12.472, *Bull. civ.* II, n° 302; *D.* 1998. IR 33.
6. Com. 10 juill. 2001, n° 98-19.491, NP; *RTD civ.* 2001. 957, obs. Perrot.
7. S. Guinchard, C. Chainais et P. Ferrand, *Procédure civile, droit interne et droit de l'Union européenne*, 32e éd., « Précis », Dalloz, 2014, n° 1247.
8. Civ. 2e, 25 mai 2000, n° 98-20.941, *Bull. civ.* II, n° 87; *D.* 2000. 819, note Bolard; *RTD civ.* 2000. 633, obs. Perrot; *Procédures* 2000. Comm. 160, obs. Perrot.
9. Civ. 2e, 24 oct. 1990, n° 89-15.113, *Bull. civ.* II, n° 212 – Civ. 2e, 22 avr. 1992, n° 90-18.005, *Bull. civ.* II, n° 125 – Civ. 2e, 26 nov. 1997, n° 95-15.288, *Bull. civ.* II, n° 282; *D.* 1998. 17 – Civ. 2e, 20 déc. 2001, n° 00-12.214, NP – Civ. 2e, 10 avr. 2014, n° 10-25.582, NP; *Procédures* 2014, Comm. 195, obs. Perrot.
10. Civ. 2e, 13 juill. 2000, n° 98-18.026, *Bull. civ.* II, n° 121; et Civ. 2e, 13 juill. 2000, n° 98-15.648, *Bull. civ.* II, n° 125; *D.* 2001. 499, note Bolard; *RTD civ.* 2001. 957, obs. Perrot.

subsidiairement à l'irrecevabilité de la demande de son adversaire, c'est sans méconnaître le principe de la contradiction que la cour d'appel qui, ayant écarté la nullité de l'assignation, saisie par l'effet dévolutif de l'appel, a statué sans inviter l'appelant à conclure au fond[1].

122.73 L'appelant a conclu à l'annulation du jugement sans conclure au fond et la cour annule le jugement. Dans cette hypothèse l'effet dévolutif ne joue pas car le premier degré de juridiction n'a jamais existé. L'instance est atteinte dans son principe même. **La cour ne peut ni statuer au fond, ni renvoyer l'affaire** devant les premiers juges. Seul le **plaideur** peut prendre l'initiative d'introduire une **nouvelle instance** et la cour ne peut que renvoyer les parties à mieux se pourvoir[2].

122.74 La cour d'appel annule le jugement en raison d'un vice affectant l'acte introductif d'instance mais l'appelant a conclu au fond devant la cour d'appel. Si l'appelant a conclu au fond **à titre principal**, c'est qu'il a volontairement renoncé au double degré de juridiction et **l'appel produira son effet dévolutif**.

Mais si l'appelant a conclu au fond **à titre subsidiaire** ou parce que le magistrat de la mise en état lui a enjoint de conclure, depuis l'arrêt du 25 mai 2000[3] **l'effet dévolutif ne joue pas**. Dans cet arrêt, la Cour de cassation juge en effet que lorsque le premier juge n'a pas été valablement saisi, la dévolution ne s'opère pas pour le tout et les conclusions au fond sont sans portée dès lors qu'elles sont subsidiaires. Désormais il n'est plus permis de déduire de la subsidiarité des conclusions au fond la volonté de l'appelant de renoncer au premier degré de juridiction.

122.75 Cas particuliers de procédures collectives. Il avait été jugé que l'effet dévolutif jouait dans le cas des procédures collectives même lorsque l'irrégularité affectait la saisine des premiers juges[4]. Cette solution, bien établie, était fondée sur l'article 11 du décret du 27 décembre 1985[5] (devenu l'article R. 631-6 du Code de commerce) qui prévoyait que « *la cour d'appel qui annule ou infirme un jugement de redressement judiciaire ou prononçant la liquidation judiciaire peut d'office, soit ouvrir la procédure de redressement judiciaire, soit prononcer la liquidation judiciaire* ».

Mais elle a été remise en cause par la chambre commerciale de la Cour de cassation qui considère désormais que lorsque l'appel tend à l'annulation du jugement pour **irrégularité de la saisine de la juridiction de première instance**, la cour d'appel qui annule l'acte introductif et le jugement, n'a pas le pouvoir de prononcer d'office le redressement ou la liquidation judiciaires d'un dirigeant d'une personne morale : « *Attendu que pour statuer comme il a fait, l'arrêt retient que la faculté offerte par l'article 11 du décret du 27 décembre 1985 existe dans tous les cas, même celui d'une irrégularité ayant affecté la saisine des premiers juges et que la cour d'appel, qui dans son précédent arrêt avait annulé le jugement du 6 septembre 2001 en raison d'irrégularités affectant la saisine du tribunal, n'avait pas à prononcer la nullité de la citation; attendu qu'en statuant ainsi, après avoir relevé le défaut d'impartialité affectant l'ordonnance en vertu de laquelle la citation avait été délivrée, ce dont il résultait que cette citation était nulle et que l'effet dévolutif de l'appel n'avait pu jouer, la cour d'appel a violé les textes susvisés* »[6].

122.76 Appel-nullité autonome. La jurisprudence a admis que lorsque l'appel est interdit ou différé par un texte mais que les premiers juges ont violé un principe fondamental de procédure ou excédé leur pouvoir, appel peut être interjeté de la décision (v. s^s n°s 111.60 s.). La Cour de cassation estime que cet appel-nullité autonome produit les **mêmes effets que l'appel nullité ouvert lorsque l'appel-réformation** est possible[7]. (Sur les effets de l'appel nullité, v. s^s n°s 111.71 s.).

1. Civ. 2e, 10 avr. 2014, no 12-27.144, *Bull. civ.* II, no 98; *Procédures* 2014, Comm. 195, obs. Perrot.
2. Civ. 2e, 18 déc. 1996, no 94-16.332, *Bull. civ.* II, no 282; *Procédures* 1997. Comm. 50, obs. Perrot; *RTD civ.* 1997. 515, obs. Perrot; *D.* 1997. 27.
3. Civ. 2e, 25 mai 2000, P (préc. s^s no 122.71).
4. Com. 28 avr. 1980, no 78-14.775, *Bull. civ.* IV, no 168; *D.* 1980. IR 510, note Honorat – Com. 31 mars 1998, no 94-17.096, *Procédures* 1998. 137, obs. Perrot – Com. 26 mai 1998, no 96-11.491, *Bull. civ.* IV, no 163; *RTD com.* 1998. 692, obs. Vallens.
5. Décr. no 85-1388, 27 déc. 1985, relatif au redressement et à la liquidation des entreprises, *JO* 29 déc., p. 15281.
6. Com. 4 janv. 2005, no 03-11.465, *Bull. civ.* IV, no 2; *D.* 2005. 280, obs. Lienhard; *JCP* 2005. II. 10080, note Cagnoli; *JCP* 2005. I. 147, no 2, obs. Pételet; *RTD civ.* 2005. 636, obs. Perrot.
7. Com. 28 mai 1996, no 94-14.232, *Bull. civ.* IV, no 150; *RTD civ.* 1996. 585, obs. Perrot; *D.* 1997. 538, note Bolard; *Justices* 1997, no 7, p. 186, obs. Wiederkehr – Com. 1er oct. 1997, nos 94-15.084 et 95-11.737, *Bull. civ.* IV, no 232; *JCP* 1997. II. 221941, rapport Rémery.

CHAPITRE

123. Évocation

SECTION 0
ORIENTEUR

123.00 **Plan du chapitre.**

123.01 **Textes applicables.**

TEXTES CITÉS

> Contredit et mesure d'instruction

C. pr. civ., art. 89

> Évocation et mesure d'instruction

C. pr. civ., art. 568

TEXTES CITÉS REPRODUITS *IN EXTENSO*

> Contredit et mesure d'instruction

C. pr. civ., art. 89

Lorsque la cour est juridiction d'appel relativement à la juridiction qu'elle estime compétente, elle peut évoquer le fond si elle estime de bonne justice, de donner à l'affaire une solution définitive après avoir ordonné elle-même, le cas échéant, une mesure d'instruction.

> Évocation et mesure d'instruction

C. pr. civ., art. 568

Lorsque la cour d'appel est saisie d'un jugement qui a ordonné une mesure d'instruction, ou d'un jugement qui statuant sur une exception de procédure, a mis fin à l'instance, elle peut évoquer les points non jugés si elle estime de bonne justice de donner à l'affaire une solution définitive, après avoir ordonné elle-même, le cas échéant, une mesure d'instruction.

L'évocation ne fait pas obstacle à l'application des articles 554, 555 et 563 à 567.

123.02 **Jurisprudence de référence.**

> Évocation – Conditions – Décision de sursis à statuer – Examen de l'affaire après autorisation du Premier président

• **Civ. 2e, 25 mars 1985, n° 80-40.788,** *Bull. civ.* II, n° 73

* V. s^s^ n° 123.32

« En application de l'article 380 du [nouveau] Code de procédure civile, lorsque l'appel d'un jugement de sursis à statuer a été autorisé, la cour d'appel examine l'affaire; elle a dès lors la faculté d'évoquer les points non jugés si elle estime de bonne justice de donner à l'affaire une solution définitive ».

> Évocation – Domaine d'application

• **Civ. 2e, 30 janv. 2003, n° 00-15.914,** *Bull. civ.* II, n° 21

* V. s^s^ n° 123.32

« Méconnaît les dispositions des articles 380 et 568 du [nouveau] Code de procédure civile une cour d'appel qui évoque des points non jugés, alors qu'elle n'était saisie de l'appel ni d'un jugement ayant ordonné une mesure d'instruction, ni d'un jugement qui statuant sur une exception de procédure avait mis fin à l'instance et qu'il ne s'agissait pas d'un jugement de sursis à statuer dont l'appel avait été autorisé par le premier président en application de l'article 380 précité ».

> Mise en cause d'un tiers – Conditions – Évolution du litige – Définition – Exclusion – Évocation décidée sur contredit

• **Civ. 2e, 7 juin 2006, n° 04-16.251,** *Bull. civ.* II, n° 146

* V. s^s^ n° 123.52

« L'évocation décidée sur contredit ne constitue pas une évolution du litige. Dès lors, c'est conformément à l'article 555 du [nouveau] Code de procédure civile et sans méconnaître les exigences de l'article 6 § 1 de la Convention de sauvegarde des droits de l'homme et des libertés fondamentales qu'une cour d'appel, qui a décidé d'évoquer après avoir rejeté un contredit, a déclaré irrecevables les appels en garantie dirigés contre les sociétés qui n'étaient pas parties au procès devant le tribunal ».

> Évocation – Effets – Points non jugés en première instance – Invitation préalable des parties à conclure sur le fond – Nécessité

• **Civ. 1re, 18 mars 2003, n° 01-03.999,** *Bull. civ.* I, n° 78

* V. ss n° 123.71

« La cour d'appel doit, lorsqu'elle entend faire usage de son droit d'évocation, mettre les parties en mesure de conclure sur les points qu'elle se propose d'évoquer. Encourt la cassation, l'arrêt qui pour prononcer une sanction disciplinaire à l'encontre d'un avocat, a évoqué et statué au fond sans mentionner que les parties avaient été en mesure de présenter leurs observations sur le fond et alors qu'il résultait des conclusions de cet avocat que celui-ci n'avait pas conclu au fond ».

123.03 Bibliographie indicative.

Actualisables. *J.-Cl. Pr. civ.*, fasc. 718 – Rép. pr. civ., V° *Appel*, par F. Ferrand, mars 2012 [actu. avr. 2015], nos 995 à 1033.

Ouvrages. C. Brenner et N. Fricero, *La nouvelle procédure d'appel*, 2e éd., Lamy, 2011, p. 43 s. – J.-L. Gallet, *La procédure civile devant la cour d'appel*, 3e éd., LexisNexis, 2014, p. 119 – Ph. Gerbay et N. Gerbay, *Guide du procès civil en appel 2016*, LexisNexis, 2015, fiche n° 50 – S. Guinchard (dir.), Dalloz action *Droit et pratique de la procédure civile*, 2014/2015, nos 543.91 à 543.93, par J. Pellerin.

Articles. Caratini, « L'article 568 du Code de procédure civile. Une modalité essentielle de l'indemnisation rapide des victimes d'accidents de la circulation », *Gaz. Pal.* 1984. 1. Doctr. 130 – D. Cohen, « Le domaine de l'évocation », *Mél. J. Héron*, LGDJ, 2008, p. 173 – H. Motulsky, « Nouvelles réflexions sur l'effet dévolutif de l'appel et l'évocation », *JCP A* 1958. I. 1423 – J. Viatte, « L'appel du jugement ordonnant une mesure d'instruction », *Gaz. Pal.* 1974. 2. Doctr. 873.

123.04 Questions essentielles.

> Dans quels cas la cour d'appel peut-elle évoquer ?

* V. ss nos 123.21 s.

> Quels sont les caractères du pouvoir d'évocation ?

* V. ss n° 123.61

> Quelles sont les limites du pouvoir d'évocation ?

* V. ss n° 123.71

123.09 Aperçu général. L'évocation s'oppose à l'effet dévolutif, mais curieusement les deux notions ont souvent été confondues. Le pouvoir d'évocation appartient à la cour d'appel qui est saisie soit d'un jugement qui a ordonné une mesure d'instruction ou qui a mis fin à l'instance en statuant sur une exception de procédure, soit d'un contredit sur une question de compétence; elle pourra mettre fin au litige en statuant sur les questions non tranchées en première instance.

L'évocation est une **exception au double degré de juridiction** dans la mesure où la cour est amenée à juger des problèmes qui n'ont pas été tranchés par le premier juge.

L'effet dévolutif remet la **chose jugée en question devant la juridiction d'appel** pour qu'il soit **statué à nouveau** en fait et en droit. L'effet dévolutif transmet à la cour la chose jugée par le jugement de première instance[1]. L'effet dévolutif a un caractère **impératif** pour la cour d'appel alors que l'évocation est pour elle une simple faculté.

Aujourd'hui l'évocation s'explique par un souci de **célérité de la justice** beaucoup plus que par une suspicion à l'égard des premiers juges. L'idée a été de permettre, notamment aux **victimes d'accident de la circulation**, d'obtenir une indemnisation plus rapide[2]. C'est ainsi que le décret du 20 juillet 1972[3] a étendu le domaine de l'évocation et le décret du 28 août 1972[4] a précisé et encore élargi les possibilités d'évocation. L'article 568 du Code de procédure civile, qui reproduit les dispositions du décret du 28 août 1972, prévoit que « *lorsque la cour d'appel est saisie d'un jugement qui a ordonné une mesure d'instruction ou d'un jugement qui statuant sur une exception de procédure, a mis fin à l'instance, elle peut évoquer les points non jugés si elle estime de bonne justice de donner à l'affaire une solution définitive, après avoir ordonné elle-même, le cas échéant, une mesure d'instruction* ». Ce texte est complété par l'article 89 du même code qui autorise l'évocation lorsque la cour d'appel est saisie d'un contredit sur la question de la compétence, à condition qu'elle soit la juridiction d'appel relativement à la juridiction compétente. Nous préciserons le domaine de l'évocation (sect. 1) et les pouvoirs de la cour d'appel (sect. 2).

SECTION 1

DOMAINE DE L'ÉVOCATION

123.10 Division. Pour cerner le domaine de l'évocation, il faut déterminer quelles décisions permettent à la cour d'appel d'exercer son pouvoir

1. Sur les frontières de l'évocation et de la dévolution, v. J. Héron et T. Le Bars, *Droit judiciaire privé*, 5e éd., Montchrestien, 2012, n° 756.
2. M. Caratigni, « L'article 568, une modalité essentielle de l'indemnisation rapide des victimes d'accident de la circulation », *Gaz. Pal.* 1984. Doctr. 130.
3. Décr. n° 72-684, 20 juill. 1972, instituant de nouvelles dispositions destinées à s'intégrer dans la partie générale d'un nouveau Code de procédure civile, *JO* 25 juill., p. 7860.
4. Décr. n° 72-788, 28 août 1972 instituant une troisième série de dispositions destinées à s'intégrer dans le nouveau code de procédure civile, *JO* 30 août p. 9300.

d'évoquer (§ 1) et les conditions de l'exercice de ce pouvoir communes à tous les cas d'évocation (§ 2).

§ 1
Décisions permettant l'exercice du pouvoir d'évocation

123.20 **Division.** Nous distinguerons l'évocation dans le cadre de la procédure sur incident de compétence réglementée par l'article 89 du Code de procédure civile (A) de l'évocation de droit commun, réglementée par l'article 568 du même code (B).

A.
Évocation dans le cadre des incidents de compétence

123.21 **Décisions frappées de contredit.** L'article 89 du Code de procédure civile qui autorise la cour à évoquer dans la procédure sur incident de compétence est situé dans une sous-section 3 relative au contredit de compétence; l'évocation est possible lorsque la décision de première instance a été attaquée par voie de contredit (v. s[s] n°s 234.09 s.).

La décision peut être frappée de contredit lorsque **le juge se prononce sur la compétence, sans statuer sur le fond du litige**, quand bien même il aurait tranché une question de fond dont dépend la compétence (C. pr. civ., art. 80).

La décision rendue en première instance peut également être attaquée du chef de la compétence par la voie du contredit lorsque **le juge s'est prononcé sur la compétence** et a ordonné une **mesure d'instruction** ou une **mesure provisoire**, sous réserve des règles particulières à l'expertise (C. pr. civ., art. 80, al. 2).

En principe la cour saisie du contredit renvoie l'affaire à la juridiction qu'elle estime compétente et sa décision s'impose aux parties et au juge de renvoi (C. pr. civ., art. 86). Cependant l'article 89 prévoit que la cour pourra évoquer le fond de l'affaire si certaines conditions sont remplies (v. s[s] n° 234.121).

123.22 **La cour doit être la juridiction d'appel relativement à la juridiction compétente.** L'article 89 du Code de procédure civile dispose que « *lorsque la cour est juridiction d'appel relativement à la juridiction qu'elle estime compétente, elle peut évoquer le fond si elle estime de bonne justice de donner à l'affaire une solution définitive après avoir ordonné elle-même, le cas échéant, une mesure d'instruction* ». Ce texte pose les **deux conditions** auxquelles est subordonné le pouvoir d'évocation de la cour d'appel en cas de contredit de compétence : la cour doit être la **juridiction d'appel** relativement à la juridiction qu'elle estime compétente et elle doit estimer de bonne justice de donner à l'affaire une **solution définitive**.

Seule la première de ces conditions est propre à l'évocation dans le cadre des incidents de compétences, elle implique que la juridiction de première instance désignée compétente par la cour d'appel saisie du contredit soit située dans le **ressort territorial de la cour**. Il faut ajouter que la cour ne peut évoquer que si elle est la juridiction d'appel du tribunal compétent selon les **règles de compétence d'attribution**. Elle ne peut pas évoquer si le jugement par sa nature ou du fait de la valeur en litige n'est pas susceptible d'appel.

123.23 **Invitation à constituer avocat.** Le contredit relève de la procédure sans représentation obligatoire mais lorsque la cour d'appel évoque, l'instance est transformée et il convient désormais d'appliquer les **règles de l'instance d'appel** (v. s[s] n°s 234.131 et 234.132). Aussi, l'article 90 du Code de procédure civile prévoit que « *quand elle décide d'évoquer, la cour invite les parties, le cas échéant par lettre recommandée avec demande d'avis de réception, à constituer avocat dans le délai qu'elle fixe, si les règles applicables à l'appel des décisions rendues par la juridiction dont émane le jugement frappé de contredit imposent cette constitution* ». L'article 90 ne contient pas de dispositions spéciales pour la procédure sans représentation obligatoire.

Cependant, si la cour décide d'évoquer, les parties en sont informées par **notification de l'arrêt** dans les conditions posées à l'article 87 du Code de procédure civile et elles doivent être **convoquées à l'audience prévue pour les débats** conformément aux modalités prévues par les articles 937 et 947 du Code de procédure civile. Toutes ces formalités n'ont pas à être respectées lorsque la cour, sans évoquer, examine une question de fond dont dépend la compétence[1].

B.
Évocation de droit commun

123.30 **Division.** L'article 568 du Code de procédure civile précise que la cour d'appel peut évoquer les points non jugés lorsqu'elle est saisie d'un jugement qui a ordonné une mesure d'instruction (1°) ou d'un jugement qui statuant sur une exception de procédure a mis fin à l'instance (2°).

1. Civ. 2e, 7 oct. 1981, n° 80-11.109, *Bull. civ.* II, n° 179.

1°
Le jugement a ordonné une mesure d'instruction

123.31 Décisions visées par le texte. Le domaine de l'évocation prévu par l'article 568 est restreint puisque les jugements qui se bornent à ordonner une mesure d'instruction sont des **jugements avant-dire droit insusceptibles d'appel immédiat**, sous réserve de l'article 272 du Code de procédure civile. Les jugements avant-dire droit étant insusceptibles d'appel, l'évocation est logiquement exclue. Mais dans l'hypothèse prévue par l'article 272 du Code de procédure civile, la **décision ordonnant une expertise** peut être **frappée d'appel** indépendamment du jugement sur le fond **sur autorisation du premier président de la cour d'appel** s'il est justifié d'un **motif grave et légitime**, l'évocation est possible[1].

Les **jugements mixtes**, qui tranchent une partie du principal et ordonnent une mesure d'instruction, sont susceptibles d'un appel immédiat. On s'est demandé s'il était possible que la cour évoque dans l'hypothèse où seule la partie du dispositif statuant sur le fond est critiquée devant elle à l'exclusion de celle ordonnant la mesure d'instruction. À l'origine la jurisprudence était divisée, certains répondant par l'affirmative[2] alors que d'autres répondaient le contraire[3]. Il semble que, sensible aux critiques de la doctrine, la Cour de cassation exige désormais **pour que la cour d'appel puisse évoquer** qu'elle soit **saisie du chef du jugement qui a ordonné la mesure d'instruction**[4]. La cour d'appel peut évoquer quelle que soit la juridiction qui a ordonné la mesure d'instruction[5].

123.32 Interprétation jurisprudentielle extensive. La Cour de cassation retient une **conception large de la mesure d'instruction**; elle a estimé que peut faire usage de son droit d'évocation, la cour d'appel statuant sur la demande de prestation compensatoire non jugée en première instance, dès lors qu'elle constate que la mesure ordonnée par le premier juge avait pour objet de lui fournir les éléments de fait lui permettant de déterminer la valeur du droit viager d'usufruit de l'épouse sur l'immeuble commun[6].

Dans un souci de célérité de la justice, la jurisprudence a admis le **pouvoir d'évocation de la cour d'appel** en cas de **sursis à statuer**[7]. Cette solution a été critiquée au motif qu'un jugement de sursis à statuer ne répond à aucune des deux hypothèses prévues par l'article 568 du Code de procédure civile et ne devrait pas justifier un pouvoir d'évocation[8]. La Cour de cassation a maintenu sa position et a affirmé que lorsque « *l'appel d'un jugement de sursis à statuer a été autorisé à raison de motifs graves et légitimes, la cour d'appel a la faculté, sans méconnaître l'article 6 § 1 de la Convention européenne de sauvegarde des droits de l'homme et des libertés fondamentales, d'évoquer les points non jugés, si elle estime de bonne justice, au regard notamment de l'exigence d'une durée raisonnable de la procédure, de donner à l'affaire une solution définitive* »[9]. La Cour de cassation a toutefois considéré que l'évocation n'était pas possible lorsque la décision frappée d'appel avait refusé de prononcer un sursis à statuer[10] et elle a également estimé qu'une cour d'appel ne peut user de son pouvoir d'évocation sans violer les articles 568 et 380 du Code de procédure civile dès lors qu'elle n'est saisie de l'appel ni d'un jugement ayant ordonné une mesure d'instruction, ni d'un jugement qui, statuant sur une exception de procédure, a mis fin à l'instance et que le sursis à statuer, objet de l'appel, n'entre pas dans le champ d'application de l'article 380 du Code de procédure civile[11].

2°
Le jugement statuant sur une exception de procédure a mis fin à l'instance

123.41 Décisions visées par le texte. Selon l'article 73 du Code de procédure civile, « *constitue une exception de procédure, tout moyen qui tend soit à faire déclarer la procédure irrégulière ou éteinte, soit à en suspendre le cours* ». Dans les procédures avec représentation obligatoire et mise en état, c'est

1. J. Viatte, « L'appel du jugement ordonnant une mesure d'instruction », *Gaz. Pal.* 1974. 2. 873 – E. du Rusquec « Les effets de l'appel quant à l'objet du litige », *Rapp. Journées d'études des avoués près les cours d'appel,* Dijon, 1973, *Gaz. Pal.* 1974. 1. 401.
2. Civ. 3e, 4 avr. 1978, no 76-14.579, *Bull. civ.* III, no 144; *D.* 1978. IR 365, obs. Julien – Civ. 3e, 15 nov. 1979, *Gaz. Pal.* 1980. 1. 137, note J. V.
3. Civ. 2e, 12 mars 1980, no 78-15.054, *Bull. civ.* II, no 51; *Gaz. Pal.* 1980. 2. 455, note Viatte – Civ. 2e, 27 août 1981, *JCP* 1981. IV. 245; *Gaz. Pal.* 1981. 2. 703, note Viatte.
4. Civ. 2e, 16 nov. 1983, no 82-14.653, *Bull. civ.* II, no 178; *D.* 1984. IR 86 – Civ. 2e, 28 juin 2006, no 05-19.156, *Bull. civ.* II, no 171; *D.* 2006. IR 2051; *RTD civ.* 2006. 828, obs. Perrot.
5. Soc. 24 avr. 1975, no 73-40.301, *Bull. civ.* V, no 207.
6. Civ. 1re, 28 oct. 2009, no 08-20.724, *Bull. civ.* I, no 212; *AJ fam.* 2010. 87.
7. Civ. 2e, 25 mars 1985, no 80-40.788, *Bull. civ.* II, no 73 – Civ. 3e, 14 oct. 1992, no 90-19.896, *Bull. civ.* III, no 266 – Civ. 2e, 12 mars 1997, no 95-11.441, *Bull. civ.* II, no 69.
8. P. Julien, *D.* 1978. IR 365.
9. Civ. 2e, 21 avr. 2005, no 03-16.466, *Bull. civ.* II, no 110; *D.* 2005. IR 1246.
10. Civ. 2e, 23 oct. 1991, no 90-12.146, *Bull. civ.* II, no 267.
11. Civ. 2e, 30 janv. 2003, no 00-15.914, *Bull. civ.* II, no 21; *D.* 2003. Somm. 1398, obs. Julien; *Dr. et proc.* 2003, no 246, obs. Hoonakker – Civ. 2e, 8 avr. 2004, no 02-16.101, *Bull. civ.* II, no 161; *D.* 2004. 1499.

désormais le juge de la mise en état qui est seul compétent pour statuer sur les exceptions de procédure (C. pr. civ., art. 771). Faut-il étendre l'évocation aux décisions relatives aux incidents mettant fin à l'instance comme la **péremption**, l'**acquiescement**, le **désistement** ? Outre qu'une telle interprétation n'est pas conforme à la lettre de l'article 568, ces hypothèses se prêtent mal à l'évocation.

123.42 La décision doit avoir mis fin à l'instance. Il faut que la décision statuant sur l'exception de procédure ait mis fin à l'instance. AINSI, lorsqu'un juge des référés se déclare incompétent au profit d'un autre juge des référés, sa décision ne met pas fin à l'instance mais lorsque le juge estime qu'il n'est pas compétent en raison d'existence d'une contestation sérieuse, il met fin à l'instance et l'évocation est possible[1].

123.43 Distinction entre effet dévolutif et évocation. Les auteurs du nouveau Code de procédure civile ont clarifié la situation et permis de mettre un terme à un certain nombre de controverses doctrinales. Il est plus facile aujourd'hui de déterminer les domaines respectifs de l'effet dévolutif et de l'évocation.

AINSI, lorsqu'un **jugement de première instance annule un acte introductif d'instance**, la cour d'appel qui estime que cette annulation a été prononcée à tort, peut exercer son **pouvoir d'évocation** sur le fondement de l'article 568 du Code de procédure civile.

EN REVANCHE, si la **cour d'appel annule elle-même l'acte introductif d'instance**, dans cette hypothèse lorsque l'appelant a conclu à titre principal, la cour connaîtra de l'entier litige en vertu de **l'effet dévolutif de l'appel** (v. s^s^ n° 122.74). Si l'appelant n'a conclu qu'à titre subsidiaire, la cour ne pourra que renvoyer les parties à mieux se pourvoir (v. s^s^ n° 122.74).

§ 2
Conditions communes aux différents cas d'évocation

123.51 La cour doit estimer de bonne justice de donner à l'affaire une solution définitive. L'article 89 n'ayant pas repris la condition posée par le décret du 20 juillet 1972 qui imposait que l'affaire soit susceptible de recevoir une solution définitive « *sur le tout* », tous les cas d'évocation sont soumis à la même condition : la cour doit estimer de bonne justice de donner à l'affaire une solution définitive. Il est possible d'imaginer que la cour ne se livre qu'à une **évocation partielle** mais dans la mesure où l'évocation est moins conçue comme une suspicion à l'égard des premiers juges que comme un moyen d'accélérer l'issue des procédures, l'évocation partielle, juridiquement possible, ne présente en pratique que peu d'intérêt[2]. La complexité de l'affaire n'est pas un obstacle au pouvoir d'évocation de la cour si elle estime de bonne justice de donner à l'affaire une solution définitive[3].

123.52 Il n'est pas nécessaire que l'affaire soit en état d'être jugée. Le texte autorise expressément la cour, qui décide d'évoquer, à ordonner une mesure d'instruction. De manière générale, lorsque la cour use de son pouvoir d'évocation alors que l'affaire n'est pas en état d'être jugée, il lui appartient d'ordonner soit la **réouverture des débats** pour permettre aux parties de s'expliquer sur le fond du litige, soit une **mesure d'instruction**[4] (▶ v. s^s^ n° 21.01, 1°). L'alinéa 2 de l'article 568 ajoute que l'évocation ne fait pas obstacle à l'application des articles 554, 555 et 563 à 567 du code. Les deux premiers articles sont relatifs à **l'intervention des tiers à l'instance appel** (v. s^s^ n°s 112.222 s.) et les autres fixent les **limites** et les **dérogations à l'interdiction des demandes nouvelles** (v. s^s^ n°s 121.21 s.).

AINSI l'exercice du pouvoir d'évocation ne met pas obstacle à la **prise en compte de l'évolution du litige**; l'appel demeure une voie d'achèvement du procès. Mais l'évocation n'est pas, en elle-même, une évolution du litige au sens de l'article 555 du Code de procédure civile qui autorise l'appel en intervention forcée d'une personne devant le second degré de juridiction aux fins de condamnation[5].

SECTION 2
POUVOIRS DE LA COUR D'APPEL

§ 1
Le pouvoir d'évocation est un pouvoir discrétionnaire

123.61 Le pouvoir d'évocation est une simple faculté. La cour n'est pas obligée de mentionner expressément dans sa décision qu'elle exerce son

1. Civ. 2e, 17 déc. 2009, n° 09-11.847, *Bull. civ.* II, n° 292; *D.* 2010. 157.
2. Rép. pr. civ., V° *Appel*, par F. Ferrand, mars 2012 [actu. avr. 2015], n° 1014.
3. Civ. 2e, 8 juin 1979, n° 77-15.933, *Bull. civ.* II, n° 170; *D.* 1979. IR 477, obs. Julien; *Gaz. Pal.* 1979. 2. 443, note Viatte.
4. Soc. 17 févr. 1993, n° 89-43.502, *Bull. civ.* V, n° 53; *JCP* 1993. IV. 991.
5. Civ. 2e, 7 juin 2006, n° 04-16.251, *Bull. civ.* II, n° 146; *Procédures* 2006. Comm. 152, obs. Perrot; *D.* 2006. 1840.

pouvoir d'évocation, le simple fait de trancher les points non jugés en première instance étant l'expression de l'exercice de la faculté d'évocation [1]. Le droit d'évoquer n'est pas une obligation pour la cour mais une simple faculté qu'elle peut utiliser s'il lui paraît d'une bonne justice d'y procéder. Cette faculté s'exerce **de manière discrétionnaire** [2], elle n'est pas soumise au consentement des parties [3]. Il suffit que la cour estime de bonne justice de donner à l'affaire une solution définitive. La cour a le pouvoir d'évoquer qu'elle confirme ou elle infirme le jugement [4].

123.62 Contrôle de la Cour de cassation. Puisque les juges d'appel disposent d'un pouvoir discrétionnaire d'appréciation lorsqu'ils estiment de bonne justice de donner à l'affaire une solution définitive, la Cour de cassation n'exerce **pas de contrôle sur la faculté d'évocation de la cour d'appel** qui n'a pas à motiver spécialement sa décision [5]. La Cour de cassation vérifie simplement que la cour d'appel a évoqué dans **l'une des hypothèses envisagées par les articles 89 ou 568 du Code de procédure civile.**

§ 2
Limites au pouvoir d'évocation

123.71 Jurisprudence constante. Le pouvoir d'évocation de la cour d'appel doit s'exercer dans le **respect du principe du contradictoire.** La cour ne peut pas évoquer sans que les parties aient **conclu au fond** ou aient été mises en demeure de le faire et elle doit les mettre en mesure de **conclure sur les points qu'elle se propose d'évoquer** [6]. Si la cour peut évoquer, elle ne peut pas déclarer recevable des demandes formées pour la première fois devant la cour d'appel, à moins que ces demandes ne soient recevables dans le cadre des exceptions à la prohibition des demandes nouvelles puisque l'alinéa 2 de l'article 568 précise que l'évocation ne fait pas obstacle à l'application des articles 563 à 567 et à ceux relatifs à l'intervention volontaire ou forcée en appel. La cour n'a pas non plus le pouvoir de se prononcer sur une **demande qui relève de la compétence exclusive d'une autre juridiction.**

1. Civ. 2e, 22 mai 1968, *Bull. civ.* II, n° 143 – Com. 5 janv. 1973, *Gaz. Pal.* 1973. Somm. 87.
2. Civ. 1re, 2 mai 1989, n° 87-17.705, *Bull. civ.* I, n° 174 – Civ. 2e, 14 juin 2001, n° 99-20.943, NP.
3. Civ. 1re, 2 déc. 1975, n° 73-11.402, *Bull. civ.* I, n° 354.
4. Civ. 3e, 12 juin 1974, *JCP* 1974. IV. 275.
5. Com. 8 avr. 2008, n° 06-17.478, NP.
6. Civ. 1re, 18 mars 2003, n° 01-03.999, *Bull. civ.* I, n° 78; *JCP* 2003. 1. 140, obs. Martin – Civ. 2e, 23 sept. 2004, n° 02-21.141, *Bull. civ.* II, n° 409; *Dr. et proc.* 2005. 33, obs. Fricero.

LIVRE

2. LA PROCÉDURE DEVANT LA COUR D'APPEL

SECTION 0

ORIENTEUR

2.00 **Plan du livre.**

2.01 **Division.** Le titre VI du Code de procédure civile contient les dispositions particulières à la cour d'appel. Le premier sous-titre traite de la procédure devant la formation collégiale. Il est divisé en deux chapitres l'un relatif à la procédure en matière contentieuse et l'autre à la procédure en matière gracieuse. Nous ne suivrons pas exactement l'ordre du code et dans un souci de simplification nous traiterons dans deux premiers titres de la seule procédure ordinaire en matière contentieuse, en distinguant procédure avec représentation obligatoire et procédure sans représentation obligatoire (titres 21 et 22), puis dans un troisième (titre 23) de toutes les procédures spéciales.

2.02 **Introduction.** Les rédacteurs du Code de procédure civile ont distingué, dans le sous-titre consacré à la procédure devant la formation collégiale de la cour d'appel, en matière contentieuse, entre la **procédure avec représentation obligatoire** (C. pr. civ., art. 900 à 930) et la **procédure sans représentation obligatoire** (C. pr. civ., art. 931 à 949).

À moins qu'une disposition particulière déroge au principe[1], pour les procédures devant la cour d'appel, les parties sont tenues de constituer avocat (v. s^s^ n° 211.11 - C. pr. civ., art. 899). Jusqu'au 1er janvier 2012, elles devaient constituer avoué (v. s^s^ n° 211.12).

La représentation peut être obligatoire en appel alors qu'elle ne l'était pas en première instance; il en est ainsi pour l'appel des ordonnances de référé, des jugements des tribunaux de commerce, des tribunaux d'instance et des décisions de la commission d'indemnisation des victimes d'infraction et d'actes de terrorisme.

Sont cependant **dispensés de l'obligation de se faire représenter** par un avocat, le ministère public[2], le service des Domaines agissant sur le fondement des articles R. 158-1 et R. 159 du Code du domaine de l'État (C. dom. Ét., art. R. 162), le ministre chargé de l'Économie ou son représentant agissant sur le fondement de l'article L. 470-5 du Code de commerce. Toutefois la Cour de cassation a rappelé qu'en l'absence de dispositions particulières, l'action principale du ministre chargé de l'Écono-

1. Civ. 1re, 19 sept. 2007, n° 06-17.895, NP.
2. Paris, 24 janv. 1986, *D.* 1987. Somm. 233, obs. Julien.

mie fondée sur l'article L. 442-6 du Code de commerce est soumise au principe de la représentation obligatoire[1].

Le législateur a prévu **un certain nombre d'exceptions à la procédure avec représentation obligatoire.** Il s'agit des appels à l'encontre des jugements des tribunaux des affaires de sécurité sociale (CSS, art. R. 142-28), des décisions en matière de surendettement[2] (C. consom., art. R. 331-9-3), en matière d'assistance éducative (C. pr. civ., art. 1193), en matière d'expropriation pour cause d'utilité publique (C. expr., art. R. 311-24), dans les instances judiciaires relatives aux biens domaniaux (CGPPP, art. R. 2331-11), en matière de déclaration d'abandon d'enfant (C. pr. civ., art. 1163), en matière de contestations relatives au montant et au recouvrement des honoraires et débours des avocats (Décr. 27 nov. 1991, art. 176), des appels contre l'ordonnance de taxe rendue en matière de vérification des dépens (C. pr. civ., art. 714 et 715). Si la représentation est obligatoire pour l'appel des décisions rendues dans les procédures collectives (C. com., art. R. 661-6), il existe des exceptions en matière de conciliation. Il en est ainsi des appels des décisions refusant l'ouverture d'une procédure de conciliation ou la prorogation de la mission du conciliateur (C. com., art. R. 611-26), de l'appel interjeté par le ministère public à l'encontre de l'ordonnance qui ouvre la procédure de conciliation et de l'appel des jugements refusant l'homologation de l'accord de conciliation (C. com., art. R. 611-42). Parfois le législateur laisse planer le doute et la jurisprudence comble les lacunes : il a été jugé que « *l'article 899 du nouveau Code de procédure civile, qui dans le livre II de ce code introduit le chapitre 1er du sous-titre premier du titre VI uniquement consacré à la procédure en matière contentieuse devant la formation collégiale de la cour d'appel, n'est pas applicable aux procédures dont connaît le premier président* »[3] ou encore qu'il résulte de la combinaison des articles 152 et 16 alinéa 1er du décret du 27 novembre 1991[4] que l'appel ouvert contre les décisions arbitrales du bâtonnier est instruit et jugé selon les règles applicables en matière contentieuse à la procédure sans représentation obligatoire[5].

1. Com. 17 juill. 2001, nº 99-19.309, *Bull. civ.* IV, nº 145; *D.* 2001. 2673, obs. Chevrier; *RTD com.* 2001. 877, obs. Claudel.
2. Cass., avis, 14 juin 1993, nº 09-30.005, *Bull. avis*, nº 7.
3. Civ. 2e, 21 déc. 2006, nº 05-18.502, *Bull. civ.* II, nº 359.
4. Décr. nº 04-17.386, 27 nov. 1991, organisant la profession d'avocat, *JO* 28 nov., p. 15502.
5. Civ. 1re, 13 déc. 2005, nº 04-17.386, *Bull. civ.* I, nº 486; *D.* 2006. 176.

TITRE

21. Les procédures ordinaires : la procédure d'appel avec représentation obligatoire

SECTION 0

ORIENTEUR

21.00 **Plan du titre.**

21.01 ► **Projet de décret relatif à l'appel en matière civile.** Ce texte apporte modifications et précisions.

1°) Tout d'abord, **il limite l'étendue de l'appel :** la proposition de l'article 562 du Code de procédure civile selon laquelle la dévolution s'opère pour le tout lorsque l'appel n'est pas limité à certains chefs (v. s[s] n° 122.41) est supprimée comme la première proposition de l'actuel article 566 selon laquelle « *les parties peuvent aussi expliciter les prétentions qui étaient virtuellement comprises dans les demandes et défenses soumises au premier juge* » (v. s[s] n° 122.22). En cas d'évocation, l'article 568 ne mentionne plus la possibilité pour la cour d'appel d'ordonner une mesure d'instruction (v. s[s] n°s 123.52).

2°) **Le déroulement de la procédure d'appel avec représentation obligatoire est encore remanié.**

Le président de chambre perd le monopole de la fixation des délais dans la **procédure d'urgence** de l'article 905 (v. s[s] n° 212.16), laquelle est étendue à l'appel des décisions rendues en la forme des référés (v. s[s] n° 212.12).

L'appelant devra remettre ses conclusions d'appel au greffe, à peine de caducité de sa déclaration d'appel, dans un délai de deux mois à compter de son appel et **l'intimé,** à peine d'irrecevabilité de ses conclusions, devra répliquer et éventuellement former appel incident ou provoqué dans les deux mois de la notification des conclusions d'appel qui lui a été adressée.

L'intimé à un appel incident ou provoqué disposera du même délai pour remettre ses conclusions au greffe. Quant à **l'intervenant forcé,** il bénéficiera également selon ce projet d'un délai de deux mois, à compter de la notification de la demande d'intervention forcée formée contre lui, pour remettre ses conclusions au greffe.

Le président de la chambre peut d'office impartir des délais plus brefs et relever la caducité de la déclaration d'appel ou l'irrecevabilité des conclusions pour non-respect des délais de l'article 905. Ses ordonnances peuvent être déférées à la cour.

3°) Dans la procédure avec mise en état (v. s[s] n°s 212.31 s.), **tous les délais pour conclure** (C. pr. civ., art. 908, 909, 910) **sont portés à quatre mois.** En effet il ne sert à rien d'accélérer la première phase de la mise en état si, de toutes les façons, les affaires ne peuvent être plaidées avant plusieurs mois en raison de l'encombrement des cours d'appel. Le projet reprend la solution dégagée par la jurisprudence (v. s^s n° 212.35) : seules les conclusions qui déterminent l'objet du litige ou soulèvent une exception de procédure, une fin de non-recevoir ou tout autre incident de nature à mettre fin à l'instance sont de nature à satisfaire les exigences des articles 905, 908, 909 et 910. Sous peine des sanctions prévues par ces mêmes articles, les conclusions doivent être notifiées aux avocats des parties adverses dans le délai de leur remise au greffe ou signifiées dans le mois suivant leur remise au greffe à celles qui n'ont pas constitué avocat. C'est la **notification des conclusions à une partie** qui fait courir à son égard le délai dont elle dispose pour conclure.

4°) Un certain nombre de dispositions s'inspire du principe prétorien de concentration des demandes.

Ainsi, il est prévu qu'à peine d'irrecevabilité relevée d'office les parties doivent présenter, dès leurs premières conclusions, l'ensemble de leurs prétentions et moyens (C. pr. civ., art. 910-2). Ne seront plus recevables que les prétentions et moyens ultérieurs destinés à répliquer aux conclusions adverses ou à faire juger les questions nées, postérieurement aux premières conclusions, de l'intervention d'un tiers ou de la survenance ou de la révélation d'un fait.

Tous les moyens relatifs à l'irrecevabilité de l'appel doivent être invoqués simultanément à peine d'irrecevabilité de ceux qui ne l'auraient pas été (C. pr. civ., art. 914). Il est encore précisé que l'appelant dont la déclaration d'appel a été frappée de caducité sur les fondements des articles 902 et 908 du Code de procédure civile ne peut plus former un appel principal tout comme l'intimé qui a comparu sans former d'appel incident (C. pr. civ., art. 911-1, al. 3).

Les parties doivent soumettre au conseiller de la mise en état, à compter de sa désignation et jusqu'à l'ordonnance de clôture, les incidents relatifs à la caducité de l'appel, à l'irrecevabilité de l'appel, à l'irrecevabilité des conclusions pour tardiveté (violation des délais des articles 909 et 910 et présentation de nouveaux moyens ou prétentions après le premier jeu de conclusions) ou encore au non-respect de la transmission par voie électronique (v. s^s n° 212.168). Les parties ne pourront plus soulever ces incidents devant la cour après la clôture de l'instruction à moins que leur cause ne survienne ou ne soit révélée postérieurement. Les ordonnances du magistrat de la mise en état ont autorité de chose jugée au principal. Elles peuvent être déférées à la cour par une requête contenant, ce qui est nouveau, les mentions exigées par l'article 58 du code, l'indication de la décision frappée de recours et l'exposé des moyens en fait et en droit (v. s^s n° 212.182).

5°) Le projet complète les mesures qui tendent à alléger la tâche des magistrats par deux procédés.

Le *premier procédé* consiste à **imposer la forme des conclusions** (v. s^s n°s 212.71 s.) : il faut présenter l'exposé des faits avant la discussion contenant prétentions et moyens, les prétentions étant toujours récapitulées sous forme de dispositif (C. pr. civ., art. 954-II). Il faudra faire apparaître dans une partie distincte les moyens nouveaux invoqués en appel (C. pr. civ., art. 954-I). La cour ne statuera que sur les moyens énoncés dans la discussion et les prétentions reprises dans le dispositif. La fin de non-recevoir tirée de la violation de l'article 960 alinéa 2 du code (v. s^s n° 212.62) peut être régularisée jusqu'au prononcé de la clôture ou en l'absence de mise en état jusqu'à l'ouverture des débats (C. pr. civ., art. 961).

Le *second procédé* consiste à prévoir que la cour qui confirme un jugement peut statuer par simple adoption de ses motifs (C. pr. civ., art. 955, al. 1er).

6°) Le nouveau texte précise encore le régime de la radiation prévue à l'article 526 du Code de procédure civile (v. s^s n° 121.122) : la demande de radiation interrompt les délais accordés à l'intimé par les articles 909 et 911 mais la décision de radiation ne suspend pas les délais impartis à l'appelant par les articles 908 et 911; elle interdit l'examen des appels principaux, incidents et provoqués. Le délai de péremption court à compter de la notification de la décision ordonnant la radiation. Il est interrompu par un acte manifestant sans équivoque la volonté d'exécuter.

7°) Enfin ce projet prévoit la suppression du contredit (v. s^s n°s 234.09 s.). Lorsque le premier juge ne s'est prononcé que sur la compétence, voire a en outre ordonné une mesure d'instruction ou une mesure provisoire, sa décision peut être frappée d'appel dans un délai de quinze jours à compter de la notification du jugement. C'est la notification à l'avocat qui fait courir le délai dans les procédures avec représentation obligatoire. Dans les procédures qui imposent la constitution d'avocat, l'appel est instruit et jugé comme en matière de procédure à jour fixe alors que dans les autres procédures, il est procédé comme il est dit à l'article 948 du Code de procédure civile. Lorsque le premier juge s'est déclaré compétent et a statué sur le fond du litige dans un même jugement rendu en premier ressort, celui-ci peut être frappé d'appel dans toutes ses dispositions. Si la cour infirme du chef de la compétence, elle statue cependant sur le tout, si elle est la juridiction d'appel du tribunal qu'elle estime compétent. Sinon, elle infirme du chef de la compétence et renvoie l'affaire à la juridiction d'appel du tribunal compétent. Cette décision s'impose à la cour de renvoi.

CHAPITRE

211. Acte d'appel

SECTION 0
ORIENTEUR

211.00 **Plan du chapitre.**

211.01 **Textes applicables.**

TEXTES CITÉS

> Appel principal : obligation de constituer avocat
C. pr. civ., art. 899

> Appel principal : obligation de constituer avocat pour l'appelant
C. pr. civ., art. 901

> Appel principal : obligation de constituer avocat pour l'intimé
C. pr. civ., art. 903

> Appel principal : mentions contenues dans la constitution d'avocat
C. pr. civ., art. 960

> Appel par déclaration unilatérale : mentions obligatoires et facultatives
C. pr. civ., art. 58 et 901

> Transmission des actes de procédure par voie électronique à peine d'irrecevabilité
C. pr. civ., art. 930-1

> Nullité des actes pour vice de forme
C. pr. civ., art. 112 à 116

> Nullité des actes pour irrégularité de fond
C. pr. civ., art. 117 à 121

> Appel par requête conjointe
C. pr. civ., art. 57 et 926 à 930

> Information de l'intimé et sanction
C. pr. civ., art. 902, 903, 911-1, 911-2

> Inscription de l'affaire et rôle du greffe
C. pr. civ., art. 967 à 971

> Parties à l'appel : droit de timbre affecté au fonds d'indemnisation des avoués
C. pr. civ., art. 963, 964, 964-1

CGI, art. 1635 *bis* P

> Appel incident ou appel provoqué
C. pr. civ., art. 909, 910

TEXTES CITÉS REPRODUITS *IN EXTENSO*

> Appel principal : obligation de constituer avocat

C. pr. civ., art. 899

Les parties sont tenues, sauf dispositions contraires, de constituer avocat.

La constitution de l'avocat emporte élection de domicile.

> Appel principal : obligation de constituer avocat pour l'appelant

C. pr. civ., art. 901

La déclaration d'appel est faite par acte contenant, outre les mentions prescrites par l'article 58, et à peine de nullité :

1° La constitution de l'avocat de l'appelant;

2° L'indication de la décision attaquée;

3° L'indication de la cour devant laquelle l'appel est porté.

La déclaration indique, le cas échéant, les chefs du jugement auxquels l'appel est limité.

Elle est signée par l'avocat constitué. Elle est accompagnée d'une copie de la décision. Elle est remise au greffe et vaut demande d'inscription au rôle.

> Appel principal : obligation de constituer avocat pour l'intimé

C. pr. civ., art. 903

Dès qu'il est constitué, l'avocat de l'intimé en informe celui de l'appelant et remet une copie de son acte de constitution au greffe.

> Appel principal : mentions contenues dans la constitution d'avocat

C. pr. civ., art. 960

La constitution d'avocat par l'intimé ou par toute personne qui devient partie en cours d'instance est dénoncée aux autres parties par notification entre avocats.

Cet acte indique :

a) Si la partie est une personne physique, ses nom, prénoms, profession, domicile, nationalité, date et lieu de naissance;

b) S'il s'agit d'une personne morale, sa forme, sa dénomination, son siège social et l'organe qui la représente légalement.

> Appel par déclaration unilatérale : mentions obligatoires et facultatives

[C. pr. civ., art. 58 et 901]

C. pr. civ., art. 58

La requête ou la déclaration est l'acte par lequel le demandeur saisit la juridiction sans que son adversaire en ait été préalablement informé.

Elle contient à peine de nullité :

1° Pour les personnes physiques : l'indication des nom, prénoms, profession, domicile, nationalité, date et lieu de naissance du demandeur;

Pour les personnes morales : l'indication de leur forme, leur dénomination, leur siège social et de l'organe qui les représente légalement;

2° L'indication des nom, prénoms et domicile de la personne contre laquelle la demande est formée, ou, s'il s'agit d'une personne morale, de sa dénomination et de son siège social;

3° L'objet de la demande.

Sauf justification d'un motif légitime tenant à l'urgence ou à la matière considérée, en particulier lorsqu'elle intéresse l'ordre public, la requête ou la déclaration qui saisit la juridiction de première instance précise également les diligences entreprises en vue de parvenir à une résolution amiable du litige.

Elle est datée et signée.

C. pr. civ., art. 901

* V. texte de l'article *supra*, s[s] > *Appel principal : obligation de constituer avocat pour l'appelant*

> Transmission des actes de procédure par voie électronique à peine d'irrecevabilité

[C. Pr. civ., art. 930-1 et 930-2]

C. pr. civ., art. 930-1

À peine d'irrecevabilité relevée d'office, les actes de procédure sont remis à la juridiction par voie électronique.

Lorsqu'un acte ne peut être transmis par voie électronique pour une cause étrangère à celui qui l'accomplit, il est établi sur support papier et remis au greffe. En ce cas, la déclaration d'appel est remise au greffe en autant d'exemplaires qu'il y a de parties destinataires, plus deux. La remise est constatée par la mention de sa date et le visa du greffier sur chaque exemplaire, dont l'un est immédiatement restitué.

Les avis, avertissements ou convocations sont remis aux avocats des parties par voie électronique, sauf impossibilité pour cause étrangère à l'expéditeur.

Un arrêté du garde des Sceaux définit les modalités des échanges par voie électronique.

C. pr. civ., art. 930-2

Les dispositions de l'article 930-1 ne sont pas applicables au défenseur syndical.

Les actes de procédure effectués par le défenseur syndical peuvent être établis sur support papier et remis au greffe. Dans ce cas, la déclaration d'appel est remise au greffe en autant d'exemplaires qu'il y a de parties destinataires, plus deux. La remise est constatée par la mention de sa date et le visa du greffier sur chaque exemplaire, dont l'un est immédiatement restitué.

> Nullité des actes pour vice de forme

[C. pr. civ., art. 112 à 116]

C. pr. civ., art. 112

La nullité des actes de procédure peut être invoquée au fur et à mesure de leur accomplissement; mais elle est couverte si celui qui l'invoque a, postérieurement à l'acte critiqué, fait valoir des défenses au fond ou opposé une fin de non-recevoir sans soulever la nullité.

C. pr. civ., art. 113

Tous les moyens de nullité contre des actes de procédure déjà faits doivent être invoqués simultanément à peine d'irrecevabilité de ceux qui ne l'auraient pas été.

C. pr. civ., art. 114

Aucun acte de procédure ne peut être déclaré nul pour vice de forme si la nullité n'en est pas expressément prévue par la loi, sauf en cas d'inobservation d'une formalité substantielle ou d'ordre public.

La nullité ne peut être prononcée qu'à charge pour l'adversaire qui l'invoque de prouver le grief que lui cause l'irrégularité, même lorsqu'il s'agit d'une formalité substantielle ou d'ordre public.

C. pr. civ., art. 115

La nullité est couverte par la régularisation ultérieure de l'acte si aucune forclusion n'est intervenue et si la régularisation ne laisse subsister aucun grief.

C. pr. civ., art. 116

La sanction de l'inobservation d'une formalité de procédure antérieure aux débats est soumise aux règles prévues à la présente sous-section.

> Nullité des actes pour irrégularité de fond

[C. pr. civ., art. 117 à 121]

C. pr. civ., art. 117

Constituent des irrégularités de fond affectant la validité de l'acte :

– Le défaut de capacité d'ester en justice;

– Le défaut de pouvoir d'une partie ou d'une personne figurant au procès comme représentant soit d'une personne morale, soit d'une personne atteinte d'une incapacité d'exercice;

– Le défaut de capacité ou de pouvoir d'une personne assurant la représentation d'une partie en justice.

C. pr. civ., art. 118

Les exceptions de nullité fondées sur l'inobservation des règles de fond relatives aux actes de procédure peuvent être proposées en tout état de cause, à moins qu'il en soit disposé autrement et sauf la possibilité pour le juge de condamner à des dommages-intérêts ceux qui se seraient abstenus, dans une intention dilatoire, de les soulever plus tôt.

C. pr. civ., art. 119

Les exceptions de nullité fondées sur l'inobservation des règles de fond relatives aux actes de procédure doivent être accueillies sans que celui qui les invoque ait à justifier d'un grief et alors même que la nullité ne résulterait d'aucune disposition expresse.

C. pr. civ., art. 120

Les exceptions de nullité fondées sur l'inobservation des règles de fond relatives aux actes de procédure doivent être relevées d'office lorsqu'elles ont un caractère d'ordre public.

Le juge peut relever d'office la nullité pour défaut de capacité d'ester en justice.

C. pr. civ., art. 121

Dans les cas où elle est susceptible d'être couverte, la nullité ne sera pas prononcée si sa cause a disparu au moment où le juge statue.

> Appel par requête conjointe

[C. pr. civ., art. 57 et 926 à 930]

C. pr. civ., art. 57

La requête conjointe est l'acte commun par lequel les parties soumettent au juge leurs prétentions respectives, les points sur lesquels elles sont en désaccord ainsi que leurs moyens respectifs.

Elle contient, en outre, à peine d'irrecevabilité :

1° a) Pour les personnes physiques, les nom, prénoms, profession, domicile, nationalité, date et lieu de naissance de chacun des requérants;

b) Pour les personnes morales, leur forme, leur dénomination, leur siège social et l'organe qui les représente légalement;

2° L'indication de la juridiction devant laquelle la demande est portée;

3° Le cas échéant, les mentions relatives à la désignation des immeubles exigées pour la publication au fichier immobilier.

Elle comprend aussi l'indication des pièces sur lesquelles la demande est fondée.

Elle est datée et signée par les parties.

Elle vaut conclusions.

C. pr. civ., art. 926

La requête conjointe n'est recevable que si elle est présentée par toutes les parties à la première instance.

C. pr. civ., art. 927

Outre les mentions prescrites à l'article 57, la requête conjointe contient, à peine d'irrecevabilité :

1° Une copie certifiée conforme du jugement;

2° Le cas échéant, l'indication des chefs du jugement auquel l'appel est limité;

3° La constitution des avocats des parties.

Elle est signée par les avocats constitués.

C. pr. civ., art. 928

La cour est saisie par la remise au greffe de la requête conjointe. Cette remise doit être faite dans le délai d'appel.

C. pr. civ., art. 929

Le premier président fixe les jour et heure auxquels l'affaire sera appelée; s'il y a lieu, il désigne la chambre à laquelle elle est distribuée.

Avis en est donné aux avocats constitués.

C. pr. civ., art. 930

L'affaire est instruite et jugée comme en matière de procédure abrégée.

> Information de l'intimé et sanction

[C. pr. civ., art. 902, 903, 911-1 et 911-2]

C. pr. civ., art. 902

(mod. par Décr. n° 2012-634, 3 mai 2012, art. 19)

Le greffier adresse aussitôt à chacun des intimés, par lettre simple, un exemplaire de la déclaration avec l'indication de l'obligation de constituer avocat.

En cas de retour au greffe de la lettre de notification ou lorsque l'intimé n'a pas constitué avocat dans un délai d'un mois à compter de l'envoi de la lettre de notification, le greffier en avise l'avocat de l'appelant afin que celui-ci procède par voie de signification de la déclaration d'appel.

À peine de caducité de la déclaration d'appel, la signification doit être effectuée dans le mois de l'avis adressé par le greffe.

À peine de nullité, l'acte de signification indique à l'intimé que, faute pour lui de constituer avocat dans un délai de quinze jours à compter de celle-ci, il s'expose à ce qu'un arrêt soit rendu contre lui sur les seuls éléments fournis par son adversaire et que, faute de conclure dans le délai mentionné à l'article 909, il s'expose à ce que ses écritures soient déclarées d'office irrecevables.

C. pr. civ., art. 903

* V. texte de l'article *supra*, s^s^ > *Appel principal : obligation de constituer avocat pour l'intimé*

C. pr. civ., art. 911-1

Le conseiller de la mise en état peut d'office, par ordonnance et en raison de la nature de l'affaire, impartir des délais plus courts que ceux prévus aux articles 908 à 910.

La caducité de la déclaration d'appel en application des articles 902 et 908 ou l'irrecevabilité des conclusions en application des articles 909 et 910 sont prononcées par ordonnance du conseiller de la mise en état qui statue après avoir sollicité les observations écrites des parties. L'ordonnance qui prononce la caducité ne peut être rapportée.

C. pr. civ., art. 911-2

Les délais prévus au troisième alinéa de l'article 902 et à l'article 908 sont augmentés :

– d'un mois, lorsque la demande est portée soit devant une juridiction qui a son siège en France métropolitaine, pour les parties qui demeurent en Guadeloupe, en Guyane, à la Martinique, à La Réunion, à Mayotte, à Saint-Barthélemy, à Saint-Martin, à Saint-Pierre-et-Miquelon, en Polynésie française, dans les îles Wallis et Futuna, en Nouvelle-Calédonie ou dans les Terres australes et antarctiques françaises, soit devant une juridiction qui a son siège en Guadeloupe, en Guyane, à La Martinique, à La Réunion, à Mayotte, à Saint-Barthélemy, à Saint-Martin, à Saint-Pierre-et-Miquelon ou dans les îles Wallis et Futuna, pour les parties qui ne demeurent pas dans cette collectivité;

– de deux mois si l'appelant demeure à l'étranger.

Les délais prescrits aux intimés et intervenants forcés par les articles 909 et 910 sont augmentés dans les mêmes conditions et selon les mêmes modalités.

> Inscription de l'affaire et rôle du greffe

[C. pr. civ., art. 967 à 971]

C. pr. civ., art. 967

La copie de la déclaration, de la requête ou de la requête conjointe est, dès sa remise au greffe, présentée par le greffier au premier président en vue des formalités de fixation et de distribution.

La décision du premier président fait l'objet d'une simple mention en marge de la copie.

C. pr. civ., art. 968

Au dossier de la cour est joint celui de la juridiction de première instance que le greffier demande dès que la cour est saisie.

C. pr. civ., art. 969

Lorsque la procédure est à jour fixe, les dispositions de l'article 824 sont observées.

C. pr. civ., art. 970

Le greffier avise immédiatement les avocats dont la constitution lui est connue du numéro d'inscription au répertoire général, des jour et heure fixés par le premier président pour l'appel de l'affaire et de la chambre à laquelle celle-ci est distribuée.

Cet avis est donné aux avocats dont la constitution n'est pas encore connue, dès la remise au greffe de l'acte de constitution.

C. pr. civ., art. 971

(mod. par Décr. n° 2012-634, 3 mai 2012, art. 19)

Les avocats de chacune des parties sont convoqués ou avisés des charges qui leur incombent, par le président ou par le conseiller de la mise en état selon le mode d'instruction de l'affaire; ils sont convoqués ou avisés verbalement, avec émargement et mention au dossier.

En cas d'absence, ils le sont par simple bulletin daté et signé par le greffier et remis ou déposé par celui-ci au lieu où sont effectuées, au siège de la cour, les notifications entre avocats.

Les injonctions doivent toujours donner lieu à la délivrance d'un bulletin.

> Parties à l'appel : droit de timbre affecté au fonds d'indemnisation des avoués

[C. pr. civ., art. 963, 964, 964-1, et CGI, art. 1635 *bis* P]

C. pr. civ., art. 963

Lorsque l'appel entre dans le champ d'application de l'article 1635 *bis* P du Code général des impôts, les parties justifient, à peine d'irrecevabilité de l'appel ou des défenses selon le cas, de l'acquittement du droit prévu à cet article.

Sauf en cas de demande d'aide juridictionnelle, l'auteur de l'appel principal en justifie lors de la remise de sa déclaration d'appel et les autres parties lors de la remise de leur acte de constitution par l'apposition de timbres mobiles ou par la remise d'un justificatif lorsque le droit pour l'indemnisation de la profession d'avoué a été acquitté par voie électronique. En cas de requête conjointe, les appelants justifient de l'acquittement du droit lors de la remise de leur requête.

Lorsque la partie a sollicité le bénéfice de l'aide juridictionnelle, elle joint la décision accordant cette aide à l'acte assujetti à l'acquittement du droit. À défaut de décision rendue sur la demande d'aide juridictionnelle, l'acte est accompagné de la copie de cette demande. Si cette demande d'aide juridictionnelle est déclarée caduque ou rejetée ou que la décision l'octroyant est retirée, le demandeur justifie, à peine d'irrecevabilité, de l'acquittement du droit dans le mois suivant, selon le cas, la notification de la caducité ou la date à laquelle le rejet ou le retrait est devenu définitif.

L'irrecevabilité est constatée d'office par le magistrat ou la formation compétents. Les parties n'ont pas qualité pour soulever cette irrecevabilité. Elles sont avisées de la décision par le greffe.

C. pr. civ., art. 964

Sont compétents pour prononcer l'irrecevabilité de l'appel en application de l'article 963 :

– le premier président;

– le président de la chambre à laquelle l'affaire est distribuée;

– selon le cas, le conseiller de la mise en état jusqu'à la clôture de l'instruction ou le magistrat chargé d'instruire l'affaire jusqu'à l'audience prévue pour les débats;

– la formation de jugement.

À moins que les parties aient été convoquées ou citées à comparaître à une audience, ils peuvent statuer sans débat. Ils statuent, le cas échéant, sur les demandes fondées sur l'article 700.

Saisis dans un délai de quinze jours suivant leur décision, ils rapportent, en cas d'erreur, l'irrecevabilité, sans débat. Le délai de recours contre la décision d'irrecevabilité court à compter de la notification de la décision qui refuse de la rapporter.

La décision d'irrecevabilité prononcée par le conseiller de la mise en état ou le magistrat chargé d'instruire l'affaire peut être déférée à la cour dans les conditions respectivement prévues par les articles 916 et 945.

Lorsqu'elle émane du premier président ou du président de la chambre, la décision peut faire l'objet du recours ouvert contre les décisions de la juridiction.

C. pr. civ., art. 964-1

Par exception à l'article 963, en matière gracieuse, l'appelant justifie de l'acquittement du droit sur demande du greffe de la cour d'appel.

CGI, art. 1635 *bis* P

Il est institué un droit d'un montant de 225 euros dû par les parties à l'instance d'appel lorsque la constitution d'avocat est obligatoire devant la cour d'appel. Le droit est acquitté par l'avocat postulant pour le compte de son client soit par voie de timbres mobiles, soit par voie électronique. Il n'est pas dû par la partie bénéficiaire de l'aide juridictionnelle.

Le produit de ce droit est affecté au fonds d'indemnisation de la profession d'avoués près les cours d'appel.

Ce droit est perçu jusqu'au 31 décembre 2026.

Les modalités de perception et les justifications de l'acquittement de ce droit sont fixées par décret en Conseil d'État.

> Appel incident ou provoqué

[C. pr. civ., art. 68, 401, 403, 547, 551, 909 et 910]

C. pr. civ., art. 68

Les demandes incidentes sont formées à l'encontre des parties à l'instance de la même manière que sont présentés les moyens de défense.

Elles sont faites à l'encontre des parties défaillantes ou des tiers dans les formes prévues pour l'introduction de l'instance. En appel, elles le sont par voie d'assignation.

C. pr. civ., art. 401

Le désistement de l'appel n'a besoin d'être accepté que s'il contient des réserves ou si la partie à l'égard de laquelle il est fait a préalablement formé un appel incident ou une demande incidente.

C. pr. civ., art. 403

Le désistement de l'appel emporte acquiescement au jugement. Il est non avenu si, postérieurement, une autre partie interjette elle-même régulièrement appel.

C. pr. civ., art. 547

En matière contentieuse, l'appel ne peut être dirigé que contre ceux qui ont été parties en première instance. Tous ceux qui ont été parties peuvent être intimés.

En matière gracieuse, l'appel est recevable même en l'absence d'autres parties.

C. pr. civ., art. 550

Sous réserve des articles 909 et 910, l'appel incident ou l'appel provoqué peut être formé en tout état de cause, alors même que celui qui l'interjetterait serait forclos pour agir à titre principal. Dans ce dernier cas, il ne sera toutefois pas reçu si l'appel principal n'est pas lui-même recevable.

La cour peut condamner à des dommages-intérêts ceux qui se seraient abstenus, dans une intention dilatoire, de former suffisamment tôt leur appel incident ou provoqué.

(*Les dispositions du présent article s'appliquent aux appels formés à compter du 1er janvier 2011*).

C. pr. civ., art. 551

L'appel incident ou l'appel provoqué est formé de la même manière que le sont les demandes incidentes.

C. pr. civ., art. 909

L'intimé dispose, à peine d'irrecevabilité relevée d'office, d'un délai de deux mois à compter de la notification des conclusions de l'appelant prévues à l'article 908 pour conclure et former, le cas échéant, appel incident.

C. pr. civ., art. 910

L'intimé à un appel incident ou à un appel provoqué dispose, à peine d'irrecevabilité relevée d'office, d'un délai de deux mois à compter de la notification qui lui en est faite pour conclure.

L'intervenant forcé à l'instance d'appel dispose, à peine d'irrecevabilité relevée d'office, d'un délai de trois mois à compter de la date à laquelle la demande d'intervention formée à son encontre lui a été notifiée pour conclure.

C. pr. civ., art. 961

Les conclusions des parties sont signées par leur avocat et notifiées dans la forme des notifications entre avocats. Elles ne sont pas recevables tant que les indications mentionnées à l'alinéa 2 de l'article précédent n'ont pas été fournies.

La communication des pièces produites est valablement attestée par la signature de l'avocat destinataire apposée sur le bordereau établi par l'avocat qui procède à la communication.

211.02 Jurisprudence de référence.

> Acte d'appel – Acte interruptif – Annulation pour vice de procédure

• **Civ. 2e 16 oct. 2014, nº 13-22.088,** *Bull. civ.* II, nº 215

* V. s^s^ nº 211.51

L'article 2241 alinéa 2 du Code civil, selon lequel l'annulation par l'effet d'un vice de procédure de l'acte de saisine de la juridiction interrompt les délais de prescription et de forclusion, s'applique à la décision d'annulation d'une déclaration d'appel fondée sur l'article 117 du Code de procédure civile.

> Acte de procédure – Nullité – Cas – Caractère limitatif

• **Cass., ch. mixte, 7 juill. 2006, nº 03-20.026,** *Bull. ch. mixte*, nº 6

* V. s^s^ nº 211.52

La notion d'inexistence ne saurait être admise aux côtés des nullités de forme et des nullités de fond seules prévues par le [nouveau] Code de procédure civile. Quelle que soit la gravité de l'irrégularité alléguée, seules affectent la validité d'un acte de procédure, indépendamment du grief qu'elles ont pu causer, les irrégularités de fond limitativement énumérées à l'article 117 du [nouveau] Code de procédure civile.

> Acte d'appel – Nullité – Irrégularité de fond – Régularisation – Délai

• **Civ. 2e, 19 oct. 1983, nº 82-13.030,** *Bull. civ.* II, nº 167

* V. s^s^ nº 211.52

L'irrégularité de fond qui entache un acte d'appel, affectant la saisine de la cour d'appel, ne peut pas être couverte après l'expiration du délai d'appel.

> Acte de procédure – Nullité – Irrégularité de fond – Définition – Défaut de pouvoir

• **Soc. 21 oct. 1999, nº 97-41.990,** *Bull. civ.* V, nº 126

* V. s^s nº 211.63

Il résulte des articles 117 et 119 du [nouveau] Code de procédure civile que l'exception de nullité tirée du défaut de pouvoir d'une personne assurant la représentation d'une partie en justice doit être accueillie sans que celui qui l'invoque ait à justifier d'un grief.

> Acte d'appel – Mentions nécessaires – Appelant – Domicile – Absence ou inexactitude de la mention

• **Civ. 2e, 14 juin 2001, nos 99-16.582 et 99-13.485,** *Bull. civ.* II, nos 117 et 118

* V. s^s nº 211.72

L'absence ou l'inexactitude de la mention du domicile dans l'acte d'appel est de nature à faire grief s'il est justifié qu'elle nuit à l'exécution du jugement déféré à la cour d'appel.

> Acte d'appel – Mentions nécessaires – Identité de l'intimé – Qualité de l'intimé – Inexactitude de la mention – Cause – Erreur manifeste

• **Cass., ass. plén., 6 déc. 2004, nº 03-11.053,** *Bull. ass. plén.*, nº 13

* V. s^s nº 211.73

Viole les articles 4, 547 et 901 du [nouveau] Code de procédure civile, ainsi que l'article 6 § 1 de la Convention européenne de sauvegarde des droits de l'homme et des libertés fondamentales, la cour d'appel qui, pour déclarer un appel irrecevable comme ayant été dirigé contre une personne qui n'était pas partie en première instance, retient que la qualité mentionnée dans la déclaration d'appel ne pouvait résulter d'une erreur due à la rédaction de l'en-tête du jugement et que les événements procéduraux postérieurs à l'acte d'appel n'avaient pas pu modifier les conditions dans lesquelles l'acte d'appel avait été formé, alors que l'erreur manifeste dans la désignation de l'intimé, au regard de l'objet du litige tel que déterminé par les prétentions des parties devant les juges du fond, n'est pas de nature à entraîner l'irrecevabilité de l'appel. pour la partie qui l'invoque de prouver l'existence d'un grief.

> Acte d'appel – Mentions nécessaires – Décision entreprise – Indication précise

• **Civ. 2e, 24 mars 1993, nº 91-18.610,** *Bull. civ.* II, nº 120

* V. s^s nº 211.76

L'imprécision d'une déclaration d'appel entraîne la nullité comme faisant grief à l'intimée empêchée de préparer sa défense et donnant à l'appelant la possibilité de faire porter l'appel sur l'une ou l'autre des décisions rendues le même jour par la juridiction.

> Acte d'appel – Avis adressé par le greffe – Avis adressé par RPVA – Dysfonctionnement du réseau – Charge de la preuve

• **Civ. 2e, 26 juin 2014, nº 13-20.868,** *Bull. civ.* II, nº 159

* V. s^s nº 211.91

Lorsque l'avis prévu à l'article 902 du Code de procédure civile a été adressé par le réseau privé virtuel des avocats (RPVA), il appartient à l'appelant, qui ne justifie pas avoir signifié dans le mois suivant cet avis la déclaration d'appel à l'intimé n'ayant pas constitué avocat, de démontrer un dysfonctionnement du réseau qui l'aurait empêché de recevoir l'avis.

> Appel incident – Recevabilité – Conditions – Détermination – Portée

• **Civ. 2e, 4 juin 2009, nº 08-15.487,** *Bull. civ.* II, nº 137

* V. s^s nº 211.181

Est recevable l'appel incident dirigé, dans une même instance, contre une décision qui n'était pas susceptible d'un appel immédiat indépendamment de la décision sur le fond, même s'il est formé contre une autre décision que la décision sur le fond dont l'appel principal demande l'infirmation.

> Appel provoqué par l'appel principal – Conditions

• **Civ. 2e, 16 févr. 1984, nº 83-11.106,** *Bull. civ.* II, nº 32

* V. s^s nº 211.181

Il résulte de la combinaison des articles 549 et 550 du [nouveau] Code de procédure civile que toute personne ayant été partie en première instance, peut, en tout état de cause, former un appel incident provoqué par l'appel principal. Encourt par suite la cassation l'arrêt qui fait dépendre la recevabilité de l'appel provoqué de la qualité d'intimé de la partie qui l'a interjeté.

> Appel provoqué par l'appel principal – Recevabilité – Appel provoqué postérieur à l'acceptation du désistement de l'appel principal – Absence d'influence

• **Civ. 3e, 4 juin 1986, nº 84-12.976,** *Bull. civ.* III, nº 85

* V. s^s nº 211.181

L'appel incident ou provoqué peut émaner de toute personne ou être dirigée contre toute personne ayant été partie en première instance. Encourt dès lors la cassation l'arrêt qui, pour déclarer irrecevable l'appel en garantie formé par une partie intimée contre une autre partie présente en première instance retient que cet appel incident n'est pas recevable dès lors qu'il est postérieur au désistement pur et simple de l'appelant principal signifié et accepté par l'appelé en garantie alors qu'une partie, intimée au principal est, en cette qualité, recevable à former un appel provoqué contre toute partie à l'instance devant les premiers juges, même non présents en instance d'appel.

> Appel provoqué par l'appel incident – Appel incident formé par l'intimé – Second appel formé par l'appelant principal – Recevabilité – Condition

• **Civ. 2e, 4 déc. 2003, nº 01-15.027,** *Bull. civ.* II, nº 357

* V. s^s nos 211.181 et 211.186

L'appel provoqué ne peut émaner de l'appelant principal que lorsqu'il découle de l'appel incident formé par l'intimé. Par suite, l'appelant principal qui n'a dirigé son appel initial que contre une seule partie est irrecevable, après l'expiration du délai d'appel, à former un second appel dirigé contre une autre partie, cet appel ne pouvant découler d'un appel incident ultérieur et constituant un second appel principal.

> Appel incident – Formation – Mode de formation – Dépôt de conclusions – Moment – Effets – Étendue

• **Cass., ch. mixte, 3 févr. 2006, nº 03-16.203,** *Bull. ch. mixte*, nº 1

* V. s^s nº 211.183

L'appel incident peut être formé en tout état de cause. Lorsque des conclusions comportent un tel appel, elles peuvent être déposées jusqu'à la date de l'ordonnance de clôture et il appartient alors à la partie adverse, si elle entend y répondre, de demander soit le report de cette date, soit la révocation de l'ordonnance de clôture, sans préjudice de son droit de solliciter l'attribution de dommages-intérêts. Dès lors, viole l'article 550 du [nouveau] Code de procédure civile, la cour d'appel qui, pour déclarer irrecevables les conclusions déposées par l'intimé sept jours avant la date de l'ordonnance de clôture, retient que les écritures déposées par l'intimé devaient être écartées comme tardives car elles ne permettaient pas à la partie adverse d'y répliquer dans le respect des délais de procédure, alors que l'appelant principal n'avait pas demandé le report ni la révocation de l'ordonnance de clôture.

> Appel incident – Recevabilité – Appel formé avant dessaisissement du juge de l'appel principal

• **Civ. 1re, 13 oct. 1982, no 81-14.430,** *Bull. civ.* I, no 285

* V. ss no 211.187

Selon l'article 550 du [nouveau] Code de procédure civile, l'appel incident est recevable si le juge d'appel est encore valablement saisi de l'appel principal au moment où l'appel incident est formé.

> Appel incident – Recevabilité – Appel formé le jour du désistement de l'appel principal – Antériorité – Recherche – Nécessité

• **Civ. 2e, 3 oct. 1984, no 82-17.067,** *Bull. civ.* II, no 139

* V. ss no 211.187

Le désistement sans réserve d'un appel éteint l'instance sans acceptation de la partie adverse, sauf si celle-ci avait préalablement formé un appel incident ou une demande incidente. Encourt la cassation l'arrêt qui, après avoir relevé la concomitance du désistement et de l'appel incident, déclare celui-ci recevable, alors qu'il n'était pas établi que l'appel incident eût été formé préalablement au désistement.

> Désistement – Pluralité d'intimés – Désistement au profit d'un seul – Appel incident formé par un autre – Effet

• **Civ. 2e, 6 févr. 1985, no 82-17.004,** *Bull. civ.* II, no 28

* V. ss no 211.187

En application de l'article 403 du [nouveau] Code de procédure civile, le désistement partiel du débiteur, appelant principal, à l'égard du créancier intimé est non avenu lors que, postérieurement, un autre intimé, condamné à garantir le débiteur, a régulièrement interjeté appel incident.

> Désistement – Pluralité d'intimés – Désistement au profit d'un seul – Appel incident formé par un autre – Effet

• **Com. 30 nov. 1993, no 90-10.121,** *Bull. civ.* IV, no 433

* V. ss no 211.187

L'appel incident formé par une personne ayant été partie en première instance, même si elle n'a pas été intimée sur l'appel principal, est régulier et rend ainsi non avenu le désistement d'appel signifié antérieurement par une autre partie.

211.03 Bibliographie indicative.

Actualisables. *J.-Cl. Pr. civ.*, « Appel. Introduction de l'instance », fasc. 720, 31 janv. 2013, par N. Fricero – Rép. pr. civ., vo *Procédure devant la cour d'appel*, par B. Travier et F. Watremet, (actu. par R. Laffly), janv. 2016, nos 5-68.

Ouvrages. C. Brenner et N. Fricero, *La nouvelle procédure d'appel*, 2e éd., Lamy, 2011, p. 63 à 81 – J.-L. Gallet, *La procédure civile devant la cour d'appel*, 3e éd., « Droit et professionnels », LexisNexis, 2014, p. 125-153 – Ph. Gerbay et N. Gerbay, *Guide du procès civil en appel 2016*, LexisNexis, 2015, fiches nos 39 à 41 – S. Guinchard (dir.), Dalloz action *Droit et pratique de la procédure civile*, 2014/2015, nos 544.11 s., par J. Pellerin [éd. 2017/2018 à paraître].

Articles. S. Amrani-Mekki, E. Jeuland, Y.-M. Serinet et L. Cadiet, « Le procès civil français à son point de déséquilibre ? À propos du décret "procédure" », *JCP* 2006. I. 146 – N. Cayrol, « La saisine de la cour d'appel », *in Journées d'études, Procédure civile et droit comparé, Cah. CDPC* no 8, 2011. 11 s. – D. d'Ambra et A.-M. Boucon, « Le décret no 2009-1524 du 9 décembre 2009 réformant la procédure d'appel et la gestion du flux de contentieux judiciaire », *D.* 2010. 1093 – C. Gerbay, « L'article 902 du Code de procédure civile face à la Cour de cassation », *Procédures* 2014. Étude 11 – T. Le Bars, « Les délais applicables à la procédure d'appel », *in* L. Cadiet et D. Loriferne (dir.), *La réforme de la procédure d'appel*, IRJS, 2011, p. 41 s. – G. Narran, « La nouvelle procédure d'appel est arrivée ! », *Gaz. Pal.* 20-22 déc. 2009, p. 2 – J. Pellerin, « La dématérialisation de la procédure devant la cour d'appel », *in* L. Cadiet et D. Loriferne, *La réforme de la procédure d'appel*, IRJS, 2011, p. 49 s. – L. Raschel, « La nouvelle procédure d'appel », *RLDC* 2010, no 73 – O. Salati, « Présentation des principales dispositions du décret du 9 décembre 2009 relatif à la procédure d'appel avec représentation obligatoire en matière civile », *Dr. et proc.* 2010. 3 – G. Verdun, « La recevabilité des appels incidents et provoqués ou le chemin difficile », *Gaz. Pal.* 1986. 1. Doctr. 127 – J. Villacèque, « Le nouveau procès civil devant la cour d'appel : la technique et les hommes, paradoxe d'une réforme », *D.* 2010. 663 – L. Weiller, « Réforme de la procédure d'appel : entre efficience et équité », *D.* 2010. 591.

211.04 Questions essentielles.

> Quelles formes doit respecter l'acte d'appel ?

* V. ss nos 211.11 s.

> Quelles sanctions frappent les irrégularités affectant l'acte d'appel ?

* V. ss nos 211.51 s.

> Quelles formalités doivent être accomplies par le greffe qui reçoit l'acte d'appel ?

* V. ss no 211.91

> Quelles formalités doivent être accomplies par l'appelant après la déclaration d'appel ?

* V. ss nos 211.101 s.

> Comment former un appel incident ou un appel provoqué ?

* V. ss nos 211.181 s.

211.05 Formulaire de procédure civile (renvois).

Nota bene : Depuis le 1er janvier 2013, la procédure d'appel avec représentation obligatoire est dématérialisée.

Appel – Déclaration d'appel (Modèle de déclaration d'appel dans une procédure avec représentation obligatoire)

Appel – Constitution (Constitution sur déclaration d'appel)

Appel – Constitution (Constitution au lieu et place)

Appel – Constitution (Constitution sur assignation devant la cour d'appel)

Appel – Requête conjointe (Appel par requête conjointe)

Appel – Assignation devant la cour d'appel (Assignation devant la cour d'appel en cas de retour au greffe de la lettre de notification ou en l'absence de constitution d'avocat par l'intimé)

Appel – Appel provoqué (Assignation à fin d'appel incident provoqué)

Appel – Appel incident (Conclusions à fin d'appel incident)

Appel – Certificat de non-appel (Certificat de non-appel)

SECTION 1
APPEL PRINCIPAL

211.10 Division. Dans la procédure avec représentation obligatoire, les parties à l'instance d'appel doivent être représentées par un avocat admis à postuler devant la cour d'appel (§ 1). La déclaration d'appel doit respecter des formes sous peine de sanction (§ 2). La déclaration d'appel est suivie d'un certain nombre de diligences (§ 3).

§ 1
Constitution d'avocat

211.11 Obligation de constituer avocat. L'article 899 du Code de procédure civile prévoit que les parties sont tenues, sauf dispositions contraires[1], de constituer avocat (avoué jusqu'au 1er janvier 2012 – V. ss no 211.12). L'article 901 rappelle cette obligation pour **l'appelant** et l'article 903 est relatif à la constitution d'avocat par **l'intimé**. Évidemment ce principe ne s'applique pas au ministère public qui intervient à la procédure sans être représenté par un avocat[2].

L'alinéa 2 de l'article 899 ajoute que la constitution de l'avocat emporte **élection de domicile**. On ne saurait étendre l'effet de cette élection de domicile à une autre procédure que celle pour laquelle elle a été prévue et notamment à l'instance d'appel quand elle a été faite pour la procédure de première instance[3]. La constitution d'avocat ne dispense pas les parties d'indiquer le lieu où elles demeurent. Il a été jugé que l'élection de domicile, imposée par l'article 899 alinéa 2 du Code de procédure civile, n'emporte pas pouvoir pour l'avoué [avocat] constitué de recevoir les significations de jugement destinées à la partie elle-même, alors que l'article 678 du même code exige une double signification à l'avoué [avocat] et à la partie elle-même. Aussi la signification à avocat ne fait pas courir le délai de pourvoi en cassation[4]. Cette règle ne s'applique pas lorsque la notification est faite au domicile élu en France par la partie demeurant à l'étranger (C. pr. civ., art. 682).

L'avocat constitué a seul qualité pour représenter la partie devant la cour d'appel et pour conclure en son nom. Ce pouvoir exclusif interdit aux parties, pendant toute l'instance d'appel, de présenter elles-mêmes ou par l'intermédiaire d'un autre avocat, une demande ou de faire un acte de procédure sans le concours de leur avocat constitué.

Ainsi, par exemple, la demande de révocation de l'ordonnance de clôture faite par un avocat à l'audience des plaidoiries a été déclarée irrecevable car l'avoué constitué n'avait déposé ni conclusions au fond, ni demande en révocation de l'ordonnance de clôture[5]. Un même avoué [avocat] peut occuper pour plusieurs parties qui n'ont pas d'intérêts contraires[6]. Mais il n'appartient pas aux juges, qui constatent que deux parties dont les intérêts sont partiellement divergents ont constitué le même avoué, d'intervenir dans le libre choix de leurs conseils par les plaideurs[7]. Cependant comme il a été fort justement remarqué, le juge doit veiller à la loyauté des débats et il appartient aux avocats de respecter leur déontologie sous l'autorité du bâtonnier et le contrôle du procureur général[8].

211.12 Constitution d'avocat par l'appelant. Selon l'article 901 du Code de procédure civile, la déclaration d'appel est faite à peine de nullité par un acte contenant la constitution de l'avocat de l'appelant. Depuis la disparition des avoués le

1. Ainsi l'article R. 470-1 C. com. prévoit que, lorsque le ministre chargé de l'Économie intervient sur le fondement de l'article L. 470-5, il est dispensé de représentation par un avocat et l'article R. 162 C. dom. Ét. dispose que : « *L'instruction de toute instance intéressant les biens domaniaux ou de toute autre instance à laquelle le service des domaines est partie en application des articles R. 158, R. 158-1 et R. 159 se fait par simples mémoires. Devant les juridictions judiciaires, le ministère d'avocat n'est pas obligatoire et les parties ont le droit de présenter des explications orales par elles-mêmes ou par le ministère d'un avocat inscrit au barreau. La même faculté appartient à l'administration* ».
2. Paris, 24 janv. 1986, *Gaz. Pal.* 1986. 1. 163.
3. Civ. 2e, 6 janv. 1977, *D.* 1977. IR 169.
4. Civ. 2e, 17 mars 1986, no 84-13.920, *Bull. civ.* II, no 39; *Gaz. Pal.* 1987. Somm. 49, obs. Guinchard et Moussa; *RTD civ.* 1987. 150, obs. Perrot; *JCP* 1987. II. 20794, note Petit.
5. Civ. 2e, 23 mars 1994, no 92-20.122, *Bull. civ.* II, no 107.
6. Paris, 12 mars 1981, *Gaz. Pal.* 1981. 331.
7. Civ. 3e, 31 oct. 1989, nos 86-14.466 et 86-14.810, *Bull. civ.* III, no 199; *RDI* 1990. 496, obs. Malinvaud et Boubli; *RTD civ.* 1990. 498, obs. Jourdain.
8. J.-L. Gallet, *La procédure civile devant la cour d'appel*, 3e éd., « Droit et professionnels », LexisNexis, 2014, no 237, p. 129.

1er janvier 2012[1], l'appel doit être interjeté par un avocat admis à postuler devant un tribunal de grande instance du ressort de la cour d'appel. À compter du 1er août 2016 la loi n° 2015-990, du 6 août 2015, dite « loi Macron »[2], a étendu le champ de la postulation en première instance au ressort de la cour d'appel dans laquelle l'avocat a établi sa résidence, et ajoute une dérogation à cette règle générale afin de conserver l'aménagement propre à la Région parisienne : « *Les avocats inscrits au barreau de l'un des tribunaux de grande instance de Paris, Bobigny, Créteil et Nanterre peuvent postuler auprès de chacune de ces juridictions. Ils peuvent postuler auprès de la cour d'appel de Paris quand ils ont postulé devant l'un des tribunaux de grande instance de Paris, Bobigny et Créteil, et auprès de la cour d'appel de Versailles quand ils ont postulé devant le tribunal de grande instance de Nanterre* ».

Rappelons qu'en **Alsace-Moselle** la représentation obligatoire par avocat postulant à la cour d'appel n'a pas été affectée par la loi du 25 janvier 2011[3], portant réforme de la représentation devant les cours d'appel, ni par la loi du 6 août 2015.

Enfin **en matière prud'homale** si la représentation en appel est obligatoire depuis le 1er août 2016, l'avocat n'en a pas le monopole. Le défenseur syndical peut également représenter une partie, il peut en conséquence interjeter appel pour son compte (v. ss n° 237.22).

211.13 Constitution d'avocat par les autres parties. L'article 903 du Code de procédure civile dispose que dès qu'il est constitué, l'avocat de l'intimé informe celui de l'appelant. Plus généralement, l'article 960 indique que la constitution d'avocat par l'intimé ou par toute autre personne qui devient partie en cours d'instance est dénoncée aux autres parties par notification entre avocats. Ce texte s'applique notamment à la partie qui intervient à l'instance d'appel[4]. Depuis la disparition des avoués, seul un avocat ayant établi sa résidence professionnelle dans le ressort de la cour d'appel peut représenter les parties devant cette cour d'appel. Cependant, depuis le 1er août 2016, les avocats inscrits au barreau de l'un des tribunaux de grande instance de Paris, Bobigny, Créteil et Nanterre peuvent postuler auprès de la cour d'appel de Paris quand ils ont postulé devant l'un des tribunaux de grande instance de Paris, Bobigny et Créteil, et auprès de la cour d'appel de Versailles quand ils ont postulé devant le tribunal de grande instance de Nanterre[5]. Le défenseur syndical peut également représenter l'intimé devant la chambre sociale de la cour d'appel en matière prud'homale.

L'alinéa 2 de l'article 960 précise les mentions que doit comporter la constitution. Si l'intimé ou la partie qui intervient à l'instance d'appel est une personne physique, il faut indiquer ses nom, prénoms, profession, domicile, nationalité, date et lieu de naissance; s'il s'agit d'une personne morale, sa forme, sa dénomination, son siège social et l'organe qui la représente légalement. Les erreurs commises dans la rédaction de l'acte de constitution ne sont pas sanctionnées par la nullité[6].

Puisque la constitution de l'avocat doit être dénoncée aux autres parties par notification entre avocats, si l'avocat de l'intimé omet de notifier sa constitution à l'appelant, il pourra être condamné à supporter les frais de signification des conclusions que l'appelant aura exposés, dans l'ignorance de sa constitution, pour respecter des dispositions de l'article 911 du Code de procédure civile. On ne devrait plus rencontrer ce type de problème avec la dématérialisation de la procédure d'appel.

La notification de la constitution aux représentants des autres parties n'est pas suffisante[7], l'article 904 du Code de procédure civile ajoute que l'avocat doit remettre une copie de l'acte de constitution au secrétariat-greffe. Depuis le 1er septembre 2011[8], la remise à la juridiction doit être effectuée par voie électronique à peine d'irrecevabilité relevée d'office (C. pr. civ., art. 930-1 – V. ss nos 212.100 s.).

§ 2
Formes de l'appel principal

211.20 Les deux formes de l'appel principal. Il est formé par déclaration unilatérale ou par requête conjointe (C. pr. civ., art. 900). L'appel qui n'est pas fait dans les formes prescrites est irrecevable, sans qu'il y ait lieu de rechercher l'existence d'un grief[9]. La forme prévue par l'article 900 du Code de procédure civile constitue le droit commun, appli-

1. L. n° 2011-94, 25 janv. 2011, portant réforme de la représentation devant les cours d'appel, *JO* 26 janv., p. 1544.
2. L. n° 2015-990, 6 août 2015, pour la croissance, l'activité et l'égalité des chances économiques, *JO* 7 août, p. 13537.
3. L. n° 2011-94, 25 janv. 2011, portant réforme de la représentation devant les cours d'appel, *JO* 26 janv., p. 1544.
4. Civ. 2e, 17 déc. 1998, n° 96-20.411, *Bull. civ.* II, n° 302; *D.* 1999. 33; *RTD civ.* 1999. 197, obs. Perrot.
5. L. n° 71-1130, 31 déc. 1971, portant réforme de certaines professions judiciaires et juridiques, *JO* 5 janv., p. 131, nouv. art. 5-1, créé par L. 6 août 2015.
6. Civ. 2e, 8 déc. 1982, n° 81-15.586, *Bull. civ.* II, n° 161; *Gaz. Pal.* 1983. 1. Pan. 171, obs. Guinchard.
7. Civ. 2e, 6 mai 1976, n° 74-14.772, *Bull. civ.* II, n° 148; *JCP* 1976. IV. 210.
8. Décr. n° 2009-1524, 9 déc. 2009, relatif à la procédure d'appel avec représentation obligatoire en matière civile, *JO* 11 déc., p. 21386.
9. Sur l'irrecevabilité d'un appel formé par voie d'assignation : Civ. 2e, 11 janv. 1979, n° 77-15.671, *Bull. civ.* II, n° 15; ▶

cable, en l'absence de dispositions particulières[1] (A). Mais il ne faut pas méconnaître les exigences spécifiques posées par des règles particulières pour certaines procédures d'appel[2] (B).

A.
Appel par déclaration unilatérale

211.30 Généralités. Cette forme d'appel est régie par les articles 901 et suivants du Code de procédure civile. Elle a été simplifiée par les décrets du 20 août 2004[3] et du 28 décembre 2005[4].

Le premier texte a rapproché cette procédure de la procédure sans représentation obligatoire et a supprimé la formalité de la mise au rôle qui imposait, sous peine de caducité de la déclaration d'appel, à l'une ou l'autre partie, de demander l'inscription au rôle dans un délai de deux mois en accompagnant cette demande d'une copie de la déclaration d'appel et d'une expédition du jugement ou d'une copie certifiée conforme. Le décret du 28 décembre 2005 a soumis la déclaration d'appel au régime général des demandes unilatérales de l'article 58 du Code de procédure civile. La déclaration d'appel doit comporter certaines mentions (1°) et être déposée au greffe (2°), sous peine de sanctions (3°).

1°
Mentions

211.31 Différentes catégories de mentions. Les articles 58 et 901 du Code de procédure civile énoncent les mentions que doit comporter la déclaration d'appel. Certaines sont obligatoires, d'autres facultatives.

211.32 Mentions obligatoires de l'article 58 du Code de procédure civile. La déclaration d'appel doit tout d'abord contenir les mentions prescrites par l'article 58 du Code de procédure civile. Aussi elle doit préciser à peine de nullité, pour les personnes physiques, leur nom, prénoms, profession, domicile, nationalité, date et lieu de naissance; pour les personnes morales, leur forme, dénomination, siège social et l'organe qui les représente légalement. Lorsque la société est en liquidation sa dénomination sociale doit être suivie de la mention « *société en liquidation* » (C. com., art. L. 237-2, al. 1er). Il faut encore indiquer les nom, prénoms et domicile de la personne contre laquelle l'appel est formé, ou, s'il s'agit d'une personne morale, sa dénomination et son siège social ainsi que l'objet de la demande. Elle est datée et signée.

Le renvoi par le décret du 28 décembre 2005 à l'article 58, texte général, oblige à préciser l'objet de la demande. Comment appliquer ce texte à la procédure d'appel ? Faut-il détailler le résultat recherché par l'exercice de l'appel ou motiver sommairement la déclaration d'appel ? La pratique a retenu une formule type visant, de manière générale, l'infirmation et l'annulation du jugement.

211.33 Formule relative à l'objet de l'appel. « *L'avocat soussigné déclare par les présentes se constituer et occuper pour la défense des intérêts de X et en son nom interjeter appel de la décision rendue le... par... dont il sollicite l'annulation, l'infirmation ou à tout le moins la réformation* ».

211.34 Mentions obligatoires de l'article 901 du Code de procédure civile. Selon l'article 901 du Code de procédure civile, outre les mentions énoncées à l'article 58, la déclaration d'appel doit encore préciser, toujours à peine de nullité, la constitution de l'avocat de l'appelant, l'indication de la décision attaquée et de la cour devant laquelle l'appel est porté. Elle est signée par l'avocat. Elle est accompagnée d'une copie de la décision. L'article 42 de l'annexe du Code de procédure civile relative à son application dans les départements du Bas-Rhin, du Haut-Rhin et de la Moselle ajoute que la déclaration d'appel prévue à l'article 901 doit mentionner le nom des représentants des intimés en première instance.

211.35 Mentions facultatives de l'article 901 du Code de procédure civile. Ce texte spécifique à la déclaration d'appel ajoute que la déclaration indique, le cas échéant, les **chefs du jugement** auxquels l'appel est limité et le nom de l'avocat chargé d'assister l'appelant devant la cour.

211.36 Limitation de l'appel. La première mention facultative concerne la limitation de l'appel. Selon l'article 562 du Code de procédure civile : « *L'appel ne défère à la cour que la connaissance des chefs de jugement qu'il critique...* » (sur l'effet dévolutif de l'appel, v. ss no 122.31). La limitation de l'appel interdit à l'appelant de revenir ensuite sur ses choix mais ne prive pas l'intimé du droit de former un appel incident sur un autre chef du juge-

▶ *Gaz. Pal.* 1979. 2. 628, note du Rusquec – Civ. 2e, 15. oct. 1980, no 78-13.288, *Bull. civ.* II, no 206; *Gaz. Pal.* 1981. 1. 29, note Viatte; *RTD civ.* 1981. 218, obs. Perrot, et p. 687, obs. Normand.

1. Civ. 1re, 19 juin 1976, *D.* 1977. 450, note Abitbol – A ainsi été jugé irrecevable l'appel formé par lettre recommandée adressée au procureur de la République près le tribunal qui a rendu un jugement en matière d'autorité parentale : Paris, 9 nov. 1979, *Gaz. Pal.* 1980. 1. 289.
2. Civ. 2e, 8 janv. 2009, no 08-14.127, *Bull. civ.* II, no 2.
3. Décr. no 2004-836, 20 août 2004, portant modification de la procédure civile, *JO* 22 août, p. 15032.
4. Décr. no 2005-1678, 28 déc. 2005, relatif à la procédure civile, à certaines procédures d'exécution et à la procédure de changement de nom, *JO* 29 déc., texte 67.

ment, même après l'expiration du délai d'appel[1]. Si la déclaration d'appel ne précise pas les chefs du jugement auxquels l'appel est limité, l'appel est « général » et, en vertu de l'effet dévolutif, la cour pourra connaître tous les chefs du jugement qui font grief à l'appelant. Ce sont les conclusions qui fixeront alors l'objet du litige qui sera circonscrit aux chefs critiqués du jugement attaqué[2].

211.37 Nom de l'avocat chargé d'assister l'appelant. Cette mention facultative ne devrait plus avoir beaucoup d'intérêt depuis la disparition de la profession d'avoué le 1er janvier 2012. Elle conserve toutefois un intérêt en Alsace-Moselle où la représentation obligatoire par avocat à la cour d'appel n'a pas été affectée par la loi du 25 janvier 2011[3], portant réforme de la représentation devant les cours d'appel. Dans le reste de la France, il est possible qu'un plaideur choisisse un avocat pour le représenter devant la cour d'appel et un autre avocat pour l'assister. Le premier devra obligatoirement avoir sa résidence dans le ressort de la cour d'appel (sous réserve des règles de la multipostulation parisienne, v. s[s] n° 211.12) et non le second.

2°
Remise de la déclaration d'appel au greffe

211.41 Voie électronique. L'article 901 *in fine* du Code de procédure civile précise que la déclaration d'appel, accompagnée d'une copie de la décision, est remise au greffe et vaut demande d'inscription au rôle. Depuis le 1er septembre 2011[4], la remise à la juridiction doit être effectuée par voie électronique **à peine d'irrecevabilité relevée d'office** (C. Pr. civ., art. 930-1). Si pour une cause étrangère à celui qui l'accomplit, l'acte ne peut être transmis par voie électronique, il est établi sur support papier en autant d'exemplaires qu'il y a de parties destinataires, plus deux. Cet acte doit être remis au greffe. La remise est constatée par la mention de la date et le visa du greffier sur chaque exemplaire. Si le défaut de transmission ne provient pas d'une cause étrangère (par ex., en raison d'une mauvaise manipulation d'un employé), l'acte de procédure qui n'a pas été effectué par voie électronique est **irrecevable**. La sanction est sévère. Les dispositions de l'article 930-1 du Code de procédure civile ne sont pas applicables au défenseur syndical (C. pr. civ., art. 930-2 - v. s[s] n° 237.22).

211.42 Cause étrangère. Il est clair qu'il ne suffit pas d'arguer d'une cause étrangère, il faut la prouver[5]. Il est nécessaire d'établir que la perturbation est d'origine externe et ne pas oublier de se ménager une preuve. La note du ministère de la Justice et des Libertés du 25 août 2011, relative aux appels par voie électronique dans les procédures avec représentation obligatoire, apporte quelques précisions. En cas de dysfonctionnement imputable à la juridiction, le conseiller de la mise en état ou la cour d'appel peuvent prendre en considération les attestations des agents de l'Antenne régionale du système d'information et de télécommunication (ARSIT) à condition de respecter les dispositions de l'article 202 du Code procédure civile. L'ARSIT peut également adresser une attestation directement au greffe avec copie à l'appelant. Le conseiller de la mise en état peut réclamer lui-même une attestation à l'ARSIT sur le fondement de l'article 911-1 du Code de procédure civile et il peut ordonner toute mesure d'instruction utile.

3°
Sanction des irrégularités

a)
Régimes des nullités, irrégularités de fond et vices de forme

211.51 Régime des nullités. Les articles 58 et 901 du Code de procédure civile frappent de nullité les irrégularités relatives aux mentions que doit contenir la déclaration d'appel. Mais une déclaration d'appel nulle interrompt le délai d'appel et en fait courir un nouveau car l'article 2241 alinéa 2 du Code civil, selon lequel l'annulation par l'effet d'un vice de procédure de l'acte de saisine de la juridiction interrompt les délais de prescription et de forclusion, s'applique à la décision d'annulation d'une déclaration d'appel fondée sur l'article 117 du Code de procédure civile[6]. Le code distingue entre les nullités de fond et les nullités de forme.

211.52 Régime des irrégularités de fond. L'article 117 du Code de procédure civile énumère limitativement[7] les irrégularités de fond. Il s'agit du

1. PAR EX., V. Soc. 11 janv. 2012, n° 10-18.452, NP.
2. Civ. 1re, 14 déc. 2004, n° 02-14.937, NP; *Procédures* 2005. Comm. 26, obs. Perrot.
3. L. n° 2011-94, 25 janv. 2011, portant réforme de la représentation devant les cours d'appel, *JO* 26 janv., p. 1544.
4. Arr. 30 mars 2011, relatif à la communication par voie électronique dans les procédures avec représentation obligatoire devant les cours d'appel, *JO* 31 mars, p. 5600, art. 3.
5. Civ. 2e, 26 juin 2014 n° 13-20.868, *Bull. civ.* II, n° 159 – Civ. 2e, 21 janv. 2016, n° 14-29.207, *Bull. civ.* II, [à paraître].
6. Civ. 2e, 16 oct. 2014 n° 13-22.088, *Bull. civ.* II, n° 215; *Procédures* 2014. Comm. 312, obs. Croze; *D.* 2014. 2118; *D.* 2015. 287, obs. Fricero; *D.* 2015. 519, chron. Adida-Canac, Vasseur et de Leiris.
7. Cass., ch. mixte, 7 juill. 2006, n° 03-20.026, *Bull. ch. mixte*, n° 6; *D.* 2006. IR 1984; *JCP* 2006. II. 10146, note Putman; *Procédures* 2006. Comm. 200, obs. Perrot; *RTD civ.* 2006. 820, obs. Perrot.

défaut de capacité d'ester en justice, du défaut de pouvoir d'une partie ou d'une personne figurant au procès comme représentant soit d'une personne morale, soit d'une personne atteinte d'une incapacité d'exercice enfin du défaut de capacité ou de pouvoir d'une personne assurant la représentation d'une partie en justice. L'exception de nullité fondée sur l'inobservation des règles de fond relatives aux actes de procédure peut être proposée en tout état de la cause, mais le juge peut condamner à des dommages-intérêts ceux qui se seraient abstenus de la soulever plus tôt, dans une intention dilatoire (C. pr. civ., art. 118). Ces exceptions doivent être soulevées d'office quand elles ont un caractère d'ordre public et le juge peut relever d'office la nullité tirée du défaut de capacité d'ester en justice (C. pr. civ., art. 120). Lorsqu'elle est susceptible d'être couverte, la nullité ne sera pas prononcée si sa cause a disparu lorsque le juge statue (C. pr. civ., art. 121). Mais selon une jurisprudence constante, une irrégularité affectant l'acte d'appel ne peut être couverte après l'expiration du délai de recours[1].

211.53 Régime des vices de forme. Les autres irrégularités notamment celles qui frappent les mentions de la déclaration d'appel constituent des vices de forme. Elles ne pourront être sanctionnées que si celui qui les soulève prouve que le vice lui cause un grief[2]. L'appréciation du grief relève du pouvoir souverain du juge du fond[3]. Cependant, il incombe à la juridiction d'appel qui entend prononcer la nullité de l'acte de préciser la relation entre l'irrégularité et le préjudice subi[4]. Le préjudice ne peut résulter de la seule action en justice[5]. La nullité pour vice de forme d'un acte de procédure est couverte si celui qui l'invoque a, postérieurement à l'acte critiqué, fait valoir les défenses au fond ou opposé une fin de non-recevoir sans soulever la nullité (C. pr. civ., art. 112). Tous les moyens de nullité contre les actes déjà faits doivent être invoqués simultanément à peine d'irrecevabilité de ceux qui ne l'auraient pas été (C. pr. civ., art. 113). La nullité peut être couverte par la régularisation ultérieure de l'acte, si aucune forclusion n'est intervenue et si la régularisation ne laisse subsister aucun grief (C. pr. civ., art. 115).

b) Sanction des irrégularités de fond

211.60 Sanctions frappant les irrégularités de fond. Elles sont sanctionnées par la nullité de la déclaration d'appel sans qu'il soit nécessaire de rapporter la preuve d'un grief. L'article 117 énumère limitativement ces irrégularités de fond qui sont au nombre de trois : le défaut de capacité d'ester en justice, le défaut de pouvoir d'une partie, le défaut de pouvoir ou de capacité du représentant *ad litem*.

211.61 • Défaut de capacité d'ester en justice. Ont été annulées pour ce motif les déclarations d'appel effectuées au nom d'une société dépourvue de personnalité juridique[6], au nom d'une société qui n'a jamais existé ou qui n'existe plus[7], au nom d'une société non enregistrée au registre du commerce et des sociétés[8], au nom d'une personne décédée[9], pour une indivision parce que dépourvue de personnalité juridique[10]. En revanche, la désignation d'une société appelante sous une dénomination constituant un nom commercial ne la prive pas de la capacité d'ester en justice qui est attachée à la personne quelle que soit sa désignation[11]. Une personne en liquidation judiciaire ou un débiteur dessaisi en redressement judiciaire n'a pas la capacité d'interjeter seul l'appel. Cependant, cet appel pourra être régularisé par l'intervention du liquidateur ou de l'administrateur judiciaire avant l'expiration du délai d'appel[12]. L'article L. 641-9 du Code de commerce autorise les dirigeants d'une personne morale à accomplir les actes et à exercer les droits et actions qui n'entrent pas dans les prérogatives du liquidateur ou de l'administrateur. Ainsi, pour les droits qui lui sont personnels et qui ne concernent pas son patrimoine, le débiteur pourra interjeter appel seul. Cette disposition a été introduite par la

1. Civ. 2e, 19 oct. 1983, n° 82-13.030, *Bull. civ.* II, n° 167; *Gaz. Pal.* 1984. 1. 34, obs. Guinchard; *RTD civ.* 1984. 170, obs. Perrot – Com. 15 mai 1990, n° 88-19.232, *Bull. civ.* IV, n° 148 – Com. 13 nov. 2002, n° 99-19.421, *Bull. civ.* IV, n° 163; *D.* 2003. 204, et obs.; *RTD com.* 2003. 563, obs. Martin-Serf.
2. Civ. 2e, 15 nov. 2012, n° 11-24.030, NP.
3. Civ. 2e, 21 oct. 1982, n° 81-13.543, *Bull. civ.* II, n° 129; *D.* 1983. IR 139, obs. Julien.
4. Civ. 2e, 31 janv. 1980, n° 78-13.631, *Bull. civ.* II, n° 18 – Civ. 2e, 17 juill. 1985, n° 84-12.964, *Bull. civ.* II, n° 140; *Gaz. Pal.* 1986. 1. Somm. 83, obs. Croze et Morel.
5. Civ. 2e, 25 nov. 2004, n° 02-12.829, *Bull. civ.* II, n° 505; *D.* 2005. 113.
6. Civ. 2e, 18 nov. 2003, n° 02-30.756, *Bull. civ.* II, n° 338; *D.* 2004. 32 – Com. 4 juill. 2006, n° 04-16.578, *Bull. civ.* IV, n° 168; *D.* 2006. 2459, obs. Delpech; *RTD com.* 2007. 438, obs. Bouloc.
7. Civ. 2e, 8 juin 2000, n° 98-13.180, NP.
8. Com. 25 juin 1983, n° 82-11.389, *Bull. civ.* IV, n° 276; *Gaz. Pal.* 1984. 1. Pan. 6, obs. Guinchard – Com. 30 nov. 1999, n° 97-14.595, *Bull. civ.* IV, n° 218; *D.* 2000. 627, note Lamazerolles; *Rev. sociétés* 2000. 512, note Beaubrun; *RTD com.* 2000. 368, obs. Champaud et Danet.
9. Civ. 2e, 12 juin 1991, n° 90-12.594, *Bull. civ.* II, n° 178; *D.* 1992. 123, obs. Julien.
10. Civ. 3e, 25 avr. 2001, n° 99-14.368, *Bull. civ.* III, n° 50; *D.* 2001. 1591, et obs.; *RTD civ.* 2002. 130, obs. Patarin.
11. Civ. 2e, 24 mai 2007, n° 06-12.454, *Bull. civ.* II, n° 129; *D.* 2007. 1735; *D.* 2007. 2336, chron. Vigneau.
12. Com. 12 juin 2001, n° 97-20.623, *Bull. civ.* IV, n° 117; *D.* 2001. 2301, note Lienhard; *RTD civ.* 2001. 956, obs. Perrot.

loi du 25 juillet 2005 pour prévenir les condamnations de la France par la Cour européenne des droits de l'homme en raison d'une atteinte excessive au droit d'accès à un tribunal[1]. L'article L. 661-1 du Code de commerce reconnaît également au débiteur le droit d'interjeter appel en son nom propre de certaines décisions rendues en matière de procédures collectives. Lorsqu'une société est en liquidation, sa personnalité subsiste pour les besoins de la liquidation jusqu'à la clôture de celle-ci (C. com., art. L. 237-2, al. 2). Un mineur peut faire appel d'un jugement en matière d'assistance éducative à condition qu'il soit capable de discernement[2].

211.62 • **Défaut de pouvoir d'une partie.** L'article 117 cite le défaut de pouvoir d'une partie ou d'une personne figurant comme représentant soit d'une personne morale soit d'une personne atteinte d'une incapacité d'exercice.

Ont été annulées les déclarations d'appel effectuées par un des parents au nom de sa fille émancipée par mariage[3], par un indivisaire au nom de l'indivision sans mandat des autres co-indivisaires et sans mandat judiciaire[4], pour défaut de pouvoir par un syndic sans autorisation du syndicat des copropriétaires, par un président-directeur général démissionnaire[5], décédé[6], par un gérant déchu par jugement de ses fonctions[7]. Le pouvoir de représenter la personne morale doit être régularisé avant l'expiration du délai de forclusion[8] pour échapper à l'annulation de la déclaration d'appel.

211.63 • **Défaut de capacité ou de pouvoir du représentant *ad litem*.** Le défaut de capacité ou de pouvoir de l'avoué ou de l'avocat entache la déclaration d'appel de nullité sans qu'il soit nécessaire de rapporter la preuve d'un grief[9]. Un appel ne comportant pas la constitution d'un avoué a été déclaré nul dans une procédure avec représentation obligatoire[10]. Le défaut de représentation *ad litem* est assimilé à un défaut de capacité ou de pouvoir et constitue une irrégularité de fond qui ne pourra plus être couverte une fois le délai d'appel expiré.

c)

Sanction des irrégularités de forme

211.70 **Sanction des irrégularités de forme.** Si la déclaration d'appel ne contient pas les mentions énoncées par les articles 58 et 901 (v. s[s] n°s 211.31 à 211.37), elle est entachée d'un vice de forme. Si l'intimé prouve que ce vice lui cause un grief, l'acte sera annulé. La jurisprudence relative aux vices affectant les mentions prévues à l'article 58 concerne surtout le représentant des personnes morales, le domicile de l'appelant et l'indication de l'intimé. Quelques arrêts concernent les vices affectant les mentions de l'article 901.

211.71 **Sanction de l'irrégularité de l'indication du représentant de la personne morale.** Il a été jugé que constitue un vice de forme l'omission de l'identité du liquidateur d'une société en liquidation amiable[11]. En cas de liquidation judiciaire, il faut mentionner le liquidateur indiqué dans l'acte de nomination publié (C. com., art. L. 237-3). Lorsque la loi instaure une représentation légale, l'expression « *agissant poursuites et diligences de son représentant légal* » est suffisante, si elle ne cause pas de grief à l'intimé[12]. Mais indiquer comme représentant de la personne morale une personne qui a cessé ses fonctions, ou plus généralement qui n'est pas le représentant de la personne morale le jour où l'appel est interjeté, est un vice de fond[13]. Aussi en cas de doute sur l'identité du représentant de la personne morale, il est souvent conseillé de recourir à la formule générale sus-indiquée ou à toute formule équivalente.

En revanche, lorsque la loi n'instaure pas une représentation pour la personne morale comme c'est le cas, par exemple, pour les associations et qu'il faut se référer aux statuts, il est nécessaire de préciser l'organe qui la représente afin de prévenir toute contestation sur le pouvoir de celui-ci. À défaut, la déclaration d'appel est entachée d'un vice de fond[14]. S'il faut indiquer l'organe qui représente la personne morale, il n'est cependant pas nécessaire de préciser le nom patronymique

1. CEDH 8 mars 2007, Arma c/ France, req. n° 23241/04, *D.* 2007. 870, obs. Lienhard; *D.* 2008. 570, obs. Lucas et Le Corre; *Rev. sociétés* 2007. 607, note Le Corre; *RTD com.* 2007. 454, obs. Vallens.
2. Civ. 1re, 21 nov. 1995, n° 94-05.102, *Bull. civ.* I, n° 418; *D.* 1996. 420, note Gouttenoire; *RDSS* 1996. 390, obs. Monéger; *RTD civ.* 1996. 140, obs. Hauser.
3. Civ. 2e, 23 oct. 1985, n° 84-10.511, *Bull. civ.* II, n° 161.
4. Civ. 3e, 13 févr. 1991, n° 89-14.958, *Bull. civ.* III, n° 56; *RDI* 1991. 262, obs. Capoulade et Giverdon; *RTD civ.* 1992. 804, obs. Patarin.
5. Civ. 2e, 13 oct. 1976, n° 75-13.244, *Bull. civ.* II, n° 274.
6. Civ. 2e, 12 juin 1991, n° 90-12.594, *Bull. civ.* II, n° 178; *D.* 1992. Somm. 123, obs. Julien.
7. Civ. 2e, 2 avr. 1979, n° 77-15.150, *Bull. civ.* II, n° 107.
8. Soc. 31 mars 2009, n° 08-60.517, *Bull. civ.* V, n° 100.
9. Soc. 21 oct. 1999, n° 97-41.990, *Bull. civ.* V, n° 392; *D.* 1999. 253.
10. Civ. 2e, 2 avr. 1974, n° 73-10.529, *Bull. civ.* II, n° 126 – Paris, 27 mai 1981, *Gaz. Pal.* 1981. 2. Somm. 291.
11. Civ. 2e, 17 juin 1998, n° 96-13.855, *Bull. civ.* II, n° 192 – Civ. 2e, 12 juill. 2001, n° 99-19.828, *Bull. civ.* II, n° 139.
12. Civ. 1re, 5 oct. 1999, n° 95-17.030, *Bull. civ.* I, n° 259; *Procédures* 2000. Comm. 36, obs. Perrot; *Rev. sociétés* 2000. 275, note Chartier.
13. V. CEP., Civ. 3e, 13 nov. 2013, n° 12-24.870, *Bull. civ.* III, n° 142; *Procédures* 2014. Comm. 34, obs. crit. Perrot.
14. Com. 3 juin 1998, n° 96-12.217, *Bull. civ.* IV, n° 174; *RTD civ.* 1999. 102, obs. Mestre.

de la personne physique qui représente la personne morale[1].

211.72 Sanction du défaut d'indication du domicile de l'appelant. Il faut indiquer son domicile réel et actuel et non, par exemple, le domicile élu chez l'avoué[2] ou chez l'avocat[3]. La nullité encourue est une nullité de forme aussi, pour faire annuler la déclaration d'appel, il faut prouver que cette inexactitude a causé un grief à celui qui soulève la nullité de la déclaration d'appel[4]. Quels griefs sont retenus par la jurisprudence ? La Cour de cassation a fini par abandonner la solution selon laquelle les mentions de la déclaration d'appel sont exigées en vue d'assurer l'identification de la partie appelante et non l'exécution du jugement dont appel[5] et juge désormais que l'absence ou l'inexactitude du domicile de l'appelant peut être utilement invoquée par l'intimé au soutien de son exception de nullité de la déclaration d'appel, s'il prouve qu'elle nuit à l'exécution du jugement[6]. En outre, la preuve d'une dissimulation frauduleuse du domicile suffit à caractériser le grief causé à l'intimé[7].

211.73 Sanction du défaut de désignation de l'intimé. Les irrégularités affectant les mentions exigées par l'article 58 du Code de procédure civile pour l'intimé sont soumises au même régime que celles concernant l'appelant. Ainsi lorsque le nom ou l'adresse de l'intimé figurant dans la déclaration d'appel sont inexacts, l'acte ne sera annulé que si l'intimé prouve que cela lui cause un grief[8]. Il faut cependant rappeler ici les dispositions de l'article 535 du Code de procédure civile : « *La partie à laquelle est notifié un recours est réputée, pour cette notification, demeurer à l'adresse qu'elle a indiquée dans la notification du jugement* ». Si le représentant de la personne morale intimée ou d'un incapable intimé est dépourvu de pouvoir, la déclaration d'appel est entachée d'un vice de fond[9]. Il faut souligner que l'article 901 du Code de procédure civile n'impose aucune obligation d'indiquer la dénomination de l'organe représentatif de la personne morale intimée[10]. L'Assemblée plénière de la Cour de cassation s'est montrée assez libérale en retenant que l'erreur manifeste dans la désignation de l'intimé, au regard de l'objet du litige, tel que déterminé par les prétentions des parties devant le juge du fond, n'est pas de nature à entraîner l'irrecevabilité de l'appel. Dans cette affaire, le mandataire liquidateur, assigné à titre personnel en première instance, avait été désigné comme pris en qualité de mandataire judiciaire à la liquidation judiciaire dans la déclaration d'appel au vu des mentions du jugement[11]. La Cour de cassation a encore jugé récemment que « *l'erreur manifeste dans la déclaration d'appel, sur la qualité de l'intimé, au regard de l'objet du litige, tel que déterminé par les prétentions des parties, n'est pas de nature à entraîner l'irrecevabilité des prétentions de l'appelant* »[12]. Cependant l'appel ne peut être dirigé que contre ceux qui ont été parties en première instance[13]. Toutefois, lorsque l'erreur matérielle affectant la désignation d'une partie figurant dans l'acte d'appel est susceptible de résulter d'une confusion née de la procédure suivie en première instance, elle est sans incidence sur la validité de l'appel; il appartient à la cour de rechercher, le cas échéant, si l'erreur sur cette désignation a été rectifiée dans les conclusions postérieures de l'appelant[14].

211.74 Sanction du défaut de constitution de l'avocat de l'appelant. Il faut indiquer le nom de l'avocat (de l'avoué jusqu'au 1er janvier 2012). L'acte qui ne contient pas le nom de l'avocat est nul et l'omission de cette mention ne peut être réparée par un acte rectificatif signifié après l'expiration du délai d'appel[15] car « *cette omission porte atteinte aux intérêts de l'intimée en paralysant sa défense et en l'empêchant de diligenter la procédure légale* ». Il a été jugé que la constitution d'avocat n'est pas soumise à une forme particulière[16]. Il convient cependant

1. Civ. 3e, 12 juill. 1995, no 93-12.508, *Bull. civ.* III, no 176; *JCP* 1996. II. 22627, note du Rusquec; *D.* 1996. 94, obs. Atias; *AJDI* 1996. 314, obs. Guitard; *RDI* 1995. 779 et 796, obs. Capoulade et Giverdon.
2. Civ. 2e, 16 juill. 1956, *Bull. civ.* II, no 585; *JCP* 1959. IV. 113.
3. Versailles, 20 oct. 2000, RG no 716, *BICC* 1er juill. 2001, no 538.
4. Civ. 2e, 13 juill. 2005, no 03-14.980, *Bull. civ.* II, no 193 – Civ. 2e, 28 mars 2003, no 01-12.568, *Bull. civ.* II, no 159.
5. Civ. 2e, 22 juin 1978, no 77-12.479, *Bull. civ.* II, no 167.
6. Civ. 2e, 14 juin 2001, nos 99-16.582 et 99-13.485, *Bull. civ.* II, nos 117 et 118; *D.* 2001. 3075, note Cholet; *D.* 2001. IR 2175; *RTD civ.* 2001. 664, obs. Perrot – Civ. 2e, 21 nov. 2002, no 01-00.935, *Bull. civ.* II, no 262 – Civ. 2e, 28 mai 2003, no 01-12.568, *Bull. civ.* II, no 159.
7. Civ. 2e, 14 juin 2001, no 99-13.485, P (préc. ss prést no).
8. Civ. 2e, 24 mai 2007, no 06-11.006, *Bull. civ.* II, no 132; *Procédures* 2007. Comm. 157, obs. Perrot; *D.* 2007. 1735; *D.* 2007. 2336, chron. Vigneau.
9. Paris, 9 juill. 1985, *Bull. ch. avoués* 1985, no 96, p. 103.
10. Civ. 2e, 14 janv. 1987, no 85-16.017, *Bull. civ.* II, no 5; *RTD civ.* 1987. 399, obs. Perrot.
11. Cass., ass. plén., 6 déc. 2004, no 03-11.053, *Bull. ass. plén.*, no 13; *Procédures* 2005. Comm. 27, obs. Perrot; *BICC* 15 mars 2005, rapp. Gallet, avis Benmakhlouf; *D.* 2005. IR 11, obs. Avena-Robardet; *RTD civ.* 2005. 185 s., obs. Perrot; *Dr. et proc.* 2005. 161, obs. Douchy-Oudot; *JCP* 2005. IV. 1145.
12. Civ. 2e, 7 juill. 2011, no 10-20.145, *Bull. civ.* II, no 153; *D.* 2011. 2051 – Civ. 2e, 12 juill. 2012, no 11-22.636, NP.
13. Civ. 2e, 4 oct. 2007, no 06-16.879, *Bull. civ.* II, no 223; *D.* 2007. 2677.
14. Civ. 2e, 12 juin 2003, no 01-13.922, *Bull. civ.* II, no 182 (2e arrêt); *D.* 2003. 1733, et obs.; *RTD civ.* 2004. 141, obs. Perrot.
15. Civ. 2e, 2 avr. 1974, no 73-10.529, *Bull. civ.* II, no 126.
16. Civ. 2e, 5 avr. 2007, no 06-11.325, *Bull. civ.* II, no 87.

de rappeler que depuis le 1er septembre 2011[1] la déclaration d'appel doit être remise à la juridiction par voie électronique (C. pr. civ., art. 930-1) ce qui implique le respect de contraintes techniques pour la constitution de l'avocat dans la déclaration d'appel. En effet l'article 748-6 du Code de procédure civile précise que : « *Les procédés techniques utilisés doivent garantir, dans des conditions fixées par arrêté du garde des Sceaux, ministre de la Justice, la fiabilité de l'identification des parties à la communication électronique, l'intégrité des documents adressés, la sécurité et la confidentialité des échanges, la conservation des transmissions opérées et permettre d'établir de manière certaine la date d'envoi et celle de la réception par le destinataire* ». L'accès des avocats au système de communication électronique se fait au moyen d'un procédé de raccordement à un réseau indépendant privé, le réseau privé virtuel avocat (RPVA). L'avocat accède au RPVA au moyen d'une clef qui lui est personnelle. Et désormais l'identification de l'avocat, auteur de la déclaration d'appel, est automatique grâce à sa clef d'accès au RPVA.

211.75 Sanction du défaut de signature de l'avocat. Il s'agit d'une formalité substantielle. L'acte qui ne comporte pas la signature de son auteur ne vaut pas déclaration d'appel.

Il a été jugé que l'apposition d'un timbre humide qui comporte les nom et adresse d'un avocat ne peut remplacer sa signature[2]. Plus récemment, dans une procédure sans représentation obligatoire, la même solution a été retenue et il a été jugé que le timbre humide qui ne présente aucune garantie d'identification de l'auteur de l'acte, ne peut suppléer au défaut de signature[3]. Une déclaration d'appel comportant une signature électronique a été jugée irrecevable avant la promulgation de la loi n° 2000-230 du 13 mars 2000 et la parution de ses décrets d'application[4]. La chambre sociale de la Cour de cassation a rendu de nombreuses décisions à propos de l'identification de l'auteur de la déclaration d'appel. Ces solutions peuvent être étendues à la signature de l'avocat dans les procédures avec représentation obligatoire. Ainsi, il a été jugé que lorsque la déclaration d'appel a été formée par l'intermédiaire d'un avocat, dispensé de justifier d'un pouvoir spécial, l'impossibilité d'identifier l'auteur de celle-ci du fait de l'absence de signature constitue un vice de forme qui ne peut entraîner la nullité de l'acte que s'il fait grief à la partie qui l'invoque[5]. La solution est la même lorsque la signature illisible est précédée de la mention « pour ordre »[6]. Cependant, lorsque la signature illisible, apposée sur l'acte d'appel, ne permet pas de déterminer l'identité et surtout la qualité de son auteur, une cour d'appel a pu estimer qu'il n'était pas établi que cette signature était celle d'un avocat ayant le pouvoir de représenter l'appelant et décider que l'appel est irrecevable, sans avoir à rechercher l'existence d'un grief[7]. Il faut déduire de ces arrêts que si le défaut de signature est un vice de forme lorsque l'appel est formé par un avocat[8], en revanche quand le mandataire qui interjette l'appel n'est pas avocat, l'impossibilité d'identification est un vice de fond[9]. Il a également été jugé que la déclaration d'appel, qui comporte les mentions exigées par les textes et qui est revêtue de la signature d'un avocat admis à postuler devant la cour d'appel, est régulière même si le signataire n'est pas l'avoué nominativement constitué dès lors qu'il n'est pas contesté qu'il a reçu mandat de l'avoué constitué[10]. Ces solutions ne conservent un intérêt que lorsque la déclaration d'appel n'a pas pu être effectuée par voie électronique (v. ss n° 211.41). En effet pour les appels interjetés à compter du 1er septembre 2011, la déclaration d'appel devant être effectuée à peine d'irrecevabilité par voie électronique[11], la signature de l'avocat de l'appelant est une signature électronique faite au moyen de sa clef d'accès au RPVA (v. ss n° 211.74).

211.76 Sanction du défaut d'indication du jugement critiqué. À défaut d'indication du jugement frappé d'appel, si l'intimé ne peut l'identifier et préparer sa défense[12] cela lui causera un grief qui rendra la déclaration d'appel irrecevable. Il faut indiquer la date de la décision attaquée, la juridiction dont elle émane, et, surtout si plusieurs jugements ont été rendus le même jour entre les parties[13], le numéro du jugement ou du répertoire général. Si

1. Arr. 30 mars 2011, relatif à la communication par voie électronique dans les procédures avec représentation obligatoire devant les cours d'appel, *JO* 31 mars, p. 5600, art. 3.
2. Grenoble, 6 janv. 1905, *DP* 1908. 2. 29.
3. Soc. 1er avr. 2009, n° 07-44.962, NP.
4. Besançon, 20 oct. 2000, *JCP* 2001. II. 10606, note Caprioli et Agosti.
5. Soc. 29 sept. 2010, n° 09-40.515, *Bull. civ.* V, n° 202.
6. Soc. 15 juin 2010, n° 09-40.462, *Bull. civ.* V, n° 137; *D.* 2010. 1635.
7. Soc. 12 janv. 2010, n° 08-45.175, NP.
8. Com. 12 mai 2009, n° 07-20.462, NP.
9. Com. 20 nov. 2012, n° 11-26.581, *Bull. civ.* IV, n° 206, à propos d'une déclaration de saisine effectuée sans ministère d'avoué – Sur la critique de cette distinction fondée sur la qualité du mandataire, v. R. Perrot, *Procédures* 2010. Comm. 303.
10. Civ. 2e, 9 nov. 2006, n° 05-14.943, *Bull. civ.* II, n° 309 – Soc. 20 juin 2007, n° 05-45.560, NP; *Procédures* 2007. Comm. 211, note Perrot – Soc. 7 nov. 2007, n° 06-42.102, NP; *Procédures* 2008. Comm. 3, obs. Perrot.
11. Arr. 30 mars 2011, relatif à la communication par voie électronique dans les procédures avec représentation obligatoire devant les cours d'appel, *JO* 31 mars, p. 5600, art. 3.
12. Civ. 2e, 24 mars 1993, n° 91-18.610, *Bull. civ.* II, n° 120.
13. Civ. 2e, 24 mars 1993, n° 91-18.610, P (préc. ss prést n°).

un jugement avant dire droit est frappé d'appel en même temps que le jugement sur le fond la déclaration d'appel doit également permettre de l'identifier. Depuis le 1er janvier 2005, la déclaration d'appel doit être accompagnée d'une copie de la décision attaquée (C. pr. civ., art. 901, *in fine*), aussi il sera plus difficile pour l'intimé d'établir qu'il n'a pu déterminer la décision frappée d'appel[1]. À l'époque où une copie de la déclaration d'appel devait être jointe à la demande d'inscription au rôle (v. ss no 211.30), il avait été jugé que le fait d'attacher une copie incomplète du jugement ne devait pas être sanctionné par la caducité de l'acte d'appel[2]. Aujourd'hui, un tel vice ne devrait être sanctionné par la nullité de la déclaration d'appel que si l'intimé prouve un grief[3].

211.77 Sanction du défaut d'indication de la cour devant laquelle l'affaire est portée. Le non-respect de cette mention est un vice de forme qui n'entraînera la nullité de la déclaration d'appel que si l'intimé rapporte la preuve d'un grief. La nullité ne sera pas prononcée s'il peut être suppléé à cette omission par une autre mention[4]. Il a été jugé que l'acte d'appel comportant l'indication erronée de la cour devant laquelle l'affaire est portée n'interrompt pas le délai de recours à l'égard de la cour compétente[5] et il doit être adressé à la cour d'appel compétente[6].

B.
Appel par requête conjointe

211.81 Généralités. Les articles 926 à 930 du Code de procédure civile sont relatifs à l'appel par requête conjointe. L'article 57 du même code définit la requête conjointe comme « *l'acte commun par lequel les parties soumettent au juge leurs prétentions respectives, les points sur lesquels elles sont en désaccord ainsi que leurs moyens respectifs* ». L'appel par requête conjointe doit contenir certaines mentions et répondre à des conditions de recevabilité.

211.82 Mentions. L'article 927 du Code de procédure civile renvoie aux mentions prescrites par l'article 57 et ajoute d'autres mentions obligatoires. Selon l'article 57 la requête conjointe contient, à peine d'irrecevabilité, pour les personnes physiques, les nom, prénoms, profession, domicile, nationalité, date et lieu de naissance de chacun des requérants; pour les personnes morales, leur forme, leur dénomination, leur siège social et l'organe qui les représente légalement; l'indication de la juridiction devant laquelle la demande est portée; le cas échéant, les mentions relatives à la désignation des immeubles exigées pour la publication au fichier immobilier. Elle comprend aussi l'indication des pièces sur lesquelles la demande est fondée. Elle est datée et signée par les parties. L'article 927 précise que, sous la même sanction, la requête doit encore contenir une copie certifiée conforme du jugement, le cas échéant, l'indication des chefs du jugement auquel l'appel est limité; la constitution des avocats des parties. Elle est signée par les avocats constitués. Depuis le 1er janvier 2012 les parties peuvent être représentées par tout avocat admis à postuler devant l'un des tribunaux de grande instance du ressort de la cour d'appel.

211.83 Recevabilité. Pour être recevable, la déclaration d'appel par requête conjointe doit non seulement contenir les mentions obligatoires qui viennent d'être énoncées, elle doit aussi respecter les conditions de recevabilité de l'appel, c'est-à-dire être remise au greffe de la cour dans le délai d'appel (C. pr. civ., art. 928) et depuis le 1er septembre 2011, la remise à la juridiction doit être effectuée par voie électronique (C. pr. civ., art. 930-1 - V. ss nos 211.41 et 211.42). Enfin la requête conjointe n'est recevable que si elle est présentée par toutes les parties à la première instance (C. pr. civ., art. 926). Cette condition rend le recours à l'appel par requête conjointe rare car il nécessite l'accord de toutes les parties.

§ 3
Formalités subséquentes

211.90 Division. La remise de la déclaration d'appel doit être complétée par les formalités prévues par les articles 902 et 903 du Code de procédure civile lorsque la déclaration d'appel est unilatérale afin que l'intimé soit informé du recours (A). Quelle que soit la forme de la déclaration d'appel, le greffier devra procéder à l'inscription de l'affaire au répertoire général (B) et les parties devront acquitter des droits (C).

A.
Information de l'intimé

1o
Information par le greffe

211.91 Formalités. L'article 902 du Code de procédure civile prévoit que le greffier envoie à cha-

1. Civ. 1re, 8 déc. 1998, no 96-14.544, NP.
2. Civ. 2e, 28 juin 2001, no 99-20.538, *Bull. civ.* II, no 123; *D.* 2001. IR 217.
3. J.-L. Gallet, *La procédure civile devant la cour d'appel*, 3e éd., « Droit et professionnels », LexisNexis, 2014, no 249, p. 135.
4. Req. 7 mai 1862, *DP* 1962. 1. 465.
5. Req. 31 mai 1947, *JCP A* 1947. IV. 787, obs. Madray.
6. Civ. 2e, 10 nov. 2011, no 10-23.377, NP.

cun des intimés, aussitôt après la remise de la déclaration d'appel, une lettre simple contenant un exemplaire de cette déclaration et lui indiquant l'obligation de se faire représenter par un avocat admis à postuler devant la cour d'appel. En cas de retour de la lettre de notification ou lorsque l'intimé n'a pas constitué avocat dans le délai d'un mois à compter de l'envoi de cette lettre, le greffier avise l'avocat de l'appelant qu'il doit procéder par voie de signification de la déclaration d'appel. Aucun délai n'est prévu pour l'avis du greffier. En revanche, l'avocat de l'appelant doit respecter des délais stricts. La Cour de cassation a jugé « *qu'ayant relevé que le greffe avait avisé par lettre du 21 mai 2012 l'avocat de l'appelant du défaut de constitution de l'intimée afin qu'il lui signifie la déclaration d'appel et lui avait, en outre, adressé le même jour, via le réseau privé virtuel des avocats, un message électronique reçu à 16h51 mentionnant* "avis appelant signif intimé" *qui était dépourvu de toute ambiguïté pour un professionnel du droit et souverainement retenu qu'il était établi que l'appelant avait bien reçu l'avis, c'est* [...] *par une exacte application des dispositions de l'article 902 du Code de procédure civile que la cour d'appel a décidé que la déclaration d'appel qui n'avait pas été signifiée à l'intimé dans le délai d'un mois suivant l'avis du greffe était caduque* »[1]. La Cour de cassation a précisé que le délai d'un mois court à compter de l'envoi de l'avis par le greffe et non de sa réception par l'avocat[2]. Il incombe au destinataire de l'avis d'apporter la preuve qu'il ne l'a pas reçu et notamment de démontrer un dysfonctionnement du RPVA qui l'aurait empêché de recevoir l'avis[3].

2°
Information par l'avocat de l'appelant

211.101 **Délai et formes de l'assignation.** Avant l'entrée en vigueur du décret du 9 décembre 2009[4], l'avoué n'était tenu par aucun délai pour assigner l'intimé, sous réserve de l'injonction qui pouvait lui être délivrée par le conseiller de la mise en état. Aujourd'hui, l'article 902 alinéa 3 du Code de procédure civile prévoit, qu'à peine de caducité de la déclaration d'appel, la signification doit être effectuée dans le mois de l'avis adressé par le greffe. Quel est le point de départ du délai, la date de l'avis, de son envoi ou de sa réception ? La date de l'avis[5].

Avant la dématérialisation de la procédure d'appel, les dates d'envoi ou de réception étaient incertaines car les avis pouvaient s'égarer... Il aurait fallu que les greffes sécurisent leur transmission mais en cas de problème, c'est à celui qui prétend qu'il n'y a pas eu de transmission ou une transmission tardive de le prouver. Compte tenu de la gravité de la sanction, il était permis de douter de la conformité de ce dispositif avec l'article 6 § 1 de la Convention européenne des droits de l'homme.

Ce type de problème devrait être résolu, depuis le 1er janvier 2013, avec la dématérialisation de la procédure d'appel, à condition toutefois que le système soit fiable. Il appartient à l'appelant qui prétend ne pas avoir reçu l'avis de démontrer un dysfonctionnement du RPVA qui l'aurait empêché de le recevoir[6]. Il faut ajouter que les messages électroniques adressés par les greffes sont parfois sommaires car ainsi rédigés : « *avis appelant signif intimé* ». Et la Cour de cassation se retranche derrière l'appréciation souveraine des juges du fond qui les estiment dépourvus de toute ambiguïté pour un professionnel du droit[7]...

En cas de demande d'aide juridictionnelle, le décret du 15 mars 2011[8] modifiant l'article 38-1 du décret du 19 décembre 1991[9] précise que le délai mentionné à l'article 902 court à compter de la notification de la décision constatant la caducité de la demande ou de la date à laquelle la décision d'admission ou de rejet de la demande est devenue définitive ou encore, en cas d'admission, de la date à laquelle un auxiliaire de justice a été désigné, si elle est plus tardive. Mais aucun texte n'impose au greffe de la cour d'appel, lorsqu'il reçoit la copie de la décision du bureau d'aide juridictionnelle, d'aviser les parties du nouveau délai imparti pour signifier la déclaration d'appel dès lors que l'avocat de l'appelant avait été avisé par le greffier d'avoir à signifier la déclaration d'appel à l'intimé[10].

Le délai est exprimé en mois, aussi il expire le jour du mois suivant qui porte le même quantième que le jour de l'avis et, à défaut de quantième identique, le dernier jour du mois (C. pr. civ., art. 641,

1. Civ. 2e, 26 juin 2014, no 13-17.574, *Bull. civ.* II, no 151 – POUR UNE CRITIQUE DE CET ARRÊT, v. C. Gerbay, « L'article 902 du Code de procédure civile face à la Cour de cassation », *Procédures* 2014. Étude 11.
2. Civ. 2e, 27 juin 2013, no 12-19.945, *Bull. civ.* II, no 141 ; *D.* 2013. 1694.
3. Civ. 2e, 26 juin 2014, no 13-20.868, *Bull. civ.* II, no 159, *JCP* 2014. 1232, obs. Amrani-Mekki.
4. Décr. no 2009-1524, 9 déc. 2009, relatif à la procédure d'appel avec représentation obligatoire en matière civile, *JO* 11 déc., p. 21386.
5. Civ. 2e, 26 juin 2014 no 13-20.868, *Bull. civ.* II, no 159.
6. Civ. 2e, 26 juin 2014 no 13-20.868, P (préc. ss prést no).
7. Civ. 2e, 26 juin 2014, no 13-17.574, P (préc. ss no 211.91).
8. Décr. no 2011-272, 15 mars 2011, portant diverses dispositions en matière d'aide juridictionnelle et d'aide à l'intervention de l'avocat, *JO* 17 mars, p. 4825.
9. Décr. no 91-1266, 19 déc. 1991, portant application de la loi no 91-647 du 10 juillet 1991 relative à l'aide juridique, *JO* 20 déc., p. 16609.
10. Civ. 2e, 12 oct. 2015, no 14-22.945, *Bull. civ.* II, [à paraître].

al. 2). Il peut être prorogé dans les conditions énoncées à l'article 911-2 du code. L'augmentation du délai est d'un mois lorsque la demande est portée devant une juridiction qui a son siège en France métropolitaine pour les parties qui demeurent dans une collectivité d'outre-mer ou lorsqu'elle est portée devant une juridiction qui a son siège dans une collectivité d'outre-mer pour les parties qui ne demeurent pas dans cette collectivité. Le délai est prolongé de deux mois, si l'appelant demeure à l'étranger. Il résulte du texte que lorsque c'est l'intimé qui demeure à l'étranger, le délai n'est pas prorogé. Aussi, il appartient à l'avocat de l'appelant d'anticiper et de prévoir le délai pour la traduction de l'acte lorsqu'il devra respecter les dispositions du règlement européen du 13 novembre 2007[1]. La date de la notification est celle de l'expédition de l'acte par l'huissier de justice (C. pr. civ., art. 647-1). À peine de nullité, l'acte de signification indique à l'intimé que faute pour lui de constituer avocat admis à postuler devant la cour d'appel dans un délai de quinze jours à compter de la signification, il s'expose à ce qu'un arrêt soit rendu contre lui sur les seuls éléments fournis par son adversaire et que faute de conclure, soit en confirmation, soit pour former un appel incident, dans un délai de deux mois à compter de la notification des conclusions de l'appelant, il s'expose à ce que ses écritures soient déclarées d'office irrecevables (C. pr. civ., art. 902, al. 4).

211.102 **Sanctions.** Les sanctions prévues par le décret du 9 décembre 2009 sont particulièrement sévères. En cas de non-respect du délai d'un mois pour assigner l'intimé qui n'a pas reçu la lettre de notification adressée par le greffe ou qui n'a pas constitué avocat devant la cour d'appel, la déclaration d'appel est caduque. L'article 902 alinéa 3 ne prévoit pas que cette caducité puisse être relevée d'office mais la Cour de cassation a jugé que « *c'est par une exacte application des articles 911-1, alinéa 2, et 914 du Code de procédure civile que l'arrêt retient que le conseiller de la mise en état a le pouvoir de relever d'office la caducité de la déclaration d'appel en cas de non-respect des prescriptions de l'article 902 du Code de procédure civile* »[2]. L'article 911-1 alinéa 2 précise en effet que la caducité de la déclaration d'appel est prononcée par le conseiller de la mise en état qui statue après avoir sollicité les observations écrites des parties. Ce texte ajoute que la caducité ne peut être rapportée. La déclaration d'appel ne pourra être renouvelée que si le délai d'appel n'est pas expiré. Sinon le jugement deviendra définitif à moins qu'une autre partie ait interjeté appel.

L'acte de signification de la déclaration d'appel doit comporter les mentions prévues à l'article 902 alinéa 4, à peine de nullité. Il s'agit d'une nullité de forme, aussi celui qui s'en prévaut doit rapporter la preuve que le vice lui cause un grief. Si l'acte de signification est annulé, la déclaration d'appel n'aura pas été signifiée dans le mois de l'avis du greffier et la caducité de la déclaration d'appel pour non-respect des dispositions de l'article 902 alinéa 3 sera encourue.

En cas de pluralité d'intimés, la circulaire ministérielle du 31 janvier 2011[3] indique « *que le non-respect à l'égard de l'un d'entre eux des prescriptions de l'article 902 ne pourra être invoqué par les autres intimés, en application de l'article 324 du Code de procédure civile, en sorte que la caducité de la déclaration d'appel n'aura pas d'effet sur les intimés constitués. Il n'en ira autrement qu'en cas d'indivisibilité à l'égard de plusieurs intimés : dans ce cas, en application de l'article 553 du même code, la caducité de la déclaration d'appel à l'égard de l'un des intimés entraînera l'irrecevabilité de l'appel dans son ensemble* ». La Cour de cassation a appliqué la solution retenue par la circulaire en jugeant que « *la cour d'appel* [en] *a exactement déduit, compte tenu de l'indivisibilité du litige successoral, que la déclaration d'appel était caduque à l'égard de l'ensemble des intimés* »[4].

La sanction du non-respect des délais n'est pas la même pour l'appelant et pour l'intimé. En effet, le délai d'un mois imposé à l'appelant par l'article 902 est un **délai d'action**, dont le but est l'accélération de la procédure. Ce type de délai est sanctionné par une déchéance, en l'occurrence la caducité de la déclaration d'appel.

En revanche, le délai de quinze jours imparti à l'intimé pour constituer avocat est un **délai d'attente**, il tend à protéger les droits de la défense, à permettre à l'intimé d'organiser sa défense. Les délais d'attente ne sont pas sanctionnés comme les délais d'action. Pendant le cours du délai d'attente, l'appelant ne peut accomplir un acte de procédure régulier. L'intimé peut valablement constituer avocat après l'expiration du délai, mais s'il ne respecte pas le délai de comparution, il s'expose à ce que

1. Règl. (CE) n° 1393/2007 du Parlement européen et du Conseil, 13 nov. 2007, relatif à la signification et à la notification dans les États membres des actes judiciaires et extrajudiciaires en matière civile ou commerciale et abrogeant le règlement (CE) n° 1348/2000 du Conseil, *JOUE*, n° L 324, 10 déc., p. 0079-0120.
2. Civ. 2e, 26 juin 2014, n° 13-20.868, *Bull. civ.* II, n° 159 – POUR UNE CRITIQUE DE CET ARRÊT, v. C. Gerbay, « L'article 902 du Code de procédure civile face à la Cour de cassation », *Procédures* 2014. Étude 11.
3. Circ. CIV/16/10, 31 janv. 2011, NOR : JUSC1033672C (v. ss n° 45.02).
4. Civ. 2e, 14 nov. 2013, n° 12-25.872, NP; *D.* 2014. 802, obs. Fricero.

l'appelant poursuive la procédure engagée sans attendre qu'il constitue avocat[1].

B.
« Enrôlement »

211.111 Suppression de la mise au rôle. Le décret du 20 août 2004[2] a abrogé l'ancien article 905 du Code de procédure civile et supprimé la formalité de la mise au rôle qui imposait, sous peine de caducité de la déclaration d'appel, à l'une ou l'autre partie, de demander l'inscription au rôle dans un délai de deux mois. Désormais l'acte d'appel se suffit à lui-même. Si l'appelant renonce à la poursuite de la procédure d'appel il devra se désister.

211.112 Diligences de la juridiction d'appel. La remise de la déclaration d'appel est constatée par le greffier. Il inscrit l'affaire au répertoire général des affaires dont la cour est saisie. Une copie de la déclaration d'appel est, dès sa remise au greffe, présentée au premier président en vue des formalités de fixation et de distribution qui font l'objet d'une simple mention en marge (C. pr. civ., art. 967). Le greffier constitue un dossier conformément aux dispositions de l'article 727 du Code de procédure civile et demande le dossier à la juridiction de première instance. Il sera joint à celui de la cour (C. pr. civ., art. 968) mais les parties ne peuvent se prévaloir de la violation de cette disposition[3]. Le greffier avise immédiatement les avocats dont la constitution lui est connue du numéro d'inscription au répertoire général, des jour et heure fixés par le premier président pour l'appel de l'affaire et de la chambre à laquelle celle-ci est distribuée, les autres avocats seront avisés dès la remise au greffe de leur acte de constitution (C. pr. civ., art. 970). Les avocats de chacune des parties sont convoqués ou avisés des charges qui leur incombent par le président ou par le conseiller chargé de la mise en état, selon le mode d'instruction de l'affaire. Ils sont convoqués ou avisés verbalement avec émargement et mention au dossier. En cas d'absence, ils sont informés par simple bulletin daté et signé par le greffier et notifié par acte du palais (C. pr. civ., art. 971). Depuis la dématérialisation de la déclaration d'appel (v. s[s] n°s 212.101 s.), le greffier adresse à l'avocat de l'appelant, au moyen du RPVA, un avis de traitement auquel est joint un récapitulatif de la déclaration d'appel.

C.
Paiement des contributions et droits fiscaux

211.120 Deux types de taxe. Deux types de taxes ont été créées : le **droit de timbre** instauré par l'article 54 de la loi n° 2011-900 du 29 juillet 2011, de finances rectificative[4], et dénommé « contribution pour l'aide juridique », et le **droit affecté au fonds d'indemnisation de la profession d'avoué** près les cours d'appel créé par l'article 54 de la loi n° 2009-1674 du 30 décembre 2009 de finances rectificative[5]. La première a été supprimée à compter du 1er janvier 2014 pour les instances introduites à compter de cette date, par le décret n° 2013-1280 du 29 décembre 2013, relatif à la suppression de la contribution pour l'aide juridique et à diverses dispositions relatives à l'aide juridique[6], mais, dans la mesure où elle peut concerner des instances encore en cours, nous lui consacrerons quelques développements.

1°
Droit affecté au fonds d'indemnisation de la profession d'avoué près les cours d'appel

a)
Conditions et caractéristiques de la taxe

211.121 Présentation de la taxe. La loi du 30 décembre 2009[7] a inséré un article 1635 *bis* P dans le Code général des impôts qui a institué, pour les **procédures d'appel introduites à compter du 1er janvier 2012**, un droit d'un montant de 150 euros dont le produit est affecté au fonds d'indemnisation de la profession d'avoué près les cours d'appel. Ce texte a été modifié par le décret du 9 juin 2011[8]. La loi de finances pour 2015[9] a porté cette taxe à 225 euros pour les instances introduites à compter du 1er janvier 2015. Elle est exigible jusqu'au 31 décembre 2026. La taxe s'applique à tous les appels formés

1. Sur la distinction entre délai d'action et délai d'attente, v. G. Couchez, *Procédure civile*, 14e éd., Sirey, 2006, n°s 209 et 210.
2. Décr. n° 2004-836, 20 août 2004, portant modification de la procédure civile, *JO* 22 août, p. 15032.
3. Com. 5 oct. 1993, n° 91-17.444, *Bull. civ.* IV, n° 321 ; *JCP* 1993. IV. 2516.
4. L. n° 2011-900, 29 juill. 2011, de finances rectificative, *JO* 30 juill., p. 12969.
5. L. n° 2009-1674, 30 déc. 2009, de finances rectificative, *JO* 31 déc., p. 22940.
6. Décr. n° 2013-1280, 29 déc. 2013, relatif à la suppression de la contribution pour l'aide juridique et à diverses dispositions relatives à l'aide juridique, *JO* 30 déc., p. 22242.
7. L. n° 2009-1674, 30 déc. 2009, de finances rectificative pour 2010, *JO* 31 déc., p. 22940.
8. Décr. n° 2011-645, 9 juin 2011, portant incorporation au Code général des impôts de divers textes modifiant et complétant certaines dispositions de ce code, *JO* 11 juin, p. 9940.
9. L. n° 2014-1655, 29 déc. 2014, de finances pour 2015, *JO* 30 déc., p. 22898.

à compter du 1er janvier 2012 quel que soit le mode de saisine. Le décret du 28 septembre 2011 précise les conditions d'acquittement et les conséquences du défaut de paiement de cette taxe.

211.122 Parties soumises au paiement de la taxe. Toutes les parties à la procédure d'appel sont redevables de la taxe si elles doivent constituer avocat. Aussi le ministère public, dispensé du ministère d'avocat, n'est pas assujetti à ce droit même s'il intervient dans une procédure avec représentation obligatoire. **L'appelant, l'intimé**, même sur provocation, doivent acquitter ce droit. **L'intervenant forcé**, s'il constitue son propre avocat et présente sa propre défense, devra acquitter cette taxe. La direction des services juridiques dans ses instructions au greffe[1] apporte des précisions : dans le cas où plusieurs personnes, ensemble, forment une même demande ou présentent une défense commune, le droit n'est exigible qu'une fois, dès lors qu'elles sont représentées par un seul avocat, mais dans le cas d'une **requête conjointe**, présentée selon les formes exigées aux articles 926 à 930 du Code de procédure civile, chacun des auteurs de la requête est tenu d'acquitter cette taxe.

Cependant les **parties bénéficiant de l'aide juridictionnelle** ou ayant déposé une demande d'admission auprès du bureau d'aide juridictionnelle sont **exemptées** de l'acquittement de ce droit. Le bénéficiaire de l'aide juridictionnelle doit joindre la copie de la décision d'admission à l'aide juridictionnelle ou la preuve du dépôt de sa demande auprès du bureau d'aide juridictionnelle à l'acte de procédure (déclaration d'appel, acte de constitution, premières conclusions) pour pouvoir être exempté du paiement de la taxe.

211.123 Procédures assujetties au paiement de la taxe. Toutes les **procédures devant la cour d'appel dans lesquelles la constitution d'avocat est obligatoire**, introduites à compter du 1er janvier 2012, sont assujetties à l'acquittement du droit affecté au fonds d'indemnisation de la profession d'avoué. Ainsi, à l'exception des procédures en matière pénale et des procédures sans représentation obligatoire, toutes les procédures d'appel devant les juridictions de l'ordre judiciaire sont soumises au paiement de la taxe. Il s'agit des procédures devant la cour; la juridiction du premier président échappe à cette taxe. La taxe est due en **matière contentieuse** comme en **matière gracieuse** puisque l'article 950 du Code de procédure civile prévoit que l'appel contre une décision gracieuse est formé par une déclaration faite ou adressée par pli recommandé au secrétariat de la juridiction qui a rendu la décision, par un avocat ou un officier public ou ministériel dans les cas où ce dernier y est habilité par les dispositions en vigueur.

211.124 Une taxe comprise dans les dépens. Ce droit est compris dans les dépens en application de l'article 695 du Code de procédure civile. Il appartient au juge de statuer sur les dépens lorsqu'il rend sa décision. La partie condamnée aux dépens conserve à sa charge le coût de la taxe qu'elle a supporté et elle doit rembourser à chaque adversaire le montant de la taxe que celui-ci a acquitté.

211.125 Modalités d'acquittement de la taxe. L'article 1635 *bis* P du Code général des impôts précise que **le droit est acquitté par l'avocat postulant** pour le compte de son client soit par voie de **timbres mobiles**, soit par **voie électronique**. Selon l'article 963 alinéa 2 du Code de procédure civile, sauf en cas de demande d'aide juridictionnelle, l'auteur de l'appel principal justifie du paiement du droit lors de la **remise de sa déclaration d'appel et les autres parties lors de la remise de leur acte de constitution.** En cas de requête conjointe, les appelants justifient de l'acquittement du droit lors de la remise de leur requête. Lorsque la partie a sollicité le bénéfice de l'aide juridictionnelle, elle doit joindre la décision accordant cette aide à l'acte assujetti à l'acquittement du droit. À défaut de décision rendue sur la demande d'aide juridictionnelle, l'acte est accompagné de la copie de cette demande. Si cette demande d'aide juridictionnelle est déclarée caduque ou rejetée ou que la décision l'octroyant est retirée, le demandeur doit justifier, à peine d'irrecevabilité, de l'acquittement du droit dans le mois suivant, selon le cas, la notification de la caducité ou la date à laquelle le rejet ou le retrait est devenu définitif.

b)
Régime de la taxe

211.131 Dispositions transitoires. L'article 21, II, 1° du décret du 28 septembre 2011 a prévu à titre transitoire que pour les appels formés au plus tard le 1er juin 2012 l'acquittement du droit devait être justifié par la partie lors du **dépôt au greffe de ses premières conclusions**.

211.132 Timbres dématérialisés ou timbres mobiles. Comme l'article 1635 du Code général des impôts, l'article 963 du Code de procédure civile prévoit que l'auteur de l'appel principal justifie du paiement du droit lors de la **remise de sa déclaration d'appel** et les autres parties lors de la

1. Min. Justice et Libertés, instructions au greffe pour la mise en œuvre du droit affecté au fonds d'indemnisation de la profession d'avoué près les cours d'appel, 19 déc. 2011 (Direction des services judiciaires, sous-direction de la performance et des méthodes, Bureau des schémas d'organisation des méthodes et des études [PM1]).

remise de leur acte de constitution par l'apposition de timbres mobiles ou par la remise d'un justificatif lorsque le droit pour l'indemnisation de la profession d'avoué a été acquitté par voie électronique. Les textes prévoient les **deux modes d'acquittement du droit.**

Cependant **depuis le 1er septembre 2011** [1], les remises à la juridiction de la déclaration d'appel et de la constitution doivent être effectuées **par voie électronique à peine d'irrecevabilité relevée d'office** (C. pr. civ., art. 930-1). Aussi pour les **procédures introduites à compter du 1er juin 2012**, le droit est acquitté par voie électronique.

211.133 **Informations pratiques.** Les timbres dématérialisés peuvent être achetés sur le site : timbre.justice.gouv.fr. Il est possible d'acheter un maximum de 45 timbres. L'acquéreur reçoit un courriel accompagné des timbres achetés au format PDF. Chaque timbre est numéroté et ne peut être utilisé qu'une fois; il a une validité de six mois à compter de la date d'achat. Ces timbres sont à joindre aux messages adressés au greffe à partir de la plateforme e-barreau.

211.134 **Règles propres à la procédure d'appel en matière gracieuse.** Dans l'hypothèse où le juge de première instance a pris la décision de transmettre à la cour l'appel formé contre une décision rendue en matière gracieuse, la partie justifie de l'acquittement du droit affecté **sur invitation du greffe de la cour** (C. pr. civ., art. 964-1). Le greffier de la cour d'appel, dès réception de la déclaration d'appel transmise par la juridiction de première instance, adresse à l'avocat, par courrier simple ou par message électronique, une demande de paiement de la taxe.

c)
Sanction et recours

211.141 **Sanction du non-paiement de la taxe.** Le défaut de paiement du droit affecté au fonds d'indemnisation de la profession d'avoué entraîne l'irrecevabilité de la déclaration d'appel pour l'appelant, des défenses pour les intimés, même s'ils ont constitué avocat. Cette irrecevabilité, prévue à l'article 963, est constatée d'office par le magistrat ou la formation compétents. Les parties n'ont pas qualité pour la soulever. Elles sont avisées de la décision par le greffe.

211.142 **Détermination du juge compétent pour prononcer l'irrecevabilité.** Sont compétents pour prononcer l'irrecevabilité de l'appel : le premier président, le président de la chambre à laquelle l'affaire est distribuée, le conseiller de la mise en état jusqu'à l'ordonnance de clôture ou le magistrat chargé d'instruire l'affaire jusqu'à l'audience prévue pour les débats lorsqu'il n'y a pas de mise en état, enfin la formation de jugement. Le cas échéant, ils statuent sur les demandes fondées sur l'article 700 du Code de procédure civile. À moins que les parties aient été convoquées ou citées à comparaître à une audience, ils peuvent statuer sans débat (C. pr. civ., art. 964).

211.143 **Recours contre la décision d'irrecevabilité.** Lorsque le juge a prononcé une décision d'irrecevabilité pour non-paiement de la taxe et a été saisi dans les quinze jours pour qu'il rapporte sa décision rendue par erreur, le délai de recours contre sa décision d'irrecevabilité court à compter de la notification de la décision qui refuse de la rapporter (C. pr. civ., art. 964). Sinon, la **décision d'irrecevabilité prononcée par le conseiller de la mise en état ou le magistrat chargé d'instruire l'affaire peut être déférée à la cour dans les conditions respectivement prévues par les articles 916 et 945** du Code de procédure civile par **simple requête à la cour** dans les quinze jours de sa date. Lorsqu'elle émane du premier président ou du président de la chambre, la décision peut faire l'objet du recours ouvert contre les décisions de la juridiction (C. pr. civ., art. 964 *in fine*).

2°
Contribution pour l'aide juridique

a)
Conditions et caractéristiques de la taxe

211.151 **Présentation de la taxe.** La contribution pour l'aide juridique avait pour objet d'assurer une solidarité financière entre les justiciables par le paiement d'une taxe de 35 euros exigée du demandeur pour toute instance introduite à compter du 1er octobre 2011 en matière civile, commerciale, prud'homale, sociale ou rurale devant une juridiction judiciaire ou, en matière administrative, devant les juridictions administratives. Elle était régie par l'article 1635 *bis* Q du Code général des impôts, complété par le décret du 28 septembre 2011 [2]. Une circulaire du 30 septembre 2011 [3] pré-

1. Arr. 30 mars 2011, relatif à la communication par voie électronique dans les procédures avec représentation obligatoire devant les cours d'appel, *JO* 31 mars, p. 5600, art. 3.

2. Décr. n° 2011-1202, 28 sept. 2011, relatif au droit affecté au fonds d'indemnisation de la profession d'avoué près les cours d'appel et à la contribution pour l'aide juridique, *JO* 29 sept., p. 16383.
3. Circ. min. Justice CIV/04/11, 30 sept. 2011, NOR : JUSC1126611C, relative à la présentation de l'instauration d'une contribution pour l'aide juridique due pour les instances soumises aux juridictions de l'ordre judiciaire, *BOMJL* 31 oct., n° 2011-10.

cisait les modalités d'application de cette taxe devant les juridictions judiciaires.

211.152 Procédures assujetties au paiement de la taxe. La contribution était de plein droit exigible pour toute instance non pénale introduite devant une juridiction judiciaire. Elle s'appliquait en conséquence à la **procédure d'appel**.

Un certain nombre de procédures n'étaient pas assujetties au paiement de ce droit. Elles étaient précisées par les articles 62 à 62-3 du Code de procédure civile, introduits par le décret du 28 septembre 2011 et qui ont été abrogés par le décret du 29 décembre 2013 [1].

Étaient ainsi **exclues** :

- les procédures soumises au ministère public ou au greffier,
- les procédures aux seules fins de conciliation, de certificat, d'acte de notoriété, de recueil de consentement,
- celles engagées devant la Commission d'indemnisation des victimes d'infractions (CIVI), devant le juge des tutelles, le juge des enfants, le juge des libertés et de la détention,
- les procédures de traitement des situations de surendettement des particuliers et les procédures collectives,
- la procédure visée à l'article 515-9 du Code civil aux fins d'ordonnance de protection contre le conjoint violent,
- les procédures pour lesquelles une disposition législative (et non une disposition réglementaire) prévoit expressément que la demande est formée, instruite ou jugée sans frais notamment le contentieux de la sécurité sociale, certaines procédures dans les matières électorale et administrative.

Les bénéficiaires de l'aide juridictionnelle et l'État n'étaient pas soumis à cette contribution.

211.153 Une contribution unique pour chaque instance. La taxe était due par le demandeur initial à l'instance, toute autre demande notamment une demande incidente était dispensée du paiement de la contribution. Ainsi, le plaideur qui interjetait un appel principal était soumis au paiement de la taxe contrairement à l'auteur d'un appel incident ou d'un appel provoqué. Tant que le lien initial d'instance perdurait, aucune nouvelle contribution ne devait être versée quels que soient les événements qui perturbaient son déroulement. Pour éviter que la demande incidente soit déclarée irrecevable par erreur, l'ancien article 62-3 du Code de procédure civile prévoyait que l'auteur d'une demande incidente devait désigner l'instance principale à laquelle elle se rattachait.

La taxe n'était pas due en cas de reprise d'une **instance interrompue** par application des articles 369 et 370 du Code de procédure civile ou **suspendue** conformément à l'article 377 du même code. Et la contribution ne devait pas être versée même lorsque l'instance se poursuivait devant une autre juridiction. C'était le cas lorsque l'affaire était renvoyée devant un autre tribunal à la suite d'une décision d'incompétence (C. pr. civ., art. 62-1, 1°), lorsque l'instance se poursuivait sur renvoi devant une autre juridiction (par ex., en application des articles 47, 358 ou 364 C. pr. civ.), ou après cassation (C. pr. civ., art. 62-1, 8°). La taxe était-elle due en cas de contredit de compétence ? Les juges du fond semblaient hésiter à dispenser du paiement de la taxe l'auteur du contredit surtout lorsque le premier juge s'était déclaré compétent.

La question prioritaire de constitutionnalité (QPC) ne constituait pas une instance et n'est pas assujettie au paiement de la contribution pour l'aide juridique.

211.154 Une contribution dans les cas d'instances successives devant une même juridiction. Par exception à la règle d'une contribution par instance, l'article 1635 *bis* Q, IV du Code général des impôts, aujourd'hui abrogé, précisait que « *lorsqu'une même instance donne lieu à plusieurs procédures successives devant la même juridiction, la contribution n'est due qu'au titre de la première des procédures intentées* ». La juridiction des référés n'est pas la même juridiction que celle du fond, la juridiction d'appel n'est pas la même que la juridiction de première instance. Ces hypothèses ne relevaient donc pas de l'exception.

L'ancien article 62-1 du Code de procédure civile offrait une liste de cas généraux qui entraient dans le **champ d'application de l'article 1635 *bis* Q, IV** : une instance introduite à la suite d'une décision d'incompétence sans renvoi de l'affaire (C. pr. civ., art. 62-1, 1°), d'une décision constatant l'extinction de l'instance par l'effet d'un incident d'instance tel que la péremption, le désistement d'instance, la caducité de la citation, (C. pr. civ., art. 62-1, 2°), d'une ordonnance sur requête pour en obtenir la modification, la rétractation ou pour la contester (C. pr. civ., art. 62-1, 3°), d'une ordonnance de référé ou sur requête ordonnant une mesure d'instruction (C. pr. civ., art. 62-1, 4°), d'une ordonnance relevant le requérant de la forclusion tirée de l'expiration d'un délai de recours (C. pr. civ., art. 62-1, 5°), d'une décision dont il est demandé l'interprétation, la rectification ou le complément (C. pr. civ., art. 62-1, 6°), d'une décision dont il convient de liquider les dépens (C. pr. civ., art. 62-1, 7°).

L'article 21 du décret du 28 septembre 2011 précisait que pour les cas prévus au 2°, 3° et 4° de l'ancien article 62-1 du Code de procédure civile, la

1. Décr. 29 déc. 2013.

dispense ne jouait que pour les instances faisant suite à une instance précédente, introduite après le 1er octobre 2011. L'ancien article 62-1 *in fine* ajoutait que, dans les cas prévus aux 1° à 6°, la partie doit justifier de la décision ayant mis fin à la précédente instance lors de la nouvelle saisine afin d'éviter que soit rendue par erreur une décision d'irrecevabilité pour non-paiement de la contribution.

Le **décret du 28 septembre 2011** énumérait les cas spécifiques d'**instances successives dispensées du paiement du droit de timbre**. Il s'agissait de l'assignation suivant la requête en divorce dans les procédures autres que le divorce par consentement mutuel, des contestations devant le tribunal d'instance d'une procédure de saisie des rémunérations, d'une nouvelle demande d'injonction de faire après le rejet d'une première, d'une requête aux fins de résiliation d'un bail en cas d'abandon du local par le preneur en application de la nouvelle procédure de reprise des logements abandonnés, régie par le décret du 10 août 2011 [1].

211.155 Une taxe exigible lors de l'introduction de l'instance. Le fait générateur de la contribution était l'introduction de l'instance et le décret du 28 septembre 2011 précisait qu'il s'agissait de la **remise au greffe de la demande initiale**. Peu importait la forme de cette demande initiale : assignation, requête, déclaration au greffe ou requête conjointe. Lorsque plusieurs personnes formaient une même demande, elles étaient assujetties à une contribution unique de 35 euros. Seules les personnes qui ne bénéficiaient pas de l'aide juridictionnelle étaient tenues d'acquitter cette contribution unique. L'ancien article 62-4 du Code de procédure civile indiquait que le redevable de la contribution devait justifier de son acquittement lors de la saisine du juge. Mais la taxe pouvait être payée tant que la juridiction n'avait pas constaté l'irrecevabilité de la demande initiale conformément aux dispositions de l'article 126 du Code de procédure civile. Cependant après l'extinction de l'instance il était trop tard. Il était justifié du paiement de la taxe par l'apposition de **timbres mobiles** ou par la **remise d'un justificatif** lorsque la contribution était acquittée par voie électronique.

L'ancien article 1635 *bis* Q, V du Code général des impôts indiquait que lorsque l'instance était introduite sans auxiliaire de justice, la partie avait le choix entre le timbre mobile et la voie électronique.

En revanche, lorsque l'instance était introduite par un auxiliaire de justice, il était obligé d'acquitter la contribution par voie électronique.

1. Décr. n° 2011-945, 10 août 2011, relatif aux procédures de résiliation de baux d'habitation et de reprise des lieux en cas d'abandon, *JO* 12 août, p. 13848.

211.156 Dispense de taxe pour le demandeur en aide juridictionnelle. L'ancien article 62-4 du Code de procédure civile disposait que les parties qui avaient demandé le bénéfice de l'aide juridictionnelle étaient dispensées de justifier de l'acquittement de la contribution lors de la saisine du juge. La circulaire du 30 septembre 2011 précisait que l'acte de saisine devait mentionner la demande d'aide juridictionnelle et être accompagné de la décision accordant cette aide; s'il n'avait pas encore été statué sur cette demande, il fallait joindre une copie de la demande d'aide juridictionnelle déposée auprès du bureau d'aide juridictionnelle. Ces prescriptions ne devaient cependant pas porter atteinte au **droit d'accès au juge**, si le justiciable n'avait pas eu le temps de déposer une demande d'aide juridictionnelle avant d'interjeter appel, il devait pouvoir en justifier ultérieurement. En cas de rejet, de caducité de la demande d'aide juridictionnelle et de retrait, le justiciable disposait d'un délai d'un mois pour s'acquitter de la contribution, sous peine d'irrecevabilité.

211.157 Une taxe comprise dans les dépens. Selon l'article 695 du Code de procédure civile, les dépens comprennent notamment « *les droits, taxes, redevances ou émoluments perçus par les secrétariats des juridictions ou l'administration des impôts à l'exception des droits, taxes et pénalités éventuellement dus sur les actes et titres produits à l'appui des prétentions des parties* ». La contribution pour l'aide juridique était ainsi comprise dans les dépens et si l'appelant obtenait gain de cause, le juge condamnait l'intimé aux dépens. Ce dernier supportait cette taxe en définitive, à moins que par une décision motivée la totalité ou une fraction des dépens ait été mise à la charge d'une autre partie (C. pr. civ., art. 696).

b)
Dispositions annexes

211.161 Règles propres à la procédure d'appel en matière gracieuse. L'ancien article 964-1 du Code de procédure civile prévoyait que l'appelant devait justifier de l'acquittement du droit sur demande du greffe de la cour d'appel. Dans ce type de procédure, l'appel est formé auprès de la juridiction qui a rendu la décision afin de lui permettre de modifier ou de rétracter sa décision. À défaut de modification ou de rétractation, le dossier doit être transmis à la cour d'appel. Dès réception, le greffe de la cour devait inviter l'appelant à acquitter la taxe.

211.162 Dispositions transitoires applicables à la procédure d'appel avec représentation obligatoire. L'article 21 du décret du 28 septembre 2011 prévoyait qu'il devait être justifié du paiement de la contribution au moment des premières conclusions

Ces délais sont **augmentés d'un mois** lorsque la demande est portée soit devant une juridiction qui a son siège en France métropolitaine pour les parties qui demeurent dans une collectivité d'outre-mer ou en Nouvelle-Calédonie, soit devant une juridiction qui a son siège en Guadeloupe, en Guyane, à la Martinique, à La Réunion, à Mayotte, à Saint-Barthélemy, à Saint-Martin, à Saint-Pierre-et-Miquelon ou dans les îles Wallis et Futuna, pour les parties qui ne demeurent pas dans cette collectivité.

Les délais sont **prolongés de deux mois** si l'appelant demeure à l'étranger (C. pr. civ., art. 911-2). En cas de **demande d'aide juridictionnelle** le délai de deux mois, imparti par l'article 909, court à compter soit de la notification de la décision constatant la caducité de la demande, soit de la date à laquelle la décision d'admission ou de rejet de la demande est devenue définitive soit encore, en cas d'admission, de la date, si elle est plus tardive, à laquelle un auxiliaire de justice a été désigné[1].

Le **non-respect des délais** des articles 909 et 910 est sanctionné par une **fin de non-recevoir**, sans que celui qui la soulève ait à justifier d'un grief (C. pr. civ., art. 124). Le **conseiller de la mise en état** est, lorsqu'il est désigné et jusqu'à son dessaisissement, seul compétent pour déclarer l'appel incident **irrecevable**. Les parties ne sont plus recevables à invoquer cette irrecevabilité après son dessaisissement, à moins que sa cause ne survienne ou ne soit révélée postérieurement, ce qui est peu probable. L'irrecevabilité de l'appel incident pourra également être **relevée d'office par le juge**. Elle est prononcée par **ordonnance du conseiller de la mise en état** qui statue après avoir sollicité les observations écrites des parties (C. pr. civ., art. 911-1). Cette ordonnance peut être déférée par simple requête à la cour dans les quinze jours de sa date (C. pr. civ., art. 916). Les ordonnances du conseiller de la mise en état, statuant sur cette fin de non-recevoir, ont **autorité de la chose jugée au principal**. L'irrecevabilité de l'appel incident pourra également être **relevée d'office par la cour,** après dessaisissement du magistrat de la mise en état, si elle n'a pas été jugée par ce dernier.

211.185 Domaine des articles 909 et 910 du Code de procédure civile. L'article 909 est ainsi rédigé : « *L'intimé dispose, à peine d'irrecevabilité relevée d'office, d'un délai de deux mois à compter de la notification des conclusions de l'appelant prévues à l'article 908 pour conclure et former, le cas échéant, appel incident* ».

Ce texte s'applique-t-il à l'appel provoqué formé par l'intimé ? On pourrait répondre que l'appel provoqué n'est qu'une forme particulière d'appel incident (v. s^s n° 211.181) mais alors pourquoi l'article 910 vise-t-il expressément l'appel incident et l'appel provoqué ? Toutefois dans la mesure où les auteurs du décret du 9 décembre 2009 ont voulu accélérer la procédure d'appel, il est logique de penser que **l'appel provoqué par les conclusions d'appel doit être formé par l'intimé dans le délai de deux mois de l'article 909** et c'est la solution retenue par la Cour de cassation[2].

Se fondant sur les dispositions de l'article 910 du Code de procédure civile, la Cour de cassation a approuvé une cour d'appel d'avoir déclaré irrecevable l'appel provoqué de l'appelant principal contre un tiers, formé plus de deux mois après les conclusions d'appel incident qui l'avaient provoqué[3]. L'article 910 alinéa 1er prévoit simplement que l'intimé à un appel incident ou à un appel provoqué dispose, à peine d'irrecevabilité, d'un **délai de deux mois à compter de la notification** qui lui en est faite pour conclure. Mais il résulte de l'interprétation retenue par la jurisprudence que non seulement il lui incombe de **conclure dans le délai de deux mois** à compter de la notification des conclusions d'appel incident, mais également **le cas échéant** de **régulariser son propre appel incident ou provoqué dans ce même délai**[4].

Il est permis de déduire de la rédaction de l'article 907 du Code de procédure civile que les dispositions de l'article 909 ne s'appliquent qu'aux **procédures d'appel faisant l'objet d'une mise en état** (v. s^s n°s 212.20 s.).

Certes les procédures de l'article 905 devraient, en principe, être encore plus rapides que celles faisant l'objet d'une mise en état mais elles ne sont pas soumises aux délais et aux sanctions des articles 909 et 910.

211.186 Subordination de l'appel incident et de l'appel provoqué. L'appel incident suppose un appel principal contre le même jugement et l'appel provoqué doit découler de l'appel principal ou incident qui le provoque[5]. Aussi l'appelant principal qui n'a dirigé son appel initial que contre une seule partie est irrecevable, après l'expiration du délai d'appel, à former un second appel à l'encontre d'une autre partie, s'il ne découle pas d'un appel incident ultérieur car il s'analyse alors en un second appel principal[6]. **L'appel incident et l'appel provoqué**

1. Décr. n° 91-1266, 19 déc. 1991, art. 38-1 modifié.

2. Civ. 2e, 3 déc. 2015, n° 14-23.834, *Bull. civ.* II, [à paraître].
3. Civ. 2e, 9 janv. 2014, n° 12-27.043, P (préc. s^s n° 211.182).
4. C. Brenner et N. Fricero, *La nouvelle procédure d'appel*, 2e éd., Lamy, 2012, n° 14.
5. Civ. 2e, 9 mai 1985, n° 84-11318, *Bull. civ.* II, n° 93; *JCP* 1985. IV. 249.
6. Civ. 2e, 4 déc. 2003, n° 01-15.027, P (préc. s^s n° 211.181); *D.* 2004. 186, et obs.

sont subordonnés à l'existence et à la recevabilité de l'appel principal.

211.187 Existence d'un appel principal. Ainsi l'appel incident n'est recevable que si le jour où il est formé le juge est encore valablement saisi de l'appel principal[1]. Si intervient un **désistement d'appel principal** avant qu'un appel incident ait été formé, ce dernier est irrecevable[2], sauf si le délai pour interjeter un appel principal n'est pas expiré. Cependant, à moins que l'intimé ne l'accepte conformément aux dispositions de l'article 401 du Code de procédure civile et ne se désiste lui-même de son appel incident, **le désistement d'appel principal n'a pas d'influence sur l'appel incident ou provoqué déjà interjeté** car l'instance est liée. Ce désistement est également sans incidence sur **l'appel principal formé par une autre partie**, même si elle l'a accepté[3].

Il faut préciser qu'une demande au titre de l'article 700 présentée par l'intimé n'est pas une demande incidente au sens de l'article 401 du Code de procédure civile et l'acceptation de l'intimé n'est pas nécessaire pour que l'appelant puisse se désister[4]. Lorsque l'appel incident est formé le même jour que le désistement de l'appel principal, le juge doit déterminer quel est l'acte antérieur[5] puis appliquer les règles qui viennent d'être énoncées[6]. Enfin si l'appelant a intimé plusieurs parties et se désiste seulement à l'égard de l'une d'elles, les autres peuvent former un appel incident.

Selon l'article 403 du code le « *désistement d'appel est non avenu, si postérieurement, une autre partie interjette elle-même régulièrement appel* ». *A priori* l'appel incident régulièrement formé par un autre intimé rend le **désistement non avenu**, il a été ainsi jugé qu'« *en application de l'article 403 du nouveau Code de procédure civile, le désistement partiel du débiteur, appelant principal, à l'égard du créancier intimé est non avenu lorsque, postérieurement, un autre intimé, condamné à garantir le débiteur, a régulièrement interjeté appel incident* »[7]. Mais cette solution réduit considérablement l'intérêt de la solution apportée par l'article 401; aussi certains auteurs proposent d'interpréter les termes « *autre partie* » utilisés par l'article 403 par « *une partie perdante formant un appel principal dans le délai légal* », afin de donner un sens aux deux articles « *sans que l'article 403 éclipse l'article 401* »[8]. Sans condamner la première interprétation, la jurisprudence a eu l'occasion de faire application de celle proposée par une partie de la doctrine[9].

211.188 Recevabilité de l'appel principal. Enfin l'appel incident est subordonné à la recevabilité de l'appel principal. Cette condition résulte de l'article 550 du Code de procédure civile qui dispose que l'appel incident est recevable même si celui qui l'interjette est forclos pour agir à titre principal. Mais le texte ajoute qu'il ne sera « *pas reçu si l'appel principal n'est pas lui-même recevable* ».

Ainsi par exemple, la Cour de cassation a cassé l'arrêt d'une cour d'appel qui, tout en déclarant irrecevable comme tardif l'appel principal, a statué sur l'appel incident et condamné l'appelant au paiement de sommes supplémentaires à titre d'indemnités provisionnelles « *alors qu'ayant déclaré l'appel principal irrecevable, elle ne pouvait statuer sur l'appel incident formé hors le délai pour agir à titre principal* »[10].

Si l'appel principal est irrecevable, l'appel incident[11] et l'appel provoqué[12] le sont aussi. Cependant si l'appel principal est recevable, ne serait-ce que pour partie, l'appel incident est recevable même s'il a été interjeté après l'expiration du délai pour former un appel principal[13]. **L'appel incident n'est pas affecté par l'irrecevabilité de l'appel principal** s'il a été **formé dans le délai imparti pour interjeter un appel principal**. Avant le [nouveau] Code de procédure civile, cette solution avait été préconisée par une partie de la doctrine qui estimait que si l'appel incident est formé dans le délai légal de l'appel principal, il doit être considéré comme un appel principal se suffisant à lui-même et qu'il n'est incident que dans sa forme[14] et la Cour de cassation semblait avoir ratifié cette conception sous certaines conditions de forme[15] et était suivie par certaines

1. Civ. 1re, 13 oct. 1982, n° 81-14.430, *Bull. civ.* I, n° 285; *D.* 1983. 301, note Breton.
2. Civ. 2e, 21 juill. 1986, n° 85-13.126, *Bull. civ.* II, n° 117; *JCP* 1986. IV. 300.
3. Civ. 1re, 25 mars 1997, n° 95-10.649, *Bull. civ.* I, n° 101; *JCP* 1997. IV. 1066.
4. Civ. 2e, 10 déc. 1986, n° 85-16.359, *Bull. civ.* II, n° 179; *RTD civ.* 1987. 153, obs. Perrot.
5. Civ. 2e, 3 oct. 1984, n° 82-17.067, *Bull. civ.* II, n° 139.
6. Cependant la Cour de cassation ne retient pas cette solution pour le pourvoi en cassation : Civ. 2e, 9 oct. 1991, n° 89-20.426, *Bull. civ.* II, n° 241 – Soc. 24 sept. 2008, n° 07-41.383, *Bull. civ.* V, n° 173; *RTD civ.* 2009. 172, obs. Perrot, qui s'interroge sur l'extension de cette solution à la procédure d'appel.
7. Civ. 2e, 6 févr. 1985, n° 82-17.004, *Bull. civ.* II, n° 28.
8. Rép. pr. civ., v° *Appel*, par F. Ferrand, mars 2012 [actu. janv. 2016], n° 512.
9. Com. 30 nov. 1993, n° 90-10.121, *Bull. civ.* IV, n° 433; *RTD com.* 1994. 368, obs. Martin-Serf.
10. Civ. 2e, 31 mars 2011, n° 09-14.382, NP.
11. Civ. 2e, 13 mars 2008, n° 06-18.796, *Bull. civ.* II, n° 65; *D.* 2008. 995.
12. Civ. 3e, 25 oct. 2006, n° 05-14.318, *Bull. civ.* III, n° 209; *RDI* 2006. 431, obs. Grynbaum.
13. Civ. 2e, 5 avr. 2007, n° 06-11.836, *Bull. civ.* II, n° 75.
14. A. Tissier, *S.* 1908. 2. 57 – C. Cézar-Bru, note ss Civ. 16 juin 1942 et Soc. 10 juin 1943, *DC* 1944. 49; *RTD civ.* 1943. 286, obs. Raynaud – R. Morel, *Traité élémentaire de procédure civile*, Sirey, 1949, n° 643.
15. Civ. 5 mars 1928, *S.* 1928. 1. 169.

cours d'appel[1]. La solution a bien évidemment été reprise après l'entrée en vigueur du nouveau Code de procédure civile[2]. Avant de juger que l'irrecevabilité de l'appel principal entraîne celle de l'appel incident, **la cour doit rechercher à quelle date a été interjeté l'appel incident** pour permettre à la Cour de cassation de **vérifier si l'intimé était encore dans le délai pour régulariser un appel** lorsqu'il a formé son appel incident[3].

211.189 Appel incident et caducité de l'appel principal. La caducité en procédure civile est une sanction qui anéantit un acte juridique, initialement régulier, qui a commencé à produire ses effets, en raison d'un événement postérieur dont dépend son efficacité[4]. Le décret n° 2009-1524 du 9 décembre 2009, relatif à la procédure d'appel avec représentation obligatoire en matière civile, dit « décret Magendie », y recourt souvent et en fait une arme redoutable. Cette irruption récente de la caducité dans le Code de procédure civile crée un certain nombre de difficultés.

Il a d'ores et déjà été jugé que « *la notification de conclusions contenant un appel incident par la partie intimée à la partie appelante dont la déclaration d'appel encourt la caducité, faute de signification de ses conclusions d'appel dans le délai requis, ne peut faire échec, en la régularisant, à la sanction procédurale spécifique prévue par l'article 908 du Code de procédure civile* »[5]. La solution est logique, la caducité est une sanction de la négligence de l'appelant principal et l'appel incident ne doit pas lui permettre d'y échapper. L'appel incident ne peut pas faire revivre un appel principal caduc.

Une question plus délicate concerne **la survie de l'appel incident en cas de caducité de l'appel principal.** Elle a conduit la cour d'appel d'Aix-en-Provence à solliciter l'avis de la Cour de cassation en ces termes : « *Qu'advient-il de l'appel incident formé dans les délais légaux pour ce faire, lorsque la caducité de la déclaration d'appel est relevée en application des dispositions de l'article 908 du Code de procédure civile ?* » Par un avis du 9 mars 2015[6], la Cour de cassation a dit n'y avoir lieu à avis parce qu'elle était déjà saisie d'un pourvoi qui posait la même question et que son arrêt interviendrait à bref délai. Et *le 13 mai 2015*, la deuxième chambre civile de la Cour de cassation a jugé que « *l'appel incident, peu important qu'il ait été interjeté dans le délai pour agir à titre principal, ne peut être reçu en cas de caducité de l'appel principal; ayant relevé que la caducité de l'appel principal avait été prononcée, la cour d'appel en a exactement déduit que l'instance d'appel était éteinte, de sorte qu'elle n'était pas saisie de l'appel incident* »[7]. Pourtant les solutions proposées quelques mois plus tôt par le rapporteur[8] et l'avocat général[9] étaient beaucoup plus nuancées à propos de la question posée. Celle retenue par la deuxième chambre civile de la Cour de cassation s'intègre mal dans les dispositions du code relatives à l'appel incident et notamment avec la règle énoncée à l'article 550 alinéa 1er du code qui dispose que : « *Sous réserve des articles 909 et 910, l'appel incident ou l'appel provoqué peut être formé, en tout état de cause, alors même que celui qui l'interjetterait serait forclos pour agir à titre principal. Dans ce dernier cas, il ne sera toutefois pas reçu si l'appel principal n'est pas lui-même recevable* ».

En cas d'irrecevabilité de l'appel principal, **l'appel incident est recevable s'il a été formé dans le délai pour interjeter un appel principal.** Pourquoi en décider autrement en cas de caducité alors que la caducité et l'irrecevabilité de l'appel ont des effets comparables ? La solution est d'autant plus dangereuse pour l'intimé que la Cour de cassation a jugé que, même en l'absence de signification du jugement, il n'est pas recevable à relever appel principal s'il s'est abstenu de former un appel incident dans les conditions prévues par l'article 909 du Code de procédure civile[10].

211.190 Conseil pratique. Celui qui souhaite frapper le jugement d'un appel incident a tout intérêt à déposer ses conclusions d'appel incident avant l'expiration du délai pour interjeter appel principal, sinon son recours dépendra de la recevabilité de l'appel principal et s'il veut se protéger contre les conséquences d'une caducité de l'appel principal, il a intérêt à interjeter un appel principal avant l'expiration du délai pour former un appel incident.

1. Paris, 7 déc. 1954, *JCP A* 1955. IV. 2478, obs. Madray – Paris, 8 juin 1954, *D.* 1954. 556.
2. PAR EX. : Civ. 3e, 9 juin 1982, n° 81-70.523, *Bull. civ.* III, n° 152; *Gaz. Pal.* 1983. 1. 31, note Angeli – Civ. 3e, 24 nov. 1987, n° 86-70.254, *Bull. civ.* III, n° 190.
3. Soc. 4 oct. 1979, n° 77-41.427, *Bull. civ.* V, n° 689; *D.* 1980. IR 325; *Gaz. Pal.* 1980. 53, note Viatte – Civ. 2e, 26 nov. 1980, n° 79-14.149, *Bull. civ.* II, n° 241.
4. V. R. Perrot, obs. ss Civ. 2e, 6 mai 2004, n° 02-18.985, *Bull. civ.* II, n° 220; *RTD civ.* 2004. 559 – N. Fricero, *La caducité en droit judiciaire privé*, th. Nice, 1979.
5. Civ. 2e, 13 nov. 2014, n° 13-24.142, *Bull. civ.* II, n° 227, à propos d'un appel provoqué formé par l'intimé contre un tiers; *Procédures* 2015. Comm. 4, obs. Croze.
6. Cass., avis, 9 mars 2015, n° 14-70.012, *Bull. avis,* [à paraître].
7. Civ. 2e, 13 mai 2015, n° 14-13.801, *Bull. civ.* II, [à paraître]; *D. Actualité*, 1er juin 2015, obs. Kébir; *Procédures* 2015. Comm. 214, obs. Croze.
8. V. le rapport de M. Kermina sur Cass., avis, 9 mars 2015, n° 14-70.012, P (préc. ss prést n°) : https://www.courdecassation.fr/IMG///Avis1470012_Kermina_150309.pdf
9. V. les conclusions de P. Mucchielli ss Cass., avis, 9 mars 2015, n° 14-70.012, P (préc. ss prést n°) : https://www.courdecassation.fr/IMG///1470012_avis_Mucchielli_150309.pdf
10. Civ. 2e, 4 déc. 2014, n° 13-25.684, NP; *D.* 2015. 287.

CHAPITRE

212. Déroulement de l'instance

SECTION 0 ORIENTEUR

212.00 Plan du chapitre.

212.01 Textes applicables.

TEXTES CITÉS

> Procédure d'urgence
C. pr. civ., art. 760 à 762, 904, 905

> Procédure d'urgence : en matière de procédures collectives
C. com., art. L. 661-6 et R. 661-6

> Procédure avec mise en état : instruction
C. pr. civ., art. 907

> Procédure avec mise en état : délais et sanctions (1re phase)
[C. pr. civ., art. 902, 905, 908, 909, 910, 911, 911-1, 911-2]

> Procédure avec mise en état : calendrier des délais et ordonnance de clôture (2e phase)
C. pr. civ., art. 764, 784, 907

> Procédure avec mise en état : conclusions
C. pr. civ., art. 911, 954, 960, 961, 962, 966

> Procédure avec mise en état : pièces
C. pr. civ., art. 906 et 954

> Transmission des actes de procédure par voie électronique
C. pr. civ., art. 930-1 et 930-2

> Procédure contentieuse ordinaire : pouvoirs et rôle du conseiller de la mise en état
C. pr. civ., art. 523, 525, 525-1, 525-2, 526, 763 à 787, 911-1 à 916

TEXTES CITÉS REPRODUITS *IN EXTENSO*

> Procédure d'urgence
[C. pr. civ., art. 760 à 762, 904, 905]

C. pr. civ., art. 760

Le président renvoie à l'audience les affaires qui, d'après les explications des avocats et au vu des conclusions échangées et des pièces communiquées, lui paraissent prêtes à être jugées sur le fond.

Il renvoie également à l'audience les affaires dans lesquelles le défendeur ne comparaît pas si elles sont en état d'être jugées sur le fond, à moins qu'il n'ordonne la réassignation du défendeur.

Dans tous ces cas, le président déclare l'instruction close et fixe la date de l'audience. Celle-ci peut être tenue le jour même.

C. pr. civ., art. 761
Le président peut également décider que les avocats se présenteront à nouveau devant lui, à une date qu'il fixe, pour conférer une dernière fois de l'affaire, s'il estime qu'un ultime échange de conclusions ou une ultime communication de pièces suffit à la mettre en état ou que les conclusions des parties doivent être mises en conformité avec les dispositions de l'article 753.

Dans ce cas, il impartit à chacun des avocats le délai nécessaire à la signification des conclusions et, s'il y a lieu, à la communication des pièces. Sa décision fait l'objet d'une simple mention au dossier.

À la date fixée par lui, le président renvoie l'affaire à l'audience si elle a été mise en état dans les délais impartis ou si l'un des avocats le demande, auxquels cas il déclare l'instruction close et fixe la date de l'audience. Celle-ci peut être tenue le jour même.

C. pr. civ., art. 762
Toutes les affaires que le président ne renvoie pas à l'audience sont mises en état d'être jugées, conformément aux dispositions ci-après.

C. pr. civ., art. 904
Le premier président désigne la chambre à laquelle l'affaire est distribuée.

Le greffe en avise les avocats constitués.

C. pr. civ., art. 905
Lorsque l'affaire semble présenter un caractère d'urgence ou être en état d'être jugée ou lorsque l'appel est relatif à une ordonnance de référé ou à une des ordonnances du juge de la mise en état énumérées aux 1° à 4° de l'article 776, le président de la chambre saisie, d'office ou à la demande d'une partie, fixe à bref délai l'audience à laquelle elle sera appelée; au jour indiqué, il est procédé selon les modalités prévues aux articles 760 à 762.

> Procédure d'urgence : en matière de procédures collectives

[C. com., art. L. 661-6 et R. 661-6]

C. com., art. L. 661-6
I. – Ne sont susceptibles que d'un appel de la part du ministère public :

1° Les jugements ou ordonnances relatifs à la nomination ou au remplacement de l'administrateur, du mandataire judiciaire, du commissaire à l'exécution du plan, du liquidateur, des contrôleurs, du ou des experts;

2° Les jugements statuant sur la durée de la période d'observation, sur la poursuite ou la cessation de l'activité.

II. – Ne sont susceptibles que d'un appel de la part du débiteur ou du ministère public, les jugements relatifs à la modification de la mission de l'administrateur.

III. – Ne sont susceptibles que d'un appel de la part soit du débiteur, soit du ministère public, soit du cessionnaire ou du cocontractant mentionné à l'article L. 642-7 les jugements qui arrêtent ou rejettent le plan de cession de l'entreprise. Le cessionnaire ne peut interjeter appel du jugement arrêtant le plan de cession que si ce dernier lui impose des charges autres que les engagements qu'il a souscrits au cours de la préparation du plan. Le cocontractant mentionné à l'article L. 642-7 ne peut interjeter appel que de la partie du jugement qui emporte cession du contrat.

IV. – Ne sont susceptibles que d'un appel de la part du ministère public ou du cessionnaire, dans les limites mentionnées à l'alinéa précédent, les jugements modifiant le plan de cession.

V. – Ne sont susceptibles que d'un appel de la part du débiteur, de l'administrateur, du liquidateur, du cessionnaire et du ministère public les jugements statuant sur la résolution du plan de cession.

VI. – L'appel du ministère public est suspensif.

C. com., art. R. 661-6
L'appel des jugements rendus en application des articles L. 661-1, L. 661-6 et des chapitres Ier et III du titre V du livre VI de la partie législative du présent code, est formé, instruit et jugé suivant les modalités de la procédure avec représentation obligatoire prévue par les articles 901 à 925 du Code de procédure civile, sous réserve des dispositions qui suivent :

1° Les mandataires de justice qui ne sont pas appelants doivent être intimés.

Dans tous les cas, le procureur général est avisé de la date de l'audience;

2° L'appel des jugements arrêtant ou rejetant le plan de cession est soumis à la procédure à jour fixe;

3° Dans les cas autres que ceux qui sont mentionnés au 2° ci-dessus et sauf s'il est recouru à la procédure à jour fixe, l'affaire est instruite conformément aux dispositions de l'article 905 du Code de procédure civile. Le président de la chambre peut toutefois décider que l'affaire sera instruite sous le contrôle d'un magistrat de la chambre dans les conditions prévues par les articles 763 à 787 du même code;

4° Lorsqu'ils ne sont pas parties à l'instance d'appel, les représentants du comité d'entreprise ou des délégués du personnel et, le cas échéant, le représentant des salariés ainsi que, le cas échéant, le cessionnaire, le cocontractant mentionné à l'article L. 642-7, les titulaires des sûretés mentionnées à l'article L. 642-12 ou le bénéficiaire de la location-gérance sont convoqués pour être entendus par la cour. La convocation est faite par lettre simple du greffier;

5° Aucune intervention n'est recevable dans les dix jours qui précèdent la date de l'audience;

6° La cour d'appel statue au fond dans les quatre mois suivant le prononcé des jugements mentionnés à l'article L. 661-6.

> Procédure avec mise en état : instruction

C. pr. civ., art. 907
À moins qu'il ne soit fait application de l'article 905, l'affaire est instruite sous le contrôle d'un magistrat de la chambre à laquelle elle est distribuée, dans les conditions prévues par les articles 763 à 787 et sous réserve des dispositions qui suivent.

> Procédure avec mise en état : délais et sanctions (1re phase)

[C. pr. civ., art. 902, 905, 908, 909, 910, 911, 911-1, 911-2]

C. pr. civ., art. 902
Le greffier adresse aussitôt à chacun des intimés, par lettre simple, un exemplaire de la déclaration avec l'indication de l'obligation de constituer avocat.

En cas de retour au greffe de la lettre de notification ou lorsque l'intimé n'a pas constitué avocat dans un délai d'un mois à compter de l'envoi de la lettre de notification, le greffier en avise l'avocat de l'appelant afin que celui-ci procède par voie de signification de la déclaration d'appel.

À peine de caducité de la déclaration d'appel, la signification doit être effectuée dans le mois de l'avis adressé par le greffe.

À peine de nullité, l'acte de signification indique à l'intimé que, faute pour lui de constituer avocat dans un délai de quinze jours à compter de celle-ci, il s'expose à ce qu'un arrêt soit rendu contre lui sur les seuls éléments fournis par son adversaire et que, faute de conclure dans le délai mentionné à l'article 909, il s'expose à ce que ses écritures soient déclarées d'office irrecevables.

C. pr. civ., art. 905

* V. texte de l'article *supra*, s^{s} > *Procédure d'urgence*

C. pr. civ., art. 908

À peine de caducité de la déclaration d'appel, relevée d'office, l'appelant dispose d'un délai de trois mois à compter de la déclaration d'appel pour conclure.

C. pr. civ., art. 909

L'intimé dispose, à peine d'irrecevabilité relevée d'office, d'un délai de deux mois à compter de la notification des conclusions de l'appelant prévues à l'article 908 pour conclure et former, le cas échéant, appel incident.

C. pr. civ., art. 910

L'intimé à un appel incident ou à un appel provoqué dispose, à peine d'irrecevabilité relevée d'office, d'un délai de deux mois à compter de la notification qui lui en est faite pour conclure.

L'intervenant forcé à l'instance d'appel dispose, à peine d'irrecevabilité relevée d'office, d'un délai de trois mois à compter de la date à laquelle la demande d'intervention formée à son encontre lui a été notifiée pour conclure.

C. pr. civ., art. 911

Sous les sanctions prévues aux articles 908 à 910, les conclusions sont notifiées aux avocats des parties dans le délai de leur remise au greffe de la cour. Sous les mêmes sanctions, elles sont signifiées dans le mois suivant l'expiration de ce délai aux parties qui n'ont pas constitué avocat; cependant, si, entre-temps, celles-ci ont constitué avocat avant la signification des conclusions, il est procédé par voie de notification à leur avocat.

C. pr. civ., art. 911-1

Le conseiller de la mise en état peut d'office, par ordonnance et en raison de la nature de l'affaire, impartir des délais plus courts que ceux prévus aux articles 908 à 910.

La caducité de la déclaration d'appel en application des articles 902 et 908 ou l'irrecevabilité des conclusions en application des articles 909 et 910 sont prononcées par ordonnance du conseiller de la mise en état qui statue après avoir sollicité les observations écrites des parties. L'ordonnance qui prononce la caducité ne peut être rapportée.

C. pr. civ., art. 911-2

Les délais prévus au troisième alinéa de l'article 902 et à l'article 908 sont augmentés :

– d'un mois, lorsque la demande est portée soit devant une juridiction qui a son siège en France métropolitaine, pour les parties qui demeurent en Guadeloupe, en Guyane, à la Martinique, à La Réunion, à Mayotte, à Saint-Barthélemy, à Saint-Martin, à Saint-Pierre-et-Miquelon, en Polynésie française, dans les îles Wallis et Futuna, en Nouvelle-Calédonie ou dans les Terres australes et antarctiques françaises, soit devant une juridiction qui a son siège en Guadeloupe, en Guyane, à la Martinique, à La Réunion, à Mayotte, à Saint-Barthélemy, à Saint-Martin, à Saint-Pierre-et-Miquelon ou dans les îles Wallis et Futuna, pour les parties qui ne demeurent pas dans cette collectivité;

– de deux mois si l'appelant demeure à l'étranger.

Les délais prescrits aux intimés et intervenants forcés par les articles 909 et 910 sont augmentés dans les mêmes conditions et selon les mêmes modalités.

> Procédure avec mise en état : calendrier des délais et ordonnance de clôture (2e phase)

[C. pr. civ., art. 764, 784, 907]

C. pr. civ., art. 764

Le juge de la mise en état fixe, au fur et à mesure, les délais nécessaires à l'instruction de l'affaire, eu égard à la nature, à l'urgence et à la complexité de celle-ci, et après avoir provoqué l'avis des avocats.

Il peut accorder des prorogations de délai.

Il peut, après avoir recueilli l'accord des avocats, fixer un calendrier de la mise en état.

Le calendrier comporte le nombre prévisible et la date des échanges de conclusions, la date de la clôture, celle des débats et, par dérogation aux premier et deuxième alinéas de l'article 450, celle du prononcé de la décision.

Les délais fixés dans le calendrier de la mise en état ne peuvent être prorogés qu'en cas de cause grave et dûment justifiée.

Le juge peut également renvoyer l'affaire à une conférence ultérieure en vue de faciliter le règlement du litige.

C. pr. civ., art. 784

L'ordonnance de clôture ne peut être révoquée que s'il se révèle une cause grave depuis qu'elle a été rendue; la constitution d'avocat postérieurement à la clôture ne constitue pas, en soi, une cause de révocation.

Si une demande en intervention volontaire est formée après la clôture de l'instruction, l'ordonnance de clôture n'est révoquée que si le tribunal ne peut immédiatement statuer sur le tout.

L'ordonnance de clôture peut être révoquée, d'office ou à la demande des parties, soit par ordonnance motivée du juge de la mise en état, soit, après l'ouverture des débats, par décision du tribunal.

C. pr. civ., art. 907

* V. texte de l'article *supra*, s^{s} > *Procédure avec mise en état : instruction*

> Procédure avec mise en état : conclusions

[C. pr. civ., art. 911, 954, 960, 961, 962, 966]

C. pr. civ., art. 911

* V. texte de l'article *supra*, s^{s} > *Procédure d'urgence*

C. pr. civ., art. 954

Les conclusions d'appel doivent formuler expressément les prétentions des parties et les moyens de fait et de droit sur lesquels chacune de ses prétentions est fondée avec indication pour chaque prétention des pièces invoquées. Un bordereau récapitulatif des pièces est annexé.

Les prétentions sont récapitulées sous forme de dispositif. La cour ne statue que sur les prétentions énoncées au dispositif.

Les parties doivent reprendre, dans leurs dernières écritures, les prétentions et moyens précédemment présentés ou invoqués dans leurs conclusions antérieures. À défaut, elles sont réputées les avoir abandonnés et la cour ne statue que sur les dernières conclusions déposées.

La partie qui conclut à l'infirmation du jugement doit expressément énoncer les moyens qu'elle invoque sans pouvoir procéder par voie de référence à ses conclusions de première instance.

La partie qui, sans énoncer de nouveaux moyens, demande la confirmation du jugement est réputée s'en approprier les motifs.

C. pr. civ., art. 961

Les conclusions des parties sont signées par leur avocat et notifiées dans la forme des notifications entre avocats. Elles ne sont pas recevables tant que les indications mentionnées à l'alinéa 2 de l'article précédent n'ont pas été fournies.

La communication des pièces produites est valablement attestée par la signature de l'avocat destinataire apposée sur le bordereau établi par l'avocat qui procède à la communication.

C. pr. civ., art. 962

La remise au greffe de la copie de l'acte de constitution et des conclusions est faite soit dès leur notification, soit, si celle-ci est antérieure à la saisine de la cour, en même temps que la remise de la copie de la déclaration.

C. pr. civ., art. 966

La remise au greffe de la copie d'un acte de procédure ou d'une pièce est constatée par la mention de la date de remise et le visa du greffier sur la copie, ainsi que sur l'original qui est immédiatement restitué.

> Procédure avec mise en état : pièces

[C. pr. civ., art. 906 et 954]

C. pr. civ., art. 906

Les conclusions sont notifiées et les pièces communiquées simultanément par l'avocat de chacune des parties à celui de l'autre partie; en cas de pluralité de demandeurs ou de défendeurs, elles doivent l'être à tous les avocats constitués.

Copie des conclusions est remise au greffe avec la justification de leur notification.

C. pr. civ., art. 954

* V. texte de l'article *supra,* s^s > *Procédure avec mise en état : conclusions*

> Transmission des actes de procédure par voie électronique

C. pr. civ., art. 930-1

À peine d'irrecevabilité relevée d'office, les actes de procédure sont remis à la juridiction par voie électronique.

Lorsqu'un acte ne peut être transmis par voie électronique pour une cause étrangère à celui qui l'accomplit, il est établi sur support papier et remis au greffe. En ce cas, la déclaration d'appel est remise au greffe en autant d'exemplaires qu'il y a de parties destinataires, plus deux. La remise est constatée par la mention de sa date et le visa du greffier sur chaque exemplaire, dont l'un est immédiatement restitué.

Les avis, avertissements ou convocations sont remis aux avocats des parties par voie électronique, sauf impossibilité pour cause étrangère à l'expéditeur.

Un arrêté du garde des Sceaux définit les modalités des échanges par voie électronique.

C. pr. civ., art. 930-2

Les dispositions de l'article 930-1 ne sont pas applicables au défenseur syndical.

Les actes de procédure effectués par le défenseur syndical peuvent être établis sur support papier et remis au greffe. Dans ce cas, la déclaration d'appel est remise au greffe en autant d'exemplaires qu'il y a de parties destinataires, plus deux. La remise est constatée par la mention de sa date et le visa du greffier sur chaque exemplaire, dont l'un est immédiatement restitué.

> Procédure contentieuse ordinaire : pouvoirs et rôle du conseiller de la mise en état

[C. pr. civ., art. 523 s., 763 à 787, 911-1 à 916]

• Exécution provisoire

[C. pr. civ., art. 523, 525, 525-1, 525-2, 526]

C. pr. civ., art. 523 *(mod. par Décr. n° 2014-1338, 6 nov. 2014, art. 3)*

Les demandes relatives à l'application des articles 517 à 522 ne peuvent être portées, en cas d'appel, que devant le premier président statuant en référé ou, dans les cas prévus aux articles 525 ou 525-1, devant le magistrat chargé de la mise en état dès lors qu'il est saisi.

C. pr. civ., art. 525 *(mod. par Décr. n° 2014-1338, 6 nov. 2014, art. 3)*

Lorsque l'exécution provisoire a été refusée, elle ne peut être demandée, en cas d'appel, qu'au premier président ou, dès lors qu'il est saisi, au magistrat chargé de la mise en état et à condition qu'il y ait urgence.

C. pr. civ., art. 525-1 *(mod. par Décr. n° 2014-1338, 6 nov. 2014, art. 3)*

Lorsque l'exécution provisoire n'a pas été demandée, ou si, l'ayant été, le juge a omis de statuer, elle ne peut être demandée, en cas d'appel, qu'au premier président ou, dès lors qu'il est saisi, au magistrat chargé de la mise en état.

C. pr. civ., art. 525-2 *(créé par Décr. n° 2014-1338, 6 nov. 2014, art. 3)*

Lorsqu'il est saisi en application des articles 524, 525 et 525-1, le premier président statue en référé, par une décision non susceptible de pourvoi.

C. pr. civ., art. 526

Lorsque l'exécution provisoire est de droit ou a été ordonnée, le premier président ou, dès qu'il est saisi, le conseiller de la mise en état peut, en cas d'appel, décider, à la demande de l'intimé et après avoir recueilli les observations des parties, la radiation du rôle de l'affaire lorsque l'appelant ne justifie pas avoir exécuté la décision frappée d'appel ou avoir procédé à la consignation autorisée dans les conditions prévues à l'article 521, à moins qu'il lui apparaisse que l'exécution serait de nature à entraîner des conséquences manifestement excessives ou que l'appelant est dans l'impossibilité d'exécuter la décision.

Le premier président ou le conseiller chargé de la mise en état autorise, sauf s'il constate la péremption, la réinscription de l'affaire au rôle de la cour sur justification de l'exécution de la décision attaquée.

• **Instruction devant le juge de la mise en état**
[C. pr. civ., art. 763 à 781]

C. pr. civ., art. 763
L'affaire est instruite sous le contrôle d'un magistrat de la chambre à laquelle elle a été distribuée.

Celui-ci a mission de veiller au déroulement loyal de la procédure, spécialement à la ponctualité de l'échange des conclusions et de la communication des pièces.

Il peut entendre les avocats et leur faire toutes communications utiles. Il peut également, si besoin est, leur adresser des injonctions.

Il peut ordonner le retrait du rôle dans les cas et conditions des articles 382 et 383.

C. pr. civ., art. 764
Le juge de la mise en état fixe, au fur et à mesure, les délais nécessaires à l'instruction de l'affaire, eu égard à la nature, à l'urgence et à la complexité de celle-ci, et après avoir provoqué l'avis des avocats.

Il peut accorder des prorogations de délai.

Il peut, après avoir recueilli l'accord des avocats, fixer un calendrier de la mise en état.

Le calendrier comporte le nombre prévisible et la date des échanges de conclusions, la date de la clôture, celle des débats et, par dérogation aux premier et deuxième alinéas de l'article 450, celle du prononcé de la décision.

Les délais fixés dans le calendrier de la mise en état ne peuvent être prorogés qu'en cas de cause grave et dûment justifiée.

Le juge peut également renvoyer l'affaire à une conférence ultérieure en vue de faciliter le règlement du litige.

C. pr. civ., art. 765
Le juge de la mise en état peut inviter les avocats à répondre aux moyens sur lesquels ils n'auraient pas conclu, à fournir les explications de fait et de droit nécessaires à la solution du litige et, le cas échéant, à mettre leurs écritures en conformité avec les dispositions de l'article 753.

Il peut se faire communiquer l'original des pièces versées aux débats ou en demander la remise en copie.

C. pr. civ., art. 766
Le juge de la mise en état procède aux jonctions et disjonctions d'instance.

C. pr. civ., art. 767
Le juge de la mise en état peut, même d'office, entendre les parties.

L'audition des parties a lieu contradictoirement à moins que l'une d'elles, dûment convoquée, ne se présente pas.

C. pr. civ., art. 768
Le juge de la mise en état peut constater la conciliation, même partielle, des parties.

Il homologue, à la demande des parties, l'accord qu'elles lui soumettent.

C. pr. civ., art. 768-1
Le juge de la mise en état peut inviter les parties à mettre en cause tous les intéressés dont la présence lui paraît nécessaire à la solution du litige.

C. pr. civ., art. 769
Le juge de la mise en état constate l'extinction de l'instance.

C. pr. civ., art. 770
Le juge de la mise en état exerce tous les pouvoirs nécessaires à la communication, à l'obtention et à la production des pièces.

C. pr. civ., art. 771
Lorsque la demande est présentée postérieurement à sa désignation, le juge de la mise en état est, jusqu'à son dessaisissement, seul compétent, à l'exclusion de toute autre formation du tribunal, pour :

1. Statuer sur les exceptions de procédure, les demandes formées en application de l'article 47 et sur les incidents mettant fin à l'instance; les parties ne sont plus recevables à soulever ces exceptions et incidents ultérieurement à moins qu'ils ne surviennent ou soient révélés postérieurement au dessaisissement du juge;

2. Allouer une provision pour le procès;

3. Accorder une provision au créancier lorsque l'existence de l'obligation n'est pas sérieusement contestable. Le juge de la mise en état peut subordonner l'exécution de sa décision à la constitution d'une garantie dans les conditions prévues aux articles 517 à 522;

4. Ordonner toutes autres mesures provisoires, même conservatoires, à l'exception des saisies conservatoires et des hypothèques et nantissements provisoires, ainsi que modifier ou compléter, en cas de survenance d'un fait nouveau, les mesures qui auraient déjà été ordonnées;

5. Ordonner, même d'office, toute mesure d'instruction.

C. pr. civ., art. 772
Le juge de la mise en état peut statuer sur les dépens et les demandes formées en application de l'article 700.

C. pr. civ., art. 773
Les mesures prises par le juge de la mise en état sont l'objet d'une simple mention au dossier; avis en est donné aux avocats.

Toutefois, dans les cas prévus aux articles 769 à 772, le juge de la mise en état statue par ordonnance motivée sous réserve des règles particulières aux mesures d'instruction.

C. pr. civ., art. 774
L'ordonnance est rendue, immédiatement s'il y a lieu, les avocats entendus ou appelés.

Les avocats sont convoqués par le juge à son audience.

En cas d'urgence, une partie peut, par notification entre avocats, inviter l'autre à se présenter devant le juge aux jour, heure et lieu fixés par celui-ci.

C. pr. civ., art. 775
Les ordonnances du juge de la mise en état n'ont pas, au principal, l'autorité de la chose jugée à l'exception de celles statuant sur les exceptions de procédure et sur les incidents mettant fin à l'instance.

C. pr. civ., art. 776
Les ordonnances du juge de la mise en état ne sont pas susceptibles d'opposition.

Elles ne peuvent être frappées d'appel ou de pourvoi en cassation qu'avec le jugement statuant sur le fond.

Toutefois, elles sont susceptibles d'appel dans les cas et conditions prévus en matière d'expertise ou de sursis à statuer.

Elles le sont également, dans les quinze jours à compter de leur signification, lorsque :

1° Elles statuent sur un incident mettant fin à l'instance, elles ont pour effet de mettre fin à celle-ci ou elles en constatent l'extinction ;

2° Elles statuent sur une exception de procédure ;

3° Elles ont trait aux mesures provisoires ordonnées en matière de divorce ou de séparation de corps ;

4° Dans le cas où le montant de la demande est supérieur au taux de compétence en dernier ressort, elles ont trait aux provisions qui peuvent être accordées au créancier au cas où l'existence de l'obligation n'est pas sérieusement contestable.

C. pr. civ., art. 777

Le juge de la mise en état contrôle l'exécution des mesures d'instruction qu'il ordonne, sous réserve des dispositions du troisième alinéa de l'article 155.

C. pr. civ., art. 778

Dès l'exécution de la mesure d'instruction ordonnée, l'instance poursuit son cours à la diligence du juge de la mise en état.

C. pr. civ., art. 779

Sauf dans le cas où il est fait application des dispositions du deuxième alinéa de l'article 764, le juge de la mise en état déclare l'instruction close dès que l'état de celle-ci le permet et renvoie l'affaire devant le tribunal pour être plaidée à la date fixée par le président ou par lui-même s'il a reçu délégation à cet effet. La date de la clôture doit être aussi proche que possible de celle fixée pour les plaidoiries.

S'il l'estime nécessaire pour l'établissement de son rapport à l'audience, le juge de la mise en état peut demander aux avocats de déposer au greffe leur dossier, comprenant notamment les pièces produites, à la date qu'il détermine.

Le président ou le juge de la mise en état, s'il a reçu délégation à cet effet, peut également, à la demande des avocats, et après accord, le cas échéant, du ministère public, autoriser le dépôt des dossiers au greffe de la chambre à une date qu'il fixe, quand il lui apparaît que l'affaire ne requiert pas de plaidoiries.

Le juge de la mise en état demeure saisi jusqu'à l'ouverture des débats ou jusqu'à la date fixée pour le dépôt des dossiers des avocats.

C. pr. civ., art. 780

Si l'un des avocats n'a pas accompli les actes de la procédure dans le délai imparti, le juge peut ordonner la clôture à son égard, d'office ou à la demande d'une autre partie, sauf, en ce dernier cas, la possibilité pour le juge de refuser par ordonnance motivée non susceptible de recours. Copie de l'ordonnance est adressée à la partie défaillante, à son domicile réel ou à sa résidence.

Le juge rétracte l'ordonnance de clôture partielle, d'office ou lorsqu'il est saisi de conclusions à cette fin, pour permettre de répliquer à des demandes ou des moyens nouveaux présentés par une partie postérieurement à cette ordonnance. Il en est de même en cas de cause grave et dûment justifiée.

Si aucune autre partie ne doit conclure, le juge ordonne la clôture de l'instruction et le renvoi devant le tribunal.

C. pr. civ., art. 781

Si les avocats s'abstiennent d'accomplir les actes de la procédure dans les délais impartis, le juge de la mise en état peut, d'office, après avis donné aux avocats, prendre une ordonnance de radiation motivée non susceptible de recours.

Copie de cette ordonnance est adressée à chacune des parties par lettre simple adressée à leur domicile réel ou à leur résidence.

• **Clôture de l'instruction et rapport du juge la mise en état** [C. pr. civ., art. 782 à 787]

C. pr. civ., art. 782

La clôture de l'instruction, dans les cas prévus aux articles 760, 761, 779 et 780, est prononcée par une ordonnance non motivée qui ne peut être frappée d'aucun recours. Copie de cette ordonnance est délivrée aux avocats.

C. pr. civ., art. 783

Après l'ordonnance de clôture, aucune conclusion ne peut être déposée ni aucune pièce produite aux débats, à peine d'irrecevabilité prononcée d'office.

Sont cependant recevables les demandes en intervention volontaire, les conclusions relatives aux loyers, arrérages, intérêts et autres accessoires échus et aux débours faits jusqu'à l'ouverture des débats, si leur décompte ne peut faire l'objet d'aucune contestation sérieuse, ainsi que les demandes de révocation de l'ordonnance de clôture.

Sont également recevables les conclusions qui tendent à la reprise de l'instance en l'état où celle-ci se trouvait au moment de son interruption.

C. pr. civ., art. 784

L'ordonnance de clôture ne peut être révoquée que s'il se révèle une cause grave depuis qu'elle a été rendue ; la constitution d'avocat postérieurement à la clôture ne constitue pas, en soi, une cause de révocation.

Si une demande en intervention volontaire est formée après la clôture de l'instruction, l'ordonnance de clôture n'est révoquée que si le tribunal ne peut immédiatement statuer sur le tout.

L'ordonnance de clôture peut être révoquée, d'office ou à la demande des parties, soit par ordonnance motivée du juge de la mise en état, soit, après l'ouverture des débats, par décision du tribunal.

C. pr. civ., art. 785

Le juge de la mise en état fait un rapport oral de l'affaire à l'audience avant les plaidoiries. Exceptionnellement, le rapport peut être fait par le président de la chambre ou un autre juge qu'il désigne.

Le rapport expose l'objet de la demande et les moyens des parties, il précise les questions de fait et de droit soulevées par le litige et fait mention des éléments propres à éclairer le débat, sans faire connaître l'avis du magistrat qui en est l'auteur.

C. pr. civ., art. 786

Le juge de la mise en état ou le magistrat chargé du rapport peut, si les avocats ne s'y opposent pas, tenir seul l'audience pour entendre les plaidoiries. Il en rend compte au tribunal dans son délibéré.

C. pr. civ., art. 786-1

Lorsqu'il a été fait application du troisième alinéa de l'article 779, le président de la chambre, à l'expiration du délai prévu pour la remise des dossiers, informe les parties du nom des juges de la chambre qui seront amenés à délibérer et de la date à laquelle le jugement sera rendu.

C. pr. civ., art. 787

Les mesures d'instruction ordonnées par le tribunal sont exécutées sous le contrôle du juge de la mise en état.

Dès l'accomplissement d'une mesure d'instruction, le président de la chambre à laquelle l'affaire a été distribuée la renvoie à l'audience du tribunal ou au juge de la mise en état comme il est dit à la sous-section II ci-dessus.

• **Délais**

[C. pr. civ., art. 911-1 à 912]

C. pr. civ., art. 911-1

Le conseiller de la mise en état peut d'office, par ordonnance et en raison de la nature de l'affaire, impartir des délais plus courts que ceux prévus aux articles 908 à 910.

La caducité de la déclaration d'appel en application des articles 902 et 908 ou l'irrecevabilité des conclusions en application des articles 909 et 910 sont prononcées par ordonnance du conseiller de la mise en état qui statue après avoir sollicité les observations écrites des parties. L'ordonnance qui prononce la caducité ne peut être rapportée.

C. pr. civ., art. 911-2

Les délais prévus au troisième alinéa de l'article 902 et à l'article 908 sont augmentés :

– d'un mois, lorsque la demande est portée soit devant une juridiction qui a son siège en France métropolitaine, pour les parties qui demeurent en Guadeloupe, en Guyane, à la Martinique, à La Réunion, à Mayotte, à Saint-Barthélemy, à Saint-Martin, à Saint-Pierre-et-Miquelon, en Polynésie française, dans les îles Wallis et Futuna, en Nouvelle-Calédonie ou dans les Terres australes et antarctiques françaises, soit devant une juridiction qui a son siège en Guadeloupe, en Guyane, à la Martinique, à La Réunion, à Mayotte, à Saint-Barthélemy, à Saint-Martin, à Saint-Pierre-et-Miquelon ou dans les îles Wallis et Futuna, pour les parties qui ne demeurent pas dans cette collectivité;

– de deux mois si l'appelant demeure à l'étranger.

Les délais prescrits aux intimés et intervenants forcés par les articles 909 et 910 sont augmentés dans les mêmes conditions et selon les mêmes modalités.

C. pr. civ., art. 912

Le conseiller de la mise en état examine l'affaire dans les quinze jours suivant l'expiration des délais pour conclure et communiquer les pièces.

Il fixe la date de la clôture et celle des plaidoiries. Toutefois, si l'affaire nécessite de nouveaux échanges de conclusions, il en fixe le calendrier, après avoir recueilli l'avis des avocats.

Dans tous les cas, les dossiers, comprenant les copies des pièces visées dans les conclusions et numérotées dans l'ordre du bordereau récapitulatif, sont déposés à la cour quinze jours avant la date fixée pour l'audience de plaidoiries.

• **Pouvoirs du conseiller de la mise en état**

[C. pr. civ., art. 913 à 916]

C. pr. civ., art. 913

Le conseiller de la mise en état peut enjoindre aux avocats de mettre leurs conclusions en conformité avec les dispositions de l'article 954.

C. pr. civ., art. 914

Le conseiller de la mise en état est, lorsqu'il est désigné et jusqu'à son dessaisissement, seul compétent pour prononcer la caducité de l'appel, pour déclarer l'appel irrecevable et trancher à cette occasion toute question ayant trait à la recevabilité de l'appel ou pour déclarer les conclusions irrecevables en application des articles 909 et 910. Les parties ne sont plus recevables à invoquer la caducité ou l'irrecevabilité après son dessaisissement, à moins que leur cause ne survienne ou ne soit révélée postérieurement.

Les ordonnances du conseiller de la mise en état statuant sur la fin de non-recevoir tirée de l'irrecevabilité de l'appel, sur la caducité de celui-ci ou sur l'irrecevabilité des conclusions en application des articles 909 et 910 ont autorité de la chose jugée au principal.

C. pr. civ., art. 915

Le conseiller de la mise en état, lorsqu'il est saisi, est seul compétent pour suspendre l'exécution des jugements improprement qualifiés en dernier ressort et pour exercer les pouvoirs qui lui sont conférés en matière d'exécution provisoire.

C. pr. civ., art. 916

Les ordonnances du conseiller de la mise en état ne sont susceptibles d'aucun recours indépendamment de l'arrêt sur le fond.

Toutefois, elles peuvent être déférées par simple requête à la cour dans les quinze jours de leur date lorsqu'elles ont pour effet de mettre fin à l'instance, lorsqu'elles constatent son extinction, lorsqu'elles ont trait à des mesures provisoires en matière de divorce ou de séparation de corps, lorsqu'elles statuent sur une exception de procédure, un incident mettant fin à l'instance, la fin de non-recevoir tirée de l'irrecevabilité de l'appel ou la caducité de celui-ci ou lorsqu'elles prononcent l'irrecevabilité des conclusions en application des articles 909 et 910.

212.02 Jurisprudence de référence.

> Procédures fondées sur l'article 905 du Code de procédure civile – C. pr. civ., art. 908 à 911 – Application (non)

• **Cass., avis, 3 juin 2013, n° 13-70.004,** *Bull. avis*, n° 8

* V. s^s n° 212.16

Les dispositions des articles 908 à 911 du Code de procédure civile ne sont pas applicables aux procédures fixées selon les dispositions de l'article 905 du même code.

> Conclusions de l'appelant – Délai – Point de départ

• **Civ. 2e, 5 juin 2014, n° 13-21.023,** *Bull. civ.* II, n° 125

* V. s^s n° 212.31

Il résulte des dispositions de l'article 908 du Code de procédure civile que la caducité de la déclaration d'appel est encourue faute pour l'appelant de remettre ses conclusions dans le délai de trois mois à compter du dépôt de la déclaration d'appel au greffe.

> Appelant – Conclusions – Signification aux parties n'ayant pas constitué avocat – Délai

• **Civ. 2e, 10 avr. 2014, n° 12-29.333,** *Bull. civ.* II, n° 97

* V. s^s n° 212.31

L'appelant dispose d'un délai d'un mois, courant à compter de l'expiration du délai de trois mois prévu pour la remise de ses conclusions au greffe, pour les signifier aux parties qui n'ont pas constitué avocat, ou, pour celles qui ont constitué avocat après la remise des conclusions au greffe, les notifier à ce dernier, peu important que la constitution soit intervenue avant l'expiration du délai de trois mois précité.

> Appelant – Conclusions – Signification à l'intimé n'ayant pas constitué avocat – Délai supplémentaire d'un mois – Bénéfice – Condition

• **Civ. 2e, 19 mars 2015, nº 14-10.952,** *Bull. civ.* II, [à paraître]

* V. ss nº 212.31

Le délai supplémentaire d'un mois, prévu par l'article 911 du Code de procédure civile, n'est ouvert à l'appelant pour faire notifier ses conclusions à l'intimé n'ayant pas constitué avocat que s'il les a déposées au greffe de la cour d'appel dans les trois mois de sa déclaration d'appel car, à défaut, celle-ci est caduque en application de l'article 908 du Code de procédure civile.

> Déclaration d'appel – Caducité – Article 908 du Code de procédure civile – Moyen relevé d'office – Observation des parties – Défaut

• **Civ. 2e, 16 oct. 2014, nº 13-17.999,** *Bull. civ.* II, nº 213

* V. ss nos 212.31 et 212.35

La caducité de la déclaration d'appel faute de notification par l'appelant de ses conclusions à l'intimé dans le délai imparti par l'article 911 du Code de procédure civile ne peut être encourue, en raison d'une irrégularité de forme affectant cette notification, qu'en cas d'annulation de cet acte, sur la démonstration par celui qui l'invoque du grief que lui a causé l'irrégularité.

Encourt dès lors la censure l'arrêt d'une cour d'appel qui constate cette caducité au motif que la simple transmission entre avocats des conclusions par télécopie, procédé qui ne figure pas parmi les formes admissibles de notification, constitue une notification irrégulière qui est sanctionnée, non par la nullité de ces conclusions, mais par la caducité de la déclaration d'appel.

> Procédure avec représentation obligatoire – Conclusions de l'intimé – Délai – Point de départ – Détermination

• **Civ. 2e, 6 oct. 2014, nº 14-70.008,** *Bull. avis*, nº 8

* V. ss nº 212.32

Dans la procédure ordinaire avec représentation obligatoire devant la cour d'appel, lorsque l'appelant a remis des conclusions au greffe, dans le délai de trois mois fixé par l'article 908 du Code de procédure civile, alors que l'intimé n'avait pas constitué avocat, la notification de ces conclusions à l'intimé faite dans ce délai ou, en vertu de l'article 911 du même code, au plus tard dans le mois suivant son expiration constitue le point de départ du délai dont l'intimé dispose pour conclure, en application de l'article 909 de ce code.

> Intimé – Conclusions – Signification – Signification à un co-intimé défaillant – Nécessité – Office du juge – Détermination – Portée

• **Cass., avis, 2 avr. 2012, nos 12-00.002 et 12-00.003,** *Bull. avis*, nº 2

* V. ss nos 212.32, 212.38 et 212.63

Un intimé n'est pas tenu de signifier ses conclusions à un co-intimé défaillant à l'encontre duquel il ne formule aucune prétention, sauf en cas d'indivisibilité entre les parties, ou lorsqu'il sollicite confirmation du jugement contenant des dispositions qui lui profitent et qui nuisent au co-intimé défaillant. Le conseiller de la mise en état doit d'office prononcer l'irrecevabilité des conclusions; en cas d'indivisibilité entre les parties, celles-ci peuvent soulever l'irrecevabilité. Sauf en cas d'indivisibilité entre les parties, l'irrecevabilité des conclusions, lorsqu'elle est encourue, doit être prononcée à l'égard du seul intimé concerné par le défaut de signification.

> Appel incident formé par l'intimé principal – Second appel formé par l'appelant principal – Qualification – Appel provoqué

• **Civ. 2e, 9 janv. 2014, nº 12-27.043,** *Bull. civ.* II, nº 1

* V. ss nº 212.32

Ayant relevé que l'auteur d'un appel principal, dirigé contre l'un des défendeurs en première instance, indiquait dans ses conclusions avoir formé un second appel contre un autre défendeur en réaction à l'appel incidemment relevé à son encontre par l'intimé principal et ne réclamait la condamnation du second intimé qu'à titre subsidiaire, dans l'hypothèse où son premier appel serait rejeté, une cour d'appel a pu décider que le second appel, qui découlait de l'appel incident formé par l'intimé principal, était un appel provoqué.

Il résulte de la combinaison des articles 910 et 68 du Code de procédure civile que l'appel provoqué contre un tiers doit être formé par assignation, valant conclusions, dans les deux mois suivant l'appel qui le provoque. Il s'ensuit qu'un tel appel provoqué, formé par déclaration au greffe plus de deux mois suivant l'appel incident qui l'a provoqué, est irrecevable.

> Conclusions visées par les articles 908 et 909 du Code de procédure civile – Nature – Portée

• **Cass., avis, 21 janv. 2013, nº 12-00.016,** *Bull. avis*, nº 3

* V. ss nº 212.35

Les conclusions exigées par les articles 908 et 909 du Code de procédure civile sont toutes celles remises au greffe et notifiées dans les délais prévus par ces textes, qui déterminent l'objet du litige ou soulèvent un incident de nature à mettre fin à l'instance.

> Procédure avec représentation obligatoire – Déclaration d'appel – Caducité – Demande – Saisine du conseiller de la mise en état – Défaut

• **Civ. 2e, 17 oct. 2013, nº 12-21.242,** *Bull. civ.* II, nº 198

* V. ss nº 212.35

Faute d'avoir usé de la faculté que lui confère l'article 914 du Code de procédure civile, de saisir le conseiller de la mise en état d'une demande tendant à faire constater la caducité de l'appel pour tardiveté des conclusions de l'appelant, l'intimé n'est pas recevable à reprocher à la cour d'appel de s'être abstenue de prononcer d'office la caducité de l'appel.

> Procédure avec représentation obligatoire – Appel incident – Recevabilité – Caducité de la déclaration d'appel – Effets – Portée

• **Civ. 2e, 13 mai 2015, nº 14-13.801,** *Bull. civ.* II, [à paraître]

* V. ss nos 212.36 et 212.182

L'appel incident, peu important qu'il ait été interjeté dans le délai donné à l'intimé pour agir à titre principal, ne peut être reçu en cas de caducité de la déclaration d'appel. Ayant constaté que la caducité de la déclaration d'appel avait été prononcée, une cour d'appel en déduit exactement que l'instance d'appel étant éteinte, elle n'est pas saisie de l'appel incident.

> Appel provoqué par l'appel principal – Conditions

• **Civ. 2e, 9 janv. 2014, no 12-27.043,** *Bull. civ.* II, no 1

* V. ss no 212.32 et 212.36

Ayant relevé que l'auteur d'un appel principal, dirigé contre l'un des défendeurs en première instance, indiquait dans ses conclusions avoir formé un second appel contre un autre défendeur en réaction à l'appel incidemment relevé à son encontre par l'intimé principal et ne réclamait la condamnation du second intimé qu'à titre subsidiaire, dans l'hypothèse où son premier appel serait rejeté, une cour d'appel a pu décider que le second appel, qui découlait de l'appel incident formé par l'intimé principal, était un appel provoqué. Il résulte de la combinaison des articles 910 et 68 du Code de procédure civile que l'appel provoqué contre un tiers doit être formé par assignation, valant conclusions, dans les deux mois suivant l'appel qui le provoque. Il s'ensuit qu'un tel appel provoqué, formé par déclaration au greffe plus de deux mois suivant l'appel incident qui l'a provoqué, est irrecevable.

> Prescription civile – Acte interruptif – Demande en justice – Annulation pour vice de procédure – Champ d'application – Détermination – Portée

• **Civ. 2e, 16 oct. 2014, no 13-22.088,** *Bull. civ.* II, no 215

* V. ss no 212.37

L'article 2241 alinéa 2 du Code civil, selon lequel l'annulation par l'effet d'un vice de procédure de l'acte de saisine de la juridiction interrompt les délais de prescription et de forclusion, s'applique à la décision d'annulation d'une déclaration d'appel fondée sur l'article 117 du Code de procédure civile.

> Procédure avec représentation obligatoire – Moyen nouveau – Recevabilité – Conditions

• **Cass., avis, 21 janv. 2013, no 12-00.018,** *Bull. avis*, no 5

* V. ss nos 212.41, 212.44 et 212.84

Dans la procédure ordinaire avec représentation obligatoire en appel, les parties peuvent, jusqu'à la clôture de l'instruction, invoquer de nouveaux moyens.

> Défaut de réponse à conclusions – Conclusions demandant le rejet de pièces ou conclusions déposées avant ou après le prononcé de l'ordonnance de clôture

• **Civ. 1re, 20 juin 2012, no 11-12.122,** *Bull. civ.* II, no 136

* V. ss no 212.45

Si les juges du fond disposent d'un pouvoir souverain pour apprécier si des conclusions et/ou des pièces ont été déposées en temps utile au sens de l'article 15 du Code de procédure civile, ils se doivent de répondre à des conclusions qui en sollicitent le rejet, que ces dernières soient déposées avant ou après le prononcé de l'ordonnance de clôture.

> Pièces – Communication – Communication en temps utile – Temps utile – Appréciation souveraine

• **Cass., ch. mixte, 3 févr. 2006, no 04-30.592,** *Bull. ch. mixte*, no 2

* V. ss no 212.45

Il ne saurait être fait grief à une cour d'appel d'avoir écarté des débats les pièces communiquées par une partie trois jour avant l'ordonnance de clôture dès lors qu'il résulte de ses constatations souveraines que les pièces n'avaient pas été communiquées en temps utile au sens des articles 15 et 135 du [nouveau] Code de procédure civile.

> Communication – Communication par voie électronique – Défaut – Sanction – Caducité de la déclaration d'appel

• **Civ. 2e, 24 sept. 2015, no 13-28.017,** *Bull. civ.* II, [à paraître]

* V. ss nos 212.64 et 212.123

Ayant constaté que les conclusions transmises au greffe le 18 avril 2012 l'avaient été sans respecter les formes alors imposées par les textes en vigueur, la cour d'appel, qui n'avait pas à rechercher si cette irrégularité avait causé un grief aux intimés dès lors que la caducité était encourue au titre, non pas d'un vice de forme de la notification des conclusions entre avocats, mais de l'absence de conclusions remises au greffe dans les délais requis, en a exactement déduit que les appelants n'avaient pas conclu dans le délai qui leur était imparti; la caducité de la déclaration d'appel résultant de ce que ces conclusions n'ont pas été remises au greffe dans le délai imparti par la loi ne constitue pas une sanction disproportionnée au but poursuivi, qui est d'assurer la célérité et l'efficacité de la procédure d'appel, et n'est pas contraire aux exigences de l'article 6, § 1, de la Convention de sauvegarde des droits de l'homme et des libertés fondamentales.

> Communication simultanée à la notification des conclusions – Défaut – Portée

• **Cass., avis, 25 juin 2012, no 12-00.005,** *Bull. avis*, no 5

* V. ss nos 212.72 et 212.83

Doivent être écartées les pièces, invoquées au soutien des prétentions, qui ne sont pas communiquées simultanément à la notification des conclusions.

> Procédure avec représentation obligatoire – Déclaration d'appel – Caducité – Domaine d'application

• **Civ. 2e, 30 janv. 2014, no 12-24.145,** *Bull. civ.* II, no 26

* V. ss nos 212.72 et 212.84

Il résulte de la combinaison des articles 906 et 908 du Code de procédure civile que seule l'absence de conclusions dans le délai de trois mois à compter de la déclaration d'appel est sanctionnée par la caducité. En application de l'article 15 du Code de procédure civile, il appartient à la cour d'appel d'apprécier souverainement si les pièces ont été communiquées en temps utile. Dès lors, relevant que l'une des parties avait signifié ses premières conclusions le 14 juin 2011 puis communiqué ses pièces le 4 juillet suivant, la cour d'appel, a souverainement constaté que, les pièces ayant été communiquées en temps utile, il n'y avait pas lieu de les écarter.

> Moyen écarté par les premiers juges – Reprise devant la Cour – Énonciation expresse – Nécessité

• **Civ. 2e, 7 mars 1985, no 83-11.304,** *Bull. civ.* II, no 59

* V. ss no 212.73

Il résulte de l'article 954 du [nouveau] Code de procédure civile que l'intimé qui entend reprendre en appel un moyen écarté par les premiers juges doit énoncer expressément ce moyen dans ses conclusions d'appel sans pouvoir se référer à ses conclusions de première instance.

> Appelant – Moyen – Simple référence aux conclusions de première instance – Conclusions de première instance annexées – Effet

• **Civ. 3e, 27 janv. 1988, no 86-14.434,** *Bull. civ.* III, no 19

* V. ss no 212.73

La partie qui conclut à l'infirmation du jugement, devant expressément énoncer les moyens qu'elle invoque, sans pouvoir procéder par voie de référence à ses conclusions de première instance, ne peut, pour reprendre ses prétentions initiales, se borner à annexer ses conclusions de première instance à ses écritures d'appel « pour en faire partie intégrante ».

> Moyen écarté par les premiers juges – Reprise devant la Cour – Énonciation expresse – Nécessité

• **Civ. 2e, 14 avr. 1988, no 86-18.726,** *Bull. civ.* II, no 80

* V. ss no 212.74

La partie qui, tout en sollicitant la confirmation d'un jugement, entend reprendre des moyens formulés en première instance et qui n'ont pas été retenus dans la décision dont appel, doit, par application de l'article 954 du [nouveau] Code de procédure civile, les formuler expressément dans les conclusions soumises à la juridiction d'appel.

> Conclusions d'appel – Dernières écritures – Renvoi exprès à des conclusions antérieures – Portée

• **Cass., avis, 10 juill. 2000, no 00-20.007,** *Bull. avis*, no 5

* V. ss no 212.75

Est d'avis que, dans les conclusions soumises aux prescriptions de l'article 954 alinéa 2 du [nouveau] Code de procédure civile, toute formule de renvoi ou de référence à des écritures précédentes ne satisfait pas aux exigences du texte et est dépourvue de portée.

> Conclusions d'appel – Dernières écritures – Office du juge – Étendue – Détermination

• **Com., 11 juin 2014, no 13-17.318,** *Bull. civ.* IV, no 105

* V. ss no 212.75

Le juge doit statuer sur les dernières conclusions déposées. Viole, en conséquence, les articles 455 et 954 alinéa 2 du Code de procédure civile, la cour d'appel qui omet de prendre en considération les dernières écritures signifiées et déposées sur le réseau privé virtuel avocat (RPVA).

> Procédure avec représentation obligatoire – Prétentions récapitulées sous forme de dispositif – Cour d'appel ne statuant que sur les prétentions énoncées au dispositif – Demande d'annulation de l'assemblée générale

• **Civ. 3e, 2 juill. 2014, no 13-13.738,** *Bull. civ.* III, no 93

* V. ss no 212.77

En application de l'article 954 du Code de procédure civile, lorsque, dans le dispositif des conclusions, l'annulation de l'ensemble des décisions d'une assemblée générale de copropriétaires n'est demandée qu'en conséquence de l'annulation de l'assemblée générale elle-même, la cour d'appel n'est pas saisie de la demande d'annulation de certaines de ces décisions prises individuellement.

> Conclusions d'appel – Conclusions présentant une demande non reprise devant le premier juge – Portée

• **Civ. 2e, 8 déc. 2005, no 04-11.668,** *Bull. civ.* II, no 311

* V. ss no 212.78

Une demande non reprise dans les écritures est réputée avoir été abandonnée devant le premier juge et se heurte à la prohibition des demandes nouvelles en appel.

> Conseiller de la mise en état – Compétence – Exclusion – Cas – Mise à l'écart des pièces non communiquées simultanément à la notification des conclusions

• **Cass., avis, 21 janv. 2013, no 12-00.017,** *Bull. avis*, no 3

* V. ss nos 212.86 et 212.157

Le conseiller de la mise en état n'est pas compétent pour écarter des débats les pièces, invoquées au soutien des prétentions, qui ne sont pas communiquées simultanément à la notification des conclusions.

> Pièces – Communication – Communication simultanée à la notification des conclusions – Défaut – Effets – Rejet des débats – Conditions – Détermination

• **Cass., ass. plén., 5 déc. 2014, no 13-19.674,** *Bull. ass. plén.*, [à paraître]

* V. ss nos 212.72 et 212.85

Une cour d'appel décide à bon droit que l'obligation de communiquer simultanément au dépôt et à la notification des conclusions les pièces produites à leur soutien visée à l'article 906 du Code de procédure civile ne lui imposait pas d'écarter des débats des pièces dont la communication y contrevenait, s'il était démontré que le destinataire de la communication avait été mis, en temps utile, en mesure de les examiner, de les discuter et d'y répondre.

> Pièces – Communication – Communication au soutien de conclusions irrecevables – Rejet des débats – Nécessité

• **Cass., ass. plén., 5 déc. 2014, no 13-27.501,** *Bull. ass. plén.*, [à paraître]

* V. ss no 212.85

Doivent être écartées des débats les pièces communiquées et déposées au soutien de conclusions irrecevables. Le moyen de cassation tiré de ce qu'une cour d'appel a rejeté la demande tendant à ce que soient écartées des pièces communiquées et déposées dans de telles conditions est néanmoins inopérant dès lors qu'il s'évince de l'arrêt attaqué que la cour d'appel ne s'est pas fondée sur ces pièces.

> Acte de procédure – Notification par la voie électronique – Conditions – Consentement à l'utilisation de la voie électronique – Adhésion au RPVA

• **Cass., avis, 9 sept. 2013, no 13-70.005,** *Bull. avis*, no 10

* V. ss no 212.100

L'adhésion d'un avocat au RPVA emporte nécessairement consentement de sa part à recevoir la notification d'actes de procédure par la voie électronique.

> Pièces détenues par une partie – Demande de production par la partie adverse – Procédure avec mise en état – Compétence exclusive du juge de la mise en état (non)

• **Civ. 3e, 15 oct. 2014, no 13-10.332,** *Bull. civ.* III, no 132

* V. ss no 212.157

Dans les procédures comportant une mise en état, une demande de production de pièces formée conformément aux dispositions des articles 138 et suivants du Code de procédure civile peut être présentée devant la juridiction de jugement par une partie qui n'en a pas saisi le juge ou le conseiller de la mise en état.

> Conseiller de la mise en état – Compétence – Exclusion – Cas – Examen d'une exception de procédure relative à la première instance

• **Cass., avis, 2 avr. 2007, n° 07-00.007,** *Bull. avis*, n° 4

* V. s[s] n° 212.164

Le conseiller de la mise en état, dont les attributions ne concernent que les exceptions de procédure et les incidents relatifs à l'instance d'appel, n'est pas compétent pour statuer sur une exception de procédure relative à la première instance

> Procédure de la mise en état – Juge de la mise en état – Compétence – Étendue – Incidents mettant fin à l'instance – Définition

• **Cass., avis, 13 nov. 2006, n° 06-00.012,** *Bull. avis*, n° 10

* V. s[s] n° 212.165

Les incidents mettant fin à l'instance visés par le deuxième alinéa de l'article 771 du [nouveau] Code de procédure civile sont ceux mentionnés par les articles 384 et 385 du même code et n'incluent pas les fins de non-recevoir.

> Juge de la mise en état – Compétence – Exclusion – Fin de non-recevoir – Cas

• **Civ. 1re, 9 mars 2011, n° 10-10.044,** *Bull. civ.* I, n° 54

* V. s[s] n° 212.165

Le juge de la mise en état ne peut connaître d'aucune fin de non-recevoir, telle celle tirée de l'immunité de juridiction d'un État.

> Conseiller de la mise en état – Dessaisissement – Effets – Fin de non-recevoir tirée du défaut d'intérêt, du défaut de qualité à agir ou de la chose jugée – Relevé d'office

• **Civ. 2e, 16 oct. 2014, n° 13-24.575,** *Bull. civ.* II, n° 216

* V. s[s] n° 212.168

Si, aux termes de l'article 914 du Code de procédure civile, les parties ne sont plus recevables à invoquer la caducité ou l'irrecevabilité de l'appel après dessaisissement du conseiller de la mise en état, l'article 125 alinéa 1er du Code de procédure civile autorise le juge à relever d'office la fin de non-recevoir tirée du défaut d'intérêt, du défaut de qualité à agir ou de la chose jugée.

> Chose jugée – Identité de cause – Obligation de concentration des moyens – Domaine d'application – Demandes successives tendant à voir déclarer l'appel irrecevable

• **Civ. 2e, 13 nov. 2014, n° 13-15.642,** *Bull. civ.* II, n° 229

* V. s[s] n° 212.168

Le demandeur doit présenter dès l'instance relative à la première demande l'ensemble des moyens de nature à fonder celle-ci. Dès lors, c'est à bon droit qu'une cour d'appel, statuant sur déféré de l'ordonnance du conseiller de la mise en état, décide que la seconde demande, tendant à voir déclarer l'appel irrecevable pour défaut de qualité à interjeter appel, se heurte à l'autorité de la chose jugée de la première ordonnance du conseiller de la mise en état, non déférée à la cour d'appel, ayant déclaré recevable ce même appel argué de tardiveté.

> Ordonnance du conseiller de la mise en état – Voies de recours – Déféré – Cas – Excès de pouvoir

• **Civ. 2e, 18 sept. 2003, n° 01-13.885,** *Bull. civ.* II, n° 284

* V. s[s] n° 212.182

L'ordonnance du conseiller de la mise en état peut, en cas d'excès de pouvoir, être déférée à la cour d'appel. Le pourvoi immédiatement formé contre cette ordonnance est, dès lors, irrecevable.

> Conseiller de la mise en état – Ordonnance du conseiller de la mise en état – Autorité de la chose jugée au principal – Cas – Ordonnance statuant sur la fin de non-recevoir tirée de l'irrecevabilité de l'appel

• **Civ. 1re, 10 avr. 2013, n° 12-14.939,** *Bull. civ.* I, n° 71

* V. s[s] n° 212.182

Il résulte de la combinaison des dispositions des articles 914 alinéa 2 et 916 alinéa 2 du Code de procédure civile, en leur rédaction en vigueur à compter du 1er janvier 2011, que les ordonnances du conseiller de la mise en état statuant sur la fin de non-recevoir tirée de l'irrecevabilité de l'appel ont autorité de chose jugée au principal et, en ce cas, peuvent être déférées par simple requête à la cour dans les quinze jours de leur date.

> Ordonnance du conseiller de la mise en état – Déféré limité à un chef du dispositif – Extension par l'adversaire à d'autres chefs – Possibilité

• **Civ. 2e, 13 mai 2015, n° 14-13.801,** *Bull. civ.* II, n° 71

* V. s[s] n°s 212.36 et 212.182

Lorsqu'une partie défère à la formation collégiale de la cour d'appel l'ordonnance du conseiller de la mise en état en ne critiquant que l'un des chefs du dispositif, son adversaire peut, et sans être tenu par le délai de quinze jours prévu à l'article 916 du Code de procédure civile, étendre la critique à d'autres chefs de la décision déférée.

212.03 Bibliographie indicative.

Actualisables. *J.-Cl. Pr. civ.*, « Appel. Procédure ordinaire en matière contentieuse, Procédure avec représentation obligatoire », fasc. 721, 6 févr. 2013, par N. Fricero – Rép. pr. civ., *v° Procédure devant la cour d'appel*, par B. Travier et F. Watremet, (actu. par R. Laffly), janv. 2016, n°s 72-194.

Ouvrages. C. Brenner et N. Fricero, *La nouvelle procédure d'appel*, 2e éd., Lamy, 2011, p. 97-131 – J.-L. Gallet, *La procédure civile devant la cour d'appel*, 3e éd., « Droit et professionnels », LexisNexis, 2014, p. 154-213 – Ph. Gerbay et N. Gerbay, *Guide du procès civil en appel 2016*, LexisNexis, 2015, fiches n°s 51 à 61 – S. Guinchard (dir.), Dalloz action *Droit et pratique de la procédure civile,* 2014/2015, par J. Pellerin, n°s 544.11 s.

Articles. S. Amrani-Mekki, E. Jeuland, Y.-M. Serinet et L. Cadiet, « Le procès civil français à son point de déséquilibre ? À propos du décret "procédure" », *JCP* 2006. I. 146 – C. André, « Le rôle des parties et l'office du conseiller de la mise en état », *in* L. Cadiet et D. Loriferne (dir.), *La réforme de la procédure d'appel*, IRJS, 2011, p. 29 s. – D. Boccara, « Le déféré d'appel : un appel dans l'appel ? », *RGDP* 1998. 573 – G. Bolard, « Les écritures qualificatives », *JCP* 2000.

I. 1214 – N. Cayrol, « La saisine de la cour d'appel », *in Journées d'études, Procédure civile et droit comparé, Cah. CDPC* n° 8, 2011. 11 s. – H. Croze, « Procédure d'appel avec représentation obligatoire en matière civile », *JCP* 2010, n° 3, p. 8 – D. d'Ambra et A.-M. Boucon, « Le décret n° 2009-1524 du 9 décembre 2009 réformant la procédure d'appel et la gestion du flux de contentieux judiciaire », *D.* 2010. 1093 – F. Ferrand, « La restriction du champ de l'appel : les précieux enseignements du droit allemand », *in Justice et droit du procès. Du légalisme procédural à l'humanisme processuel. Mél. en l'honneur de Serge Guinchard*, Dalloz, 2010, p. 249; « L'évolution récente de l'appel civil en droit français », *ZZP Int.* 14/2009. 43 – N. Fricero, « Le décret n° 2005-1678 du 28 décembre 2005 : pour un nouveau procès civil ? », *Dr. et proc.* 2006. 68; « L'appel nouveau est arrivé ! », *Procédures* 2010. Étude 3; « Procédure d'appel : la réforme de la réforme ! », *JCP* 2011, n° 37, p. 80 – D. Gas, « Autonomie des appels incidents », *Gaz. Pal.* 1981. 2. Doctr. 325 – Ph. Gerbay, « L'article 526 du Nouveau Code de procédure civile : premières approches », *Gaz. Pal.* 12-14 févr. 2006, p. 3; « La réforme de la procédure d'appel avec représentation obligatoire en matière civile », *Gaz. Pal.* 10-12 janv. 2010, p. 12 – H. Guyader, « Brèves réflexions sur les nouveaux délais d'appel », *Procédures* 2010. Alerte 11 – E. Jullien, « Célérité, qualité, modernité : la nouvelle devise du procès en appel », *Ann. Seine* 18 févr. 2010, p. 12 – A. Lacabarats et J.-P. Lacroix-Andrivet, « La procédure de radiation du rôle des articles 526 et 1009-1 du Code de procédure civile et le droit d'accès au juge », *in Justice et droit du procès. Du légalisme procédural à l'humanisme processuel. Mél. en l'honneur de Serge Guinchard*, Dalloz, 2010, p. 783 – D. Landry, « Les conclusions récapitulatives sont arrivées », *Gaz. Pal.* 1999. 1. Doctr. 60 – T. Le Bars, « Les délais applicables à la procédure d'appel », *in* L. Cadiet et D. Loriferne (dir.), *La réforme de la procédure d'appel*, IRJS, 2011, p. 41 s. – C. Lhermitte, « Et si l'on toilettait le décret Magendie ? », *JCP* 2015. 1182 – Y. Lobin, « L'appel incident et l'appel provoqué », *Rapport journées d'études avoués*, Rennes, 1984, *Gaz. Pal.* 1986. 1. Doctr. 125 – A. Lorieux, « Le décret du 23 décembre 1998, procédure et méthodologie judiciaires », *Gaz. Pal.* 2000. 1. Doctr. 204 – P. Loyer, « Vent de rigueur sur le nouvel article 954 du Code de procédure civile », *Gaz. Pal.* 2000. 2. Doctr. 2 – M. Mallard, « Le conseiller nouveau de la mise en état est arrivé », *in Journées d'études, Procédure civile et droit comparé, Cah. CDPC* n° 8, 2011. 29 s. – C. Martello, « Les nouvelles sanctions procédurales », *in Journées d'études, Procédure civile et droit comparé, Cah. CDPC*, n° 8, 2011. 35 s. – J.-L. Meunier, « Un gadget incertain et pervers, la systématisation des conclusions récapitulatives », *Gaz. Pal.* 1999. 1. Doctr. 152 – G. Narran, « La nouvelle procédure d'appel est arrivée ! », *Gaz. Pal.* 20-22 déc. 2009, p. 2 – J. Pellerin, « La dématérialisation de la procédure devant la cour d'appel », *in* L. Cadiet et D. Loriferne, *La réforme de la procédure d'appel*, IRJS, 2011, p. 49 s. – A. Perdriau, « Pour une nouvelle écriture des écritures des procès civils », *Gaz. Pal.* 1997. Doctr. 405 – R. Perrot, « Conseiller de la mise en état, chose jugée et déféré », *Procédures* 2013. Étude 8 – L. Raschel, « La nouvelle procédure d'appel », *RLDC* 2010, n° 73 – E. du Rusquec, « À propos des conclusions récapitulatives, l'avis de la Cour de cassation du 10 juillet 2000 », *Gaz. Pal.* 2000. 2. Doctr. 2 – O. Salati, « Présentation des principales dispositions du décret du 9 décembre 2009 relatif à la procédure d'appel avec représentation obligatoire en matière civile », *Dr. et proc.* 2010. 3 – G. Verdun, « La recevabilité des appels incidents et provoqués ou le chemin difficile », *Gaz. Pal.* 1986. 1. Doctr. 127; « Pouvoirs du conseiller de la mise en état », *Gaz. Pal.* 2-6 nov. 2001, p. 3; « Le décret n° 2005-1678 du 28 décembre 2005 relatif à la procédure civile : réflexions et commentaires », *Gaz. Pal.* 22-23 févr. 2006, p. 9; « La radiation atypique de l'article 526 du Code de procédure civile. Sa raison d'être, sa portée, ses limites », *in Justice et droit du procès. Du légalisme procédural à l'humanisme processuel. Mél. en l'honneur de Serge Guinchard*, Dalloz, 2010, p. 869 – J. Villacèque, « Le nouveau procès civil devant la cour d'appel : la technique et les hommes, paradoxe d'une réforme », *D.* 2010. 663 – L. Weiller, « Réforme de la procédure d'appel : entre efficience et équité », *D.* 2010. 591.

212.04 Questions essentielles.

> Quel est le domaine de la procédure d'urgence ?

* V. ss n° 212.12

> Comment mettre en œuvre la procédure d'urgence ?

* V. ss nos 212.14 s.

> Quels sont les avantages de la procédure d'urgence ?

* V. ss n° 212.16

> Quel est le nouveau schéma procédural de la procédure d'appel avec mise en état ?

* V. ss nos 212.30 s.

> Comment doivent être rédigées les conclusions d'appel dans la procédure avec représentation obligatoire ?

* V. ss nos 212.60 s.

> Quelles règles régissent la production des pièces ?

* V. ss nos 212.80 s.

> Quelles règles régissent la communication électronique obligatoire en appel ?

* V. ss nos 212.100 s.

> Quels sont les pouvoirs du conseiller de la mise en état ?

* V. ss nos 212.140 s.

> Quelle est l'autorité des ordonnances du conseiller de la mise en état ?

* V. ss nos 212.171 s.

> Quels sont les recours contre les ordonnances du conseiller de la mise en état ?

* V. ss nos 212.181 s.

212.05 Formulaire de procédure civile (renvois).

Appel – Conclusions récapitulatives (Conclusions récapitulatives)

Appel – Requête afin de déférer (Déféré d'une ordonnance du conseiller de la mise en état)

Appel – Communication de pièces (Bordereau de communication de pièces)

Appel – Communication de pièces (Sommation de communication de pièces)

Appel – Communication de pièces (Sommation afin de restituer les pièces)

Appel – Communication de pièces (Procès-verbal de dépôt de pièces au greffe)

Appel – Communication de pièces (Dénonciation de procès-verbal de dépôt de pièces)

Appel – Communication de pièces (Conclusions d'incident de communication de pièces)

Appel – Communication de pièces (Conclusions de rejet des débats des pièces non communiquées)

Appel – Désistement (acte de) (Acte de désistement d'appel)

Appel – Désistement (conclusions de) (Conclusions de désistement devant la cour d'appel)

Appel – Désistement (notification de) (Notification par voie d'huissier de désistement d'appel)

Appel – Désistement (conclusions de) (Conclusions d'acceptation de désistement devant la cour d'appel)

Appel – Dessaisissement (Conclusions de dessaisissement devant la cour d'appel)

212.06 Exemples d'actes (renvois).

- Requête au conseiller de la mise en état aux fins de caducité ou d'irrecevabilité d'appel (v. s^s^ n° 46.03).
- Requête afin de déférer (v. s^s^ n° 46.04).
- Requête aux fins de fixation à bref délai (v. s^s^ n° 46.05).

212.07 Schémas de procédure (renvois).

- Liaison d'instance d'appel (v. s^s^ n° 44.01).
- Mise en état (v. s^s^ n° 44.02).

212.09 Introduction. Le premier président désigne la chambre de la cour d'appel à laquelle l'affaire est distribuée et le greffe en avise les avocats constitués (C. pr. civ., art. 904). L'alinéa 1er de l'ancien article 910 du Code de procédure civile prévoyait que l'affaire est instruite sous le contrôle d'un magistrat chargé de la mise en état et seul l'alinéa 2 ajoutait, en quelque sorte par exception, que le président de la chambre saisie peut, dans certains cas, fixer à bref délai l'audience à laquelle l'affaire sera appelée. Désormais c'est le nouvel article 905 qui prévoit les pouvoirs du président de chambre et l'article 907 évoque l'instruction par un magistrat chargé de la mise en état. Une telle présentation ne peut paraître neutre : la mise en état n'occupe plus la première place dans le déroulement de la procédure d'appel avec représentation obligatoire. Nous suivrons l'ordre du code : les affaires urgentes ou simples relèvent de la procédure d'urgence (sect. 1) les autres de la procédure avec mise en état (sect. 2).

SECTION 1
PROCÉDURE D'URGENCE

212.11 Textes. Le décret du 20 août 2004[1] a créé un second alinéa à l'article 910 et a unifié les procédures d'urgence. La dernière version de l'article 910 alinéa 2 a été reprise par le nouvel article 905, issu du décret du 9 décembre 2009[2]. Sa rédaction est la suivante : « *Lorsque l'affaire semble présenter un caractère d'urgence ou être en état d'être jugée ou lorsque l'appel est relatif à une ordonnance de référé ou à une des ordonnances du juge de la mise en état énumérées aux 1° à 4° de l'article 776, le président de la chambre saisie, d'office ou à la demande d'une partie, fixe à bref délai l'audience à laquelle elle sera appelée; au jour indiqué, il est procédé selon les modalités prévues aux articles 760 à 762* ».

212.12 Domaine d'application de l'article 905 du Code de procédure civile. La procédure d'urgence s'applique tout d'abord aux affaires qui semblent présenter un caractère d'urgence et aux affaires qui semblent en état d'être jugées. Dans ces deux cas, le **président de la chambre** de la cour d'appel à laquelle l'affaire a été distribuée dispose d'un **pouvoir d'appréciation** pour décider du **renvoi à l'audience à bref délai** (▶ v. s^s^ n° 21.01, 2°). Dans tous les autres cas, le renvoi à l'audience à bref délai est de droit.

Il s'agit des appels à l'encontre :

– des **ordonnances de référé** depuis que le décret du 20 août 2004 a abrogé l'article 490-1 du [nouveau] Code de procédure civile qui soumettait l'appel des ordonnances de référé à une procédure particulière,

– des **ordonnances du juge de la mise en état** qui, statuant sur un incident mettant fin à l'instance, ont pour effet de mettre fin à celle-ci ou d'en constater l'extinction,

– des **ordonnances** qui statuent sur une **exception de procédure,**

– des **ordonnances** qui ont trait aux **mesures provisoires** ordonnées en matière de **divorce** ou de **séparation de corps,**

– des **ordonnances** relatives aux **provisions** qui peuvent être accordées au créancier lorsque l'existence de l'obligation n'est pas sérieusement contestable et que le montant de la demande est supérieur à 4 000 euros.

Les cas de **renvoi de plein droit** sont limitativement énumérés par l'article 905 du code. Celui-ci n'est pas applicable, par exemple, aux ordonnances rendues en la forme des référés, notamment celles du juge aux affaires familiales saisi sur le fondement de l'article 1137 du Code de procédure civile[3]. De même l'article R. 121-20 alinéa 3 du Code des pro-

1. Décr. n° 2004-836, 20 août 2004, portant modification de la procédure civile, *JO* 22 août, p. 15032.
2. Décr. n° 2009-1524, 9 déc. 2009, relatif à la procédure d'appel avec représentation obligatoire en matière civile, *JO* 11 déc., p. 21386.
3. Paris, 30 sept. 2014, RG n° 14/06118, *JCP* 2014. II. 2070, note Foulon et Strickler; *D.* 2015. 293, obs. Fricero.

cédures civiles d'exécution n'impose pas l'application de droit de l'article 905 [1].

212.13 Appel des jugements statuant en matière de procédure collective. Conformément aux dispositions de l'article R. 661-6 du Code de commerce, entrent dans le domaine des procédures d'urgence les appels formés contre les jugements rendus dans les procédures de sauvegarde, de redressement judiciaire, de liquidation judiciaire, lorsqu'ils sont possibles et qu'ils ne font pas l'objet d'une **procédure à jour fixe** (v. s^s n° 231.09).

Pour les appels des **jugements arrêtant ou rejetant le plan de cession**, la Cour de cassation, mettant fin à une controverse, a décidé que la procédure d'appel à jour fixe est une simple **modalité procédurale** de l'appel et **non une condition de recevabilité** [2]. Dans tous ces cas, le président de la chambre fixe l'audience de plaidoirie à bref délai sauf s'il estime que l'affaire doit être instruite selon les modalités du droit commun. La cour d'appel doit en principe **statuer au fond dans les quatre mois** suivant le prononcé des jugements mentionnés à l'article L. 661-6 (C. com., art. R. 661-6, 6°).

212.14 Mise en œuvre de la procédure d'urgence. La fixation de l'audience à bref délai par le président de la chambre à laquelle l'affaire a été distribuée intervient soit **d'office**, soit **à la demande d'une partie**. Cette demande n'est pas soumise à un formalisme particulier. Elle peut être adressée au conseiller de la mise en état lorsqu'il a reçu délégation du président de sa chambre pour exercer cette fonction selon les dispositions de l'article 965 du Code de procédure civile. Son objet porte sur une **simple mesure d'administration judiciaire** [3]. Une partie peut utiliser cette procédure même lorsqu'elle ne peut pas recourir à la procédure à jour fixe parce qu'elle est dans l'impossibilité de justifier d'un péril ou qu'elle n'est plus dans les délais utiles. La décision du juge n'est pas susceptible de recours.

212.15 Déroulement de la procédure. La procédure se déroule conformément aux dispositions des articles 760 à 762 du Code de procédure civile qui régissent le **renvoi à l'audience** dans le cadre de la procédure devant le tribunal de grande instance.

Soit le président estime que l'affaire est en état d'être jugée, il déclare alors l'instruction close et fixe la date de l'audience qui peut être tenue le jour même.

Soit il décide qu'un ultime échange de conclusions ou une ultime communication de pièces est nécessaire, il délivre des injonctions aux parties et invite les avocats à se présenter devant lui à une nouvelle conférence dont il fixe la date.

Sa décision fait l'objet d'une **simple mention** au dossier. Le non-respect du calendrier peut être sanctionné par la **radiation**, la **clôture** ou la **fixation des débats**.

212.16 Avantages de la procédure de l'article 905 du Code de procédure civile. Cette procédure possède des avantages par rapport à la procédure à jour fixe et par rapport à la procédure avec mise en état.

En effet, elle est **plus souple que la procédure à jour fixe**. La demande de fixation d'urgence n'est pas enfermée dans le délai ou le formalisme de la requête à jour fixe (v. s^s n°s 231.31 s.). Lorsque le renvoi à l'audience à bref délai n'est pas de droit, il suffit qu'il y ait urgence ou que l'affaire soit en état d'être jugée, il est inutile d'établir que les droits d'une partie sont en péril. La procédure de l'article 905 permet à la fois une fixation prioritaire des débats et une instruction du dossier sous le contrôle du président de la chambre (▶ v. s^s n° 21.01, 1°).

Elle permet également d'éviter **les pièges de la procédure d'appel avec mise en état**. En effet, la Cour de cassation a jugé [4] que ne sont pas applicables aux procédures fixées en application de l'article 905 du code les dispositions de l'article 902 prévoyant qu'il appartient à l'appelant d'assigner l'intimé qui n'a pas constitué avocat dans le délai d'un mois à compter de l'avis adressé par le greffier sous peine de caducité de son appel (C. pr. civ., art. 902 - V. s^s n°s 211.101 et 211.102). Les articles 908 à 916 du Code de procédure civile ne s'appliquent pas non plus à cette procédure (C. pr. civ., art. 907). Aussi les **délais pour conclure** qu'ils impartissent [5] et les **sanctions** qui les assortissent (caducité de la déclaration d'appel, irrecevabilité des conclusions) ne s'appliquent pas ici [6]. Mais le président n'a pas les pouvoirs du conseiller de la mise en état.

212.17 Pouvoirs du président. Si les articles 760 et 761 du Code de procédure civile donnent au président de la chambre le **pouvoir d'impartir des délais** pour conclure ou communiquer des pièces, de clore l'instruction et de fixer la date des débats, ils ne lui confèrent pas les pouvoirs qu'accordent les articles 763 à 787 et 908 à 916 au conseiller de la mise en état. Ainsi, il ne peut trancher un incident de communication de pièces, modifier une

1. Civ. 2e, 21 janv. 2016, n° 14-28.985, *Bull. civ.* II, [à paraître].
2. Com. 14 mai 1996, n° 94-21.847, *Bull. civ.* IV, n° 136; *D.* 1998. 1, obs. Derrida.
3. Civ. 2e, 26 juin 2014, n° 13-20.868, *Bull. civ.* II, n° 159.
4. Civ. 2e, 2 juin 2016, n° 15-18.596, *Bull. civ.* II, [à paraître].
5. Civ. 2e, 16 mai 2013, n° 12-19.119, *Bull. civ.* II, n° 90; *D.* 2014. 803, obs. Fricero.
6. Cass., avis, 3 juin 2013, n° 13-70.004, *Bull. avis*, n° 8; *JCP* 2014. 758 obs. Gerbay; *Gaz. Pal.* 1er-3 juin 2013, 43, note Amrani-Mekki.

mesure provisoire, radier une affaire du rôle lorsque l'appelant ne justifie pas avoir exécuté la décision frappée d'appel ou avoir procédé à la consignation autorisée dans les conditions de l'article 521 (C. pr. civ., art. 526). Il sera cependant possible de **saisir le premier président** pour qu'il ordonne en référé, en cas d'urgence, toutes les mesures qui ne se heurtent à aucune contestation sérieuse ou que justifie l'existence d'un différend (C. pr. civ., art. 956), ou qu'il décide la radiation du rôle de l'affaire lorsque l'appelant ne justifie pas avoir exécuté la décision frappée d'appel (C. pr. civ., art. 526).

SECTION 2
PROCÉDURE AVEC MISE EN ÉTAT

212.20 Division. Le décret du 9 décembre 2009[1] a profondément modifié la procédure d'appel avec représentation obligatoire et notamment la procédure ordinaire avec mise en état. Les changements affectent à la fois déroulement de l'instance (§ 1), les conclusions que doivent déposer les parties (§ 2), le rôle et les pouvoirs du conseiller de la mise en état (§ 3).

§ 1
Délais pour conclure

212.30 Nouveau schéma procédural[2]. L'article 907 du Code de procédure civile prévoit que l'affaire est instruite sous le contrôle d'un magistrat de la chambre à laquelle elle est distribuée. Le [nouveau] Code de procédure civile avait prévu, comme en première instance, que **le magistrat chargé de la mise en état fixe les délais nécessaires à l'instruction** eu égard à la nature, la complexité et l'urgence de l'affaire. Le décret du 20 juillet 1989[3] a imposé à l'appelant de conclure dans les quatre mois de la déclaration d'appel sous peine de radiation de la procédure d'appel, cette radiation privant l'appel de tout effet suspensif. Le décret du 9 décembre 2009 étend le domaine des délais légaux et introduit une distinction entre deux phases dans l'instruction. Au cours de la première phase (A), les délais pour conclure accordés aux parties sont en principe fixés par la loi et assortis de **sanctions automatiques** très sévères. Le conseiller de la mise en état retrouvera ses pleins pouvoirs d'adapter le rythme de l'instruction à la complexité du dossier dans la seconde phase (B).

1. Décr. n° 2009-1524, 9 déc. 2009.
2. V. s^s n° 43.01, tableau des diligences, délais et sanctions dans la procédure avec représentation obligatoire et mise en état.
3. Décr. n° 89-511, 20 juill. 1989, modifiant certaines dispositions de procédure civile, *JO* 27 juill, p. 9280.

A.
Première phase

212.31 Délais imposés à l'appelant (▶ v. s^s n° 21.01, 3°). Nous avons vu (v. s^s n°s 211.101 et 211.102) que le décret du 9 décembre 2009 prévoit que lorsque l'intimé n'a pas constitué avocat dans un **délai d'un mois** à compter de l'envoi de la lettre de notification de l'appel, l'appelant doit, à peine de caducité de l'appel, l'assigner dans le mois de l'avis du greffier l'informant qu'il doit signifier la déclaration d'appel à l'intimé (C. pr. civ., art. 902). L'appelant dispose d'un **délai de trois mois** à compter de la déclaration d'appel pour conclure (C. pr. civ., art. 908). C'est le dépôt de la déclaration d'appel au greffe et non son enregistrement qui fait courir ce délai[4]. Si l'intimé a constitué avocat devant la cour avant le dépôt des conclusions d'appel, l'appelant doit notifier à cet avocat ses conclusions d'appel dans le délai de leur remise au greffe (C. pr. civ., art. 911). Aussi la notification des conclusions d'appel à l'avocat de première instance au lieu de l'avocat constitué en appel est sanctionnée par la caducité de la déclaration d'appel même si les intimés ont conclu dans les deux mois de cette notification[5].

Si l'intimé n'a pas constitué avocat devant la cour d'appel au moment où les conclusions d'appel sont remises au greffe, l'appelant doit lui signifier ses conclusions dans le **délai d'un mois** à compter de l'expiration du délai pour conclure et non à compter du dépôt des conclusions d'appel au greffe[6]. En effet, la Cour de cassation a apporté un certain nombre de précisions. Elle a jugé qu'il résulte de la combinaison des articles 906, 908 et 911 du Code de procédure civile qu'à peine de caducité de sa déclaration d'appel, l'appelant doit signifier ses conclusions aux parties qui n'ont pas constitué avocat avant l'expiration du **délai de quatre mois** courant à compter de la déclaration d'appel[7]. Lorsque l'appelant a remis au greffe ses conclusions

4. Civ. 2e, 5 juin 2014, n° 13-21.023, *Bull. civ.* II, n° 125; *Procédures* 2014. Comm. 224, obs. Perrot; *RTD civ.* 2015. 196, § 4, obs. Cayrol.
5. Civ. 2e, 4 sept. 2014, n° 13-22.654, NP; *Procédures* 2014. Comm. 287, obs. Croze; *RTD civ.* 2015. 195. § 2, obs. Cayrol.
6. Civ. 2e, 27 juin 2013, n° 12-20.529, *Bull. civ.* II, n° 140; *D* 2013, chron. Leroy-Gissinger et Renault-Malignac; *D.* 2014. 802, obs. Fricero; *Procédures* 2013. Étude 7, par Ph. et C. Gerbay; *JCP* 2013. 1225, n° 9 obs. Serinet; *JCP* 2014. 1232, n° 8, obs. Amrani-Mekki.
7. Civ. 2e, 27 juin 2013, n° 12-20.529, P (préc. s^s prés^t n°) – Civ. 2e, 21 janv. 2016, n° 14-28.985, *Bull. civ.* II, [à paraître].

dans le délai prévu à l'article 908 et qu'il les a signifiées à partie avant l'expiration du délai de quatre mois, il n'est pas tenu de les notifier à l'avocat constitué postérieurement à cette signification[1]. Ainsi, si l'appelant a conclu dans le délai imparti à l'article 908, il dispose d'un délai d'un mois, courant à compter de l'expiration du délai de trois mois prévu pour la remise de ses conclusions au greffe, pour les signifier aux parties qui n'ont pas constitué avocat, ou, pour celles qui ont constitué avocat après la remise des conclusions au greffe, les notifier à ce dernier, peu importan que la constitution soit intervenue avant l'expiration du délai de trois mois de l'article 908[2].

Si l'appelant n'a pas assigné l'intimé dans le délai d'un mois à compter de l'avis du greffe ou dans le délai de quatre mois à compter de la déclaration d'appel ou encore s'il n'a pas conclu dans les trois mois[3], sa déclaration d'appel est caduque.

Toutefois, la caducité de la déclaration d'appel faute de notification par l'appelant de ses conclusions à l'intimé dans le délai imparti par l'article 911 du Code de procédure civile ne peut être encourue, en raison d'une irrégularité de forme affectant cette notification, qu'en cas d'annulation de cet acte, sur la démonstration par celui qui l'invoque du grief que lui a causé l'irrégularité[4].

212.32 Délais imposés aux intimés et à l'intervenant forcé. L'intimé dispose, à peine d'irrecevabilité relevée d'office, d'un **délai de deux mois** à compter de la notification des conclusions d'appel pour répliquer et former le cas échéant appel incident (C. pr. civ., art. 909) ou provoqué. Le délai imparti par l'article 909 du Code de procédure civile court à compter de la notification des conclusions de l'appelant et non à compter de la communication des pièces[5]. Même si l'appelant a conclu avant l'expiration du délai de trois mois, prévu à l'article 908 du Code de procédure civile, le **délai de deux mois,** accordé à l'intimé par l'article 909 pour répliquer, a pour point de départ la notification des conclusions d'appel[6]. La Cour de cassation a précisé qu'il « *résulte de la combinaison de l'article 748-3 du Code de procédure civile et de l'article 5 de l'arrêté du 30 mars 2011, relatif à la communication par voie électronique dans les procédures avec représentation obligatoire devant les cours d'appel, que le délai de deux mois imparti par l'article 909 du Code de procédure civile à l'intimé pour conclure court à compter de la date de l'avis de réception électronique de la notification des conclusions de l'appelant par le moyen du RPVA, émis par le serveur de messagerie e-barreau de l'avocat constitué par l'intimé, qui tient lieu de visa par la partie destinataire au sens de l'article 673 du code de procédure civile* ». Aussi elle a approuvé une cour d'appel d'avoir retenu que les conclusions des intimés intervenues après l'expiration du délai de deux mois à compter de cet avis de réception électronique étaient irrecevables, après avoir relevé que l'appelant justifiait avoir adressé ses conclusions via le RPVA à une certaine date au conseil constitué pour les intimés en versant aux débats l'avis de réception de l'envoi de celles-ci reçu le même jour et que les intimés ne justifiaient d'aucun dysfonctionnement du RPVA[7]. Ainsi, il appartient à l'appelant, qui prétend que l'intimé n'a pas respecté le délai de l'article 909, de produire l'avis de réception de l'envoi de ses conclusions d'appel à l'avocat de l'intimé pour établir le point de départ du délai de deux mois et à l'intimé qui soutient le contraire de justifier d'un dysfonctionnement du RPVA.

Si l'intimé laisse expirer le délai qui lui est imparti par l'article 909 pour conclure, il n'est plus recevable à soulever un moyen de défense ou un incident d'instance, aussi la Cour de cassation a censuré l'arrêt qui, à l'occasion du déféré formé contre l'ordonnance du conseiller de la mise en état ayant déclaré irrecevables comme tardives les conclusions de l'intimé, a cependant accueilli, sans revenir sur cette irrecevabilité, une exception de procédure soulevée par ce dernier[8].

L'intimé doit non seulement conclure mais également notifier ses conclusions aux avocats des parties dans ce délai de deux mois (C. pr. civ., art. 911). Il doit signifier ses conclusions dans le mois aux parties qui n'ont pas constitué avocat (C. pr. civ., art. 911). Saisie pour avis, la Cour de cassation a précisé[9] qu'un intimé n'est pas tenu de signifier ses conclusions à un co-intimé défaillant à

1. Civ. 2e,10 avr. 2014, n° 13-11.134, *Bull. civ.* II, n° 96; *D.* 2014. 1727, chron. Vasseur, de Leiris, Adida-Canac; *JCP* 2014. 1232, n° 8, obs. Amrani-Mekki; *RTD civ.* 2015. 196, § 3, obs. Cayrol – Civ. 2e, 4 sept. 2014, n° 13-22.586, *Bull. civ.* II, n° 173; *Procédures* 2014. Comm. 286, obs. Croze; *RTD civ.* 2015. 196, § 4, obs. Cayrol.
2. Civ. 2e, 10 avr. 2014, n° 12-29.333, *Bull. civ.* II, n° 97; *D.* 2014. 1727 chron. Vasseur, de Leiris, Adida-Canac.
3. Civ. 2e, 19 mars 2015, n° 14-10.952, *Bull. civ.* II, [à paraître]; *Procédures* 2015. Comm. 181, obs. Croze; *D.* 2105. 1794, n° 4, obs. Adida-Canac et Vasseur.
4. Civ. 2e, 16 oct. 2014, n° 13-17.999, *Bull. civ.* II, n° 213; *D.* 2015. 518, chron. Adida-Canac, Vasseur et de Leiris.
5. Civ. 3e, 13 mai 2015, n° 13-20.881, NP; *Procédures* 2015. Comm. 252, obs. Croze.
6. Cass., avis, 6 oct. 2014, n° 14-70.008, *Bull. avis*, n° 8; *Procédures* 2014. Comm. 313, obs. Croze; *D.* 2015, 295, obs. Fricero; *JCP* 2014. 1031 et 1232, n° 8 obs. Amrani-Mekki.
7. Civ. 2e, 21 janv. 2016, n° 14-29.207, *Bull. civ.* II, [à paraître]; *D.* 2016. 737, chron. Adida-Canac, Vasseur et de Leiris.
8. Civ. 2e, 28 janv. 2016, n° 14-18.712, *Bull. civ.* II, [à paraître].
9. Cass., avis, 2 avr. 2012, nos 12-00.002 et 12-00.003, *Bull. avis*, n° 2; *JCP* 2012. n° 472, obs. Ph. et C. Gerbay; *Dr. et proc.* 2012. 176, obs. Putman; *D.* 2012. 1015.

l'encontre duquel il ne formule aucune prétention, sauf en cas d'indivisibilité entre les parties, ou lorsqu'il sollicite la confirmation du jugement contenant des dispositions qui lui profitent et qui nuisent au co-intimé défaillant, que le conseiller de la mise en état doit alors prononcer d'office l'irrecevabilité des conclusions mais qu'en cas d'indivisibilité entre les parties, celles-ci peuvent également soulever l'irrecevabilité; que sauf en cas d'indivisibilité entre les parties, l'irrecevabilité, lorsqu'elle est encourue, doit être prononcée à l'égard du seul intimé concerné par le défaut de signification.

S'il forme un appel provoqué, contre un tiers, l'intimé doit également le lui notifier dans ce **délai de deux mois.** La Cour de cassation a en effet jugé[1] qu'il « *résulte de la combinaison des articles 910 et 68 du Code de procédure civile que l'appel provoqué contre un tiers doit être formé par assignation, valant conclusions, dans les deux mois suivant l'appel qui le provoque. Il s'ensuit qu'un tel appel provoqué, formé par déclaration au greffe plus de deux mois suivant l'appel incident qui l'a provoqué, est irrecevable* ». Le délai ouvert à un intimé pour conclure et former appel incident à l'encontre d'un coïntimé à l'égard duquel a été prononcée une caducité partielle de la déclaration d'appel, mais qui demeure partie intimée à son égard, court à compter de la date à laquelle l'auteur de l'appel incident a reçu notification des premières conclusions de l'appelant[2].

L'intimé à un appel incident ou provoqué dispose du même délai pour conclure et est soumis aux mêmes sanctions (C. pr. civ., art. 910, al. 1er). Quant à l'intervenant forcé il dispose pour conclure, à peine d'irrecevabilité relevée d'office, d'un **délai de trois mois** à compter de la notification de la demande d'intervention formée à son encontre (C. pr. civ., art. 910, al. 2). Toujours à peine d'irrecevabilité les conclusions doivent être notifiées, dans le délai de leur remise au greffe, au représentant des autres parties (C. pr. civ., art. 911).

212.33 Raccourcissements, prolongations, interruptions des délais. Ces délais peuvent être raccourcis par le conseiller de la mise en état en raison de la nature de l'affaire (C. pr. civ., art. 911-1) et le président de la chambre saisie peut toujours d'office ou à la demande d'une partie, fixer à brève date l'audience à laquelle l'affaire sera appelée (C. pr. civ., art. 905 – V. ss nos 212.11 s.).

En revanche quelle que soit la complexité de l'affaire, ils ne peuvent être prolongés. Seul l'éloignement des parties permet une augmentation des délais dans les conditions énoncées à l'article 911-2 du code. Cette augmentation est d'un mois lorsque la demande est portée devant une juridiction qui a son siège en France métropolitaine pour les parties qui demeurent dans une collectivité d'outre-mer, ou lorsqu'elle est portée devant une juridiction qui a son siège dans une collectivité d'outre-mer pour les parties qui ne demeurent pas dans cette collectivité. Le délai est prolongé de deux mois, si l'appelant demeure à l'étranger. Il résulte du texte que lorsque l'intimé demeure à l'étranger, le délai n'est pas prorogé. Aussi, il appartient à l'avocat de l'appelant d'anticiper et de prévoir le délai pour la traduction de l'acte lorsqu'il doit respecter les dispositions du règlement européen du 13 novembre 2007[3]. En cas d'assignation, la date de la notification retenue sera celle de l'expédition de l'acte par l'huissier de justice (C. pr. civ., art. 647-1). Le délai étant exprimé en mois, il expire le jour du dernier mois qui porte le même quantième que le jour de l'événement qui le fait courir et, à défaut de quantième identique, le dernier jour du mois (C. pr. civ., art. 641, al. 2).

De manière générale, **l'interruption de l'instance emporte celle du délai imparti pour conclure** et fait courir un **nouveau délai à compter de la reprise d'instance**[4]. La jurisprudence a indiqué comment appliquer l'article 908 aux héritiers de l'appelant, cités en reprise d'instance. Dans cette affaire la procédure d'appel avait été interrompue par la notification du décès de l'appelant avant l'expiration du délai de trois mois pour conclure, prévu par l'article 908. La Cour de cassation approuve la cour d'appel qui a retenu que les héritiers disposaient d'un **nouveau délai de trois mois, à compter de la citation en reprise d'instance**, pour conclure au soutien de l'appel interjeté par leur auteur, sous peine de caducité de la déclaration d'appel[5].

212.34 Cas de l'aide juridictionnelle. Les délais impartis pour conclure ne sont pas augmentés pour la partie qui a demandé l'aide juridictionnelle mais leur point de départ est différent : ils courent à compter de la notification de la décision constatant la **caducité** de la demande d'aide juridictionnelle, de la date à laquelle la décision d'admission ou de rejet est devenue définitive et en cas d'admission, de la date à laquelle l'auxiliaire de justice a été désigné, si cette date est postérieure à la décision d'admission[6].

1. Civ. 2e, 9 janv. 2014, no 12-27.043, *Bull. civ.* II, no 1; *D.* 2014. 795, obs. Fricero.
2. Civ. 2e, 3 déc. 2015, no 14-23.834, *Bull. civ.* II, [à paraître]; *D.* 2016. 454, obs. Fricero.
3. Règl. (CE) no 1393/2007 du Parlement européen et du Conseil, 13 nov. 2007, *JOUE,* no L 324, 10 déc., p. 0079-012.
4. Civ. 2e, 4 juin 2015, no 13-27.218, *Bull. civ.* II, [à paraître].
5. Civ. 2e, 3 sept. 2015, no 14-11.907, NP; *Procédures* 2015. Comm. 319, obs. Croze.
6. Décr. no 91-1266, 19 déc. 1991, portant application de la loi no 91-647 du 10 juillet 1991 relative à l'aide juridique, *JO* 20 déc., p. 16609, art. 38-1.

En conséquence, la cour d'appel ne peut refuser de faire droit à une demande de révocation de l'ordonnance de clôture permettant de recevoir les conclusions du bénéficiaire de l'aide juridictionnelle formée dans le délai pour conclure[1]. À quel moment la décision d'admission ou de rejet devient-elle définitive ? Les solutions arrêtées par les juges du fond divergent. Certains ont retenu le prononcé de la décision[2], ce qui peut paraître logique en cas d'admission à l'aide totale, d'autres ont retenu la date de sa notification[3], d'autres encore la date d'expiration des délais de recours[4].

La Cour de cassation a récemment approuvé une cour d'appel d'avoir « *retenu qu'aucun texte n'impose au greffe de la cour d'appel, lorsqu'il reçoit la copie de la décision du bureau d'aide juridictionnelle, d'aviser les parties du nouveau cours du délai imparti pour signifier la déclaration d'appel, la cour d'appel, devant laquelle il n'était pas contesté que le conseil constitué par M. X... pour le représenter avait été avisé par le greffe d'avoir à signifier la déclaration d'appel à Mme Y...*, [et] *décidé*, [...], *que la déclaration d'appel, non signifiée dans le délai d'un mois suivant la date à laquelle la décision de rejet de la demande d'aide juridictionnelle était devenue définitive, était caduque* »[5]. Il appartient à l'avocat de surveiller les délais imposés par les articles 902 et suivants du Code de procédure civile. Enfin il a été jugé que l'octroi de l'aide juridictionnelle pour une procédure de référé devant le premier président afin d'arrêter l'exécution provisoire n'a pas de conséquence sur la computation des délais de l'article 908 du code dans la procédure d'appel sur le fond[6].

212.35 Obligations de l'appelant et sanctions encourues. Comme il a déjà été indiqué (v. ss n° 212.31), si l'appelant n'a pas assigné l'intimé dans le délai d'un mois à compter de l'avis du greffe[7] ou après le dépôt de ses conclusions d'appel lorsque l'intimé n'a pas constitué avocat, ou encore s'il n'a pas conclu et notifié ses écrits à l'avocat constitué pour l'intimé dans les trois mois suivant sa déclaration d'appel, celle-ci est caduque.

La sanction est automatique : la Cour de cassation a approuvé une cour d'appel d'avoir affirmé que la réforme de la procédure d'appel avec représentation obligatoire, réalisée par le décret du 9 décembre 2009, encadrait la procédure dans des **délais stricts, sanctionnés d'office,** pour chacune des parties au litige, et retenu que l'automaticité des sanctions était la condition nécessaire de l'effectivité de la réforme puis d'en avoir déduit, peu important que les sociétés intimées aient conclu au fond dans les deux mois suivant la notification des conclusions d'appel à leurs avocats non constitués, que la caducité de la déclaration d'appel résultant de ce que ces conclusions n'avaient pas été notifiées dans le délai imparti par la loi à leur représentant dans la procédure d'appel ne constituait pas une sanction disproportionnée au but poursuivi qui est d'obliger l'appelant à faire connaître rapidement et efficacement ses moyens à l'avocat constitué pour l'intimé[8].

L'acte de signification que fait délivrer l'appelant à l'intimé qui n'a pas constitué avocat doit, à peine de nullité, l'informer qu'il doit constituer avocat admis à postuler devant la cour d'appel dans un **délai de quinze jours** faute de quoi il s'expose à ce qu'un arrêt soit rendu contre lui sur les seuls éléments fournis par son adversaire.

Désormais, l'acte de signification doit en outre, toujours à peine de nullité, avertir l'intimé que faute pour lui de conclure dans le **délai de deux mois** à compter de la notification des conclusions de l'appelant, il s'expose à ce que ses conclusions soient déclarées, d'office, irrecevables (C. pr. civ., art. 902, al. 4). Toutefois, la caducité de la déclaration d'appel faute de notification par l'appelant de ses conclusions à l'intimé dans le délai imparti par l'article 911 du Code de procédure civile ne peut être encourue, en raison d'une irrégularité de forme affectant cette notification, qu'en cas d'annulation de cet acte, sur la démonstration par celui qui l'invoque du grief que lui a causé l'irrégularité[9].

Dans un avis[10], la Cour de cassation a précisé que « *les conclusions exigées par les articles 908 et 909 du Code de procédure civile sont celles remises au greffe et notifiées, dans les délais prévus par ces textes, qui déterminent l'objet du litige ou soulèvent un incident de nature à mettre fin à l'instance* » (▶ v. ss n° 21.01, 3°). La solution a été confirmée par la deuxième chambre civile qui a jugé que ne répondent pas à cette définition les conclusions de l'appelant en réponse à un

1. Civ. 3e, 3 déc. 2015, n° 13-25.330, *Bull. civ.* III, [à paraître].
2. Bordeaux, 20 févr. 2013, RG n° 12/02130, *D.* 2014. 805, obs. Fricero.
3. Nancy, 17 déc. 2012, RG n° 12/0205, *D.* 2014. 805, obs. Fricero.
4. Paris, 14 mars 2013, RG n° 11/15172, et 28 mai 2013, RG n° 12/05957, *D.* 2014. 805, obs. Fricero.
5. Civ. 2e, 24 sept. 2015, n° 14-22.645, *Bull. civ.* II, [à paraître].
6. Aix-en-Provence, 21 déc. 2012, RG n° 12/09331, *D.* 2014. 805, obs. Fricero.
7. Le délai d'un mois court à compter de l'émission et non de la réception de l'avis du greffe : Civ. 2e, 27 juin 2013, n° 12-19.945, *Bull. civ.* II, n° 141 ; *D.* 2013. 1694 (v. ss n° 211.91).
8. Civ. 2e, 4 sept. 2014, n° 13-22.654, NP; *Procédures* 2015. Comm. 287, obs. Croze.
9. Civ. 2e, 16 oct. 2014, n° 13-17.999, P (préc. ss n° 212.31); *D.* 2015. 518, chron. Adida-Canac, de Leiris et Vasseur.
10. Cass., avis, 21 janv. 2013, n° 12-00.016, *Bull. avis*, n° 4; *JCP* 2013. 135, obs. Gerbay.

incident de nature à mettre fin à l'instance soulevé par l'intimé[1]. Aussi seules les conclusions au fond ou qui tendent à l'extinction de l'instance répondent aux exigences des articles 908 et 909, et non les conclusions tendant au sursis à statuer, à l'interruption de l'instance ou à sa suspension, notamment celles fondées sur l'article 526 du Code de procédure civile, les demandes de communication de pièces ou d'expertise etc.

Et encore faut-il suivre correctement le mode d'emploi du RPVA car la transmission des conclusions sous forme de communication de pièces ne peut, selon la jurisprudence, être tenue pour équivalente ni à la remise au greffe de ces conclusions ni à leur notification aux avocats des autres parties au sens des articles 908 et 911 du Code de procédure civile[2]. Il est également recommandé de bien indiquer le numéro de rôle; en effet dans une affaire où une partie appelante avait déposé, avant la jonction des deux procédures d'appel qu'elle sollicitait, un unique jeu de conclusions, ne comportant pas de mention du numéro d'inscription au répertoire général, le greffe avait enregistré les conclusions sous le numéro de l'appel premier en date, la Cour de cassation a rejeté le pourvoi contre l'arrêt qui avait constaté l'absence de conclusions dans la seconde procédure d'appel et la caducité de celle-ci[3].

La caducité est relevée d'office par ordonnance du conseiller de la mise en état qui statue après avoir provoqué les observations écrites des parties. La circulaire du 31 janvier 2011[4] précise que la tenue d'une audience n'est pas nécessaire. La caducité ne peut être rapportée pour erreur mais l'ordonnance peut être déférée à la cour dans les quinze jours de sa date. Si le conseiller de la mise en état peut relever d'office la caducité, il n'est pas obligé de le faire; il appartient aux intimés d'user de la faculté que leur offre l'article 914 du Code de procédure civile de saisir le conseiller de la mise en état pour qu'il constate la caducité. S'ils se sont abstenus de le faire, ils seront irrecevables à invoquer ce grief devant la Cour de cassation[5].

212.36 Conséquences de la caducité de l'appel. Elles ne sont pas précisées de manière générale par le code. En procédure civile, la doctrine définit la caducité comme « *l'anéantissement, le plus souvent rétroactif, des effets d'un acte de procédure initialement valable* »[6]. En principe, la caducité n'éteint pas le droit de sorte que l'appel devrait pouvoir être renouvelé si le délai pour l'interjeter n'est pas expiré. La sanction de la caducité de l'appel risque de compliquer bien des situations. Bien qu'il ne faille pas confondre caducité et irrecevabilité[7], la caducité, puisqu'elle anéantit l'acte d'appel, met fin non seulement à l'appel principal mais également à l'appel incident. L'instance disparaît rétroactivement entre l'appelant principal et les intimés. Faut-il étendre à la caducité la solution retenue en cas d'irrecevabilité de l'appel principal par l'article 550 du Code de procédure civile et admettre que l'appel incident survit à la caducité de l'appel principal lorsqu'il a été formé dans le délai pour agir à titre principal ? Comme l'avait démontré Tissier au début du XXe siècle, dans ce cas, l'appel n'est incident que dans sa forme mais ce n'est pas la solution retenue par la Cour de cassation. En effet dans un arrêt du 13 mai 2015, la deuxième chambre civile a affirmé que « *l'appel incident, peu important qu'il ait été interjeté dans le délai pour agir à titre principal, ne peut être reçu en cas de caducité de l'appel principal* »[8]. Cette solution est critiquable (v. s^s^ n° 211.189) et dangereuse pour l'intimé car la Cour de cassation a jugé que, même en l'absence de signification du jugement, il n'est pas recevable à relever appel principal s'il s'est abstenu de former un appel incident dans les conditions prévues par l'article 909 du Code de procédure civile[9]. Au vu de ces arrêts il faut conseiller à l'intimé qui souhaite frapper le jugement d'appel de régulariser un appel principal avant que n'expire le délai pour interjeter un appel incident. Il a encore été jugé que « *la notification de conclusions contenant un appel incident par la partie intimée à la partie appelante dont la déclaration d'appel encourt la caducité, faute de signification de ses conclusions d'appel dans le délai requis, ne peut faire échec, en la régularisant, à la sanction procédurale spécifique prévue par l'article 908 du Code de procédure civile* »[10]. Cette solution est logique, la caducité est une sanction de la négligence de l'appelant principal et l'appel incident ne doit pas lui permettre d'y échapper. L'appel incident ne peut pas faire revivre un appel principal caduc.

En cas de pluralité d'intimés, si les prescriptions de l'article 902 ne sont pas respectées à l'égard d'un

1. Civ. 2e, 28 mai 2015, n° 14-28.233, *Bull. civ.* II, [à paraître]; *Procédures* 2015. Comm. 251, obs. Croze; *D.* 2015. 1794, n° 4, chron. Adida-Canac, de Leiris et Vasseur; *D.* 2016. 452, obs. Fricero.
2. Civ. 2e, 28 mai 2015, n° 14-28.233, P (préc. s^s^ prés^t^ n°).
3. Civ. 2e, 12 mai 2016, n° 15-14.096, *Bull. civ.* II, [à paraître]; *Procédures* 2015. Comm. 251, obs. Croze
4. Circ. CIV/16/10, 31 janv. 2011, NOR : JUSC1033672C (v. s^s^ n° 45.02).
5. Civ. 2e, 17 oct. 2013, n° 12-21.242, *Bull. civ.* II, n° 198; *D.* 2014. 579, chron de Leiris; *ibid.* 803, obs. Fricero.
6. N. Fricero, *J.-Cl. Pr. civ.*, fasc. 680, n° 1.
7. N. Fricero, *J.-Cl. Pr. civ.*, fasc. 680, n° 6.
8. Civ. 2e, 13 mai 2015, n° 14-13.801, *Bull. civ.* II, [à paraître]; *D. Actualité*, 1er juin 2015, obs. Kébir; *Procédures* 2015. Comm. 214, obs. Croze.
9. Civ. 2e, 4 déc. 2014, n° 13-25.684, NP; *D.* 2015. 287.
10. Civ. 2e, 13 nov. 2014, n° 13-24.142, *Bull. civ.* II, [à paraître]; *JCP* 2015. 424, n° 10, obs. Amrani-Mekki; *Procédures* 2015, n° 4, obs. Croze.

seul intimé, la caducité de la déclaration d'appel n'aura pas d'effet sur les autres à moins qu'il y ait indivisibilité à l'égard de plusieurs parties (C. pr. civ., art. 553). Dans ce dernier cas, la caducité jouera à l'égard de toutes les parties. Lorsque la caducité n'est que partielle, les autres intimés pourront régulariser un appel incident.

L'appelant principal peut-il prendre prétexte de l'appel incident qui survit à la caducité partielle pour former à son tour un appel incident ou un appel provoqué ? La jurisprudence permet de dégager un certain nombre de solutions. La Cour de cassation a jugé[1], bien avant l'entrée en vigueur du décret du 9 décembre 2009, que « l'appel provoqué » d'une partie, formé contre les mêmes parties et aux mêmes fins que l'appel principal qu'elle avait antérieurement interjeté et qui avait été déclaré tardif, est également irrecevable. Il ne suffit pas de qualifier un appel de « provoqué » ou « d'incident » pour pouvoir renouveler un appel principal irrecevable pour tardiveté ou frappé de caducité. En réalité, un appel incident ou un appel provoqué ne peut valablement émaner de l'appelant principal que lorsqu'il découle de l'appel incident formé par l'intimé. Il a encore été jugé que l'appelant principal qui n'a dirigé son appel initial que contre une seule partie est irrecevable, après l'expiration du délai d'appel, à former un second appel dirigé contre une autre partie; en l'espèce ce second appel, formé hors délais, ne découlait pas d'un appel incident ultérieur mais constituait en réalité un second appel principal[2]. Nous pouvons déduire de ces arrêts que l'appelant principal, dont l'appel a été déclaré caduc, ne peut, sous couvert d'appel provoqué ou d'appel incident, interjeter un nouvel appel principal. Pour être recevable, l'appel incident ou l'appel provoqué de l'appelant principal doit être suscité par l'appel incident, il doit être une réaction à cet appel incident. Si cette condition est remplie, il faut encore que cet appel incident ou cet appel provoqué soit régularisé par l'appelant principal dans un délai de deux mois à compter de la notification de l'appel incident qui l'a provoqué[3], nonobstant la rédaction des dispositions de l'article 909 du Code de procédure civile qui ne visent que l'obligation pesant sur l'intimé de former un appel incident dans les deux mois à compter de la notification des conclusions de l'appelant. Il serait absurde d'obliger l'intimé à interjeter un appel incident dans les deux mois et de ne pas enfermer l'appelant qui forme un appel incident ou un appel provoqué dans le même délai. En outre, l'article 910 alinéa 1er du Code de procédure civile prévoit que l'intimé à un appel incident ou à un appel provoqué dispose à peine d'irrecevabilité d'un délai de deux mois à compter de la notification qui lui en est faite pour conclure. Dans notre hypothèse l'appelant principal a la qualité d'intimé, il doit donc conclure dans les deux mois à compter de la notification de l'appel incident et former, le cas échéant, son propre appel incident. En cas de non-respect du délai de deux mois, l'irrecevabilité pourra être relevée d'office.

212.37 Responsabilité de l'auteur de l'acte caduc. La mauvaise exécution du mandat *ad litem* engage la responsabilité de l'avocat qui devra réparer les conséquences de la caducité de l'appel intervenue par sa faute. Il en est de même pour l'huissier de justice qui n'a pas respecté les délais de signification imposés par les articles 902 et 911 du code. Le préjudice sera évalué en fonction des chances d'obtenir la réformation du jugement en appel. Il semble que l'on puisse en outre assimiler un **acte caduc** à un **acte injustifié** et faire application des dispositions de l'article 698 du Code de procédure : « *Les dépens afférents aux instances, actes et procédures d'exécution injustifiés sont à la charge des auxiliaires de justice qui les ont faits, sans préjudice des dommages-intérêts qui seraient réclamés* [...] »[4]. Il faut ici rappeler qu'une déclaration d'appel nulle interrompt le délai d'appel et en fait courir un nouveau car l'article 2241 alinéa 2 du Code civil, selon lequel l'annulation par l'effet d'un vice de procédure de l'acte de saisine de la juridiction interrompt les délais de prescription et de forclusion, s'applique à la décision d'annulation d'une déclaration d'appel fondée sur l'article 117 du Code de procédure civile[5].

212.38 Sanctions encourues par les intimés et l'intervenant forcé : irrecevabilité des conclusions. Si l'intimé n'a pas répliqué aux conclusions d'appel et, le cas échéant, n'a pas formé appel incident dans un délai de deux mois à compter de la notification des conclusions d'appel, ses conclusions seront déclarées irrecevables, au besoin d'office (C. pr. civ., art. 909). Les pièces communiquées et déposées au soutien de conclusions irrecevables doivent être écartées des débats[6]. Toutefois le

1. Civ. 2e, 3 janv. 1985, no 83-10.039, *Bull. civ.* II, no 1.
2. Civ. 2e, 4 déc. 2003, no 01-15.027, *Bull. civ.* II, no 357.
3. Civ. 2e, 9 janv. 2014, no 12-27.043, P (préc. ss no 212.32); *D.* 2014. 795, obs. Fricero; *D.* 2014. 1728, chron. Vasseur, de Leiris et Adida-Canac.
4. P. Bertin, « Le grand Noël du procédurier, la procédure devant le tribunal de grande instance, les frais et dépens », *Gaz. Pal.* 1976. 1. Doctr. 424 s., spéc. nos 161 s. – N. Fricero, *Gaz. Pal.* 1976, no 100.
5. Civ. 2e, 16 oct. 2014, no 13-22.088, *Bull. civ.* II, no 215; *Procédures* 2014. Comm. 312, obs. Croze; *D.* 2014. 2118; *D.* 2015. 287, obs. Fricero; *D.* 2015. 519, chron. Vasseur, de Leiris et Adida-Canac.
6. Civ. 2e, 13 nov. 2015, no 14-19.931, *Bull. civ.* II [à paraître]; *Procédures* 2016. Comm. 40, obs. Croze.

défaut de communication de pièces ne prive pas à lui seul les juges du fond de la connaissance des moyens et des prétentions de l'appelant[1]. Et la Cour de cassation a rappelé qu'il résulte de l'article 472 du Code de procédure civile que si, en appel, l'intimé ne conclut pas, il est néanmoins statué sur le fond et le juge doit faire droit aux prétentions et moyens de l'appelant que dans la mesure où il les estime réguliers, recevables et bien fondés; il ne peut se contenter de rejeter toutes les prétentions de l'intimé au motif que les conclusions de ce dernier ayant été déclarées irrecevables, aucun moyen n'est opposé aux parties adverses qui concluent à son débouté[2].

L'intimé à un appel incident ou provoqué dispose du même délai pour conclure, s'il ne le fait pas en temps requis, ses écrits seront déclarés irrecevables (C. pr. civ., art. 910, al. 1er). Quant à l'intervenant forcé, s'il ne conclut pas dans les trois mois à compter de la notification de la demande d'intervention formée à son encontre, ses conclusions seront également déclarées d'office irrecevables (C. pr. civ., art. 910, al. 2).

Saisie d'une demande d'avis, la Cour de cassation a eu l'occasion de préciser qu'un intimé n'est pas tenu de signifier ses conclusions à un co-intimé défaillant à l'encontre duquel il ne formule aucune prétention, sauf en cas d'indivisibilité entre les parties ou lorsqu'il sollicite confirmation du jugement contenant des dispositions qui lui profitent et qui nuisent au co-intimé défaillant. Le conseiller de la mise en état doit d'office prononcer l'irrecevabilité des conclusions; en cas d'indivisibilité entre les parties, celles-ci peuvent soulever l'irrecevabilité. Et l'irrecevabilité doit être prononcée à l'égard du seul intimé concerné par le défaut de signification, sauf en cas d'indivisibilité entre les parties[3].

L'intimé dont les conclusions ont été déclarées irrecevables peut-il répliquer à de nouvelles conclusions de l'appelant ? Les cours d'appel retiennent des solutions divergentes[4]. Si l'on considère que le respect des droits de la défense conduit à autoriser l'intimé à répliquer, seule la réplique à de nouveaux moyens de l'appelant devrait être admise.

1. Civ. 2e, 3 déc. 2015, no 14-25.413, *Bull. civ.* II [à paraître]; *Procédures* 2016. Comm. 40, obs. Croze; *D.* 2016. 737, chron. Vasseur, Leiris et Adida-Canac; *JCP* 2016. 414, no 8, obs. Amrani-Mekki.
2. Civ. 2e, 3 déc. 2015, no 14-26.676, *Bull. civ.* II [à paraître]; *Procédures* 2016. Comm. 40, obs. Croze.
3. Cass., avis, 2 avr. 2012, nos 12-00.002 et 12-00.003, P (préc. ss no 212.32).
4. ACCORDANT à l'intimé le droit de répondre à de nouveaux moyens : Paris, pôle 5, 4 sept. 2014, RG no 14/00893, *D.* 2015. 294, obs. Fricero – REFUSANT à l'intimé le droit de former un appel incident ou provoqué : Rennes, 18 nov. 2014, RG no 13/04419, *D.* 2015. 294, obs. Fricero.

212.39 Principe de concentration des appels. Comme l'a remarqué Natalie Fricero[5], apparaît dans la jurisprudence de la deuxième chambre civile de la Cour de cassation un principe de « concentration des appels ». Ainsi, une seconde déclaration d'appel identique à la première, formée contre le même jugement et intimant la même partie, ne fait pas courir un nouveau délai de trois mois. L'appelant est tenu de conclure dans le délai de trois mois courant à compter de la première sous peine de caducité de ses deux déclarations d'appel[6].

Elle a jugé qu'une partie n'était pas recevable à relever un appel principal d'un jugement non signifié alors qu'elle s'était abstenue de former un appel incident[7]. Il est vrai que cette solution n'est pas nouvelle[8]. La Cour de cassation a encore retenu qu'après avoir constaté que « l'appel provoqué » d'une partie avait été formé contre les mêmes parties et aux mêmes fins que l'appel principal qu'elle avait antérieurement interjeté et qui a été déclaré tardif, une cour d'appel a pu retenir que cette partie, déclarée irrecevable pour agir à titre principal, était également irrecevable pour le faire par la voie de « l'appel provoqué »[9]. Il est clair que ces solutions privent les parties de toute possibilité d'échapper aux sanctions prévues aux articles 908 à 911 du Code de procédure civile.

B. Seconde phase

212.41 Clôture ou nouveaux échanges de conclusions. Le décret du 9 décembre 2009 réduit la possibilité pour les parties de compléter leur argumentation dans des conclusions ultérieures. Il prévoit en effet que le conseiller de la mise en état examine l'affaire dans les quinze jours suivant l'expiration des délais pour conclure et communiquer les pièces et il arrête la date de clôture et celle des plaidoiries. Toutefois, si l'affaire nécessite de nouveaux échanges de conclusions, il en fixe le calendrier, après avoir recueilli l'avis des avocats (C. pr. civ., art. 912). C'est le conseiller de la mise en état qui apprécie s'il faut autoriser un nouvel échange de conclusions et, pour fixer un calendrier, il n'a plus besoin, comme en première instance, de l'accord mais simplement de l'avis des parties. S'il estime l'affaire en état d'être jugée, le magistrat peut-il prononcer la clôture sans prendre l'avis des parties ? La réponse est négative. En effet, même si l'on estime que l'article 912

5. N. Fricero, *D.* 2015. 294.
6. Civ. 2e, 21 janv. 2016, no 14-18.631, *Bull. civ.* II [à paraître]
7. Civ. 2e, 4 déc. 2014, no 13-25.684 NP; *D.* 2015. 295, obs. Fricero.
8. Civ. 2e, 28 mai 2003, no 01-12.177, *Bull. civ.* II, no 160.
9. Civ. 2e, 3 janv. 1985, no 83-10.039, *Bull. civ.* II, no 1.

alinéa 2 ne lui impose de prendre l'avis des parties que pour la fixation des dates du calendrier, le nouvel article 907 du code précise que l'affaire est instruite sous le contrôle d'un magistrat chargé de la mise en état dans les conditions prévues par les articles 763 à 787 du code. Or l'article 764 indique que ce juge fixe au fur et à mesure les délais nécessaires à l'instruction de l'affaire, eu égard à la nature, à l'urgence et à la complexité de celle-ci et après avoir provoqué l'avis des avocats, ce qui implique qu'avant de prononcer la clôture le juge doit obligatoirement consulter les parties.

Un plaideur qui souhaite éviter une clôture immédiate devra déposer de nouveaux écrits avant cette audience de mise en état. Si ses écrits comportent effectivement des éléments nouveaux, le principe de la contradiction impose un nouvel échange de conclusions. Dans un avis du 21 janvier 2013, la Cour de cassation a précisé que dans la procédure ordinaire avec représentation obligatoire en appel, les parties peuvent, jusqu'à la clôture de l'instruction, invoquer de nouveaux moyens[1]. La deuxième chambre civile a repris cette solution et jugé qu'**en l'absence de calendrier de procédure fixé par le conseiller de la mise en état** à l'occasion de l'examen de l'affaire auquel il procède après l'expiration des délais pour conclure et communiquer les pièces, **les parties peuvent, jusqu'à la clôture de l'instruction, invoquer de nouveaux moyens et conclure à nouveau.** En conséquence elle a cassé un arrêt qui, pour déclarer irrecevables les écritures d'une partie déposées postérieurement à l'échange des conclusions prévues par les articles 908 à 910 du Code de procédure civile, avait retenu que cette partie s'était abstenue de répondre à l'interrogation du conseiller de la mise en état sur la nécessité d'un nouveau calendrier en vue d'un nouvel échange de conclusions[2].

Les représentants des parties doivent veiller à ce que la célérité ne l'emporte pas sur le respect des principes fondamentaux de la procédure, dont le principe de la contradiction et soulever le moyen tiré de sa violation chaque fois qu'il ne leur sera pas permis de répliquer, par de nouveaux écrits ou par la production de nouvelles pièces, à tout élément nouveau susceptible d'exercer une influence sur l'issue du litige; si cet élément nouveau a été produit tardivement, il faudra demander qu'il soit écarté (v. s^s n° 212.42).

212.42 Calendrier de procédure. L'article 764 alinéa 2 du code, modifié par le décret du 28 décembre 2005[3] et applicable à la procédure d'appel (C. pr. civ., art. 907), prévoit la possibilité, pour le magistrat de la mise en état, de fixer après avoir recueilli l'accord des avocats, un calendrier de procédure comportant le nombre prévisible et la date des échanges de conclusions, la date de la clôture, celle des débats et celle du prononcé de la décision. Nous venons de voir qu'en appel il est inutile d'obtenir l'accord des avocats, leur avis est suffisant. Les délais fixés dans le calendrier de la mise en état ne peuvent être prorogés qu'en cas de cause grave et dûment justifiée. La carence des parties peut être sanctionnée par la radiation et si l'un des avocats n'accomplit pas les actes de procédure dans le délai imparti, le juge peut ordonner la clôture à son égard d'office ou à la demande d'une autre partie; dans ce cas une copie de l'ordonnance est adressée à la partie défaillante, à son domicile réel ou à sa résidence. Le juge peut rétracter l'ordonnance de clôture partielle, d'office ou lorsqu'il est saisi de conclusions à cette fin mais seulement pour permettre de répliquer à des demandes ou des moyens nouveaux présentés par une partie après cette ordonnance ou encore en cas de cause grave, dûment justifiée (C. pr. civ., art. 780). Enfin, il faut ajouter que les conclusions postérieures à l'ordonnance de clôture par lesquelles une partie demande la révocation de cette ordonnance ou le rejet des débats des conclusions ou productions de dernière heure de l'adversaire sont recevables et que la cour doit se prononcer sur ces conclusions[4].

212.43 Suspension de l'instance. Deux causes de suspension de l'instance, la radiation et le retrait du rôle, peuvent poser des problèmes. Si l'affaire est radiée du rôle par application de l'article 526 du Code de procédure civile (v. s^s n° 212.156) parce que l'appelant ne justifie pas avoir exécuté la décision frappée d'appel ou avoir procédé à la consignation prévue à l'article 521, comment éviter tout risque de caducité ou d'irrecevabilité pour non-respect des dispositions des articles 908 à 910 ? La suspension de l'instance ne remet pas en cause l'efficacité des actes accomplis avant la radiation de sorte que, si toutes les parties ont régulièrement et préalablement conclu au fond ou ont soulevé un incident de nature à mettre fin à l'instance, elles n'encourent pas de sanction. Si la radiation intervient pendant la première phase de la procédure alors que toutes les parties n'ont pas conclu, elles pourront cependant le faire dans les délais imposés par les articles 908 à 910 car les actes accomplis après la

1. Cass., avis, 21 janv. 2013, n° 12-00.018, *Bull. avis*, n° 5.
2. Civ. 2e, 4 juin 2015, n° 14-10.548, *Bull. civ.* II [à paraître]; *D.* 2015. 1794, n° 4, chron. Vasseur, de Leiris et Adida-Canac.
3. Décr. n° 2005-1678, 28 déc. 2005, relatif à la procédure civile, à certaines procédures d'exécution et à la procédure de changement de nom, *JO* 29 déc., texte 67.
4. Civ. 1re, 8 juill. 2015, n° 14-14942, NP; *Procédures* 2015. Comm. 286, obs. Strickler.

radiation et avant le rétablissement de l'affaire sont valablement effectués et seront pris en considération en cas de poursuite régulière de l'instance. La solution est la même si les parties sollicitent un retrait du rôle dans les formes prévues à l'article 382 du Code de procédure civile. En effet si les parties sont d'accord, elles peuvent décider de solliciter un retrait du rôle, prendre le temps qu'il leur faut pour transiger ou mettre l'affaire en état d'être plaidée, puis solliciter une nouvelle inscription au rôle. Mais doivent-elles conclure avant de solliciter cette mesure pour ne pas encourir le risque d'une caducité ou d'une irrecevabilité ? Il est inutile d'attendre d'avoir conclu pour solliciter le retrait du rôle, en revanche il est nécessaire de respecter les délais imposés par les articles 908 à 910, même si l'instance est suspendue, afin de ne pas encourir les sanctions prévues par ces articles en cas de rétablissement de l'instance. Dans ce cas, les actes accomplis avant et pendant la suspension de l'instance sont valables. Il a été jugé que les pourparlers transactionnels ne sont pas une cause de suspension du délai de caducité de l'article 908 du Code de procédure civile [1].

212.44 La question prioritaire de constitutionnalité. Elle peut être soulevée pour la première fois en appel. Sur le plan formel, elle doit être présentée « *dans un écrit distinct et motivé* » [2]. Est-ce que cet écrit dispense les parties de respecter les délais pour conclure des articles 908 à 910 en attendant que le juge du fond, la Cour de cassation et éventuellement le Conseil constitutionnel se prononcent ? La réponse est négative. En effet, la Cour de cassation a précisé que les conclusions exigées par les articles 908 et 909 du Code de procédure civile sont celles qui déterminent l'objet du litige ou soulèvent un incident de nature à mettre fin à l'instance [3]. En outre, selon l'article 23-3 de l'ordonnance de 1958 : « *Le cours de l'instruction n'est pas suspendu et la juridiction peut prendre les mesures provisoires ou conservatoires nécessaires* ». En revanche, le conseiller chargé de la mise en état devra prononcer un sursis à statuer jusqu'à la décision de la Cour de cassation ou, en cas de transmission de la question, du Conseil constitutionnel.

212.45 Clôture et dépôt des pièces au greffe. Soit à l'issue de la première phase et plus précisément dans les quinze jours qui suivent l'expiration des délais pour conclure et communiquer les pièces, soit à la date prévue dans le calendrier, le conseiller de la mise en état prononce la clôture et fixe les dates des plaidoiries. Une copie de l'ordonnance est délivrée aux avocats. Cette ordonnance de clôture n'est pas motivée et, simple mesure d'administration judiciaire, elle ne peut être frappée d'aucun recours. Elle pourra être révoquée d'office ou à la demande d'une partie dans les cas prévus à l'article 784 du code, c'est-à-dire si se révèle une cause grave depuis qu'elle a été rendue, par une ordonnance motivée du conseiller de la mise en état ou après l'ouverture des débats par une décision de la cour. La constitution d'avocat postérieurement à la clôture n'est pas en soi une cause de révocation et l'intervention volontaire formée après la clôture de l'instruction n'entraîne la révocation de l'ordonnance que si la cour ne peut statuer immédiatement sur le tout (C. pr. civ., art. 784). Sous réserve des exceptions posées par l'article 783 du code [4], sont irrecevables les conclusions et les pièces postérieures à l'ordonnance de clôture.

L'ordonnance de clôture est rendue à l'heure indiquée dans le RPVA. En effet, c'est le moment où le message informant de l'ordonnance de clôture est diffusé par RPVA qui compte et il est inutile de rechercher quand cette ordonnance a été communiquée ou notifiée aux parties [5]. Même les conclusions déposées avant l'ordonnance de clôture mais tardivement peuvent être déclarées irrecevables par application des articles 15 et 16 du code [6]. Cependant les juges du fond doivent répondre aux conclusions qui sollicitent le rejet de conclusions ou de pièces qui n'auraient pas été déposées en temps utile, au sens de l'article 15 du Code de procédure civile, qu'elles soient déposées avant ou après l'ordonnance de clôture [7]. La formation de jugement pourra écarter des débats les pièces communiquées tardivement par application des articles 15 et 135; les juges du fond apprécient souverainement si les pièces ont été communiquées en temps utile [8].

1. Aix-en-Provence, 21 déc. 2012, RG n° 12/09331, *D.* 2014. 805, obs. Fricero.
2. Ord. n° 58-1067, 7 nov. 1958, art. 23-1, mod. par L. org. n° 2009-1523, 10 déc. 2009, *JO* 11 déc., p. 21379.
3. Cass., avis, 21 janv. 2013, n° 12-00.018, P (préc. s[s] n° 212.41).
4. Il s'agit des demandes en intervention volontaire, des conclusions relatives aux loyers, arrérages, intérêts et autres accessoires échus et aux débours faits jusqu'à l'ouverture des débats si leur décompte ne peut faire l'objet d'aucune contestation sérieuse, des demandes de révocation de l'ordonnance de clôture, des conclusions qui tendent à la reprise de l'instance en l'état où celle-ci se trouvait au moment de son interruption.
5. Civ. 2e, 13 nov. 2015, n° 15-10.844, NP; *Procédures* 2016. Comm. 42, obs. Croze.
6. Civ. 2e, 10 mars 2009, n° 08-10.818, NP; *Procédures* 2009. Comm. 134, obs. Perrot.
7. Civ. 1re, 20 juin 2012, n° 11-12.122, *Bull. civ.* II, n° 136; *JCP* 2012. 1008, obs. Croze.
8. Cass., ch. mixte, 3 févr. 2006, n° 04-30.592, *Bull. ch. mixte*, n° 2; *D.* 2006. 1268, obs. Bolze; *RTD civ.* 2006. 374, obs. Perrot; *JCP* 2006. II. 10088, note Salati (pièces communiquées trois jours avant l'ordonnance de clôture).

L'article 912 *in fine* prévoit que les dossiers comprenant les copies des pièces visées dans les conclusions et numérotées dans l'ordre du bordereau récapitulatif sont déposés à la cour, quinze jours avant la date de plaidoirie. Il s'agit de permettre au magistrat chargé du rapport de prendre connaissance des pièces produites afin de favoriser l'efficacité et l'interactivité des débats. Il convient cependant d'observer que ce texte ne prévoit pas de sanction en cas de non-respect de ses dispositions.

§ 2
Conclusions et pièces

212.50 Division. Le nouvel article 906 du Code de procédure civile, assez mal rédigé, prévoit que les conclusions sont notifiées et les pièces communiquées simultanément par l'avocat de chacune des parties à celui de l'autre partie et même lorsqu'il y a de nombreuses parties, elles doivent l'être à tous les avocats constitués. Copie des conclusions est remise au greffe avec la justification de leur notification. Les conclusions (A) et la communication des pièces (B) présentent des particularités en appel; la dématérialisation de la procédure devient obligatoire (C).

A.
Conclusions

212.60 Introduction. Comme en première instance, les conclusions fixent les prétentions des parties et le juge doit se prononcer sur tout ce qui est demandé et seulement sur ce qui est demandé (C. pr. civ., art. 5). Les conclusions doivent respecter des exigences formelles, leur contenu est de plus en plus réglementé afin de faciliter le travail des magistrats et de préparer la communication électronique.

1°
Formes

212.61 Signature. Les conclusions doivent être signées par l'avocat constitué (C. pr. civ., art. 961). Il a seul qualité pour représenter les parties et conclure en leur nom. Il a ainsi été jugé qu'« *en appel, les prétentions des parties ainsi que les moyens sur lesquels elles sont fondées sont formulés dans des conclusions qui, dans les procédures avec représentation obligatoire, doivent être signées par l'avoué constitué, lequel a seul qualité pour représenter les parties et conclure en leur nom. C'est dès lors à bon droit qu'après avoir relevé que l'avoué d'une partie, indiquant qu'il agissait sur l'ordre formel de son client, avait déposé un document intitulé* "conclusions" *ne comportant aucune signature, qu'une cour d'appel qui était tenue d'examiner la valeur et la portée de toutes les écritures et documents régulièrement versés par l'avoué aux débats, a décidé que le document ne pouvait être considéré comme valant conclusions* »[1].

212.62 Indications. L'article 961 précise que les conclusions des parties ne sont pas recevables tant que les indications mentionnées à l'alinéa 2 de l'article 960 n'ont pas été fournies (▶ v. s^s n° 21.01, 5°). Il est inutile de rapporter la preuve d'un grief[2]. Ces indications sont celles exigées pour la constitution d'avocat. Si la partie est une personne physique, il faut préciser ses nom, prénoms, profession, domicile, nationalité, date et lieu de naissance; s'il s'agit d'une personne morale, sa forme, sa dénomination, son siège social et l'organe qui la représente légalement. Le défaut d'indication de ces mentions ou leur inexactitude n'est pas sanctionné par la nullité[3] mais par l'irrecevabilité temporaire des conclusions. Il a été jugé que : « *Ne méconnaissent pas les garanties de l'article 6 § 1 de la Convention européenne de sauvegarde des droits de l'homme et des libertés fondamentales, et notamment le principe du droit d'accès au juge, les dispositions de l'article 961 du nouveau Code de procédure civile qui édictent une irrecevabilité temporaire des conclusions d'appel tant que les indications mentionnées à l'alinéa 2 de l'article 960 n'ont pas été fournies, dès lors que ces renseignements sont nécessaires à la sauvegarde des droits de son adversaire et qu'il suffit à la partie concernée de les communiquer pour régulariser la procédure* »[4]. Ces exigences sont imposées à toutes les parties bien que l'article 960 ne concerne ni l'appelant[5], ni l'intervenant volontaire[6]. La plupart des décisions sont relatives au siège social ou au domicile d'une partie. Ont ainsi été jugées irrecevables les conclusions d'une personne morale dans lesquelles elle était désignée sous son ancienne dénomination et qui faisaient mention de l'adresse d'un siège social qui n'était plus exacte par suite de son transfert[7]. Sont irrecevables les conclusions d'une partie qui n'a pas répondu à la sommation d'indiquer son domicile actuel[8]. Il a été jugé que sont irrecevables les conclu-

1. Civ. 2e, 11 oct. 1995, n° 93-15.415, *Bull. civ.* II, n° 232; *RTD civ.* 1996. 141, obs. Hauser.
2. Civ. 2e, 8 nov. 2001, n° 00-14.440, NP.
3. Civ. 2e, 8 déc. 1982, n° 81-15.586, *Bull. civ.* II, n° 161 – Civ. 2e, 10 oct. 1990, n° 89-15.280, *Bull. civ.* II, n° 186; *RTD civ.* 1991. 171, obs. Perrot.
4. Civ. 2e, 14 oct. 2004, n° 02-15.457, *Bull. civ.* II, n° 459; *D.* 2005. 335 obs. Julien et Fricero, *Dr. et proc.* 2005. 92, obs. Fricero.
5. Paris, 21 févr. 1985, *Bull. ch. avoués* 1985. 14; Paris, 23 oct. 1993, *Bull. ch. avoués* 1993. 4. 124 – CONTRA : Paris, 3 nov. 1989, *Bull. ch. avoués* 1989. 4. 115; Paris, 1er déc. 1993, *Bull. ch. avoués* 1994. 1. 16.
6. Civ. 2e, 17 déc. 1998, n° 96-20.411, *Bull. civ.* II, n° 302.
7. Civ. 2e, 14 oct. 2004, n° 02-15.457, P (préc. s^s prés^t n°) – Civ. 2e, 24 sept. 2015, n° 14-23.169, *Bull. civ.* II [à paraître].
8. Paris, 5 juill. 1977, *D.* 1978. IR 153 obs. Julien.

sions de l'appelant qui « *ne peut prétendre se soustraire à l'obligation de fournir les indications mentionnées à l'alinéa 2 de l'article 960 du nouveau Code de procédure au motif qu'il est sans domicile fixe et qu'il demeure poste restante* »[1]. Cet arrêt a appelé des réserves de la part de la doctrine dans la mesure où une interprétation très stricte des dispositions du code ne doit pas conduire à méconnaître le droit d'accès au juge des plus défavorisés[2]. Et des juges du fond ont admis la recevabilité des conclusions d'une partie en instance de divorce et sans domicile fixe qui avait donné l'adresse d'un ami chez qui il ne demeurait pas[3]. En réalité, c'est la volonté délibérée de ne pas communiquer le lieu où l'on demeure qui doit être sanctionnée. Celui qui soulève l'irrecevabilité des conclusions doit démontrer que le domicile indiqué n'est pas le domicile réel[4]. L'omission peut être régularisée avant que le juge ne statue[5], les conclusions deviennent recevables et sont opposables à la date à laquelle elles ont été signifiées[6].

212.63 Notification. L'article 911 du Code de procédure civile prévoit que les conclusions sont notifiées aux avocats des parties dans le délai de leur remise au greffe de la cour, sous peine des sanctions prévues aux articles 908 à 910 (caducité de la déclaration d'appel ou irrecevabilité des conclusions). Il ajoute : « *Sous les mêmes sanctions, elles sont signifiées dans le mois suivant l'expiration de ce délai aux parties qui n'ont pas constitué avocat; cependant, si, entre-temps, celles-ci ont constitué avocat avant la signification des conclusions, il est procédé par voie de notification à leur avocat* ».

L'intimé doit-il signifier ses conclusions à un co-intimé défaillant à l'encontre duquel il ne formule aucune prétention ? Saisie d'une demande d'avis, la Cour de cassation a répondu par la négative, sauf en cas d'indivisibilité entre les parties ou lorsque l'intimé sollicite confirmation du jugement contenant des dispositions qui lui profitent et nuisent au co-intimé défaillant. Le conseiller de la mise en état doit d'office prononcer l'irrecevabilité des conclusions mais en cas d'indivisibilité entre les parties, celles-ci peuvent soulever l'irrecevabilité. L'irrecevabilité doit être prononcée à l'égard du seul intimé concerné par le défaut de signification, sauf en cas d'indivisibilité entre les parties[7].

Les conclusions déposées avant l'ordonnance de clôture mais notifiées au représentant de la partie adverse après celle-ci sont irrecevables[8].

212.64 Remise au greffe. L'acceptation par le greffe d'une cour d'appel du dépôt de conclusions fait présumer que ce dépôt n'a pu être accepté par le greffe que sur justification de leur notification[9]. Conformément aux dispositions de l'article 966 du Code de procédure civile, elle est constatée par la mention de la date de remise et le visa du greffier sur la copie, ainsi que sur l'original qui est immédiatement restitué. Cette formalité permet de vérifier si l'acte a bien été déposé dans les délais. Elle ne s'applique pas lorsque l'on recourt à la communication électronique. Mais des conclusions adressées au greffe de la cour par télécopie sont irrecevables[10]. Depuis le 1er janvier 2013, les conclusions ne peuvent plus être remises que par voie électronique sous peine d'irrecevabilité relevée d'office (C. pr. civ., art. 930-1 - V. ss no 212.123). Dans une espèce[11] où la notification avait été effectuée de manière irrégulière, la Cour de cassation a jugé « *qu'ayant constaté que les conclusions transmises au greffe le 18 avril 2012 l'avaient été sans respecter les formes alors imposées par les textes en vigueur* [la voie électronique], *la cour d'appel, qui n'avait pas à rechercher si cette irrégularité avait causé un grief aux intimés dès lors que la caducité était encourue au titre, non pas d'un vice de forme de la notification des conclusions entre avocats, mais de l'absence de conclusions remises au greffe dans les délais requis, en a exactement déduit que les appelants n'avaient pas conclu dans le délai qui leur était imparti* ». **Pour la Cour de cassation l'obligation de procéder par la voie électronique n'est pas une simple condition de forme.** Elle ajoute que la **caducité de la déclaration d'appel** résultant de ce que ces conclusions n'ont pas été remises au greffe dans le délai imparti par la loi ne constitue pas une sanction disproportionnée au but poursuivi, qui est d'assurer la célérité et l'efficacité de la procédure d'appel, et n'est pas contraire aux exigences de l'article 6 § 1 de la Convention de sauvegarde des droits de l'homme et des libertés fondamentales. Mais dans une affaire où le greffe avait établi un avis de refus de conclusions d'appel remises par voie électronique en raison de l'absence

1. Angers, 5 oct. 1999, *D.* 2001. 156, note Cholet.
2. *D.* 2001. 156, note Cholet – J.-L. Gallet, *La procédure civile devant la cour d'appel*, 2e éd., Litec, 2010, p. 150.
3. Paris, 2 déc. 1998, *Bull. ch. avoués* 1999. 1. 4.
4. Civ. 2e, 10 mars 2005, no 03-14.577, *Bull. civ.* II, no 62; *JCP* 2005. IV. 1883.
5. Civ. 2e, 29 janv. 2015, no 13-23.546, NP.
6. Paris, 24 avr. 1990, *Bull. ch. avoués* 1990. 2. 48.
7. Cass., avis, 2 avr. 2012, nos 12-00.002 et 12-00.003, P (préc. ss nos 212.32 et 212.38).
8. Civ. 2e, 27 avr. 1981, no 80-12.654, *Bull. civ.* II, no 111; *Gaz. Pal.* 1981. 646, note Viatte; *D.* 1983. IR 157, obs. Julien; *RTD civ.* 1981. 898, obs. Perrot.
9. Civ. 2e, 11 oct. 1978, no 76-15.285, *Bull. civ.* II, no 204; *JCP* 1978. IV. 344; *RTD civ.* 1979. 191, obs. Perrot.
10. Civ. 2e, 13 juin 2002, no 00-20.674, *Bull. civ.* II, no 127; *D.* 2002. 2233.
11. Civ. 2e, 24 sept. 2015, no 13-28.017, *Bull. civ.* II, [à paraître]; *Procédures* 2015. Comm. 346, obs. Croze.

de référence du numéro de rôle qui avait été communiqué à l'appelant, la Cour de cassation a cassé l'arrêt qui avait jugé que faute d'avis de réception du destinataire les conclusions d'appel n'avaient pas été déposées, au motif « *qu'en statuant ainsi, alors que l'envoi par l'appelante au greffe du fichier contenant ses conclusions, selon les règles de la communication par voie électronique, effectué dans le délai de trois mois de la déclaration d'appel, et parvenu au greffe ainsi que l'établissait l'avis de refus, valait à son égard remise au greffe, la cour d'appel a violé les textes susvisés* »[1]. Rappelons que le numéro de rôle ne fait pas partie des mentions exigées par les articles 960 et 961 du Code de procédure civile pour les conclusions devant la cour d'appel. Mais en cas de pluralité d'appels, il est plus prudent de déposer un jeu de conclusions dans chaque procédure en indiquant le numéro d'inscription au répertoire général[2].

2°
Contenu

212.71 **Prescriptions.** À l'origine le Code de procédure civile ne contenait pas de règles concernant la rédaction des conclusions. C'est le décret du 7 novembre 1979[3] qui le premier a édicté des règles particulières pour faciliter le contrôle de la Cour de cassation sur la motivation des décisions des cours d'appel (C. pr. civ., art. 954). Il a été modifié par la suite et complété par plusieurs décrets[4]. Les dispositions qui régissent le contenu des conclusions ne sont pas toutes spécifiques à la procédure d'appel. Les conclusions doivent être à la fois qualitatives et récapitulatives (▶ v. s^s n° 21.01, 5°).

212.72 **Conclusions qualificatives**[5]. Selon l'article 954 du code, « *les conclusions d'appel doivent formuler expressément les prétentions des parties et les moyens de fait et de droit sur lesquels chacune de ses prétentions est fondée avec indication pour chaque prétention des pièces invoquées. Un bordereau récapitulatif des pièces est annexé* ». Ce texte n'impose pas un modèle type de conclusions d'appel mais de formuler ses prétentions. Si une partie ne conclut pas, la cour n'est saisie d'aucun moyen[6] et elle ne peut que rejeter l'appel sans méconnaître les règles du procès équitable[7]. La Cour de cassation a déduit de l'obligation d'exposer les prétentions l'irrecevabilité des demandes non chiffrées[8].

Si l'obligation de formuler les moyens de fait est traditionnelle, celle relative aux moyens de droit a été introduite par le décret du 28 décembre 1998. Jusqu'à cette réforme, conformément à l'adage *Da mihi factum dabo tibi jus*, les parties n'étaient pas obligées d'évoquer des moyens de droit à l'appui de leurs prétentions. Comment est sanctionné le non-respect de cette disposition ? Contrairement à l'article 56 du code relatif à l'assignation, l'article 954 ne sanctionne pas la carence des parties par la nullité. Quant à l'irrecevabilité des conclusions, la Cour de cassation a retenu que la non-conformité des écritures des parties aux exigences de l'article 954 ne peut entraîner leur rejet des débats[9]. Mais le conseiller de la mise en état peut inviter les parties à préciser le fondement juridique de leurs prétentions (C. pr. civ., art. 765). Et le juge doit toujours trancher le litige conformément aux règles de droit qui lui sont applicables, donner ou restituer leur exacte qualification aux faits et actes litigieux sans s'arrêter à la dénomination que les parties lui en auraient proposée (C. pr. civ., art. 12).

L'obligation d'indiquer pour chaque prétention les pièces invoquées au soutien de celle-ci résulte du décret du 9 décembre 2009. Faut-il déduire de cette proposition que désormais les pièces communiquées font corps avec les conclusions ? On pouvait raisonnablement retenir de l'avis de la Cour de cassation du 25 juin 2012[10], et surtout des conclusions de l'avocat général, que la réponse à cette question était négative. Cette solution a été clairement confirmée par la suite[11]. Le code ne prévoit pas de sanc-

1. Civ. 2e, 24 sept. 2015, n° 14-20.212, *Bull. civ.* II, [à paraître]; *JCP* 2015. 1125, obs. Bléry; *Procédures* 2015. Comm. 346, obs. Croze.
2. Civ. 2e, 12 mai 2016, n° 15-14.096, NP; *Procédures* 2016. Comm. 248, obs. Croze.
3. Décr. n° 79-941, 7 nov. 1979, portant réforme de la procédure en matière civile devant la Cour de cassation et modifications de certaines dispositions en matière civile de procédure civile, *JO* 9 nov., p. 2775.
4. Décr. n° 85-1330, 17 déc. 1985, modifiant certaines dispositions du nouveau Code de procédure civile, *JO* 18 déc. p. 14723 – Décr. n° 98-1231, 28 déc. 1998, modifiant le Code de l'organisation judiciaire et le nouveau Code de procédure civile, *JO* 30 déc. p. 19904, rect. *JO* 13 févr. 1999, p. 2305 – Décr. n° 2009-1524, 9 déc. 2009, relatif à la procédure d'appel avec représentation obligatoire en matière civile, *JO* 11 déc., p. 21386.
5. R. Martin, « À propos des conclusions qualificatives », *JCP* 1997. I. 4036.
6. Civ. 2e, 9 mai 1985, n° 84-11.216, *Bull. civ.* II, n° 92.
7. Com. 27 juin 2000, n° 98-15.911, *Bull. civ.* IV, n° 131; *D.* 2000. 223; *JCP* 2000. IV. 2439.
8. Civ. 2e, 10 févr. 2000, n° 98-15.287, *Bull. civ.* II, n° 27; *JCP* 2000. II. 10 405, note du Rusquec.
9. Civ. 2e, 26 sept. 2002, n° 00-15.249, *Bull. civ.* II, n° 196; *D.* 2002. 3057.
10. Cass., avis, 25 juin 2012, n° 12-00.005, *Bull. avis*, n° 5, concl. av. gén. Lathoud, rapport cons. Alt; *D.* 2012. 2435, note Alcalde; *D.* 2013. 269, obs. Fricero; *AJDI* 2012. 610, obs. de La Vaissière; *RTD civ.* 2012. 772, obs. Perrot; *JCP* 2012. Actu. 814, obs. Gerbay; *ibid*, p. 2115, note Amrani-Mekki; *Dr. et proc.* 2012. 205, note Salati.
11. Civ. 2e, 30 janv. 2014, n° 12-24.145, *Bull. civ.* II, n° 26; *D.* 2014. 429 et 806, obs. Fricero; *Procédures* 2014. Comm. 97, obs. Perrot; *JCP* 2014. II. 161, obs. Travier et Guichard – Cass., ass. plén., 5 déc. 2014, n° 13-19.674, *Bull. ass. plén.*, [à paraître]; *D.* 2015. 294, obs. Fricero.

tion à la méconnaissance de cette nouvelle obligation mais le conseiller de la mise en état peut enjoindre aux avocats de mettre leurs conclusions en conformité avec les dispositions de l'article 954 (C. pr. civ., art. 913). L'importance du bordereau récapitulatif des pièces, annexé aux conclusions, doit être soulignée (v. s^s n°s 212.81 s.). Il permet de déterminer les pièces qui ont été versées au débat et il résulte de l'article 961 du code que la signature de l'avocat destinataire, apposée sur le bordereau établi par l'avocat qui procède à la communication de pièces, atteste valablement de la communication de ses pièces.

212.73 Conclusions tendant à l'infirmation. Selon l'article 954 alinéa 4 du Code de procédure civile : « *La partie qui conclut à l'infirmation du jugement doit expressément énoncer les moyens qu'elle invoque sans pouvoir procéder par voie de référence à ses conclusions de première instance.* » La Cour de cassation a, par application de ce texte, cassé un arrêt qui avait accueilli un moyen écarté par les premiers juges et repris en appel par simple référence aux écrits de première instance[1]. Elle a également jugé qu'une partie ne peut, pour reprendre ses conclusions initiales, se borner à annexer ses conclusions de première instance à ses écrits en appel « *pour en faire partie intégrante* »[2]. Elle précise que : « *Ne sont pas conformes aux prescriptions de l'article 954 du nouveau Code de procédure civile les conclusions d'une partie qui, dans une instance en fixation du prix du bail commercial renouvelé, se bornent à formuler une critique d'ordre général à l'encontre de la demande de déplafonnement fondée sur des modifications de la chose louée, sans expliciter les moyens propres à établir que ces modifications résultaient du seul fait du locataire et n'avaient pas été pris en charge par le bailleur* »[3]. L'objectif de ce texte est de faciliter le contrôle du défaut de réponse à conclusions opéré par la Cour de cassation. Aussi, une partie qui n'a fait valoir aucun moyen à l'encontre du jugement dont elle a interjeté appel est irrecevable à se pourvoir en cassation contre l'arrêt attaqué[4]. Ne peuvent constituer des moyens de cassation que ceux qui ont été énoncés à l'appui de l'infirmation du jugement dans les conclusions déposées devant la cour d'appel.

212.74 Conclusions tendant à la confirmation. Le dernier alinéa de l'article 954 dispose que : « *La partie qui, sans énoncer de nouveaux moyens, demande la confirmation du jugement est réputée s'en approprier les motifs* » y compris ceux qui ont été relevés d'office par les juges de première instance. En conséquence « *une partie qui, tout en sollicitant la confirmation d'un jugement, entend reprendre des moyens formulés en première instance et qui n'ont pas été retenus dans la décision dont appel, doit, par application de l'article 954 du nouveau Code de procédure civile, les formuler expressément dans les conclusions soumises à la juridiction d'appel* »[5]. L'article 954 *in fine* est complété par l'article 955 qui énonce : « *Lorsqu'elle confirme le jugement, la cour est réputée avoir adopté les motifs de ce jugement qui ne sont pas contraires aux siens* ».

212.75 Conclusions récapitulatives. Avant que le décret du 28 décembre 1998[6] ne généralise les conclusions récapitulatives dans les procédures avec représentation obligatoire, le conseiller de la mise en état pouvait inviter l'avoué ou les avoués d'une ou plusieurs parties à récapituler les moyens qui auraient été successivement présentés. Désormais le nouvel alinéa 2 de l'article 954 du code dispose que : « *Les parties doivent reprendre, dans leurs dernières écritures, les prétentions et moyens précédemment présentés ou invoqués dans leurs conclusions antérieures. À défaut, elles sont réputées les avoir abandonnés et la cour ne statue que sur les dernières conclusions déposées* ». Comment reprendre les prétentions et les moyens contenus dans des conclusions antérieures ? Une formule de renvoi général est-elle suffisante ? La Cour de cassation a répondu dans un avis que « *toute formule de renvoi ou de référence à des écritures précédentes ne satisfait pas aux exigences du texte et est dépourvue de portée* »[7] après avoir indiqué qu'il « *ressort de ces dispositions* [C. pr. civ., art. 954, al. 2] *que toutes les conclusions successives, en demande ou en défense, qui, avant la clôture de l'instruction, déterminent l'objet du litige ou soulèvent un incident de nature à mettre fin à l'instance, doivent exposer l'ensemble des prétentions de la partie et la totalité des moyens qui les fondent, sans que les juges d'appel, tenus de ne répondre qu'aux conclusions dernières en date, aient à se reporter à des écritures antérieures sauf pour vérifier, s'il y a lieu, les effets de droit que le dépôt de ces écritures, au regard notamment de l'interruption de la prescription ou de la péremption, a pu entraîner* ». Le juge doit statuer sur les dernières conclusions déposées. Viole, en conséquence, les articles 455 et 954 alinéa 2 du Code de procédure civile, la cour d'appel qui omet de prendre en considération les dernières écritures signifiées et déposées sur le RPVA[8].

1. Civ. 2e, 7 mars 1985, n° 83-11.304, *Bull. civ.* II, n° 59 – Civ. 2e, 8 janv. 2015, n° 14-12.091, NP; *Procédures* 2015. Comm. 67, obs. Croze.
2. Civ. 3e, 27 janv. 1988, n° 86-14.434, *Bull. civ.* III, n° 19.
3. Civ. 3e, 20 mai 1985, n° 83-12.780, *Bull. civ.* III, n° 82.
4. Civ. 1re, 18 févr. 1981, n° 80-10.177, *Bull. civ.* I, n° 59.
5. Civ. 2e, 14 avr. 1988, n° 86-18.726, *Bull. civ.* II, n° 80.
6. Décr. n° 98-1231, 28 déc. 1998, modifiant le Code de l'organisation judiciaire et le nouveau Code de procédure civile, *JO* 30 déc. p. 19904, rect. *JO* 13 févr. 1999, p. 2305.
7. Cass., avis, 10 juill. 2000, n° 00-20.007, *Bull. avis*, n° 6; *D.* 2000. 837, note Lacabarats; *JCP* 2000. I. 267, obs. Cadiet; *JCP* 2000. II. 10404, note Perdriau; *RTD civ.* 2000. 893, obs. Perrot.
8. Com. 11 juin 2014, n° 13-17.318, *Bull. civ.* IV, n° 105; *D.* 2015. 296, obs. Fricero.

212.76 Domaine de l'obligation de récapituler prétentions et moyens. Ainsi les prétentions et les moyens de fait et de droit dans toutes les conclusions qui déterminent l'objet du litige et celles qui soulèvent un incident de procédure destiné à mettre fin à l'instance doivent être récapitulés [1]. En revanche n'ont pas à être reprises, les conclusions tendant exclusivement à l'irrecevabilité pour tardiveté des conclusions de la partie adverse [2], les conclusions tendant exclusivement au sursis à statuer [3], au rejet d'une demande de sursis à statuer [4], à défendre une exception de nullité de l'assignation [5]. Il a également été jugé que les parties ne sont pas tenues de reprendre, dans les conclusions où elles se bornent à répondre à des questions posées par un arrêt avant dire droit, les prétentions et moyens présentés ou invoqués dans leurs écritures antérieures [6].

212.77 Rédaction des conclusions de reprise. Selon la doctrine, les conclusions de reprise ne devraient pas être une simple addition matérielle des prétentions et des moyens précédents, mais « *une fusion des prétentions et moyens précédemment présentés ou invoqués, dans un ordonnancement nouveau* » [7]. Le conseiller de la mise en état peut enjoindre à un avocat de se conformer aux exigences de l'article 954 alinéa 2 (C. pr. civ., art. 913). Cependant quelle sanction appliquer si les nouvelles conclusions ne sont pas plus synthétiques que les précédentes ? Quels sont les pouvoirs du juge de la mise en état pour contraindre une partie à mettre ses conclusions en forme ? Le juge peut-il ordonner la radiation et adresser une copie de l'ordonnance de radiation directement aux parties, conformément aux dispositions de l'article 781 du code ? Une telle mesure suppose qu'aucune des parties n'ait accompli l'acte de procédure requis dans les délais impartis [8] et ne paraît guère adaptée au respect des règles du procès équitable qui obligent à trancher le litige dans un délai raisonnable. Mais l'article 780 prévoit que le juge peut ordonner la clôture partielle à l'égard de l'avocat qui n'a pas accompli les actes de procédure dans les délais impartis. En tout cas les parties devront obligatoirement récapituler leurs prétentions sous forme de dispositif car le décret du 9 décembre 2009 a prévu que la cour ne doit statuer que sur les prétentions énoncées au dispositif (C. pr. civ., art. 954, al. 2). Les auteurs du décret ont voulu écarter la jurisprudence plus libérale de la Cour de cassation en la matière qui obligeait les juges à répondre aux prétentions même si elles n'étaient pas reprises dans le dispositif [9]. La Cour de cassation tient compte de la nouvelle rédaction de l'article 954 [10] : une prétention non récapitulée sous forme de dispositif ne sera pas examinée même si elle figure dans les motifs des conclusions [11]. **Toutes les prétentions doivent être soigneusement détaillées dans le dispositif.** En effet, la Cour de cassation a jugé qu'en application de l'article 954 du Code de procédure civile, lorsque, dans le dispositif des conclusions, l'annulation de l'ensemble des décisions d'une assemblée générale de copropriétaires n'est demandée qu'en conséquence de l'annulation de l'assemblée générale elle-même, la cour d'appel n'est pas saisie de la demande d'annulation de certaines de ces décisions prises individuellement [12].

212.78 Présomption d'abandon des prétentions et des moyens non repris. L'article 954 alinéa 2 prévoit que : « *Les parties doivent reprendre, dans leurs dernières écritures, les prétentions et moyens précédemment présentés ou invoqués dans leurs conclusions antérieures. À défaut, elles sont réputées les avoir abandonnés et la cour ne statue que sur les dernières conclusions déposées.* » Les conséquences peuvent être graves : il a été jugé que lorsqu'une partie n'a pas récapitulé ses prétentions et ses moyens devant le tribunal de grande instance, la présomption d'abandon affecte la procédure d'appel et elle ne pourra pas les reprendre en appel sans se heurter au principe de l'interdiction des demandes nouvelles [13]. Cepen-

1. Civ. 2e, 22 févr. 2007, no 06-10.111, NP – Civ. 2e, 4 juill. 2007, no 06-11.860, NP.
2. Civ. 2e, 3 mai 2001, no 99-16.293, *Bull. civ.* II, no 87; *JCP* 2001. IV. 2128; *Procédures* 2001. Comm. 145, obs. Perrot; *D.* 2003. 99, et obs., note Bolze; *RTD civ.* 2001. 656, obs. Perrot.
3. Civ. 1re, 24 sept. 2002, no 00-21.060, NP; *Procédures* 2002. Comm. 223, obs. Perrot.
4. Civ. 2e, 20 janv. 2005, no 03-12.834, *Bull. civ.* II, no 20; *D.* 2005. 390, et obs.; *AJDI* 2005. 324.
5. Civ. 2e, 20 oct. 2005, no 03-18.931, *Bull. civ.* II, no 265; *D.* 2005. 2902; *Procédures* 2005. Comm. 269, obs. Perrot; *Dr. et proc.* 2006. 97, note Fricero.
6. Civ. 2e, 21 avr. 2005, no 02-14.675, *Bull. civ.* II, no 115; *D.* 2005. 1176.
7. S. Guinchard, « L'ambition d'une justice civile rénovée : commentaire du décret no 98-1231 du 28 décembre 1998 et de quelques aspects de la loi no 98-1163 du 18 décembre 1998 », *D.* 1999. Chron. 65.
8. Civ. 2e, 16 déc. 1982, NP; *Gaz. Pal.* 1983. 1. Pan. 140, obs. Guinchard.
9. Civ. 2e, 8 avr. 2004, no 02-16.167, *Bull. civ.* II, no 177; *D.* 2004. 1425.
10. Civ. 1re, 24 déc. 2012, no 11-22.358, NP – Civ. 2e, 5 déc. 2013, no 12-23.611, *Bull. civ.* II, no 230; *D.* 2014. 578, chron. De Leiris; *Procédures* 2014. Comm. 35, obs. Perrot – Civ. 2e, 13 nov. 2014, no 13-24.898, NP; *D.* 2015. 296, obs. Fricero.
11. Civ. 1re, 22 oct. 2014, no 13-24.911, NP; *D.* 2015. 296, obs. Fricero.
12. Civ. 3e, 2 juill. 2014, no 13-13.738, *Bull. civ.* III, no 93; *D.* 2014. 1505; *D.* 2015. Pan. 296, obs. Fricero; *Procédures* 2014. Comm. 260, obs. Croze.
13. Civ. 2e, 8 déc. 2005, no 04-11.668, *Bull. civ.* II, no 311; *D.* 2006. 176; *RTD civ.* 2006. 153, obs. Perrot – Civ. 1re, 28 oct. 2010, no 09-13.990, NP.

dant, comme il n'a pas été statué au fond sur ces prétentions abandonnées, le plaideur pourra saisir à nouveau le premier juge de cette prétention[1], à condition toutefois ne de pas se heurter au principe de concentration des demandes. Mais la présomption d'abandon connaît des limites, ainsi il ne suffit pas d'abandonner des conclusions contenant un aveu judiciaire pour le faire disparaître : un aveu ne peut être révoqué que pour erreur de fait[2]. Si le juge a le pouvoir de relever d'office un moyen, il pourra le faire même si celui-ci a été abandonné par une partie; il a même le devoir de le faire lorsqu'il s'agit d'une fin de non-recevoir d'ordre public[3]. Enfin en cas de désistement d'action, la cour d'appel de Paris a jugé que l'article 954 du Code de procédure civile ne peut avoir pour effet de faire revivre ni l'action ni l'instance qui, accessoire de l'action, s'est éteinte avec celle-ci[4]. On sait en effet que pour la Cour de cassation le désistement d'action est un acte unilatéral de renonciation au droit dont on se prétend titulaire et n'a pas besoin de l'acceptation du défendeur[5] et que l'article 384 du Code de procédure civile précise que l'instance s'éteint accessoirement au désistement d'action. Plus précisément elle s'éteint à la date de la signification du désistement à la partie adverse[6]. Aussi même si les conclusions récapitulatives ne reprennent pas le désistement d'action, la présomption d'abandon ne joue pas car l'extinction du droit a eu un effet immédiat.

B. Pièces

212.80 **Introduction.** Le décret du 9 décembre 2009[7] a apporté des modifications qui visent à améliorer le respect du contradictoire (1°) et à assurer une meilleure préparation du dossier par le juge rapporteur (2°).

1° Meilleure protection du principe de la contradiction

212.81 **Les formes.** L'alinéa 1er de l'article 954, modifié par le décret du 9 décembre 2009, précise que : « *Les conclusions d'appel doivent formuler expressément les prétentions des parties et les moyens de fait et de droit sur lesquels chacune de ses prétentions est fondée avec indication pour chaque prétention des pièces invoquées. Un bordereau récapitulatif des pièces est annexé.* » Ce texte prépare la dématérialisation complète de la procédure d'appel avec représentation obligatoire. Avec la transmission numérique on pourra créer les liens entre le texte des conclusions et les pièces et, grâce à un lien hypertexte, en cliquant sur la pièce visée dans les conclusions on la fera apparaître. La consultation informatique remplacera la communication des pièces. En attendant, l'indication dans les conclusions des pièces invoquées à l'appui de chaque prétention améliore le respect du contradictoire.

212.82 **Communication des pièces.** Le nouvel article 906 du Code de procédure civile prévoit que : « *Les conclusions sont notifiées et les pièces communiquées simultanément par l'avocat de chacune des parties à celui de l'autre partie; en cas de pluralité de demandeurs ou de défendeurs, elles doivent l'être à tous les avocats constitués* ». Désormais les délais pour répliquer sont courts, aussi le respect des droits de la défense et du principe du contradictoire commande une communication simultanée des pièces visées dans le bordereau à toutes les parties adverses en même temps que la notification des conclusions. Et il faudra communiquer spontanément toutes les pièces visées dans le bordereau, même celles qui ont été produites en première instance, sous peine de les voir écartées des débats[8], car le décret du 9 décembre 2009, dans un souci de simplification et de célérité, a supprimé l'article 132 alinéa 3 du code qui prévoyait qu'en cause d'appel, une nouvelle communication des pièces déjà versées aux débats de première instance n'était pas exigée mais *toute partie pouvait néanmoins la demander*. En revanche, il a été jugé que « *l'assignation introductive d'instance étant un acte de la procédure versé au dossier de première instance qui est joint à celui de la cour en application des articles 727 et 968 du Code de procédure civile, c'est sans violer le principe de la contradiction que la cour d'appel, se fondant sur cet acte qui était dans le débat et dont* [l'auteur du pourvoi] *n'avait pas demandé la communication, a écarté l'exception de nullité* »[9].

212.83 **Sanctions.** Le code ne précise pas les sanctions en cas de non-respect des dispositions des articles 954 alinéa 1er et 906 et la circulaire du 31 janvier 2011[10] ne contient aucune indication à cet

1. Civ. 2e, 9 juill. 2009, no 08-17.600, *Bull. civ.* II, no 191.
2. Civ. 1re, 20 mai 2003, no 00-18.295, *Bull. civ.* I, no 117; *D.* 2003. 1547, et obs.; *RTD civ.* 2003. 543, obs. Perrot; *RTD civ.* 2004. 293, obs. Mestre et Fages – Civ. 1re, 13 févr. 2007, no 05-21.227, *Bull. civ.* I, no 56; *D.* 2007. 2427, obs. Fricero; *Procédures* 2007. Comm. 78, obs. Perrot.
3. Com. 5 nov. 2002, no 00-10.929, NP; *Procédures* 2003. Comm. 3, obs. Perrot; *RTD civ.* 2003. 140, obs. Perrot.
4. Paris, 19e ch. A, 18 déc. 2001, *Bull. ch. avoués* 2002. 30.
5. PAR EX., v. : Civ. 1re, 3 mai 2007, no 05-20.753, NP.
6. Civ. 1re, 19 avr. 2005, no 03-14.664, *Bull. civ.* I, no 198; *D.* 2005. 1304; *RTD civ.* 2005. 579, obs. Hauser.
7. Décr. no 2009-1524, 9 déc. 2009.
8. Civ. 2e, 30 janv. 2014, nos 12-28.496 et 12-28.497, NP; *D.* 2014. 805, obs. Fricero.
9. Civ. 2e, 4 déc. 2014, no 13-22.568, *Bull. civ.* II, [à paraître]; *D.* 2015. 287, obs. Fricero; *D.* 2015. 520, chron. Vasseur, de Leiris et Adida-Canac.
10. Circ. CIV/16/10, 31 janv. 2011, NOR : JUSC1033672C (v. ss no 45.02).

égard. Certes l'article 913 prévoit que le conseiller de la mise en état peut enjoindre à un avocat de se conformer aux exigences de l'article 954 [1]. Cependant quelle sanction appliquer si l'avocat n'indique pas dans ses conclusions les pièces invoquées à l'appui de ses prétentions ou ne joint pas de bordereau récapitulatif des pièces ? La Cour de cassation avait jugé, à propos de l'article 56 du code qui oblige à indiquer dans l'assignation les pièces sur lesquelles la demande est fondée et à les énumérer dans un bordereau annexé à l'acte, que cette obligation n'est assortie d'aucune sanction et ne constitue pas une formalité substantielle ou d'ordre public [2]. Aussi, rares sont les juges qui ont sanctionné par la caducité de la déclaration d'appel ou l'irrecevabilité des conclusions la non-communication simultanée des conclusions et des pièces [3] prévue à l'article 906. Cependant par trois ordonnances, un conseiller de la mise en état de la cour d'appel de Paris a déclaré caduque la déclaration d'appel au motif que les pièces visées dans les conclusions d'appel, signifiées dans le délai de l'article 908, n'avaient pas été communiquées simultanément. Par trois arrêts du 21 mars la cour d'appel de Paris a demandé l'avis de la Cour de cassation. Celle-ci a répondu que « *doivent être écartées les pièces invoquées au soutien des prétentions qui ne sont pas communiquées simultanément à la notification des conclusions* » [4]. Cette formule apparemment claire est loin de résoudre toutes les difficultés.

212.84 Avis de la Cour de cassation du 25 juin 2012. Le conseiller chargé de la mise en état avait considéré que « *l'énoncé des pièces produites fait corps avec les conclusions et* [...] *sous peine de retirer toutes portées aux exigences ainsi édictées, la sanction prévue par l'article 908 doit être déclarée applicable en l'absence d'un des éléments impérativement prévus, et notamment en l'absence de la communication des pièces conformes à cet énoncé accompagnant les conclusions* » [5]. Cette solution a sans doute été inspirée par le rapport Magendie sur la célérité et la qualité de la justice devant la cour d'appel, remis au garde des Sceaux le 24 mai 2008 [6], qui proposait une communication de l'ensemble des pièces connues et disponibles dès les premières conclusions, « *les pièces faisant corps - intellectuellement parlant - avec les écritures qui y font explicitement référence* » et de sanctionner le non-respect de ces exigences par l'irrecevabilité du moyen ou de la prétention. Toutefois le décret n'a pas retenu cette conception et comme l'a démontré l'avocat général, suivi par la Cour de cassation dans son avis, les pièces ne sont pas intégrées aux conclusions, aussi on ne peut appliquer ici les sanctions spécifiques prévues par les articles 908 à 911. En revanche, il a proposé de sanctionner la non-communication par l'appelant de ses pièces simultanément à la notification de ses conclusions par l'irrecevabilité desdites pièces pour violation du principe de la contradiction car elles n'ont pas été communiquées en temps utile. C'est la solution retenue par la Cour de cassation dans son avis du 25 juin 2012. Il est nécessaire de communiquer les pièces invoquées à l'appui des prétentions en même temps que la notification des conclusions, sinon les pièces seront écartées par la cour d'appel. La solution est très différente de celle retenue pour l'article 56 du code et le bordereau joint aux conclusions déposées en appel est une formalité substantielle car faute de bordereau il ne sera pas possible d'établir quelles pièces ont été communiquées. Mais l'avocat général a également conclu « *que les parties ne peuvent librement communiquer des pièces après la notification de leurs conclusions et* "en temps utile" : *seules peuvent l'être les pièces visées au bordereau récapitulatif des pièces annexées aux conclusions, défini par l'alinéa 1 de l'article 954 du Code de procédure civile. Seraient irrecevables des pièces communiquées après l'expiration des délais, qui n'auraient pas été mentionnées dans le bordereau récapitulatif des conclusions. Les parties ne peuvent produire après l'expiration des délais pour conclure, des pièces qui n'auraient pas été visées dans les conclusions signifiées dans les délais du Code de procédure civile* ». La Cour de cassation ne reprend pas ces propositions dans ce bref avis. On peut en effet penser que relève d'un formalisme excessif, contraire aux droits de la défense et au principe du contradictoire, le fait d'empêcher une partie de produire de nouvelles pièces pour répondre à des moyens nouveaux présentés par son adversaire après la communication de pièces initiale. Cela serait contraire aux règles du procès équitable. La Cour de cassation, dans un avis ultérieur, a d'ailleurs indiqué que les parties peuvent invoquer de nouveaux moyens jusqu'à la clôture de l'instruction [7]. Aussi elles doivent pouvoir produire de nouvelles pièces à l'appui de leurs nouveaux moyens. Faut-il obliger la partie qui veut produire

1. Sur le pouvoir du conseiller de la mise en état pour contraindre une partie à mettre ses conclusions en forme, v. s^s^ n° 211.73.
2. Civ. 2e, 3 avr. 2003, n° 00-22.066, *Bull. civ.* II, n° 94; *D.* 2003. 1134, et obs.
3. V. les arrêts cités dans le rapport de E. Alt, s^s^ Cass., avis, 25 juin 2012, n° 12-00.005, P (préc. s^s^ n° 212.72).
4. Cass., avis, 25 juin 2012, n° 12-00.005, P (préc. s^s^ n° 212.72 et s^s^ prés^t^ n°).
5. Cité dans les conclusions de l'avocat général J.-A. Lathoud s^s^ Cass., avis, 25 juin 2012, n° 12-00.005, P (préc. s^s^ n°s 212.72 et 212.83).
6. http://www.justice.gouv.fr/art_pix/1_rapport_magendie_20080625.pdf
7. Cass., avis, 21 janv. 2013, n° 12-00.018, P (préc. s^s^ n° 212.41).

des pièces, à le faire en même temps qu'elle signifie ses conclusions récapitulatives auxquelles est annexé le bordereau ? À la lecture de l'avis du 25 juin 2012, il semble qu'il faille déduire de l'emploi de l'adverbe « simultanément » la nécessité d'accompagner la notification des écrits de la communication des pièces. Cependant la deuxième chambre civile a jugé qu'en application de l'article 15 du Code de procédure civile, il appartient à la cour d'appel d'apprécier souverainement si les pièces ont été communiquées en temps utile : « *Dès lors, relevant que l'une des parties avait signifié ses premières conclusions le 14 juin 2011 puis communiqué ses pièces le 4 juillet suivant, la cour d'appel, a souverainement constaté que, les pièces ayant été communiquées en temps utile, il n'y avait pas lieu de les écarter* »[1]. L'assemblée plénière devait se prononcer sur cette même question quelques mois plus tard.

212.85 Arrêts de l'assemblée plénière de la Cour de cassation. La Cour de cassation a rendu deux arrêts importants en matière de communication de pièces le 5 décembre 2014.

Dans une première affaire, elle juge qu'une cour d'appel a décidé à bon droit que l'obligation de communiquer simultanément au dépôt et à la notification des conclusions les pièces produites à leur soutien, visée à l'article 906 du Code de procédure civile, ne lui imposait pas d'écarter des débats des pièces dont la communication y contrevenait, s'il était démontré que le destinataire de la communication avait été mis, en temps utile, en mesure de les examiner, de les discuter et d'y répondre[2]. Elle consacre ainsi la solution retenue quelques mois plus tôt par la deuxième chambre civile en arrêtant une interprétation qui neutralise l'adverbe « simultanément ». Si des pièces ont été communiquées **en temps utile** pour permettre à l'adversaire d'y répliquer, elles ne seront pas écartées des débats, même si elles n'ont pas été produites en même temps que la notification des conclusions en temps utile. La deuxième chambre civile a censuré pour manque de base légale l'arrêt d'une cour qui n'avait pas recherché, comme il lui était demandé, si le défaut de simultanéité entre la communication des pièces écartées et la notification des conclusions avait porté atteinte au principe de la contradiction[3].

Dans le second arrêt, la Cour de cassation retient que doivent « *être écartées des débats les pièces communiquées et déposées au soutien de conclusions irrecevables. Le moyen de cassation tiré de ce qu'une cour d'appel a rejeté la demande tendant à ce que soient écartées des pièces communiquées et déposées dans de telles conditions est néanmoins inopérant dès lors qu'il s'évince de l'arrêt attaqué que la cour d'appel ne s'est pas fondée sur ces pièces* »[4]. Dans cette affaire, l'intimé n'avait pas conclu dans le délai de deux mois, imparti par l'article 909 du Code de procédure civile, et ses écrits avaient été déclarés irrecevables. Il soutenait qu'aucune disposition n'édicte de délai de forclusion pour communiquer les pièces. On aurait pu lui opposer l'article 906 du Code de procédure civile qui prévoit que les conclusions sont notifiées et les pièces communiquées simultanément par l'avocat de chacune des parties à celui de l'autre partie. Mais dans l'autre arrêt du 5 décembre 2015, l'assemblée plénière de la Cour de cassation a retenu une interprétation qui neutralise l'adverbe « simultanément »; il suffit que les pièces aient été communiquées « en temps utile », elles ne font donc pas corps avec les écritures.

Aussi les deux arrêts de l'assemblée plénière manquent de cohérence : l'intimé devrait, lui aussi, pouvoir communiquer ses pièces en temps utile même si ses conclusions sont irrecevables puisque les pièces ne font pas corps avec les écritures et en tous cas il devrait être autorisé à produire les pièces qu'il avait déjà communiquées en première instance. Il est permis de se demander si la solution retenue par le second arrêt de l'assemblée plénière respecte effectivement les droits de la défense[5]. En tous cas le défaut de communication de pièces en cause d'appel ne prive pas à lui seul les juges du fond de la connaissance des moyens et des prétentions de l'appelant[6] (v. s[s] n° 212.38).

212.86 Conseils pratiques. Pour éviter que leurs pièces ne soient écartées des débats par la cour d'appel, les parties doivent communiquer les pièces énumérées dans le bordereau annexé à leurs conclusions à tous les avocats constitués en temps utile. Compte tenu des difficultés que les parties peuvent rencontrer pour compléter leur production initiale de pièces, elles ont intérêt à ce que le bordereau annexé à leurs premières conclusions soit le plus complet possible. Enfin si une partie est empêchée par le juge de produire une nouvelle pièce pour répondre à de nouveaux moyens avancés par son adversaire, elle devra soulever la violation du principe du contradictoire et du respect des droits de la

1. Civ. 2e, 30 janv. 2014, n° 12-24.145, *Bull. civ.* II, n° 26; *D.* 2014. 429 et 806, obs. Fricero; *Procédures* 2014. Comm. 97, obs. Perrot; *JCP* 2014. II. 161, obs. Travier et Guichard.
2. Cass., ass. plén., 5 déc. 2014, n° 13-19.674, *Bull. ass. plén.*, [à paraître]; *D.* 2014. 2530; *D.* 2015. 287, obs. Fricero; *D.* 2015. 520, chron. Vasseur, de Leiris et Adida-Canac; *Procédures* 2015. Comm. 28, obs. Croze; *RTD civ.* 2015. 200, obs. Cayrol.
3. Civ. 2e, 19 mars 2015, n° 14-16.238, NP.
4. Cass., ass. plén., 5 déc. 2014, n° 13-27.501, *Bull. ass. plén.*, [à paraître]; *RTD civ.* 2015. 201, obs. Cayrol; *D.* 2014. 2530; *JCP* 2014. 1300, obs. P. Gerbay.
5. EN CE SENS, v. Croze, obs. préc. s[s] prés[t] n°.
6. Civ. 2e, 3 déc. 2015, n° 14-25.413, *Bull. civ.* II [à paraître]; *D.* 2016. 737, chron. Vasseur, Leiris et Adida-Canac; *Procédures* 2016. Comm. 40, obs. Croze; *JCP* 2016, 414, n° 8, obs. Amrani-Mekki.

défense pour se ménager une possibilité de recours devant la Cour européenne des droits de l'homme pour violation des règles du procès équitable. Il est préférable lorsque l'on veut produire de nouvelles pièces de les viser dans de nouvelles conclusions récapitulatives auxquelles sera annexé le bordereau complété. C'est la cour qui appréciera au moment des débats si les pièces doivent être écartées pour ne pas avoir été communiquées en temps utile, le conseiller de la mise en état n'a pas ce pouvoir[1]. Un plaideur qui agit dans un but dilatoire peut en outre être condamné à une amende civile et à des dommages-intérêts (C. pr. civ., art. 32-1).

2°
Meilleure préparation du dossier par le juge rapporteur

212.91 Dépôt du dossier avant l'audience de plaidoirie. Le décret du 28 décembre 2005 avait introduit la possibilité pour le juge, à l'issue de la procédure d'instruction, de demander aux avocats de déposer leur dossier antérieurement à la date fixée pour les plaidoiries afin de préparer son rapport. Depuis l'entrée en vigueur du décret du 9 décembre 2009 les parties doivent systématiquement déposer à la cour les dossiers comprenant les copies des pièces visées dans les conclusions et numérotées dans l'ordre du bordereau récapitulatif, quinze jours avant la date fixée pour l'audience de plaidoirie. Cette mesure permet au conseiller chargé de faire le rapport d'avoir une meilleure connaissance du dossier et favorise l'aspect interactif des débats. Mais si l'avocat ne respecte pas le délai pour déposer le dossier ou ne le dépose pas, aucune sanction n'est prévue et la cour d'appel ne peut prononcer une irrecevabilité ou écarter les pièces non remises[2].

C.
Communication électronique

212.100 Introduction de la communication électronique. Le plan de développement des nouvelles technologies dans les juridictions a été dévoilé en 2005. L'usage de la communication électronique dans les rapports entre professionnels de la justice s'est accru depuis lors. Le texte fondateur est le décret du 28 décembre 2005[3]. En premier lieu, il insère au titre XIX, relatif au secrétariat de la juridiction, un article 729-1, applicable au 1er mars 2006 qui dispose : « *Le répertoire général, le dossier et le registre peuvent être tenus sur support électronique. Le système de traitement des informations doit en garantir l'intégrité et la confidentialité et permettre d'en assurer la conservation* ». En second lieu, l'article 73 du décret ajoute au Code de procédure civile, un titre XXI sur « La communication par voie électronique ». Il a été prévu que les dispositions de ce titre entreraient en vigueur le 1er janvier 2009 mais qu'un arrêté du garde des Sceaux pouvait prévoir une application anticipée dans le ressort de certaines juridictions et pour certains actes de procédure. Ce décret a été suivi de plusieurs arrêtés, notamment pour les procédures avec représentation obligatoire devant les cours d'appel, ceux des 23 décembre 2010[4], 30 mars 2011[5], 18 avril 2012[6], 10 septembre 2012[7], 20 décembre 2012[8] et 22 avril 2013[9]. Il a été décidé d'agir avec une certaine souplesse; la mise en place de la communication électronique repose en principe sur l'accord des destinataires (C. pr. civ., art. 748-2). Mais, dans un avis du 9 septembre 2013, la Cour de cassation a estimé que « *l'adhésion d'un avocat au réseau privé virtuel avocat emporte nécessairement consentement de sa part à recevoir la notification d'actes de procédure par voie électronique* »[10]. Dans certains cas le recours à la communication électronique est obligatoire, notamment pour la procédure d'appel avec représentation obligatoire. Il convient de préciser le domaine du recours obligatoire à la communication électronique en appel (1°), les sanctions en cas de non-respect de cette obligation (2°) et les délais de mise en application de la dématérialisation de la procédure d'appel (3°).

1°
Domaine de la communication électronique obligatoire en appel

212.101 Domaine de la communication électronique obligatoire. L'article 930-1 du Code de

1. Cass., avis, 21 janv. 2013, n° 12-00.017, *Bull. avis*, n° 3.
2. Civ. 2e, 7 janv. 2016, n° 14-29.019, *Bull. civ.* II [à paraître].
3. Décr. n° 2005-1678, 28 déc. 2005, texte 67.
4. Arr. 23 déc. 2010, relatif à la communication par voie électronique dans les procédures avec représentation obligatoire devant les cours d'appel, NOR : JUST1033549A, *JO* 29 déc., p. 22920 [version dite « périmée » sur Legifrance].
5. Arr. 30 mars 2011, NOR : JUST1108798A, *JO* 31 mars, p. 5600.
6. Arr. 18 avr. 2012, relatif à la communication par voie électronique dans les procédures avec représentation obligatoire devant les cours d'appel, NOR : JUST1222336A, *JO* 10 mai, p. 8690.
7. Arr. 10 sept. 2012, relatif à la communication par voie électronique dans les procédures avec représentation obligatoire devant les cours d'appel, NOR : JUST1234235A, *JO* 16 oct., p. 16120.
8. Arr. 20 déc. 2012, relatif à la communication par voie électronique dans les procédures avec représentation obligatoire devant les cours d'appel, NOR : JUST1242096A, *JO* 1er janv. 2013, p. 72.
9. Arr. 22 avr. 2013, modifiant l'arrêté du 20 déc. 2012, relatif à la communication par voie électronique dans les procédures avec représentation obligatoire devant les cours d'appel, NOR : JUST1310001A, *JO* 30 avr., p. 7429.
10. Cass., avis, 9 sept. 2013, n° 13-70.005, *Bull. avis*, n° 10; *D.* 2013. 2104; *D. avocats* 2013, 379, chron. Dargent; *D.* 2014. 169, obs. Wickers.

procédure civile, introduit par le décret du 9 décembre 2009 prévoit à l'alinéa 1er « *qu'à peine d'irrecevabilité relevée d'office, les actes de procédure sont remis à la juridiction par voie électronique.* » Que faut-il entendre par acte de procédure ? La déclaration d'appel, la copie de la décision frappée d'appel, la constitution de l'avocat, les conclusions, les requêtes et les bordereaux de communication de pièces sont des actes de procédure. Les pièces sont-elles également des actes de procédure ? *A priori* non, l'article 748-1 du Code de procédure civile fait la distinction entre les actes de procédure et les pièces. Cela ne signifie pas que les pièces ne peuvent pas être transmises par voie électronique mais que ce mode de communication n'est pas obligatoire pour les pièces. L'avant dernier alinéa de l'article 930-1 ajoute que les avis, avertissements ou convocations sont remis aux avocats des parties par voie électronique, sauf impossibilité pour cause étrangère à l'expéditeur.

Le décret du 20 mai 2016 [1] prévoit que **la procédure avec représentation obligatoire est applicable aux appels introduits en matière prud'homale** (C. trav., art. R. 1461-2, al. 2) à compter du 1er août 2016. Cependant cette procédure comporte quelques particularités par rapport au droit commun (v. ss nos 237.00 s.). Les parties devront être représentées devant la cour d'appel soit par un avocat soit par un défenseur syndical et le nouvel article 930-2 du Code de procédure civile précise que les règles relatives à la communication électronique ne s'appliquent pas au défenseur syndical qui pourra établir ses actes sur support papier et les remettre au greffe en autant d'exemplaires qu'il y a de parties destinataires plus deux. Les avocats quant à eux sont soumis à la communication électronique à peine d'irrecevabilité de leurs écrits.

2°
Sanctions

212.111 Origine du défaut de transmission par voie électronique. L'article 930-1 du Code de procédure civile prévoit que lorsque l'acte de procédure n'a pas été transmis par voie électronique, il est irrecevable. Cette irrecevabilité peut être relevée d'office. Il faut cependant noter que si le défaut de transmission par voie électronique provient d'une cause étrangère, l'irrecevabilité de l'acte ne sera pas prononcée. Aussi pour déterminer la sanction, il convient de distinguer selon l'origine du défaut de transmission.

212.112 Cause étrangère. Lorsque le défaut de transmission provient d'une cause étrangère à celui qui accomplit l'acte (défaillance des serveurs ou des réseaux virtuels), l'irrecevabilité de l'acte ne sera pas prononcée. Dans ce cas, l'avocat doit établir l'acte sur support papier et le remettre au greffe. S'il s'agit d'une déclaration d'appel, l'article 930-1 du Code de procédure civile prévoit que l'acte est remis au greffe en autant d'exemplaires qu'il y a de parties destinataires plus deux. Le greffier vise chaque exemplaire et en restitue un immédiatement. Le texte ne contient pas de précision pour les autres actes de procédure. Il sera plus prudent de se ménager une preuve du dépôt de l'acte au greffe. Il ne faudra pas oublier de notifier, dans le délai de la remise au greffe, l'acte aux parties adverses comme il est prévu à l'article 911 du code.

Est-ce que celui qui n'a pas pu transmettre l'acte pour une cause qui lui est étrangère peut se prévaloir des dispositions générales de l'article 748-7 du Code de procédure civile, qui prévoient que lorsqu'un acte doit être accompli avant l'expiration d'un délai et ne peut être transmis par voie électronique le dernier jour du délai pour une cause étrangère à celui qui l'accomplit le délai est prorogé jusqu'au premier jour ouvrable suivant ? La réponse est positive [2], mais il ne devrait être possible de se prévaloir de l'article 748-7 que s'il est impossible de remettre l'acte sur support papier au greffe le dernier jour du délai.

212.113 Preuve de la cause étrangère. Il ne suffit pas d'arguer d'une cause étrangère, il faut la prouver. La charge de la preuve pèse sur celui qui allègue un dysfonctionnement du RPVA [3]. Il faut établir que la perturbation est d'origine externe et ne pas oublier de se ménager une preuve. La note du ministère de la Justice et des Libertés du 25 août 2011 relative aux appels par voie électronique dans les procédures avec représentation obligatoire apporte quelques précisions : la date de remise de l'acte est celle de l'envoi par voie électronique et un retard d'acheminement par le réseau est sans incidence sur la validité de l'acte; en cas de dysfonctionnement imputable à la juridiction, le conseiller de la mise en état ou la cour d'appel peuvent prendre en considération les attestations des agents de l'ARSIT (les antennes régionales du système d'information et de télécommunication) à condition de respecter les dispositions de l'article 202 du Code de procédure civile en matière de preuve. L'ARSIT peut également adresser une attestation directement au

1. Décr. no 2016-660, 20 mai 2016, relatif à la justice prud'homale et au traitement judiciaire du contentieux du travail, *JO* 25 mai, texte no 30.

2. Pau, 22 janv. 2014, RG no 14/271, *D.* 2014. 802, obs. Fricero.
3. Civ. 2e, 26 juin 2014, no 13-20.868 (préc. ss no 211.101) – Civ. 2e, 21 janv. 2016, no 14-29.207, *Bull. civ.* II [à paraître].

greffe avec copie à l'appelant. Le conseiller de la mise en état peut réclamer lui-même une attestation à l'ARSIT sur le fondement de l'article 911-1 du Code de procédure civile et il peut ordonner toute mesure d'instruction utile. La preuve peut encore être rapportée par un certificat du Conseil national des barreaux, par un courriel du gestionnaire du RPVA[1], par une attestation du secrétariat général de la Chancellerie en cas de dysfonctionnement du réseau privé virtuel justice.

212.114 Défaut de transmission non imputable à une cause étrangère. Si le défaut de transmission ne provient pas d'une cause étrangère (par ex., s'il est dû à une mauvaise manipulation d'un employé de l'avocat ou à une maladie de son assistante[2], à un défaut de maintenance des matériels ou des logiciels utilisés par l'avocat, à une panne de courant électrique dans son cabinet[3]), l'acte de procédure, qui n'a pas été effectué par voie électronique, sera irrecevable. La sanction est sévère.

3°
Délais de mise en application de la dématérialisation de la procédure d'appel

212.121 Déclarations d'appel et constitutions. Selon le décret du 9 décembre 2009, les déclarations d'appel et les constitutions d'avoués (avocats) auraient dû être faites sous forme électronique à compter du 1er janvier 2011. Cependant le décret modificatif du 28 octobre 2010[4] a retardé le moment de l'entrée en vigueur de la communication électronique obligatoire pour les déclarations d'appel et les constitutions devant la cour d'appel à la date de publication de l'arrêté prévu à l'article 930-1 qui devait définir les modalités des échanges par voie électronique et au plus tard au 1er janvier 2013. Il était plus prudent de retarder l'entrée en vigueur de cette réforme car la Cour européenne des droits de l'homme dans l'arrêt *Lawyer Partner SA c/Slovaquie*, rendu le 16 juin 2009[5], a condamné l'État pour entrave substantielle à l'accès au juge et violation des règles du procès équitable parce que le Code de procédure civile avait ouvert la possibilité de recourir aux nouvelles technologies, notamment pour la formation des demandes alors que les juridictions n'étaient pas suffisamment équipées pour les traiter. Or il n'est pas sûr qu'en France, les cours d'appel aient pu communiquer par voie électronique de manière satisfaisante avec les auxiliaires de justice dès le 1er janvier 2011.

212.122 Dématérialisation des déclarations d'appel et constitutions. Pour les déclarations d'appel et les constitutions, l'arrêté du 30 mars 2011 prévoit, d'une part, que peuvent être effectués par voie électronique, entre auxiliaires de justice représentant une partie ou entre un tel auxiliaire et la juridiction, les envois et remises des déclarations d'appel et des actes de constitution faits en application des articles 901 et 903 du Code de procédure civile, ainsi que des pièces qui leur sont associées et d'autre part, que pour les appels formés à compter du 1er septembre 2011, les envois et remises des actes prévus à l'article 2 (déclaration d'appel et constitution) ainsi que les pièces qui leur sont associées (copie de la décision frappée d'appel) doivent être effectués par voie électronique. Certains se sont demandé si les constitutions devaient également être faites par voie électronique à compter du 1er septembre 2011 sous peine de nullité relevée d'office. Si l'on se réfère à la lettre du texte, les actes de constitution par voie électronique ne sont obligatoires que lorsque l'appel a été formé depuis le 1er septembre 2011.

En cas de non-respect de la forme électronique, l'irrecevabilité ne pourra être constatée qu'après l'expiration du délai prescrit pour accomplir l'acte, par un acte juridictionnel, les parties ayant été mises en mesure de présenter leurs observations, notamment quant à l'existence d'une cause étrangère. Le conseiller de la mise en état est seul compétent, lorsqu'il est désigné et jusqu'à son dessaisissement, pour déclarer l'appel caduc ou trancher toute contestation ayant trait à l'irrecevabilité de l'appel ou pour déclarer les conclusions irrecevables parce que l'intimé n'a pas conclu dans le délai de deux mois (v. ss nos 212.165 et 212.166). Les parties ne sont plus recevables après son dessaisissement à invoquer ces irrecevabilités. Or l'irrecevabilité de la déclaration d'appel ou de la constitution par application de l'article 930-1 du code affecte la recevabilité de l'appel ou la recevabilité des conclusions déposées pour l'intimé par un avocat irrégulièrement constitué. En outre, si la constitution de l'avocat de l'intimé est irrecevable, il est plus prudent pour l'appelant de ne pas se contenter de lui notifier ses conclusions d'appel mais de les faire signifier par huissier de justice à partie, dans le mois suivant l'expiration du délai pour déposer ses conclusions d'appel pour éviter la sanction de l'article 911. Dans les procédures sans mise en état c'est la cour qui est compétente pour prononcer, au

1. Aix-en-Provence, 21 nov. 2013, RG no 12/24181, *D.* 2014. 802, obs. Fricero.
2. Grenoble, 16 mai 2013, RG no 12/04589, *D.* 2014. 802, obs. Fricero.
3. Reims, 17 sept. 2013, RG no 14/271, *D.* 2014. 802, obs. Fricero.
4. Décr. no 2010-1647, 28 déc. 2010, modifiant la procédure d'appel avec représentation obligatoire en matière civile, *JO* 29 déc., p. 22919.
5. CEDH 16 juin 2009, req. nos 54252/07, 3274/08, 3377/08 et 3505/08.

besoin d'office, l'irrecevabilité de la déclaration d'appel ou de la constitution.

212.123 Dématérialisation obligatoire des autres actes de procédure. Le décret du 9 décembre 2009 a prévu que les dispositions du nouvel article 930-1 du Code de procédure civile qui dispose qu'à peine d'irrecevabilité relevée d'office, les actes de procédure sont remis à la juridiction par voie électronique seront applicables à compter de la date fixée par l'arrêté du garde des Sceaux prévu à cet article et au plus tard au 1er janvier 2013. Depuis cette date la procédure d'appel avec représentation obligatoire est dématérialisée. Tous les actes de procédure doivent être faits sous forme électronique sous peine d'**irrecevabilité relevée d'office.**

Dans une espèce[1] où les conclusions avaient été transmises sans respecter la voie électronique imposée par les textes en vigueur, la Cour de cassation retient que la cour d'appel, qui n'avait pas à rechercher si cette irrégularité avait causé un grief aux intimés dès lors que la caducité était encourue au titre, non pas d'un vice de forme de la notification des conclusions entre avocats, mais de l'absence de conclusions remises au greffe dans les délais requis, en a exactement déduit que les appelants n'avaient pas conclu dans le délai qui leur était imparti.

Ainsi pour la Cour de cassation **l'obligation de procéder par la voie électronique n'est pas une simple condition de forme.** Elle ajoute dans ce même arrêt que la **caducité de la déclaration d'appel** résultant de ce que ces conclusions n'ont pas été remises au greffe dans le délai imparti par la loi ne constitue pas une sanction disproportionnée au but poursuivi, qui est d'assurer la célérité et l'efficacité de la procédure d'appel, et n'est pas contraire aux exigences de l'article 6 § 1 de la Convention de sauvegarde des droits de l'homme et des libertés fondamentales. Mais l'irrégularité dans la notification préalable à avocat d'un jugement par voie électronique est un vice de forme qui n'entraîne la nullité que sur justification d'un grief[2].

212.124 Informations techniques. Le système de communication électronique mis à disposition des magistrats et des greffiers est un système d'information fondé sur les procédés techniques d'une messagerie automatisée dénommée « ComCi TGI » qui est une composante de l'application informatique de la chaîne civile « WinCi TGI », adossée sur un intranet, le réseau privé virtuel justice (RPVJ). En appel, les applications sont appelées WinCi CA et ComCi CA. Les magistrats et les greffiers y accèdent par un identifiant strictement personnel. L'accès des avocats à ce système se fait au moyen d'un procédé de raccordement au RPVJ d'un autre intranet, le réseau privé virtuel avocat (RPVA), réseau indépendant privé opéré sous la responsabilité du Conseil national des barreaux (CNB).

Le contrôle de l'accès des avocats au RPVA fait l'objet d'une procédure d'habilitation au moyen d'une application informatique hébergée par la plate-forme de services de communication électronique sécurisée appelée e-barreau. La plate-forme e-barreau et l'interconnexion sont opérées par un prestataire de services (NAVISTA), dit de confiance agissant sous la responsabilité du CNB. Concrètement pour pouvoir accéder à ce dispositif l'avocat doit s'abonner auprès de son ordre à e-barreau afin d'obtenir un certificat électronique d'authentification qui lui permet de se connecter au RPVA et d'avoir accès aux informations données par la cour d'appel dans la procédure dans laquelle il est constitué. Le système a été configuré pour répondre aux prescriptions du Code de procédure civile : pour interjeter appel ou se constituer, l'avocat doit renseigner un certain nombre de champs obligatoires. Si ces champs ne sont pas remplis il est impossible d'envoyer la déclaration d'appel ou la constitution. Pour la transmission de la décision frappée d'appel, qui doit obligatoirement être jointe à la déclaration d'appel, le format requis est un format PDF et le document ne peut excéder 4 méga-octets, soit environ 140 pages. Lorsque le jugement est trop long, il faut prendre soin de configurer son scanner pour que le volume autorisé soit respecté.

Dans une affaire où le greffe avait établi un avis de refus de conclusions d'appel remises par voie électronique en raison de l'absence de référence du numéro de rôle qui avait été communiqué à l'appelant, la Cour de cassation a cassé l'arrêt qui avait jugé que, faute d'avis de réception du destinataire, les conclusions d'appel n'avaient pas été déposées, au motif « *qu'en statuant ainsi, alors que l'envoi par l'appelante au greffe du fichier contenant ses conclusions, selon les règles de la communication par voie électronique, effectué dans le délai de trois mois de la déclaration d'appel, et parvenu au greffe ainsi que l'établissait l'avis de refus, valait à son égard remise au greffe, la cour d'appel a violé les textes susvisés* »[3] (v. ss n° 212.64).

§ 3

Conseiller chargé de la mise en état

212.130 Introduction. L'article 907 du Code de procédure civile prévoit que : « *À moins qu'il ne soit*

1. Civ. 2e, 24 sept. 2015, n° 13-28.017, *Bull. civ.* II, [à paraître]; *Procédures* 2015. Comm. 346, obs. Croze.
2. Civ. 2e, 16 mai 2013, n° 12-19.086, NP; *D.* 2014. 803, obs. Fricero.
3. Civ. 2e, 24 sept. 2015, n° 14-20.212, *Bull. civ.* II, [à paraître]; *JCP* 2015. 1125, obs. Bléry; *Procédures* 2015. Comm. 346, obs. Croze.

fait application de l'article 905, l'affaire est instruite sous le contrôle d'un magistrat de la chambre à laquelle elle est distribuée, dans les conditions prévues par les articles 763 à 787 et sous réserve des dispositions qui suivent ». Il faut préciser ses pouvoirs (A), l'autorité de ses décisions (B) et les recours à l'encontre de ses ordonnances (C).

A. Pouvoirs du conseiller de la mise en état

212.140 Différents pouvoirs. L'article 907 du Code de procédure civile renvoie aux articles 763 à 787 qui régissent la mise en état en première instance. Mais le conseiller de la mise en état dispose également de pouvoirs qui lui sont propres. Nous distinguerons le pouvoir de conciliation (1°), le pouvoir de régulation (2°) et le pouvoir juridictionnel (3°).

1° Pouvoir de conciliation

212.141 Pouvoir de concilier, pouvoir de constater ou d'homologuer l'accord. Le juge de la mise en état a toujours pu constater la conciliation, même partielle des parties. Il tient, comme tous les juges, ce pouvoir de l'article 21 du Code de procédure civile. Tant qu'il est saisi, il peut procéder à une conciliation des parties. Il faut également se référer aux articles 127 à 131 du code et aux articles 131-1 à 131-15. Le juge de la mise en état peut renvoyer l'affaire à une conférence ultérieure en vue de faciliter le règlement du litige (C. pr. civ., art. 764 *in fine*). Le décret du 28 décembre 2005 [1] lui a donné, à l'article 768 du Code de procédure civile, le pouvoir de constater la conciliation même partielle des parties et celui d'homologuer leur accord afin de leur éviter d'aller devant le juge du fond.

2° Pouvoir régulateur

212.151 Pouvoir sur le déroulement de l'instruction. Même si au cours de la première phase de la mise en état les pouvoirs du magistrat de la mise en état pour fixer les délais ont été réduits (v. ss nos 212.31 s.), il peut d'office, par ordonnance et en raison de la nature de l'affaire, impartir des délais plus courts que ceux prévus aux articles 908 à 910 (C. pr. civ., art. 911-1, al. 1er). Il retrouve tous ses pouvoirs dans la seconde phase de la mise en état (v. ss nos 212.41 et 212.42), après le premier échange de conclusions : il peut ordonner la clôture ou, après avoir pris l'avis des parties, fixer un calendrier (C. pr. civ., art. 911-2).

L'article 907 renvoie aux articles 763 à 787. Selon l'article 763 du Code de procédure civile : « *L'affaire est instruite sous le contrôle d'un magistrat de la chambre à laquelle elle a été distribuée. Celui-ci a mission de veiller au déroulement loyal de la procédure, spécialement à la ponctualité de l'échange des conclusions et de la communication des pièces. Il peut entendre les avocats et leur faire toutes communications utiles. Il peut également, si besoin est, leur adresser des injonctions. Il peut ordonner le retrait du rôle dans les cas et conditions des articles 382 et 383* ». C'est un texte général qui traduit le rôle que ses auteurs ont voulu donner à ce juge : il contrôle l'instruction mais il ne dirige pas le procès, il veille au bon déroulement de la procédure (loyauté et célérité), il doit s'investir dans cette phase essentielle qu'est la mise en état.

L'objectif d'efficacité et de célérité des procédures a conduit les auteurs du décret du 28 décembre 2005 à accroître le rôle régulateur des juges de la mise en état en leur offrant de nouveaux outils. La mise en état ne doit pas se limiter à de simples échanges de conclusions, elle ne doit plus être formelle mais « *intellectuelle* », ce qui implique de la part du juge une pleine connaissance de l'état du dossier. Le législateur de 2005 avait souhaité une sorte de partenariat entre le juge et les parties et dans les premiers commentaires du décret certains auteurs parlaient de « *renforcement du contractuel dans le processuel* ». Avec la réforme opérée par le décret du 9 décembre 2009, ce caractère contractuel a manifestement été remis en cause pour la procédure d'appel. Pour étudier le rôle de régulateur des juges de la mise en état, il faut examiner leurs prérogatives en distinguant entre les deux phases du procès : phase préparatoire et phase de jugement.

212.152 Pouvoirs du conseiller de la mise en état au cours de la phase préparatoire. La majorité des mesures prises par le juge de la mise en état a lieu logiquement au cours la phase préparatoire. Il s'agit souvent de mesures d'administration judiciaire. Selon l'article 763 alinéa 4, le juge de la mise en état peut ordonner le retrait du rôle dans les cas et conditions des articles 382 et 383, c'est-à-dire lorsque toutes les parties en font la demande écrite et motivée. Les dispositions de l'article 764 du Code de procédure civile qui prévoient que le juge de la mise en état fixe, au fur et à mesure, les délais nécessaires à l'instruction de l'affaire en ayant égard à sa nature, à sa complexité, à l'urgence, ne s'appliquent plus à la procédure d'appel du moins pendant toute la première phase de l'instruction. Les délais sont fixés par le code : ils sont impératifs et assortis de sanctions automatiques et sévères

1. Décr. no 2005-1678, 28 déc. 2005, texte 67.

(v. s[s] n°s 212.30 s.). À l'issue de cette première phase, le conseiller de la mise en état examine l'affaire dans les quinze jours qui suivent l'expiration des délais pour conclure et communiquer les pièces. Il fixe la date de clôture et la date des plaidoiries. Toutefois, si l'affaire nécessite de nouveaux échanges, il en fixe le calendrier (C. pr. civ., art. 912). Ce n'est qu'au cours de cette éventuelle seconde phase de l'instruction que le conseiller de la mise en état retrouve ses pleins pouvoirs d'adapter le calendrier qu'il fixe à la nature, la complexité et l'urgence du dossier. Il doit provoquer l'avis des avocats mais n'a plus besoin de leur accord. Cependant le calendrier ne devrait pas être un simple énoncé de dates mais le fruit d'une collaboration volontaire et étroite entre les avocats et le juge. Les différents acteurs doivent connaître le dossier, anticiper son évolution ce qui leur permettra d'arrêter un calendrier comportant le nombre prévisible et la date des échanges de conclusions, la date de la clôture, celle des débats et celle du prononcé de la décision. Le décret du 28 décembre 2005 (C. pr. civ., art. 764, al. 5) a précisé que les délais fixés dans le calendrier ne peuvent être prorogés sauf en cas de cause grave et dûment justifiée. Ainsi le calendrier n'est pas indicatif mais impératif. Et le justiciable saura dans quel délai son affaire sera tranchée.

212.153 Contrôle des auxiliaires de justice et des parties. L'exigence d'un meilleur suivi du dossier par le juge de la mise en état a amené, notamment les auteurs du décret de 2005, à lui fournir des outils pour contrôler les experts, les avocats et les parties.

Ainsi, le juge de la mise en état contrôle l'exécution des mesures d'instruction qu'il a ordonnées (C. pr. civ., art. 777); il n'est pas dessaisi par cette mesure et dans sa décision il doit indiquer la date à laquelle l'affaire sera appelée pour un nouvel examen (C. pr. civ., art. 153). Cette dernière disposition, introduite par le décret du 28 décembre 2005, a pour objet d'instaurer un contrôle régulier du travail du technicien désigné. L'affaire revient ainsi obligatoirement à une audience et les avocats peuvent y signaler les éventuelles difficultés rencontrées.

Le décret de 2005 a permis au magistrat de la mise en état d'assurer une meilleure surveillance des auxiliaires de justice et de sanctionner les parties négligentes par une clôture partielle, sanction qui s'ajoute au pouvoir de radiation dont dispose les magistrats de la mise en état.

212.154 Clôture partielle. Ainsi l'article 780 du Code de procédure civile prévoit : « *Si l'un des avocats n'a pas accompli les actes de la procédure dans le délai imparti, le juge peut accorder la clôture à son égard, d'office ou à la demande d'une partie, sauf en ce dernier cas, la possibilité pour le juge de refuser par ordonnance motivée non susceptible de recours. Copie de l'ordonnance est adressée à la partie défaillante, à son domicile réel ou à sa résidence* ». Avant 2006 le juge de la mise en état avait seulement deux possibilités face à la négligence d'une partie soit ordonner la radiation de l'affaire, soit prononcer la clôture, mesure qui affecte toute l'instance. L'idée des auteurs du décret de 2005 a été de sanctionner par une clôture partielle la seule partie défaillante. Les commentateurs ont immédiatement relevé la mauvaise rédaction de ce texte : comment la clôture peut être prononcée contre un avocat ? Le sort de la partie représentée par cet avocat sera-t-il différent ? Peut-elle constituer un autre avocat qui poursuivra l'instance pour elle ? Les réponses sont bien sûr négatives.

Pour respecter les principes fondamentaux, droits de la défense et principe du contradictoire, il est prévu que le juge de la mise en état puisse rétracter cette clôture partielle, d'office ou sur conclusions à cette fin, mais uniquement pour permettre l'exercice des droits de la défense en répliquant à des demandes ou moyens nouveaux présentés par une partie postérieurement à la clôture partielle ou pour une cause grave et dûment justifiée. La rétractation de l'ordonnance de clôture doit permettre de répondre aux moyens et prétentions nouveaux mais pas de présenter les moyens et prétentions que la partie défaillante avait tardé à développer dans ses conclusions. Le juge de la mise en état doit veiller, comme tout juge, au respect du principe de la contradiction. Aussi devrait-il vérifier, au besoin d'office, avant de clôturer l'instruction, en examinant le contenu des conclusions de l'ensemble des parties que la clôture partielle qu'il a prononcée ne prive pas la partie sanctionnée de répondre à un moyen nouveau ou une demande nouvelle. Il s'agit là d'une mesure qui assure manifestement un meilleur suivi du dossier par le juge mais en aura-t-il le temps ? En tout cas s'il ne le fait pas, la partie victime d'une violation du principe de la contradiction peut s'en plaindre devant les juridictions supérieures et éventuellement devant la Cour européenne des droits de l'homme.

212.155 Pouvoir de radiation de l'article 781 du Code de procédure civile. Si tous les avocats ne respectent pas les délais impartis par le magistrat de la mise en état, il peut radier l'affaire d'office par une ordonnance motivée insusceptible de recours et après avis donné aux avocats. Copie de l'ordonnance de radiation est envoyée aux parties par lettre simple. Il s'agit d'informer directement les parties de l'éventuelle négligence de leur avocat. Selon la jurisprudence cette faculté de prendre une ordonnance de radiation n'existe que si les avocats de chacune des parties s'abstiennent d'accomplir les actes de procédure dans les délais impartis[1].

212.156 Pouvoir de radiation de l'article 526 du Code de procédure civile. Le conseiller de la mise en état a également un pouvoir de radiation en application de l'article 526 du Code de procédure civile. Selon ce texte, dont le but est d'assurer l'exécution des jugements et d'éviter les appels dilatoires : « *Lorsque l'exécution provisoire est de droit ou a été ordonnée, le premier président ou, dès qu'il est saisi, le conseiller de la mise en état peut, en cas d'appel, décider, à la demande de l'intimé et après avoir recueilli les observations des parties, la radiation du rôle de l'affaire lorsque l'appelant ne justifie pas avoir exécuté la décision frappée d'appel ou avoir procédé à la consignation autorisée dans les conditions prévues à l'article 521...* ». Le juge doit être saisi par l'intimé et il doit recueillir les observations des parties avant d'ordonner la radiation. Pourtant la radiation est considérée comme une mesure d'administration judiciaire et le code précise que les mesures d'administration judiciaire ne font pas l'objet de recours (C. pr. civ., art. 537). Le caractère choquant de cette solution a été souligné par certains auteurs[2]. Si l'appelant démontre que l'exécution est de nature à entraîner des conséquences manifestement excessives ou qu'il est dans l'impossibilité d'exécuter la décision, il pourra échapper à la radiation. Cette disposition a été dictée par le respect des règles du procès équitable et plus particulièrement le droit d'accès au juge. Aussi c'est au regard de ces règles que certains juges apprécient la situation de l'appelant[3]. À hauteur de cassation la requête en radiation, fondée sur la non-exécution de la décision frappée de recours, était rejetée lorsque les montants dus étaient très faibles[4].

La compétence du conseiller de la mise en état, dès lors qu'il est saisi, est exclusive, le premier président perd la sienne. Mais lorsque ce dernier a été saisi d'une demande d'arrêt de l'exécution provisoire sur le fondement de l'article 524 et le conseiller de la mise en état d'une demande de radiation fondée sur l'article 526, il a été jugé que le conseiller ne peut pas trancher le problème de l'arrêt de l'exécution, il appartient au premier président de le faire[5]. Le premier président ou le conseiller chargé de la mise en état, s'il a été désigné, autorise, sauf s'il constate la péremption, la réinscription de l'affaire au rôle de la cour sur justification de l'exécution de la décision attaquée (C. pr. civ., art. 526). Il faut rappeler que la péremption en cause d'appel confère au jugement la force de la chose jugée, même s'il n'a pas été notifié (C. pr. civ., art. 390). Aussi il appartient à l'avocat de l'appelant d'être vigilant et d'attirer l'attention de son client sur le risque de péremption lorsque la radiation a été ordonnée.

212.157 Mise en état intellectuelle. Un certain nombre de dispositions du code relèvent de ce que l'on a appelé « *la mise en état intellectuelle* ». Ainsi selon l'article 763 alinéa 3 : « *Il peut entendre les avocats et leur faire toutes communications utiles. Il peut également, si besoin est, leur adresser des injonctions* ». Selon l'article 765 : « *Le juge de la mise en état peut inviter les avocats à répondre aux moyens sur lesquels ils n'auraient pas conclu, à fournir les explications de fait et de droit nécessaires à la solution du litige...* » et pour la procédure d'appel, l'article 913 précise que : « *Le conseiller de la mise en état peut enjoindre aux avocats de mettre leurs conclusions en conformité avec les dispositions de l'article 954* » (v. s^s^ n° 212.72). L'article 767 lui donne le pouvoir d'entendre les parties, il peut donc entrer directement en contact avec les parties, cette mesure doit être distinguée de la comparution personnelle mais le principe du contradictoire doit toujours être respecté. Il peut inviter les parties à mettre en cause des tiers (C. pr. civ., art. 768-1), cela suppose de la part du juge une forte implication dans le procès. Il s'agit d'une simple invitation qui ne comporte pas de sanction. Il peut statuer sur la transmission de la question prioritaire de constitutionnalité soulevée devant lui ou, sans ordonner la clôture, renvoyer l'affaire devant la formation de jugement pour qu'elle statue sur la transmission de la question (C. pr. civ., art. 126-3). Cette décision de renvoi n'est qu'une mesure d'administration judiciaire, insusceptible de recours. Selon l'article 770 le juge de la mise en état exerce tous les pouvoirs nécessaires à la communication, à l'obtention et à la production des pièces, c'est-à-dire tous les pouvoirs énoncés aux articles 132 à 142 du code. Il peut prononcer des astreintes (C. pr. civ., art. 134 à 137), ordonner la production de pièces détenues par un tiers (C. pr. civ., art. 138) en l'original, en copie ou en extrait (C. pr. civ., art. 139). Lorsqu'une partie n'a pas saisi le conseiller de la mise en état d'une demande de production de pièces, conformément aux dispositions des articles 138 et suivants du Code de procédure civile, elle pourra

1. Civ. 2e, 16 déc. 1982, NP; *Gaz. Pal.* 1983. 1. Pan. 140, obs. Guinchard.
2. R. Perrot, ss Civ. 2e, 18 juin 2009, n° 08-15.424, *Bull. civ.* II, n° 167; *D.* 2009. 2532, note Norguin; *D.* 2009. 2069, chron. Sommer et Nicolétis; *D.* 2010. 169, obs. Fricero; *RTD civ.* 2009. 574 – Sur cette mesure d'administration judiciaire, v. ss nos 322.11 s.
3. Limoges, 1er prés., 31 août 2006, *Gaz. Pal.* 17-18 nov. 2006, note Vray.
4. Cass., ord. 1er prés., 6 juill. 1995, n° 94-18.310, *Bull. ord.*, n° 24.
5. Aix-en-Provence, ord. 1er prés., 6 déc. 2006, RG n° 06/00658.

encore présenter cette requête devant la juridiction de jugement[1]. Le magistrat de la mise en état n'est pas compétent pour écarter des débats les pièces invoquées au soutien des prétentions qui n'ont pas été communiquées simultanément à la notification des conclusions[2], ce pouvoir appartient à la cour d'appel. Il a une compétence exclusive pour ordonner, même d'office, toute mesure d'instruction dans les conditions prévues par la loi (C. pr. civ., art. 771, 5°). Il ne peut cependant faire droit à une demande de mesure d'instruction qui tendrait à remettre en cause la décision des premiers juges car il n'est pas le juge de l'appel[3]. L'article 777 prévoit que : « *Le juge de la mise en état contrôle l'exécution des mesures d'instruction qu'il ordonne, sous réserve des dispositions du troisième alinéa de l'article 155* ». En clair, si le président de la juridiction a désigné un juge chargé de contrôler les mesures d'instruction, le juge de la mise en état peut lui confier la tâche de surveiller la mesure d'instruction qu'il a ordonnée. Nous savons que le juge de la mise en état peut surveiller le technicien en appelant l'affaire à l'audience nonobstant la mesure ordonnée (v. s[s] n° 212.152). Il procède aux jonctions et disjonctions d'instance (C. pr. civ., art. 766), il constate son extinction (C. pr. civ., art. 769) en cas, notamment, de désistement (C. pr. civ., art. 397) ou d'acquiescement (C. pr. civ., art. 410). Il peut statuer sur les dépens et les frais irrépétibles (C. pr. civ., art. 772). Enfin à l'issue de la procédure d'instruction, il ordonne la clôture de la procédure et renvoie l'affaire devant le tribunal, pour être plaidée, à la date fixée par le président ou par lui-même, s'il a reçu délégation à cet effet. La date de clôture doit être fixée aussi proche que possible de celle retenue pour les plaidoiries.

212.158 Pouvoirs du conseiller de la mise en état au cours de la phase de jugement. Son rôle ne prend pas fin avec l'instruction, il joue encore un rôle important pendant la phase de jugement.

Il peut tout d'abord, s'il a reçu délégation à cet effet, comme le président et à la demande des avocats, après accord le cas échéant du ministère public, autoriser le dépôt des dossiers au greffe de la chambre à une date qu'il fixe quand, pour lui, l'affaire ne requiert pas de plaidoirie. Le dépôt des dossiers à l'audience était une pratique courante. Elle a été entérinée et améliorée par le décret de 2005 puisque désormais les avocats n'ont plus à se déplacer ou à solliciter les services d'un confrère. Mais que reste-t-il de la publicité des débats ? On peut se demander si l'article 779 alinéa 3 du code n'y porte pas atteinte. À cet égard il faut rappeler que ce principe n'est pas seulement destiné à la protection des parties et que la dame David de l'arrêt du Conseil d'État du 4 octobre 1974[4] n'était pas une partie mais une chroniqueuse judiciaire. La publicité des audiences et des débats assure la transparence de la justice; c'est un principe fondamental. Pour informer les parties et leur permettre d'introduire éventuellement une action en récusation, le texte a prévu que le président fixe la date à laquelle le jugement sera rendu et indique aux parties la composition du tribunal. La Cour de cassation a jugé que dès lors que le conseiller de la mise en état, à la demande des parties, a autorisé les avocats à déposer leur dossier au greffe, il en résulte que l'autorisation a été sollicitée et en conséquence l'absence de plaidoirie ne porte pas atteinte aux droits de la défense ni ne viole l'article 779 du Code de procédure civile[5].

Si l'affaire est renvoyée à une audience de plaidoirie, le rapport oral avant les plaidoiries est systématisé par l'article 785 du Code de procédure civile. Il incombe en principe au juge de la mise en état et exceptionnellement au président ou à un autre juge désigné par ce dernier. Nous avons vu (v. s[s] n° 212.91) que depuis l'entrée en vigueur du décret du 9 décembre 2009 les parties doivent systématiquement déposer à la cour les dossiers comprenant les copies des pièces visées dans les conclusions et numérotées dans l'ordre du bordereau récapitulatif, quinze jours avant la date fixée pour l'audience de plaidoirie. Cette mesure permet au conseiller, chargé de faire le rapport, d'avoir une meilleure connaissance du dossier et favorise l'aspect interactif de l'audience de plaidoiries. Le rapport devrait être le gage d'une plus grande efficacité et d'une meilleure qualité des débats. Il doit contenir les éléments essentiels du litige et tout élément susceptible d'éclairer le débat. Il doit être objectif et ne peut dévoiler l'avis de son auteur. Il oblige les juges à une meilleure préparation du dossier. Il est en quelque sorte l'aboutissement de cette mise en état intellectuelle. Mais le code n'a pas prévu de sanction à l'absence de rapport.

3°
Pouvoirs juridictionnels

212.161 Divers pouvoirs juridictionnels du conseiller de la mise en état. Le conseiller de la mise

1. Civ. 3e, 15 oct. 2014, n° 13-10.332, *Bull. civ.* III, n° 132; *D.* 2015. 294, chron. Fricero.
2. Cass., avis, 21 janv. 2013, n° 12-00.017, P (préc. s[s] n° 212.86).
3. Paris, 20 juill. 1980, *Bull. ch. avoués* 1980, n° 77, p. 14 – Paris, ord., 17 nov. 1994, *Bull. ch. avoués* 1994, n° 132, p. 133.
4. CE, ass., 4 oct. 1974, Dame David, req. n° 88.930, *Lebon* 464, concl. Gentot.
5. Civ. 2e, 7 janv. 2016, n° 14-25.391, *Bull. civ.* II [à paraître]; *D. actualité*, 20 janv. 2016, obs. Mélin; *Procédures* 2016. Comm. 81, obs. Croze.

en état exerce les attributions du juge de la mise en état du tribunal de grande instance du fait du renvoi opéré par l'article 907 à la procédure de première instance et il dispose également de pouvoirs qui lui sont spécifiques (v. s^{s} n°s 212.166 s.).

212.162 **a) Pouvoirs juridictionnels des juges de la mise en état.** Ces pouvoirs, énumérés par l'article 771, 1° à 4°, du Code de procédure civile[1], relèvent de la compétence exclusive du juge de la mise en état. Dès l'origine le nouveau Code de procédure a reconnu au juge de la mise en état le pouvoir de prendre des décisions : accorder des provisions soit pour le procès (C. pr. civ., art. 771, 2°), soit lorsque l'obligation n'est pas sérieusement contestable (C. pr. civ., art. 771, 3°). Il peut subordonner l'octroi d'une provision à la constitution d'une garantie conformément aux articles 517 à 522 du code. L'ordonnance est exécutoire de droit. Il peut ordonner des mesures provisoires, même conservatoires à l'exception des saisies conservatoires et des hypothèques et nantissements provisoires. Il peut modifier en cas de survenance d'un fait nouveau les mesures qu'il a ordonnées (C. pr. civ., art. 771, 4°). Il pouvait également trancher certains incidents de procédure (exceptions dilatoires et nullités pour vice de forme). Le décret du 28 décembre 2005 a poursuivi le mouvement d'extension du domaine de cette compétence et l'a renforcée par plusieurs procédés : il a permis au juge de la mise en état de statuer non seulement sur les dépens mais également sur les demandes formées en application de l'article 700 du Code de procédure civile (C. pr. civ., art. 772) et il a lui conféré une compétence exclusive pour statuer sur les exceptions de procédure et les incidents mettant fin à l'instance; cela signifie que le non-respect de cette compétence est sanctionné par une fin de non-recevoir. L'objectif des auteurs du décret de 2005 est de recentrer l'activité du tribunal de grande instance ou de la cour d'appel sur le fond. Pour y parvenir, l'affaire doit arriver, à l'audience du tribunal ou de la cour, purgée des incidents de procédure. C'est cette extension des pouvoirs du juge de la mise en état qui présente certaines difficultés d'interprétation. Aussi, il convient de préciser les limites dans le temps de cette compétence exclusive, les notions d'exception de procédure et d'incidents mettant fin à l'instance.

212.163 **Limites dans le temps de la compétence exclusive.** Le premier alinéa de l'article 771 est ainsi rédigé : « *Lorsque la demande est présentée postérieurement à sa désignation, le juge de la mise en état est, jusqu'à son dessaisissement, seul compétent, à l'exclusion de toute autre formation du tribunal...* ». Il pose les limites à la compétence exclusive du juge de la mise en état. Elle commence avec la désignation de ce juge. À défaut de document permettant d'établir avec précision la date de la désignation du conseiller de la mise en état, la jurisprudence a retenu, pour la procédure d'appel, le jour où le greffier adresse à l'avocat de l'appelant l'avis qui l'informe à la fois de la distribution de l'affaire au rôle d'une chambre et de la désignation du conseiller de la mise en état[2]. Reste à déterminer le moment où il est dessaisi. Selon l'article 779 *in fine* ce moment est celui de l'ouverture des débats ou la date fixée pour le dépôt du dossier des avocats lorsque l'affaire est mise en délibéré sans débat. Cela signifie que si une exception ou un incident mettant fin à l'instance survient ou est révélé après l'ordonnance de clôture mais avant l'audience de plaidoirie ou le dépôt du dossier, il faudra solliciter la révocation de l'ordonnance de clôture et soumettre l'incident au juge de la mise en état.

212.164 **Compétence exclusive pour statuer sur les exceptions de procédures.** L'article 771-1 oblige les parties, à peine d'irrecevabilité, à soulever les exceptions devant le juge de la mise en état. Si l'on omet de soumettre l'incident au magistrat de la mise en état, la sanction est une fin de non-recevoir et donc une source de responsabilité pour l'avocat. Il est ainsi essentiel de cerner le domaine de cette compétence exclusive et notamment de définir le concept d'exception de procédure. Cela devrait être simple car les auteurs du nouveau Code de procédure civile ont fait œuvre doctrinale et se sont attachés à clarifier certaines notions fondamentales dont les exceptions de procédure. Elles sont précisées aux articles 73 à 121 du Code de procédure civile. Il s'agit des exceptions d'incompétence[3] (C. pr. civ., art. 75 à 99), des exceptions de litispendance et de connexité (C. pr. civ., art. 100 à 107), des exceptions dilatoires (C. pr. civ., art. 108 à 111), des exceptions de nullité pour vice de forme (C. pr. civ., art. 112 à 116) et des exceptions de nullité pour vice de fond (C. pr. civ., art. 117 à

1. Sur l'article 771, 5° et le pouvoir d'ordonner des mesures d'instruction, v. s^{s} n° 212.157.

2. Paris, 10 oct. 1980, *Gaz. Pal.* 1980. 2. 656; *RTD civ.* 1980. 812, obs. Perrot – Riom, 11 juill. 1973, *D.* 1973. 646; *Gaz. Pal.* 1973. 2. 616.

3. Le renvoi à une juridiction limitrophe sur le fondement de l'article 47 C. pr. civ. n'est pas soumis au régime des exceptions d'incompétence, v. Civ. 2e, 13 févr. 2003, n° 01-03.113, *Bull. civ.* II, n° 37; *D.* 2003. 737. Cependant le décret n° 2012-66 du 20 janvier 2012 relatif à la résolution amiable des différends (*JO* 22 janv., p. 1280) a prévu que la demande formée en application de l'article 47 relève de la compétence du juge de la mise en état (C. pr. civ., art. 777, 1°, mod.) et que son auteur, doit à peine d'irrecevabilité, la présenter dès qu'il a connaissance de la cause de renvoi (C. pr. civ., art. 47, al. 2, mod.).

121). Ce sont les seules exceptions de procédure. Certes la Cour de cassation a considéré que la péremption d'instance est une exception parce que son régime est proche de celui des exceptions. Mais la péremption n'est pas une exception, c'est un incident mettant fin à l'instance, traité dans le code au titre consacré aux incidents d'instance (C. pr. civ., art. 386 à 393). La jurisprudence a également considéré que le sursis à statuer doit être traité comme une exception de procédure[1]. Cependant certains précisent que le sursis à statuer est une exception dilatoire qui relève de la compétence exclusive du juge de la mise en état lorsqu'il est prévu de manière impérative par la loi sans que le juge puisse apprécier l'opportunité de son prononcé. Mais lorsque le sursis est facultatif et oblige le juge, pour apprécier son opportunité, à analyser les incidences de l'événement sur la décision au fond, il serait un incident ne mettant pas fin à l'instance qui n'entrerait pas dans la compétence exclusive du juge de la mise en état[2]. Toutefois cette distinction ne résout pas toutes les difficultés[3].

Puisque le magistrat de la mise en état est désormais compétent pour trancher les exceptions de procédure, au sens du Code de procédure civile, toutes les exceptions de procédure qui se sont révélées avant l'ouverture des débats ou la date fixée pour le dépôt du dossier relèvent-elles de sa compétence exclusive ? Si la réponse est affirmative pour le juge de la mise en état, la solution est plus compliquée pour le conseiller de la mise en état. En effet, le conseiller chargé de la mise en état n'est pas le juge d'appel de la décision de première instance. Aussi il ne peut statuer sur les exceptions qui concernent la première instance. On pourrait croire qu'il s'agit d'une hypothèse d'école car le régime des exceptions oblige à les soulever *in limine litis*, elles devraient donc être soulevées en première instance, puis l'appel interjeté contre cette décision est porté devant la cour. Mais il peut arriver qu'un défendeur ne comparaisse pas en première instance alors que l'acte introductif d'instance est entaché d'une nullité. Par hypothèse, le défendeur n'a pas conclu en première instance, il interjette appel contre le jugement, l'exception de nullité doit-elle être soulevée devant le conseiller chargé de la mise en état ou devant la cour ? Puisque le conseiller de la mise en état n'est pas le juge d'appel de la décision de première instance, ses attributions ne concernent que les exceptions de procédure et les incidents relatifs à l'instance d'appel, aussi il n'est pas compétent pour connaître de cette exception[4]. Il est ainsi possible d'énoncer la règle suivante : toute exception de procédure, au sens retenu par le Code de procédure civile, révélée avant l'ouverture des débats ou la date fixée pour le dépôt du dossier, à condition qu'elle affecte l'instance d'appel, relève de la compétence exclusive du conseiller de la mise en état.

212.165 Compétence exclusive pour statuer sur les incidents mettant fin à l'instance. L'article 771-1 oblige également les parties, à peine d'irrecevabilité, à soulever les incidents mettant fin à l'instance devant le juge de la mise en état. Comme pour les exceptions de procédure, si l'on omet de soumettre l'incident au magistrat de la mise en état, la sanction est une fin de non-recevoir et une source de responsabilité éventuelle pour l'avocat. Cependant l'expression « *incidents mettant fin à l'instance* » est plus compliquée à définir que les exceptions de procédure. La lecture du Code de procédure civile est encore essentielle, en effet le titre XI du livre premier est consacré « *aux incidents d'instance* » (C. pr. civ., art. 367 à 410). Parmi ces incidents, tous ne mettent pas fin à l'instance. Seuls le font ceux qui sont cités au chapitre IV de ce titre, consacré à l'extinction de l'instance. Il s'agit de la péremption de l'instance, du désistement d'instance, de la caducité de la citation et de l'acquiescement. Un certain nombre d'auteurs et de cours d'appel avaient retenu cette conception. D'autres ont prétendu au contraire que la notion d'incident comprend les fins de non-recevoir et ils invoquaient également à l'appui de leur thèse un argument de texte. En effet, l'article 480 du Code de procédure civile, à propos de l'autorité de chose jugée, évoque « *le jugement qui tranche tout ou partie du principal ou celui qui statue sur une exception de procédure, une fin de non-recevoir ou tout autre incident* » et l'article 544 du même code relatif aux jugements susceptibles d'appel vise « *le jugement qui statue sur une exception de procédure, une fin de non-recevoir ou tout autre incident qui met fin à l'instance* ». Ces auteurs déduisaient de l'expression « *tout autre incident* » que les exceptions et les fins de non-recevoir appartiennent à la catégorie des incidents.

La Cour de cassation a eu l'occasion de préciser que les incidents mettant fin à l'instance sont ceux visés par les articles 384 et 385 du Code de procédure civile et n'incluent pas les fins de non-rece-

1. Réponses du Service de documentation et d'études de la Cour de cassation sur l'application du décret du 28 déc. 2005, *JCP* 2006. 1433 – Cass., avis, 29 sept. 2008, n°s 08-00.007 et 08-00.008, *Bull. avis*, n°s 6 et 5 – Civ. 1re, 14 mai 2014, n° 13-19.329, NP – Civ. 2e, 25 juin 2015, n° 14-18.288, *Bull. civ.* II, [à paraître].
2. Douai, 17 juin 2007, RG n° 07/00197.
3. SUR CETTE QUESTION, v. N. Fricero, « Panorama de procédure civile et voie d'exécution », *D.* 2007. 2427, spéc. p. 2431.
4. Cass., avis, 2 avr. 2007, n° 07-00.007, *Bull. avis*, n° 4; *D.* 2007. 1208, obs. Avena-Robardet; *RTD civ.* 2007. 639, obs. Perrot.

voir[1]. Ainsi le juge de la mise en état n'a pas une compétence exclusive pour trancher de manière générale les fins de non-recevoir. Cette solution doit être approuvée, il n'est pas opportun de faire trancher par ce juge des questions comme la prescription en matière de construction. Cette fin de non-recevoir est fréquemment invoquée, elle oblige à examiner le fond et la soumettre à la compétence du juge de la mise en état risquerait de retarder l'issue du procès au lieu de l'accélérer. Pour toutes ces raisons il est raisonnable de limiter aux articles 384 et 385 du code la compétence de ce juge et ce avec la même réserve que pour les exceptions : le conseiller de la mise en état n'est pas le juge d'appel de la décision de première instance.

Ainsi il a été jugé qu'il n'entre pas dans les pouvoirs du juge de la mise en état de statuer sur la fin de non-recevoir tirée d'une immunité de juridiction et dans ce cas il doit même surseoir à statuer sur toutes les exceptions de procédure dont il est saisi[2]. Il ne peut pas statuer sur le défaut de qualité[3], sur la prescription[4], sur le défaut de qualité et d'intérêt à agir en raison de l'acceptation par l'assuré de l'indemnisation qui lui a été proposée[5], sur l'absence de droit d'agir et le défaut d'intérêt à agir[6]. Mais le décret du 20 janvier 2012 a étendu son domaine de compétence exclusive aux demandes formées en application de l'article 47 du Code de procédure civile[7].

212.166 **b) Pouvoirs juridictionnels spécifiques du conseiller de la mise en état.** Il a fallu adapter ses pouvoirs à la nouvelle procédure d'appel notamment pour prononcer la caducité de l'appel et l'irrecevabilité des conclusions par application des articles 909 et 910 du code (C. pr. civ., art. 914). Le conseiller de la mise en état a conservé ses pouvoirs antérieurs en matière d'exécution provisoire.

212.167 **Caducité de l'appel.** Le conseiller de la mise en état est seul compétent à compter de sa nomination jusqu'à son dessaisissement[8] pour prononcer la caducité de l'appel (C. pr. civ., art. 914). L'appel est caduc lorsqu'il n'a pas été procédé à la signification de la déclaration d'appel à l'intimé dans le mois de l'avis adressé à l'avocat de l'appelant par le greffe en cas de retour de la lettre de notification de la déclaration d'appel ou lorsque l'intimé n'a pas constitué avocat dans le mois de la lettre de notification (C. pr. civ., art. 902) et lorsque l'appelant n'a pas conclu dans les trois mois suivant la déclaration d'appel et n'a pas notifié ses conclusions à l'intimé, conformément aux dispositions de l'article 911. La caducité est relevée d'office (C. pr. civ., art. 908). Le conseiller de la mise en état statue après avoir sollicité les observations écrites des parties. La circulaire ministérielle du 31 janvier 2011[9] précise qu'une audience n'est pas nécessaire. L'ordonnance qui prononce la caducité ne peut être rapportée (C. pr. civ., art. 911-1 *in fine*). Les parties ne sont plus recevables à invoquer cette caducité après dessaisissement du conseiller de la mise en état à moins que sa cause ne survienne ou ne soit révélée postérieurement (C. pr. civ., art. 914).

212.168 **Irrecevabilité de l'appel et irrecevabilité des conclusions.** Le décret du 28 décembre 2010[10] précise également que le conseiller de la mise en état est désormais seul compétent lorsqu'il est désigné et jusqu'à son dessaisissement pour statuer sur la recevabilité de l'appel[11] ou pour déclarer les conclusions irrecevables en application des articles 909 et 910 du code (C. pr. civ., art. 914 – ▶ v. ss n° 21.01, 4°). Jusque-là, le conseiller de la mise en état partageait avec la cour d'appel le pouvoir de statuer sur la fin de non-recevoir tirée de l'irrecevabilité de l'appel. Il convient cependant d'observer que les fins de non-recevoir qui ont un caractère d'ordre public doivent être relevées d'office par le juge en particulier lorsqu'elles résultent de l'inobservation des délais dans lesquels les voies de recours doivent être exercées (C. pr. civ., art. 125); aussi la cour d'appel ne peut être privée, après le dessaisissement du conseiller de la mise en état, de son pouvoir de relever d'office l'irrecevabilité d'un appel tardif[12]. Et la Cour de cassation a récemment jugé que : « *Si, aux termes de l'article 914 du Code de procédure civile, les parties ne sont plus recevables à invoquer la caducité ou l'irrecevabilité de l'appel après dessaisissement du conseiller de la mise en état, l'article 125 alinéa 1er du Code de procédure civile autorise le juge à*

1. Cass., avis, 13 nov. 2006, n° 06-00.012, *Bull. avis*, n° 10; *D.* 2006. IR 2949 et *D.* 2007. Pan. 1380, obs. Julien; *RTD civ.* 2007. 177, obs. Perrot – Civ. 2e, 17 avr. 2008, n° 07-14.298, NP – Sur cette question, v. O. Salati, « Les incidents mettant fin à l'instance n'incluent pas les fins de non-recevoir », *JCP* 2007. II. 10027.
2. Civ. 1re, 9 mars 2011, n° 10-10.044, *Bull. civ.* I, n° 54; *D.* 2011. 889, obs. Tahri; *Rev. crit. DIP* 2011. 716, note Gaudemet-Tallon; *RTD civ.* 2011. 382, obs. Théry.
3. Colmar, 1re civ. sect. A, 10 oct. 2006, RG n° 2A 05/2992.
4. Colmar, 2e civ. sect. B, 16 nov. 2006, RG n° 2B 05/4336.
5. Colmar, 2e civ. sect. B, 16 nov. 2006, RG n° 2B 05/4362.
6. Bastia, ch. civ., 11 oct. 2006, RG n° 06/470.
7. Décr. n° 2012-66, 20 janv. 2012, relatif à la résolution amiable des différends, *JO* 22 janv., p. 1280.
8. Sur les limites dans le temps de la compétence exclusive, v. ss n° 212.163.
9. Circ. CIV/16/10, 31 janv. 2011, NOR : JUSC1033672C (v. ss n° 45.02).
10. Décr. n° 2010-1647, 28 déc. 2010, modifiant la procédure d'appel avec représentation obligatoire en matière civile, *JO* 29 déc., p. 22919.
11. Y compris de l'appel-nullité, v. Com. 14 mai 2008, n° 07-11.036, *Bull. civ.* IV, n° 99; *D.* 2008. 1559.
12. V. N. Fricero, *J.-Cl. Pr. civ.*, fasc. 721, n° 60, p. 14.

relever d'office la fin de non-recevoir tirée du défaut d'intérêt, du défaut de qualité à agir ou de la chose jugée »[1]. Aussi, la formation collégiale devra ou pourra, selon qu'elles sont d'ordre public ou pas, soulever d'office les fins de recevoir de l'article 125 qui n'ont pas été soulevées devant le magistrat de la mise en état. En revanche les parties ne sont plus recevables à invoquer l'irrecevabilité de l'appel ou des conclusions après son dessaisissement à moins que leur cause ne survienne ou ne soit révélée ultérieurement.

La Cour de cassation a appliqué le **principe de la concentration des moyens** à la mise en état et a jugé que « *le demandeur doit présenter dès l'instance relative à la première demande l'ensemble des moyens de nature à fonder celle-ci. Dès lors, c'est à bon droit qu'une cour d'appel, statuant sur déféré de l'ordonnance du conseiller de la mise en état, décide que la seconde demande, tendant à voir déclarer l'appel irrecevable pour défaut de qualité à interjeter appel, se heurte à l'autorité de la chose jugée de la première ordonnance du conseiller de la mise en état, non déférée à la cour d'appel, ayant déclaré recevable ce même appel argué de tardiveté* »[2].

Dans cette affaire le magistrat chargé de la mise en état avait fixé d'office une audience pour qu'il soit statué sur la recevabilité de l'appel en raison du non-respect du délai de recours. L'intimé avait alors conclu et soulevé l'irrecevabilité de l'appel pour tardiveté. Mais le conseiller de la mise en état avait finalement jugé que l'acte de notification du jugement par le greffe était nul et qu'il n'avait pas fait courir d'appel. L'intimé n'avait pas frappé l'ordonnance du magistrat de la mise en état de déféré mais l'avait saisi d'une nouvelle irrecevabilité d'appel pour défaut de qualité de l'appelant.

La Cour de cassation approuve la cour d'appel d'avoir estimé que la demande d'irrecevabilité fondée sur le défaut de qualité se heurtait à l'autorité de la chose jugée sur la recevabilité de l'appel dans la première ordonnance. Ainsi, nonobstant les dispositions de l'article 123 du Code de procédure civile qui précisent que les fins de non-recevoir peuvent être proposées en tout état de cause, le principe prétorien de concentration des moyens oblige les parties à concentrer tous les moyens d'irrecevabilité dès la première requête devant le conseiller de la mise en état.

L'irrecevabilité des conclusions sera prononcée si l'intimé (principal, à un appel incident ou à un appel provoqué) n'a pas conclu et notifié ses conclusions dans le délai de deux mois à compter de la notification des conclusions de son adversaire. Quant à l'intervenant forcé, ses écrits seront déclarés d'office irrecevables par le conseiller de la mise en état s'il ne les a pas notifiés dans un délai de trois mois à compter de la date à laquelle la demande d'intervention formée à son encontre lui a été notifiée (C. pr. civ., art. 910, al. 2). En revanche le conseiller de la mise en état n'a pas le pouvoir de statuer sur la recevabilité de l'appel en intervention forcée, ce pouvoir appartient à la cour[3].

212.169 Pouvoirs du conseiller de la mise en état en matière d'exécution provisoire. Le conseiller de la mise en état possède ses pouvoirs en matière d'exécution provisoire à compter de sa désignation (sur la détermination de ce moment, v. s[s] n° 212.163); avant celle-ci c'est le premier président qui est compétent (v. s[s] n°s 311.91 s.). Il faut préciser ses pouvoirs en matière d'exécution provisoire. Selon l'article 915 du Code de procédure civile, le conseiller de la mise en état est seul compétent pour suspendre l'exécution des jugements improprement qualifiés en dernier ressort et pour exercer les pouvoirs qui lui sont conférés en matière d'exécution provisoire. Sa compétence est exclusive[4]. Il s'agit des pouvoirs reconnus par l'article 525 : lorsque le premier juge a refusé d'ordonner l'exécution provisoire, elle pourra être demandée en appel au conseiller de la mise en état qui l'ordonnera à condition qu'il y ait urgence, lorsque le premier juge a omis de statuer sur l'exécution provisoire ou lorsqu'elle n'a pas été demandée, elle pourra être ordonnée par le conseiller. Dans ce dernier cas, la condition d'urgence n'est pas requise (C. pr. civ., art. 525-1). Lorsque l'exécution provisoire est ainsi accordée, elle n'a pas d'effet rétroactif. Dans le cadre fixé par les articles 525 et 525-1 du code, il connaît des demandes relatives à l'application des articles 517 à 522 concernant les garanties susceptibles d'accompagner l'exécution provisoire et la consignation (C. pr. civ., art. 523). Enfin il faut rappeler qu'il peut ordonner de faire radier une affaire du rôle lorsque l'appelant ne justifie pas avoir exécuté la décision frappée d'appel ou avoir procédé à la consignation prévue par l'article 521 (C. pr. civ., art. 526)[5].

B.
Autorité des décisions du conseiller de la mise en état

212.171 Principe : absence d'autorité de chose jugée des ordonnances du conseiller de la mise en

1. Civ. 2e, 16 oct. 2014, n° 13-24.575, *Bull. civ.* II, n° 216; *D.* 2015. 287, obs. Fricero; *D.* 2015. 520, chron. Vasseur, de Leiris et Adida-Canac.
2. Civ. 2e, 13 nov. 2014, n° 13-15.642, *Bull. civ.* II, n° 229; *D.* 2015. 296, obs. Fricero; *D.* 2015. *bid.*, 520, chron. Vasseur, de Leiris et Adida-Canac.
3. Paris, 27 févr. 1984, *Bull. ch. avoués* 1984, n° 90, p. 59 – Montpellier, 22 mai 1986, *Bull. ch. avoués* 1986, n° 105, p. 8.
4. Civ. 2e, 5 janv. 1978, *Bull. civ.* II, n° 9; *Gaz. Pal.* 1978. 1. 249, note Viatte.
5. Sur cette mesure d'administration judiciaire, v. s[s] n° 212.156 et n°s 322.11 s.

état. En principe les décisions du conseiller chargé de la mise en état n'ont pas autorité de chose jugée au principal (C. pr. civ., art. 775). La formation collégiale n'est pas tenue par l'ordonnance du conseiller[1]. Cependant dans leur commentaire des dispositions du décret du 20 août 2004[2], deux annotateurs relevaient qu'à partir du moment où le juge de la mise en état est appelé à statuer sur des incidents aussi sérieux que la péremption d'instance, le schéma change de registre et l'on ne comprend plus comment la nature provisoire de ces décisions peut se combiner avec sa compétence exclusive : « *Autrement dit, il ne suffit pas d'additionner les prérogatives les unes derrière les autres pour faire bon poids, il faut les insérer dans un ensemble cohérent en prenant appui sur quelques directives précises. Sinon le contentieux rebondira ! En réalité, si l'on entend faire du juge de la mise en état un organe de gestion de l'instance civile (ce qui est concevable), c'est l'autorité de ses décisions et le mécanisme des recours qui est à repenser, en s'inspirant peut-être du régime du déféré devant la cour* ». Ils ont été en partie entendus par les auteurs du décret de 2005.

212.172 Exception : autorité de chose jugée de certaines ordonnances du conseiller de la mise en état. Le décret du 28 décembre 2005 a prévu que les ordonnances du juge de la mise en état qui statuent sur les exceptions de procédure et sur les incidents mettant fin à l'instance ont autorité de chose jugée au principal (C. pr. civ., art. 775). Et le décret du 9 décembre 2009[3] a étendu le domaine de l'autorité de chose jugée des décisions du conseiller de la mise en état en disposant que les ordonnances statuant sur la fin de non-recevoir tirée de l'irrecevabilité de l'appel, sur la caducité de celui-ci ou sur l'irrecevabilité des conclusions en application des articles 909 et 910 ont autorité de chose jugée au principal (C. pr. civ., art. 914, al. 2). Selon le texte, cette autorité s'attache à la décision que le conseiller déclare l'appel recevable ou irrecevable, caduc ou pas ou qu'il juge les conclusions de l'intimé ou de l'intervenant forcé recevables ou non. Le conseiller de la mise en état statue sur la caducité de la déclaration d'appel ou l'irrecevabilité des conclusions après avoir sollicité les observations écrites des parties. La circulaire précise qu'une audience n'est pas nécessaire. L'ordonnance qui prononce la caducité ne peut être rapportée (C. pr. civ., art. 911-1, al. 2). Par l'effet de l'autorité de la chose jugée, une fois tranchées par le conseiller de la mise en état, ces questions ne pourront plus être à nouveau débattues devant la cour d'appel lorsqu'elle jugera le fond de l'affaire. Compte tenu de cette évolution, il est important de préciser les recours dont peuvent faire l'objet les ordonnances du conseiller de la mise en état.

C. Recours contre les décisions du conseiller de la mise en état

212.181 Principe : pas de recours contre les actes juridictionnels du conseiller de la mise en état indépendamment de l'arrêt sur le fond. Il convient de préciser que toutes les mesures d'administration judiciaires prises par le conseiller de la mise en état ne peuvent être frappées de voie de recours (C. pr. civ., art. 537). Lorsque le juge contrôle le déroulement de la procédure, la communication entre lui et les plaideurs s'effectue par courrier ou verbalement. Les mesures font l'objet d'une simple mention au dossier, avis est donné aux avocats (C. pr. civ., art. 773, al. 1er).

En revanche lorsque le juge ordonne les mesures prévues aux articles 769 à 772, il statue par voie d'ordonnance motivée, sous réserve des règles particulières aux mesures d'instruction (C. pr. civ., art. 773, al. 2), à une audience publique qu'il tient avec son greffier. Les avocats sont entendus ou appelés, la présence du ministère public n'est pas requise. Les ordonnances du conseiller de la mise en état ne sont susceptibles d'aucun recours indépendamment de l'arrêt sur le fond (C. pr. civ., art. 916, al. 1er). Il a ainsi été jugé que les ordonnances du conseiller de la mise en état rendues en matière d'exécution provisoire ne peuvent pas être valablement frappées immédiatement d'un pourvoi en cassation[4] alors que la même décision prise par le premier président pouvait faire l'objet d'un recours en cassation immédiat jusqu'au décret du 6 novembre 2014[5] qui a créé l'article 525-2 du code et supprimé la possibilité de frapper d'un pourvoi en cassation l'ordonnance du premier président saisi en application des articles 524, 525, 525-1. Les décisions du conseiller de la mise en état ne peuvent pas être frappées d'opposition et elles ne peuvent faire l'objet d'un pourvoi en cassation qu'en même temps que l'arrêt sur le fond[6].

1. Com. 12 juill. 2004, n° 03-12.672, *Bull. civ.* IV, n° 161 ; *D.* 2004. 2160, et obs. ; *D.* 2005. 2950, obs. Hallouin et Lamazerolles.
2. R. Perrot et H. Croze, « Commentaire du décret n° 2004-836 du 20 août 2004 portant modification de la procédure civile », *Procédures* 2004. Étude 6.
3. Décr. n° 2009-1524, 9 déc. 2009.
4. Civ. 2e, 7 mai 1980, n° 78-15.543, NP ; *Gaz. Pal.* 1980. 2. 619, note Viatte ; *RTD civ.* 1981. 452, obs. Perrot.
5. Décr. n° 2014-1338, 6 nov. 2014, relatif à la procédure civile applicable devant la Cour de cassation, *JO* 8 nov., p. 18901.
6. Civ. 2e, 12 oct. 1988, n° 87-16.993, *Bull. civ.* II, n° 193 ; *JCP* 1988. IV. 124.

212.182 **Exception : le déféré.** L'article 916 ouvre cependant un recours immédiat contre certaines décisions du conseiller de la mise en état, notamment contre celles bénéficiant de l'autorité de chose jugée au principal, en ces termes : « *Toutefois, elles* [les ordonnances du conseiller de la mise en état] *peuvent être déférées par simple requête*[1] *à la cour dans les quinze jours de leur date lorsqu'elles ont pour effet de mettre fin à l'instance*[2], *lorsqu'elles constatent son extinction, lorsqu'elles ont trait à des mesures provisoires en matière de divorce ou de séparation de corps*[3], *lorsqu'elles statuent sur une exception de procédure, un incident mettant fin à l'instance, la fin de non-recevoir tirée de l'irrecevabilité de l'appel ou la caducité de celui-ci ou lorsqu'elles prononcent l'irrecevabilité des conclusions en application des articles 909 et 910.* » (▶ v. s^{s} n° 21.01, 4°). Le déféré n'est en principe possible que pour les cas visés à l'article 916 du code[4]. Cependant en cas d'excès de pouvoir, l'ordonnance du conseiller de la mise en état peut être déférée à la cour d'appel et le pourvoi en cassation immédiat est irrecevable car le déféré est exclusif de tout autre recours[5]. Les décisions du conseiller de la mise en état qui ont autorité de chose jugée au principal doivent être déférées à la cour dans les quinze jours de leur date, sinon elles passent en force de chose jugée[6] et ne pourront plus être remises en cause devant la formation collégiale lors du débat sur le fond; le pourvoi en cassation, même formé avec celui dirigé contre l'arrêt au fond, sera irrecevable[7]. Ont autorité de chose jugée au principal : les ordonnances du conseiller de la mise en état statuant sur les exceptions de procédure et les incidents mettant fin à l'instance (C. pr. civ., art. 775) et celles statuant sur la fin de non-recevoir tirée de l'irrecevabilité de l'appel, sur la caducité de celui-ci ou sur l'irrecevabilité des conclusions en application des articles 909 et 910 (C. pr. civ., art. 914, al. 2). Ces dernières sont susceptibles d'être déférées à la cour même si elles ne mettent pas fin à l'instance[8]. Pourtant la Cour de cassation, saisie sur avis, avait décidé que l'ordonnance qui déclare l'appel recevable n'est pas susceptible d'être déférée à la cour d'appel car elle ne met pas fin à l'instance[9]. Mais depuis cet avis les textes ont changé et le décret du 28 décembre 2010[10] a modifié les articles 914 et 916 du Code de procédure civile. Un déféré est-il possible contre une ordonnance rejetant un incident mettant fin à l'instance, par exemple, qui juge qu'il n'y a pas péremption de l'instance ? Perrot répond par la négative au motif que ces ordonnances n'ont pas autorité de chose jugée au principal[11], cette solution n'est pas évidente à la lecture de l'article 916 : si les ordonnances rejetant un incident mettant fin à l'instance ne peuvent faire l'objet d'un déféré, pourquoi avoir expressément cité « *les décisions qui statuent sur un incident mettant fin à l'instance* », la proposition « *lorsqu'elles ont pour effet de mettre fin à l'instance* » étant suffisante ?

Les indications auxquelles est subordonnée la recevabilité des conclusions ne sont pas exigées pour la requête aux fins de déféré; aussi peu importe que l'auteur du déféré n'ait pas indiqué son domicile réel dans sa requête[12]. La Cour de cassation a jugé que les parties ne peuvent échapper à l'irrecevabilité du déféré pour non-respect du délai de quinze jours en arguant qu'elles n'ont pas été avisées de la date du prononcé de l'ordonnance[13]. Il est pourtant fondamental que les parties soient avisées de la date du délibéré. Mais « *lorsqu'une partie défère à la formation collégiale de la cour d'appel l'ordonnance du conseiller de la mise en état en ne critiquant que l'un des chefs du dispositif, son adversaire peut, et sans être tenu par le délai de quinze jours prévu à l'article 916*

1. La jurisprudence a admis que le déféré pouvait être formé par voie de conclusions notifiées à l'avoué de la partie adverse et déposées au greffe : Paris, 13 juill. 1988, *Bull. ch. avoués* 1988, n° 3, p. 102.
2. Civ. 2e, 27 avr. 1979, n° 77-13.940, *Bull. civ.* II, n° 119.
3. Civ. 1re, 4 oct. 2005, n° 04-12.735, *Bull. civ.* I, n° 355; *Procédures* 2006. Comm. 1, obs. Perrot; *D.* 2005. 2901; *AJ fam.* 2005. 447, obs. David; *RTD civ.* 2006. 94, obs. Hauser – Mais à condition que le divorce ne soit pas devenu définitif : Civ. 1re, 2 mars 2004, n° 01-16.239, *Bull. civ.* I, n° 73; *RTD civ.* 2004. 270, obs. Hauser; *D.* 2005. 1826, obs. Douchy-Oudot.
4. Civ. 1re, 2 mars 2004, n° 01-16.239, P (préc. s^{s} prés^{t} n°) – Civ. 1re, 6 févr. 2008, n°s 06-12.405 et 06-12.406, *Bull. civ.* I, n° 38; *JCP* 2008. IV. 1456; *Rev. crit. DIP* 2008. 644, note Muir Watt.
5. Civ. 2e, 18 sept. 2003, n° 01-13.885, *Bull. civ.* II, n° 284; *Gaz. Pal.* 2004. 22, note du Rusquec; *D.* 2004. 1202, obs. Julien.
6. R. Perrot, « Conseiller de la mise en état, chose jugée et déféré », *Procédures* 2013. Étude 8 – Civ. 2e, 3 sept. 2015, n° 13-27.060 *Bull. civ.* II, [à paraître].
7. Civ. 1re, 10 avr. 2013, n° 12-14.939, *Bull. civ.* I, n° 71; *D.* 2013. 1010, *RTD civ.* 2013. 667, obs. Perrot; *D.* 2014. 804, obs. Fricero.
8. Civ. 1re, 10 avr. 2013, n° 12-14.939, P (préc. s^{s} prés^{t} n°) – Civ. 2e, 15 mai 2014, n° 13-13.434, NP; *Procédures* 2014. Comm. 196, obs. Perrot.
9. Cass., avis, 2 avr. 2007, n° 07-00.006, *Bull. avis*, n° 5; *D.* 2007. AJ 1207, obs. Avena-Robardet; *D.* 2007. Pan. 2432, obs. Fricero; *JCP* 2007. Actu. 182, obs. Salati; *JCP* 2007. I. 139, note Cadiet; *Procédures* 2007. Comm. 126, obs. Perrot; *RTD civ.* 2007. 641, obs. Perrot – Civ. 2e, 19 nov. 2008, n° 07-12.523, *Bull. civ.* II, n° 251; *D.* 2008. 3092.
10. Décr. n° 2010-1647, 28 déc. 2010, modifiant la procédure d'appel avec représentation obligatoire en matière civile, *JO* 29 déc. 2010 p. 22919.
11. R. Perrot, préc. s^{s} prés^{t} n°.
12. Civ. 2e, 14 nov. 2013, n° 13-13.434, NP; *Procédures* 2014. Comm. 196, obs. Perrot.
13. Civ. 2e, 21 janv. 1998, n° 96-16.751, *Bull. civ.* II, n° 23; *JCP* 1998. IV. 1537; *Gaz. Pal.* 1998. 2. Pan. 183.

du Code de procédure civile, étendre la critique à d'autres chefs de la décision déférée »[1]. Après avoir jugé le contraire[2], la Cour de cassation a décidé[3] que le plaideur avait la possibilité de récuser le conseiller de la mise en état siégeant dans la formation collégiale statuant sur le déféré par application de l'article 341, 5° du Code de procédure civile. Le principe d'impartialité posé par l'article 6 § 1 de la Convention européenne des droits de l'homme commande une telle solution quelle que soit la qualification du déféré. Conformément aux articles 606 à 608 du Code de procédure civile[4], les arrêts de la cour d'appel, rendus sur déféré d'une ordonnance du conseiller de la mise en état, ne pourront être frappés de pourvoi en cassation que s'ils tranchent une partie du principal ou s'ils mettent fin à l'instance, ou encore s'ils se prononcent sur la compétence sans statuer sur le fond du litige.

1. Civ. 2e, 13 mai 2015, n° 14-13.801, *Bull. civ.* II, [à paraître]; *D. actualité*, 1er juin 2015, obs. Kébir; *Procédures* 2015. Comm. 214, obs. Croze.
2. Civ. 2e, 13 mars 1996, n° 93-20.557, *Bull. civ.* II, n° 65; *D.* 1996. Somm. 356, obs. Julien.
3. Civ. 2e, 6 mai 1999, n° 99-12.964, *Bull. civ.* II, n° 77; *Procédures* 1999. Comm. 201, obs. Perrot; *RTD civ.* 1999. 704, obs. Perrot.
4. PAR EX. : Civ. 3e, 5 juill. 2011, nos 10-11.805 et 10-12.032, NP.

CHAPITRE
213. Débats

SECTION 0 ORIENTEUR

213.00 **Plan du chapitre.**

Sect. 1 Régularité de l'audience
Sect. 2 Clôture des débats

213.01 **Textes applicables.**

TEXTES CITÉS

> Date d'audience

C. pr. civ., art. 432, 905

> Composition de la juridiction

C. pr. civ., art. 430, 446
COJ, art. L. 312-1 et L. 312-2

> Publicité des débats

C. pr. civ., art. 22, 433, 435 à 437, 459

> Télécommunication audiovisuelle

COJ, art. L. 111-12

> Déroulement des débats

C. pr. civ., art. 371, 431, 438, 439, 442, 443, 445

> Clôture des débats

C. pr. civ., art. 442, 444, 446

TEXTES CITÉS REPRODUITS *IN EXTENSO*

> Date d'audience

[C. pr. civ., art. 432 et 905]

C. pr. civ., art. 432

Les débats ont lieu au jour et, dans la mesure où le déroulement de l'audience le permet, à l'heure préalablement fixés selon les modalités propres à chaque juridiction. Ils peuvent se poursuivre au cours d'une audience ultérieure.

En cas de changement survenu dans la composition de la juridiction après l'ouverture des débats, ceux-ci doivent être repris.

C. pr. civ., art. 905

Lorsque l'affaire semble présenter un caractère d'urgence ou être en état d'être jugée ou lorsque l'appel est relatif à une ordonnance de référé ou à une des ordonnances du juge de la mise en état énumérées aux 1° à 4° de l'article 776, le président de la chambre saisie, d'office ou à la demande d'une partie, fixe à bref délai l'audience à laquelle elle sera appelée; au jour indiqué, il est procédé selon les modalités prévues aux articles 760 à 762.

> Composition de la juridiction

[C. pr. civ., art. 430, 446 et COJ, art. L. 312-1 et L. 312-2]

C. pr. civ., art. 430

La juridiction est composée, à peine de nullité, conformément aux règles relatives à l'organisation judiciaire.

Les contestations afférentes à sa régularité doivent être présentées, à peine d'irrecevabilité, dès l'ouverture des débats ou dès la révélation de l'irrégularité si celle-ci survient postérieurement, faute de quoi aucune nullité ne pourra être ultérieurement prononcée de ce chef, même d'office.

Les dispositions de l'alinéa qui précède ne sont pas applicables dans les cas où il aurait été fait appel à une personne dont la profession ou les fonctions ne sont pas de celles qui l'habilitent à faire partie de la juridiction.

C. pr. civ., art. 446

Ce qui est prescrit par les parties 432 (alinéa 2), 433, 434, 435 et 444 (alinéa 2) doit être observé à peine de nullité.

Toutefois aucune nullité ne pourra être ultérieurement soulevée pour inobservation de ces dispositions si elle n'a pas été invoquée avant la clôture des débats. La nullité ne peut pas être relevée d'office.

COJ, art. L. 312-1

La cour d'appel statue en formation collégiale.

COJ, art. L. 312-2

La formation de jugement de la cour d'appel se compose d'un président et de plusieurs conseillers.

Aux audiences solennelles, la cour est présidée par le premier président et comprend en outre des conseillers appartenant à plusieurs chambres.

> Publicité des débats

[C. pr. civ., art. 22, 433, 435, 436, 437 et 459]

C. pr. civ., art. 22

Les débats sont publics, sauf les cas où la loi exige ou permet qu'ils aient lieu en chambre du conseil.

C. pr. civ., art. 433

Les débats sont publics sauf les cas où la loi exige qu'ils aient lieu en chambre du conseil.

Ce qui est prévu à cet égard en première instance doit être observé en cause d'appel, sauf s'il en est autrement disposé.

C. pr. civ., art. 435

Le juge peut décider que les débats auront lieu ou se poursuivront en chambre du conseil s'il doit résulter de leur publicité une atteinte à l'intimité de la vie privée, ou si toutes les parties le demandent, ou s'il survient des désordres de nature à troubler la sérénité de la justice.

C. pr. civ., art. 436

En chambre du conseil, il est procédé hors la présence du public.

C. pr. civ., art. 437

S'il apparaît ou s'il est prétendu, soit que les débats doivent avoir lieu en chambre du conseil alors qu'ils se déroulent en audience publique, soit l'inverse, le président se prononce sur-le-champ et il est passé outre à l'incident.

Si l'audience est poursuivie sous sa forme régulière, aucune nullité fondée sur son déroulement antérieur ne pourra être ultérieurement prononcée, même d'office.

C. pr. civ., art. 459

L'omission ou l'inexactitude d'une mention destinée à établir la régularité du jugement ne peut entraîner la nullité de celui-ci s'il est établi par les pièces de la procédure, par le registre d'audience ou par tout autre moyen que les prescriptions légales ont été, en fait, observées.

> Télécommunication audiovisuelle

COJ, art. L. 111-12

Les audiences devant les juridictions judiciaires, sans préjudice des dispositions particulières du Code de la santé publique, du Code de procédure pénale et du Code de l'entrée et du séjour des étrangers et du droit d'asile, peuvent, par décision du président de la formation de jugement, d'office ou à la demande d'une partie, et avec le consentement de l'ensemble des parties, se dérouler dans plusieurs salles d'audience reliées directement par un moyen de télécommunication audiovisuelle garantissant la confidentialité de la transmission.

L'une ou plusieurs de ces salles d'audience peuvent se trouver en dehors du ressort de la juridiction saisie.

Pour la tenue des débats en audience publique, chacune des salles d'audience est ouverte au public. Pour la tenue des débats en chambre du conseil, il est procédé hors la présence du public dans chacune des salles d'audience.

Les prises de vue et les prises de son ne peuvent faire l'objet d'aucun enregistrement ni d'aucune fixation, hors le cas prévu par les articles L. 221-1 et suivants du Code du patrimoine.

Les modalités d'application du présent article sont fixées par décret en Conseil d'État.

> Déroulement des débats

[C. pr. civ., art. 371, 431, 438, 439, 442, 443 et 445]

C. pr. civ., art. 371

En aucun cas l'instance n'est interrompue si l'événement survient ou est notifié après l'ouverture des débats.

C. pr. civ., art. 431

Le ministère public n'est tenu d'assister à l'audience que dans les cas où il est partie principale, dans ceux où il représente autrui ou lorsque sa présence est rendue obligatoire par la loi.

Dans tous les autres cas, il peut faire connaître son avis à la juridiction soit en lui adressant des conclusions écrites qui sont mises à la disposition des parties, soit oralement à l'audience.

C. pr. civ., art. 438

Le président veille à l'ordre de l'audience. Tout ce qu'il ordonne pour l'assurer doit être immédiatement exécuté.

Les juges disposent des mêmes pouvoirs sur les lieux où ils exercent les fonctions de leur état.

C. pr. civ., art. 439

Les personnes qui assistent à l'audience doivent observer une attitude digne et garder le respect dû à la justice. Il leur est interdit de parler sans y avoir été invitées, de donner des signes d'approbation ou de désapprobation, ou de causer du désordre de quelque nature que ce soit.

Le président peut faire expulser toute personne qui n'obtempère pas à ses injonctions, sans préjudice des poursuites pénales ou disciplinaires qui pourraient être exercées contre elle.

C. pr. civ., art. 442

Le président et les juges peuvent inviter les parties à fournir les explications de droit ou de fait qu'ils estiment nécessaires ou à préciser ce qui paraît obscur.

C. pr. civ., art. 443

Le ministère public, partie jointe, a le dernier la parole.

S'il estime ne pas pouvoir prendre la parole sur-le-champ, il peut demander que son audition soit reportée à une prochaine audience.

C. pr. civ., art. 445

Après la clôture des débats, les parties ne peuvent déposer aucune note à l'appui de leurs observations, si ce n'est en vue de répondre aux arguments développés par le ministère public, ou à la demande du président dans les cas prévus aux articles 442 et 444.

> Clôture des débats

[C. pr. civ., art. 442, 444 et 446]

C. pr. civ., art. 442

* V. texte complet de l'article *supra*, v. s[s] > *Déroulement des débats*

C. pr. civ., art. 444

Le président peut ordonner la réouverture des débats. Il doit le faire chaque fois que les parties n'ont pas été à même de s'expliquer contradictoirement sur les éclaircissements de droit ou de fait qui leur avaient été demandés.

En cas de changement survenu dans la composition de la juridiction, il y a lieu de reprendre les débats.

C. pr. civ., art. 446

* V. texte complet de l'article *supra,* s[s] > *Composition de la juridiction*

213.02 Jurisprudence de référence.

> Radiation demandée conjointement par les parties – Pouvoir discrétionnaire – Pouvoirs des juges

• **Cass., ass. plén., 24 nov. 1989, n° 88-18.188,** *Bull. ass. plén.*, n° 3

* V. s[s] n° 213.11

Si les parties ont la libre disposition de l'instance, l'office du juge est de veiller au bon déroulement de celle-ci dans un délai raisonnable. La faculté d'accepter ou de refuser le renvoi d'une affaire fixée pour être plaidée, relève du pouvoir discrétionnaire du juge, dès lors que les parties ont été mises en mesure d'exercer leur droit à un débat oral. Au cas où les parties conviennent de ne pas déposer leur dossier, le juge peut procéder à la radiation de l'affaire. Si les parties considèrent de leur intérêt d'éviter ou de différer une solution judiciaire, elles ont la possibilité de suspendre le cours de l'instance en formant une demande conjointe de radiation qui s'impose au juge.

> Greffier – Assistance à l'audience – Contestation – Moment

• **Civ. 2e, 14 nov. 2002, nº 00-16.808,** *Bull. civ.* II, nº 253

* V. ss nº 213.12

Le greffier faisant partie de la juridiction de jugement, le moyen tiré de l'absence du greffier devant le premier juge est irrecevable en appel à défaut de contestation régulièrement présentée conformément à l'article 430 alinéa 2 du [nouveau] Code de procédure civile.

> Instance – Péremption – Conditions – Débats non clos

• **Civ. 2e, 23 janv. 1991, nº 89-16.499,** *Bull. civ.* II, nº 32

* V. ss nº 213.22

Si aux termes de l'article 2 du [nouveau] Code de procédure civile les parties conduisent l'instance sous les charges qui leur incombent, elles ne sont plus tenues d'effectuer spontanément des diligences à compter de la clôture des débats.

> Débats – Réouverture – Nécessité – Versement de pièces en cours de délibéré

• **Civ. 3e, 9 janv. 1979, nº 77-14.122,** *Bull. civ.* III, nº 11

* V. ss nº 213.23

Selon l'article 444 du [nouveau] Code de procédure civile, le président doit ordonner la réouverture des débats chaque fois que les parties n'ont pas été à même de s'expliquer contradictoirement sur les éclaircissements de droit ou de fait qui leur avaient été demandés. Viole ce texte la cour d'appel qui fonde sa décision sur des documents produits au cours du délibéré à la demande d'un magistrat de la Cour, sans procéder à une réouverture des débats.

> Procédure de la mise en état – Débat contradictoire des éléments de fait ou de droit demandés par la juridiction – Explications contradictoires

• **Civ. 1re, 12 avr. 2005, nº 03-20.029,** *Bull. civ.* I, nº 182

* V. ss nº 213.23

Une cour d'appel statue, à bon droit, en considération d'un décompte que le président avait autorisé une partie, qui en avait fait état dans ses conclusions, à produire après la clôture des débats, en invitant la partie adverse à établir une note en délibéré sur ce document, ce qu'elle a fait, aucun texte n'exigeant la révocation de l'ordonnance de clôture ou la réouverture des débats lorsque les parties ont été à même de débattre contradictoirement des éléments de fait ou de droit sur lesquels le président leur a demandé de s'expliquer.

> Décision de réouverture des débats – Décision ayant un caractère juridictionnel.

• **Soc. 23 mai 1984, nº 81-40.487,** *Bull. civ.* V, nº 220

* V. ss nº 213.23

La décision de réouverture des débats est une mesure d'administration judiciaire non susceptible d'un pourvoi en cassation.

213.03 Bibliographie indicative.

Actualisables. *J.-Cl. Pr. civ.*, « Audience et débats », fasc. 501, 21 déc. 2007, par N. Fricero – Rép. pr. civ., vº *Jugement*, par F. Eudier, actu. par N. Gerbay, juin 2014, nos 51-186.

Ouvrages. C. Brenner et N. Fricero, *La nouvelle procédure d'appel*, 2e éd., Lamy, 2011, p. 133 – P. et N. Gerbay, *Guide du procès civil en appel*, LexisNexis, 2016, nos 937 s.

213.04 Questions essentielles.

> Quand peut-on contester la composition de la juridiction de jugement ?

* V. ss nº 213.12

> Comment est assurée la publicité des débats ?

* V. ss nº 213.13

> Quand y a-t-il réouverture des débats ?

* V. ss nº 213.23

SECTION 1
RÉGULARITÉ DE L'AUDIENCE

213.11 Date d'audience. Elle est fixée soit par le conseiller de la mise en état lorsqu'il examine l'affaire dans les quinze jours suivants l'expiration des délais pour conclure et communiquer les pièces ou dans le calendrier de procédure, soit par le président de la chambre saisie (C. pr. civ., art. 905). Les débats ont lieu au jour et, dans la mesure où le déroulement de l'audience le permet, à l'heure préalablement fixée selon les modalités propres à chaque juridiction. Si les débats dans une affaire ne peuvent pas s'achever lors de l'audience, ils pourront être poursuivis au cours d'une audience ultérieure (C. pr. civ., art. 432). La faculté d'accepter ou de refuser le renvoi à une audience ultérieure d'une affaire fixée pour être plaidée relève du pouvoir discrétionnaire du juge, dès lors que les parties ont été mises en mesure d'exercer leur droit à un débat oral[1]. La décision du juge relative à une demande de renvoi est une mesure d'administration judiciaire non susceptible de recours[2].

213.12 Composition de la juridiction. Selon l'article 430 alinéa 1er de Code de procédure civile, la juridiction est composée, à peine de nullité, conformément aux règles relatives à l'organisation judiciaire. Selon les articles L. 312-1 et L. 312-2 du Code de l'organisation judiciaire, la cour d'appel statue en formation collégiale avec un président et plusieurs conseillers. L'article 786 du Code de procédure civile prévoit que le juge de la mise en état

1. Cass., ass. plén., 24 nov. 1989, nº 88-18.188, *Bull. ass. plén.*, nº 3; *D.* 1990. 25, concl. Cabannes; *D.* 1990. 429, note Julien; *JCP* 1990. II. 21407, note Cadiet; *Gaz. Pal.* 1990. 1. Somm. 358, obs. Guinchard et Moussa; *RTD civ.* 1990. 145, obs. Perrot.
2. Civ. 2e, 6 mai 1987, nº 86-10.581, *Bull. civ.* II, nº 106.

ou le magistrat chargé du rapport peut, si les avocats ne s'y opposent pas, tenir seul l'audience pour entendre les plaidoiries. Il en rendra compte à la juridiction collégiale dans son délibéré.

Les contestations afférentes à la régularité de la composition de la juridiction doivent être présentées, à peine d'irrecevabilité, dès l'ouverture des débats ou dès la révélation de l'irrégularité, si celle-ci survient postérieurement, sinon aucune nullité ne pourra être ultérieurement prononcée de ce chef, même d'office (C. pr. civ., art. 430, al. 2). Cependant, ces dispositions ne sont pas applicables lorsqu'il a été fait appel à une personne dont la profession ou les fonctions ne sont pas de celles qui l'habilitent à faire partie de la juridiction (C. pr. civ., art. 430, al. 3). Le greffier fait partie de la juridiction de jugement de sorte qu'à défaut de contestation régulièrement présentée, c'est-à-dire conformément à l'article 430 alinéa 2, le moyen tiré de ce qu'il n'aurait pas assisté à l'audience est irrecevable[1].

Selon l'article 432 alinéa 2 du code, en cas de changement intervenu dans la composition de la juridiction après l'ouverture des débats, ceux-ci doivent être repris et l'article 446 ajoute que ce qui est prescrit notamment par l'article 432 alinéa 2 doit être observé à peine de nullité mais qu'aucune nullité ne pourra être ultérieurement soulevée pour une observation de ces dispositions si elle n'a pas été invoquée avant la clôture des débats. La nullité ne peut pas être relevée d'office.

213.13 Publicité des débats. La publicité des débats est un droit fondamental reconnu par l'article 6 § 1 de la Convention européenne des droits de l'homme. L'article 22 du Code de procédure civile prévoit dans le chapitre sur les principes directeurs du procès que les débats sont publics sauf les cas où la loi exige ou permet qu'ils aient lieu en chambre du conseil et l'article 433 rappelle ce principe. Selon le Conseil d'État la publicité des débats est un principe général du droit dont il n'appartient qu'au seul législateur d'en déterminer, d'en étendre ou d'en restreindre les limites[2] et la Cour de cassation a jugé que la règle de la publicité des débats est générale et ne souffre d'exception que dans les cas spécifiés par la loi[3]. Aussi, il est permis de se demander si n'est pas entaché d'illégalité l'article 779 alinéa 3, modifié par le décret du 28 décembre 2005, qui permet au président ou juge de la mise en état s'il a reçu délégation à cet effet, à la demande des avocats et après accord le cas échéant, du ministère public, d'autoriser le dépôt des dossiers au greffe de la chambre, à une date qu'il fixe quand il lui apparaît que l'affaire ne requiert pas de plaidoirie.

L'article 435 du Code de procédure civile confère au juge le pouvoir de décider que les débats auront lieu ou se poursuivront en chambre du conseil, c'est-à-dire hors la présence du public (C. pr. civ., art. 436), s'il doit résulter de leur publicité une atteinte à l'intimité de la vie privée, si toutes les parties le demandent, ou encore s'il survient des désordres de nature à troubler la sérénité de la justice. S'il apparaît ou s'il est prétendu que les débats se déroulent en chambre du conseil alors qu'ils devraient se dérouler en audience publique ou l'inverse, le président se prononce sur le champ et il est passé outre à l'incident (C. pr. civ., art. 437, al. 1er) et si l'audience est poursuivie sous sa forme régulière, aucune nullité fondée sur son déroulement antérieur ne pourra être ultérieurement prononcée, même d'office (C. pr. civ., art. 437, al. 2).

L'article 446 alinéa 2 du code prévoit que la nullité encourue pour violation des articles 433 et 435 ne peut pas être ultérieurement soulevée si elle n'a pas été invoquée avant la clôture des débats et qu'elle ne peut être relevée d'office. Enfin, selon l'article 459, « *l'omission ou l'inexactitude d'une mention destinée à établir la régularité du jugement ne peut entraîner la nullité de celui-ci s'il est établi par les pièces de la procédure, par le registre d'audience ou par tout autre moyen que les prescriptions légales ont été, en fait, observées* ».

213.14 Salle d'audience et télécommunication audiovisuelle. L'article L. 111-12 du Code de l'organisation judiciaire prévoit que les audiences devant les juridictions judiciaires, sans préjudice des dispositions particulières du Code de procédure pénale et du Code de l'entrée et du séjour des étrangers et du droit d'asile, peuvent se dérouler dans plusieurs salles d'audience reliées directement par un moyen de télécommunication audiovisuelle garantissant la confidentialité de la transmission. Le recours à ce procédé est soumis à une décision du président de la formation de jugement, prise d'office ou à la demande des parties, avec le consentement de l'ensemble d'entre elles. Les prises de vues et les prises de son ne peuvent pas faire l'objet d'enregistrement, ni d'aucune fixation hors les cas prévus par les articles L. 221-1 et suivants du Code du patrimoine. Si les débats doivent être tenus en audience publique, chacune des salles d'audience doit être ouverte au public. Si la tenue des débats doit avoir lieu en chambre du conseil, le public doit être exclu dans chacune des salles d'audience (COJ, art. L. 111-12, al. 3).

1. Civ. 1re, 13 oct. 1998, no 96-14.201, *Bull. civ.* I, no 293 – Civ. 2e, 21 déc. 2000, no 98-23.276, *Bull. civ.* II, no 175 – Civ. 2e, 14 nov. 2002, no 00-16.808, *Bull. civ.* II, no 253.
2. CE, ass., 4 oct. 1974, Dame David, *Lebon* 464, concl. Gentot; *AJDA* 1974. 526 et 546, obs. Frank et Goyon; *D.* 1975. 369, note Auby.
3. Civ. 1re, 15 juill. 1975, *D.* 1975. 757, note Donnier.

213.15 Déroulement des débats. Au jour fixé, les débats sont ouverts par le président. À compter de ce moment, en aucun cas l'instance ne peut être interrompue si un événement survient ou est notifié après l'ouverture des débats. (C. pr. civ., art. 371). « *Le président veille à l'ordre de l'audience. Tout ce qu'il ordonne pour l'assurer doit être immédiatement exécuté* » (C. pr. civ., art. 438). Il peut faire expulser toute personne qui n'obtempère pas à ses injonctions, sans préjudice de poursuites pénales ou disciplinaires qui pourraient être exercées contre elle (C. pr. civ., art. 439, al. 2). Le président dirige les débats, il donne la parole au rapporteur (sur le rapport, v. s^s nº 212.158). La Cour de cassation présume, même en l'absence de mention dans l'arrêt, que le rapport a été présenté dans le respect des règles[1]. Ni l'absence de mention dans le jugement de la présentation d'un rapport[2], ni l'absence d'indication du nom du magistrat rapporteur[3] ne sont des causes de nullité du jugement. Après la lecture du rapport, le président donne la parole à l'appelant, puis à l'intimé. L'ordre de parole n'est pas exigé sous peine de nullité de la décision[4]. Le président et les conseillers peuvent inviter les parties à fournir les explications de droit ou de fait qu'ils estiment nécessaires ou à préciser ce qui paraît obscur (C. pr. civ., art. 442). Lorsque le ministère public est partie jointe, il prend la parole en dernier, il peut demander que son audition soit reportée à une audience ultérieure, s'il estime ne pas pouvoir prendre la parole sur le champ (C. pr. civ., art. 443). Il pourra éventuellement être répondu aux arguments du ministère public au moyen d'une note en délibéré (C. pr. civ., art. 445). Le ministère public ne doit assister au débat que lorsqu'il est partie principale, lorsqu'il représente autrui ou quand sa présence est rendue obligatoire par la loi (C. pr. civ., art. 431, al. 1er). Dans les autres cas il peut assister à l'audience et y prendre la parole ou adresser à la cour des conclusions écrites qui devront être mises, le jour de l'audience, à la disposition des parties[5].

SECTION 2
CLÔTURE DES DÉBATS

213.21 Prononcé de la clôture des débats. Lorsque la juridiction s'estime éclairée, le président fait cesser les plaidoiries ou les observations présentées par les parties et prononce la clôture des débats.

213.22 Effets de la clôture des débats. Après la clôture des débats, les nullités prévues par les articles 432 alinéa 2, 433, 434, 435 et 444 alinéa 2 du code ne peuvent plus être soulevées (C. pr. civ., art. 446, al. 2). En principe les parties ne peuvent plus déposer aucune note à l'appui de leurs observations, si ce n'est pour répondre aux arguments développés par le ministère public (v. s^s nº 213.15) ou à la demande du président dans les cas prévus aux articles 442 et 444. L'article 442 prévoit que le président et les juges peuvent inviter les parties à fournir des explications de droit ou de fait qu'ils estiment nécessaires ou à préciser ce qui paraît obscur. L'article 444 ajoute que le président peut ordonner la réouverture des débats et qu'il doit le faire chaque fois que les parties n'ont pas été à même de s'expliquer contradictoirement sur les éclaircissements de droit ou de fait qui leur avaient été demandés (v. s^s nº 213.22). Après la clôture des débats les parties ne sont plus tenues à aucune diligence, ce qui exclut l'application de la péremption de l'instance pour défaut de diligence pendant plus de deux ans[6].

213.23 Cas de réouverture des débats. L'article 444 du Code de procédure civile prévoit que la réouverture des débats doit être ordonnée par le président en cas de changement survenu dans la composition de la juridiction[7]. Elle est également obligatoire lorsque les parties n'ont pas été à même de s'expliquer contradictoirement sur les éclaircissements de droit et de fait qui leur avaient été demandés; elle doit être ordonnée à chaque fois qu'une telle discussion n'a pu avoir lieu avant leur clôture[8] car il s'agit de respecter le principe du contradictoire. Mais si les notes ou les pièces produites en délibéré, à la demande du président, ont été simultanément communiquées à la partie adverse, la réouverture des débats ne s'impose pas[9]. Lorsque le juge relève d'office un moyen de droit, il doit ordonner la réouverture des débats afin de recueillir les observations des parties, car il est soumis au principe de la contradiction (C. pr. civ., art. 16)[10].

1. Civ. 2e, 8 oct. 1975, nº 74-11.657, *Bull. civ.* II, nº 243.
2. Civ. 3e, 3 nov. 2009, nº 08-10.332, NP.
3. Civ. 2e, 1er oct. 2009, nº 08-11.146, NP.
4. Civ. 1re, 24 févr. 1987, nº 85-10.774, *Bull. civ.* I, nº 63; *D.* 1989. Somm. 95, note Brunois.
5. Civ. 3e, 8 oct. 2003, nº 01-14.561, *Bull. civ.* III, nº 174; *JCP* 2004. I. 133, obs. Cadiet; *Procédures* 2004. Comm. 7; *RTD civ.* 2004. 137, obs. Perrot – Civ. 2e, 21 déc. 2006, nº 04-20.020, *Bull. civ.* II, nº 370.
6. Civ. 2e, 17 mars 1986, nº 84-14.726, *Bull. civ.* II, nº 43; *Gaz. Pal.* 1986. 2. 425, note du Rusquec – Civ. 2e, 23 janv. 1991, nº 89-16.499, *Bull. civ.* II, nº 32; *JCP* 1991. IV. 109; *D.* 1991. Somm. 245, obs. Fricero.
7. V. AUSSI, C. pr. civ., art. 432, al. 2.
8. Civ. 3e, 9 janv. 1979, nº 77-14.122, *Bull. civ.* III, nº 11; *JCP* 1979. IV. 90.
9. Civ. 1re, 12 avr. 2005, nº 03-20.029, *Bull. civ.* I, nº 182; *Procédures* 2005. 151, obs. Perrot.
10. V. PAR EX. : Civ. 1re, 19 mai 1976, *RTD civ.* 1976. 820, obs. Perrot – Civ. 2e, 24 juin 1998, nº 94-18.244, *Bull. civ.* II, nº 219.

Dans les autres cas, la réouverture des débats est possible mais elle est facultative (C. pr. civ., art. 444, al. 1er). Il s'agit d'une mesure d'administration judiciaire insusceptible de recours [1].

213.24 Conséquences de la réouverture des débats. La réouverture des débats n'emporte pas révocation de l'ordonnance de clôture [2]. Aussi, elle ne rend pas par elle-même recevables des conclusions prises avant l'ordonnance de clôture de l'instruction [3] et les parties n'ont pas à récapituler leurs prétentions et moyens lorsqu'elles ont fourni les explications de fait ou de droit qui leur étaient demandées. Selon la Cour de cassation, « *aucun texte n'exige la révocation de l'ordonnance de clôture lorsque, faisant application de l'article 442 du Code de procédure civile, le président et les juges invitent les parties à fournir des explications de droit ou de fait qu'ils estiment nécessaires ou à préciser ce qui leur paraît obscur* » [4]. Il appartient dans ce cas aux avocats de veiller à ce que le principe du contradictoire soit respecté et en particulier à l'avocat de la partie lésée de solliciter la révocation de l'ordonnance de clôture s'il n'a pu disposer d'un temps suffisant pour prendre connaissance des éléments nouveaux et les discuter [5]. Si une partie n'a pas demandé à la cour le renvoi ou la révocation de l'ordonnance de clôture elle ne pourra pas se plaindre, pour la première fois devant la Cour de cassation, de ne pas avoir été en mesure de préparer sa défense [6]. Mais si la cour relève un moyen d'office et invite les parties à conclure à nouveau, cette réouverture des débats emporte nécessairement la révocation de l'ordonnance de clôture et permet aux parties de faire état de toutes pièces qu'elles jugent utiles à l'appui de leurs nouvelles conclusions [7]. La situation est la même lorsque le juge ordonne la réouverture des débats et renvoie l'affaire à la mise en état [8]. Dans ce cas, l'ordonnance de clôture est révoquée, les conclusions nouvelles sont recevables et les parties doivent récapituler leurs écrits; quant à la cour, elle devra répondre aux conclusions déposées postérieurement à l'arrêt ordonnant la réouverture des débats [9].

1. Soc. 23 mai 1984, n° 81-40.487, *Bull. civ.* V, n° 220.
2. Civ. 1re, 20 mai 2003, n° 01-01.071, NP.
3. Civ. 3e, 4 févr. 1986, n° 84-14.144, *Bull. civ.* III, n° 6; *Gaz. Pal.* 1986. 2. Pan. 420, note Guinchard et Moussa.
4. Civ. 2e, 21 janv. 2010, nos 08-20.810 et 08-20.811, *Bull. civ.* II, n° 18.
5. Com 15 oct. 2002, n° 99-14.451, NP.
6. Civ. 2e, 27 mai 2007, n° 06-13.561, NP.
7. Civ. 1re, 10 juill. 1995, n° 93-13.027, *Bull. civ.* I, n° 315.
8. Civ. 2e, 19 févr. 2009, n° 07-19.504, *Bull. civ.* II, n° 56; *D.* 2009. AJ 637; *JCP* 2009. II. 10053, note Salati; *Procédures* 2009. Comm. 119, note Junillon; *Procédures* 2009. p. 189, obs. Perrot.
9. Civ. 3e, 21 sept. 2005, n° 04-12.858, *Bull. civ.* III, n° 172.

CHAPITRE

214. Arrêt

SECTION 0 ORIENTEUR

214.00 **Plan du chapitre.**

Sect. 1 Délibéré

Sect. 2 Rédaction de l'arrêt

214.01 **Textes applicables.**

TEXTES CITÉS

> Délibéré : définition

C. pr. civ., art. 271, 450, 764

> Délibéré : composition de la cour

C. pr. civ., art. 449, 786 et COJ, art. L. 312-1, L. 312-2, L. 312-3

> Délibéré : caractère secret

C. pr. civ., art. 448

> Délibéré : issue

C. pr. civ., art. 450, 451, 453

> Arrêt d'appel : conditions de forme

C. pr. civ., art. 456, 465 et COJ, art. R. 123-5

> Arrêt d'appel : mentions obligatoires

C. pr. civ., art. 454

> Arrêt d'appel : prétentions et moyens des parties, motivation de l'arrêt

C. pr. civ., art. 455

> Arrêt d'appel : autorité de la chose jugée

C. pr. civ., art. 480

> Arrêt d'appel : variété

C. pr. civ., art. 473, 474, 476, 478

> Arrêt d'appel : effets

C. pr. civ., art. 457, 463, 500

TEXTES CITÉS REPRODUITS *IN EXTENSO*

> Délibéré : définition

[C. pr. civ., art. 271, 450 et 764]

C. pr. civ., art. 271

À défaut de consignation dans le délai et selon les modalités impartis, la désignation de l'expert est caduque à moins que le juge, à la demande d'une des parties se prévalant d'un motif légitime, ne décide une prorogation du délai ou un relevé de la caducité. L'instance est poursuivie sauf à ce qu'il soit tiré toute conséquence de l'abstention ou du refus de consigner.

C. pr. civ., art. 450

Si le jugement ne peut être prononcé sur-le-champ, le prononcé en est renvoyé, pour plus ample délibéré, à une date que le président indique à moins qu'il ait été fait application du troisième alinéa de l'article 764.

Il peut toutefois aviser les parties, à l'issue des débats, que le jugement sera prononcé par sa mise à disposition au greffe de la juridiction, à la date qu'il indique à moins qu'il ait été fait application du troisième alinéa de l'article 764.

S'il décide de renvoyer le prononcé du jugement à une date ultérieure, le président en avise les parties par tout moyen. Cet avis comporte les motifs de la prorogation ainsi que la nouvelle date à laquelle la décision sera rendue.

C. pr. civ., art. 764

Le juge de la mise en état fixe, au fur et à mesure, les délais nécessaires à l'instruction de l'affaire, eu égard à la nature, à l'urgence et à la complexité de celle-ci, et après avoir provoqué l'avis des avocats.

Il peut accorder des prorogations de délai.

Il peut, après avoir recueilli l'accord des avocats, fixer un calendrier de la mise en état.

Le calendrier comporte le nombre prévisible et la date des échanges de conclusions, la date de la clôture, celle des débats et, par dérogation aux premier et deuxième alinéas de l'article 450, celle du prononcé de la décision.

Les délais fixés dans le calendrier de la mise en état ne peuvent être prorogés qu'en cas de cause grave et dûment justifiée.

Le juge peut également renvoyer l'affaire à une conférence ultérieure en vue de faciliter le règlement du litige.

> Délibéré : composition de la cour

[C. pr. civ., art. 449, 786 et COJ, art. L. 312-1, L. 312-2 et L. 312-3]

C. pr. civ., art. 449

La décision est rendue à la majorité des voix.

C. pr. civ., art. 786

Le juge de la mise en état ou le magistrat chargé du rapport peut, si les avocats ne s'y opposent pas, tenir seul l'audience pour entendre les plaidoiries. Il en rend compte au tribunal dans son délibéré.

COJ, art. L. 312-1

La cour d'appel statue en formation collégiale.

COJ, art. L. 312-2

La formation de jugement de la cour d'appel se compose d'un président et de plusieurs conseillers.

Aux audiences solennelles, la cour est présidée par le premier président et comprend en outre des conseillers appartenant à plusieurs chambres.

COJ, art. L. 312-3

Les avocats dans l'ordre du tableau peuvent être appelés à suppléer les conseillers pour compléter la cour d'appel.

Toutefois, la formation de jugement de la cour d'appel ne peut comprendre, en matière pénale, une majorité de juges non professionnels.

> Délibéré : caractère secret

C. pr. civ., art. 448

Les délibérations des juges sont secrètes.

> Délibéré : issue

[C. pr. civ., art. 450, 451 et 453]

C. pr. civ., art. 450

* V. texte complet de cet article, *supra* s[s] > *Délibéré : définition*

C. pr. civ., art. 451

Les décisions contentieuses sont prononcées en audience publique et les décisions gracieuses hors la présence du public, le tout sous réserve des dispositions particulières à certaines matières.

La mise à disposition au greffe obéit aux mêmes règles de publicité.

C. pr. civ., art. 453

La date du jugement est celle à laquelle il est prononcé, en audience ou par mise à disposition au greffe.

> Arrêt d'appel : conditions de forme

[C. pr. civ., art. 456, 465 et COJ, art. R. 123-5]

C. pr. civ., art. 456

Le jugement peut être établi sur support papier ou électronique. Il est signé par le président et par le greffier. En cas d'empêchement du président, mention en est faite sur la minute qui est signée par l'un des juges qui en ont délibéré.

Lorsque le jugement est établi sur support électronique, les procédés utilisés doivent en garantir l'intégrité et la conservation. Le jugement établi sur support électronique est signé au moyen d'un procédé de signature électronique sécurisée répondant aux exigences du décret n° 2001-272 du 30 mars 2001 pris pour l'application de l'article 1316-4 du Code civil et relatif à la signature électronique.

Les modalités d'application du présent article sont précisées par arrêté du garde des Sceaux, ministre de la Justice.

C. pr. civ., art. 465

Chacune des parties a la faculté de se faire délivrer une expédition revêtue de la formule exécutoire.

S'il y a un motif légitime, une seconde expédition, revêtue de cette formule, peut être délivrée à la même partie par le secrétaire de la juridiction qui a rendu le jugement. En cas de difficulté, le président de cette juridiction statue par ordonnance sur requête.

COJ, art. R. 123-5

Le directeur de greffe est chargé de tenir les documents et les différents registres prévus par les textes en vigueur et celui des délibérations de la juridiction.

Il est dépositaire, sous le contrôle des chefs de juridiction, des minutes et archives dont il assure la conservation; il délivre les expéditions et copies et a la garde des scellés et de toutes sommes et pièces déposées au greffe.

L'établissement et la délivrance des reproductions de toute pièce conservée dans les services de la juridiction ne peuvent être assurés que par le directeur de greffe.

> Arrêt d'appel : mentions obligatoires

C. pr. civ., art. 454

Le jugement est rendu au nom du peuple français.

Il contient l'indication :

– de la juridiction dont il émane;

– du nom des juges qui en ont délibéré;

– de sa date;

– du nom du représentant du ministère public s'il a assisté aux débats;

– du nom du secrétaire;

– des nom, prénoms ou dénomination des parties ainsi que de leur domicile ou siège social;

– le cas échéant, du nom des avocats ou de toute personne ayant représenté ou assisté les parties;

– en matière gracieuse, du nom des personnes auxquelles il doit être notifié.

> Arrêt d'appel : prétentions et moyens des parties, motivation de l'arrêt

C. pr. civ., art. 455

Le jugement doit exposer succinctement les prétentions respectives des parties et leurs moyens. Cet exposé peut revêtir la forme d'un visa des conclusions des parties avec l'indication de leur date. Le jugement doit être motivé.

Il énonce la décision sous forme de dispositif.

> Arrêt d'appel : autorité de la chose jugée

C. pr. civ., art. 480

Le jugement qui tranche dans son dispositif tout ou partie du principal, ou celui qui statue sur une exception de procédure, une fin de non-recevoir ou tout autre incident a, dès son prononcé, l'autorité de la chose jugée relativement à la contestation qu'il tranche.

Le principal s'entend de l'objet du litige tel qu'il est déterminé par l'article 4.

> Arrêt d'appel : variété

[C. pr. civ., art. 473, 474, 476 et 478]

C. pr. civ., art. 473

Lorsque le défendeur ne comparaît pas, le jugement est rendu par défaut si la décision est en dernier ressort et si la citation n'a pas été délivrée à personne.

Le jugement est réputé contradictoire lorsque la décision est susceptible d'appel ou lorsque la citation a été délivrée à la personne du défendeur.

C. pr. civ., art. 474

En cas de pluralité de défendeurs cités pour le même objet, lorsque l'un au moins d'entre eux ne comparaît pas, le jugement est réputé contradictoire à l'égard de tous si la décision est susceptible d'appel ou si ceux qui ne comparaissent pas ont été cités à personne.

Lorsque la décision n'est pas susceptible d'appel et que l'une au moins des parties qui n'a pas comparu n'a pas été citée à personne, le jugement est rendu par défaut.

C. pr. civ., art. 476

Le jugement rendu par défaut peut être frappé d'opposition, sauf dans le cas où cette voie de recours est écartée par une disposition expresse.

C. pr. civ., art. 478

Le jugement rendu par défaut ou le jugement réputé contradictoire au seul motif qu'il est susceptible d'appel est non avenu s'il n'a pas été notifié dans les six mois de sa date.

La procédure peut être reprise après réitération de la citation primitive.

> Arrêt d'appel : effets

[C. pr. civ., art. 457, 463 et 500]

C. pr. civ., art. 457

Le jugement a la force probante d'un acte authentique, sous réserve des dispositions de l'article 459.

C. pr. civ., art. 463

La juridiction qui a omis de statuer sur un chef de demande peut également compléter son jugement sans porter atteinte à la chose jugée quant aux autres chefs, sauf à rétablir, s'il y a lieu, le véritable exposé des prétentions respectives des parties et de leurs moyens.

La demande doit être présentée un an au plus tard après que la décision est passée en force de chose jugée ou, en cas de pourvoi en cassation de ce chef, à compter de l'arrêt d'irrecevabilité.

Le juge est saisi par simple requête de l'une des parties, ou par requête commune. Il statue après avoir entendu les parties ou celles-ci appelées.

La décision est mentionnée sur la minute et sur les expéditions du jugement. Elle est notifiée comme le jugement et donne ouverture aux mêmes voies de recours que celui-ci.

C. pr. civ., art. 500

À force de chose jugée le jugement qui n'est susceptible d'aucun recours suspensif d'exécution.

Le jugement susceptible d'un tel recours acquiert la même force à l'expiration du délai du recours si ce dernier n'a pas été exercé dans le délai.

214.02 Jurisprudence de référence.

> Contredit – Délai – Point de départ – Prononcé du jugement – Omission d'aviser les parties de la date à laquelle le jugement sera rendu

• **Civ. 2e, 23 avr. 1980, no 79-13.692,** *Bull. civ.* II, no 78

* V. ss no 214.11

Dès lors que la date du prononcé du jugement n'a pas été indiquée aux parties le délai de contredit part de la notification de la décision sans qu'il soit nécessaire que l'acte de notification indique le délai et les modalités du contredit.

> Date – Conclusions – Prise en considération

• **Civ. 2e, 24 janv. 2008, no 06-20.539,** *Bull. civ.* II, no 19

* V. ss no 214.23

S'il n'expose pas succinctement les prétentions respectives des parties et leurs moyens, le juge, qui ne peut statuer que sur les dernières conclusions déposées, doit viser celles-ci avec l'indication de leur date.

> Mentions obligatoires – Visa des conclusions – Visa dans le jugement des conclusions des parties avec l'indication de leur date – Conditions – Exposé succinct des prétentions respectives des parties et de leurs moyens – Défaut

• **Civ. 2e, 4 juill. 2007, no 06-16.436,** *Bull. civ.* II, no 193

* V. ss no 214.23

Le visa dans le jugement des conclusions des parties avec l'indication de leur date n'est nécessaire que si le juge n'expose pas succinctement leurs prétentions respectives et leurs moyens.

> Caractère équitable de la procédure – Motivation des décisions

• **CEDH 19 avr. 1994, Van de Hurk c/Pays-Bas, req. no 16034/90**

* V. ss no 214.23

L'article 6 § 1 oblige les tribunaux à motiver leurs décisions, mais il ne peut se comprendre comme exigeant une réponse détaillée à chaque argument. De même, la Cour européenne n'est pas appelée à rechercher si les arguments ont été adéquatement traités.

> Notion de procès équitable – Motivation des décisions

• **CEDH 19 déc. 1997, Helle c/Finlande, req. no 20772/92**

* V. ss no 214.23

La Cour souligne que la notion de procès équitable requiert qu'une juridiction interne qui n'a que brièvement motivé sa décision, que ce soit en incorporant les motifs fournis par une juridiction inférieure ou autrement, ait réellement examiné les questions essentielles qui lui ont été soumises et qu'elle ne se soit pas contentée d'entériner purement et simplement les conclusions d'une juridiction inférieure. Cette exigence est plus importante encore lorsqu'une partie n'a pu présenter sa cause oralement dans la procédure interne.

> Omission de statuer sur un chef de demande – Décision ayant rejeté les « plus amples prétentions »

• **Cass., ass. plén., 2 nov. 1999, no 97-17.107,** *Bull. ass. plén.*, no 8

* V. ss no 214.23

Le juge qui déboute les parties de leurs demandes plus amples ou contraires omet de statuer sur un chef de demande, dès lors qu'il ne résulte pas des motifs de la décision qu'il l'a examiné. L'omission de statuer peut être réparée par la procédure prévue à l'article 463 du [nouveau] Code de procédure civile.

> Chose jugée – Motifs – Absence d'autorité – Étendue – Dispositif.

• **Cass., ass. plén., 13 mars 2009, no 08-16.033,** *Bull. ass. plén.*, no 3

* V. ss no 214.24

L'autorité de la chose jugée n'a lieu qu'à l'égard de ce qui fait l'objet d'un jugement et a été tranché dans son dispositif.

214.03 Bibliographie indicative.
Actualisables. *J.-Cl. Pr. civ.*, « Appel, Arrêt d'appel », fasc. 723, 23 avr. 2007, par J. Junillon – Rép. pr. civ., v° *Jugement*, par F. Eudier, actu. par N. Gerbay, juin 2014, n°s 187-318.

Ouvrages. C. Brenner et N. Fricero, *La nouvelle procédure d'appel*, 2e éd., Lamy, 2011, p. 141-150 – J.-L. Gallet, *La procédure devant la cour d'appel*, 3e éd., « Droit et professionnels », LexisNexis, 2014, p. 231 s. – P. et N. Gerbay, *Guide du procès civil en appel*, LexisNexis, 2016, n°s 1084 s.

Article. Blin, Didier et Leroy, « Quelques remarques sur la rédaction des arrêts d'appel en matière civile », *JCP* 1974. I. 2635.

214.04 Questions essentielles.
> Quelles règles régissent la phase de l'instance au cours de laquelle les juges se concertent avant de rendre leur décision ?

* V. s[s] n°s 214.11 s.

> Comment doit être rédigé l'arrêt ?

* V. s[s] n°s 214.21 s.

> Quels sont les effets de l'arrêt ?

* V. s[s] n° 214.26

SECTION 1
DÉLIBÉRÉ

214.11 Définition du délibéré. Le délibéré est la phase de l'instance au cours de laquelle les magistrats se concertent avant de rendre leur décision. Il commence dès la clôture des débats. Les magistrats peuvent se concerter à voix basse, dans la salle d'audience, et rendre l'arrêt séance tenante, sur le siège. Ils peuvent se retirer en chambre du conseil puis revenir en salle d'audience et rendre l'arrêt. Dans les deux cas, l'arrêt est rendu sur le champ. La cour peut également ajourner le délibéré; le président indique alors aux parties la date à laquelle l'arrêt sera rendu ou mis à leur disposition au greffe, à moins que la date de délibéré ait été fixée dans le calendrier de procédure, conformément aux dispositions de l'article 764 alinéa 3 (C. pr. civ., art. 450). Si le président omet d'aviser les parties de la date à laquelle la décision sera prononcée par sa mise à disposition au greffe, cette omission n'est pas sanctionnée par la nullité et la Cour de cassation a jugé qu'elle ne portait pas atteinte aux règles du procès équitable consacrées par l'article 6 § 1 de la Convention européenne des droits de l'homme[1]. On peut regretter cette solution car il est important que les parties soient informées de la date à laquelle une décision sera mise à leur disposition, en effet l'arrêt peut mettre des diligences particulières à la charge des parties sous peine de caducité ou de forclusion, comme la consignation d'une provision lorsqu'une expertise est ordonnée (C. pr. civ., art. 271). Les avocats des parties ont donc intérêt à surveiller les délibérés. Mais lorsque le délai pour exercer une voie de recours commence à courir à compter du prononcé du jugement et que le président n'a pas indiqué cette date, c'est le moment où l'intéressé a eu connaissance de la décision qui constitue le point de départ du délai[2]; il s'agit généralement du jour de la notification de la décision.

214.12 Composition de la Cour lors du délibéré. Selon l'article 447 du Code de procédure civile il appartient aux juges devant lesquels l'affaire a été débattue d'en délibérer. Ils doivent être en nombre au moins égal à celui que prescrivent les règles relatives à l'organisation judiciaire. Or le Code de l'organisation judiciaire prévoit que la cour statue en formation collégiale (COJ, art. L. 312-1) et que la formation de jugement de la cour d'appel se compose d'un président et de plusieurs conseillers (COJ, art. L. 312-2). Si l'audience était tenue par le conseiller de la mise en état ou par un conseiller chargé du rapport, celui-ci en délibère avec les autres magistrats de la chambre (C. pr. civ., art. 786). Les magistrats doivent toujours être en nombre impair[3] de manière à permettre de respecter la règle selon laquelle la décision est rendue à la majorité des voix (C. pr. civ., art. 449). S'il a été fait application de l'article L. 312-3 du Code de l'organisation judiciaire, c'est-à-dire si un avocat a été appelé à suppléer un conseiller pour compléter la cour, il participe au délibéré. Seuls ceux qui ont assisté aux débats peuvent participer au délibéré. Si les mentions de l'arrêt ne permettent pas de présumer que l'un des magistrats qui a rendu l'arrêt a connu les débats et a participé au délibéré, cet arrêt doit être annulé[4].

214.13 Caractère secret du délibéré. En France le délibéré est secret (C. pr. civ., art. 448). Le Conseil d'État voit dans le secret du délibéré un principe général du droit public français. Ce principe garantit une justice réfléchie et indépendante. À peine de nullité, l'arrêt ne peut révéler la position des juges. Ainsi, viole le secret du délibéré la décision qui mentionne qu'elle a été prise à l'unanimité[5]. A également été annulé un arrêt dont les mentions révélaient que le greffier avait pris part au

1. Civ. 2e, 12 juin 2008, n° 07-10.579, *Bull. civ.* II, n° 139.
2. Civ. 2e, 3 janv. 1979, n° 77-13.495, *Bull. civ.* II, n° 1; *RTD civ.* 1979. 671, obs. Perrot – Civ. 2e, 23 avr. 1980, n° 79-13.692, *Bull. civ.* II, n° 78; *Gaz. Pal.* 1980. 574, note Viatte; *RTD civ.* 1980. 619, obs. Perrot – Civ. 3e, 13 juin 2001, n° 99-18.073, *Bull. civ.* III, n° 76; *Procédures* 2001. Comm. 230, note Junillon.
3. Civ. 2e, 4 janv. 1984, n° 82-12.435, *Bull. civ.* II, n° 3.
4. Civ. 2e, 20 juill. 1988, n° 87-15.754, *Bull. civ.* II, n° 177.
5. Reims, 29 juin 1977, *JCP* 1980. II. 19300, note Perrin – Soc. 9 nov. 1945, *Gaz. Pal.* 1948. 1. 223.

délibéré[1]. Si le président les y autorise, peuvent cependant assister au délibéré, sans y prendre part, conformément aux dispositions de l'article 1er de la loi du 8 juillet 1977[2], les magistrats en session de formation et les greffiers en chef en cours de formation à caractère probatoire, avant leur nomination en qualité de magistrat. Ils ont prêté serment de garder le secret des délibérations ou sont soumis au secret professionnel après avoir prêté un serment spécifique.

214.14 **Issue du délibéré.** À l'issue du délibéré les décisions contentieuses sont prononcées en audience publique et les décisions gracieuses sont rendues hors la présence du public. La mise à disposition au greffe obéit aux mêmes règles (C. pr. civ., art. 451). Seules les parties intéressées peuvent obtenir une copie des arrêts rendus en matière gracieuse. L'article 453 du code prévoit que la date de la décision est celle à laquelle elle est prononcée en audience ou mise à disposition au greffe. Lorsque la cour n'est pas en mesure de respecter la date de délibéré qui avait été indiquée lors de la clôture des débats ou dans le calendrier de procédure, l'article 450 oblige le président à en informer les parties par tout moyen; son avis comporte les motifs de la prorogation ainsi que la nouvelle date à laquelle la décision sera rendue. L'absence de respect de cette disposition n'est pas sanctionnée par la nullité (v. ss nº 214.11). La mention du jugement selon laquelle l'avis a été donné aux parties que l'arrêt sera prononcé par mise à disposition au greffe, répond aux exigences de l'article 450 alinéa 2 et fait preuve jusqu'à inscription de faux[3].

214.15 **Réouverture des débats.** Si au cours de son délibéré la cour d'appel est conduite à soulever un moyen d'office ou si les parties n'ont pas été à même de débattre contradictoirement de certains éléments de fait ou de droit, notamment à la suite d'une note en délibéré, elle devra réouvrir les débats. Elle devra également le faire en cas de changement de composition de la chambre saisie pendant le délibéré. (C. pr. civ., art. 444). En principe la cour prononce la révocation de l'ordonnance de clôture quand elle réouvre les débats pour permettre aux parties de conclure, elles devront alors déposer des conclusions récapitulatives. Mais la cour d'appel n'est pas obligée de révoquer l'ordonnance de clôture, notamment lorsqu'elle attend des parties une réponse à une question précise[4].

SECTION 2
RÉDACTION DE L'ARRÊT

214.21 **Formes nécessaires à l'exécution.** Conformément aux dispositions de l'article 456 du Code de procédure civile, l'arrêt est signé par le président et par le greffier. En cas d'empêchement du président, mention est faite sur la minute qui est signée par l'un des juges qui ont participé au délibéré. Les minutes des arrêts sont déposées aux services du greffe et son directeur en assure la conservation. Il délivre les expéditions et les copies (COJ, art. R. 123-5). Chaque partie est en droit d'obtenir une expédition revêtue de la formule exécutoire. En cas de motif légitime, une seconde expédition revêtue de cette même formule exécutoire peut être délivrée à la même partie. En cas de difficulté il appartient au premier président de statuer par ordonnance sur requête (C. pr. civ., art. 465). La loi du 5 juillet 1972[5] permet aux tiers d'obtenir une copie des arrêts prononcés publiquement.

214.22 **Mentions.** L'article 454 du Code de procédure civile précise que l'acte juridictionnel doit comporter l'indication de la juridiction dont il émane, le nom des juges qui en ont délibéré, sa date, le nom du représentant du ministère public s'il a assisté aux débats, le nom du greffier, les nom, prénoms ou dénomination des parties ainsi que leur domicile ou leur siège social, le nom des avocats ou de toute personne ayant représenté ou assisté les parties. En matière gracieuse, il faut ajouter le nom des personnes auxquels la décision doit être notifiée. L'omission de certaines de ces mentions est sanctionnée par la nullité de l'arrêt. Ainsi, l'arrêt doit comporter une date et toute contradiction équivaut à une absence de date[6], le nom des magistrats qui l'ont rendu[7], le nom du greffier[8]. Certaines erreurs commises peuvent être suppléées par d'autres documents, notamment par le plumitif d'audience. C'est par exemple le cas de la présence du ministère public, partie principale, à l'audience des débats[9]. D'autres indications ne sont pas prescrites à peine de nullité. Il en est ainsi de l'indication

1. Civ. 2e, 6 déc. 1989, nº 88-18.764, NP; *Gaz. Pal.* 1990. 1. Pan. 59.
2. L. nº 77-749, 8 juill. 1977, permettant aux magistrats participant à des sessions de formation d'assister aux délibérés et aux greffiers en chef, admis à suivre une formation spécifique à caractère probatoire avant leur nomination en qualité de magistrat, de participer à l'activité des parquets et juridictions de l'ordre judiciaire, *JO* 10 juill., p. 3637.
3. Civ. 1re, 25 avr. 2006, nº 05-16.345, *Bull. civ.* I, nº 198.
4. Civ. 2e, 9 nov. 2000, nº 98-22.865, *Bull. civ.* II, nº 149.
5. L. nº 72-626, 5 juill. 1972, instituant un juge de l'exécution et relative à la réforme de la procédure civile, *JO* 9 juill, p. 7181.
6. Civ. 2e, 9 juin 1971, nº 70-11.155, *Bull. civ.* II, nº 208.
7. Civ. 2e, 7 févr. 1990, nº 88-19.570, *Bull. civ.* II, nº 24 – Civ. 2e, 12 juin 2003, nº 01-13.507, *Bull. civ.* II, nº 185.
8. Civ. 2e, 15 févr. 2001, nº 99-13.028, *Bull. civ.* II, nº 29.
9. Civ. 1re, 18 janv. 1989, nº 86-18.802, *Bull. civ.* I, nº 27.

des parties, dès lors que l'arrêt ne laisse subsister aucune incertitude sur les personnes concernées[1] ou l'indication du nom du conseil des parties[2]. Le cas échéant, l'arrêt devra également comporter les mentions relatives à la désignation des immeubles exigées pour la publication au fichier immobilier.

214.23 Exposé des prétentions et des moyens des parties. L'article 455 prévoit que l'acte juridictionnel doit exposer successivement les prétentions respectives des parties et leurs moyens. Le décret du 28 décembre 1998[3], pour alléger la tâche des magistrats, a ajouté que cet exposé pouvait revêtir la forme d'un visa des conclusions des parties avec l'indication de leur date. Mais il ne faut pas se tromper de date, seules les dernières conclusions déposées peuvent désormais être prises en considération[4]. Il n'est pas nécessaire d'indiquer la date des conclusions lorsque les parties n'ont échangé qu'un jeu[5].

Le visa des conclusions n'est pas nécessaire lorsque l'arrêt comporte un exposé succinct des moyens et des prétentions des parties correspondant à leurs dernières écritures[6]. L'arrêt doit être motivé conformément aux dispositions de l'article 455 du Code de procédure civile. Cette motivation doit répondre aux moyens avancés par les parties et justifier le bien-fondé de la décision afin de permettre un éventuel contrôle par la Cour de cassation. La motivation est l'une des composantes du procès équitable mais la Cour de Strasbourg a jugé que si l'article 6 § 1 « *oblige les tribunaux à motiver leurs décisions, il ne peut se comprendre comme exigeant une réponse détaillée à chaque argument* »[7]. La Cour européenne des droits de l'homme a également précisé qu'une motivation par incorporation des motifs donnés par une juridiction inférieure répondait aux exigences de l'article 6 § 1, à la condition que les questions essentielles aient été réellement examinées et que la juridiction ne se soit pas contentée d'entériner purement et simplement les conclusions de la juridiction ayant statué précédemment[8]. La cour d'appel n'a pas à répondre aux conclusions relatives à des chefs du jugement qui n'ont pas été visés dans la déclaration d'appel, ni à entrer dans le détail de l'argumentation des parties et elle ne doit statuer que sur les prétentions qui figurent au dispositif des conclusions des parties (C. pr. civ., art. 954, mod. par Décr. n° 2009-1524, 9 déc. 2009). Comme il a été remarqué, « *il peut paraître sage, dans un arrêt confirmatif, d'éviter la formule précisant que les motifs de la Cour se substituent à ceux du premier juge, afin de permettre à la Cour de cassation de retenir ceux-ci, si besoin est, pour éviter une cassation* »[9]. La cour d'appel ne peut utiliser la formule générale « *déboute les parties de leurs demandes plus amples ou contraires* » sans examiner, dans les motifs, les différents chefs de la demande qui sont ainsi rejetés. Une telle carence autorise une requête en omission de statuer[10]. La Cour de cassation sanctionne pour défaut de motivation, les arrêts qui procèdent par simple référence aux documents de la cause sans en faire une analyse, ceux qui se contentent d'énoncer des généralités[11], les motivations de pure forme ou qui se limitent à de simples affirmations[12]. Elle censure également les arrêts lorsque les motifs sont contradictoires[13], dubitatifs ou hypothétiques[14]. Cependant la cour d'appel peut reprendre la même motivation ou se référer à une première décision avant dire droit, rendue dans la même procédure[15]. La Cour de cassation estime que les décisions qui relèvent du pouvoir discrétionnaire du juge ne sont pas soumises à l'exigence d'une motivation et lorsque les conclusions sont déclarées irrecevables parce que l'appelant ne comparaît pas ou ne conclut pas, la cour d'appel ne peut que confirmer la décision de première instance puisqu'elle n'est saisie d'aucun moyen[16].

214.24 Autorité de chose jugée. Conformément aux dispositions de l'article 480 du Code de procédure civile : « *Le jugement qui tranche dans son dispositif tout ou partie du principal, ou celui qui statue sur une exception de procédure, une fin de non-recevoir ou tout autre incident a, dès son prononcé, l'autorité de la chose jugée relativement à la contestation qu'il tranche* ». Désormais les motifs décisoires et les motifs décisifs[17] n'ont plus autorité de chose jugée. La Cour de

1. Soc. 9 nov. 1978, n° 78-40.205, *Bull. civ.* V, n° 755.
2. Civ. 2e, 15 févr. 2001, n° 98-22.832, NP.
3. Décr. n° 98-1231, 28 déc. 1998, modifiant le Code de l'organisation judiciaire et le nouveau Code de procédure civile, *JO* 30 déc. p. 19904, rect. *JO* 13 févr. 1999, p. 2305.
4. Civ. 2e, 24 janv. 2008, n° 06-20.539, *Bull. civ.* II, n° 19.
5. Civ. 2e, 28 mai 2003, n° 01-14.172, *Bull. civ.* II, n° 165.
6. Civ. 2e, 4 juill. 2007, n° 06-16.436, *Bull. civ.* II, n° 193.
7. CEDH 19 avr. 1994, Van de Hurk c/ Pays-Bas, req. n° 16034/90.
8. CEDH 19 déc. 1997, Helle c/ Finlande, req. n° 20772/92, *RTD civ.* 1998. 516, obs. Marguénaud.
9. J.-L. Gallet, *La procédure civile devant la cour d'appel*, 3e éd., « Droit et professionnels », LexisNexis, 2014, p. 233.
10. Cass., ass. plén., 2 nov. 1999, n° 97-17.107, *Bull. ass. plén.*, n° 8; *JCP* 1999. II. 10213, concl. av. gén. Weber.
11. Civ. 21 févr. 1860, *Bull. civ.*, n° 35.
12. Com. 2 avr. 1996, n° 94-16.380, *Bull. civ.* IV, n° 113.
13. Civ. 2e, 8 nov. 2001, n° 00-13.605, NP – Civ. 1re, 8 févr. 2000, n° 97-22.387, NP – Civ. 2e, 4 mai 2000, n° 98-13.091, NP.
14. Civ. 1re, 29 nov. 1994, n° 92-11.332, *Bull. civ.* I, n° 351 – Com. 26 mai 1999, n° 95-21.101, *Bull. civ.* IV, n° 107.
15. Com. 17 déc. 1985, n° 84-14.057, *Bull. civ.* IV, n° 296 – Soc. 13 avr. 1995, n° 92-40.952, NP.
16. Civ. 2e, 9 mai 1985, n° 84-11.216, *Bull. civ.* II, n° 92 – Civ. 2e, 4 nov. 1987, n° 86-17.001, *Bull. civ.* II, n° 218.
17. Cass., ass. plén., 13 mars 2009, n° 08-16.033, *Bull. ass. plén.*, n° 3.

cassation donne des conseils aux magistrats afin qu'ils tiennent compte de l'évolution de sa jurisprudence[1]. La rédaction du dispositif est importante et doit être soignée. Elle doit permettre aux parties de déterminer l'étendue de la réformation du jugement frappé d'appel et faciliter l'exécution de l'arrêt.

214.25 Différentes catégories d'arrêts. Lorsque toutes les parties ont été représentées par un avocat admis à postuler devant la cour d'appel, l'arrêt est contradictoire. Lorsque l'intimé ne comparaît pas, l'arrêt est réputé contradictoire si l'assignation a été délivrée à personne (C. pr. civ., art. 473, al. 2). En cas de pluralité d'intimés, l'arrêt est réputé contradictoire à l'égard de toutes les parties si celles qui ne comparaissent pas ont été citées à personne (C. pr. civ., art. 474, al. 1er). L'arrêt est rendu par défaut lorsque l'intimé ne comparaît pas et que l'assignation n'a pas été délivrée à personne (C. pr. civ., art. 473, al. 1er). En cas de pluralité d'intimés, lorsque l'une au moins des parties qui n'a pas comparu a été citée à personne, l'arrêt est rendu par défaut (C. pr. civ., art. 474, al. 2). Un arrêt par défaut est non avenu s'il n'a pas été notifié dans les six mois de sa date (C. pr. civ., art. 478) et il peut être frappé d'opposition (C. pr. civ., art. 476). Aussi, même si le conseiller de la mise en état ou le président n'a pas invité l'appelant à assigner une nouvelle fois l'intimé, celui-ci peut avoir intérêt à faire procéder à une réassignation en rendant l'huissier attentif à l'intérêt qu'il y a à faire des recherches pour que l'acte soit délivré à personne.

214.26 Effets de l'arrêt. L'arrêt de la cour d'appel a la force probante d'un acte authentique (C. pr. civ., art. 457). Il a, sous réserve de ne pas avoir été rendu par défaut, force de chose jugée dès son prononcé (C. pr. civ., art. 500). Il peut être interprété par la cour qui l'a rendu même s'il est frappé d'un pourvoi en cassation[2]. La demande en interprétation est formée par simple requête par l'une des parties ou par requête conjointe. La cour se prononce après avoir convoqué les parties mais elle ne peut, à l'occasion de cette interprétation, modifier le sens de sa décision[3]. La cour peut réparer les erreurs ou les omissions matérielles dans les conditions posées par l'article 462 du code, elle peut se saisir d'office ou être saisie par requête d'une des parties ou requête commune. Elle statue après avoir entendu ou au moins appelé les parties. La décision rectificative est mentionnée sur la minute et sur les expéditions de l'arrêt. Elle est notifiée comme le jugement. Et si la décision rectifiée est passée en force de chose jugée dès son prononcé, ce qui est généralement le cas, la décision rectificative ne peut plus être attaquée que par la voie du pourvoi en cassation. Lorsque la cour a omis de statuer sur certaines prétentions, elle peut compléter son arrêt conformément aux dispositions de l'article 463. La requête doit lui être présentée dans l'année qui suit le prononcé de l'arrêt ou en cas de pourvoi en cassation de ce chef dans l'année de l'arrêt d'irrecevabilité du pourvoi rendu par la Cour de cassation. Sa décision est mentionnée sur la minute de l'arrêt et sur les expéditions. Elle est notifiée comme l'arrêt et peut faire l'objet d'un pourvoi en cassation. Enfin, conformément aux dispositions de l'article 464 du code, la cour d'appel peut retrancher de son arrêt ce qui ne lui avait pas été demandé.

1. V. *BICC* 15 févr. 2005, n° 616.

2. Civ. 3e, 25 févr. 1987, *JCP* 1987. IV. 151 ; *Gaz. Pal.* 1987. 2. Somm. 485, obs. Guinchard et Moussa.
3. Civ. 2e, 3 avr. 2003, n° 01-12.564, *Bull. civ.* II, n° 93.

TITRE

22. Les procédures ordinaires : la procédure d'appel sans représentation obligatoire

SECTION 0

ORIENTEUR

22.00 **Plan du titre.**

CHAPITRE

221. Acte d'appel

SECTION 0
ORIENTEUR

221.00 **Plan du chapitre.**

221.01 **Textes applicables.**

TEXTES CITÉS

> Titulaires du droit d'interjeter appel
C. pr. civ., art. 546, 1239

C. civ., art. 430

> Pouvoir spécial pour le représentant non avocat
C. pr. civ., art. 931, al. 3

> Choix du représentant
C. trav., art. R. 1453-2
CSS, art. R. 142-20
C. pr. civ., art. 884

> Délai d'appel
C. pr. civ., art. 490, 528, 538, 1239, al. 3
C. douanes, art. 64 (2.)

> Lieu de la déclaration d'appel : principe – Greffe de la cour d'appel
C. pr. civ., art. 932

> Lieu de la déclaration d'appel : exceptions – Juridiction de première instance

• appel d'une décision du juge des tutelles ou délibérations du conseil de famille
C. pr. civ., art. 1242

• appel d'une décision du tribunal du contentieux de l'incapacité
CSS, art. R. 143-24

> Forme de la déclaration d'appel : déclaration ou lettre recommandée
C. pr. civ., art. 932

> Contenu de la déclaration d'appel
C. pr. civ., art. 58, 933

> Contenu de la déclaration d'appel : en matière de tutelle
C. pr. civ., art. 1243

> Appel incident ou provoqué
C. pr. civ., art. 550 et 551

> Diligences du greffe de la cour d'appel
C. pr. civ., art. 934 à 938

> Diligences des parties
C. pr. civ., art. 14 et 670-1

TEXTES CITÉS REPRODUITS *IN EXTENSO*

> Titulaires du droit d'interjeter appel
[C. pr. civ., art. 546, 1239, 430]

C. pr. civ., art. 546
Le droit d'appel appartient à toute partie qui y a intérêt, si elle n'y a pas renoncé.

En matière gracieuse, la voie de l'appel est également ouverte aux tiers auxquels le jugement a été notifié.

C. pr. civ., art. 1239
Sauf disposition contraire, les décisions du juge des tutelles et les délibérations du conseil de famille sont susceptibles d'appel.

Sans préjudice des dispositions prévues par les articles 1239-1 à 1239-3, l'appel est ouvert aux personnes énumérées à l'article 430 du Code civil, même si elles ne sont pas intervenues à l'instance.

Le délai d'appel est de quinze jours.

Les parties ne sont pas tenues de constituer avocat.

C. civ., art. 430
La demande d'ouverture de la mesure *[de protection judiciaire]* peut être présentée au juge par la personne qu'il y a lieu de protéger ou, selon le cas, par son conjoint, le partenaire avec qui elle a conclu un pacte civil de solidarité ou son concubin, à moins que la vie commune ait cessé entre eux, ou par un parent ou un allié, une personne entretenant avec le majeur des liens étroits et stables, ou la personne qui exerce à son égard une mesure de protection juridique.

Elle peut être également présentée par le procureur de la République soit d'office, soit à la demande d'un tiers.

> Pouvoir spécial pour le représentant non avocat

C. pr. civ., art. 931, al. 3

[...] Le représentant doit, s'il n'est avocat, justifier d'un pouvoir spécial.

> Choix du représentant

[CSS, art. R. 142-20 – C. pr. civ., art. 884]

CSS, art. R. 142-20

Les parties peuvent comparaître personnellement ou se faire représenter par :

1° Leur conjoint ou un ascendant ou descendant en ligne directe;

2° Un avocat;

3° Suivant le cas, un travailleur salarié ou un employeur ou un travailleur indépendant exerçant la même profession ou un représentant qualifié des organisations syndicales de salariés ou d'employeurs;

4° Un administrateur ou un employé de l'organisme partie à l'instance ou un employé d'un autre organisme de sécurité sociale;

5° Un délégué des associations de mutilés et invalides du travail les plus représentatives.

Elles peuvent être assistées par une personne des catégories susnommées.

C. pr. civ., art. 884

Les personnes habilitées à assister ou représenter les parties sont :

– un avocat;

– un huissier de justice;

– un membre de leur famille;

– comme il est dit à l'article 83 de la loi n° 90-85 du 23 janvier 1990, leur concubin ou la personne avec laquelle elles ont conclu un pacte civil de solidarité;

– comme il est dit à l'article 83 de la loi n° 90-85 du 23 janvier 1990, un membre ou un salarié d'une organisation professionnelle agricole.

> Délai d'appel

[C. pr. civ., art. 490, 528, 538, 1239 al. 3 – C. douanes, art. 64 (2.)]

C. pr. civ., art. 490

L'ordonnance de référé peut être frappée d'appel à moins qu'elle n'émane du premier président de la cour d'appel ou qu'elle n'ait été rendue en dernier ressort en raison du montant ou de l'objet de la demande.

L'ordonnance rendue en dernier ressort par défaut est susceptible d'opposition.

Le délai d'appel ou d'opposition est de quinze jours.

C. pr. civ., art. 528

Le délai à l'expiration duquel un recours ne peut plus être exercé court à compter de la notification du jugement, à moins que ce délai n'ait commencé à courir, en vertu de la loi, dès la date du jugement.

Le délai court même à l'encontre de celui qui notifie.

C. pr. civ., art. 538

Le délai de recours par une voie ordinaire est d'un mois en matière contentieuse; il est de quinze jours en matière gracieuse.

C. pr. civ., art. 1239

[...] Le délai d'appel est de quinze jours. [...]

C. douanes, art. 64 (2.)

[...] L'ordonnance *[du juge des libertés et de la détention]* peut faire l'objet d'un appel devant le premier président de la cour d'appel. Les parties ne sont pas tenues de constituer avocat.

Suivant les règles prévues par le Code de procédure civile, cet appel doit être exclusivement formé par déclaration remise ou adressée, par pli recommandé ou, à compter du 1er janvier 2009, par voie électronique, au greffe de la cour dans un délai de quinze jours. Ce délai court à compter soit de la remise, soit de la réception, soit de la signification de l'ordonnance. Cet appel n'est pas suspensif. [...]

> Lieu de la déclaration d'appel : principe : greffe de la cour d'appel

C. pr. civ., art. 932

L'appel est formé par une déclaration que la partie ou tout mandataire fait ou adresse, par pli recommandé, au greffe de la cour.

> Lieu de la déclaration d'appel : exceptions : juridiction de première instance

• appel d'une décision du juge des tutelles ou délibérations du conseil de famille

C. pr. civ., art. 1242

L'appel est formé par déclaration faite ou adressée par lettre recommandée avec demande d'avis de réception au greffe de la juridiction de première instance.

Le greffier enregistre l'appel à sa date; il délivre ou adresse par lettre simple, récépissé de la déclaration.

Il transmet sans délai une copie du dossier à la cour.

• appel d'une décision du tribunal du contentieux de l'incapacité

CSS, art. R. 143-24

Cet appel est formé par une déclaration que la partie ou tout mandataire fait ou adresse par pli recommandé avec demande d'avis de réception au secrétariat du tribunal du contentieux de l'incapacité qui a rendu le jugement.

Outre les mentions prescrites par l'article 58 du Code de procédure civile, la déclaration désigne le jugement dont il est fait appel et mentionne, le cas échéant, le nom et l'adresse du représentant de l'appelant devant la cour.

Le secrétaire du tribunal du contentieux de l'incapacité enregistre l'appel à sa date; il délivre, ou adresse par lettre simple, récépissé de la déclaration. Dès l'accomplissement des formalités par l'appelant, le secrétaire avise, par lettre simple, la partie adverse de l'appel; simultanément, il transmet au secrétariat général de la Cour nationale de l'incapacité et de la tarification de l'assurance des accidents du travail l'intégralité du dossier de l'affaire avec copie du jugement, de la déclaration de l'appelant et de la lettre avisant la partie adverse.

> Forme de la déclaration d'appel : déclaration ou lettre recommandée

C. pr. civ., art. 932

* V. texte complet de l'article *supra*, s[s] > *Lieu de la déclaration d'appel : principe : greffe de la cour d'appel*

> Contenu de la déclaration d'appel

[C. pr. civ., art. 58, 933]

C. pr. civ., art. 58 *(mod. par Décr. n° 2015-282, 11 mars 2015, art. 19)*

La requête ou la déclaration est l'acte par lequel le demandeur saisit la juridiction sans que son adversaire en ait été préalablement informé.

Elle contient à peine de nullité :

1° Pour les personnes physiques : l'indication des nom, prénoms, profession, domicile, nationalité, date et lieu de naissance du demandeur;

Pour les personnes morales : l'indication de leur forme, leur dénomination, leur siège social et de l'organe qui les représente légalement;

2° L'indication des nom, prénoms et domicile de la personne contre laquelle la demande est formée, ou, s'il s'agit d'une personne morale, de sa dénomination et de son siège social;

3° L'objet de la demande.

Sauf justification d'un motif légitime tenant à l'urgence ou à la matière considérée, en particulier lorsqu'elle intéresse l'ordre public, la requête ou la déclaration qui saisit la juridiction de première instance précise également les diligences entreprises en vue de parvenir à une résolution amiable du litige.

Elle est datée et signée.

C. pr. civ., art. 933

La déclaration comporte les mentions prescrites par l'article 58. Elle désigne le jugement dont il est fait appel et mentionne, le cas échéant, le nom et l'adresse du représentant de l'appelant devant la cour. Elle est accompagnée de la copie de la décision.

> Contenu de la déclaration d'appel : en matière de tutelle

C. pr. civ., art. 1243

Lorsque l'appelant restreint son appel à l'un des chefs de la décision autre que l'ouverture de la mesure de protection, il le précise.

> Appel incident ou provoqué

[C. pr. civ., art. 550 et 551]

C. pr. civ., art. 550

Sous réserve des articles 909 et 910, l'appel incident ou l'appel provoqué peut être formé en tout état de cause, alors même que celui qui l'interjetterait serait forclos pour agir à titre principal. Dans ce dernier cas, il ne sera toutefois pas reçu si l'appel principal n'est pas lui-même recevable.

La cour peut condamner à des dommages-intérêts ceux qui se seraient abstenus, dans une intention dilatoire, de former suffisamment tôt leur appel incident ou provoqué.

C. pr. civ., art. 551

L'appel incident ou l'appel provoqué est formé de la même manière que le sont les demandes incidentes.

> Diligences du greffe de la cour d'appel

[C. pr. civ., art. 934 à 938]

C. pr. civ., art. 934

Le secrétaire enregistre l'appel à sa date; il délivre, ou adresse par lettre simple récépissé de la déclaration.

C. pr. civ., art. 936 *(mod. par Décr. n° 2015-282, 11 mars 2015, art. 5)*

Dès l'accomplissement des formalités par l'appelant, le secrétaire avise, par tous moyens, la partie adverse de l'appel en l'informant qu'elle sera ultérieurement convoquée devant la cour.

C. pr. civ., art. 937 *(mod. par Décr. n° 2015-282, 11 mars 2015, art. 7)*

Le greffier de la cour convoque le défendeur à l'audience prévue pour les débats, dès sa fixation et quinze jours au moins à l'avance, par lettre recommandée avec demande d'avis de réception. Le demandeur est avisé par tous moyens des lieu, jour et heure de l'audience.

La convocation vaut citation.

C. pr. civ., art. 938

S'il y a lieu de convoquer à nouveau une partie qui n'a pas été jointe par la première convocation, il peut être ordonné que la nouvelle convocation sera faite par acte d'huissier de justice.

> Diligences des parties

[C. pr. civ., art. 14 et 670-1]

C. pr. civ., art. 14

Nulle partie ne peut être jugée sans avoir été entendue ou appelée.

C. pr. civ., art. 670-1

En cas de retour au secrétariat de la juridiction d'une lettre de notification dont l'avis de réception n'a pas été signé dans les conditions prévues à l'article 670, le secrétaire invite la partie à procéder par voie de signification.

221.02 Jurisprudence de référence.

> Justiciable privé de la possibilité de faire valoir ses moyens d'appel, en matière d'assistance éducative, du fait de sa non-comparution en personne à l'audience et en dépit de la présence de son avocat ayant déclaré vouloir le représenter

• **Civ. 1re, 30 sept. 2009, n° 08-16.147,** *Bull. civ.* I, n° 147

* V. s[s] n° 221.12

« Méconnaît les exigences de l'article 6 § 1 de la Convention de sauvegarde des droits de l'homme et des libertés fondamentales, ensemble les articles 931, 1186, 1189 et 1192 du Code de procédure civile, la cour d'appel qui considère comme non soutenu l'appel, formé en matière d'assistance éducative, par un parent qui n'a pas comparu en personne mais dont l'avocat présent à l'audience a déclaré vouloir le représenter, privant ainsi ce parent de la possibilité de faire valoir ses moyens d'appel. »

> Procédure sans représentation obligatoire – Acte d'appel – Mandataire – Déclaration d'appel

• **Civ. 2e, 10 juill. 2008, n° 07-16.313,** *Bull. civ.* II, n° 175

* V. s[s] n° 221.13

« Viole les articles 931 et 932 du Code de procédure civile la cour d'appel qui, pour déclarer irrecevable un appel interjeté dans une procédure sans représentation obligatoire, retient que la déclaration d'appel, rédigée sur un papier à en-tête d'un avocat, ne comporte pas la signature de son auteur mais celle, par ordre, d'un autre avocat, alors qu'elle constatait que l'acte d'appel était bien signé d'un avocat. »

> Déclaration d'appel par courrier à en-tête d'un avocat – Absence de précision sur l'identité ou la qualité du signataire – Validité de la déclaration – Conditions

• **Soc. 2 déc. 2008, n° 06-44.962,** *Bull. civ.* V, n° 237

* V. s^s n° 221.13

« La cour d'appel qui, pour déclarer irrecevable l'acte d'appel, retient que la signature de l'appelant qui l'identifie constitue une condition d'existence de l'acte d'appel et que l'identité et la qualité du signataire de cet acte doivent être déterminées par les seules mentions de la déclaration d'appel, quelles que soient les indications du papier à en-tête sur lequel elle est rédigée, et la lisibilité de la signature, a violé l'article 117 du Code de procédure civile. »

> Acte d'appel – Mandataire – Pouvoir spécial – Production – Moment

• **Civ. 2e, 17 avr. 2008, n° 07-11.333,** *Bull. civ.* V, n° 85

* V. s^s n° 221.14

« Un intimé ayant soulevé la nullité de l'acte d'appel, viole les articles 931 et 932 du Code de procédure civile une cour d'appel qui, pour déclarer l'appel irrecevable, retient que ce pouvoir spécial doit être annexé à l'acte d'appel et qu'à défaut, il doit en être justifié dans le délai de recours, peu important qu'il soit produit ultérieurement à l'audience, alors qu'elle n'était tenue que de vérifier que le pouvoir spécial avait été donné avant l'expiration du délai d'appel. »

> Représentation des parties – Mandataire – Pouvoir spécial – Pouvoir antérieur à la décision attaqué

• **Soc. 10 déc. 1996, n° 93-41.737,** *Bull. civ.* V, n° 435

* V. s^s n° 221.14

« Une déclaration d'appel faite par un mandataire en vertu d'un pouvoir spécial antérieur au jugement entrepris n'est pas conforme aux exigences de l'article 931 du nouveau Code de procédure civile. Dès lors l'appel est irrecevable. »

> Représentation des parties – Mandataire – Pouvoir spécial – Nécessité

• **Soc. 2 avr. 1992, n° 87-44.229,** *Bull. civ.* V, n° 246

* V. s^s n° 221.14

« Dans les matières où la représentation n'est pas obligatoire, le mandataire doit s'il n'est avoué ou avocat, justifier d'un pouvoir spécial pour interjeter appel. Doit, en conséquence, être déclaré irrecevable l'appel formé par le détenteur d'un pouvoir lui donnant mandat de représenter le salarié tant devant le conseil de prud'hommes que devant la cour d'appel. »

> Procédure sans représentation obligatoire – Acte d'appel – Déclaration au greffe – Greffe de la juridiction ayant rendu la décision – Recevabilité – Exclusion

• **Civ. 2e, 17 déc. 2009, n° 07-44.302,** *Bull. civ.* II, n° 289

* V. s^s n° 221.31

« Est irrecevable, en application de l'article 932 du Code de procédure civile, la déclaration d'appel faite au greffe de la juridiction ayant rendu la décision. »

> Recours contre la décision du bâtonnier – Lettre recommandée – Formalité légale – Effet

• **Civ. 2e, 19 mars 2009, n° 08-15.838,** *Bull. civ.* II, n° 76

* V. s^s n° 221.41

« La formalité de la lettre recommandée, prévue par l'article 176 du décret n° 31-1197 du 27 novembre 1991 n'est destinée qu'à régler toute contestation sur la date du recours. Dès lors, encourt la cassation l'ordonnance qui déclare irrecevable le recours contre la décision d'un bâtonnier, au motif qu'il a été formé par lettre déposée au greffe de la cour d'appel. »

> Acte d'appel – Déclaration au greffe – Signature par la partie ou par son mandataire – Nécessité

• **Civ. 2e, 30 avr. 2003, n° 00-46.467,** *Bull. civ.* II, n° 118

* V. s^s n° 221.44

« Dans les procédures sans représentation obligatoire, la cour d'appel est saisie par une déclaration d'appel que la partie ou tout mandataire fait ou adresse par pli recommandé; ne peut être considéré comme valant déclaration d'appel, l'acte qui ne comporte pas la signature de son auteur. »

> Copie de la décision attaquée annexée à la déclaration d'appel – Défaut – Portée

• **Soc. 19 juin 2007, n° 06-40.854,** *Bull. civ.* V, n° 108

* V. s^s n° 221.45

« Les dispositions de l'article R. 517-7, alinéa 3, du Code du travail, dans leur rédaction issue du décret n° 2004-836 du 20 août 2004, selon lesquelles la déclaration d'appel est accompagnée d'une copie de la décision attaquée, ne sont pas prescrites à peine d'irrecevabilité de l'appel. »

> Oralité – Dépôt de conclusions par une partie – Portée

• **Soc. 5 juill. 2005, n° 02-47.233,** *Bull. civ.* V, n° 233

* V. s^s n° 221.52

« Nonobstant le principe d'oralité des débats en matière prud'homale, l'appel incident peut être régulièrement formé par dépôt ou envoi au greffe de conclusions valant déclaration d'appel. »

> Procédure sans représentation obligatoire – Convocation des parties à l'audience – Convocation du conseil

• **Civ. 2e, 12 oct. 2006, n° 05-15.690,** *Bull. civ.* II, n° 264

* V. s^s n° 221.61

« Aucune disposition ne prévoit, dans la procédure sans représentation obligatoire, qu'une convocation soit adressée au conseil des parties. »

221.03 Bibliographie indicative.

Actualisables. *J.-Cl. Pr. civ.*, fasc. 722 [Appel. Procédure en matière contentieuse. Procédure sans représentation obligatoire], par N. Gerbay – Rép. pr. civ., v° *Procédure devant la cour d'appel*, par B. Travier et F. Watremet, réactualisé par R. Laffly, sept. 2013 [actu. janv. 2016], n°s 215 à 226.

Ouvrages. C. Brenner et N. Fricero, *La nouvelle procédure d'appel*, 2e éd., Lamy, 2011, p. 181 s. – J.-L. Gallet, *La procédure devant la cour d'appel*, 3e éd., Litec, 2014, p. 148 s. – P. et N. Gerbay, *Guide du procès civil en appel*, LexisNexis, 2015, n°s 554 s. – S. Guinchard (dir.), Dalloz action *Droit et pratique de la procédure civile*, 2014/2015, par J. Pellerin, n°s 544.31 à 544.52.

221.15 Choix du représentant. Les parties peuvent, lorsqu'elles décident de se faire assister ou représenter, avoir recours à l'une des personnes qu'elles étaient autorisées à choisir en première instance. Ainsi, outre les avocats, elles peuvent se faire représenter ou assister pour l'appel des décisions rendues par les tribunaux des affaires de sécurité sociale, par celles visées à l'article R. 142-20 du Code de la sécurité sociale et pour les jugements des tribunaux paritaires des baux ruraux, par celles indiquées à l'article 884 du Code de procédure civile.

SECTION 2 COMMENT INTERJETER APPEL ?

§ 1 Délai d'appel

221.21 Prescriptions générales. Le point de départ du délai d'appel est la **notification** régulière du jugement[1] à moins que la loi ne fasse courir le délai à compter du jugement[2] (C. pr. civ., art. 528). Le délai est en principe d'**un mois en matière contentieuse** et de **quinze jours en matière gracieuse** (C. pr. civ., art. 538); quant aux **ordonnances de référé**, elles doivent être frappées d'appel dans les **quinze jours** de leur notification (C. pr. civ., art. 490, al. 3).

221.22 Dispositions propres à certaines matières. En principe, le délai pour interjeter appel dans la procédure sans représentation obligatoire ne déroge pas aux règles générales. Cependant, le Code des douanes précise que **l'ordonnance du juge des libertés et de la détention** est susceptible d'appel devant le premier président dans un délai de **quinze jours** à compter de la remise, de la réception ou de la signification de l'ordonnance (C. douanes, art. 64-2). L'article 1239 alinéa 3 du Code de procédure civile enferme le recours contre les **décisions du juge des tutelles** et les **délibérations du conseil de famille** dans un délai de **quinze jours.** Ces délais sont empruntés à la procédure de référé.

§ 2 Lieu de la déclaration d'appel

221.31 Nouvelle règle. Le décret n° 2004-836 du 20 août 2004[3] a modifié l'article 932 du Code de procédure civile qui disposait que l'appel est formé au secrétariat de la juridiction qui a rendu le jugement. Cette disposition était pratique pour l'appelant mais les auteurs du décret ont souhaité harmoniser la solution avec la procédure avec représentation obligatoire. Désormais la déclaration d'appel doit être faite au **greffe de la cour d'appel.** Le décret de 2004 a bien évidemment réformé en même temps les dispositions spécifiques, propres à certaines matières, contenues dans différents codes (CSS, art. R. 142-28, al. 5 - C. pr. civ., art. 715 - C. expr., art. R. 311-24, al. 2). L'appel interjeté au greffe de la juridiction de première instance est irrecevable[4].

221.32 Exceptions. La règle posée par le décret de 2004 souffre de rares exceptions.

L'appel formé contre une décision du **tribunal du contentieux de l'incapacité** doit être fait au greffe de cette juridiction (CSS, art. R. 143-24, al. 1er).

L'article 1242 du Code de procédure civile précise que l'appel contre les **décisions du juge des tutelles ou les délibérations du conseil de famille** est formé par déclaration faite ou adressée par lettre recommandée avec demande d'avis de réception au greffe de la juridiction de première instance.

Le greffier, après avoir enregistré l'appel, transmet une copie du dossier à la cour. On peut regretter, dans un souci de simplification des règles relatives au lieu de l'appel, que les auteurs du décret du 23 décembre 2009[5] n'aient pas prévu que l'appel doive être formé au greffe de la cour.

§ 3 Forme de la déclaration d'appel

221.41 Déclaration au greffe ou lettre recommandée. Selon l'article 932 du Code de procédure civile : « *L'appel est formé par une déclaration que la partie ou tout mandataire fait ou adresse, par pli recommandé, au greffe de la cour* ». La déclaration au greffe oblige l'appelant à s'y rendre personnellement. Une communication téléphonique émanant du conseil de l'appelant ne peut constituer une déclaration d'appel régulière[6]. La forme recommandée est

1. Civ. 3e, 17 juin 2009, no 08-11.930, *Bull. civ.* III, no 145; *AJDI* 2009. 727, obs. Lévy; *AJDI* 2010. 113, chron. Gilbert; *RDI* 2009. 465, obs. Morel.
2. V. PAR EX., en matière d'incapacité, C. pr. civ., art. 1241, 3o, 1241-1, 2o et 1241-2.
3. Décr. no 2004-836, 20 août 2004, portant modification de la procédure civile, *JO* 22 août, p. 15032.
4. Soc. 2 avr. 2008, no 06-45.852, NP – Civ. 2e, 17 déc. 2009, no 07-44.302, *Bull. civ.* II, no 289; *D.* 2010. 99; 532, chron. Sommer, Leroy-Gissinger, Adida-Canac et Grignon Dumoulin.
5. Décr. no 2009-1628, 23 déc. 2009, relatif à l'appel contre les décisions du juge des tutelles et les délibérations du conseil de famille et modifiant diverses dispositions concernant la protection juridique des mineurs et des majeurs, *JO* 26 déc., p. 22311.
6. Soc. 8 juill. 1992, no 89-40.559, *Bull. civ.* V, no 457; *D.* 1992. IR 228; *JCP* 1992. I. 36636, no 1, obs. Pierchon; *RTD civ.* 1993. 198, obs. Perrot.

destinée à éviter les contestations sur la **date de la déclaration d'appel** : la date d'expédition apposée par le bureau d'émission constitue la date de la déclaration d'appel[1]. Cette formalité n'est frappée de nullité par aucun texte; aussi une lettre simple, adressée et enregistrée par le greffe avant l'expiration du délai d'appel, est recevable si l'irrégularité n'a causé aucun grief à celui qui l'invoque[2].

221.42 Déclaration par télécopie. La déclaration d'appel peut-elle être effectuée par télécopie ? La Cour de cassation a répondu à plusieurs reprises par la négative à cette question.

Pour la **chambre sociale**, la déclaration par télécopie ne répond pas aux exigences des textes et équivaut à une absence d'acte, sans qu'il soit nécessaire d'établir un grief[3]. Elle a cependant cassé un arrêt qui avait déclaré irrecevable l'acte d'appel alors que l'avoué de la société appelante avait inséré l'acte d'appel de l'avocat de cette société, qui lui avait été envoyé par télécopie, dans l'horodateur du greffe de la cour d'appel, puis l'avait déposé dans la case du courrier de ce greffe et le greffier de la cour d'appel avait établi, le même jour, un procès-verbal de déclaration. Le motif retenu est que l'appel est régulièrement formé par la remise au greffe de la cour d'appel de la déclaration d'appel dans le délai du recours[4]. La **deuxième**[5] et la **troisième**[6] **chambre civile** n'ont pas admis la déclaration d'appel par télécopie. La **première chambre civile** a retenu une solution plus nuancée en jugeant irrecevable un appel formé par télécopie parce que l'appelant n'avait pas établi que les perturbations postales avaient constitué un obstacle de force majeure[7]. Quant aux **juges du fond**, ils sont partagés[8]. L'hostilité des juges à l'égard de la télécopie s'explique par la difficulté d'établir à quel instant précis l'appel a été fait. Le recours à la communication par voie électronique permettra de moderniser l'exercice de l'appel. Toutefois, si le décret n° 2009-1524 du 9 décembre 2009[9] l'a prévue pour la procédure avec représentation obligatoire, rien n'a été fait pour l'application des dispositions de l'article 748-1 du Code de procédure civile, relatives à la communication par voie électronique, à la déclaration d'appel dans la procédure sans représentation obligatoire.

221.43 Contenu de la déclaration d'appel. L'article 933 du Code de procédure civile dispose : « *La déclaration d'appel comporte les mentions prescrites par l'article 58. Elle désigne le jugement dont il est fait appel et mentionne, le cas échéant, le nom et l'adresse du représentant de l'appelant devant la cour. Elle est accompagnée de la copie de la décision* ». Certaines dispositions spécifiques à certaines matières peuvent exiger d'autres mentions.

221.44 Mentions de l'article 58 du Code de procédure civile. Les mentions prescrites par l'article 58 sont exigées à peine de **nullité**. La déclaration d'appel doit ainsi préciser pour les personnes physiques, leur nom, prénoms, profession, domicile, nationalité, date et lieu de naissance; pour les personnes morales, leur forme, dénomination, siège social et l'organe qui les représente légalement[10]. Il faut encore indiquer les nom, prénoms et domicile de la personne contre laquelle l'appel est formé, ou, s'il s'agit d'une personne morale, sa dénomination et son siège social. Il faut ensuite mentionner l'objet de la demande. La pratique a retenu une formule type visant, de manière générale, l'infirmation et l'annulation du jugement (v. s^s n°s 211.32 s.). Certains textes propres à certaines matières reprennent cette disposition et la précisent : l'article 1243 du Code de procédure civile dispose que lorsque l'appel est formé par le juge des tutelles, celui-ci joint au dossier une note exposant les motifs de son recours. Si toutes ces mentions ne figurent pas dans la déclaration d'appel, elle est entachée d'un vice de forme. Toutefois la jurisprudence fait preuve de souplesse dans l'application de ce texte[11]. La déclaration

1. Soc. 14 mai 1992, n°s 89-42.821 et 89-42.822, *Bull. civ.* V, n° 311 – Civ. 1re, 10 oct. 1995, n° 94-05.112, *Bull. civ.* I, n° 344; *D.* 1996. 131, obs. Julien.
2. Soc. 22 nov. 1979, n° 77-41.610, *Bull. civ.* V, n° 891 – Civ. 1re, 2 nov. 1994, n° 93-05.085, *Bull. civ.* I, n° 315; *D.* 1994. IR 263; *Gaz. Pal.* 1995. 1. Pan. 65; *RTD civ.* 1995. 184, obs. Perrot – Civ. 2e, 19 mars 2009, n° 08-15.838, *Bull. civ.* II, n° 76; *Procédures* 2009, n° 136, obs. Perrot; *D.* 2009. 956, obs. Avena-Robardet.
3. Soc. 18 nov. 1998, n° 96-43.944, *Bull. civ.* V, n° 505; *D.* 1999. IR 7; *RGDP* 1999. 654, obs. Desdevises – Soc. 1er févr. 2001, n° 98-45.197, NP.
4. Soc. 28 févr. 2012, n° 10-23.151, *Bull. civ.* V, n° 79.
5. V. PAR EX., en matière gracieuse : Civ. 2e, 8 juin 1995, n° 93-10.775, *Bull. civ.* II, n° 180.
6. Civ. 3e, 19 juin 1996, n° 94-70.291, *Bull. civ.* III, n° 148; *D.* 1997. 153, obs. Catalano; *AJDI* 1996. 901, obs. Lévy; 1030, obs. C. M.; *RDI* 1996. 553, obs. Morel et Denis-Leston.
7. Civ. 1re, 21 mai 1997, n° 96-05.105, NP.
8. En faveur de la télécopie : Douai, 26 janv. 2000, *RTD civ.* 2000. 405, obs. Perrot; *D.* 2000. IR 87 – *CONTRA* : Paris, 24 juin 1992, *RTD civ.* 1993. 198, obs. Perrot.
9. Décr. n° 2009-1524, 9 déc. 2009, relatif à la procédure d'appel avec représentation obligatoire en matière civile, *JO* 11 déc., p. 21386.
10. Avant l'entrée en vigueur du décret n° 2005-1678 du 28 décembre 2005, qui a notamment modifié la rédaction de l'article 933 du Code de procédure civile, l'assemblée plénière de la Cour de cassation, se fondant sur la rédaction ancienne du texte, avait décidé que cette mention n'était pas exigée : Cass., ass. plén., 7 juill. 2000, n° 97-45.768, *Bull. ass. plén.*, n° 5; *RTD civ.* 2000. 900, obs. Perrot; *D.* 2001. 1830, note Lasserre-Kiesow.
11. Civ. 2e, 13 nov. 2008, n° 08-10.411, *Bull. civ.* II, n° 245; *D.* 2009. 27 : la déclaration ne mentionnait ni la profession, ni la nationalité, ni les date et lieu de naissance de l'appelante et n'indiquait pas l'objet précis de l'appel.

d'appel doit enfin être **datée** et **signée.** La Cour de cassation a jugé que l'acte qui ne comporte pas la signature de son auteur ne vaut pas déclaration d'appel[1], ce qui a pour conséquence l'irrecevabilité du recours[2]. Avant l'entrée en vigueur de la loi du 13 mars 2000[3], elle avait refusé d'admettre la validité d'un recours comportant la signature électronique du conseil de la société[4].

221.45 Mentions de l'article 933 du Code de procédure civile. Contrairement à l'article 901 du Code de procédure civile relatif à la déclaration d'appel en matière de procédure avec représentation obligatoire, l'article 933 ne prévoit pas la nullité en cas de non-indication des mentions qu'il prescrit. La déclaration d'appel doit indiquer le jugement dont il est fait appel. La Cour de cassation avait, lorsque la procédure d'appel en matière prud'homale était sans représentation obligatoire, jugé que les dispositions du Code du travail selon lesquelles l'acte d'appel devait désigner le jugement frappé d'appel n'étant pas prescrites à peine de nullité, devait être cassé l'arrêt qui se déclarait non saisi par la déclaration d'appel portant sur une décision dont la date était erronée alors qu'il résultait des pièces de la procédure que toutes les parties avaient reçu un récépissé ou avis de déclaration d'appel mentionnant la date exacte du jugement frappé d'appel et sur lequel elles avaient conclu au fond devant la cour d'appel de sorte qu'elles ne pouvaient se méprendre sur le jugement déféré[5]. Si cette solution n'est plus valable en matière prud'homale, elle le demeure dans les procédures sans représentation obligatoire. La déclaration d'appel doit encore mentionner, le cas échéant, le nom et l'adresse du représentant de l'appelant devant la cour d'appel. Enfin elle doit être accompagnée d'une copie de la décision critiquée. Cette dernière proposition de l'article 933 est reprise par les textes relatifs à chaque matière, les articles R. 142-28 alinéa 5 du Code de la sécurité sociale, R. 311-24 du Code de l'expropriation pour cause d'utilité publique, s'agissant de l'appel interjeté par l'exproprié. La Cour de cassation a jugé que cette formalité n'est pas prescrite à peine d'irrecevabilité de l'appel prononcée d'office[6].

§ 4
Appel incident

221.51 L'appel incident peut être formé en tout état de cause. En l'absence de dispositions particulières[7], il convient d'appliquer les dispositions générales du Code de procédure civile et notamment l'article 550 qui prévoit que l'appel incident ou l'appel provoqué peut être formé en tout état de cause[8], alors même que celui qui l'interjetterait serait forclos pour agir à titre principal. Mais dans ce dernier cas l'appel incident n'est recevable que si l'appel principal est lui-même recevable. Il existe cependant une divergence de jurisprudence entre la première chambre civile de la Cour de cassation et la deuxième à propos de l'appel incident contre une décision du bâtonnier statuant en matière de contestation d'honoraires. En effet, alors que la première chambre civile juge qu'aucune disposition du décret n° 91-1197 du 27 novembre 1991 ne réglementant l'appel incident, celui-ci se trouve ainsi soumis au droit commun[9], c'est-à-dire aux dispositions des articles 550 et suivants du Code de procédure civile, la deuxième chambre décide que ni les dispositions du décret du 27 novembre 1991 « *ni aucune autre disposition légale ou réglementaire ne prévoient la faculté, pour la partie n'ayant pas formé un recours dans les formes et délais de l'article 176 dudit décret, de le faire à titre incident oralement ou par conclusions écrites à l'audience, après expiration de son délai de recours* »[10].

221.52 L'appel incident est formé de la même manière que le sont les demandes incidentes. Cette règle, énoncée à l'article 551 du Code de procédure civile, doit être combinée avec les règles régissant la procédure orale. Il a ainsi été jugé que l'appel incident peut, dans le cadre de la procédure sans représentation obligatoire, être formé verbalement à l'audience, la procédure étant orale[11]. Et l'appel incident formé oralement à l'audience est recevable même en cas de non-comparution de l'appelant, sauf à la cour d'appel à veiller au respect

1. Civ. 2e, 30 avr. 2003, n° 00-46.467, *Bull. civ.* II, n° 118; *D.* 2003. 2827, obs. Le Stanc; *JCP* 2003. IV. 2084 – Soc. 27 mai 2003, n° 01-42.309, NP.
2. Civ. 2e, 4 déc. 2008, n° 07-19.775, *Bull. civ.* II, n° 260; *D.* 2009. 107.
3. L. n° 2000-230, 13 mars 2000, portant adaptation du droit de la preuve aux technologies de l'information et relative à la signature électronique, *JO* 14 mars, p. 3968.
4. Civ. 2e, 30 avr. 2003, n° 00-46.467, P (préc. ss prést n°).
5. Soc. 17 mai 2005, n° 03-42.646, *Bull. civ.* V, n° 167.
6. Soc. 19 juin 2007, n° 06-40.854, *Bull. civ.* V, n° 108; *D.* 2007. 1964.
7. V. PAR EX., C. expr., art. R. 311-26, al. 2 : « *À peine d'irrecevabilité, relevée d'office, l'intimé dépose ou adresse au greffe de la cour ses conclusions et les documents qu'il entend produire dans un délai de deux mois à compter de la notification des conclusions de l'appelant. Le cas échéant, il forme appel incident dans le même délai et sous la même sanction* ».
8. Civ. 2e, 28 avr. 2011, n° 10-14.208, NP.
9. Civ. 1re, 13 nov. 2002, n° 00-17.789, NP; *JCP* 2003. I. 140, n° 18, obs. Martin.
10. Civ. 2e, 14 juin 2007, n° 06-16.131, *Bull. civ.* II, n° 156; *JCP* 2007. IV. 2486; *D.* 2008. 944, obs. Blanchard.
11. Civ. 2e, 28 avr. 2011, n° 10-14.208, NP (préc. ss n° 221.51).

du principe du contradictoire[1]. Cette solution a été critiquée[2], on lui a reproché de méconnaître les dispositions de l'article 68 alinéa 2 du Code de procédure civile qui prévoient que les demandes incidentes « *sont faites à l'encontre des parties défaillantes ou des tiers dans les formes prévues pour l'introduction de l'instance. En appel, elles le sont par voie d'assignation* ». Pour respecter ce texte il faudrait, en cas de non-comparution de l'appelant, former un appel incident par voie d'assignation. Ce n'est pas la solution retenue par la chambre sociale de la Cour de cassation mais elle tend à assouplir les solutions découlant du caractère oral de la procédure et admet qu'une déclaration d'appel incident puisse être faite dans les mêmes formes que l'appel principal[3] ou par dépôt ou envoi au greffe de conclusions valant déclaration d'appel[4]. Elle en déduit qu'est recevable l'appel incident contenu dans les conclusions écrites, transmises au greffe avant le désistement de l'appelant principal, même si le délai pour régulariser un appel principal est échu[5].

SECTION 3
SUITES DE LA DÉCLARATION D'APPEL

221.61 Diligences du greffe de la cour d'appel. Les articles 934 à 938 précisent les diligences que doit accomplir le greffier à la suite de la déclaration d'appel qui a pour effet de saisir la cour (C. pr. civ., art. 58, al. 1er). Le greffier enregistre l'appel à sa date et délivre ou adresse à l'appelant un récépissé de la déclaration par lettre simple. Précisons qu'en cas de déclaration d'appel par voie postale, la date de l'appel résulte du cachet du bureau de poste d'émission. Puis le greffier avise l'intimé, par tous moyens, qu'un appel a été interjeté et qu'il sera ultérieurement convoqué devant la cour. Lorsque la date de l'audience prévue pour les débats est fixée, le greffier convoque « le défendeur » au moins quinze jours à l'avance par lettre recommandée avec avis de réception et le « demandeur » par tous moyens des lieu, jour et heure de l'audience. Il faut noter la mauvaise rédaction du décret n° 2015-282 du 11 mars 2015[6] simplifiant les formalités. La convocation vaut citation. Les délais sont augmentés de deux mois pour les personnes qui demeurent à l'étranger et d'un mois pour celles qui demeurent en Guadeloupe, en Guyane, à la Martinique, à La Réunion, à Mayotte, à Saint-Barthélemy, à Saint-Martin, à Saint-Pierre-et-Miquelon ou dans les îles Wallis et Futuna. La convocation vaut citation. Les textes ne prévoient pas qu'une copie de la convocation doit être adressée au conseil des parties[7]. Et parallèlement la convocation adressée uniquement à l'avocat d'une partie est irrégulière car cette partie n'a pas été personnellement avisée[8]. Une partie ne peut reprocher à la cour d'avoir statué hors sa présence lorsque la lettre recommandée contenant la convocation n'a pu lui être remise parce qu'elle n'habitait pas à l'adresse qu'elle avait elle-même indiquée dans l'acte d'appel[9]. Mais le changement de domicile de l'appelant en cours de procédure, sans prévenir le greffe, ne dispense pas ce dernier de procéder dans les formes prévues à l'article 670-1 du Code de procédure civile[10]. La Cour de cassation a jugé que manque de base légale la décision de la cour d'appel qui déclare irrecevable l'appel d'un jugement, après avoir relevé que l'appelant ne s'était pas présenté ni fait représenter à l'audience, alors qu'il ne résulte d'aucune mention de l'arrêt que celui-ci avait été régulièrement convoqué à l'audience[11]. Lorsque l'appelant a été régulièrement convoqué à la première audience mais n'a pas été informé de la date d'audience en raison de plusieurs renvois, il est nécessaire de procéder à une nouvelle convocation[12]. Enfin lorsque l'appelant a obtenu un renvoi, il appartient au greffe de l'aviser, par tous moyens, de la date de renvoi[13]. Une partie qui n'a pas été touchée par la première convocation doit être à nouveau convoquée[14].

221.62 Diligences des parties. Elles sont prévues par des dispositions générales et par des dispositions spéciales. D'une part, l'article 938 dispose que lorsqu'une partie n'a pas été jointe par la première convocation, il peut être ordonné que la nouvelle convocation sera faite par acte d'huissier de justice.

1. Soc. 30 mars 1994, nos 90-42.380 et 90-43.080, *Bull. civ.* V, n° 111 ; *RTD civ.* 1994. 685, obs. Perrot – Soc. 26 mars 2003, n° 01-41.793, NP.
2. R. Perrot, *RTD civ.* 1994. 685.
3. Soc. 21 mars 2000, n° 97-45.780, NP ; *Procédures* 2000, n° 139, obs. Perrot.
4. Soc. 5 juill. 2005, n° 02-47.233, *Bull. civ.* V, n° 233 ; *D.* 2005. 1963 ; *D.* 2006. 29, et obs. – Soc. 7 déc. 2005, n° 03-45.344, NP.
5. Soc. 15 déc. 2006, n° 05-41.468, *Bull. civ.* V, n° 387.
6. Décr. n° 2015-282, 11 mars 2015, relatif à la simplification de la procédure civile à la communication électronique et à la résolution amiable des différends, *JO* 14 mars, p. 4851.
7. Soc. 27 avr. 1978, n° 77-40.435, *Bull. civ.* V, n° 300 – Civ. 2e, 12 oct. 2006, n° 05-15.690, *Bull. civ.* II, n° 264 ; *D.* 2006. 2688.
8. Soc. 26 mai 1993, nos 90-42.185 et 90-43.641, *Bull. civ.* V, n° 148.
9. Soc. 19 mars 1987, *JCP* 1987. IV. 181.
10. Soc. 23 nov. 1994, n° 90-45.383, *Bull. civ.* V, n° 304 ; *D.* 1995. 392, note Gramaize ; *Gaz. Pal.* 1995. 2. Pan. 154.
11. Civ. 2e, 28 oct. 1999, n° 98-10.874, *Bull. civ.* II, n° 165 – Soc. 29 févr. 2012, n° 10-27.933, NP.
12. Soc. 13 nov. 1996, n° 93-45.015, *Bull. civ.* V, n° 383.
13. Civ. 2e, 26 oct. 2006, n° 05-17.674, NP.
14. Soc. 19 juill. 2000, n° 98-22.333, *Bull. civ.* V, n° 312 – Civ. 2e, 16 nov. 2004, n° 03-30.348, NP – Civ. 2e, 5 avr. 2005, n° 04-30.065, NP.

Selon les dispositions de l'article 670-1 du Code de procédure civile, en cas de retour au secrétariat de la juridiction d'une lettre de notification dont l'avis de réception n'a pas été signé, le greffier invite la partie à procéder par voie de signification. Afin de respecter **le principe de la contradiction** (C. pr. civ., art. 14), la Cour de cassation a interprété les articles 937 et 938 à la lumière de l'article 670-1 du Code de procédure civile et non comme une exception à ce dernier. Elle juge que la cour d'appel ne peut en application des articles 14, 937 et 670-1, débouter une partie de ses demandes au motif qu'elle s'est abstenue de comparaître ou de se faire représenter alors que le retour de la convocation au secrétariat de la juridiction, avec la mention non réclamée, « *lui imposait d'inviter l'autre partie à procéder par voie de signification* »[1]. Il appartient dans ce cas à l'adversaire de déférer à cette invitation de la juridiction et à faire assigner par huissier de justice la partie non touchée par la convocation.

D'autre part des dispositions spéciales mettent des diligences à la charge des parties. Ainsi dans la procédure applicable devant la Cour nationale de l'incapacité et de la tarification de l'assurance des accidents du travail, les parties doivent présenter dans un délai de vingt jours un mémoire accompagné, le cas échéant, des observations de la personne qu'elles ont choisie pour les assister (CSS, art. R. 143-25, al. 1er). Le Code de l'expropriation pour cause d'utilité publique prévoit que l'appelant doit, à peine de caducité de la déclaration d'appel, relevée d'office, déposer ou adresser au greffe de la cour ses conclusions et les documents qu'il entend produire dans un délai de trois mois à compter de la déclaration d'appel; et l'intimé ou le commissaire du gouvernement doivent, à peine d'irrecevabilité, relevée d'office, répliquer et produire leurs pièces dans un délai de deux mois à compter de la notification des conclusions de l'appelant. Le cas échéant, l'intimé forme appel incident dans le même délai et sous la même sanction. L'intimé à un appel incident ou à un appel provoqué dispose, à peine d'irrecevabilité relevée d'office, d'un délai de deux mois à compter de la notification qui lui en est faite pour conclure. Les conclusions et les documents sont produits en autant d'exemplaires qu'il y a de parties, plus un (C. expr., art. R. 311-26).

1. Soc. 13 juill. 2010, n° 09-41.250, NP – Soc. 30 nov. 2010, n° 09-66.590, NP.

CHAPITRE

222. Phase préparatoire

SECTION 0
ORIENTEUR

222.00 **Plan du chapitre.**

222.01 **Textes applicables.**

TEXTES CITÉS

> Fixation prioritaire de l'affaire par le premier président
C. pr. civ., art. 948

> Affaire en état d'être jugée : procédure courte
C. pr. civ., art. 946, 947

> Renvoi à l'instruction
C. pr. civ., art. 939, 446-2

> Magistrat chargé d'instruire l'affaire : audition des parties et mise en état
C. pr. civ., art. 940, 446-3

> Magistrat chargé d'instruire l'affaire : conciliation
C. pr. civ., art. 941

> Magistrat chargé d'instruire l'affaire : communication des pièces
C. pr. civ., art. 942

> Magistrat chargé d'instruire l'affaire : mesure d'instruction, production de documents
C. pr. civ., art. 943

> Magistrat chargé d'instruire l'affaire : provision, mesure provisoire
C. pr. civ., art. 944

> Magistrat chargé d'instruire l'affaire : décision dépourvue de l'autorité de la chose jugée
C. pr. civ., art. 945

TEXTES CITÉS REPRODUITS *IN EXTENSO*

> Fixation prioritaire de l'affaire par le premier président

C. pr. civ., art. 948 *(mod. par Décr. n° 2015-282, 11 mars 2015, art. 8)*

La partie dont les droits sont en péril peut, même si une date d'audience a déjà été fixée, demander au premier président de la cour de retenir l'affaire, par priorité, à une prochaine audience.

S'il est fait droit à sa demande, le requérant est aussitôt avisé par tous moyens de la date fixée.

À moins que le premier président n'ait décidé qu'elle le serait par acte d'huissier de justice à l'initiative du requérant, le greffier convoque la partie adverse par lettre recommandée avec demande d'avis de réception.

La cour s'assure qu'il s'est écoulé un temps suffisant entre la convocation et l'audience pour que la partie convoquée ait pu préparer sa défense.

> Affaire en état d'être jugée : procédure courte
[C. pr. civ., art. 946 et 947]

C. pr. civ., art. 946

La procédure est orale.

La cour ou le magistrat chargé d'instruire l'affaire qui organise les échanges entre les parties comparantes peut dispenser une partie qui en fait la demande de se présenter à une audience, conformément au second alinéa de l'article 446-1. Dans ce cas, la communication entre les parties est faite par lettre recommandée avec demande d'avis de réception ou par notification entre avocats et il en est justifié auprès de la cour dans les délais qu'elle impartit.

C. pr. civ., art. 947 *(mod. par Décr. n° 2015-282, 11 mars 2015, art. 5)*

À moins que l'affaire ne soit jugée dès la première audience, le greffier avise par tous moyens de la date des audiences ultérieures les parties qui ne l'auraient pas été verbalement.

> Renvoi à l'instruction
[C. pr. civ., art. 939 et 446-2]

C. pr. civ., art. 939

Lorsque l'affaire n'est pas en état d'être jugée, son instruction peut être confiée à un des membres de la chambre.

Celui-ci peut être désigné avant l'audience prévue pour les débats.

Le magistrat chargé d'instruire l'affaire organise les échanges entre les parties comparantes dans les conditions et sous les sanctions prévues à l'article 446-2.

C. pr. civ., art. 446-2

Lorsque les débats sont renvoyés à une audience ultérieure, le juge peut organiser les échanges entre les parties comparantes. Si les parties en sont d'accord, le juge peut ainsi fixer les délais et les conditions de communication de leurs prétentions, moyens et pièces.

Lorsque les parties formulent leurs prétentions et moyens par écrit, le juge peut, avec leur accord, prévoir qu'elles seront réputées avoir abandonné les prétentions et moyens non repris dans leurs dernières écritures communiquées.

À défaut pour les parties de respecter les modalités de communication fixées par le juge, celui-ci peut rappeler l'affaire à l'audience, en vue de la juger ou de la radier.

Le juge peut écarter des débats les prétentions, moyens et pièces communiqués sans motif légitime après la date fixée pour les échanges et dont la tardiveté porte atteinte aux droits de la défense.

> Magistrat chargé d'instruire l'affaire : audition des parties et mise en état

[C. pr. civ., art. 940 et 446-3]

C. pr. civ., art. 940

Le magistrat chargé d'instruire l'affaire peut entendre les parties.

Il dispose des pouvoirs de mise en état prévus à l'article 446-3.

C. pr. civ., art. 446-3

Le juge peut inviter, à tout moment, les parties à fournir les explications de fait et de droit qu'il estime nécessaires à la solution du litige et les mettre en demeure de produire dans le délai qu'il détermine tous les documents ou justifications propres à l'éclairer, faute de quoi il peut passer outre et statuer en tirant toute conséquence de l'abstention de la partie ou de son refus.

Lorsque les échanges ont lieu en dehors d'une audience en application de l'article 446-2, les parties sont avisées par tout moyen de la demande faite par le juge.

> Magistrat chargé d'instruire l'affaire : conciliation

C. pr. civ., art. 941

Le magistrat chargé d'instruire l'affaire constate la conciliation, même partielle, des parties.

Il constate l'extinction de l'instance.

> Magistrat chargé d'instruire l'affaire : communication des pièces

C. pr. civ., art. 942

Le magistrat chargé d'instruire l'affaire tranche les difficultés relatives à la communication des pièces.

Il procède aux jonctions et disjonctions d'instance.

> Magistrat chargé d'instruire l'affaire : mesure d'instruction, production de documents

C. pr. civ., art. 943

Le magistrat chargé d'instruire l'affaire peut :

– ordonner, même d'office, tout mesure d'instruction ;

– ordonner, le cas échéant, à peine d'astreinte, la production de documents détenus par une partie, ou par un tiers s'il n'existe pas d'empêchement légitime.

> Magistrat chargé d'instruire l'affaire : provision, mesure provisoire

C. pr. civ., art. 944

Le magistrat chargé d'instruire l'affaire peut accorder une provision au créancier lorsque l'existence de l'obligation n'est pas sérieusement contestable, ainsi qu'ordonner toute autre mesure provisoire.

> Magistrat chargé d'instruire l'affaire : décision dépourvue de l'autorité de la chose jugée

C. pr. civ., art. 945

Les décisions du magistrat chargé d'instruire l'affaire n'ont pas, au principal, l'autorité de la chose jugée.

Elles ne sont susceptibles d'aucun recours indépendamment de l'arrêt sur le fond.

Toutefois, elles peuvent être déférées par simple requête à la cour dans les quinze jours de leur date lorsqu'elles constatent l'extinction de l'instance.

222.02 Jurisprudence de référence.

> Procédure à jour fixe – Requête – Ordonnance y faisant droit – Nature – Portée

• **Civ. 2e, 10 sept. 2009, n° 08-14.004,** *Bull. civ.* II, n° 209

* V. s^{s} n° 222.61

« Aux termes de l'article 6 § 1 de la Convention de sauvegarde des droits de l'homme des libertés fondamentales, toute personne a droit à ce que sa cause soit entendue par un tribunal indépendant et impartial. Viole ces dispositions, la cour d'appel qui statue sur une ordonnance déférée dans une composition où siège le magistrat qui a rendu cette ordonnance, alors que l'irrégularité a été soulevée dès l'ouverture des débats. »

> Présence dans la composition de la cour d'appel d'un magistrat ayant rendu l'ordonnance déférée

• **Civ. 2e, 25 févr. 2010, n° 09-10.403,** *Bull. civ.* II, n° 48

* V. s^{s} n° 222.12

« L'ordonnance sur requête rendue en application de l'article 917, alinéa 1er, du Code de procédure civile constitue une mesure d'administration judiciaire qui, comme telle, est insusceptible de tout recours et ne peut donner lieu à référé à fin de rétractation. »

222.03 Bibliographie indicative.

Actualisables. *J.-Cl. Pr. civ.*, fasc. 722 [Appel. Procédure en matière contentieuse, Procédure sans représentation obligatoire], par N. Gerbay – Rép. pr. civ., v° *Procédure devant la cour d'appel*, par B. Travier et F. Watremet, sept. 2013 [actu. janv. 2016 par R. Laffly], n°s 227 à 271.

Ouvrages. C. Brenner et N. Fricero, *La nouvelle procédure d'appel*, 2e éd., Lamy, 2011, p. 181 – J.-L. Gallet, *La procédure devant la cour d'appel*, 3e éd., Litec, 2014, p. 220 s. – P. et N. Gerbay, *Guide du procès civil en appel*, LexisNexis, 2015, n°s 952 s. – S. Guinchard (dir.), Dalloz action *Droit et pratique de la procédure civile*, 2014/2015, par J. Pellerin, n°s 544.211 à 544.217.

Articles. P. Estoup, « La procédure devant les chambres sociales des cours d'appel », *D.* 1985. Chron. 115 – E. Jeuland, « La place de l'écrit dans les procédures orales. La recherche de pistes pour améliorer la procédure orale », *BICC* 2004, hors-série n° 3, p. 47 – J. Lachaud, « Le respect des droits de la défense dans la procédure sans représentation devant la cour en matière de baux ruraux », *Gaz. Pal.* 1987. 2. Doctr. 574 – S. Trassoudaine, « La place de l'écrit dans les procédures orales », *BICC* 2004, hors-série n° 3, p. 39 – B. Travier, « Le principe de sécurité juridique et les procédures orales », *Procédures* 2006. Étude 6 – B. Travier et R. Cros, « Les procédures orales à l'aune de la Convention européenne de sauvegarde des droits de l'homme : mort ou résurrection ? », *Procédures* 2007. Étude 5 – J. Viatte, « Le conseiller de la mise en état et celui chargé d'instruire l'affaire dispensée du ministère d'avoué », *Gaz. Pal.* 1976. 2. Doctr. 507 – Ph. Waquet, « Procédure orale ou procédure écrite en matière prud'homale », *Mél. Buffet*, *LPA*, 2004, p. 457.

222.04 Questions essentielles.

> Comment sont organisés les échanges par le magistrat chargé d'instruire l'affaire ?

* V. s[s] n° 222.31

> Quels sont les pouvoirs du magistrat chargé d'instruire l'affaire ?

* V. s[s] n°s 222.32 à 222.51

222.09 Division. Si les droits d'une partie sont en péril, l'affaire peut être fixée par priorité (sect. 1). Sinon l'affaire pourra être plaidée à la première audience lorsqu'elle sera appelée normalement devant la chambre (sect. 2) ou faire l'objet d'une instruction (sect. 3).

SECTION 1
FIXATION PRIORITAIRE DE L'AFFAIRE

222.11 Conditions. La fixation prioritaire de l'affaire est régie par l'article 948 du Code de procédure civile qui dispose : « *La partie dont les droits sont en péril peut, même si une date d'audience a déjà été fixée, demander au premier président de la cour de retenir l'affaire, par priorité, à une prochaine audience* ». Elle suppose qu'un **appel** a été **interjeté**[1] mais peu importe qu'une date d'audience ait déjà été prévue. L'urgence ne suffit pas, il faut que les **droits du requérant soient en péril.** Bien que le texte ne précise pas la forme de la saisine du premier président, il appartient à celui qui souhaite une fixation prioritaire de l'affaire de le saisir d'une requête.

222.12 Suites de la requête. Si le premier président considère que la demande de fixation rapprochée est bien fondée, le requérant est avisé de la date à laquelle l'affaire a été fixée par priorité. Le greffier convoque l'autre partie par lettre recommandée avec demande d'avis de réception. Le premier président peut décider que la partie requise sera assignée par huissier de justice à l'initiative du requérant. Afin que soit assuré le respect des **droits de la défense** et du **principe de la contradiction**, la cour devra vérifier qu'il s'est écoulé un temps suffisant entre la convocation et l'audience. Quelle est la nature de **l'ordonnance du premier président ?** Il faut étendre à l'article 948 la solution retenue par la deuxième chambre civile de la Cour de cassation pour l'ordonnance présidentielle autorisant à assigner à jour fixe dans la procédure avec représentation obligatoire : elle constitue une **mesure d'administration judiciaire** qui, comme telle, est **insusceptible de tout recours** et ne peut donner lieu à référé à fin de rétractation[2]. Certes cette solution est controversée (v. s[s] n° 231.42) mais c'est également celle retenue par la chambre sociale de la Cour de cassation[3]. Si le juge rejette la demande de fixation prioritaire, l'affaire sera appelée normalement à une audience de la chambre.

1. Soc. 13 juin 2012, n° 11-12.913, *Bull. civ.* V, n° 181.

SECTION 2
CIRCUIT COURT

222.21 L'affaire est en état d'être jugée. Si l'affaire est en état d'être jugée lorsqu'elle est appelée pour la première fois à l'audience devant la chambre, elle pourra être plaidée dès cette **première audience** ou à une **audience ultérieure**, fixée par le président si un renvoi est nécessaire en raison de l'encombrement du rôle de plaidoirie ou parce que les parties doivent encore accomplir l'une ou l'autre diligence. Si l'affaire n'est pas plaidée à la première audience, le greffier doit aviser de la **date de renvoi**, par tous moyens, les parties qui ne l'auraient pas été verbalement (C. pr. civ., art. 947). Le texte prévoit la convocation des parties, non des avocats. La Cour de cassation vérifie que les parties ont été avisées de la date de renvoi par le greffe[4]. Cependant s'il résulte des constatations de l'arrêt qu'après un second renvoi contradictoirement accordé, l'appelant a été verbalement informé de la date d'audience mais n'a pas comparu et ne s'est pas fait représenter, il ne peut critiquer ces constatations faites par les juges d'appel que par la voie de l'inscription de faux[5].

La cour peut dispenser une partie qui en fait la demande de se présenter à une audience; elle peut

2. Civ. 2e, 25 févr. 2010, n° 09-10.403, *Bull. civ.* II, n° 48; *D.* 2010. 713; *D.* 2010. 2246, chron. Théron.
3. Soc. 25 oct. 1994, n° 87-41.821, NP.
4. Soc. 13 oct. 1999, n° 98-42.353, NP – Soc. 3 juill. 2001, n° 99-41.333, NP.
5. Soc. 19 oct. 1995, n° 92-42.028, NP – Soc. 23 janv. 2002, n° 99-46.185, NP.

être alors autorisée, conformément aux dispositions de l'article 446-1 alinéa 2, à formuler ses prétentions et ses moyens **par écrit**. La communication entre les parties est faite par lettre recommandée avec demande d'avis de réception ou par notification entre avocats et il en est justifié auprès de la cour dans le délai qu'elle impartit (C. pr. civ., art. 946, al. 2). L'arrêt rendu dans ces conditions est contradictoire. Néanmoins la cour a toujours la faculté d'ordonner que les parties comparaissent devant elle (C. pr. civ., art. 446-1, al. 2).

Ce n'est que lorsque l'affaire n'est pas en état d'être jugée qu'elle sera renvoyée à l'instruction (C. pr. civ., art. 939).

SECTION 3
RENVOI À L'INSTRUCTION

222.30 **Généralités.** L'article 939 du Code de procédure civile prévoit que : « *Lorsque l'affaire n'est pas en état d'être jugée, son instruction peut être confiée à un des membres de la chambre. Celui-ci peut être désigné avant l'audience prévue pour les débats* ». Le texte n'étant pas précis, on considère généralement qu'il appartient au président de la chambre de désigner le juge chargé d'instruire l'affaire. La partie qui n'a pas été avisée verbalement de la date de la prochaine audience le sera par tous moyens (C. pr. civ., art. 947). Le Code de procédure civile ne prévoit pas l'information des conseils des parties. L'appel est instruit en chambre du conseil (C. pr. civ., art. 1245, al. 1er). Les articles 939 à 946 précisent les prérogatives du magistrat chargé d'instruire l'affaire. Si ses pouvoirs ne sont pas négligeables, ils sont moins étendus que ceux attribués au conseiller de la mise en état dans la procédure avec représentation obligatoire. La différence s'explique en grande partie par le **caractère oral de la procédure** et l'absence de représentation obligatoire ce qui nécessite simplification et souplesse. Cependant le décret du 1er octobre 2010[1] a créé un ensemble de règles générales régissant les procédures orales. Désormais les articles 446-2 et 446-3 du Code de procédure civile instaurent un cadre permettant aux juridictions d'organiser une **mise en état dans les procédures orales**, inspirée de la procédure écrite devant le tribunal de grande instance. Il est possible, lorsque la nature de l'affaire le justifie et avec l'accord des parties, de transformer la procédure orale en une **procédure écrite simplifiée**. Le nouveau décret a accru les prérogatives du conseiller chargé d'instruire l'affaire (§ 1), il conserve le pouvoir de régler certains incidents (§ 2) et d'ordonner des mesures provisoires (§ 3) ; ses ordonnances peuvent faire l'objet de recours limités (§ 4).

§ 1
Pouvoir d'instruire l'affaire

222.31 **Organisation des échanges.** Le deuxième alinéa de l'article 939 du Code de procédure civile, ajouté par le décret du 1er décembre 2010, prévoit que le magistrat chargé d'instruire l'affaire organise les échanges entre les parties comparantes dans les conditions et sous les sanctions prévues à l'article 446-2. Le juge peut **proposer** aux parties comparantes l'organisation d'une **mise en état** structurée par échanges d'écritures. Cette proposition peut intervenir en début ou en cours de procédure, elle ne peut être imposée aux parties et nécessite leur accord. Elle a l'avantage de permettre de connaître le délai prévisible de l'instruction, d'éviter de multiples déplacements aux parties et de faire une place aux écrits. Les **échanges des écrits** pourront avoir lieu sur **support papier** ou sur **support électronique**. Et lorsque les parties formulent leurs prétentions et leurs moyens par écrit, le juge peut, avec leur accord, prévoir qu'elles seront réputées avoir abandonné les prétentions et les moyens non repris dans leurs dernières écritures échangées. Ce recours aux « ***conclusions récapitulatives*** » n'est donc pas obligatoire mais il peut être accepté par les parties, ce qui sera souvent le cas lorsqu'elles sont représentées par un avocat.

L'organisation des échanges peut intervenir de plusieurs manières[2].

– Le magistrat chargé de l'instruction peut tout d'abord **prévoir l'ensemble des audiences** au cours desquelles seront accomplies les diligences des parties. Dans cette hypothèse le juge vérifie au fur et à mesure l'accomplissement de la diligence par la partie concernée et renvoie l'affaire à l'audience suivante prévue par le calendrier. Le calendrier peut être modifié en accord avec les parties dans les mêmes conditions que pour son établissement. Les parties pourront être dispensées de se déplacer à l'audience et les échanges interviendront alors par lettre recommandée avec demande d'avis de réception ou par notification entre avocats (C. pr. civ., art. 946, al. 2), éventuellement par communication électronique.

– Le juge peut également **fixer les diligences attendues** au fur et à mesure de la procédure et en

1. Décr. n° 2010-1165, 1er oct. 2010, relatif à la conciliation et à la procédure orale en matière civile, commerciale et sociale, *JO* 3 oct., p. 17986.

2. V. Circ. 24 janv. 2011, relative à la présentation du décret n° 2010-1165 du 1er octobre 2010 relatif à la conciliation, la procédure orale en matière civile, commerciale et sociale, NOR : JUSC1033666C, *BOMJL* 8 févr. 2011, n° 2011-2, art. 2.2.1.3 (v. s[s] n° 45.03).

cas d'inaccomplissement d'une diligence il peut trancher les difficultés en écartant des débats les conclusions qu'une partie aurait communiquées après la date impartie ou renvoyer l'affaire à une audience ultérieure aux fins de jugement ou d'accomplissement d'une diligence et assortir ce renvoi d'un dernier avis avant radiation.

- Enfin, il peut **fixer un calendrier** et prévoir que les échanges interviendront **en dehors de toute audience.** L'affaire est alors renvoyée à une date lointaine pour permettre les échanges prévus par le calendrier à des dates intermédiaires, arrêtées à l'avance. Il peut fixer une audience pour les débats ou fixer une audience intermédiaire pour faire le point sur l'avancement de l'affaire. Dans tous les cas, si le conseiller constate qu'une partie n'accomplit pas les diligences attendues, il peut appeler l'affaire à une audience, de façon anticipée, en vue de la juger ou de la radier (C. pr. civ., art. 446-2, al. 3).

Si une partie n'est pas comparante ou si l'une ou l'autre n'a pas accepté la proposition du juge chargé d'instruire l'affaire, ce dernier n'a pas, comme le conseiller chargé de la mise en état, le pouvoir de fixer au fur et à mesure des délais nécessaires à l'instruction de l'affaire compte tenu de sa nature, de l'urgence et de la complexité de celle-ci et plus généralement les pouvoirs accordés par l'article 764 du Code de procédure civile avec les sanctions qui les accompagnent. Il tient cependant des principes directeurs du procès, plus précisément de l'article 3 du Code de procédure civile, le **pouvoir d'impartir des délais** et d'ordonner des mesures nécessaires afin de veiller au bon déroulement de l'instance.

Le magistrat chargé d'instruire l'affaire peut **dispenser** une partie qui en fait la demande de se présenter à une audience, conformément aux dispositions de l'article 446-1 alinéa 2 du Code de procédure civile. La communication entre les parties se fait alors par lettre recommandée avec demande d'avis de réception ou par notification entre avocats et il en est justifié auprès de la cour dans les délais impartis (C. pr. civ., art. 946, al. 2).

222.32 Mise en état intellectuelle. Le Code de procédure civile confère au conseiller un certain nombre de **prérogatives** afin d'instruire l'affaire. Il peut ainsi entendre les parties (C. pr. civ., art. 440, al. 1er), il peut les inviter à fournir les explications nécessaires à la solution du litige, il peut les mettre en demeure de produire certaines pièces, il tranche les difficultés relatives à la communication des pièces (C. pr. civ., art. 942, al. 1er). Il peut ordonner, même d'office, toute mesure d'instruction, la production de documents détenus par une partie ou par un tiers s'il n'existe pas d'empêchement légitime et le cas échéant à peine d'astreinte. Il peut procéder aux **jonctions** et **disjonctions d'instance** (C. pr. civ., art. 942, al. 2). Enfin le décret du 1er décembre 2010 prévoit que le magistrat chargé d'instruire l'affaire a les **pouvoirs de mise en état** prévus à l'article 446-3 du Code de procédure civile. Ce texte précise que le juge peut inviter à tout moment les parties à fournir les explications de fait et de droit qu'il estime nécessaire à la solution du litige, les mettre en demeure de produire, dans le délai qu'il détermine, tous les documents ou justifications propres à l'éclairer, faute de quoi il peut passer outre et statuer en tirant toutes conséquences de l'abstention de la partie ou de son refus. Le dernier alinéa de l'article 446-3 prévoit que lorsque les échanges ont lieu en dehors d'une audience, en application de l'article 446-2, les parties sont avisées par tout moyen de la demande faite par le juge. Le juge peut ainsi instruire l'affaire même en dehors du cadre de la mise en état structurée de l'article 446-2.

§ 2
Pouvoir de régler certains incidents

222.41 Conciliation et extinction de l'instance. L'article 941 du Code de procédure civile confère au magistrat chargé d'instruire l'affaire le pouvoir de constater la conciliation même partielle des parties. Il a également le pouvoir de constater l'extinction de l'instance. C'est l'une des rares décisions du magistrat chargé d'instruire l'affaire qui pourra faire l'objet d'un recours immédiat.

§ 3
Pouvoir d'ordonner des mesures provisoires

222.51 Différentes mesures provisoires. Le magistrat chargé d'instruire l'affaire a le pouvoir d'accorder une **provision** au créancier lorsque l'existence de l'obligation n'est pas sérieusement contestable. Il peut également ordonner toute autre **mesure provisoire** (C. pr. civ., art. 944). L'article 945 alinéa 1er précise que **ces décisions**, qui sont par hypothèse provisoires, **n'ont pas au principal l'autorité de la chose jugée.** Cela signifie que la cour d'appel, lorsqu'elle statuera sur le fond, ne sera pas tenue par les ordonnances du magistrat chargé d'instruire l'affaire.

§ 4
Recours contre les ordonnances du conseiller chargé d'instruire l'affaire

222.61 Absence de recours immédiat. Classiquement l'article 945 alinéa 2 du Code de procéformulés par écrit. Les observations des parties sont notées au dossier ou consignées dans un procès-verbal.

Lorsqu'une disposition particulière le prévoit, les parties peuvent être autorisées à formuler leurs prétentions et leurs moyens par écrit sans se présenter à l'audience. Le jugement rendu dans ces conditions est contradictoire. Néanmoins, le juge a toujours la faculté d'ordonner que les parties se présentent devant lui.

C. pr. civ., art. 446-2

Lorsque les débats sont renvoyés à une audience ultérieure, le juge peut organiser les échanges entre les parties comparantes. Si les parties en sont d'accord, le juge peut ainsi fixer les délais et les conditions de communication de leurs prétentions, moyens et pièces.

Lorsque les parties formulent leurs prétentions et moyens par écrit, le juge peut, avec leur accord, prévoir qu'elles seront réputées avoir abandonné les prétentions et moyens non repris dans leurs dernières écritures communiquées.

À défaut pour les parties de respecter les modalités de communication fixées par le juge, celui-ci peut rappeler l'affaire à l'audience, en vue de la juger ou de la radier.

Le juge peut écarter des débats les prétentions, moyens et pièces communiqués sans motif légitime après la date fixée pour les échanges et dont la tardiveté porte atteinte aux droits de la défense.

C. pr. civ., art. 446-3

Le juge peut inviter, à tout moment, les parties à fournir les explications de fait et de droit qu'il estime nécessaires à la solution du litige et les mettre en demeure de produire dans le délai qu'il détermine tous les documents ou justifications propres à l'éclairer, faute de quoi il peut passer outre et statuer en tirant toute conséquence de l'abstention de la partie ou de son refus.

Lorsque les échanges ont lieu en dehors d'une audience en application de l'article 446-2, les parties sont avisées par tout moyen de la demande faite par le juge.

> Exceptions de procédure

C. pr. civ., art. 74

Les exceptions doivent, à peine d'irrecevabilité, être soulevées simultanément et avant toute défense au fond ou fin de non-recevoir. Il en est ainsi alors même que les règles invoquées au soutien de l'exception seraient d'ordre public.

La demande de communication de pièces ne constitue pas une cause d'irrecevabilité des exceptions.

Les dispositions de l'alinéa premier ne font pas non plus obstacle à l'application des articles 103, 111, 112 et 118.

> Désistement d'appel

C. pr. civ., art. 401

Le désistement de l'appel n'a besoin d'être accepté que s'il contient des réserves ou si la partie à l'égard de laquelle il est fait a préalablement formé un appel incident ou une demande incidente.

> Péremption d'instance

C. pr. civ., art. 386

L'instance est périmée lorsque aucune des parties n'accomplit de diligences pendant deux ans.

> Suppression de la spécificité de la péremption d'instance d'appel en matière prud'homale

C. trav., art. R. 1452-8 *(abrog. par Décr. nº 2016-660, 20 mai 2016, art. 8)*

> Péremption d'instance devant une juridiction de la sécurité sociale

CSS, art. R. 142-22, dern. al.

[...] L'instance est périmée lorsque les parties s'abstiennent d'accomplir, pendant le délai de deux ans mentionné à l'article 386 du Code de procédure civile, les diligences qui ont été expressément mises à leur charge par la juridiction.

> Juge rapporteur ou formation collégiale

C. pr. civ., art. 945-1

Le magistrat chargé d'instruire l'affaire peut, si les parties ne s'y opposent pas, tenir seul l'audience pour entendre les plaidoiries. Il en rend compte à la cour dans son délibéré.

> Notification de l'arrêt d'appel par le greffe : dispense de recours à huissier

• en matière prud'homale

C. trav., art. R. 1454-26 *(mod. par Décr. nº 2016-660, 20 mai 2016, art. 8)*

Les décisions du conseil de prud'hommes sont notifiées aux parties par le greffe de ce conseil au lieu de leur domicile. La notification est faite par lettre recommandée avec avis de réception sans préjudice du droit des parties de les faire signifier par acte d'huissier de justice.

Les parties sont informées des mesures d'administration judiciaire par tous moyens.

• en matière de sécurité sociale

[CSS, art. R. 142-27 et R. 142-29, dern. al.]

CSS, art. R. 142-27

Le secrétaire du tribunal notifie par lettre recommandée, avec demande d'avis de réception, dans la quinzaine, les décisions à chacune des parties convoquées à l'audience.

CSS, art. R. 142-29, dern. al.

[...] Le greffier accomplit, en ce qui concerne l'arrêt de la cour, les formalités prévues à l'article R. 142-27 pour les décisions du tribunal des affaires de sécurité sociale.

223.02 Jurisprudence de référence.

> Justiciable ayant été privé de la possibilité de faire valoir ses moyens d'appel, en matière d'assistance éducative, du fait de son absence à l'audience et en dépit de la présence de son avocat, entendu en ses observations

• Civ. 1re, 26 sept. 2007, nº 06-16.445, *Bull. civ.* I, nº 349

* V. ss nº 223.11

« Le droit à un procès équitable exige que soit donné à chacun l'accès au juge chargé de statuer sur une demande; en matière d'assistance éducative, les parties se défendent elles-mêmes et ont la possibilité de se faire assister; méconnaît les exigences de l'article 6 § 1 de la Convention européenne des droits de l'homme, ensemble les articles 931, 1186, 1189 et 1192 du [nouveau] Code de procédure civile, la cour d'appel qui considère comme non soutenu l'appel, formé en matière d'assistance éducative, par une mère régulièrement convoquée mais absente lors de l'audience, bien que son avocat, présent à l'audience, ait été entendu en ses observations;

qu'ainsi, la mère a été privée de la possibilité de faire valoir ses moyens d'appel. »

> Conclusions écrites déposées par une partie réitérées verbalement à l'audience – Arrêt ordonnant la réouverture des débats – Effet

• **Civ. 2e, 9 avr. 2009, no 07-44.389,** *Bull. civ.* II, no 97

* V. ss no 223.11

« En matière de procédure orale, la cour d'appel demeure saisie des écritures dont elle constate, par arrêt avant dire droit ordonnant la réouverture des débats, qu'elles ont été déposées par une partie et reprises oralement à l'audience des débats, lors même que cette partie n'aurait pas comparu ni ne se serait fait représenter à l'audience de réouverture des débats. »

> Procédure sans représentation obligatoire – Conclusions – Dernières conclusions – Contenu

• **Civ. 2e, 30 avr. 2002, no 00-15.917,** *Bull. civ.* II, no 82

* V. ss no 223.11

« Les dispositions de l'article 954, alinéa 2, du [nouveau] Code de procédure civile ne s'appliquent pas lorsque la procédure est orale. »

> Irrecevabilité soulevée d'office d'après la seule chronologie des conclusions du défendeur – Possibilité (non)

• **Civ. 2e, 20 avr. 2003, no 02-11.272,** *Bull. civ.* II, no 349

* V. ss nos 223.12 et 223.31

« Aux termes de l'article 16 du Code de procédure civile, le juge doit, en toutes circonstances, faire observer et observer lui-même le principe de la contradiction. Les dispositions de l'article 871 du Code de procédure civile sont applicables aux exceptions de procédure, sauf à ce que, s'il est nécessaire pour faire respecter le principe de la contradiction, le tribunal renvoie l'affaire à une prochaine audience. Viole, en conséquence, les dispositions des articles susvisés, le tribunal qui, dans une procédure orale, relève d'office l'irrecevabilité de l'exception d'incompétence, en se déterminant d'après la seule chronologie des conclusions du défendeur contenant ses différents moyens de défense, et en omettant, avant de statuer, d'inviter les parties à présenter leurs observations. »

> Procédure orale – Prétentions des parties – Présomption de débat contradictoire

• **Civ. 2e, 6 mai 2004, no 02-15.925,** *Bull. civ.* II, no 209

* V. ss no 223.12

« En matière de contredit, la procédure est orale. Les prétentions des parties peuvent être formulées au cours de l'audience et sont présumées avoir été débattues contradictoirement. »

> Conclusions écrites – Conclusions produites par une partie non comparante ni représentée – Effet

• **Soc. 19 oct. 1988, no 86-13.509,** *Bull. civ.* V, no 522

* V. ss no 223.21

« Selon les articles 931 et 946 du [nouveau] Code de procédure civile le dépôt de conclusions écrites ne peut suppléer au défaut de comparution de l'appelant. »

> Procédure orale – Demande – Moyens – Défaut – Effet

• **Civ. 2e, 17 oct. 2013, no 12-26.046,** *Bull. civ.* II, no 204

* V. ss no 223.21

« Une juridiction de proximité, requise de rendre un jugement sur le fond par le défendeur, n'est saisie d'aucun moyen par le demandeur dont elle ne peut que rejeter les demandes dès lors que celui-ci, bien que régulièrement convoqué, n'était pas représenté, ni présent à l'audience, alors qu'il n'en était pas dispensé. »

> Exception de procédure – Exception soulevée oralement, postérieurement à des prétentions au fond formulées par écrit – Recevabilité

• **Civ. 3e, 6 avr. 2005, no 04-10.488,** *Bull. civ.* III, no 86

* V. ss no 223.31

« La procédure devant le tribunal paritaire des baux ruraux étant orale, est recevable, nonobstant le dépôt antérieur de conclusions sur le fond, une exception de procédure soulevée à l'audience avant toute défense au fond. »

> Demande incidente – Formulation par un écrit déposé au greffe – Moment – Portée

• **Cass., ch. mixte, 13 mars 2009, no 07-17.670,** *Bull. ch. mixte*, no 1

* V. ss no 223.43

« Lorsque dans une procédure orale une demande incidente a été formulée par un écrit déposé au greffe antérieurement au désistement d'appel, l'égalité des armes et l'exigence d'un procès équitable imposent qu'il soit statué sur la demande incidente soutenue à l'audience. »

> Péremption – Délai – Point de départ – Diligences fixées par la juridiction

• **Soc. 11 juin 2002, no 00-42.654,** *Bull. civ.* V, no 202

* V. ss nos 223.21 et 223.52

« Si, en matière de procédure orale, les conclusions écrites d'une partie ne saisissent valablement le juge que si elles sont réitérées verbalement à l'audience, leur dépôt constitue une diligence, au sens de l'article R. 516-3 du Code du travail, dès lors qu'il a été ordonné par la juridiction pour mettre l'affaire en état d'être jugée. »

> Débats devant le juge de la mise en état ou le juge-rapporteur – Accord des parties ou de leurs représentants – Mentions suffisantes

• **Soc. 6 juill. 1993, no 90-40.318,** *Bull. civ.* V, no 193

* V. ss no 223.61

« L'arrêt mentionnant que les débats ont eu lieu, sans opposition des parties, devant le magistrat rapporteur tenant seul l'audience et qui en a rendu compte au délibéré collégial, il résulte de ces énonciations, qui font foi jusqu'à inscription de faux, que les dispositions de l'article 945-1 du Code de procédure civile ont été respectées. »

> Décision – Notification – Arrêt – Obligation du greffier (non)

• **Civ. 3e, 27 févr. 2002, no 00-21.311,** *Bull. civ.* III, no 51

* V. ss no 223.81

« Aucun texte ne dispose que les arrêts rendus en matière de baux ruraux sont notifiés par le secrétariat de la juridiction par lettre recommandée avec demande d'avis de réception.

Par suite, est recevable le pourvoi en cassation formé dans les deux mois de la signification de l'arrêt par acte extra-judiciaire. »

223.03 Bibliographie indicative.

Actualisables. *J.-Cl. Pr. civ.*, fasc. 722 [Appel. Procédure en matière contentieuse, Procédure sans représentation obligatoire], par N. Gerbay – Rép. pr. civ., v° *Procédure devant la cour d'appel*, par B. Travier et F. Watremet, sept. 2013 [actu. janv. 2016, par R. Laffly], n°s 259 à 268.

Ouvrages. C. Brenner et N. Fricero, *La nouvelle procédure d'appel*, 2e éd., Lamy, 2011, p. 181 – J.-L. Gallet, *La procédure devant la cour d'appel*, 3e éd., Litec, 2014, p. 224 – P. et N. Gerbay, *Guide du procès civil en appel*, LexisNexis, 2015, n°s 955 s. – S. Guinchard (dir.), Dalloz action *Droit et pratique de la procédure civile*, 2014/2015, par J. Pellerin, n°s 544.216.

Articles. P. Estoup, « La procédure devant les chambres sociales des cours d'appel », *D.* 1985. Chron. 115 – J. Lachaud, « Le respect des droits de la défense dans la procédure sans représentation devant la cour en matière de baux ruraux », *Gaz. Pal.* 1987. 2. Doctr. 574 – O. Salati, « Cinq ans d'oralité dans la jurisprudence de la Cour de cassation », *Dr. et proc.* 2006. 14 – B. Travier, « Le principe de sécurité juridique et les procédures orales », *Procédures* 2006. Étude 6 – B. Travier et R. Cros, « Les procédures orales à l'aune de la Convention européenne de sauvegarde des droits de l'homme : mort ou résurrection ? », *Procédures* 2007. Étude 5 – J. Viatte, « Le conseiller de la mise en état et celui chargé d'instruire l'affaire dispensée du ministère d'avoué », *Gaz. Pal.* 1976. 2. Doctr. 507 – Ph. Waquet, « Procédure orale ou procédure écrite en matière prud'homale », *Mél. Buffet*, *LPA*, 2004, p. 457.

223.04 Questions essentielles.

> Quand soulever une exception de procédure dans la procédure orale ?

* V. s^{s} n° 223.31

> Quand le désistement d'instance prend-il effet ?

* V. s^{s} n°s 223.41 s.

> Comment interrompre le délai de péremption ?

* V. s^{s} n° 223.52

SECTION 1 DÉBATS

§ 1 Principe d'oralité

223.10 Généralités. Le principe d'oralité est énoncé à l'article 946 alinéa 1er du Code de procédure civile qui prévoit : « *La procédure est orale* ». Les parties doivent en conséquence exposer verbalement leurs prétentions à l'audience. L'alinéa 2 de l'article 946 et l'alinéa 4 de l'article 727 du Code de procédure civile précise que : « *Les prétentions des parties ou la référence qu'elles font aux prétentions qu'elles auraient formulées par écrit sont notées au dossier ou consignées dans un procès-verbal* ». Il faut exposer ce principe (A) avant d'examiner la place laissée aux écrits dans la procédure orale (B).

A. Exposé du principe

223.11 Comparution des parties. Il découle du principe d'oralité que les parties doivent exposer leurs moyens et leurs prétentions **verbalement à l'audience**. C'est une condition nécessaire de la **recevabilité des écrits**. À défaut de comparution d'une partie, les conclusions déposées et notifiées seront écartées des débats ainsi que les pièces qui les accompagnent.

Toutefois le **principe de l'oralité de la procédure prud'homale** est respecté lorsqu'une partie a comparu à l'audience en se faisant représenter par son avocat qui n'est pas tenu de développer ses conclusions déposées à la barre [1]. En matière d'**assistance éducative** la Cour de cassation a censuré un arrêt d'une cour qui avait considéré comme non soutenu l'appel formé par une mère régulièrement convoquée mais absente lors de l'audience, qui s'était cependant fait représenter par son avocat, au motif que les juges d'appel avaient méconnu les exigences de l'article 6 § 1 de la Convention européenne des droits de l'homme ainsi que les articles 931, 1186, 1189 et 1192 du Code de procédure civile [2].

En cas de **renvoi à une audience ultérieure**, la Cour de cassation a atténué les conséquences du principe d'oralité. Elle a jugé que lorsqu'une cour d'appel avait ordonné la réouverture des débats, dans un arrêt avant dire droit, elle demeurait saisie des prétentions formulées régulièrement à l'audience qui précédait l'arrêt, même si la partie n'avait pas comparu et ne s'était pas fait représenter à l'audience de renvoi [3].

Si les parties sont tenues de **comparaître en personne devant la cour d'appel** dans les procédures sans représentation obligatoire, elles ont la **faculté de se faire assister ou représenter**. La Cour de cassation a admis que la désignation d'un avocat comme représentant crée une présomption de motif légitime de non-comparution du mandataire social [4]. Cependant la comparution d'une partie

1. Soc. 17 juill. 1978, n° 96-44.672, *Bull. civ.* V, n° 281.
2. Civ. 1re, 26 sept. 2007, n° 06-16.445, *Bull. civ.* I, n° 302; *D.* 2008. 266, note Huyette; *Just. et cass.* 2008. 349, rapp. Vassallo; *Just. et cass.* 354, avis Legoux; *AJ fam.* 2007. 485; *RTD civ.* 2008. 98, obs. Hauser.
3. Civ. 2e, 9 avr. 2009, n° 07-44.389, *Bull. civ.* II, n° 97; *D.* 2009. 1211.
4. Soc. 26 juin 1986, n° 84-41.719, *Bull. civ.* V, n° 432; *JCP* 1986. IV. 261 – Soc. 22 janv. 1998, n° 95-42.719, NP; *RTD civ.* 1998. 474, obs. Perrot.

devant une juridiction où la représentation n'est pas obligatoire étant exclusive de la mission de représentation par son avocat, qui n'est investi que de celle de l'assister, celui-ci ne peut être présumé avoir reçu un pouvoir spécial d'acquiescer au jugement[1]. Le principe de l'oralité de la procédure permet aux parties de soumettre leurs prétentions à la cour pendant l'audience[2] et jusqu'à la clôture des débats[3]. Aussi ne peut être déclarée irrecevable une demande reconventionnelle en paiement formulée à l'audience parce qu'elle n'aurait pas été communiquée à l'autre partie alors que le juge, pour faire respecter le principe du contradictoire, peut renvoyer l'affaire à une prochaine audience[4]. La procédure étant orale les dispositions de l'article 954 alinéa 2 du Code de procédure civile ne s'appliquent pas[5] ni les dispositions de l'article 455 du même code qui prévoient que l'exposé des prétentions des parties peut revêtir la forme d'un visa des conclusions des parties avec indication de leur date[6].

223.12 Respect du principe de la contradiction. Si le principe d'oralité de la procédure autorise les parties à soumettre leurs prétentions à la cour jusqu'à la clôture des débats, encore faut-il respecter le principe de la contradiction. Si une partie n'a pas été avertie des prétentions de son adversaire avant l'audience ou des pièces produites à l'appui de son argumentation, il y a un risque de violation du principe de la contradiction. La situation pouvait être encore plus grave en matière prud'homale avant l'entrée en vigueur de l'article 8 du décret du 20 mai 2016, qui supprime le principe de l'unicité de l'instance[7]. En effet, si en principe les règles relatives à la prohibition des demandes nouvelles en appel sont applicables à la procédure sans représentation obligatoire, par exception l'article R. 1452-7 alinéa 1er du Code du travail prévoyait qu'en matière prud'homale : « *les demandes nouvelles dérivant du même contrat de travail sont recevables même en appel* [...] ». Ce texte, qui a été abrogé par le décret du 20 mai 2016, découlait du **principe de l'unicité de l'instance.** Le principe d'oralité rendait ces demandes nouvelles recevables même si elles avaient été formulées pour la première fois lors de l'audience de plaidoirie devant la cour d'appel. Cependant il appartient au juge de faire respecter le principe de la contradiction (C. pr. civ., art. 16), aussi doit-il, si l'audience ne permet pas d'assurer le principe de la contradiction, ordonner le renvoi de l'affaire à une **nouvelle audience**[8]. Le juge peut également écarter des débats une **pièce** qui n'a pas été communiquée en temps utile, conformément aux dispositions de l'article 135 du Code de procédure civile, en motivant sa décision par le respect du contradictoire. Il peut demander à l'une des parties de fournir les **explications** qu'il estime nécessaires à la solution du litige conformément aux articles 8 et 13 du Code de procédure civile notamment lorsqu'une partie comparaît mais se contente de déposer des conclusions écrites sans plaider ou faire des observations orales. La jurisprudence considère que les prétentions des parties sont présumées avoir été débattues contradictoirement ainsi que les moyens que les juges ont retenus, sauf preuve contraire[9], même si les moyens ont été relevés d'office[10]. Enfin, les pièces dont la production n'a donné lieu à aucune contestation sont réputées, sauf preuve contraire, avoir été régulièrement soumises à la discussion contradictoire des parties. Les articles 446-2 et 446-3 instaurent un cadre permettant d'organiser pour les affaires qui le justifient, avec l'accord des parties, une **mise en état structurée par échanges d'écritures** (v. ss nos 222.31 et 222.32).

B.
Place des écrits

223.21 Conclusions écrites. Le principe de l'oralité n'interdit pas le dépôt de conclusions écrites[11]. Toutefois le dépôt par une partie de conclusions écrites notifiées à la partie adverse ne supplée pas à

1. Soc. 30 oct. 2000, no 98-41.670, NP; *RTD civ.* 2001. 210, obs. Perrot.
2. Soc. 17 mars 1998, no 95-41.006, *Bull. civ.* V, no 152; *Procédures* 1998, no 112, obs. Perrot.
3. Soc. 10 juin 1997, no 95-44.809, NP; *Procédures* 1997, no 200, obs. Perrot.
4. Civ. 2e, 27 janv. 1993, no 91-15.950, *Bull. civ.* II, no 41 – Soc. 17 mars 1998, no 95-41.006, P (préc. ss prést no) – Soc. 27 mai 1998, no 96-41.386, NP; *Procédures* 1998, no 259, obs. Perrot – Civ. 3e, 30 janv. 2002, nos 00-13.486 et 00-14.725, *Bull. civ.* III, no 16.
5. Civ. 2e, 30 avr. 2002, no 00-15.917, *Bull. civ.* II, no 82; *D.* 2002. 1866, concl. av. gén. Kessous; *D.* 2002. 2643, obs. Fricero; 1866, *JCP* 2002. 10129, note Croze; *RTD civ.* 2002. 560, obs. Perrot.
6. Civ. 2e, 8 juill. 2004, no 03-17.039, *Bull. civ.* II, no 381.
7. Décr. no 2016-660, relatif à la justice prud'homale et au traitement judiciaire du contentieux du travail, *JO* 25 mai, texte no 30 (l'art. 8 s'applique aux instances introduites devant les conseils de prud'hommes à compter du 1er août 2016).
8. Soc. 12 déc. 2000, no 98-44.326, NP – Civ. 2e, 20 nov. 2003, no 02-11.272, *Bull. civ.* II, no 349 – Soc. 18 févr. 2003, no 01-40.470, *Bull. civ.* V, no 57.
9. Soc. 30 sept. 2009, no 08-42.022, NP – Civ. 2e, 6 mai 2004, no 02-15.925, *Bull. civ.* II, no 209; *D.* 2004. 1562 – Soc. 27 nov. 2001, no 99-43.421, NP – Civ. 2e, 23 nov. 2006, no 05-10.686, NP – Civ. 2e, 5 mars 2009, no 07-12.968, NP – Soc. 23 sept. 2009, no 08-42.754, NP – Civ. 2e, 30 sept. 2009, no 08-16.559, NP.
10. Civ. 2e, 10 juill. 2008, no 07-13.027, *Bull. civ.* II, no 180; *D.* 2008. 2230.
11. C. Gentili, « L'écrit des parties dans la procédure orale », *Procédures* 2007. Étude 24.

son défaut de comparution[1]. Il a été jugé dans une procédure de contestation d'honoraires d'avocat que les conclusions écrites déposées ne saisissent le premier président que pour autant que leur auteur est personnellement présent ou régulièrement représenté à l'audience[2]. Ainsi, la partie qui a déposé les conclusions écrites peut soit réitérer ses conclusions à l'audience, soit les développer oralement[3]. Lorsqu'il existe une contradiction entre les écritures d'une partie et ses prétentions orales, consignées par le greffier, ce sont les conclusions orales, constatées par la cour, qui sont prises en considération et elles font foi jusqu'à inscription de faux[4].

223.22 Une importance accrue des écrits. La jurisprudence donne aux conclusions écrites de plus en plus d'importance. Alors qu'en principe en matière de procédure orale les écrits auxquels se réfère une partie avaient pour date celle de l'audience à laquelle la partie avait comparu[5], il avait été jugé par la Cour de cassation qu'ils ont un effet interruptif de prescription à la date de leur dépôt au greffe, dès lors que le concluant a comparu ou a été représenté à l'audience[6].

Désormais le nouvel article 446-3 du Code de procédure civile, créé par le décret du 1er octobre 2010 précise que la **date des prétentions et des moyens** d'une partie régulièrement présentés par écrit est celle de leur **communication.** L'absence dans le Code de procédure civile de définition et de régime de la procédure orale était critiquée par la doctrine. Le décret du 1er octobre 2010[7], entré en vigueur le 1er décembre 2010 et applicable devant les juridictions civiles qui connaissent une procédure orale, remédie à cette situation. Il ménage une place aux écritures des parties et assouplit les conditions de comparution devant ces juridictions. Il reprend la solution dégagée par la jurisprudence et précise à l'article 446-1 du Code de procédure civile que les parties présentent oralement à l'audience leurs prétentions et leurs moyens et qu'elles peuvent se référer aux prétentions et aux moyens qu'elles ont formulés par écrit. Cependant le second alinéa de cet article ajoute que « *lorsqu'une disposition particulière le prévoit, les parties peuvent être autorisées à formuler leurs prétentions et leurs moyens par écrit sans se présenter à l'audience. Le jugement rendu dans ces conditions est contradictoire. Néanmoins, le juge a toujours la faculté d'ordonner que les parties se présentent devant lui* ».

La disposition particulière qui permet à la cour ou au conseiller chargé d'instruire l'affaire, dans le cadre de la procédure d'appel, de dispenser une partie qui en fait la demande de se présenter à l'audience est l'article 946 du Code de procédure civile. Il dispose que dans ce cas la communication entre les parties est faite par lettre recommandée avec demande d'avis de réception ou par notification entre avocats et il en est justifié auprès de la cour dans les délais qu'elle impartit. Les articles 446-1 et 446-2 du Code de procédure civile permettent d'organiser, avec l'accord des parties une mise en état structurée par échanges d'écritures (v. ss nos 222.31 et 222.32).

§ 2
Conséquences du principe d'oralité

A.
Exceptions de procédure

223.31 Ordre de présentation des moyens de défense. L'article 74 du Code de procédure civile prévoit que les exceptions doivent, à peine d'irrecevabilité, être soulevées simultanément et avant toute défense au fond ou fin de non-recevoir. Il en est ainsi même lorsque les règles invoquées au soutien de l'exception sont d'ordre public. Dans les procédures orales les exceptions de procédure doivent être soulevées oralement *in limine litis* avant toute référence au moyen de fond développé dans les conclusions écrites[8]. Le fait que dans les écritures les exceptions aient été présentées après les défenses au fond n'a pas d'importance, l'essentiel est qu'elles soient **soulevées oralement avant toute défense au fond et toute fin de non-recevoir**[9]. En revanche, malgré le principe de l'oralité des débats, l'exception de procédure est irrecevable si, avant de soulever une exception d'incompétence, une partie

1. Soc. 19 oct. 1988, no 86-13.509, *Bull. civ.* V, no 522 – Soc. 14 mars 2007, no 05-45.414, *Bull. civ.* V, no 50; *D.* 2007. 1018, obs. Moulinier – Soc. 25 sept. 2013, no 12-17.968, NP – Civ. 2e, 17 oct. 2013, no 12-26.046, *Bull. civ.* II, no 204; *Procédures* 2013. Comm. Perrot.
2. Civ. 2e, 16 déc. 2004, no 03-15.614, *Bull. civ.* II, no 528; *D.* 2005. 241.
3. Soc. 11 juin 2002, no 00-42.654, *Bull. civ.* V, no 202; *D.* 2002. 2517; *Dr. soc.* 2002. 1039, obs. Duquesne.
4. Soc. 10 juin 1997, no 95-44.809, NP; *RGDP* 1998. 111, obs. Desdevises.
5. Civ. 2e, 8 juill. 2004, no 03-17.039, *Bull. civ.* II, no 381 – Com. 18 sept. 2007, no 06-16.070, *Bull. civ.* IV, no 203; *D.* 2007. 2476; *RTD civ.* 2007. 775, obs. Fages, et 810, obs. Perrot.
6. Civ. 2e, 26 nov. 1998, no 96-12.262, *Bull. civ.* II, no 283; *RTD civ.* 1999. 201, obs. Perrot; *D.* 1999. IR 28.
7. Décr. no 2010-1165, 1er oct. 2010, relatif à la conciliation et à la procédure orale en matière civile, commerciale et sociale, *JO* 3 oct., p. 17986.
8. Civ. 2e, 16 oct. 2003, no 01-13.036, *Bull. civ.* II, no 311; *D.* 2004. 454, et obs., note Mary; *RTD civ.* 2004. 138, obs. Perrot.
9. Civ. 2e, 20 nov. 2003, no 02-11.272, P (préc. ss no 223.12) – Civ. 3e, 6 avr. 2005, no 04-10.488, *Bull. civ.* III, no 86; *AJDI* 2005. 666.

a assigné une société en intervention forcée[1]. En effet **l'assignation en intervention forcée d'un tiers**, appelé en garantie, qui est considérée en jurisprudence comme une défense au fond, rend irrecevable l'invocation ultérieure d'une exception de procédure[2].

B. Désistement d'appel

223.41 Article 401 du Code de procédure civile. Selon ce texte, le désistement d'appel n'a besoin d'être accepté que s'il contient des réserves ou si la partie à l'égard de laquelle il est fait a préalablement formé un appel incident ou une demande incidente. Il convient en conséquence de distinguer deux situations selon qu'il a été formé ou pas une demande incidente ou un appel incident.

223.42 1°) Désistement en l'absence d'appel incident ou de demande incidente. En l'absence de réserve, d'appel incident ou de demande incidente, il résulte de l'article 401 du Code de procédure civile que le désistement n'a pas besoin d'être accepté. Un **désistement effectué oralement** lors de l'audience de plaidoirie est **valable.** Un désistement peut-il résulter d'un **écrit** ?

En **matière prud'homale** il a été jugé, avant le décret du 20 mai 2016, que le désistement formé dans une lettre adressée à la juridiction et parvenue au greffe est valable même s'il n'a pas été notifié à la partie adverse; il produit immédiatement son effet extinctif[3]. **L'effet extinctif du désistement sans réserve** peut également résulter des conclusions déposées par l'appelant au greffe[4]. Dans cette hypothèse c'est la date de dépôt de l'écrit au greffe qui est essentiel[5]. Toutefois le désistement de l'employeur qui a saisi la juridiction prud'homale, après avoir licencié un salarié, ne pouvait faire obstacle au droit du salarié de contester en justice son licenciement nonobstant la règle de l'unicité de l'instance[6]. L'acceptation par l'intimé d'un désistement d'appel n'emporte pas, sauf déclaration expresse en ce sens, renonciation aux prétentions non tranchées par le jugement[7].

223.43 2°) Désistement en présence d'un appel incident ou d'une demande incidente. Il résulte des termes de l'article 401 du Code de procédure civile que le désistement a besoin d'être accepté s'il contient des réserves ou si la partie à l'égard de laquelle il a été fait a préalablement formé un appel incident ou une demande incidente. Afin de déterminer si l'appel incident ou la demande incidente est préalable au désistement, il convient de vérifier la date de celui-ci. Généralisant à toutes les procédures orales la solution dégagée par la chambre sociale[8], la chambre mixte de la Cour de cassation a jugé que « *lorsque dans une procédure orale une demande incidente a été formulée par un écrit déposé au greffe antérieurement au désistement d'appel, l'égalité des armes, l'exigence d'un procès équitable, imposent qu'il soit statué sur la demande incidente soutenue à l'audience* »[9]. On peut déduire de cet arrêt que d'une manière générale lorsque les parties donnent une forme écrite à leurs prétentions et si elles se sont présentées ou si elles se sont fait représenter à l'audience, les conclusions signifiées et déposées prennent effet à leur date. Il est cependant nécessaire pour que l'appel incident ou la demande incidente produisent effet qu'ils soient soutenus à l'audience[10].

C. Péremption d'instance

223.51 Textes applicables. La Cour de cassation avait jugé que la péremption d'instance d'appel en **matière prud'homale** était soumise aux dispositions de l'article R. 1452-8 du Code du travail et non à celles de l'article 386 du Code de procédure civile aux motifs que « *selon l'article R. 516-0 du Code de travail* [devenu l'article R. 1451-1], *la procédure*

1. Com. 6 juin 2000, n° 97-22.330, *Bull. civ.* IV, n° 120; *Procédures* 2000, n° 181, obs. Perrot.
2. Civ. 2e, 6 mai 1999, n° 96-22.143, *Bull. civ.* II, n° 82; *RTD civ.* 1999. 700, obs. Perrot – Com. 6 juin 2000, n° 97-22.330, P (préc. ss prést n°) – Civ. 2e, 12 juin 2003, n° 01-11.824, *Bull. civ.* II, n° 190; *D.* 2003. 1806, et obs. – Civ. 2e, 6 avr. 2006, n° 04-13.172, *Bull. civ.* II, n° 108; *D.* 2006. 1188; *Procédures* 2006, n° 10, obs. Perrot.
3. Soc. 17 mai 2005, n° 03-43.195, *Bull. civ.* V, n° 168; *RTD civ.* 2005. 634, obs. Perrot.
4. Soc. 29 avr. 2003, n° 01-41.631, *Bull. civ.* V, n° 146; *Procédures* 2003. Comm. 162, obs. Perrot; *D.* 2003. 1548.
5. Soc. 27 nov. 2001, n° 99-45.940, *Bull. civ.* V, n° 365 – Soc. 29 avr. 2003, n° 01-41.631, *Bull. civ.* V, n° 146; *D.* 2003. 1548 – Soc. 23 févr. 2005, n° 02-47.062, NP – Soc. 17 mai 2005, n° 03-43.195, *Bull. civ.* V, n° 168; *RTD civ.* 2005. 634, obs. Perrot – Civ. 2e, 10 janv. 2008, n° 06-21.938, *Bull. civ.* II, n° 7; *D.* 2008. 362; *D.* 2008. 2373, chron. Sommer et Nicoletis – Civ. 2e, 12 oct. 2006, n° 05-19.096, *Bull. civ.* II, n° 266; *D.* 2006. 2808; *D.* 2007. 896, chron. Vigneau; *AJDI* 2006. 935.
6. Soc. 7 juin 2006, n° 04-43.774, *Bull. civ.* V, n° 211; *D.* 2006. 2212; *D.* 2007. 1380, obs. Julien.
7. Soc. 29 mai 2013, nos 12-14.052, 12-14.063 et 12-14.065, *Bull. civ.* V, n° 133.
8. Soc. 14 mars 2007, n° 05-42.379, *Bull. civ.* V, n° 49; *Procédures* 2007. Comm. 131, obs. Perrot; *D.* 2007. AJ 1007, obs. Guiomard; *Dr. et proc.* 2007. 214, obs. Fricero; *Just. et cass.* 2008. 415, rapp. Perony; *RDT* 2007. 335, obs. Boulmier; *RTD civ.* 2007. 642, obs. Perrot.
9. Cass., ch. mixte, 13 mars 2009, n° 07-17.670, *Bull. ch. mixte*, n° 1; *JCP* 2009. II. 10085, comm. Travier et Cros; *D.* 2009. 880, et obs.; *D.* 2009. 2704, obs. Blanchard; *D.* 2010. 169, obs. Fricero; *RTD civ.* 2009. 369, obs. Perrot; *Procédures* 2009. Comm. 137, obs. Perrot.
10. Soc. 6 oct. 1998, n° 97-42.853, NP.

TITRE

23. Les procédures spéciales

SECTION 0

ORIENTEUR

23.00 **Plan du titre.**

23.01 **Division.** À côté des règles qui régissent les procédures contentieuses ordinaires, le Code de procédure civile organise des procédures spéciales afin de réagir à des situations diverses : régler rapidement un litige pour sauvegarder les droits d'une partie menacés de péril (procédure à jour fixe), parce que les parties ont convenu de faire trancher rapidement leurs points de désaccord par la cour d'appel (procédure sur requête conjointe), pour résoudre le problème de la compétence (contredit) ou tenir compte de la spécificité de la procédure (renvoi après cassation, procédure gracieuse, recours spécifiques au droit local d'Alsace-Moselle, appel en matière prud'homale). Seront traités successivement la procédure à jour fixe (chap. 231), la procédure sur requête conjointe (chap. 232), la procédure de renvoi après cassation (chap. 233), le contredit (chap. 234), la procédure gracieuse (chap. 235), le pourvoi de droit local (chap. 236), la procédure d'appel en matière prud'homale (chap. 237).

CHAPITRE

231. Procédure à jour fixe

SECTION 0

ORIENTEUR

231.00 **Plan du chapitre.**

231.01 **Textes applicables.**

TEXTES CITÉS

> Procédure à jour fixe

C. pr. civ., art. 917 à 925

TEXTES CITÉS REPRODUITS *IN EXTENSO*

> Procédure à jour fixe

C. pr. civ., art. 917

Si les droits d'une partie sont en péril, le premier président peut, sur requête, fixer le jour auquel l'affaire sera appelée par priorité. Il désigne la chambre à laquelle l'affaire est distribuée.

Les dispositions de l'alinéa qui précède peuvent également être mises en œuvre par le premier président de la cour d'appel ou par le conseiller de la mise en état à l'occasion de l'exercice des pouvoirs qui leur sont conférés en matière de référé ou d'exécution provisoire.

C. pr. civ., art. 918

La requête doit exposer la nature du péril, contenir les conclusions sur le fond et viser les pièces justificatives. Une expédition de la décision ou une copie certifiée conforme par l'avocat doit y être jointe.

Copie de la requête et des pièces doit être remise au premier président pour être versée au dossier de la cour.

C. pr. civ., art. 919

La déclaration d'appel vise l'ordonnance du premier président.

Les exemplaires destinés aux intimés sont restitués à l'appelant.

La requête peut aussi être présentée au premier président au plus tard dans les huit jours de la déclaration d'appel.

C. pr. civ., art. 920

L'appelant assigne la partie adverse pour le jour fixé.

Copies de la requête, de l'ordonnance du premier président, et un exemplaire de la déclaration d'appel visé par le secrétaire ou une copie de la déclaration d'appel dans le cas mentionné au troisième alinéa de l'article 919, sont joints à l'assignation.

L'assignation informe l'intimé que, faute de constituer avocat avant la date de l'audience, il sera réputé s'en tenir à ses moyens de première instance.

L'assignation indique à l'intimé qu'il peut prendre connaissance au greffe de la copie des pièces visées dans la requête et lui fait sommation de communiquer avant la date de l'audience les nouvelles pièces dont il entend faire état.

C. pr. civ., art. 921

L'intimé est tenu de constituer avocat avant la date de l'audience, faute de quoi il sera réputé s'en tenir à ses moyens de première instance.

C. pr. civ., art. 922

La cour est saisie par la remise d'une copie de l'assignation au greffe.

Cette remise doit être faite avant la date fixée pour l'audience, faute de quoi la déclaration sera caduque.

La caducité est constatée d'office par ordonnance du président de la chambre à laquelle l'affaire est distribuée.

C. pr. civ., art. 923

Le jour de l'audience, le président s'assure qu'il s'est écoulé un temps suffisant depuis l'assignation pour que la partie assignée ait pu préparer sa défense. Le cas échéant, il ordonne sa réassignation.

Si l'intimé a constitué avocat, les débats ont lieu sur-le-champ ou à la plus prochaine audience, en l'état où l'affaire se trouve.

Si l'intimé n'a pas constitué avocat, la cour statue par arrêt réputé contradictoire en se fondant, au besoin, sur les moyens de première instance.

C. pr. civ., art. 924

La requête aux fins de fixation d'un jour d'audience peut être présentée dans un délai de deux mois à compter de la déclaration d'appel par l'intimé qui a constitué avocat.

C. pr. civ., art. 925

En cas de nécessité, le président de la chambre peut renvoyer l'affaire devant le conseiller de la mise en état.

231.02 Jurisprudence de référence.

> Procédure à jour fixe – Requête – Ordonnance y faisant droit

• **Com. 20 janv. 1998, nº 95-19.474,** *Bull. civ.* IV, nº 24

* V. s[s] n°s 231.31, 231.32 et 231.42

Dans la procédure d'appel à jour fixe, l'irrégularité de la requête en fixation de la date d'audience présentée plus de huit jours après la déclaration d'appel ne peut être sanctionnée que par le refus du premier président d'autoriser l'assignation à jour fixe et non par la cour d'appel, à qui l'ordonnance de fixation s'impose, sauf rétractation.

> Procédure à jour fixe – Pièces – Pièces non visées dans la requête – Portée

• **Civ. 2e, 26 nov. 1990, nº 89-16.428,** *Bull. civ.* II, nº 248

* V. s[s] nº 231.32

Une cour d'appel, après avoir rappelé que l'article 918 du [nouveau] Code de procédure civile impose au bénéficiaire de l'assignation à jour fixe de conclure sur le fond dans la requête et de viser les pièces justificatives, en déduit à bon droit que, dans la mesure où ils ne constituent pas une réponse aux conclusions des intimés, les productions, les prétentions et les moyens nouveaux non contenus dans la requête doivent être déclarés irrecevables.

> Procédure à jour fixe – Pièces – Communication – Pièces sur lesquelles la demande est fondée – Dépôt au greffe – Pièces complémentaires déposées antérieurement aux conclusions de l'adversaire – Irrecevabilité

• **Civ. 3e, 19 févr. 1992, nº 90-18.583,** *Bull. civ.* III, nº 49

* V. s[s] n°s 231.32 et 231.81

Conformément aux dispositions de l'article 918 du [nouveau] Code de procédure civile, l'appelant qui veut assigner à jour fixe doit déposer au greffe, dès la présentation de sa requête, toutes les pièces dont il entend faire usage. Dès lors doivent être écartées des débats les pièces déposées ultérieurement alors que l'intimé n'avait pas encore conclu.

> Procédure à jour fixe – Conclusions – Conclusions de la partie autorisée – Conclusions en réponse – Dépôt la veille de l'audience – Recevabilité

• **Civ. 2e, 10 déc. 1986, nº 85-13.868,** *Bull. civ.* II, nº 187

* V. s[s] nº 231.32

Viole l'article 918 du [nouveau] Code de procédure civile l'arrêt qui, pour déclarer irrecevables les conclusions en réponse à celles de son adversaire signifiées et les pièces communiquées la veille de l'audience par l'appelant autorisé à assigner à jour fixe, énonce que celui-ci était tenu, conformément à l'article précité, de faire connaître à son adversaire ses moyens de fond dans sa requête au premier président et de remettre à ce dernier, en même temps que sa requête, les pièces dont il entendait faire usage, interdisant ainsi à l'appelant de déposer des conclusions en réponse à celles de son adversaire.

> Procédure à jour fixe – Pièces – Pièces complémentaires – Recevabilité – Condition

• **Civ. 2e, 12 oct. 2006, nº 05-17.410,** *Bull. civ.* II, nº 262

* V. s[s] n°s 231.32 et 231.81

Dans le respect des dispositions de l'article 918 du [nouveau] Code de procédure civile, l'appelant, ayant été autorisé à assigner à jour fixe, ne peut produire des pièces qui n'étaient pas jointes à sa requête qu'à la condition qu'elles visent à répondre à des arguments nouveaux présentés en appel par l'intimé. La cour d'appel qui n'a pas procédé à ce constat n'a pas donné de base légale à sa décision.

> Recevabilité – Conditions – Procédure à jour fixe – Régularité de la requête afin de fixation d'audience et de l'assignation

• **Civ. 1re, 23 févr. 1983, nº 81-14.731,** *Bull. civ.* I, nº 74

* V. s[s] nº 231.32

L'irrégularité de la requête présentée au premier président et de l'assignation à jour fixe, actes qui, distincts de l'acte d'appel, concernent seulement la date à laquelle le recours sera examiné, ne peuvent avoir pour effet de vicier la déclaration d'appel remise au secrétariat greffe dans le délai de la loi et d'entraîner par voie de conséquence l'irrecevabilité de l'appel ainsi interjeté.

> Procédure à jour fixe – Requête – Ordonnance y faisant droit – Nature – Portée

• **Civ. 2e, 25 févr. 2010, nº 09-10.403,** *Bull. civ.* II, nº 48

* V. s[s] nº 231.42

L'ordonnance sur requête rendue en application de l'article 917, alinéa 1, du Code de procédure civile constitue une mesure d'administration judiciaire qui, comme telle, est insusceptible de tout recours et ne peut donner lieu à référé à fin de rétractation.

> Procédure à jour fixe – Acte d'appel – Déclaration au greffe – Omission – Effet.

• **Civ. 2e, 19 janv. 1979, nº 77-15.671,** *Bull. civ.* II, nº 15

* V. s[s] nº 231.51

Selon l'article 900 du [nouveau] Code de procédure civile, l'appel est formé par déclaration unilatérale ou par requête conjointe, il résulte d'autre part, des articles 919 et 920 du même code relatifs à la procédure d'assignation à jour fixe, que la déclaration d'appel doit viser l'ordonnance du Premier président et être jointe, en copie, à l'assignation. La cour d'appel qui constate l'absence de déclaration d'appel peut en déduire qu'aucun appel n'a été formé, sans avoir à rechercher si l'omission causait un grief à l'adversaire.

> Acte de procédure – Nullité – Cas – Caractère limitatif – Caractère inexact de la date d'audience indiquée dans une assignation

• **Cass. ch. mixte, 7 juill. 2006, n° 03-20.026,** *Bull. ch. mixte*, n° 6

* V. s[s] n° 231.62

La notion d'inexistence ne saurait être admise aux cotés des nullités de forme et des nullités de fond seules prévues par le [nouveau] Code de procédure civile. Quelle que soit la gravité de l'irrégularité alléguée, seules affectent la validité d'un acte de procédure, indépendamment du grief qu'elles ont pu causer, les irrégularités de fond limitativement énumérées à l'article 117 du [nouveau] Code de procédure civile.

> Procédure à jour fixe – Assignation – Remise de la copie au secrétariat-greffe – Remise avant la date fixée pour l'audience – Défaut – Portée

• **Civ. 2e, 13 juill. 2006, n° 04-19.383,** *Bull. civ.* II, n° 202

* V. s[s] n° 231.71

Viole les dispositions de l'article 922 du [nouveau] Code de procédure civile, une cour d'appel qui, constatant que l'assignation délivrée n'avait pas été remise en copie au greffe avant la date fixée à l'audience, a néanmoins relevé, par équivalence avec une assignation adressée à une autre partie à l'instance, que la déclaration d'appel n'était pas caduque.

> Procédure à jour fixe – Pièces – Communication – Communication la veille de l'audience – Pièces en réplique – Recherche nécessaire.

• **Civ. 2e, 25 oct. 1995, n° 92-19.108,** *Bull. civ.* II, n° 108

* V. s[s] n° 231.81

Ne donne pas de base légale à sa décision, la cour d'appel qui rejette des débats les pièces communiquées la veille et le jour de l'audience par un appelant autorisé à assigner l'intimé selon la procédure à jour fixe en énonçant que s'il est loisible à l'appelant de conclure en réplique aux conclusions de l'intimé, il ne lui est pas possible de verser la veille et le jour de l'audience de nouvelles pièces aux débats, mettant ainsi l'adversaire dans l'impossibilité de répliquer, sans rechercher si les pièces écartées des débats n'avaient pas été produites en réplique aux pièces nouvelles communiquées par l'intimé.

> Appréciation souveraine – Procédure civile – Effectivité du dépôt en temps utile de conclusions versées aux débats

• **Civ. 3e, 1er mars 2006, n° 04-18.327,** *Bull. civ.* III, n° 55

* V. s[s] n° 231.81

Les conclusions doivent être communiquées en temps utile au sens de l'article 15 du [nouveau] Code de procédure civile, les juges du fond appréciant souverainement ce temps utile.

> Pièces – Communication – Communication en temps utile – Assignation à jour fixe – Pièces communiquées à une date proche de l'audience de plaidoiries – Impossibilité pour la partie adverse de répliquer

• **Civ. 2e, 21 oct. 1992, n° 91-11.958,** *Bull. civ.* II, n° 247

* V. s[s] n° 231.91

Justifie légalement sa décision la cour d'appel, saisie par assignation à jour fixe, qui pour écarter des débats les pièces communiquées par l'intimée retient que cette communication tardive avait fait obstacle à l'instauration d'un débat contradictoire à leur sujet, l'affaire ayant été fixée pour plaider et l'intimée ayant mis l'appelante dans l'impossibilité de lui répliquer.

> Procédure de la mise en état – Conseiller de la mise en état – Compétence – Renvoi ordonné par le président de chambre saisi selon la procédure à jour fixe – Dispositions applicables – Détermination

• **Civ. 3e, 3 oct. 2007, n° 06-12.186,** *Bull. civ.* III, n° 166

* V. s[s] n° 231.111

Lorsqu'il est fait usage de la faculté ouverte par l'article 925 du [nouveau] Code de procédure civile de renvoyer devant le conseiller de la mise en état, une affaire initialement engagée selon la procédure à jour fixe, la procédure est instruite sous le contrôle de ce magistrat selon les dispositions des articles 911 et suivants du [nouveau] Code de procédure civile. L'arrêt d'une cour d'appel saisie selon la procédure à jour fixe ayant été cassé, c'est à bon droit que la cour d'appel de renvoi décide qu'elle est régulièrement saisie des demandes formées par l'appelant et qui n'ont pas été formulées dans sa requête tendant à être autorisé à jour fixe, dès lors que la procédure a été instruite devant la juridiction de renvoi selon la procédure ordinaire avec une mise en état au cours de laquelle les parties ont régulièrement échangé des conclusions.

231.03 Bibliographie indicative.

Actualisables. *J.-Cl. Pr. civ.*, [Appel. Procédure ordinaire en matière contentieuse, Procédure à jour fixe], fasc. 720, par N. Fricero, 31 janv. 2013 – Rép. pr. civ., v° *Procédure devant la cour d'appel*, par B. Travier et F. Watremet, sept. 2013 [actu. janv. 2016, par R. Laffly], n°s 195 à 208.

Ouvrages. C. Brenner et N. Fricero, *La nouvelle procédure d'appel*, 2e éd., Lamy, 2011, p. 159 à 170 – J.-L. Gallet, *La procédure devant la cour d'appel*, 3e éd., LexisNexis, 2014, p. 213-220 – P. et N. Gerbay, *Guide du procès civil en appel*, LexisNexis, 2015, fiche 56 – S. Guinchard (dir.), Dalloz action *Droit et pratique de la procédure civile*, 2014/2015, par J. Pellerin, n°s 544.194 à 544.199.

Articles. A. Fisselier, « Réflexions sur la procédure à jour fixe devant la cour d'appel », *Bull. avoués* 1984. 43 – J. Junillon, « Quelques interrogations procédurales à propos de la procédure à jour fixe », *RGDP* 1988, 577.

231.04 Questions essentielles.

> À quelles conditions peut-on recourir à la procédure à jour fixe ?

* V. s[s] n°s 231.10 s.

> À quelles formes est soumis le déroulement de la procédure à jour fixe ?

* V. s[s] n°s 231.50 s.

231.05 Formulaire de procédure civile (renvois).

Appel – Jour fixe (cour d'appel), (Requête afin d'assigner à jour fixe)

Appel – Jour fixe (cour d'appel)

231.06 Exemple d'acte (renvoi).

• Requête aux fins d'être autorisé à assigner à jour fixe (v. s[s] n° 46.06).

231.09 **Division.** Dans les procédures sans représentation obligatoire, lorsque les droits d'une partie sont en péril, l'affaire peut être fixée par priorité conformément aux dispositions de l'article 948 du Code de procédure civile (v. s[s] n°s 222.11 et 222.12). En matière de procédure avec représentation obligatoire, à côté des dispositions de l'article 905 qui prévoient la fixation de l'affaire à bref délai lorsqu'elle semble présenter un caractère d'urgence ou être en état d'être jugée (v. s[s] n°s 212.11 à 212.17), le Code de procédure civile organise également une procédure à jour fixe lorsque les droits d'une partie sont en péril (sect. 1). Cette procédure est soumise à des règles rigoureuses (sect. 2).

SECTION 1
CONDITIONS DE LA PROCÉDURE

231.10 **Division.** Nous préciserons qui peut prendre l'initiative de recourir à cette procédure spéciale (§ 1), puis nous analyserons les conditions de fond (§ 2) et les conditions de forme (§ 3) qui la régissent avant d'étudier l'ordonnance du premier président (§ 4).

§ 1
Déclenchement de la procédure

231.11 **Par les parties.** L'article 917 du Code de procédure civile dispose : « *Si les droits d'une partie sont en péril, le premier président peut, sur requête, fixer le jour auquel l'affaire sera appelée par priorité* ». La partie dont les droits sont en péril est généralement l'appelant; les articles 919 à 922 organisent la procédure à jour fixe dans cette hypothèse. Cependant la procédure à jour fixe n'est pas réservée à l'appelant, l'intimé peut également y recourir, la situation est alors régie par l'article 924 du code.

231.12 **Par le juge.** L'article 917 alinéa 2, introduit par le décret du 20 juillet 1989[1], a ajouté la possibilité pour le premier président de la cour d'appel ou pour le conseiller de la mise en état, à l'occasion de l'exercice des pouvoirs qui leur sont conférés en matière de référé ou en matière d'exécution provisoire, de mettre en œuvre la procédure à jour fixe. Dans ce cas, si les deux parties sont représentées devant la cour, l'affaire fait l'objet d'une fixation par priorité. Le premier président désigne la chambre à laquelle elle est distribuée et les parties mettront l'affaire en état afin qu'elle puisse être plaidée à cette audience. Lorsqu'une partie n'a pas constitué avocat, il convient alors de l'assigner et de l'aviser du dépôt des pièces de son adversaire au greffe.

§ 2
Condition de fond

231.21 **Le péril.** La procédure à jour fixe ne pourra être mise en œuvre que si les droits d'une partie sont en péril. L'article 918 du Code de procédure civile précise que la requête doit exposer la nature du péril : le requérant doit préciser en quoi consiste le péril qu'il invoque. La jurisprudence a affirmé que l'urgence n'implique pas nécessairement le péril[2] et l'application de l'article 917 ne suppose pas, contrairement à la procédure devant le tribunal de grande instance, que l'urgence ait été invoquée ni *a fortiori* démontrée[3]. La jurisprudence distingue ainsi péril et urgence. Le péril a été retenu dans l'hypothèse où le président du tribunal de grande instance avait fait interdiction à un vétérinaire d'exercer sa profession[4] mais il a été jugé que les droits d'un propriétaire n'étaient pas en péril lorsqu'un appel avait été formé contre une décision du juge des loyers commerciaux fixant le prix du bail alors que ce propriétaire prétendait que les locaux en cause étant en vente, les acquéreurs potentiels se désisteraient à cause de la procédure pendante et de l'existence d'un loyer non encore fixé[5]. La cour d'appel de Paris a également jugé qu'il y avait urgence, et non péril autorisant une procédure à jour fixe, dans le cas où le requérant invoquait un risque de péremption du permis de construire en raison de l'arrêt des travaux entrepris pendant plus d'une année alors que l'exécution des travaux était sans lien avec l'objet du litige qui portait sur la libération matérielle des lieux[6]. Le fait que la décision attaquée soit une ordonnance de référé est insuffisant pour constituer à lui seul le péril[7]. Le premier président apprécie souverainement l'existence du péril.

231.22 **Exceptions à l'exigence d'un péril.** Dans certains cas la loi prévoit le recours à la procédure à jour fixe sans qu'il soit nécessaire d'établir que les droits d'une partie sont en péril. En matière de saisie immobilière, l'article R. 322-19 du Code des procédures civiles d'exécution prévoit que l'appel du jugement d'orientation est formé, instruit et jugé selon la procédure à jour fixe et il a été jugé que l'appel formé

1. Décr. n° 89-511, 20 juill. 1989, modifiant certaines dispositions de procédure civile, *JO* 25 juill., p. 9280.

2. Rennes, 28 janv. 1975, *Gaz. Pal.* 1975. 1. 193, note du Rusquec; *RTD civ.* 1975. 374, obs. Perrot.
3. Rennes, 11 févr. 1982, *Gaz. Pal.* 1982. 2. 410, note E. R.
4. Rennes, 7 juill. 1982, *Gaz. Pal.* 1982. 560 note du Rusquec.
5. Rennes, 28 janv. 1975 (préc. s[s] prés[t] n°).
6. Paris, 20 mai 1994, *Gaz. Pal.* 1994. 1. Somm. 326.
7. Rennes, 28 janv. 1975 (préc. s[s] prés[t] n°).

sous une autre forme est irrecevable[1]. Ou encore l'article R. 661-6, 2° du Code de commerce prévoit que l'appel des jugements arrêtant ou rejetant le plan de cession est soumis à la procédure à jour fixe. Dans ces hypothèses, il est inutile que l'appelant établisse dans sa requête l'existence d'un péril.

§ 3
Conditions de forme

231.31 **Délais.** Soit la requête est adressée au premier président avant l'exercice du droit d'appel, soit elle peut être présentée au plus tard dans les huit jours de la déclaration d'appel (C. pr. civ., art. 919 *in fine*). Le respect du délai de huit jours ne peut être sanctionné que par le refus du premier président d'autoriser à assigner à jour fixe. Si le premier président fait droit à une requête tardive, la cour ne pourra prononcer l'irrecevabilité de l'appel à jour fixe[2], l'ordonnance de fixation s'impose à elle[3]. Lorsque l'intimé veut présenter une requête aux fins de la fixation d'un jour d'audience, le délai pour l'introduire est de deux mois à compter de la déclaration d'appel (C. pr. civ., art. 924).

Lorsque la procédure à jour fixe a été mise en œuvre par le premier président de la cour d'appel ou par le conseiller de la mise en état, à l'occasion de l'exercice des pouvoirs qui leur sont conférés en matière de référé ou d'exécution provisoire, les contraintes de délais ne s'appliquent pas.

231.32 **Requête.** La partie qui sollicite l'autorisation d'assigner à jour fixe saisit le premier président par requête (C. pr. civ., art. 917, al. 1er). Puisqu'il s'agit d'une requête elle n'a pas à être notifiée à la partie adverse, la procédure n'est pas contradictoire. La requête doit exposer la nature du péril, contenir les conclusions sur le fond et viser les pièces justificatives. Une expédition de la décision frappée d'appel ou une copie certifiée conforme par l'avocat doit y être jointe. Une copie de la requête et des pièces doit être remise au premier président pour être versée au dossier de la cour (C. pr. civ., art. 918).

Ces conditions permettent, d'une part, au premier président d'apprécier si les conditions du recours à la procédure à jour fixe sont réunies et, d'autre part, que l'affaire soit mise en état d'être jugée rapidement. L'appelant a intérêt à ce que ses conclusions soient complètes et à verser au débat toutes les pièces nécessaires au soutien de ses prétentions car s'il est autorisé par le premier président à assigner à jour fixe, il ne pourra déposer de nouvelles conclusions[4], ni produire de nouvelles pièces[5]. Cependant le requérant pourra déposer des conclusions en réponse à celles de son adversaire[6] et il pourra produire de nouvelles pièces si elles visent à répondre aux arguments nouveaux présentés en appel par l'intimé[7]. L'auteur de la requête pourra également déposer des conclusions soulevant des fins de non-recevoir, l'article 918 ne visant que les conclusions au fond, il ne déroge pas aux articles 122 et 123 du Code de procédure civile selon lesquels les fins de non-recevoir peuvent être proposées en tout état de cause[8]. Les irrégularités qui entachent la requête en autorisation d'assigner à jour fixe et l'assignation, qui sont des actes distincts de l'acte d'appel, n'entraînent pas l'irrégularité de l'appel interjeté dans les délais[9].

§ 4
Ordonnance du premier président

231.41 **Contenu de l'ordonnance.** Le premier président vérifie si les conditions de fond et de forme de la requête sont remplies, à défaut il rejettera la requête. S'il fait droit à la requête il fixe dans l'ordonnance le jour auquel l'affaire sera appelée par priorité et désigne la chambre à laquelle elle sera distribuée (C. pr. civ., art. 917, al. 1er). La requête est rendue non contradictoirement (C. pr. civ., art. 493). Si le premier président fixe un délai pour la délivrance de l'assignation au-delà duquel son autorisation sera caduque, il faudra appliquer les règles de droit commun en matière de caducité.

231.42 **Nature de l'ordonnance du premier président.** La nature de l'ordonnance du premier

1. Civ. 2e, 6 déc. 2012, n° 11-24.578, NP – Civ. 2e, 25 nov. 2014, n° 13-19.000, *Bull. civ.* II, n° 199 – Civ. 2e, 16 oct. 2014, n° 13-24.634, *Bull. civ.* II, n° 217.
2. Com. 20 janv. 1998, n° 95-19.474, *Bull. civ.* IV, n° 24; *JCP* 1998. II. 10021, concl. Rémery; *D.* 1998. 124, rapp. Pasturel; *D. Affaires* 1998. 340, obs. A. L.; *Procédures* 1998. Comm. 119, obs. Croze.
3. Civ. 3e, 3 mai 1983, n° 81-14.617, *Bull. civ.* III, n° 101 – Com. 20 janv. 1998, n° 95-19.474, P (préc. ss prést n°).
4. Civ. 2e, 26 nov. 1990, n° 89-16.428, *Bull. civ.* II, n° 248; *RTD civ.* 1991. 406, obs. Perrot.
5. Civ. 3e, 19 févr. 1992, n° 90-18.583, *Bull. civ.* III, n° 49; *Gaz. Pal.* 1993. 1. Somm. 1, obs. Croze et Morel – Civ. 2e, 19 mars 2015, n° 14-11.110, NP.
6. Civ. 2e, 10 déc. 1986, n° 85-13.868, *Bull. civ.* II, n° 187; *Gaz. Pal.* 1987. 537, note du Rusquec; *RTD civ.* 1987. 407, obs. Perrot.
7. Civ. 2e, 12 oct. 2006, n° 05-17.410, *Bull. civ.* II, n° 262; *AJDI* 2006. 936.
8. Civ. 2e, 26 juin 1996, n° 93-18.183, *Bull. civ.* II, n° 185; *D.* 1996. 179; *Procédures* 1996. Comm. 249, obs. Perrot; *RTD civ.* 1996. 987, obs. Perrot.
9. Civ. 1re, 23 févr. 1983, n° 81-14.731, *Bull. civ.* I, n° 74 – Civ. 2e, 24 févr. 1983, n° 81-16.497, *Bull. civ.* II, n° 55; *Gaz. Pal.* 1983. 1. 169, obs. S. G.; *RTD civ.* 1983. 599, obs. Perrot – Com. 20 janv. 1998, n° 95-19.474, P (préc. ss n° 231.31).

président est controversée, les uns y voyant un acte d'administration judiciaire, les autres soutenant qu'elle a une nature juridictionnelle : « *l'ordonnance en question répond à la définition de l'article 493 du Code de procédure civile et devrait donc pouvoir faire l'objet d'une demande en rétractation en application de l'article 496* »[1]. Il faut cependant reconnaître que cela risque de retarder l'issue des débats alors que par hypothèse les droits d'une partie sont en péril.

Les juges du fond sont partagés sur cette question. Dans un arrêt relativement ancien, la troisième chambre civile de la Cour de cassation a considéré que l'ordonnance du premier président, faisant droit à la requête, s'impose à la cour d'appel qui ne peut la réformer mais que cette ordonnance peut faire l'objet d'un recours, en rétractation conformément aux articles 496 et 497 du Code de procédure civile[2]. Elle a été suivie par la chambre commerciale[3]. Cependant la chambre sociale de la Cour de cassation a jugé que : « *La décision du premier président statuant sur une demande de fixation d'une date d'audience n'est pas une décision à caractère juridictionnel mais une mesure d'administration judiciaire, laquelle, conformément aux dispositions de l'article 537 du* [nouveau] *Code de procédure civile, n'est sujette à aucun recours* »[4]. La deuxième chambre civile de la Cour de cassation a également jugé, à plusieurs reprises, que l'ordonnance du premier président constitue une mesure d'administration judiciaire qui, comme telle, est insusceptible de tout recours et ne peut donner lieu à référé à fin de rétractation[5].

SECTION 2
DÉROULEMENT DE LA PROCÉDURE

§ 1
Avant les débats

231.50 **Division.** Les parties à la procédure d'appel devront acquitter les contributions et droits fiscaux à moins qu'elles en soient dispensées (v. s[s] n°s 211.120 s.). Elles devront également effectuer des diligences; nous distinguerons entre les diligences à la charge de l'appelant (A) et les diligences à la charge de l'intimé (B).

A.
Diligences à la charge de l'appelant

1°
Appel

231.51 **Déclaration d'appel.** La requête aux fins d'autorisation d'assigner à jour fixe ne dispense pas l'appelant d'interjeter appel. Certes, lorsque cette requête a été déposée dans les huit jours qui ont suivi la déclaration d'appel ou lorsque la mise en œuvre de la procédure à jour fixe a été faite à l'initiative du premier président ou du conseiller chargé de la mise en état, dans les conditions prévues à l'article 917 alinéa 2, la question ne se pose pas.

En revanche, lorsque la requête aux fins d'assignation à jour fixe a été formée sans qu'un appel soit interjeté, il est indispensable que l'appelant régularise une déclaration d'appel. La Cour de cassation a en effet jugé que lorsque l'appelant faisait délivrer une assignation à jour fixe sans avoir fait de déclaration d'appel, l'appel n'était pas formé[6]. Mais si certaines mentions exigées par l'article 901 du Code de procédure civile font défaut dans la déclaration d'appel, la Cour de cassation admet que l'assignation à jour fixe puisse compléter la déclaration d'appel[7].

2°
Assignation

231.61 **Contenu de l'assignation.** Si la requête en autorisation d'assigner à jour fixe est accueillie par le premier président, l'appelant est tenu d'assigner son adversaire pour le jour fixé dans l'ordonnance présidentielle. L'article 920 du code précise que l'assignation doit contenir une copie de la requête, une copie de l'ordonnance du premier président, un exemplaire de la déclaration d'appel visée par le greffier ou une copie de la déclaration d'appel dans le cas où la requête a été présentée par l'appelant dans les huit jours de la déclaration d'appel. L'assignation doit indiquer à l'intimé que faute pour lui de constituer avocat avant la date d'audience il sera réputé s'en tenir à ses moyens de première instance. L'assignation doit encore indiquer à l'intimé

1. J. Héron et T. Le Bars, *Droit judiciaire privé*, 5e éd., Montchrestien, 2012, n° 620, note 148.
2. Civ. 3e, 3 mai 1983, n° 81-14.617, *Bull. civ.* III, n° 101; *RTD civ.* 1983. 715, obs. Perrot; *Gaz. Pal.* 1983. II. 253.
3. Com. 20 janv. 1998, n° 95-19.474, P (préc. s[s] n°s 231.31 et 231.32).
4. Soc. 25 oct. 1994, n° 87-41.821, NP.
5. Civ. 2e, 24 juin 2004, n° 02-14.886, *Bull. civ.* II, n° 321; *D.* 2004. 2086 – Civ. 2e, 25 févr. 2010, n° 09-10.403, *Bull. civ.* II, n° 48; *D.* 2010. AJ 713; *D.* 2010. 2246, chron. Théron; *Dr. et proc.* 2010.179, note Douchy-Oudot – Civ. 2e, 3 déc. 2015, n° 14-24.281 NP – Civ. 2e, 19 mars 2015, n°s 14-14.926 et 14-15.150, *Bull. civ.* II, [à paraître] – Civ. 2e, 17 mars 2016, n° 15-10.865, *Bull. civ.* II, [à paraître].
6. Civ. 2e, 19 janv. 1979, n° 77-15.671, *Bull. civ.* II, n° 15 – Com. 7 janv. 1981, n° 78-10.314, *Bull. civ.* IV, n° 8 – Civ. 2e, 19 mars 2015, n° 14-11.110, NP.
7. Civ. 2e, 8 avr. 1992, n° 90-19.414, *Bull. civ.* II, n° 118; *D.* 1992. IR 137.

qu'il peut prendre connaissance au greffe de la copie des pièces visées dans la requête et lui faire sommation de communiquer, avant la date de l'audience, les nouvelles pièces dont il entend faire état.

231.62 Délai de l'assignation. L'appelant doit assigner la partie adverse en temps utile et respecter le délai qui a été fixé dans l'ordonnance du premier président dans le cas où il en aurait été prévu un. Dans l'hypothèse de la passerelle utilisée par le premier président ou le conseiller de la mise en état, si l'une des parties n'a pas constitué avocat il conviendra de l'assigner conformément aux dispositions de l'article 920 du Code de procédure civile. Dans une espèce où l'assignation à jour fixe avait été délivrée pour un jour où la juridiction ne siégeait pas, la Cour de cassation a considéré qu'il s'agissait d'un simple vice de forme [1].

3°
Saisine de la Cour

231.71 Remise d'une copie de l'assignation. La cour est saisie par la remise d'une copie de l'assignation au greffe. L'article 922 prévoit que cette remise doit être faite avant la date fixée pour l'audience faute de quoi la déclaration sera caduque. La caducité est constatée d'office par ordonnance du président de la chambre à laquelle l'affaire est distribuée. La remise est effectuée selon les modalités prévues à l'article 966 du Code de procédure civile, elle doit être mentionnée dans l'arrêt [2]. Il convient de remettre une copie de l'assignation et non d'un projet identique à l'assignation [3]. La cour doit vérifier la régularité de sa saisine [4]. Aussi et conformément aux dispositions de l'article 922, elle prononcera, au besoin d'office [5], la caducité de la déclaration d'appel [6]. Dans ce cas le greffier restitue d'office à l'avocat de la partie requérante les copies de la requête et les pièces qui avaient été déposées entre ses mains. La caducité peut également être constatée d'office par une ordonnance du président de la chambre à laquelle l'affaire a été distribuée (C. pr. civ., art. 922 *in fine*). Il a été jugé qu'il n'y avait pas de violation de l'article 922 du Code de procédure civile lorsqu'une partie avait été assignée deux jours avant l'audience et que copie de l'assignation avait été remise au greffe au moment fixé pour l'audience [7].

4°
Communication des pièces

231.81 Les pièces. L'article 918 du Code de procédure civile précise que la requête doit contenir les conclusions sur le fond et viser les pièces justificatives. Une copie de la requête et des pièces doit être remise au premier président pour être versée au dossier de la cour. En principe un bordereau récapitulatif des pièces est annexé aux conclusions de l'appelant (C. pr. civ., art. 954, al. 1er). L'assignation indique à l'intimé qu'il peut prendre connaissance, au greffe, de la copie des pièces visées dans la requête (C. pr. civ., art. 920 *in fine*). En principe l'appelant ne peut produire aux débats des pièces qu'il n'aurait pas déposées lors de la présentation de sa requête [8]. Cependant, de nouvelles pièces peuvent être produites par l'appelant si elles visent à répondre aux arguments nouveaux présentés en appel par l'intimé [9]. La Cour de cassation a jugé que ne pouvaient être écartées des débats les pièces ainsi communiquées par l'appelant en réplique aux nouvelles pièces communiquées par l'intimé, l'avant-veille et le jour de l'audience [10]. La cour doit apprécier si les pièces ont été communiquées en temps utile et doit veiller au respect du principe de la contradiction [11]. L'assignation fait sommation à l'intimé de communiquer, avant la date de l'audience, les pièces dont il entend faire état.

B.
Diligences à la charge de l'intimé

1°
Intimé requis

231.91 Constitution d'avocat et communication de pièces. Comme il en a été informé par l'assignation qui lui a été délivrée, l'intimé doit constituer avocat avant la date de l'audience; à défaut il sera réputé s'en tenir aux moyens de première instance. S'il constitue avocat, celui-ci déposera des conclusions mais il peut se contenter de solliciter la confirmation de la décision sans énoncer de nouveaux moyens. Dans ce cas, conformément aux dis-

1. Cass., ch. mixte, 7 juill. 2006, n° 03-20.026, *Bull. ch. mixte*, n° 6; *JCP* 2006. 1717-1714, note Putman; *Procédures* 2006. Comm. 199, obs. Perrot; *RTD civ.* 2006. 820, obs. Perrot.
2. Civ. 3e, 21 févr. 1990, n° 88-17.275, *Bull. civ.* III, n° 62.
3. Civ. 2e, 13 juill. 2006, n° 04-19.383, *Bull. civ.* II, n° 202; *D.* 2006. 2206; *Procédures* 2006. Comm. 230, obs. Perrot.
4. Civ. 2e, 16 mai 1990, n° 89-13.016, *Bull. civ.* II, n° 96.
5. Civ. 2e, 13 juill. 2006, n° 04-19.383, P (préc. s^s^ prés^t^ n°).
6. Civ. 2e, 16 mai 1999, n° 89-13.016, P (préc. s^s^ prés^t^ n°).
7. Civ. 2e, 7 janv. 1982, NP; *Gaz. Pal.* 1982. I. Pan. 178.
8. Civ. 3e, 19 févr. 1992, n° 90-18.583, *Bull. civ.* III, n° 49; *Gaz. Pal.* 1993. 1. Somm. 1, obs. Croze et Morel.
9. Civ. 2e, 12 oct. 2006, n° 05-17.410, *Bull. civ.* II, n° 262; *AJDI* 2006. 936.
10. Civ. 2e, 25 oct. 1995, n° 92-19.108, *Bull. civ.* II, n° 108.
11. Civ. 3e, 1er mars 2006, n° 04-18.327, *Bull. civ.* III, n° 55; *Gaz. Pal.* 2007. 1. 28, note du Rusquec.

positions de l'article 954 *in fine* du Code de procédure civile, il est réputé s'approprier les motifs du jugement frappé d'appel. S'il dépose des conclusions, il lui appartient de le faire avant l'audience. Si l'appelant tient absolument à ce que son affaire soit retenue, nonobstant les conclusions de l'intimé, il lui appartient de solliciter la permission de répondre à ces moyens nouveaux par une note en délibéré ou de demander la réouverture des débats. En revanche s'il ne le fait pas, il ne pourra pas reprocher à la cour d'appel d'avoir retenu les moyens développés par l'intimé[1]. L'article 920 *in fine* précise que l'assignation fait sommation à l'intimé de communiquer avant la date de l'audience les nouvelles pièces dont il entend faire état. La rédaction de ce texte est antérieure au décret du 9 décembre 2009 qui a supprimé le dernier alinéa de l'article 132 qui prévoyait qu'en cause d'appel une nouvelle communication des pièces déjà versées aux débats de première instance n'est pas exigée mais que toute partie peut la demander. Désormais la communication des pièces doit être spontanée même pour celles qui ont été produites en première instance, faute de quoi elles seront écartées des débats. Aussi, il appartient à l'intimé de communiquer, avant la date de l'audience, toutes les pièces dont il entend faire état. Il doit communiquer ses conclusions et ses pièces en temps utile et la cour d'appel doit veiller au respect du principe de la contradiction de sorte que les pièces communiquées tardivement par l'intimé seront écartées des débats[2].

2°
Intimé requérant

231.101 Le péril. L'article 924 du Code de procédure civile, modifié par le décret du 23 décembre 2004[3], prévoit que la requête aux fins de fixation d'un jour d'audience peut être présentée dans un délai de deux mois à compter de la déclaration d'appel par l'intimé qui a constitué avocat. Il appartient à l'intimé, conformément aux dispositions de l'article 917 alinéa 1er du Code de procédure civile, de saisir le premier président par requête et d'exposer la nature du péril. Si l'intimé obtient l'autorisation du premier président d'assigner la partie adverse à jour fixe, il est nécessaire qu'il procède à l'assignation de l'appelant[4]. Lorsqu'il a été ainsi assigné par l'intimé, l'appelant doit conclure sans attendre qu'une injonction lui soit délivrée[5], nonobstant le défaut de conclusions de l'appelant, la cour est tenue de statuer sur le fond.

§ 2
Débats

231.111 Audience. L'audience n'est pas précédée d'une ordonnance de clôture. Au jour fixé par le premier président dans l'ordonnance autorisant à assigner à jour fixe, le président de la chambre à laquelle l'affaire a été distribuée s'assure qu'il s'est écoulé un temps suffisant depuis l'assignation pour que la partie assignée ait pu préparer sa défense. Il peut, conformément aux dispositions de l'article 920 alinéa 1er, ordonner le cas échéant sa réassignation. Si l'intimé a constitué avocat, les débats ont lieu sur le champ ou à la plus prochaine audience, en l'état où l'affaire se trouve. Si l'intimé n'a pas constitué avocat, la cour statue par un arrêt réputé contradictoire en se fondant au besoin sur les moyens de première instance. La solution est dans ce cas évidemment différente de celle prévue dans le cadre d'une assignation à jour fixe devant le tribunal de grande instance. En effet en première instance, si le défendeur n'a pas constitué avocat, il est procédé selon les règles prévues à l'article 760 (C. pr. civ., art. 792 *in fine*). Toutefois en appel, en cas de nécessité, le président de la chambre peut également renvoyer l'affaire devant le conseiller de la mise en état (C. pr. civ., art. 925). Dans ce cas la procédure sera instruite conformément aux règles relatives à la procédure ordinaire devant la cour d'appel[6].

1. Civ. 2e, 12 févr. 2004, no 01-17.791, *Bull. civ.* II, no 59.
2. Civ. 2e, 21 oct. 1992, no 91-11.958, *Bull. civ.* II, no 247.
3. Décr. no 2004-1420, 23 déc. 2004, modifiant certaines règles de procédure civile relatives à l'appel ou au pourvoi en cassation, *JO* 29 déc., p. 22207.
4. Rennes, 30 nov. 1970, *Gaz. Pal.* 1977. 108, note du Rusquec et chron. (crit.) Viatte; *Gaz. Pal.* 1977. Doctr. 249 – Civ. 2e, 24 févr. 1983, no 81-16.497, *Bull. civ.* II, no 55.
5. Civ. 2e, 8 juin 2000, no 98-19.976, *Bull. civ.* II, no 96.
6. Civ. 3e, 3 oct. 2007, no 06-12.186, *Bull. civ.* III, no 166; *D.* 2007. 2675, obs. Rouquet; *D.* 2008. 1645, obs. Rozès.

CHAPITRE

232. Procédure sur requête conjointe

SECTION 0
ORIENTEUR

232.00 **Plan du chapitre.**

232.01 **Textes applicables.**

TEXTES CITÉS

> Procédure sur requête conjointe

C. pr. civ., art. 926 à 930

TEXTES CITÉS REPRODUITS *IN EXTENSO*

> Procédure sur requête conjointe

C. pr. civ., art. 926

La requête conjointe n'est recevable que si elle est présentée par toutes les parties à la première instance.

C. pr. civ., art. 927

Outre les mentions prescrites à l'article 57, la requête conjointe contient, à peine d'irrecevabilité :

1° Une copie certifiée conforme du jugement;

2° Le cas échéant, l'indication des chefs du jugement auquel l'appel est limité;

3° La constitution des avocats des parties.

Elle est signée par les avocats constitués.

C. pr. civ., art. 928

La cour est saisie par la remise au greffe de la requête conjointe. Cette remise doit être faite dans le délai d'appel.

C. pr. civ., art. 929

Le premier président fixe les jour et heure auxquels l'affaire sera appelée; s'il y a lieu, il désigne la chambre à laquelle elle est distribuée.

Avis en est donné aux avocats constitués.

C. pr. civ., art. 930

L'affaire est instruite et jugée comme en matière de procédure abrégée.

232.03 **Bibliographie indicative.**

Actualisables. *J.-Cl. Pr. civ.*, [Appel. Procédure ordinaire en matière contentieuse, Requête conjointe], fasc. 720, par N. Fricero, 31 janv. 2013 – Rép. pr. civ., v° *Procédure devant la cour d'appel*, par B. Travier et F. Watremet, sept. 2013 [actu. janv. 2016, par R. Laffly], n°s 43 à 48.

Ouvrages. C. Brenner et N. Fricero, *La nouvelle procédure d'appel*, 2e éd., Lamy, 2011, p. 173 à 179 – J.-L. Gallet, *La procédure devant la cour d'appel,* 3e éd., Litec, 2014, p. 142-143 – P. et N. Gerbay, *Guide du procès civil en appel*, LexisNexis, 2015, p. 199 – S. Guinchard (dir.), Dalloz action *Droit et pratique de la procédure civile,* 2014/2015, par J. Pellerin, n°s 544.32 s.

232.04 **Questions essentielles.**

> Quel est le domaine de l'appel par requête conjointe ?

* V. s^{s} n° 232.11

> À quelles conditions est soumise la procédure sur requête conjointe ?

* V. s^{s} n°s 232.21 s.

> Comment se déroule la procédure sur requête conjointe ?

* V. s^{s} n°s 231.51 s.

> Quels sont les intérêts de la procédure sur requête conjointe ?

* V. s^{s} n° 231.52

232.05 **Formulaire de procédure civile (renvois).**

Nota bene : Depuis le 1er janvier 2013, la procédure d'appel avec représentation obligatoire est dématérialisée.

Appel – Requête conjointe (Appel par requête conjointe)

232.09 **Division.** Avec le nouveau Code de procédure civile la requête conjointe devient un mode normal d'introduction de l'instance (C. pr. civ., art. 54) y compris devant la cour d'appel (C. pr. civ., art. 900). Cependant on ne peut y recourir que dans les procédures avec représentation obligatoire. Il faut donc préciser le domaine de cette procédure spéciale (sect. 1). Elle est soumise à des conditions de recevabilité particulières (sect. 2) et permet d'obtenir rapidement un arrêt (sect. 3).

SECTION 1
DOMAINE

232.11 Procédures contentieuses avec représentation obligatoire. L'article 57 du Code de procédure civile définit la requête conjointe comme « *l'acte commun par lequel les parties soumettent au juge leurs prétentions respectives, les points sur lesquels elles sont en désaccord ainsi que leurs moyens respectifs* ». Avec le nouveau Code de procédure civile la procédure sur requête conjointe est devenue un mode normal de saisine des juridictions (C. pr. civ., art. 54) y compris devant la cour d'appel. En effet, l'article 900 du Code de procédure civile prévoit que « *l'appel est formé par déclaration unilatérale ou par requête conjointe* ». Ce texte est situé dans une section consacrée à la procédure avec représentation obligatoire, comprise dans un chapitre intitulé « La procédure en matière contentieuse », inséré dans le sous-titre premier relatif à la procédure devant la formation collégiale de la cour d'appel. Il en résulte que bien que la requête conjointe soit un acte commun, elle est réservée aux procédures contentieuses : la cour devra trancher le litige qui oppose les parties. En outre, on ne peut recourir à la procédure par requête conjointe que dans les cas où la représentation par avocat devant la cour d'appel est obligatoire. L'article 927 confirme cette solution, induite par la place de l'article 900 du Code de procédure civile dans la section relative à la procédure avec représentation obligatoire, puisqu'il prévoit que la requête conjointe est, à peine d'irrecevabilité, signée par les avocats constitués. En outre, l'article 932 du Code de procédure civile, qui précise la forme de l'appel dans la procédure sans représentation obligatoire, ne prévoit que la déclaration unilatérale comme forme de l'appel.

232.12 Conséquences. Puisque l'on ne peut recourir à la procédure sur requête conjointe que pour les procédures contentieuses avec représentation obligatoire, les parties sont obligées de constituer, chacune, avocat pour les représenter devant la cour d'appel. Les parties à la procédure d'appel doivent acquitter les contributions et les droits fiscaux, à moins qu'elles en soient dispensées (v. s[s] n°s 211.120 s.), c'est-à-dire le droit affecté au fonds d'indemnisation de la profession d'avoué près les cours d'appel créé par l'article 54 de la loi n° 2009-1674 du 31 décembre 2009 de finances rectificative[1].

SECTION 2
CONDITIONS DE RECEVABILITÉ

§ 1
La requête doit être présentée par toutes les parties

232.21 Règle de l'article 926. L'article 926 dispose que « *la requête conjointe n'est recevable que si elle est présentée par toutes les parties à l'instance d'appel* ». *A priori* cette solution est logique car il serait gênant puisqu'il y a pluralité de parties, que l'affaire soit portée devant la cour selon des modes différents. Cependant l'exigence formulée à l'article 926 du Code de procédure civile ne devrait pas empêcher l'intervention de tiers conformément aux dispositions de l'article 554 du Code de procédure civile.

232.22 Inconvénients de la règle. En pratique, la procédure d'appel par requête conjointe n'est que très rarement utilisée. On explique ce manque de succès par l'exigence de l'article 926 du Code de procédure civile. La règle a en outre l'inconvénient d'empêcher de recourir à la procédure par requête conjointe dans l'hypothèse des appels limités. Pourtant, comme on l'a fait remarquer[2], la procédure sur requête conjointe paraît bien adaptée aux hypothèses dans lesquelles les parties ne veulent soumettre à la cour que des points secondaires qui ne concernent que certaines d'entre elles alors qu'elles sont prêtes à accepter le jugement sur l'essentiel. Pourquoi alors ne pas admettre que l'exigence posée par l'article 926 ne touche que les parties qui n'ont pas renoncé à interjeter appel. Une telle analyse est confirmée par les dispositions de l'article 927 du Code de procédure civile, insérées dans la sous-section relative à l'appel par requête conjointe, qui précisent que la requête conjointe contient le cas échéant l'indication des chefs du jugement auquel l'appel est limité.

§ 2
Forme de la requête conjointe

232.31 Mentions obligatoires. L'article 927 du Code de procédure civile précise qu'outre les mentions prescrites à l'article 57 (v. s[s] n° 211.82), la requête conjointe contient, à peine d'irrecevabi-

1. L. n° 2009-1674, 31 déc. 2009, de finances rectificative pour 2009, *JO* 31 déc., p. 22940.
2. C. Brenner et N. Fricero, *La procédure d'appel*, 2e éd., Lamy, 2011, p. 177.

lité, une copie certifiée conforme du jugement, le cas échéant l'indication des chefs du jugement auquel l'appel est limité, la constitution des avocats des parties. Elle est signée par les avocats constitués.

232.32 La requête conjointe vaut conclusions. L'article 57 *in fine* du Code de procédure civile dispose que la requête conjointe vaut conclusions. Elle doit en conséquence respecter les dispositions communes prévues à l'article 954 du Code de procédure civile, c'est-à-dire formuler expressément les prétentions des parties et les moyens de fait et de droit sur lesquels chacune de ces prétentions est fondée avec indication, pour chaque prétention, des pièces invoquées. Les prétentions doivent être récapitulées sous forme de dispositif et la cour ne statuera que sur les prétentions énoncées au dispositif. La partie qui conclut à l'infirmation du jugement doit expressément énoncer les moyens qu'elle invoque sans pouvoir se contenter de se référer à ses conclusions de première instance. En revanche, la partie qui, sans énoncer des moyens nouveaux, demande la confirmation du jugement est réputée s'en approprier les motifs.

232.33 Conseils pratiques. La requête conjointe comprendra un exposé des faits et de la procédure qui a précédé la décision frappée d'appel. Puis chaque partie exposera ses prétentions et développera les moyens avancés à l'appui de celles-ci avec indication pour chaque prétention des pièces invoquées. Le dispositif sera rédigé pour permettre à la cour de trancher le différend entre les parties à l'instance d'appel. Un bordereau récapitulatif des pièces versées aux débats par chacune des parties sera annexé à la requête.

§ 3
Saisine de la cour d'appel

232.41 Forme électronique. La requête conjointe doit être remise au greffe de la juridiction (C. pr. civ., art. 928). Depuis le 1er septembre 2011 cette remise doit être effectuée par voie électronique (C. pr. civ., art. 930-1). Si l'acte ne peut être transmis par voie électronique pour une cause étrangère à celui qui l'accomplit, il est établi sur support papier et remis au greffe. Dans ce cas, la remise sera constatée par la mention de la date et le visa du greffier. Si le défaut de transmission ne provient pas d'une cause étrangère, l'acte de procédure, qui n'a pas été effectué par voie électronique, est irrecevable (v. ss nos 211.41 et 211.42).

232.42 Délai. La remise de la requête conjointe au greffe de la cour d'appel doit être effectuée dans le délai d'appel (C. pr. civ., art. 928). Le fait que les parties soient d'accord pour saisir la cour par un acte commun ne les autorise pas à s'affranchir des règles de droit commun et en particulier de celles qui régissent les délais de recours.

SECTION 3
SUITES DE LA REQUÊTE

§ 1
Une procédure rapide

232.51 La fixation. Conformément aux dispositions de l'article 929 du Code de procédure civile le premier président fixe les jour et heure auxquels l'affaire sera appelée. S'il y a lieu il désigne la chambre à laquelle l'affaire est distribuée. Un avis est adressé aux avocats constitués.

232.52 L'instruction. L'article 930 du Code de procédure civile dispose que l'affaire est instruite et jugée comme en matière de procédure abrégée (v. ss no 212.11). Il en résulte que la procédure sur requête conjointe permet à la fois la fixation prioritaire des débats et une instruction du dossier sous le contrôle du président de chambre. Elle permet d'éviter les pièges de la procédure d'appel avec mise en état. En effet, les articles 908 à 916 du Code de procédure civile ne s'appliquent pas à cette procédure (C. pr. civ., art. 907). Si le président de la chambre à laquelle l'affaire a été distribuée estime que l'affaire est en état d'être jugée il rend une ordonnance de clôture et renvoie l'affaire à une audience de plaidoirie. S'il estime que l'affaire n'est pas en état d'être jugée, les articles 760 et 761 du Code de procédure civile lui donnent le pouvoir d'impartir des délais pour conclure, communiquer des pièces, fixer la date des débats. En revanche, le président n'a pas les pouvoirs du conseiller de la mise en état. Il ne peut trancher un incident de communication de pièces, modifier une mesure provisoire. Bien que l'hypothèse soit théorique, il est possible de saisir le premier président pour qu'il ordonne, en référé, en cas d'urgence, toutes les mesures qui ne se heurtent à aucune contestation sérieuse ou que justifie l'existence d'un différend (C. pr. civ., art. 956 – V. ss nos 311.11 s.), ou qu'il décide la radiation du rôle de l'affaire lorsque l'appelant ne justifie pas avoir exécuté la décision frappée d'appel (C. pr. civ., art. 526).

§ 2
Le jugement

232.61 Débats et arrêt. Par hypothèse, il faut respecter les règles de la procédure contentieuse. L'audience se déroule de manière contradictoire, chacune des parties exposant ses moyens et ses prétentions. Les avocats peuvent fournir des observations orales en complément de la requête conjointe. Les règles relatives à la régularité de l'audience en matière contentieuse doivent être respectées (v. s[s] n°s 213.12 à 213.24). La cour doit respecter les règles régissant le délibéré et la rédaction de l'arrêt (v. s[s] n°s 214.11 à 214.26).

CHAPITRE

233. Procédure de renvoi après cassation

SECTION 0 ORIENTEUR

233.00 **Plan du chapitre.**

233.01 **Textes applicables.**

TEXTES CITÉS

> Renvoi après cassation

C. pr. civ., art. 631 à 639

> Saisine de la cour de renvoi

C. pr. civ., art. 1032 à 1037

> Rôle de la Cour de cassation

COJ, art. L. 411-2, L. 411-3, L. 431-4, L. 431-6

TEXTES CITÉS REPRODUITS *IN EXTENSO*

> Renvoi après cassation

[C. pr. civ., art. 631 à 639]

C. pr. civ., art. 631

Devant la juridiction de renvoi, l'instruction est reprise en l'état de la procédure non atteinte par la cassation.

C. pr. civ., art. 632

Les parties peuvent invoquer de nouveaux moyens à l'appui de leurs prétentions.

C. pr. civ., art. 633

La recevabilité des prétentions nouvelles est soumise aux règles qui s'appliquent devant la juridiction dont la décision a été cassée.

C. pr. civ., art. 634

Les parties qui ne formulent pas de moyens nouveaux ou de nouvelles prétentions sont réputées s'en tenir aux moyens et prétentions qu'elles avaient soumis à la juridiction dont la décision a été cassée. Il en est de même de celles qui ne comparaissent pas.

C. pr. civ., art. 635

L'intervention des tiers est soumise aux mêmes règles que celles qui s'appliquent devant la juridiction dont la décision a été cassée.

C. pr. civ., art. 636

Les personnes qui, ayant été parties à l'instance devant la juridiction dont la décision a été cassée, ne l'ont pas été devant la Cour de cassation peuvent être appelées à la nouvelle instance ou y intervenir volontairement, lorsque la cassation porte atteinte à leurs droits.

C. pr. civ., art. 637

Ces personnes peuvent, sous la même condition, prendre l'initiative de saisir elles-mêmes la juridiction de renvoi.

C. pr. civ., art. 638

L'affaire est à nouveau jugée en fait et en droit par la juridiction de renvoi à l'exclusion des chefs non atteints par la cassation.

C. pr. civ., art. 639

La juridiction de renvoi statue sur la charge de tous les dépens exposés devant les juridictions du fond y compris sur ceux afférents à la décision cassée.

> Saisine de la cour de renvoi

[C. pr. civ., art. 1032 à 1037]

C. pr. civ., art. 1032

La juridiction de renvoi est saisie par déclaration au secrétariat de cette juridiction.

C. pr. civ., art. 1033

La déclaration contient les mentions exigées pour l'acte introductif d'instance devant cette juridiction; une copie de l'arrêt de cassation y est annexée.

C. pr. civ., art. 1034

À moins que la juridiction de renvoi n'ait été saisie sans notification préalable, la déclaration doit, à peine d'irrecevabilité relevée d'office, être faite avant l'expiration d'un délai de quatre mois à compter de la notification de l'arrêt de cassation faite à la partie. Ce délai court même à l'encontre de celui qui notifie.

L'absence de déclaration dans le délai ou l'irrecevabilité de celle-ci confère force de chose jugée au jugement rendu en premier ressort lorsque la décision cassée avait été rendue sur appel de ce jugement.

C. pr. civ., art. 1035

L'acte de notification de l'arrêt de cassation doit, à peine de nullité, indiquer de manière très apparente le délai mentionné au premier alinéa de l'article 1034 ainsi que les modalités selon lesquelles la juridiction de renvoi peut être saisie.

C. pr. civ., art. 1036

Le secrétaire de la juridiction de renvoi adresse aussitôt, par lettre simple, à chacune des parties à l'instance de cassation, copie de la déclaration avec, s'il y a lieu, l'indication de l'obligation de constituer avocat.

En cas de non-comparution, les parties défaillantes sont citées de la même manière que le sont les défendeurs devant la juridiction dont émane la décision cassée.

C. pr. civ., art. 1037 *(mod. par Décr. n° 2014-1338, 6 nov. 2014, art. 22)*

Le secrétaire de la juridiction de renvoi demande, sans délai, au greffe de la juridiction dont la décision a été cassée, de lui communiquer le dossier de l'affaire.

> Rôle de la Cour de cassation

[COJ, art. L. 411-2, L. 411-3, L. 431-4, L. 431-6]

COJ, art. L. 411-2

La Cour de cassation statue sur les pourvois en cassation formés contre les arrêts et jugements rendus en dernier ressort par les juridictions de l'ordre judiciaire.

La Cour de cassation ne connaît pas du fond des affaires, sauf disposition législative contraire.

COJ, art. L. 411-3

La Cour de cassation peut casser sans renvoi lorsque la cassation n'implique pas qu'il soit à nouveau statué sur le fond.

Elle peut aussi, en cassant sans renvoi, mettre fin au litige lorsque les faits, tels qu'ils ont été souverainement constatés et appréciés par les juges du fond, lui permettent d'appliquer la règle de droit appropriée.

En ces cas, elle se prononce sur la charge des dépens afférents aux instances civiles devant les juges du fond.

L'arrêt emporte exécution forcée.

Les modalités d'application du présent article sont fixées par décret en Conseil d'État.

COJ, art. L. 431-4

En cas de cassation, l'affaire est renvoyée, sous réserve des dispositions de l'article L. 411-3, devant une autre juridiction de même nature que celle dont émane l'arrêt ou le jugement cassé ou devant la même juridiction composée d'autres magistrats.

Lorsque le renvoi est ordonné par l'assemblée plénière, la juridiction de renvoi doit se conformer à la décision de cette assemblée sur les points de droit jugés par celle-ci.

COJ, art. L. 431-6

Le renvoi devant l'assemblée plénière peut être ordonné lorsque l'affaire pose une question de principe, notamment s'il existe des solutions divergentes soit entre les juges du fond, soit entre les juges du fond et la Cour de cassation; il doit l'être lorsque, après cassation d'un premier arrêt ou jugement, la décision rendue par la juridiction de renvoi est attaquée par les mêmes moyens.

233.02 Jurisprudence de référence.

> Juridiction de renvoi – Pouvoirs – Possibilité de décliner sa compétence

• **Soc. 10 févr. 2004, n° 01-45.337,** *Bull. civ.* V, n° 42

* V. s^s n° 233.10

Lorsqu'une juridiction de l'ordre judiciaire ou de l'ordre administratif est saisie, sur renvoi après cassation, du fond du litige, elle ne peut plus décliner la compétence des juridictions de l'ordre auquel elle appartient, qui est définitivement acquise au moment de sa saisine.

> Juridiction de renvoi – Saisine – Délai – Inobservation – Effet

• **Civ. 2e, 25 mars 1992, n° 90-19.854,** *Bull. civ.* II, n° 104

* V. s^s n° 233.31

Faute de saisine de la juridiction de renvoi après cassation d'un jugement, au plus tard avant l'expiration d'un délai de quatre mois à compter de la notification de l'arrêt de cassation faite à l'initiative de l'une d'elles, les parties sont replacées dans l'état où elles se trouvaient avant le jugement cassé.

> Astreinte (loi du 9 juillet 1991) – Condamnation – Point de départ – Arrêt de cassation – Défaut de saisine de la juridiction de renvoi – Effet

• **Civ. 2e, 16 mars 2000, n° 98-13.128,** *Bull. civ.* II, n° 46

* V. s^s n° 233.31

L'absence de saisine de la cour d'appel de renvoi après cassation conférant force de chose jugée au jugement rendu en premier ressort, c'est à l'expiration du délai de saisine de la juridiction de renvoi que l'astreinte prononcée par le premier juge prend effet.

> Juridiction de renvoi – Saisine – Forme – Déclaration au greffe

• **Com. 25 janv. 1984, n° 82-12.658,** *Bull. civ.* IV, n° 36

* V. s^s n°s 233.51 et 233.62

Après cassation la juridiction de renvoi est aux termes de l'article 1032 du [nouveau] Code de procédure civile saisie par déclaration au secrétariat de cette juridiction, cette déclaration devant à peine d'irrecevabilité relevée d'office être faite avant l'expiration d'un délai de quatre mois à compter de la notification de l'arrêt de cassation faite à la partie, le délai courant même à l'encontre de celui qui notifie. Doit dès lors être censurée la cour d'appel qui décide qu'elle a été régulièrement saisie comme juridiction de renvoi par le dépôt au greffe de l'acte de signification comportant assignation et que le défendeur ayant constitué avoué, les débats se sont trouvés contradictoirement liés.

> Juridiction de renvoi – Saisine – Délai – Nature – Portée

• **Civ. 2e, 18 déc. 2008, n° 08-11.103,** *Bull. civ.* II, n° 272

* V. s^s n° 233.60

Le délai de saisine de la cour de renvoi prévu par l'article 1034 du Code de procédure civile est un délai de forclusion dont la sanction est soumise au régime des fins de non-recevoir.

> Arrêt – Arrêt de cassation – Article 478 du [nouveau] Code de procédure civile

• **Civ. 2e, 2 mars 2000, no 97-11.736,** *Bull. civ.* II, no 37

* V. ss no 233.60

Les dispositions de l'article 478 du [nouveau] Code de procédure civile ne sont pas applicables aux arrêts rendus par la Cour de Cassation.

> Juridiction de renvoi – Saisine – Délai – Point de départ – Notification de l'arrêt de cassation à partie

• **Soc. 7 janv. 1998, no 85-42.000,** *Bull. civ.* V, no 7

* V. ss no 233.61

Selon l'article 1034 du [nouveau] Code de procédure civile, le point de départ du délai de quatre mois imparti à peine d'irrecevabilité pour saisir la cour de renvoi est la notification de l'arrêt de cassation faite à partie. Il résulte des dispositions des articles 651 et 653 du même Code que la date de la notification par voie de signification par acte d'huissier de justice est celle du jour où elle est faite à personne, à domicile, à résidence ou à parquet. Dès lors, la date de signification de l'arrêt de cassation faite par acte d'huissier de justice au parquet fixe le point de départ du délai de quatre mois pour saisir la cour de renvoi.

> Juridiction de renvoi – Saisine – Signification préalable de l'arrêt de cassation

• **Civ. 3e, 4 juin 1986, no 84-70.143,** *Bull. civ.* III, no 87

* V. ss no 233.62

La reprise d'instance devant une juridiction de renvoi peut être faite à tout moment jusqu'à l'expiration du délai de forclusion courant à compter de la notification de l'arrêt de cassation; par suite, encourt la cassation l'arrêt qui déclare irrecevable la saisine de la Cour d'appel après cassation au motif que l'arrêt ne peut être mis à exécution sans signification préalable.

> Juridiction de renvoi – Délai – Notification – Seconde notification

• **Civ. 2e, 3 avr. 2003, no 01-04.043,** *Bull. civ.* II, no 91

* V. ss no 233.62

Viole l'article 1034 du [nouveau] Code de procédure civile, une cour d'appel de renvoi qui retient la recevabilité d'une déclaration la saisissant, au motif que la partie qui l'a saisie a fait signifier, dans le délai ouvert par une première signification régulière du greffe, l'arrêt de cassation. Dans un tel cas, la seconde notification ne saurait ouvrir un second délai de recours au profit de la personne qui notifie.

> Juridiction de renvoi – Saisine – Délai – Augmentation en raison de la distance

• **Soc. 4 mars 1999, no 97-14.363,** *Bull. civ.* V, no 95

* V. ss no 233.62

Les prorogations de délai prévues aux articles 643, 644 et 645 du [nouveau] Code de procédure civile ne s'appliquent pas au délai de saisine de la juridiction de renvoi après cassation.

> Juridiction de renvoi – Péremption d'instance – Délai – Point de départ – Arrêt de cassation contradictoirement rendu – Jour de son prononcé

• **Civ. 2e, 1er déc. 1982, no 81-13.866,** *Bull. civ.* II, no 154

* V. ss no 233.71

Après la cassation d'un arrêt, l'instance d'appel se poursuit devant la juridiction de renvoi. Le délai de péremption court à compter de l'arrêt de cassation prononcé contradictoirement et non de sa notification.

> Juridiction de renvoi – Péremption d'instance – Délai – Point de départ – Arrêt de cassation contradictoirement rendu – Jour de son prononcé

• **Civ. 2e, 27 juin 1990, no 89-14.276,** *Bull. civ.* II, no 149

* V. ss no 233.71

En cas de renvoi après cassation, le délai de péremption de l'instance, qui court du jour du prononcé de l'arrêt de cassation s'il a été rendu contradictoirement, ne concerne que l'instance d'appel. La péremption encourue ne frappe donc pas la procédure de première instance.

> Juridiction de renvoi – Audience solennelle – Composition – Premier président empêché – Mention dans la décision – Absence – Portée.

• **Cass, ass. plén., 14 mars 1997, no 94-15.133,** *Bull. ass. plén.*, no 3

* V. ss no 233.82

L'indication dans les arrêts rendus sur renvoi après cassation, de l'empêchement du premier président et de la chambre à laquelle appartenaient les magistrats ayant siégé, ne figure pas parmi les mentions prévues à peine de nullité par l'article 454 du [nouveau] Code de procédure civile. Ne peut dès lors être accueilli, le moyen invoquant la violation de l'article R. 212-5 du Code de l'organisation judiciaire, l'arrêt attaqué ayant été rendu par un président et quatre conseillers dont aucun ne participait à la formation de trois magistrats qui avaient rendu, sur un recours formé contre une décision du Conseil de la concurrence, l'arrêt cassé.

> Article 6 § 1 – Impartialité des juges

• **CEDH 18 déc. 2008, *Vaillant c/France*, req. no 30609/04**

* V. ss no 233.82

L'affaire du requérant n'a été renvoyé que du fait de l'irrégularité de la composition de la juridiction de première instance. Or, après renvoi, les membres de la section des assurances sociales du conseil national de l'ordre étaient à nouveau saisis de l'affaire et étaient appelés à se prononcer *ab initio* au titre de mêmes fonctions juridictionnelles et non au titre des fonctions différentes, ce qui pourrait impliquer un préjugement de leur part. Il n'est pas surprenant que la décision de la juridiction de renvoi ait été similaire à la précédente, puisque aucun élément nouveau quant au fond n'était en cause. Il y a lieu en effet de distinguer le renvoi en cas de vice de fond affectant de manière irrémédiable la décision attaquée de celui où, comme en l'espèce, ce n'est qu'un problème de procédure qui est en cause.

> Arrêt de cassation – Effets – Étendue de la censure – Limites – Défaut – Cassation d'une décision en toutes ses dispositions

• **Cass, ass. plén., 27 oct. 2006, no 05-18.977,** *Bull. ass. plén.*, no 13

* V. ss no 233.92

La cassation d'une décision « dans toutes ses dispositions » investit la juridiction de renvoi de la connaissance de l'entier litige dans tous ses éléments de fait et de droit.

> Juridiction de renvoi – Pouvoirs – Moyens et prétentions soumis à la juridiction dont émanait la décision cassée – Domaine d'application – Procédure orale

• **Civ. 2e, 12 févr. 2004, nº 02-15.108,** *Bull. civ.* II, nº 63

* V. s^s nº 233.93

En cas de renvoi après cassation, la partie qui ne comparaît pas est réputée s'en tenir aux moyens et prétentions qu'elle avait remis à la juridiction dont la décision avait été cassée.

> Juridiction de renvoi – Pouvoirs – Connaissance de l'affaire dans l'état où elle se trouvait à la date de la décision cassée – Prétentions et moyens formulés devant la juridiction de renvoi – Portée.

• **Cass. ass. plén., 26 oct. 2001, nº 99-60.559,** *Bull. ass. plén.*, nº 12

* V. s^s nº 233.93

Dès lors qu'une partie comparaît et conclut devant une juridiction de renvoi, celle-ci n'est tenue de répondre qu'aux prétentions et moyens formulés devant elle, alors même que la procédure est orale.

> Juridiction de renvoi – Procédure – Parties – Qualité – Partie non comparante – Moyens et prétentions – Présomption de s'en tenir à ceux soumis à la juridiction dont la décision a été cassée

• **Civ. 1re, 21 oct. 1997, nº 95-21.667,** *Bull. civ.* I, nº 280

* V. s^s nº 233.93

Au cas de cassation, les parties qui ne comparaissent pas devant la juridiction de renvoi, sont réputées s'en tenir aux moyens et prétentions qu'elles avaient soumis à la juridiction dont la décision a été cassée. Il s'ensuit que ne donne pas de base légale à sa décision, la cour d'appel qui se borne à déduire le défaut de qualité d'une personne, partie à l'arrêt rendu par la Cour de cassation, pour faire valoir les droits dont elle se prévalait en soutenant être indivisaire dans la succession à partager, de ce qu'elle n'avait pas comparu devant la cour d'appel statuant, sur renvoi, sur la demande en partage.

> Cassation – Moyen – Décision d'une juridiction de renvoi – Doctrine conforme à celle de l'arrêt de cassation – Moyen le critiquant de ce chef – Irrecevabilité

• **Cass. ass. plén., 21 déc. 2006, nºs 05-11.966 et 05-17.690,** *Bull. ass. plén.*, nº 14

* V. s^s nº 233.102

Le moyen qui reproche à la juridiction de renvoi d'avoir statué conformément à l'arrêt de cassation qui la saisissait est irrecevable.

233.03 Bibliographie indicative.

Actualisables. *J.-Cl. Pr. civ.*, [Pourvoi en cassation. Arrêts de cassation], fasc. 761 par J. et X. Vuitton, 1er juin 2015 – Rép. pr. civ., vº *Pourvoi en cassation*, par J. et L. Boré, déc. 2015 [actu. avr. 2016], nºs 943 à 1022.

Ouvrages. J. et L. Boré, Dalloz action *La cassation en matière civile,* 2015/2016, nºs 133.00 à 133.95 – C. Brenner et N. Fricero, *La nouvelle procédure d'appel,* 2e éd., Lamy, 2011, p. 83-96 – J.-L. Gallet, *La procédure devant la cour d'appel,* 3e éd., LexisNexis, 2014, p. 239-248 – P. et N. Gerbay, *Guide du procès civil en appel*, LexisNexis, 2015, fiche 80 – S. Guinchard (dir.), Dalloz action *Droit et pratique de la procédure civile,* 2014/2015, par C. Fattaccini, nºs 553.731 à 553.828

233.04 Questions essentielles.

> Comment est désignée la juridiction de renvoi ?

* V. s^s nºs 233.10 s.

> Comment saisir la juridiction de renvoi ?

* V. s^s nºs 233.31 s.

> Comment se déroule la procédure devant la juridiction de renvoi ?

* V. s^s nºs 233.91 s.

> Quelle est l'étendue de la saisine de la juridiction de renvoi ?

* V. s^s nºs 233.92 s.

233.09 Généralités. La plupart du temps, la Cour de cassation, lorsqu'elle casse une décision, renvoie l'affaire devant une autre juridiction puisqu'en principe elle ne connaît pas du fond des affaires (COJ, art. L. 411-2, al. 2). L'article 626 du Code de procédure civile dispose : « *En cas de cassation suivie d'un renvoi de l'affaire à une juridiction, celle-ci est désignée et statue, le cas échéant, conformément à l'article L. 431-4 du Code de l'organisation judiciaire* ». Celui-ci précise qu'en cas de cassation l'affaire est renvoyée devant une autre juridiction de même nature que celle dont émane l'arrêt ou le jugement cassé ou devant la même juridiction composée d'autres juges.

Ce texte réserve cependant les dispositions de l'article L. 411-3 du même code qui, reprenant une innovation de la loi du 3 janvier 1979[1], indiquent que **la Cour de cassation peut casser sans renvoi,** d'une part, lorsque la cassation n'implique pas qu'il soit à nouveau statué sur le fond et, d'autre part, lorsque les faits tels qu'ils ont été souverainement constatés et appréciés par les juges du fond lui permettent d'appliquer la règle de droit appropriée et de mettre fin au litige. Dans ces hypothèses, la Cour de cassation se prononce sur la charge des dépens afférents aux instances civiles devant les juges du fond et son arrêt emporte exécution forcée. Les cassations sans renvoi sont rares.

SECTION 1
DÉSIGNATION DE LA COUR DE RENVOI

233.10 Division. La Cour de cassation désigne dans son arrêt la juridiction de renvoi. Cette décision a un **effet attributif :** la cour de renvoi désignée a une **compétence exclusive**, elle ne peut décliner

1. L. nº 79-9, 3 janv. 1979, modifiant certaines dispositions relatives à la Cour de cassation, *JO* 4 janv., p. 19.

233.53 Mentions de l'acte de saisine. L'article 1033 du Code de procédure civile dispose que : « *La déclaration contient les mentions exigées pour l'acte introductif d'instance devant cette juridiction; une copie de l'arrêt de cassation y est annexée* ». Aussi la saisine de la cour d'appel de renvoi devra contenir les mentions exigées par les articles 901 ou 933 du Code de procédure civile selon que la procédure est avec représentation obligatoire ou sans.

La chambre sociale de la Cour de cassation a jugé que l'acte de saisine demeure néanmoins valable si ces mentions figurent **non sur la déclaration mais sur les documents qui y sont joints**, lorsque la teneur de l'acte de signification de l'arrêt de renvoi, joint à la déclaration, exclut toute ambiguïté quant à la détermination des parties ayant saisi la juridiction de renvoi[1]. La **déclaration unique de saisine**, qui vise expressément les jugements et ordonnances déférés avec leurs dates et la juridiction les ayant rendus sans qu'il soit allégué que d'autres décisions ont été rendues par les mêmes juridictions à la même date entre les parties, n'emporte aucune confusion sur l'étendue de la saisine effective de la cour de renvoi, de sorte qu'en l'absence de grief, le vice de forme dont elle est affectée n'entraîne pas la nullité de la déclaration de saisine[2].

Il existe des textes dans des domaines spécifiques qui prévoient que l'acte de saisine n'a pas à remplir toutes les exigences de l'article 1033 du Code de procédure civile[3].

§ 3
Délais

233.60 Division. L'article 1034 du Code de procédure civile dispose que les parties doivent, à peine d'irrecevabilité relevée d'office, saisir la juridiction de renvoi dans un délai de quatre mois à compter de la notification de l'arrêt de cassation faite à la partie (A). Il s'agit d'un délai de forclusion dont la sanction est soumise au régime des fins de non-recevoir[4]. En l'absence de notification de l'arrêt de cassation, c'est le délai de deux ans de l'article 686 du Code de procédure civile qui s'appliquera (B). La Cour de cassation a jugé que le délai de six mois de l'article 478 du Code de procédure civile ne s'applique pas aux arrêts qu'elle rend, de sorte que l'arrêt de cassation n'est pas non avenu s'il est signifié aux parties défaillantes après l'expiration du délai de six mois à compter de son prononcé[5].

A.
Délai de quatre mois

233.61 Point de départ du délai. Il résulte de l'article 1034 du Code de procédure civile que le point de départ du délai est la **notification de l'arrêt de cassation faite à la partie.**

Dans les **procédures avec représentation obligatoire**, l'arrêt de cassation doit être préalablement notifié à l'avocat du destinataire de la signification à partie, conformément aux dispositions de l'article 678 du Code de procédure civile. Ce n'est qu'une fois la **notification à avocat effectuée** que l'arrêt de cassation pourra être régulièrement **notifié à partie.** Le délai de saisine de l'article 1034 du Code de procédure civile ne commencera à courir **qu'à dater de la notification à partie** et non de la notification à avocat, même si la partie a eu connaissance de l'arrêt[6]. Le délai court à compter de la date de la signification faite à partie par huissier de justice à personne, à domicile ou à parquet[7].

Dans les hypothèses où la **représentation des parties n'est pas obligatoire**, l'article 1022-1 du Code de procédure civile prévoit la **notification de l'arrêt de cassation par le greffe de la Cour de cassation** par lettre recommandée avec demande d'avis de réception. Le délai de quatre mois commence à courir **à compter de cette notification**, c'est-à-dire, par application de l'article 668 du Code de procédure civile, à compter de la **date de réception de la lettre par son destinataire**[8]. L'acte de notification de l'arrêt de cassation doit, à peine de nullité, indiquer de manière très apparente le délai de quatre mois mentionné à l'article 1034 du Code de procédure civile pour faire la déclaration de saisine ainsi que les modalités de saisine de la juridiction de renvoi (C. pr. civ., art. 1035).

233.62 Régime du délai. L'article 1034 alinéa 1er du Code de procédure civile indique que le délai de quatre mois court même à l'encontre de celui qui a notifié[9]. La reprise d'instance devant la juridiction

1. Soc. 20 févr. 1991, n° 87-41.016, *Bull. civ.* V, n° 89; *D.* 1991. IR 78.
2. Civ. 3e, 10 déc. 2008, n° 08-10.153, *Bull. civ.* III, n° 205; *D.* 2009. 102; *AJDI* 2009. 359.
3. Soc. 23 mai 1991, n° 88-19.389, NP (litige de sécurité sociale).
4. Civ. 2e, 18 déc. 2008, n° 08-11.103, *Bull. civ.* II, n° 272.
5. Civ. 2e, 2 mars 2000, n° 97-11.736, *Bull. civ.* II, n° 37; *D.* 2000. 99; *JCP* 2000. II. 10285, note Perdriau; *Procédures* 2000, n° 160; *RTD civ.* 2000. 637, obs. Perrot – Com. 29 janv. 2002, n° 96-14.387, NP – Civ. 3e, 13 oct. 2004, n° 02-21.444, *Bull. civ.* III, n° 172; *D.* 2005. 339, et obs.; *D.* 2005. 332, obs. Julien et Fricero.
6. Civ. 2e, 12 déc. 1984, n° 83-15.745, *Bull. civ.* II, n° 192; *JCP* 1985. II. 66; *Gaz. Pal.* 1985. Pan. 116, obs. Guinchard.
7. Soc. 7 janv. 1988, n° 85-42.000, *Bull. civ.* V, n° 7; *JCP* 1988. IV. 91.
8. Civ. 2e, 8 janv. 1992, n° 90-46.023, NP.
9. Com. 25 janv. 1984, n° 82-12.658, *Bull. civ.* IV, n° 36.

de renvoi peut être faite à tout moment jusqu'à l'expiration du **délai de forclusion de quatre mois**[1]. Ce délai est **d'ordre public.** Il ne peut être prolongé par l'effet d'une seconde notification à l'initiative de l'appelant, même si elle est intervenue dans le délai ouvert par la première notification[2]. Les prorogations de délai prévues aux articles 643 à 645 du Code de procédure civile ne s'appliquent pas au délai de saisine de la juridiction de renvoi après cassation[3]. En cas de non-respect du délai de quatre mois, le jugement rendu en premier ressort acquiert force de chose jugée. Le conseiller de la mise en état est compétent pour statuer sur l'irrecevabilité en raison du caractère tardif de la déclaration de saisine[4]. L'irrecevabilité de la déclaration de saisine doit être relevée d'office par le juge, le délai étant d'ordre public.

B. Délai de péremption de deux ans

233.71 **Principe.** Il résulte de l'article 1034 du Code de procédure civile que la saisine de la cour de renvoi est possible même en l'absence de notification de l'arrêt de cassation. Dans ce cas le délai imparti pour saisir la juridiction de renvoi est celui de l'article 686 du Code de procédure civile, **l'instance est périmée lorsqu'aucune des parties n'accomplit de diligences pendant deux ans**[5]. Si l'arrêt de cassation a été rendu de manière contradictoire, le délai de deux ans court à compter du prononcé de l'arrêt de cassation[6]. Ce délai de péremption ne concerne que l'instance d'appel; la péremption encourue ne frappe donc pas la procédure de première instance[7]. Si l'arrêt a été rendu par défaut, le délai ne court à compter du prononcé de l'arrêt que contre le demandeur au pourvoi. Il ne court contre le défendeur que du jour de la signification[8]. La notification à avocat d'un arrêt de cassation rendu en matière prud'homale et désignant une juridiction de renvoi constitue une diligence qui interrompt le délai de péremption[9]. La **péremption de l'instance d'appel** confère au **jugement** la **force de chose jugée**[10] sans qu'il soit nécessaire de distinguer selon que l'arrêt cassé est confirmatif ou infirmatif[11]. La péremption d'instance ne peut être relevée d'office mais doit être demandée ou opposée avant tout autre moyen (C. pr. civ., art. 388); elle est de droit.

233.72 **Exceptions.** Le délai de deux ans ne court que dans les **instances susceptibles par leur nature de péremption**. Le délai ne jouera pas dans les matières où la conduite de l'instance échappe aux parties et incombe au juge. Tel était le cas en matière prud'homale : l'article R. 1452-8 du Code du travail prévoyait que l'instance n'était périmée que lorsque les parties s'abstenaient d'accomplir les diligences expressément mises à leur charge par les juridictions. Le décret du 20 mai 2016[12] a supprimé les règles spécifiques qui régissaient la péremption d'instance dans les procédures prud'homales. Cette suppression s'applique aux instances introduites devant les conseils de prud'hommes à compter du 1er août 2016 qui sont désormais soumises aux règles du droit commun. La Cour de cassation a expressément écarté l'application de l'article 528-1 du Code de procédure civile dans les instances insusceptibles de péremption en soulignant que la **saisine de la cour de renvoi** ne constitue pas l'exercice d'une voie de recours mais la **poursuite de l'instance d'appel**[13].

SECTION 3 INSTRUCTION DEVANT LA COUR DE RENVOI

§ 1 Formation de la juridiction de renvoi

233.81 **Possible renvoi en audience solennelle.** Depuis le décret du 28 décembre 2005[14], après cassation, l'affaire n'est pas obligatoirement renvoyée à une audience solennelle[15]. En effet, l'article R. 312-9

1. Civ. 3e, 4 juin 1986, no 84-70.143, *Bull. civ.* III, no 87; *JCP* 1986. IV. 233; *Gaz. Pal.* 1987. Somm. 48, note Guinchard et Moussa.
2. Civ. 2e, 3 avr. 2003, no 01-04.043, *Bull. civ.* III, no 91; *Procédures* 2003. Comm. 134, obs. Perrot; *JCP* 2004. II. 10023, note Puigelier.
3. Soc. 4 mars 1999, no 97-14.363, *Bull. civ.* V, no 95; *D.* 1999. 213, obs. Julien – Civ. 2e, 27 mai 2004, no 02-17.897, *Bull. civ.* II, no 242.
4. Bordeaux, 22 mars 1989, *Gaz. Pal.* 1990. 31, note Renard.
5. Civ. 2e, 8 mai 1978, no 76-15.088, *Bull. civ.* II, no 124; *D.* 1975. IR 481, obs. Julien.
6. Civ. 2e, 1er déc. 1982, no 81-13.866, *Bull. civ.* II, no 154 – Civ. 2e, 6 mars 1991, no 89-16.857, *Bull. civ.* II, no 79.
7. Civ. 2e, 27 juin 1990, no 89-14.276, *Bull. civ.* II, no 149.
8. Reims, 11 mai 1976, *JCP* 1976. IV. 5816, obs. J. A.
9. Soc. 13 févr. 1985, no 83-44.889, *Bull. civ.* V, no 110; *JCP* 1985. IV. 155; *Gaz. Pal.* 1985. Pan. 198, obs. Guinchard et Moussa – Com. 28 avr. 1987, no 85-16.164, *Bull. civ.* IV, no 101; *Gaz. Pal.* 1987. II. Pan. 165.
10. Civ. 2e, 27 juin 1990, no 89-14.276, P (préc. ss prést no).
11. Civ. 2e, 6 mars 1991, no 89-16.857, *Bull. civ.* II, no 79; *Gaz. Pal.* 1991. 2. Somm. 462, obs. Croze et Morel.
12. Décr. no 2016-660, 20 mai 2016, relatif à la justice prud'homale et au traitement judiciaire du contentieux du travail, *JO* 25 mai, texte no 30.
13. Soc. 21 juin 2000, no 98-42.172, NP.
14. Décr. no 2005-1678, 28 déc. 2005, relatif à la procédure civile à certaines procédures d'exécution et à la procédure de changement de nom, *JO* 29 déc., p. 20350.
15. Soc. 23 oct. 2007, no 06-44.744, *Bull. civ.* V, no 168; *JCP* 2008. II. 10002, note Pételj-Teyssié.

du Code de l'organisation judiciaire précise qu'après cassation d'un arrêt en matière civile, le premier président, d'office ou à la demande des parties, ne renvoie l'affaire à l'audience solennelle que **si la nature ou la complexité de celle-ci le justifie.** Le texte précise que cette décision est une **mesure d'administration judiciaire**, ce qui signifie que le choix du premier président entre audience solennelle et audience ordinaire est souverain. Il existe cependant une limite posée par l'alinéa 3 de l'article R. 312-9 au renvoi à l'audience ordinaire : « *Le contentieux des élections au Conseil national des barreaux et au Conseil de l'ordre et des élections des bâtonniers ainsi que des recours dirigés contre les décisions ou les délibérations de ces conseils sont portés aux audiences solennelles.* »

233.82 Composition de la juridiction de renvoi. Il résulte des articles 626 du Code de procédure civile et L. 431-4 du Code de l'organisation judiciaire, qu'en cas de cassation, lorsque l'affaire est renvoyée, elle l'est devant une **autre juridiction** que celle dont émane l'arrêt cassé ou devant la **même juridiction composée d'autres magistrats.**

La Cour de cassation a cassé la décision rendue sous la présidence d'un juge qui avait participé au délibéré de l'arrêt cassé[1] et l'arrêt rendu par une cour d'appel en audience ordinaire, composée de trois magistrats dont l'un avait participé à la décision censurée[2]. Mais il ne peut être reproché à une juridiction de renvoi d'avoir statué en audience ordinaire dès lors que l'arrêt attaqué a été rendu par un président et quatre conseillers dont aucun n'avait participé à la formation qui avait rendu la décision attaquée[3].

Certes, la Cour européenne des droits de l'homme a jugé qu'une juridiction de renvoi peut être composée, même en majorité, des mêmes juges que la juridiction dont la décision a été annulée pour irrégularité de la procédure, les appréhensions du justiciable à l'égard de l'impartialité objective des juges n'étant pas fondée puisqu'aucun élément nouveau quant au fond n'est en cause mais il n'en va pas de même lorsque la cassation est fondée sur un moyen affectant le fond[4].

Nos règles de procédure ne distinguent pas entre **vice de forme** et **irrégularité de fond** mais le système mis en place par les articles 626 de Code de procédure civile et L. 431-4 du Code de l'organisation judiciaire respecte parfaitement l'exigence d'impartialité.

§ 2
Procédure devant la juridiction de renvoi

233.91 Diligences du greffe. L'article 1036 alinéa 1er du Code de procédure civile prévoit que le secrétaire de la juridiction de renvoi, dès qu'il reçoit la **déclaration de reprise d'instance**, adresse aussitôt par lettre simple à chacune des parties à l'instance de cassation copie de la déclaration avec, s'il y a lieu, l'indication de l'obligation de constituer avocat. En cas de **non-comparution devant la juridiction de renvoi après cassation**, les parties défaillantes sont citées de la même manière que le sont les défendeurs devant la juridiction dont émane la décision cassée[5] (C. pr. civ., art. 1036, al. 2). Puis le secrétariat de la juridiction de renvoi demande sans délai au greffe de la juridiction dont la décision a été cassée, de lui communiquer le dossier de l'affaire (C. pr. civ., art. 1037).

233.92 Étendue de la saisine. Selon l'article 638 du Code de procédure civile, l'affaire est **à nouveau jugée en fait et en droit** par la juridiction de renvoi à l'exclusion des chefs non atteints par la cassation.

C'est ainsi l'arrêt de cassation qui détermine l'étendue de la saisine de la cour de renvoi.

Si la décision est cassée en toutes ses dispositions, la juridiction de renvoi est investie de la connaissance de l'entier litige dans tous ses éléments de fait et de droit[6].

Si la cassation n'est que partielle, la juridiction de renvoi ne peut statuer sur les chefs non cassés de la décision. Le nouvel article 624 du Code de procédure civile précise que : « *La portée de la cassation est déterminée par le dispositif de l'arrêt qui la prononce. Elle s'étend également à l'ensemble des dispositions du jugement cassé ayant un lien d'indivisibilité ou de dépendance nécessaire* ».

1. Civ. 3e, 11 juin 1987, n° 85-14.785, *Bull. civ.* III, n° 122.
2. Civ. 2e, 17 oct. 1987, n° 86-11.617, *Bull. civ.* II, n° 122; *D.* 1987. IR 207.
3. Cass., ass. plén., 14 mars 1997, n° 94-15.133, *Bull. ass. plén.*, n° 3; *D.* 1997. 89.
4. CEDH 18 déc. 2008, Vaillant c/France, req. n° 30609/04, *Procédures* 2009. Comm. 49, note Fricero.
5. Civ. 2e, 19 mai 1998, n° 96-11.348, *Bull. civ.* II, n° 155.
6. Civ. 2e, 9 janv. 1991, n° 89-12.109, *Bull. civ.* II, n° 5; *RTD civ.* 1991. 504, obs. Hauser – Civ. 3e, 25 nov. 1992, n° 90-21.389, *Bull. civ.* III, n° 308; *RDI* 1992. 306, obs. Morel et Laroque – Civ. 2e, 11 janv. 1995, n° 93-12.754, *Bull. civ.* II, n° 6 – Civ. 1re, 7 déc. 1999, n° 97-15.613, *Bull. civ.* I, n° 334; *D.* 2000. 2 – Civ. 1re, 2 mai 2001, n° 98-14.416, *Bull. civ.* I, n° 109; *D.* 2001. 1770 – Com. 15 oct. 2002, n° 01-11.518, *Bull. civ.* IV, n° 142 – Civ. 2e, 28 févr. 2006, n° 04-12.936, *Bull. civ.* II, n° 53; *D.* 2006. 745 – Cass., ass. plén., 27 oct. 2006, n° 05-18.977, *Bull. ass. plén.*, n° 13; *JCP* 2007. II. 10019, note Leveneur; *D.* 2006. 2812, obs. Gallmeister; *RDI* 2007. 256, obs. Trébulle – Civ. 1re, 12 déc. 2006, n° 05-21.388, *Bull. civ.* I, n° 535; *D.* 2007. 221, obs. Chevrier; *RTD com.* 2007. 630, obs. Delebecque – Civ. 2e, 30 janv. 2014, n° 12-29.512, *Bull. civ.* II, n° 27.

Lorsqu'une partie revient dans ses conclusions sur un chef non atteint par la cassation, la cour d'appel doit rejeter ce moyen, au besoin d'office[1]. Il convient cependant de tenir compte ici de **l'indivisibilité** ou de la **dépendance** « *qui peut exister entre diverses demandes qui ont fait l'objet de plusieurs chefs du dispositif ou entre plusieurs dispositions de la décision déférée en raison de leur nature ou du lien logique qui les unit* [...] *il appartient à la juridiction de renvoi de déterminer si le lien d'indivisibilité ou de dépendance existe en se reportant au dispositif de la décision censurée et aux demandes sur lesquelles il se prononçait* »[2]. Mais aucune autorité ne s'attache aux motifs de la décision partiellement cassée, seul compte le **dispositif**[3].

233.93 Instruction reprise en l'état de la procédure non atteinte par la cassation. L'article 631 du Code de procédure civile dispose que devant la juridiction de renvoi l'instruction est reprise en l'état de la procédure non atteinte par la cassation. Si la cassation sanctionne un **vice de procédure**, l'annulation atteint l'acte irrégulier et ceux qui l'ont suivi. En revanche si la cassation sanctionne une **erreur de droit**, la procédure antérieure à l'arrêt cassé est maintenue.

C'est la même instance qui se poursuit; aussi les conclusions antérieures et les pièces communiquées conservent leur pleine valeur, les parties n'étant pas tenues de signifier de nouvelles conclusions ou de communiquer de nouvelles pièces, sauf mise en demeure. L'article 634 précise en effet que « *les parties qui ne formulent pas de nouveaux moyens ou de nouvelles prétentions, sont réputées s'en tenir aux moyens et prétentions qu'elles avaient soumis à la juridiction dont la décision a été cassée. Il en est de même de celles qui ne comparaissent pas* ». En conséquence, **le juge de renvoi est tenu de répondre aux conclusions antérieures à la cassation intervenue**[4]. Puisque l'instruction est reprise en l'état de la procédure non atteinte par la cassation, **l'ordonnance de clôture** prise par la juridiction dont la décision a été cassée est **atteinte par la cassation**[5]. La cour d'appel de renvoi appliquera les mêmes règles procédurales que la juridiction dont la décision a été censurée : les parties peuvent invoquer de nouveaux moyens[6], ou des moyens rejetés par la décision cassée, produire de nouvelles pièces, proposer de nouvelles preuves (C. pr. civ., art. 563) mais si une partie a déposé des conclusions au fond devant la première cour d'appel, elle ne pourra pas soulever une exception d'incompétence devant la juridiction de renvoi.

Les parties ne peuvent en principe soumettre à la cour de nouvelles prétentions si ce n'est pour opposer la **compensation**, faire écarter les **prétentions adverses** ou faire juger les questions nées de **l'intervention d'un tiers** ou de **la survenance ou de la révélation d'un fait** (C. pr. civ., art. 564); et les prétentions ne sont pas nouvelles lorsqu'elles tendent aux mêmes fins que celles soumises au premier juge, même si leur fondement juridique est différent (C. pr. civ., art. 565). Les parties peuvent expliciter les prétentions qui étaient virtuellement comprises dans les demandes et défenses soumises au premier juge et ajouter à celles-ci les demandes qui en sont **l'accessoire**, la **conséquence** ou le **complément** (C. pr. civ., art. 566). Enfin une **demande reconventionnelle** pourra être formée pour la première fois devant la cour de renvoi (C. pr. civ., art. 567). Cette dernière a les mêmes pouvoirs que la juridiction qui a rendu la décision censurée, aussi elle peut ordonner une **mesure d'instruction**[7].

La Cour de cassation a tiré les conséquences de la réforme introduite par le décret du 28 décembre 1998[8] qui précise que **le juge n'est saisi que des dernières écritures** et que les parties sont réputées avoir abandonné les prétentions et moyens qui n'y sont pas repris (C. pr. civ., art. 954) et elle considère que **la juridiction de renvoi n'est tenue de répondre qu'aux seuls moyens et prétentions soulevés devant elle**[9], dès lors que toutes les parties ont comparu ou conclu alors que la procédure est orale. Toutefois la cour de renvoi devra tenir compte des **conclusions échangées par les parties devant la juridiction dont la décision a été censurée** pour la détermination du **point de départ des intérêts** ou pour statuer sur une demande de capitalisation des intérêts.

Et **lorsqu'une partie ne comparaît pas ou ne conclut pas devant la cour de renvoi**, elle est réputée s'en tenir aux moyens et prétentions qu'elle avait soumis à la juridiction dont la décision est cassée; aussi la cour de renvoi a l'obligation de répondre aux conclusions que cette partie avait déposées

1. Soc. 21 juin 1966, *Bull. civ.* V, n° 633 – Civ. 1re, 24 févr. 2016, nos 14-29.909 et 15-10.095, NP.
2. J.-L. Gallet, *La procédure devant la cour d'appel,* 3e éd., Litec, 2014, n° 463.
3. Civ. 2e, 13 mars 2008, n° 07-13.195, *Bull. civ.* II, n° 66; *D.* 2008. 995.
4. Civ. 2e, 12 févr. 2004, n° 02-15.108, *Bull. civ.* II, n° 63; *D.* 2004. 674, et obs. – Civ. 2e, 27 juin 2013, n° 12-22.168, *Bull. civ.* II, n° 143.
5. Civ. 2e, 15 févr. 1995, n° 93-13.213, *Bull. civ.* II, n° 50.
6. Civ. 3e, 30 mai 1987, *JCP* 1987. IV. 251.
7. Soc. 6 févr. 1985, n° 83-14.923, *Bull. civ.* V, n° 80.
8. Décr. n° 98-1231, 28 déc. 1998, modifiant le Code de l'organisation judiciaire et le nouveau Code de procédure civile, *JO* 30 déc., p. 19904.
9. Cass., ass. plén., 26 oct. 2001, n° 99-60.559, *Bull. ass. plén.*, n° 12; *D.* 2001. 3332, et obs.; *JCP* 2001. IV. 2956; *RTD civ.* 2002. 148, obs. Perrot; *Procédures* 2002, n° 23, obs. Perrot.

dans la procédure suivie devant la première cour d'appel [1]. En effet, l'instance se poursuit devant la juridiction de renvoi et le juge statue par décision contradictoire de sorte que l'arrêt rendu sur renvoi après cassation n'est pas susceptible d'opposition de la part de la partie qui a comparu devant la première cour d'appel [2].

233.94 La contribution à l'aide juridique n'était pas due. Puisque l'instance devant la cour de renvoi est la **suite de l'instance engagée devant la première cour d'appel**, la contribution à l'aide juridique instaurée par la loi n° 2011-900 du 29 juillet 2011 [3] (v. s^s^ n°s 211.151 s.) n'était pas due (C. pr. civ., art. 62-1, 8°). Rappelons que cette taxe a été supprimée à compter du 1er janvier 2014 pour les instances introduites à compter de cette date par le décret du 29 décembre 2013 [4].

SECTION 4
ARRÊT DE LA COUR DE RENVOI

233.101 Qualification de l'arrêt. L'application du principe selon lequel l'instance engagée devant la cour d'appel dont l'arrêt a été cassé continue devant la cour de renvoi a des conséquences sur la qualification de l'arrêt. En effet lorsqu'une partie, après avoir comparu et conclu devant la cour dont l'arrêt a été censuré, ne comparaît plus devant la cour de renvoi, **l'arrêt est rendu contradictoirement** par application des dispositions de l'article 469 du Code de procédure civile; il n'est pas rendu par défaut et ne peut être qualifié de réputé contradictoire [5].

233.102 Plénitude de juridiction de la cour de renvoi. Dans la limite de l'étendue de la cassation, la cour de renvoi a plénitude de juridiction et examine l'affaire **en fait et en droit** (C. pr. civ., art. 638). Elle peut porter une appréciation différente sur les faits de celle retenue par la décision cassée. Elle peut trancher dans le sens proposé par la Cour de cassation [6]. Elle peut retenir la même solution mais en se fondant sur des faits différents.

Lorsque **la cour de renvoi s'incline**, les parties sont irrecevables à lui reprocher d'avoir statué en conformité avec l'arrêt de cassation [7]. Elles sont encore irrecevables à inviter la Cour de cassation à revenir sur la solution de son précédent arrêt dès lors que la juridiction de renvoi s'est inclinée [8], même si un arrêt ultérieur de l'assemblée plénière, rendu entre l'arrêt de cassation et l'arrêt de renvoi, a opéré un **revirement de jurisprudence** dans une affaire différente mais similaire [9].

La cour de renvoi peut également résister et adopter une solution juridique différente de la Cour de cassation, à moins que l'arrêt n'ait été rendu par l'assemblée plénière (COJ, art. L. 431-4). Lorsque la cour de renvoi résiste, si un pourvoi reprenant les moyens déjà soulevés à l'occasion du précédent pourvoi est formé, l'affaire est examinée par **l'assemblée plénière de la Cour de cassation** (COJ, art. L. 431-6, al. 2). En cas de nouvelle cassation la juridiction de renvoi devra alors se conformer à la décision de l'assemblée plénière sur les points de droit jugés par celle-ci (COJ, art. L. 431-4, al. 2).

La cour de renvoi doit statuer sur la charge de tous les **dépens exposés devant les juridictions du fond**, y compris sur ceux afférents à la décision cassée (C. pr. civ., art. 639). Il s'agit d'une obligation pour la cour de renvoi. Elle peut mettre à la charge de la partie perdante les dépens afférents à l'arrêt cassé à son profit [10].

1. Soc. 21 mars 1981, *JCP* 1981. IV. 207 – Civ. 1re, 19 mai 1981, *JCP* 1981. IV. 278 – Civ. 1re, 21 oct. 1997, n° 95-21.667, *Bull. civ.* I, n° 280 – Civ. 2e, 9 déc. 1997, n° 96-12.296, *Bull. civ.* II, n° 308 – Soc. 10 déc. 1997, n° 94-42.185, *Bull. civ.* V, n° 433; *D.* 1998. IR. 35.
2. Civ. 1re, 19 juin 2007, n° 06-20.240, *Bull. civ.* I, n° 238; *D.* 2007. 1971, obs. Avena-Robardet; *D.* 2007. 2690, obs. Douchy-Oudot; *RTD civ.* 2007. 811, note Perrot – Civ. 2e, 19 févr. 2015, n° 13-25.728, *Bull. civ.* II, [à paraître]; *Procédures* 2015. Comm. 149, obs. Croze.
3. L. n° 2011-900, 21 juill. 2011, de finances rectificative pour 2011, *JO* 30 juill., p. 12969.
4. Décr. n° 2013-1280, 29 déc. 2013, relatif à la suppression de la contribution pour l'aide juridique et à diverses dispositions relatives à l'aide juridique, *JO* 30 déc., p. 22242.
5. Civ. 1re, 19 juin 2007, n° 06-20.240, P (préc. s^s^ n° 233.93).
6. Civ. 1re, 9 mars 1982, n° 81-10.738, *Bull. civ.* I, n° 100.
7. Cass., ch. mixte, 30 avr. 1971, *JCP* 1971. 2. 16800, concl. Lindon; *RTD civ.* 1971. 691, obs. Hébraud – Civ. 1re, 1er mars 1972, *JCP* 1973. II. 17311, obs. J. P.; *D.* 1973. 57, note Besson; *RTD civ.* 1973. 158, obs. Hébraud – Civ. 3e, 18 avr. 1985, *JCP* 1985. IV. 224.
8. Civ. 2e, 26 oct. 2000, n° 98-19.387, *Bull. civ.* II, n° 145 – Soc. 7 avr. 2004, n° 02-40.725, *Bull. civ.* V, n° 113; *D.* 2004. 1284.
9. Cass., ass. plén., 21 déc. 2006, n°s 05-11.966 et 05-17.690, *Bull. ass. plén.*, n° 14; *D.* 2007. 160, obs. Avena-Robardet; *JCP* 2007. II. 10016, note Guyader; *Dr. et proc.* 2007. 158, note Desdevises; *AJDI* 2007. 323.
10. Com. 18 mars 1980, n° 78-11.489, *Bull. civ.* IV, n° 131 – Civ. 3e, 12 juill. 1988, n° 87-10.445, *Bull. civ.* III, n° 129.

CHAPITRE

234. Contredit

SECTION 0
ORIENTEUR

234.00 Plan du chapitre.

234.01 Textes applicables.

TEXTES CITÉS

> Contredit

C. pr. civ., art. 80 à 91

> Pourvoi en cassation contre un arrêt de contredit

C. pr. civ., art. 607, 607-1, 608

TEXTES CITÉS REPRODUITS *IN EXTENSO*

> Contredit

[C. pr. civ., art. 80 à 91]

C. pr. civ., art. 80

Lorsque le juge se prononce sur la compétence sans statuer sur le fond du litige, sa décision ne peut être attaquée que par la voie du contredit, quand bien même le juge aurait tranché la question de fond dont dépend la compétence.

Sous réserve des règles particulières à l'expertise, la décision ne peut pareillement être attaquée du chef de la compétence que par la voie du contredit lorsque le juge se prononce sur la compétence et ordonne une mesure d'instruction ou une mesure provisoire.

C. pr. civ., art. 81

Si le juge se déclare compétent, l'instance est suspendue jusqu'à l'expiration du délai pour former contredit et, en cas de contredit, jusqu'à ce que la cour d'appel ait rendu sa décision.

C. pr. civ., art. 82

Le contredit doit, à peine d'irrecevabilité, être motivé et remis au secrétariat de la juridiction qui a rendu la décision dans les quinze jours de celle-ci.

Si le contredit donne lieu à perception de frais par le secrétariat, la remise n'est acceptée que si son auteur a consigné ces frais.

Il est délivré récépissé de cette remise.

C. pr. civ., art. 83

Le secrétaire de la juridiction qui a rendu la décision notifie sans délai à la partie adverse une copie du contredit, par lettre recommandée avec demande d'avis de réception, et en informe également son représentant si elle en a un.

Il transmet simultanément au greffier en chef de la cour le dossier de l'affaire avec le contredit et une copie du jugement.

C. pr. civ., art. 84

Le premier président fixe la date de l'audience, laquelle doit avoir lieu dans le plus bref délai.

Le greffier de la cour en informe les parties par lettre recommandée avec demande d'avis de réception.

C. pr. civ., art. 85

Les parties peuvent, à l'appui de leur argumentation, déposer toutes observations écrites qu'elles estiment utiles. Ces observations, visées par le juge, sont versées au dossier.

C. pr. civ., art. 86

La cour renvoie l'affaire à la juridiction qu'elle estime compétente. Cette décision s'impose aux parties et au juge de renvoi.

n°s 725 s. – Dalloz action *Droit et pratique de la procédure civile*, 2014/2015, par D. Cholet, n°s 511.000 à 511.241.

Articles. J. Bellichach, « La face cachée du contredit », *D.* 2009. 1914 – M. Eymard et M. Doucede, « L'incompétence, voie de recours et juridiction de renvoi », *Gaz. Pal.* 1987. 2. 609 – M. Parmentier, « Les jugements mixtes au regard de la recevabilité du contredit et de l'appel », *Bull. avoués* 1984. 109.

234.04 Questions essentielles.

> Dans quels cas faut-il former un contredit ?
* V. s[s] n°s 234.10 s.
> Quelles sont les sanctions du non respect des domaines du contredit et de l'appel ?
* V. s[s] n°s 234.40 s.
> Comment se déroule la procédure de contredit ?
* V. s[s] n° 234.71
> Quels sont les pouvoirs de la cour d'appel saisie d'un contredit ?
* V. s[s] n°s 231.81 s.

234.09 Définition. Le contredit est une voie de recours à l'encontre d'une décision rendue en première instance sur la compétence. Ceux qui l'ont institué ont voulu faire trancher rapidement, de manière certaine, la question de la compétence. L'avant-projet de décret relatif à l'appel en matière civile prévoit la suppression du contredit (▶ v. s[s] n° 21.01, 7°).

SECTION 1
DOMAINE

§ 1
Principe

234.10 Division. L'article 80 du Code de procédure civile dispose que : « *Lorsque le juge statue sur la compétence sans statuer sur le fond du litige, sa décision ne peut être attaquée que par la voie du contredit, quand bien même le juge aurait tranché la question de fond dont dépend la compétence.*

Sous réserve des règles particulières à l'expertise, la décision ne peut pareillement être attaquée du chef de la compétence que par la voie du contredit lorsque le juge se prononce sur la compétence et ordonne une mesure d'instruction ou une mesure provisoire ».

Le texte vise les deux situations que nous étudierons successivement (A) et (B).

A.
Recours contre une décision rendue exclusivement sur la compétence

234.11 Le contredit, unique voie de recours. Lorsque le juge s'est prononcé exclusivement sur la compétence, sa décision ne peut être attaquée que par la voie du contredit. La solution s'applique que le juge se soit déclaré incompétent ou que, dans un premier jugement, il se soit borné à se déclarer compétent. Et le contredit est la seule voie de recours ouverte que l'incident résulte d'un déclinatoire de compétence ou d'une initiative du juge, que le jugement soit rendu en premier ressort ou en premier et dernier ressort. Peu importe que le juge se soit prononcé sur sa compétence territoriale ou sur sa compétence d'attribution. Mais il est nécessaire qu'il n'ait tranché que la question de la compétence, à l'exclusion de toute autre exception, prétention ou chef de demande. Ainsi, la voie de recours ouverte contre un jugement déclarant nulles les conclusions soulevant une exception d'incompétence et ordonnant un sursis à statuer n'est pas le contredit[1]. Dans le cas où une demande incidente est formée par une partie, indépendamment de la demande principale, le chef du jugement afférent à la demande incidente et qui ne statue que sur la compétence ne peut être attaqué que par la voie du contredit même si un appel a été formé sur la demande principale[2]. Seul l'appel est recevable lorsque le jugement est mixte mais la qualification de jugement mixte doit être appréciée pour chaque partie en cause, le principal s'entendant de l'objet du litige concernant chaque partie et chaque demande conservant son autonomie[3]. En effet lorsque les demandes sont formées par différentes parties et ne sont pas indivisibles, les voies de recours doivent s'apprécier séparément à l'égard de chaque partie. Si le juge s'est déclaré incompétent pour statuer sur les demandes dirigées contre un premier défendeur, sa décision ne peut être attaquée que par la voie du contredit, même s'il a statué sur le fond à l'égard du second défendeur[4].

234.12 Le juge a tranché une question de fond pour statuer sur la compétence. Comme le précise l'article 80 alinéa 1er du Code de procédure civile, le contredit est la seule voie de recours ouverte même lorsque le juge a tranché une question de fond pour statuer sur sa compétence[5]. La Cour de cassation a précisé que : « *lorsqu'il ne se prononce pas sur le fond du litige mais que la détermination de la compétence dépend d'une question de fond, le juge doit, dans le dispositif du jugement, statuer sur cette question de fond et sur la com-*

1. Civ. 1re, 24 janv. 2008, n° 06-14.276, *Bull. civ.* I, n° 17; *D.* 2008. 490.
2. Civ. 2e, 20 févr. 1985, n° 83-16.624, *Bull. civ.* II, n° 43; *JCP* 1985. IV. 159.
3. Angers, 14 mai 2001, *JCP* 2001. IV. 2854.
4. Soc. 15 déc. 1998, n° 96-43.550, NP; *Procédures* 1999, n° 63, obs. Sportouch.
5. Soc. 10 avr. 1991, n° 87-41.575, *Bull. civ.* V, n° 171; *D.* 1991. IR 126 – Civ. 2e, 15 nov. 1995, n° 93-16.133, *Bull. civ.* II, n° 139.

pétence par des dispositions distinctes »[1]. Cette obligation résulte de l'article 77 du Code de procédure civile. Certes, cette formalité n'est pas prescrite à peine de nullité mais l'autorité de la chose jugée ne s'attache qu'au dispositif du jugement[2]. Aussi, c'est un appel et non un contredit qui doit être formé contre un jugement qui a, dans son dispositif, déclaré la demande irrecevable alors que la question de compétence avait été tranchée dans les motifs[3]. En revanche, c'est la voie du contredit qui est seule ouverte contre une décision d'un tribunal d'instance qui n'a pas statué sur le fond du litige mais s'est dessaisi au profit d'un autre tribunal d'instance en accueillant une exception de connexité[4]. Enfin, la décision du juge qui se prononce sur la compétence et statue sur le fond est un jugement mixte et il ne peut être attaqué que par la voie de l'appel et non par celle du contredit[5]. Et si la juridiction de première instance rejette l'exception d'incompétence et juge en premier et dernier ressort sur le fond, le jugement n'est susceptible que d'un appel à l'encontre de la disposition relative à la compétence[6], le pourvoi en cassation est irrecevable. En effet, il n'est ouvert que lorsque toutes les autres voies de recours sont fermées et une décision rendue en première instance sur la compétence est nécessairement susceptible de recours. Il a été décidé que ne se prononce pas sur le fond le juge qui, en se déclarant compétent, a rejeté les fins de non-recevoir soulevées par le défendeur, aussi sa décision ne peut être attaquée que par la voie du contredit[7]. Mais un jugement qui rejette une exception d'incompétence pour cause de tardiveté, ne se prononce pas sur la compétente et ne peut pas être attaqué par la voie du contredit[8].

B.

Recours contre une décision sur la compétence et ordonnant une mesure avant dire droit

234.21 Compétence et mesure provisoire ou mesure d'instruction. L'article 80 alinéa 2 du Code de procédure civile énonce que si le juge se prononce sur la compétence et ordonne dans le même jugement une mesure provisoire ou une mesure d'instruction, autre qu'une expertise, son jugement ne peut être attaqué que par la voie du contredit. La solution s'explique parce que les jugements avant dire droit ne peuvent, en principe, faire l'objet d'un appel immédiat. Mais les dispositions de l'alinéa 2 de l'article 80 ne s'appliquent pas lorsque le juge a refusé d'ordonner une mesure d'instruction[9]. L'enquête sociale n'étant pas une expertise, seule la voie du contredit est ouverte[10]. L'article 80 alinéa 2 réserve, en effet, les règles particulières à l'expertise.

234.22 Compétence et expertise. Si le jugement avant dire droit ne peut faire l'objet d'un appel immédiat, il n'en va pas de même de celui ordonnant une expertise qui, en raison de l'importance de cette mesure, peut être frappé d'appel immédiatement avec l'autorisation du premier président. Ainsi l'alinéa 2 de l'article 80 a réservé l'hypothèse de l'expertise. Il faut alors combiner cet article avec les dispositions de l'article 272 qui organisent l'appel immédiat. Il résulte de cette combinaison que les deux recours sont possibles à l'encontre d'un jugement qui statue sur la compétence et ordonne une mesure d'expertise. Les deux voies doivent être utilisées concomitamment. Si le plaideur n'entend critiquer que le chef du jugement qui se prononce sur la compétence, il doit former un contredit. Inversement, s'il ne souhaite critiquer que le chef du jugement qui ordonne l'expertise, il doit solliciter du premier président l'autorisation d'interjeter un appel immédiat. S'il entend critiquer les deux chefs du jugement, il aura intérêt à former un contredit sur la compétence puis à demander au premier président l'autorisation d'interjeter appel. Certes l'article 272 alinéa 4 précise que : « *La cour peut être saisie de la contestation sur la compétence alors même que les parties n'auraient pas formé contredit* », aussi la question de la compétence peut être soumise à la cour au moyen de l'appel. Mais le choix de cette solution a l'inconvénient de faire dépendre le recours de l'autorisation du premier président et le délai pour former contredit risque d'être écoulé lorsque l'ordonnance de rejet du premier président sera rendue. Dans ce cas, l'appel différé jusqu'au jugement sur le fond ne permettra plus de remettre en cause la disposition du jugement relative à la compétence si un contredit n'a pas été formé dans le délai légal contre la première décision[11].

1. Civ. 3e, 22 mars 2006, no 05-12.178, *Bull. civ.* III, no 80; *Procédures* 2006. Comm. 93, obs. Perrot; *AJDI* 2006. 585 – Civ. 3e, 10 juin 2009, no 08-15.405, *Bull. civ.* III, no 139; *AJDI* 2009. 814.
2. V. NOT. : Civ. 2e, 13 juill. 2006, no 05-10.380, *Bull. civ.* II, no 208; *JCP* 2006. IV. 2787.
3. Civ. 2e, 28 févr. 1996, no 93-16.900, *Bull. civ.* II, no 39; *Justices* 1997. 285, obs. Wiederkehr.
4. Soc. 14 juin 2005, no 04-60.284, *Bull. civ.* V, no 200.
5. Civ. 2e, 5 févr. 1997, no 95-11.518, *Bull. civ.* II, no 32; *D.* 1997. 71 – Civ. 3e, 21 janv. 1998, no 96-10.570, *Bull. civ.* III, no 14; *D.* 1998. 51 – Com. 14 oct. 2008, no 06-15.064, *Bull. civ.* IV, no 169.
6. Civ. 2e, 8 avr. 1976, no 75-11.619, *Bull. civ.* II, no 113; *D.* 1976. IR 191; *RTD civ.* 1976. 615, obs. Normand – Soc. 17 juin 1992, no 91-60.225, *Bull. civ.* V, no 399.
7. Paris, 13 févr. 1986, *Gaz. Pal.* 1986. 2. Pan. 355.
8. Paris, 14 janv. 1972, *JCP* 1972. II. 17242, concl. Cornadeau.
9. Paris, 20 oct. 1993, *BICC* 1er déc. 1993, no 1325.
10. Versailles, 20 mars 1989, *Gaz. Pal.* 1989. Somm. 527.
11. Paris, 31 janv. 1986, *Bull. ch. avoués* 1986. 254.

§ 2
Exceptions

234.31 Exceptions. Par exception au principe posé à l'article 80 du Code de procédure civile, les articles 98 et 99 indiquent quelques cas dans lesquels il convient d'interjeter appel et non de régulariser un contredit alors que le juge n'a statué que sur sa compétence. Ainsi l'article 98 du Code de procédure civile précise que la voie de l'appel est seule ouverte contre les ordonnances de référé et contre les ordonnances du juge conciliateur en matière de divorce ou de séparation de corps. L'article 99 ajoute que la cour ne peut être saisie que la voie de l'appel lorsque l'incompétence est invoquée ou relevée d'office au motif que l'affaire relève de la compétence d'une juridiction administrative. Enfin, l'article R. 121-3 du Code des procédures civiles d'exécution prévoit que « *les décisions du juge de l'exécution statuant sur la compétence ne sont pas susceptibles de contredit* ».

§ 3
Sanction du non-respect des domaines du contredit et de l'appel

234.40 Division. Quelles sanctions appliquer lorsqu'un plaideur a formé un contredit alors qu'il aurait dû interjeter appel ou a fait appel alors qu'il aurait dû former un contredit ? L'article 91 du Code de procédure civile apporte une solution à la première erreur (A), mais il n'existe pas de texte spécial pour réparer la seconde (B).

A.
Requalification du contredit en appel

234.41 Solution apportée par l'article 91 du Code de procédure civile. L'article 91 du Code de procédure civil dispose que : « *Lorsque la cour estime que la décision lui est déférée par la voie du contredit devait l'être par celle de l'appel, elle n'en demeure pas moins saisie* ». Dans cette hypothèse la cour déclare le contredit irrecevable mais il n'y a pas véritablement de sanction car elle va examiner le recours contre la décision rendue en première instance. Le texte vise toutes les situations dans lesquelles l'utilisation du contredit résulte d'une erreur, notamment lorsque le contredit a été formé alors que l'incompétence était invoquée ou a été relevée d'office au motif que l'affaire relève de la compétence d'une juridiction administrative[1] ou encore lorsque, saisie par la voie du contredit d'une décision qui statuait en même temps sur la compétence à l'égard d'un défendeur et sur le fond à l'égard d'un autre, la cour d'appel, après avoir constaté l'indivisibilité du litige et l'irrecevabilité du contredit, doit statuer en application de l'article 94[2]. Mais pour que la cour d'appel puisse rester saisie encore faut-il que le contredit soit recevable, c'est-à-dire formé dans les délais et motivé[3].

234.42 Conséquences de la requalification. Le contredit ayant été formé à tort, c'est une instance d'appel qui va se dérouler devant la cour. L'article 91 alinéa 2 prévoit que l'affaire est instruite et jugée selon les règles applicables à l'appel des décisions rendues par la juridiction dont émane le jugement frappé de contredit. L'alinéa 3 tire les conséquences de ce texte : si les parties sont tenues de constituer avocat et si celui qui a formé un contredit n'a pas constitué avocat dans le mois de l'avis donné aux parties par le secrétaire greffier, l'appel sera d'office déclaré irrecevable. Il avait été jugé que le mandat donné par une partie à son avoué de former un contredit et de la représenter dans cette procédure dépourvue de représentation obligatoire n'emporte pas constitution pour la procédure d'appel qui exige la représentation, de sorte qu'en l'absence de constitution dans le délai d'un mois suivant l'avis donné aux parties par le greffier, la cour d'appel a fait une exacte application de l'article 91 alinéa 3 en jugeant que l'appel était irrecevable[4]. En revanche, il a été jugé que la constitution d'avoué peut résulter du dépôt d'une déclaration d'appel au greffe dans le délai d'un mois, imparti par l'article 91[5]. Si la représentation est obligatoire, il faudra acquitter le droit affecté au fonds d'indemnisation de la profession d'avoué. En vertu de l'effet dévolutif de l'appel, la cour tranche l'ensemble du litige par un arrêt susceptible d'un recours en cassation.

B.
Irrecevabilité de l'appel

234.51 Absence de disposition spéciale en cas d'appel formé par erreur. Lorsque le plaideur interjette appel au lieu de former un contredit, aucun texte spécial ne permet de réparer l'erreur. Il faut alors appliquer les principes généraux : le plaideur a formé un recours qui n'était pas ouvert. L'article 125 du Code de procédure civile sanctionne par une fin de non-recevoir l'absence

1. Civ. 2e, 10 déc. 1980, n° 79-12.870, *Bull. civ.* II, n° 261 – Soc. 23 avr. 2003, n° 01-40.127, *Bull. civ.* V, n° 139; *D.* 2003. IR 1265.
2. Soc. 16 nov. 1995, n° 92-42.086, NP.
3. Civ. 2e, 14 déc. 1992, n° 91-17.352, *Bull. civ.* II, n° 311; *D.* 1993. Somm. 183, obs. Julien – Soc. 4 mai 1993, n° 89-40.774, NP – Soc. 20 oct. 1999, n° 97-42.862, NP.
4. Civ. 2e, 3 mai 2001, n° 98-21.769, *Bull. civ.* II, n° 86; *AJDI* 2001. 637.
5. Paris, 31 mai 1991, *Bull. ch. avoués* 1991. 3. 98.

d'ouverture d'une voie de recours. La règle est d'ordre public et le juge doit soulever d'office cette fin de non-recevoir[1].

234.52 **Conseil procédural.** Puisque l'erreur qui consiste à former un contredit, au lieu d'interjeter appel, n'est pas véritablement sanctionnée alors qu'au contraire lorsqu'il a été interjeté appel au lieu de former un contredit la sanction est sévère, en cas de doute le plaideur a intérêt à former un contredit à condition de respecter les délais et les formes spécifiques de cette voie de recours.

SECTION 2 PROCÉDURE

§ 1 Introduction du recours

234.61 **Forme du contredit.** L'article 82 du Code de procédure civile précise que le contredit doit être remis au secrétariat de la juridiction qui a rendu la décision. Un contredit adressé au greffe par lettre recommandée a été déclaré recevable[2]. Le contredit ne peut pas être formé selon d'autres modalités, ainsi il a été jugé que lorsqu'un premier contredit avait été formé, le contredit incident émanant d'un défendeur au contredit principal obéit aux mêmes règles que ce dernier sans que puissent être invoquées les dispositions du Code de procédure civile relatives à l'appel incident, inapplicables en matière de contredit[3]. Le contredit ne peut pas non plus être formé par voie d'intervention dans le cadre d'un contredit régulièrement formé par une autre partie[4]. Le contredit doit être motivé, c'est-à-dire exposer les moyens critiquant la décision qui en est frappée en ce qui concerne la disposition relative à la compétence[5]. La motivation peut développer des moyens nouveaux par rapport à ceux qui ont été discutés devant la juridiction dont la décision est frappée de contredit à condition qu'ils aient trait à la même question de compétence[6]. L'auteur du contredit doit exposer tous ses moyens dans l'acte de contredit car il ne lui sera plus possible de le compléter par de nouveaux moyens qui seraient développés dans des conclusions postérieures à l'expiration du délai. La cour d'appel n'a pas à répondre à des moyens qui ne figureraient pas dans le contredit[7]. Le défaut de motivation est une fin de non-recevoir d'ordre public qui doit être relevée d'office par la cour d'appel[8]. Le simple renvoi aux conclusions déposées devant la juridiction dont émane la décision frappée de contredit ne constitue pas une motivation[9]. Le contredit doit-il expressément désigner la juridiction dont la compétence est alléguée ? La deuxième chambre civile de la Cour de cassation a estimé que cette désignation n'était pas nécessaire[10] tandis que la chambre commerciale a exigé de l'auteur du contredit qu'il désigne la juridiction qu'il estimait compétente dans son contredit[11]. Certains affirment que lorsque l'auteur du contredit soulève l'incompétence des premiers juges il doit, conformément aux dispositions de l'article 75 du Code de procédure civile, désigner la juridiction devant laquelle il prétend que la demande doit être portée si cette juridiction est française[12]. Quand l'auteur du contredit conteste une décision d'incompétence, il sous-entend nécessairement l'allégation de la compétence de la juridiction qui a statué[13]. Enfin, dans le cas où l'auteur du contredit prétend qu'une juridiction étrangère est compétente la jurisprudence est plus libérale et elle considère qu'il suffit que l'auteur du contredit donne des précisions suffisamment claires pour déterminer la ville, la région ou l'État où se trouve la juridiction compétente, sans avoir à désigner la nature ni la localisation exacte de celle-ci[14]. La déclaration de contredit motivée et signée par l'avocat du demandeur est recevable même si elle n'est pas signée par le demandeur[15].

234.62 **Délai.** Le délai pour former un contredit est de quinze jours (C. pr. civ., art. 82). Le délai court du jour du prononcé du jugement[16], même si

1. Civ. 2e, 14 mars 1979, no 77-12.462, *Bull. civ.* II, no 83 – Civ. 2e, 15 nov. 1995, no 93-16.133, *Bull. civ.* II, no 275.
2. Soc. 3 mars 1983, no 81-15.453, *Bull. civ.* V, no 129; *D.* 1984. IR 169.
3. Paris, 7 avr. 1993, *Bull. ch. avoués* 1993. 3. 89.
4. Com. 21 mars 1995, no 92-20.477, *Bull. civ.* IV, no 93; *D.* 1996. Somm. 134, obs. Julien; *RTD com.* 1995. 827, obs. Bouloc.
5. Civ. 2e, 27 juin 1985, no 82-12.893, *Bull. civ.* II, no 130; *Gaz. Pal.* 1986. 1. Pan. 12, obs. Guinchard et Moussa; *D.* 1986. IR 225, obs. Julien – Civ. 2e, 15 avr. 1991, no 88-42.567, *Bull. civ.* II, no 127.
6. Soc. 20 janv. 1966, *JCP* 1966. IV. 4842, obs. J A; *RTD civ.* 1966. 370, obs. Hébraud.
7. Civ. 2e, 7 juin 2006, no 05-18.531, *Bull. civ.* II, no 148; *Procédures* 2006. Comm. 176, note Perrot; *JCP* 2006. I. 188, obs. Martin.
8. Civ. 2e, 23 nov. 1994, no 93-10.586, *Bull. civ.* II, no 238; *JCP* 1995. I. 3846, obs. Cadiet.
9. Reims, 27 avr. 1983, *Gaz. Pal.* 1983. 2. Somm. 337.
10. Civ. 2e, 28 nov. 1985, no 84-14.382, *Bull. civ.* II, no 181.
11. Com. 8 janv. 1991, no 88-17.227, *Bull. civ.* IV, no 23; *RTD com.* 1991. 565, obs. Derruppé.
12. J.-L. Gallet, *La procédure civile devant la cour d'appel*, 3e éd., LexisNexis, 2014, p. 259.
13. Civ. 2e, 28 nov. 1985, no 84-14.382, P (préc. ss prést no).
14. Civ. 1re, 31 janv. 1990, no 87-17.777, NP; *D.* 1990. 461, note Rémery – Civ. 1re, 15 oct. 1996, no 95-10.234, *Bull. civ.* I, no 349; *D.* 1996. 248; *Rev. crit. DIP* 1997. 90, note Muir-Watt – Com. 25 nov. 1997, no 95-21.021, *Bull. civ.* IV, no 310; *Rev. crit. DIP* 1998. 98, rapp. Rémery – Soc. 17 mars 1998, nos 93-40.442 et 95-41.582, *Bull. civ.* V, no 151; *D.* 1998. IR 100; *JCP* 1998. II. 10127, note Kerchove.
15. Soc. 5 déc. 2006, no 06-40.821, *Bull. civ.* V, no 370; *D.* 2007. 161.
16. Civ. 2e, 26 oct. 1978, *JCP* 1979. IV. 3.

les parties n'étaient pas présentes au jour du prononcé. Mais il faut qu'une mention du jugement indique que les parties ont été informées de la date à laquelle il serait rendu[1]. Toutefois, pour le calcul du point de départ du délai les énonciations du plumitif d'audience portant la date du délibéré, qui confirment sur ce point les dires d'une partie, peuvent suppléer l'absence dans le jugement de la mention de la date à laquelle celui-ci serait prononcé[2]. Si le jugement statuant sur la compétence n'a pas été rendu sur le champ et si la date de son prononcé n'a pas été indiquée aux parties, le délai court, non pas du jour de la décision, mais de celui de sa notification[3] ou à compter du moment où la partie concernée a eu connaissance effective de la décision par un moyen quelconque[4]. La disposition de l'article 641 selon laquelle lorsqu'un délai est exprimé en jours, celui de la décision qui le fait courir ne compte pas, est applicable au délai du contredit[5]. Le délai expire à la fin du quinzième jour (C. pr. civ., art. 642, al. 1er). L'acte de notification n'a pas à comporter des indications prévues par l'article 680 du Code de procédure civile en ce qui concerne les délais et modalités d'exercice du recours[6]. La notification n'étant pas prévue par les textes, l'indication erronée dans celle-ci que la décision statuant sur la compétence est susceptible d'appel dans le délai d'un mois, n'a pas pour effet de suspendre le délai de contredit[7]. Les prorogations et augmentations de délai prévues par l'article 642 alinéa 2 lorsque le délai expire un samedi un jour férié ou chômé et par l'article 643, en raison de la distance, sont applicables en matière de contredit[8].

234.63 Effets du contredit. Le contredit ne profite qu'à celui qui le forme, bien qu'il déclenche un mécanisme légal de vérification de la compétence du tribunal[9]. En conséquence, il ne permet pas aux autres parties qui n'ont pas formé un contredit de critiquer la compétence par voie de conclusions[10]. Si le contredit donne lieu à perception de frais par le secrétariat, la remise du contredit n'est acceptée que si son auteur a consigné ces frais. Il est délivré récépissé de cette remise (C. pr. civ., art. 82, al. 2 et 3).

§ 2
Déroulement de la procédure

234.71 Formalités subséquentes. Les suites de la procédure sont régies par les articles 85 à 86 du code. Le secrétariat de la juridiction qui a rendu la décision notifie sans délai à la partie adverse une copie du contredit par lettre recommandée avec demande d'avis de réception et en informe son représentant, s'il en a un. Simultanément, il transmet au greffier en chef de la cour d'appel le dossier de l'affaire avec le contredit et une copie du jugement. Il appartient au premier président de fixer la date de l'audience qui doit avoir lieu « *dans les plus brefs délais* ». Les parties ne sont pas tenues de constituer avocat et elles ne déposent pas des conclusions mais de simples observations qui sont versées au dossier. L'auteur du contredit ne peut présenter de nouveaux moyens à l'appui de son recours, il ne peut qu'expliciter et développer les moyens qui y figurent[11]. Le secrétaire greffier de la cour informe les parties par lettre recommandée avec demande d'avis de réception de la date d'audience fixée par le premier président. Aucun texte ne prévoit que l'information de la date donnée aux parties doit l'être également aux avocats[12]. Le délai de convocation à l'audience doit être suffisant pour respecter les droits de la défense[13].

SECTION 3
DÉCISION

§ 1
Décision sur la compétence

A.
Pouvoirs de la cour

1°
Règlement du conflit de compétence

234.81 Le tribunal initialement saisi est compétent. La cour d'appel peut estimer que le tribunal

1. Civ. 2e, 6 nov. 2008, no 08-10.223, NP; *Procédures* 2009. Comm. 3, obs. Perrot.
2. Versailles, 26 mars 1979, *D.* 1979. IR 478, obs. Julien.
3. Civ. 2e, 23 avr. 1980, no 79-13.692, *Bull. civ.* II, no 78; *Gaz. Pal.* 1980. 2. 574, note Viatte; *RTD civ.* 1980. 619, obs. Perrot; *JCP* 1980. IV. 248 – Civ. 2e, 7 mai 1981, no 80-10.966, *Bull. civ.* II, no 116; *RTD civ.* 1982. 208, obs. Perrot.
4. Civ. 2e, 30 nov. 1983, no 82-12.83, *Bull. civ.* II, no 189, *Gaz. Pal.* 1984. 1. Pan. 75, obs. Guinchard – Civ. 2e, 6 mai 1997, no 95-12.713, *Bull. civ.* II, no 129; *D.* 1997. IR 195.
5. Civ. 2e, 23 janv. 1985, no 83-15.576, *Bull. civ.* II, no 17; *JCP* 1985. IV. 128; *Gaz. Pal.* 1985. Pan. 120, obs. Guinchard.
6. Civ. 2e, 2 déc. 1981, no 80-13.876, *Bull. civ.* II, no 210; *Gaz. Pal.* 1982. 1. 211, note Viatte; *RTD civ.* 1981. 811, obs. Perrot.
7. Civ. 2e, 19 mai 1980, no 79-10.319, *Bull. civ.* II, no 116; *Gaz. Pal.* 1980. 2. 590, note Viatte; *JCP* 1980. IV. 286.
8. Civ. 2e, 10 févr. 1988, no 86-16.491, *Bull. civ.* II, no 39; *JCP* 1988. IV. 143; *D.* 1988. 452, note Fadlallah.
9. Civ. 2e, 18 juin 1969, *JCP A* 1969. 5567, obs. A. J.; *RTD civ.* 1969. 830, obs. Hebraud – Civ. 1re, 21 oct. 1980, no 79-13.278, *Bull. civ.* I, no 261; *Gaz. Pal.* 1981. 266, note Viatte.
10. Civ. 1re, 23 janv. 2007, no 05-21.522, *Bull. civ.* I, no 28; *D.* 2007. 513; *D.* 2007. 1751, obs. Courbe et Jault-Seseke.
11. Civ. 2e, 16 avr. 1982, no 81-10.701, *Bull. civ.* II, no 53.
12. Civ. 2e, 29 févr. 1984, no 82-16.113, *Bull. civ.* II, no 39; *JCP* 1984. IV. 145.
13. Soc. 3 juill. 1963, *JCP A* 1963. IV. 4315, note J. A.

initialement saisi est compétent. Selon qu'il s'est déclaré compétent ou incompétent, la cour juge le contredit bien ou mal fondé. Le secrétariat de la cour d'appel renvoie le dossier à la juridiction initialement saisie avec une copie de l'arrêt. L'instance, qui en vertu de l'article 81 était suspendue, reprend à l'initiative de la juridiction de première instance.

234.82 Le tribunal initialement saisi est incompétent. Selon que le contredit a été formé contre une décision du juge qui s'est déclaré incompétent ou compétent, la cour déclare le contredit bien ou mal fondé. La cour d'appel se trouve, par l'effet dévolutif du contredit, investie de plein droit de la connaissance du litige relatif à la question de la compétence, elle statue à la fois sur la compétence territoriale et sur la compétence d'attribution même si elle n'a été saisie que de l'une des deux questions. La cour n'est pas liée par les indications des parties. Elle peut estimer que ce n'est ni la juridiction initialement saisie, ni celle proposée par le demandeur au contredit qui est compétente et dans ce cas elle désigne une troisième juridiction. Il appartient à la cour de désigner le tribunal qu'elle estime compétent conformément aux dispositions de l'article 96 alinéa 2 du Code de procédure civile. Cependant en application du premier alinéa de ce texte, lorsque la cour estime que l'affaire relève de la compétence d'une juridiction répressive arbitrale ou étrangère, elle peut seulement renvoyer les parties à mieux se pourvoir.

Conformément aux articles 87 et 97 du Code de procédure civile l'arrêt est aussitôt notifié aux parties par lettre recommandée avec demande d'avis de réception par le greffier de la cour d'appel. Il adresse également le dossier de l'affaire avec une copie de la décision à la juridiction désignée. À réception du dossier, le greffier du tribunal désigné invite les parties à reprendre l'instance par lettre recommandée avec demande d'avis de réception. Si la cour a renvoyé l'affaire devant un tribunal de grande instance, le greffier invite les parties à constituer avocat dans le délai d'un mois à peine de radiation (C. pr. civ., art. 97, al. 3). La Cour de cassation a été obligée de préciser que l'article 79 alinéa 2 du Code de procédure civile n'étant pas applicable en la matière du contredit, la cour doit renvoyer l'affaire à la juridiction du premier degré qu'elle estime compétente et non à la cour qui est juge d'appel de cette juridiction[1]. Une nouvelle assignation devant la juridiction compétente n'est pas nécessaire puisque c'est la même instance qui se poursuit.

1. Soc. 17 avr. 1985, n° 82.42.785, *Bull. civ.* V, n° 233; *Gaz. Pal.* 1986. Somm. 85, obs. Guinchard et Moussa.

234.83 Autorité de la décision. Le contredit n'a d'effet qu'à l'égard de la partie qui le forme[2]. Aussi, le contredit du débiteur principal ne profite pas à la caution[3] et la notification à une partie du contredit formé par une autre ne peut avoir pour conséquence de lui conférer la qualité de demandeur à un contredit qu'elle n'a pas formé. La cour d'appel ne peut se prononcer sur la compétence au profit de celle des parties qui n'a pas exercé de recours[4]. La notification faite à une partie qui n'a pas formé de contredit non seulement ne l'attrait pas à l'instance mais ne lui permet pas d'intervenir, l'intervention volontaire ou forcée sur contredit étant inopérante[5]. Quelle que soit la juridiction désignée, l'article 86 du Code de procédure civile prévoit que la décision de renvoi de la cour s'impose au juge désigné ainsi qu'aux parties, sous réserve de l'exercice d'un pourvoi en cassation. Si la cour d'appel a tranché une question de fond dont dépend la compétence, sa décision a autorité de chose jugée, pour la juridiction de renvoi, sur cette question de fond (C. pr. civ., art. 95). Toutefois la Cour de cassation refusant de reconnaître l'autorité de chose jugée au motif décisif pour la réserver au seul dispositif, il faut que la cour, en se prononçant sur la compétence, ait tranché, dans le dispositif de la décision, la question de fond dont dépend la compétence pour que sa décision sur la question de fond bénéficie autorité de chose jugée[6].

2°
Autres pouvoirs

234.91 Exceptions de procédure. En vertu de l'effet dévolutif du contredit, il a été jugé que la cour doit, le cas échéant, préalablement à la décision sur la compétence et indépendamment de l'évocation du fond du litige, statuer sur les éventuelles exceptions de nullité tirées de l'irrégularité de la composition de la juridiction de première instance et la violation de l'article 96, en sorte que l'ouverture de la voie de contredit exclut celle de l'appel à fin d'annulation[7]. Si la cour d'appel a l'obligation de statuer sur les exceptions, en revanche la cour d'appel, saisie d'un contredit de compétence, n'a pas à statuer sur les fins de non-recevoir

2. Civ. 2e, 18 juin 1969 (préc. s^s n° 234.63).
3. Com. 21 mars 1995, n° 92-20.477, P (préc. s^s n° 234.61).
4. Civ. 1re, 21 oct. 1980, n° 79-13.278, *Bull. civ.* I, n° 261.
5. Com. 21 mars 1995, n° 92-20.477, P (préc. s^s n° 234.61 et prés^t n°).
6. Civ. 2e, 24 mai 2007, n° 05-21.732, *Bull. civ.* II, n° 130; *D.* 2007. 1736; *RTD civ.* 2007. 630, note Théry; *AJDI* 2007. 742, obs. Zalewski – Soc. 30 janv. 2008, n° 06-14.218, *Bull. civ.* V, n° 28; *D.* 2008. 553.
7. Soc. 15 déc. 1999, n°s 97-43.751, 97-43.795 et 97-43.863, *Bull. civ.* V, n° 490; *D.* 2000. 27.

qui doivent être examinées par la juridiction désignée par elle comme compétente[1].

234.92 Frais, amende civile, dommages et intérêts. L'article 88 du Code de procédure civile précise que les frais éventuellement afférents au contredit sont mis à la charge de la partie qui succombe sur la question de la compétence. Il précise que l'auteur du contredit peut, en outre, être condamné à une amende civile d'un maximum de 3 000 euros, sans préjudice de dommages et intérêts qui pourraient lui être réclamés. Il a été jugé que la condamnation à l'amende ne profitant pas à la partie adverse mais à l'État, le défendeur au contredit ne peut donner lieu à ouverture à cassation[2].

B. Recours

234.101 Autonomie de l'article 87 alinéa 2. L'article 87 alinéa 2 du Code de procédure civile prévoit que le délai de pourvoi contre un arrêt rendu sur contredit court à compter de la notification de la décision. Cet article doit-il être interprété de manière autonome ou à la lumière des articles 607 et 608 du même code ? Il résulte de ces textes qu'une décision rendue en dernier ressort, statuant sur un incident, ne peut être frappée de pourvoi en cassation indépendamment du jugement sur le fond, sauf si elle met fin à l'instance. La jurisprudence relative à cette question n'est pas vraiment claire. Selon un premier courant le pourvoi en cassation immédiat n'est recevable que si la cour d'appel statuant sur le contredit a mis fin à l'instance. Ainsi, la deuxième chambre civile de la Cour de cassation a jugé que les dispositions de l'alinéa 2 sont applicables à l'arrêt par lequel la cour, sans évoquer, se borne à se prononcer sur la compétence[3]. En revanche, la décision ne serait pas susceptible d'un pourvoi immédiat lorsqu'elle a déclaré compétente la juridiction saisie en première instance et, évoquant le fond du litige, a renvoyé la cause à une prochaine audience[4]. Il résulte de ce premier courant que l'article 87 ne dérogerait pas au principe posé par les articles 607 et 608 du Code de procédure civile. Cependant, d'autres arrêts ont décidé que le pourvoi en cassation immédiat est recevable sur le fondement de l'article 87 sans s'interroger sur le sort de l'instance, conférant à l'article 87 alinéa 2 du Code de procédure civile une parfaite autonomie par rapport au principe posé par les articles 607 et 608[5]. Désormais l'article 607-1 du code précise que : « *Peut également être frappé de pourvoi en cassation l'arrêt par lequel la cour d'appel se prononce sur la compétence sans statuer sur le fond du litige* ». On peut déduire de ce texte la volonté des auteurs du décret du 6 novembre 2014 relatif à la procédure civile, applicable devant la Cour de cassation[6], de condamner la thèse de l'autonomie de l'article 87.

234.102 Recevabilité immédiate du pourvoi en matière internationale. Par trois arrêts en date du 7 mai 2010, la première chambre civile de la Cour de cassation a jugé que l'arrêt d'appel qui statue sur une exception d'incompétence des juridictions françaises peut être immédiatement frappé d'un pourvoi en cassation même s'il n'a pas mis fin à l'instance[7]. La Cour de cassation considère que l'incompétence du juge français mettrait en cause son pouvoir de juger de sorte que la recevabilité du pourvoi immédiat aurait pour fonction de prévenir un éventuel excès du pouvoir du juge. Cette solution a été critiquée par la doctrine. Mais comme il a été remarqué[8], la solution n'est pas totalement nouvelle puisqu'il avait été jugé que le pourvoi en cassation était immédiatement recevable à l'encontre d'un arrêt ayant statué sur une exception de litispendance internationale[9] et à l'encontre d'une décision qui s'était prononcée sur la compétence du

1. Soc. 13 janv. 1998, nº 95-40.958, *Bull. civ.* V, nº 5 (pour une fin de non-recevoir tirée de la chose jugée).
2. Civ. 2e, 8 juin 1972, nº 71-12.157, *Bull. civ.* II, nº 175.
3. Civ. 2e, 16 juin 1993, nº 91-21.785, *Bull. civ.* II, nº 206 – Civ. 1re, 9 déc. 2003, nº 01-03.225, *Bull. civ.* I, nº 245; *D.* 2004. 276, obs. Manara; *Rev. crit. DIP* 2004. 632, note Cachard; *RTD com.* 2004. 281, obs. Pollaud-Dulian.
4. Soc. 16 mars 1999, nºs 97-40.271 et 97-44.137, *Bull. civ.* V, nº 113; *JCP* 1999. IV. 1866; *D.* 1999. 102; *AJFP* 1999. 47, note Petit; *Dr. soc.* 1999. 516, obs. de Magnienville; *Dr. soc.* 1999. 553, note Roy-Loustaunau; *RDSS* 1999. 645, obs. Badel, Daugareilh, Lafore et Willmann – Civ. 2e, 6 oct. 2005, nº 03-20.404, *Bull. civ.* II, nº 235; *JCP* 2005. IV. 3348 – Com. 14 févr. 2006, nº 05-12.659, NP; *Procédures* 2006, nº 68, obs. Perrot – Soc. 16 déc. 2008, nº 07-43.346, *Bull. civ.* V, nº 247; *JCP* 2009. IV. 1169.
5. Civ. 1re, 23 janv. 2007, nº 06-11.157, NP – Civ. 1re, 4 févr. 2003, nº 00-17.087, NP – Com. 8 mars 2011, nº 10-17.349, NP – Civ. 2e, 16 déc. 1999, nº 97-12.806, NP – Soc. 25 mars 1998, nº 96-16.857, NP.
6. Décr. nº 2014-1338, 6 nov. 2014, relatif à la procédure civile applicable devant la Cour de cassation, *JO* 8 nov., p. 18901.
7. Civ. 1re, 7 mai 2010, nºs 09-14.324 et 09-11.177, *Bull. civ.* I, nº 107 et 106; *D.* 2010. 2196, note Bolze et Perreau-Saussine; *D.* 2011. 1374, obs. Jault-Seseke; *Rev. crit. DIP* 2010. 558, note Gaudemet-Tallon; *RTD civ.* 2010. 617, obs. Perrot; *RTD civ.* 2010. 808, obs. Thery – Civ. 1re, 7 mai 2010, nº 09-11.178, NP; *D.* 2010. 2196, note Bolze; *RTD civ.* 2010. 610, obs. Perrot; *RTD civ.* 2010. 808, obs. Théry – Com. 7 déc. 2010, nº 09-14.545, NP – Civ. 1re, 9 mars 2011, nº 10-10.044, *Bull. civ.* I, nº 54; *D.* 2011. 889, obs. Tahri; *Rev. crit. DIP* 2011. 716, note Gaudemet-Tallon; *RTD civ.* 2011. 382, obs. Thery – Com. 29 mars 2011, nº 10-12.272, NP.
8. J. Héron et T. Le Bars, *Droit judiciaire privé*, 5e éd., Montchrestien, 2012, nº 1040.
9. Civ. 1re, 12 déc. 2006, nºs 04-11.088 et 04-15.099, *Bull. civ.* I, nºs 537 et 538; *D.* 2007. 780, note Mahinga; *AJ fam.* 2007. 226, obs. Boiché.

juge français en présence d'une clause compromissoire insérée dans un contrat international[1].

§ 2
Évocation

234.111 **Définition.** L'évocation est le fait pour une cour d'appel d'attraire à elle l'ensemble du litige tel qu'il a été soumis au premier juge et de lui donner une solution complète alors qu'il n'a été que partiellement tranché en première instance. C'est une exception au double degré de juridiction : le premier degré fait défaut.

A.
Conditions

234.121 **Trois conditions de l'évocation.** La première condition est posée par l'article 89 du Code de procédure civile, il faut que la cour d'appel soit la juridiction d'appel relativement à la juridiction qu'elle estime compétente. Si elle n'est pas la juridiction d'appel du tribunal qu'elle estime compétent, elle ne peut que lui renvoyer l'affaire et non renvoyer l'affaire devant la cour d'appel de la juridiction qu'elle estime compétente[2]. La seconde condition est que l'affaire soit susceptible d'appel au fond. La troisième condition résulte encore de l'article 89, la cour d'appel doit estimer de bonne justice de donner à l'affaire une solution définitive. L'exercice de la faculté d'évocation n'exige pas le consentement des parties[3]. Ni la complexité d'une affaire, ni le principe du double degré de juridiction n'interdisent à une cour d'appel, saisie d'un contredit, d'user de la faculté d'évocation sur le fond, après avoir relevé que l'affaire est en état de recevoir une solution définitive et estimé qu'il est de d'une bonne justice de le faire[4]. Mais contrairement à ce que prévoyait le décret du 20 juillet 1972[5], la cour d'appel peut évoquer une affaire qui n'est pas en état d'être jugée; dans ce cas elle doit inviter les parties à s'expliquer sur leurs prétentions ou ordonner une mesure d'instruction[6]. Cependant l'évocation n'étant pas une évolution du litige, elle ne peut donner lieu à intervention forcée des tiers[7]. Cependant, ne constitue pas l'exercice d'une faculté d'évocation l'examen par la cour d'appel de la question de fond dont dépend la compétence[8].

B.
Conséquences

234.131 **Transformation de l'instance.** Lorsque la cour d'appel évoque, elle est saisie de l'ensemble de l'affaire. L'instance est transformée et il convient désormais d'appliquer les règles de l'instance d'appel. Aussi, l'article 90 du Code de procédure civile précise que « *quand elle décide d'évoquer, la cour invite les parties, le cas échéant par lettre recommandée avec demande d'avis de réception, à constituer avocat dans le délai qu'elle fixe, si les règles applicables à l'appel des décisions rendues par la juridiction dont émane le jugement frappé de contredit imposent cette constitution* ». Ainsi, lorsque l'affaire relève d'une procédure avec représentation obligatoire, les parties sont invitées à se faire régulièrement représenter devant la cour d'appel. L'article 90 ne contient pas de dispositions spéciales pour la procédure sans représentation obligatoire. Cependant, si la cour décide d'évoquer, les parties en sont informées par notification de l'arrêt dans les conditions prévues à l'article 87 du Code de procédure civile et elles doivent être convoquées à l'audience prévue pour les débats conformément aux modalités prévues par les articles 937 et 947 du Code de procédure civile. L'arrêt rendu après évocation est susceptible d'un pourvoi en cassation.

234.132 **Défaut de diligence des parties.** Le défaut de diligence des parties, qui ne se sont pas faites régulièrement représenter alors que la représentation était obligatoire, peut être sanctionné d'office par la radiation de l'affaire par une décision motivée, non susceptible de recours (C. pr. civ., art. 90, al. 2). Cette mesure est une simple mesure d'administration judiciaire qui laisse persister l'instance qui peut être reprise après rétablissement de l'affaire comme il a été jugé pour l'article 97 alinéa 3 du Code de procédure civile. Le défaut de diligence de la part d'une seule partie amène à faire application des dispositions des articles 468 et 469 du Code de procédure civile. La Cour de cassation a cependant précisé que les dispositions de l'ancien article 908 du Code de procédure civile (devenu l'article 911), qui prévoient la réassignation de l'intimé qui n'a pas constitué avocat admis à postuler devant la cour d'appel, ne s'appliquent pas à la procédure de contredit[9].

1. Civ. 1re, 9 oct. 1990, no 89-12.561, *Bull. civ.* I, no 205; *RTD civ.* 1991. 603, obs. Perrot.
2. Soc. 17 avr. 1985, no 82-42.785, *Bull. civ.* V, no 233; *Gaz. Pal.* 1986. Somm. 1985, obs. Guinchard et Moussa.
3. Civ. 1re, 2 déc. 1975, *JCP* 1975. II. 18390, note Chartier.
4. Civ. 2e, 8 juin 1979, no 77-15.933, *Bull. civ.* II, no 170; *Gaz. Pal.* 1979. 2,443, note Viatte.
5. Décr. no 72-684, 20 juill. 1972, instituant de nouvelles dispositions destinées à s'intégrer dans la partie générale d'un nouveau Code de procédure civile, *JO* 25 juill. p. 7860.
6. Soc. 17 févr. 1993, no 89-43.502, *Bull. civ.* V, no 53; *JCP* 1993. IV. 991.
7. Civ. 2e, 7 juin 2006, no 04-16.251, *Bull. civ.* II, no 146; *D.* 2006. 1840; *Procédures* 2006, no 152, obs. Perrot.
8. Civ. 2e, 7 oct. 1981, no 80-11.109, *Bull. civ.* II, no 179.
9. Civ. 2e, 14 févr. 1985, no 83-12.062, *Bull. civ.* II, no 38; *Gaz. Pal.* 1985. 2. 640, note Guinchard et Moussa; *JCP* 1988. II. 21030, note Héron.

CHAPITRE

235. Procédure gracieuse

SECTION 0 ORIENTEUR

235.00 **Plan du chapitre.**

235.01 **Textes applicables.**

TEXTES CITÉS

> Règles propres à la matière gracieuse

C. pr. civ., art. 25 à 29

> Ordonnance sur requête

C. pr. civ., art. 496

> Délai de recours

C. pr. civ., art. 538

> Procédure devant le tribunal de grande instance

C. pr. civ., art. 797 à 800

> Procédure devant la cour d'appel

C. Pr. civ., art. 950, 952, 953

TEXTES CITÉS REPRODUITS *IN EXTENSO*

> Règles propres à la matière gracieuse

[C. pr. civ., art. 25 à 29]

C. pr. civ., art. 25

Le juge statue en matière gracieuse lorsqu'en l'absence de litige il est saisi d'une demande dont la loi exige, en raison de la nature de l'affaire ou de la qualité du requérant, qu'elle soit soumise à son contrôle.

C. pr. civ., art. 26

Le juge peut fonder sa décision sur tous les faits relatifs au cas qui lui est soumis, y compris ceux qui n'auraient pas été allégués.

C. pr. civ., art. 27

Le juge procède, même d'office, à toutes les investigations utiles.

Il a la faculté d'entendre sans formalités les personnes qui peuvent l'éclairer ainsi que celles dont les intérêts risquent d'être affectés par sa décision.

C. pr. civ., art. 28

Le juge peut se prononcer sans débat.

C. pr. civ., art. 29

Un tiers peut être autorisé par le juge à consulter le dossier de l'affaire et à s'en faire délivrer copie, s'il justifie d'un intérêt légitime.

> Ordonnance sur requête

C. pr. civ., art. 496

S'il n'est pas fait droit à la requête, appel peut être interjeté à moins que l'ordonnance n'émane du premier président de la cour d'appel. Le délai d'appel est de quinze jours. L'appel est formé, instruit et jugé comme en matière gracieuse.

S'il est fait droit à la requête, tout intéressé peut en référer au juge qui a rendu l'ordonnance.

> Délai de recours

C. pr. civ., art. 538

Le délai de recours par une voie ordinaire est d'un mois en matière contentieuse; il est de quinze jours en matière gracieuse.

> Procédure devant le tribunal de grande instance

[C. pr. civ., art. 797 à 800]

C. pr. civ., art. 797

La demande est formée par un avocat, ou par un officier public ou ministériel dans les cas où ce dernier y est habilité par les dispositions en vigueur.

C. pr. civ., art. 798

Le ministère public doit avoir communication des affaires gracieuses.

C. pr. civ., art. 799

Un juge rapporteur est désigné par le président de la chambre à laquelle l'affaire est distribuée.

Il dispose, pour instruire l'affaire, des mêmes pouvoirs que le tribunal.

C. pr. civ., art. 800 *(mod. par Décr. n° 2015-282, 11 mars 2015, art. 27)*
Le ministère public, s'il y a des débats, est tenu d'y assister ou de faire connaître son avis.

> Procédure devant la cour d'appel
[C. pr. civ., art. 950, 952, 953]

C. pr. civ., art. 950
L'appel contre une décision gracieuse est formé, par une déclaration faite ou adressée par pli recommandé au secrétariat de la juridiction qui a rendu la décision, par un avocat ou un officier public ou ministériel dans les cas où ce dernier y est habilité par les dispositions en vigueur.

C. pr. civ., art. 952
Le juge peut, sur cette déclaration, modifier ou rétracter sa décision.

Dans le cas contraire, le secrétaire de la juridiction transmet sans délai au greffe de la cour le dossier de l'affaire avec la déclaration et une copie de la décision.

Le juge informe la partie dans le délai d'un mois de sa décision d'examiner à nouveau l'affaire ou de la transmettre à la cour.

C. pr. civ., art. 953
L'appel est instruit et jugé selon les règles applicables en matière gracieuse devant le tribunal de grande instance.

235.02 Jurisprudence de référence.

> Procédure gracieuse – Décision – Décision relative à la vacance d'une succession – Décision annulant la renonciation de l'héritier – Effet

• **Civ. 2e, 30 juin 1981, n° 91-20.381,** *Bull. civ.* II, n° 240
* V. ss n° 235.12

Le juge statue en matière gracieuse lorsqu'en l'absence de litige il est saisi d'une demande dont la loi exige, en raison de la nature de l'affaire ou de la qualité du requérant, qu'elle soit soumise à son contrôle. Encourt par suite la cassation l'arrêt qui indiquant qu'il statue en matière gracieuse retient qu'à raison d'un acte de disposition antérieur, la renonciation des héritiers à une succession est atteinte de nullité, que cette succession n'est pas vacante et qu'il n'y a pas lieu d'organiser la curatelle, alors que la question qui était posée à la cour d'appel était l'objet d'un litige.

> Acte de l'état civil – Rectification – Opposition du ministère public – Effets – Caractère contentieux de la procédure – Portée

• **Civ. 1re, 8 oct. 2008, n° 07-16.067,** *Bull. civ.* I, n° 220
* V. ss n° 235.12

L'opposition du ministère public à une demande de rectification d'actes de l'état civil confère à la procédure un caractère contentieux; dès lors le pourvoi n'est recevable que si la décision attaquée a été préalablement signifiée.

> Ordonnance sur requête – Ordonnance faisant droit à la requête – Voies de recours – Référés – Juge qui a rendu l'ordonnance – Compétence exclusive

• **Civ. 2e, 6 avr. 1987, n° 85-18.192,** *Bull. civ.* II, n° 85
* V. ss n° 235.33

Lorsqu'une ordonnance fait droit à une requête, tout intéressé peut en référer au juge qui l'a rendue. Par suite viole l'article 496 du [nouveau] Code de procédure civile l'arrêt qui déclare recevable l'appel formé par une société de l'ordonnance d'un président de tribunal de commerce nommant un administrateur judiciaire provisoire à la société, sur requête de plusieurs de ses salariés, alors que seule la procédure de référé était ouverte à ceux auxquels l'ordonnance faisait grief.

> Procédure gracieuse – Décision – Décision fondée sur des faits non invoqués par les parties – Débats – Nécessité

• **Civ. 1re, 13 janv. 1993, n° 91-04.135,** *Bull. civ.* I, n° 17
* V. ss n° 235.62

Le juge doit, en toutes circonstances, faire observer et observer lui-même le principe de la contradiction. Il s'ensuit que si, en matière gracieuse, le juge peut se prononcer sans débats lorsqu'il se fonde sur les éléments que le requérant lui soumet, il ne peut retenir des faits que ce dernier n'a pas allégués sans provoquer ses explications. Et le juge saisi d'un recours formé par un débiteur ne saurait déclarer irrecevable la demande d'ouverture de la procédure de règlement amiable, en retenant un montant de dettes différent de celui qui avait été allégué sans avoir invité le requérant à présenter ses observations sur cet élément de fait qui fonde sa décision.

235.03 Bibliographie indicative.

Actualisables. *J.-Cl. Pr. civ.*, [Appel. Appel en matière gracieuse], fasc. 728, par L. Camensuli-Feuillard actualisé par N. Gerbay, 24 avr. 2013 – Rép. pr. civ., v° *Procédure devant la cour d'appel*, par B. Travier et F. Watremet, sept. 2013 [actu. janv. 2016, par R. Laffly], nos 320 à 331.

Ouvrages. C. Brenner et N. Fricero, *La nouvelle procédure d'appel*, 2e éd., Lamy, 2011, p. 225-232 – J.-L. Gallet, *La procédure devant la cour d'appel*, 3e éd., LexisNexis, 2014, p. 234-235 – P. et N. Gerbay, *Guide du procès civil en appel*, LexisNexis, 2015, fiche 63 – D. Le Ninivin, *La juridiction gracieuse dans le nouveau Code de procédure civile*, Litec, 1983 – S. Pierre-Maurice, *Ordonnance sur requête et matières gracieuse*, thèse Dalloz, 2003.

Articles. M. Bandrac, « Indications sommaires sur les principales modifications introduites dans les règles antérieures par le décret n° 75-1123 du 25 décembre instituant un nouveau Code de procédure civile », *JCP* 1976. I. 2799, n° 47 – J.-L. Bergel, « La juridiction gracieuse en droit français », *D.* 1983. Chron. 153; « Juridiction gracieuse et matière contentieuse », *D.* 1983. Chron. 165 – G. Bolard, « La liberté des plaideurs dans la procédure gracieuse », *D.* 1976. Chron. 54 – R. Martin, « Matière gracieuse et ordonnance sur requête unilatérale », *JCP* 1976. I. 2787.

235.04 Questions essentielles.

> Quels sont les critères de la matière gracieuse ?
* V. ss nos 235.11 s.

> Quel est le régime de l'appel des ordonnances sur requête ?
* V. ss n° 235.21

> Qui peut interjeter appel en matière gracieuse ?
* V. ss nos 235.31 s.

> Comment interjeter appel en matière gracieuse ?
* V. ss nos 235.41 s.

> Comment se déroule la procédure d'appel en matière gracieuse ?

* V. s[s] n°s 235.51 s.

235.09 Historique. La doctrine classique consacrait deux idées : il y a plus d'*imperium* que de *juridictio* dans l'exercice de la juridiction gracieuse, il n'y a pas de jugement *et* les actes de juridiction gracieuse ont un caractère provisoire. Elle en déduisait qu'il n'y avait pas de place en matière gracieuse pour les voies de recours, compte tenu du caractère provisoire des décisions et parce qu'il existe une action principale en nullité non contre la décision gracieuse du juge, comme dans la tradition romaine, mais contre l'acte de volonté privé homologué par le juge, en raison de l'absence d'autorité de chose jugée. Cette thèse avait été consacrée par la jurisprudence[1]. Cependant cette construction s'est révélée difficile à appliquer notamment en matière d'ordonnance sur requête et la jurisprudence a été obligée de préciser que le caractère provisoire n'autorise pas le juge à rétracter ou à modifier ses ordonnances de manière discrétionnaire. Motulsky a démontré qu'il existe une autorité de chose jugée au provisoire puisque seuls des faits nouveaux autorisent le juge à modifier la décision qu'il a prise. L'action principale en nullité s'est révélée insuffisante, il fallait ouvrir une voie de recours aux parties déboutées et aux tiers. Pour permettre l'exercice de voies de recours, la jurisprudence avait été amenée à qualifier de contentieuses des décisions gracieuses[2]. Les fondements essentiels de la théorie classique ont été remis en question : d'une part, on a abandonné le lien entre le caractère provisoire de la décision gracieuse et le caractère définitif de la décision contentieuse puisqu'il existe des décisions gracieuses définitives et des décisions contentieuses provisoires; d'autre part, est apparue l'idée que les voies de recours ne sont pas liées à la nature de l'acte accompli par le juge. Cette nouvelle optique a permis l'ouverture des voies de recours contre la décision gracieuse. La loi du 15 juillet 1944 réglementant la chambre du conseil avait aménagé l'appel des décisions rendues en chambre du conseil. La matière a été entièrement remodelée par le décret du 28 août 1972[3] et le nouveau Code de procédure civile. L'article 543 pose le principe de la recevabilité de l'appel en toutes matières, même gracieuses, contre les jugements de première instance s'il n'en est autrement disposé. L'ouverture et l'interdiction de l'appel sont donc totalement indépendantes de la nature de la décision. Cependant le régime de l'appel en matière gracieuse présente certaines spécificités.

SECTION 1
CHAMP D'APPLICATION DE LA PROCÉDURE GRACIEUSE

235.10 Division. La procédure gracieuse est régie par les articles 950 à 953 du Code de procédure civile. Cette procédure s'applique non seulement aux matières gracieuses (§ 1) mais encore aux ordonnances sur requête (§ 2).

§ 1
Matière gracieuse

235.11 Obligation de recourir au juge. L'article 25 du Code de procédure civile donne pour la première fois une définition générale de la matière gracieuse et retient deux critères. Le premier est l'exigence légale d'un contrôle judiciaire : « *Le juge statue en matière gracieuse lorsqu'il est saisi d'une demande dont la loi exige, en raison de la nature de l'affaire ou de la qualité du requérant, qu'elle soit soumise à son contrôle* ». Relèvent ainsi de la matière gracieuse, selon le Code de procédure civile, la rectification des actes de l'état civil (C. pr. civ., art. 1050), le changement de prénom (C. pr. civ., art. 1055-2), la déclaration d'absence (C. pr. civ., art. 1067), le divorce par consentement mutuel (C. pr. civ., art. 1088), la séparation de corps par consentement mutuel (C. pr. civ., art. 1131), l'action aux fins d'adoption (C. pr. civ., art. 1167), la nomination d'un administrateur *ad hoc* (C. pr. civ., art. 1212-2), l'homologation d'un changement de régime matrimonial (C. pr. civ., art. 1301), la reconstitution d'acte détruit (C. pr. civ., art. 1433), la délivrance de copies d'actes et de registres (C. pr. civ., art. 1437). Cette liste des matières gracieuses n'est pas exhaustive. En outre, le code dispose que les demandes d'autorisation et d'habilitation en matière de régimes matrimoniaux, prévues par la loi et notamment aux articles 217, 1426 alinéa 2, 2405, 2406, 2446 du Code civil, sont instruites et jugées comme en matière gracieuse et obéissent aux règles applicables à cette procédure devant le tribunal de grande instance sous certaines réserves (C. pr. civ., art. 1287).

235.12 Absence de litige. Il s'agit du second critère retenu par l'article 25 du Code de procédure civile. Dès qu'il existe un contentieux latent ou virtuel l'affaire perd son caractère gracieux et si un litige survient après le prononcé de la décision gracieuse par le premier juge, la procédure ouverte à la

1. V. NOT. : Req. 3 mai 1897, *DP* 1897. 1. 224.
2. PAR EX. : Civ. 3 avr. 1895, *DP* 1896. 1. 5, note Glasson.
3. Décr. n° 72-788, 28 août 1972, instituant une troisième série de dispositions destinées à s'intégrer dans le nouveau Code de procédure civile, *JO* 30 août, p. 9300.

suite du recours devient contentieuse[1]. Il convient alors d'appliquer les règles de la procédure en matière contentieuse. La notion de litige est plus large que celle de contestation : le litige prend naissance avant le procès[2]. La Cour de cassation considère que l'opposition du Ministère public à une demande de rectification des actes de l'état civil confère à la procédure un caractère contentieux[3]. Toutefois la Cour de cassation a jugé que l'opposition des enfants ne modifie pas la nature gracieuse de la procédure d'homologation de changement de régime matrimonial dans une espèce où l'un des enfants avait simplement donné un avis négatif à la demande de changement de régime matrimonial de ses parents[4].

235.13 **Vérification conseillée.** Lorsque appel d'une décision rendue en matière gracieuse est interjeté, il est essentiel de vérifier que la procédure n'a pas changé de nature en raison de l'apparition d'un litige. En effet, si la procédure est devenue contentieuse la forme de l'appel est différente et en cas d'erreur le recours risque d'être déclaré irrecevable.

§ 2
Ordonnances sur requête

235.21 **Le régime de l'appel.** L'article 493 du Code de procédure civile définit l'ordonnance sur requête comme une décision provisoire rendue non contradictoirement dans les cas où le requérant est fondé à ne pas appeler la partie adverse. Il s'agit souvent de mesures conservatoires qui perdraient tout intérêt si l'adversaire était appelé à la procédure. Les ordonnances sur requête ne relèvent pas toutes de la matière gracieuse car elles sont très souvent justifiées par l'existence d'un litige. Cependant, l'article 496 du Code de procédure civile prévoit :

« *S'il n'est pas fait droit à la requête, appel peut être interjeté à moins que l'ordonnance n'émane du premier président de la cour d'appel. Le délai d'appel est de quinze jours. L'appel est formé, instruit et jugé comme en matière gracieuse.*

S'il est fait droit à la requête, tout intéressé peut en référer au juge qui a rendu l'ordonnance ».

Il faut ici appliquer les règles de la procédure gracieuse quelle que soit la nature de l'ordonnance rendue et notamment lorsqu'elle relève de la juridiction contentieuse[5]. Ainsi, sont formés, instruits et jugés comme en matière gracieuse les appels des ordonnances refusant de faire droit à une requête. La règle s'applique, par exemple, aux appels formés contre les ordonnances rendues par le juge commis à la surveillance du registre du commerce et des sociétés[6].

SECTION 2
EXERCICE DE L'APPEL

§ 1
Qui peut interjeter appel ?

235.31 **Le requérant.** Si le président du tribunal rejette la demande, le requérant peut interjeter appel puisque l'appel est désormais ouvert en toute matière, même gracieuse, contre les jugements de première instance s'il en est autrement disposé (C. pr. civ., art. 543).

235.32 **Le tiers ayant reçu notification.** L'article 546 dispose qu'en matière gracieuse, la voie de l'appel est également ouverte aux tiers auxquels le jugement a été notifié. Guidé par l'idée que la matière gracieuse a une finalité préventive des litiges, le législateur a voulu éviter une remise en cause tardive de la décision gracieuse par les tiers. Pour « *faire l'économie de ce procès à retardement* »[7], il a fait en sorte que le contentieux transparaisse rapidement. Aussi, le Code de procédure civile autorise les parties qui ont obtenu une décision gracieuse à la notifier aux tiers intéressés. Dans le cas où il désire intenter un recours contre cette décision, le tiers ne dispose plus que de l'appel lorsque cette voie de recours est ouverte, la tierce opposition lui est interdite. Et même lorsque la décision a été rendue en dernier ressort, les parties ont intérêt à la notifier aux tiers car l'article 586 du Code de procédure civile réduit alors le délai pour former cette voie de recours de trente ans à deux mois.

235.33 **L'appel contre les ordonnances sur requête.** Lorsque la mesure sollicitée sur requête a été

1. Civ. 2e, 30 juin 1993, no 91-20.381, *Bull. civ.* II, no 240 ; *JCP* 1994. II. 22246, note Le Ninivin (intervention des héritiers dans une procédure d'appel afférente à la vacance d'une succession pour laquelle le premier juge avait retenu leur renonciation) – Civ. 1re, 5 janv. 1999, no 96-13.882, *Bull. civ.* I, no 9 ; *D.* 1999. 34 (refus opposé par un père à l'adoption simple de son fils).
2. M. Bandrac, « Indications sommaires sur les principales modifications introduites dans les règles antérieures par le décret no 75-1123 du 25 décembre instituant un nouveau Code de procédure civile », *JCP* 1976. I. 2799, no 47 – D. Le Ninivin, *La juridiction gracieuse dans le nouveau Code de procédure civile*, Paris, Litec, 1983, p. 38.
3. Civ. 1re, 23 nov. 1976, no 73-10.582, *Bull. civ.* I, no 362 – Civ. 1re, 8 oct. 2008, no 07-16.067, *Bull. civ.* I, no 220 ; *D.* 2008. 2598, et obs. ; *D.* 2009. 773, obs. Granet-Lambrechts ; *AJ fam.* 2008. 430, obs. Chénedé ; *RTD civ.* 2008. 652, obs. Hauser.
4. Civ. 1re, 19 mars 2008, no 05-21.924, *Bull. civ.* I, no 87 ; *D.* 2008. 2042, note Le Ninivin ; *RTD civ.* 2008. 725, obs. Perrot.
5. Civ. 1re, 11 oct. 1988, no 86-18.347, *Bull. civ.* I, no 283.
6. Décr. no 84-406, 30 mai 1984, relatif au registre du commerce et des sociétés, *JO* 31 mai, p. 1699, art. 61.
7. R. Perrot, *RTD civ.* 1980. 164.

rejetée, l'article 496 alinéa 1er prévoit que le requérant peut former appel. L'alinéa 2 ajoute que s'il est fait droit à la requête, tout intéressé peut en référer au juge qui a rendu l'ordonnance. La procédure de référé est seule ouverte à ceux auxquels l'ordonnance fait grief[1]. Si le tiers n'est pas satisfait de l'ordonnance rendue en référé, il pourra interjeter appel.

§ 2
Formes de l'appel

235.41 **Déclaration au greffe du tribunal.** En matière gracieuse, contrairement à la matière contentieuse, l'appel n'est pas formé au greffe de la cour d'appel mais par une déclaration faite ou adressée par pli recommandé au secrétariat de la juridiction qui a rendu la décision, par un avocat ou un officier public ou ministériel dans les cas où ce dernier y est habilité par les dispositions en vigueur. La télécopie ne répond pas aux conditions de formation de l'appel contre une décision gracieuse[2]. Ont été déclarées nulles les déclarations d'appel faites au greffe de la cour d'appel[3], les déclarations faites au greffe sans ministère d'un avoué ou d'avocat[4].

235.42 **Délai.** L'article 538 du Code de procédure civile prévoit que le délai d'appel est de quinze jours en matière gracieuse tandis qu'il est d'un mois en matière contentieuse. Il convient de préciser que lorsque l'appel a été formé par lettre recommandée avec avis de réception, c'est la date de l'expédition de la lettre recommandée et non la date de réception qui est prise en compte (C. pr. civ., art. 668); il suffit donc que la déclaration d'appel soit expédiée dans le délai de l'appel. Les règles de computation des délais prévues aux articles 640 à 642 du Code de procédure civile sont applicables et le délai de quinze jours peut être augmenté, en raison de la distance, en application des dispositions des articles 643 à 645.

SECTION 3
CONSÉQUENCES DE L'APPEL

§ 1
Phase préparatoire

235.51 **Particularités.** On a parlé à propos de l'appel en matière gracieuse d'une voie de recours à géométrie variable puisque l'appel est d'abord une voie de rétractation et ne devient une voie de réformation que si le premier juge ne rétracte pas sa décision.

235.52 **Voie de rétractation.** Contrairement à la matière contentieuse, le juge qui a rendu la décision frappée d'appel n'est pas immédiatement dessaisi. Il peut, en cas de recours, la modifier ou la rétracter (C. pr. civ., art. 952, al. 1er). C'est certainement pour cette raison que l'appel est formé au greffe du tribunal et non de la cour d'appel. Bien que la déclaration d'appel n'ait pas à être motivée, l'appelant peut, pour permettre au juge d'exercer effectivement la faculté qui lui est offerte, expliquer au moins sommairement les motifs de son recours. Si le premier juge refuse de modifier ou de rétracter sa décision, le secrétaire de la juridiction la transmet sans délai au greffe de la cour d'appel ainsi que le dossier de l'affaire avec la déclaration d'appel et une copie de la décision. L'article 952 alinéa 3 précise que le juge informe la partie dans le délai d'un mois de sa décision d'examiner à nouveau l'affaire ou de la transmettre à la cour. Une ordonnance rétractée ne peut produire effet; il a ainsi été jugé que la mesure d'instruction *in futurum* ordonnée sur requête sur le fondement de l'article 145 du Code de procédure civile ne peut produire aucun effet si l'ordonnance a été rétractée et que, dès lors, justifie légalement sa décision la cour d'appel qui annule le rapport d'un expert désigné sur le fondement de ce texte par une ordonnance ultérieurement rétractée[5].

235.53 **Voie de réformation.** Lorsque le premier juge a refusé de modifier ou de rétracter sa décision, le dossier est transmis à la cour d'appel. Le greffier de la cour invite l'appelant à acquitter le droit affecté au fonds d'indemnisation de la profession d'avoué (v. ss nos 211.121 s.). La représentation par les personnes visées à l'article 950 du Code de procédure civile est obligatoire. L'article 953 dispose que l'appel est instruit et jugé selon les règles applicables en matière gracieuse devant le tribunal de grande instance. Il s'agit des articles 797 à 800 du Code de procédure civile. Le ministère public doit avoir communication des affaires gracieuses. Dès réception du dossier au greffe de la cour d'appel le premier président procède à la distribution de l'affaire à une chambre. Un conseiller rapporteur est désigné par le président de la chambre à laquelle l'affaire a été distribuée. Il dispose pour instruire l'affaire des mêmes pouvoirs que le tribunal, c'est-à-dire qu'il procède, même d'office, à toutes investigations utiles, qu'il a la faculté d'entendre sans

1. Civ. 2e, 6 avr. 1987, no 85-18.192, *Bull. civ.* II, no 85; *Gaz. Pal.* 1987. 2. Somm. 486, obs. Guinchard et Moussa.
2. Civ. 2e, 8 juin 1995, *JCP* 1995. II. 22512, note Amar; *Justices* 1996. 366, obs. Héron.
3. Versailles, 9 juill. 1980, *Gaz. Pal.* 1982. Somm. 91.
4. Civ. 2e, 5 janv. 1983, NP; *JCP* 1983. II. 20043, note Le Ninivin.
5. Civ. 2e, 4 juin 2015, no 14-17.699, *Bull. civ.* II, [à paraître]; *Procédures 2015.* Comm. 256.

formalité des personnes qui peuvent l'éclairer ainsi que celles dont les intérêts risquent d'être affectés par cette décision (C. pr. civ., art. 27). Il peut autoriser un tiers à consulter le dossier de l'affaire et à s'en faire délivrer copie s'il justifie d'un intérêt légitime. Lorsque l'affaire est en état d'être jugée, le président fixe une date d'audience, les avocats sont avisés par simple bulletin.

§ 2
Phase de jugement

235.61 **Audience éventuelle.** En matière gracieuse le juge peut se prononcer sans débat (C. pr. civ., art. 28). Mais s'il y a des débats le ministère public est tenu d'y assister ou de faire connaître son avis (C. pr. civ., art. 800).

235.62 **Arrêt.** La cour peut relever d'office son incompétence territoriale (C. pr. civ., art. 93). Conformément aux dispositions de l'article 332 alinéa 2 du Code de procédure civile, elle peut ordonner la mise en cause des personnes non présentes ni représentées en première instance dont les droits ou les charges risquent d'être affectés par la décision à prendre (C. pr. civ., art. 332, al. 2). Elle peut fonder sa décision sur des faits relatifs au cas qui lui est soumis, y compris ceux qui n'auraient pas été allégués (C. pr. civ., art. 26). Toutefois la Cour de cassation a fini par admettre que le juge ne peut pas retenir des faits non allégués par le requérant sans provoquer ses explications[1]; aussi il appartient à la Cour soit de recueillir les observations du requérant à l'audience, soit d'ordonner la réouverture des débats. L'arrêt de la cour d'appel peut être frappé d'un pourvoi en cassation.

1. Civ. 1re, 13 janv. 1993, nº 91-04.135, *Bull. civ.* I, nº 17; *RTD civ.* 1993. 647, obs. Perrot.

CHAPITRE

236. Pourvoi de droit local

SECTION 0 ORIENTEUR

236.00 **Plan du chapitre.**

236.01 **Textes applicables.**

TEXTES CITÉS

> Pourvoi de droit local

C. pr. civ., ann., art. 5 à 10

> Renvoi aux dispositions de droit national

• Règles propres à la matière gracieuse

C. pr. civ., art. 26 à 29

• Procédure devant le tribunal de grande instance

C. pr. civ., art. 797 à 800

• Procédure devant la cour d'appel

C. pr. civ., art. 950 à 953

TEXTES CITÉS REPRODUITS *IN EXTENSO*

> Pourvoi de droit local

[C. pr. civ., ann., art. 5 à 10]

C. pr. civ., ann., art. 5

Les décisions du tribunal d'instance sont notifiées par lettre recommandée avec demande d'avis de réception.

Les décisions produisent effet du jour de leur notification lorsque le délai de recours est ouvert sans limitation de durée.

Lorsque le recours est enfermé dans un délai, l'exécution est suspendue jusqu'à l'expiration du délai ou par le recours exercé dans le délai.

C. pr. civ., ann., art. 6

Les décisions peuvent être modifiées d'office sauf lorsque le recours est enfermé dans un délai.

C. pr. civ., ann., art. 7

Le recours est ouvert à tout intéressé.

Il est formé, instruit et jugé selon les règles applicables en matière gracieuse devant la cour d'appel. Il peut également être formé par la partie elle-même, ou par un notaire lorsque celui-ci avait déjà saisi la juridiction d'instance.

C. pr. civ., ann., art. 8

Le recours qui est enfermé dans un délai est appelé pourvoi immédiat. Le délai de ce pourvoi est de quinze jours. Il est prorogé, s'il y a lieu, conformément aux dispositions des articles 643 à 647 du Code de procédure civile.

C. pr. civ., ann., art. 9

La décision autorisant un acte particulier ne peut plus être modifiée ni rétractée si cet acte a été valablement passé avec un tiers de bonne foi.

C. pr. civ., ann., art. 10

Lorsqu'une personne a été investie par une décision d'une fonction déterminée ou d'une habilitation générale, les actes qu'elle a valablement passés avec des tiers de bonne foi ne sont pas affectés si, par la suite, cette décision est soit modifiée ou rétractée, soit infirmée.

> Renvoi aux dispositions de droit national

C. pr. civ., art. 26 à 29, 797 à 800, 950 à 953

• Règles propres à la matière gracieuse

C. pr. civ., art. 26 à 29, v. texte complet de ces articles, s[s] n° 235.01

• Procédure devant le tribunal de grande instance

C. pr. civ., art. 797 à 800, v. texte complet de ces articles, s[s] n° 235.01

• Procédure devant la cour d'appel

C. pr. civ., art. 950 à 953, v. texte complet de ces articles, s[s] n° 235.01

236.02 **Jurisprudence de référence.**

> Procédure civile – Code de procédure civile local – Pourvoi immédiat – Pourvoi motivé – Effet

• Civ. 2e, 1er déc. 1993, n° 92-12.726, *Bull. civ.* II, n° 343

* V. s[s] n° 236.62

Saisie d'un pourvoi immédiat contre l'ordonnance d'un tribunal d'instance ayant admis une banque à l'adjudication immobilière ordonnée par une précédente décision, une cour d'appel n'est pas tenue, la procédure étant celle de la matière gracieuse, de convoquer, en application de l'article 28 du [nouveau] Code de procédure civile, le demandeur dès lors qu'elle est saisie d'un pourvoi motivé et qu'elle statue sur les moyens invoqués par lui.

> Procédure civile – Matière gracieuse – Décision – Pourvoi immédiat – Débats – Publicité – Dispense – Possibilité – Portée

• **Civ. 2e, 28 juin 2006, nº 04-17.913,** *Bull. civ.* II, nº 170

* V. ss nº 236.62

L'article 28 du [nouveau] Code de procédure civile n'est pas contraire à l'article 6 § 1 de la Convention de sauvegarde des droits de l'homme et des libertés fondamentales en ce qu'il n'impose pas à la cour d'appel, saisie d'un pourvoi immédiat de droit local, de se prononcer après des débats publics.

> Article 6 § 1 – Équité – Violation – Cas – Violation du principe de la contradiction – Applications diverses – Recours non motivé

• **Civ. 2e, 4 mars 2004, nº 02-13.164,** *Bull. civ.* II, nº 85

* V. ss nº 236.62

Méconnaît les exigences de l'article 6 § 1 de la Convention européenne de sauvegarde des droits de l'homme et des libertés fondamentales la cour d'appel qui, saisie d'un pourvoi immédiat à l'encontre d'une ordonnance rendue par un tribunal d'instance dans une procédure locale d'exécution forcée immobilière, se prononce après avoir constaté que le pourvoi n'était pas motivé, sans inviter l'auteur du recours à faire valoir ses moyens.

236.03 Bibliographie indicative.

Actualisables. *J.-Cl. Alsace-Moselle* [Procédure civile locale], fasc. 615, par J. Heck, refondu par G. Henon, 19 janv. 2014 – Rép. pr. civ., vº *Alsace et Moselle*, par P. Haegel, R. Schwob et J.-L. Vallens, nos 77 à 84.

Ouvrages. S. Guinchard (dir.), Dalloz action *Droit et pratique de la procédure civile*, 2014/2015, par Ph. Hoonakker, nos 721.21 à 721.25.

236.04 Questions essentielles.

> Quel est le domaine du pourvoi de droit local ?

* V. ss nos 236.11 s.

> Qui peut former un pourvoi de droit local ?

* V. ss nº 236.21

> Comment former un pourvoi de droit local ?

* V. ss nos 236.31 s.

> Dans quels délais former un pourvoi de droit local ?

* V. ss nº 236.41

> Quels sont les effets du pourvoi de droit local ?

* V. ss nos 236.51 s.

236.09 Généralités. L'article 1er de l'annexe du Code de procédure civile, relatif à son application dans les départements du Bas-Rhin, du Haut-Rhin et de la Moselle, prévoit que le Code de procédure civile est applicable dans ces départements sous réserve des dispositions particulières non abrogées et des dispositions qui suivent. Parmi ces dernières on trouve un recours, appelé **pourvoi de droit local,** qui a servi de modèle aux rédacteurs du Code de procédure civile pour l'organisation de l'appel en matière gracieuse. Le pourvoi de droit local est qualifié de **pourvoi immédiat** lorsqu'il est enfermé dans un délai et de **pourvoi ordinaire** dans les autres cas (C. pr. civ., ann., art. 8). Ainsi, les voies d'exécution, la taxation des frais des parties, les indemnités accordées aux témoins et aux experts, la taxation des frais de notaire, relèvent pour les voies de recours de la procédure de pourvoi de droit local. Nous préciserons le domaine, l'exercice et les effets de ce recours de droit local.

SECTION 1
DOMAINE

236.11 Matières gracieuses des articles 2 et 3 de l'annexe. Le pourvoi de droit local est la **voie de recours contre les décisions rendues dans les matières gracieuses** énumérées aux articles 2 et 3 de l'annexe du Code de procédure civile. Ces matières comprennent tout d'abord la tutelle, les administrations légales et curatelles de droit local. Il convient cependant de préciser que la loi du 29 décembre 1990[1] a abrogé ces dispositions sous réserve des **tutelles et curatelles ouvertes avant l'abrogation des textes** qui restent en conséquence soumises au droit local jusqu'à la cessation des fonctions des tuteurs ou curateurs désignés. Relèvent également du droit local le **partage judiciaire,** la **vente judiciaire d'immeuble,** les **certificats d'héritiers** et les **scellés.** Sont encore régis par le droit local le **Livre foncier** et les **registres des associations** et des associations coopératives de droit local. Les décisions rendues dans les matières qui viennent d'être énumérées, qui relèvent en premier ressort de la compétence du tribunal d'instance, peuvent faire l'objet d'un pourvoi de droit local.

236.12 Certaines matières contentieuses. Le pourvoi du droit local est également ouvert en matière d'**exécution forcée immobilière et de frais d'instance** en vertu de l'article 43 de l'annexe du Code de procédure civile.

1. L. nº 90-1248, 29 déc. 1990, portant diverses harmonisations entre le droit applicable dans les départements du Bas-Rhin, du Haut-Rhin et de la Moselle et le droit applicable dans les autres départements, *JO* 3 janv. 1991, p. 103.

SECTION 2
EXERCICE DU RECOURS

§ 1
Qui peut former un pourvoi de droit local ?

236.21 Tout intéressé. L'article 7 alinéa 1er de l'annexe du Code de procédure civile prévoit que le pourvoi de droit local peut être formé par tout intéressé. Ainsi, contrairement à l'appel en matière gracieuse qui n'est ouvert qu'aux tiers à qui le jugement a été notifié, le pourvoi de droit local est offert à tout intéressé. Peuvent être frappées de pourvoi toutes les décisions rendues dans les matières qui ont été précisées (v. ss nos 236.09 et 236.11), même si la décision ne fait qu'ordonner un sursis à statuer car les dispositions de l'article 380 du Code de procédure civile sont inapplicables en la matière[1].

§ 2
Forme du recours

236.31 Déclaration au greffe du tribunal. L'article 7 alinéa 2 de l'annexe prévoit que le recours est formé, instruit et jugé selon les **règles applicables en matière gracieuse devant la cour d'appel**. Il convient en conséquence de se référer aux dispositions de l'article 950 du Code de procédure civile. Aussi, le pourvoi doit être formé par une **déclaration** faite ou adressée par pli recommandé au secrétariat du tribunal qui a rendu la décision critiquée.

236.32 Absence de représentation obligatoire. L'article 7 alinéa 2 précise cependant que le recours est formé par la partie elle-même ou par un notaire dans certains cas.

Aussi il résulte de la combinaison de l'article 7 alinéa 2 de l'annexe et des dispositions de l'article 950 du Code de procédure civile que le pourvoi de droit local peut être formé par la **partie elle-même**, par un **avocat**, par un **officier public ou ministériel habilité** par les dispositions en vigueur, par un **notaire** lorsque celui-ci a déjà saisi la juridiction d'instance.

Pour illustrer la représentation par un notaire, on cite généralement l'exemple du notaire qui a présenté une requête aux fins d'inscription au Livre foncier puis qui forme un pourvoi contre la décision rendue, pour le compte de la partie qu'il représente[2].

1. Colmar, 31 mai 2002, *Rec. jur. de l'Est* 2002. 107.
2. Rép. pr. civ., v° *Alsace et Moselle*, par Haegel, Schwob et Vallens, n° 220.

§ 3
Délais

236.41 Délais pour former un pourvoi. Il convient ici de faire application de la distinction entre les deux pourvois de droit local, le pourvoi immédiat et le pourvoi ordinaire.

Le **pourvoi immédiat** doit être formé dans un délai de **quinze jours** à compter de la **notification de la décision**. La cour d'appel de Colmar a précisé qu'il s'agissait de la **notification aux parties** et non de la délivrance des copies aux avocats constitués[3].

Le **pourvoi ordinaire** n'est soumis à **aucun délai**.

SECTION 3
EFFETS DU RECOURS

§ 1
Effet suspensif du pourvoi immédiat

236.51 La règle et ses limites. L'article 5 alinéa 3 de l'annexe prévoit que lorsque le recours est enfermé dans un délai, l'exécution est suspendue jusqu'à l'expiration de ce délai ou par le recours exercé dans le délai. Il résulte de ce texte que **seul le recours immédiat a un effet suspensif d'exécution.**

Toutefois, la Cour de cassation a jugé qu'**en matière d'exécution forcée** dans les départements du Bas-Rhin, du Haut-Rhin et de la Moselle, le délai de recours et l'exercice du pourvoi immédiat n'ont **pas d'effet suspensif**[4]. On a expliqué cette solution par le caractère contentieux de la matière d'exécution forcée[5].

§ 2
Procédure

236.61 Pouvoirs du tribunal. Le pourvoi formé par déclaration au greffe du tribunal est d'abord soumis à l'**appréciation du juge** qui a rendu la décision. Il peut, en effet, **modifier** ou **rétracter** son jugement conformément aux dispositions de l'article 952 alinéa 1er du Code de procédure civile. Le juge doit informer la partie, dans un **délai d'un mois**, de sa décision d'examiner à nouveau l'affaire ou de la transmettre à la cour (C. pr. civ., art. 952, al. 3). S'il décide de ne pas modifier ou rétracter sa

3. Colmar, 1er févr. 2002, *Rec. jur. de l'Est* 2002. 60.
4. Civ. 2e, 22 mars 2001, n° 98-21.951, NP; *Dr. et proc.* 2001. 241, note Hoonakker.
5. S. Guinchard et T. Moussa (dir.), Dalloz action *Droit et pratique des voies d'exécution*, 2015/2016, n° 1351.16, par Ph. Hoonakker.

décision, le secrétaire de la juridiction transmet sans délai au greffe de la cour d'appel le dossier de l'affaire avec la déclaration et une copie de la décision (C. pr. civ., art. 952, al. 2). S'il rétracte ou modifie son jugement un nouveau pourvoi peut être formé.

236.62 Transfert du dossier à la cour d'appel. Si le dossier lui est transféré, il appartient à la cour d'appel de statuer sur le pourvoi. L'article 7 alinéa 2 de l'annexe prévoit que le recours est instruit et jugé selon les **règles applicables à la matière gracieuse devant la cour d'appel.** Ainsi, il convient de se référer à l'article 953 du Code de procédure civile qui renvoie aux règles applicables en matière gracieuse devant le tribunal de grande instance, c'est-à-dire aux articles 797 à 800 du Code de procédure civile. Il en résulte qu'un **conseiller rapporteur** doit être désigné par le président de la chambre à laquelle l'affaire a été distribuée. L'article 799 alinéa 2 précise que ce juge dispose pour instruire l'affaire des **mêmes pouvoirs que le tribunal.** Il peut donc fonder sa décision sur tous les faits relatifs au cas qui lui est soumis, y compris sur ceux qui n'auraient pas été allégués (C. pr. civ., art. 26). Il peut procéder, même d'office, à toutes les investigations utiles. Il a la faculté d'entendre sans formalités les personnes qui peuvent l'éclairer ainsi que celles dont les intérêts risquent d'être affectés par la décision (C. pr. civ., art. 27). Le dossier doit être communiqué au **ministère public** (C. pr. civ., art. 798) et la cour pourra se prononcer **sans débats** (C. pr. civ., art. 28), elle n'est pas tenue de convoquer le demandeur dès lors qu'elle est saisie d'un pourvoi immédiat et qu'elle statue sur les moyens invoqués par lui[1]. La solution n'est pas contraire aux exigences du procès équitable[2]. Le juge doit cependant veiller au **respect du contradictoire** et notamment organiser dans certains cas des débats, nonobstant les dispositions de l'article 28 du Code de procédure civile; le ministère public est tenu d'y assister ou de faire connaître son avis (C. pr. civ., art. 800 et 953). Il a été jugé que méconnaît les exigences de l'article 6 § 1 de la Convention européenne des droits de l'homme, la cour d'appel qui se prononce, après avoir constaté que le pourvoi n'est pas motivé, sans inviter l'auteur du recours à faire valoir ses moyens[3].

§ 3
Décision

236.71 Effets limités de la décision. La cour peut confirmer ou infirmer la décision frappée de pourvoi. Cependant il résulte de l'article 9 de l'annexe du Code de procédure civile que la décision autorisant un **acte particulier** ne peut plus être modifiée, ni rétractée si cet acte a été **valablement passé avec un tiers de bonne foi.** Et l'article 10 dispose que « *lorsqu'une personne a été investie par une décision d'une fonction déterminée ou d'une habilitation générale, les actes qu'elle a valablement passés avec des tiers de bonne foi, ne sont pas affectés si, par la suite, cette décision est soit modifiée ou rétractée, soit infirmée* ». Il résulte de ces textes que la portée de la décision modifiant, rétractant ou infirmant la décision initiale frappée de pourvoi a des effets limités à l'égard des tiers de bonne foi. L'arrêt de la cour d'appel peut être frappé d'un pourvoi en cassation.

1. Civ. 2e, 1er déc. 1993, no 92-12.726, *Bull. civ.* II, no 343; *JCP* 1995. II. 22399, note Le Ninivin.
2. Civ. 2e, 28 juin 2006, no 04-17.913, *Bull. civ.* II, no 170; *D.* 2006. 2051; *AJDI* 2006. 762.
3. Civ. 2e, 4 mars 2004, no 02-13.164, *Bull. civ.* II, no 85; *JCP* 2004. 4. 1860; *D.* 2004. 996; *AJDI* 2004. 313.

CHAPITRE

237. Procédure d'appel en matière prud'homale

SECTION 0
ORIENTEUR

237.00 **Plan du chapitre.**

237.01 **Textes applicables.**

TEXTES CITÉS

> Décisions susceptibles d'appel

C. trav., art. R. 1462-1, R. 1462-2, D. 1462-3

> Règles de représentation propres à l'appel en matière prud'homale

C. trav., art. R. 1461-1

> Procédure devant la chambre sociale de la cour d'appel

C. trav., art. R. 1461-2

C. pr. civ., art. 930-2

TEXTES CITÉS REPRODUITS *IN EXTENSO*

> Décisions susceptibles d'appel

C. trav., art. R. 1462-1

Le conseil de prud'hommes statue en dernier ressort :

1° Lorsque la valeur totale des prétentions d'aucune des parties ne dépasse le taux de compétence fixé par décret;

2° Lorsque la demande tend à la remise, même sous astreinte, de certificats de travail, de bulletins de paie ou de toute pièce que l'employeur est tenu de délivrer, à moins que le jugement ne soit en premier ressort en raison du montant des autres demandes.

C. trav., art. R. 1462-2

Le jugement n'est pas susceptible d'appel si la seule demande reconventionnelle en dommages-intérêts, fondée exclusivement sur la demande initiale, dépasse le taux de la compétence en dernier ressort.

C. trav., art. D. 1462-3

Le taux de compétence en dernier ressort du conseil de prud'hommes est de 4 000 euros.

> Règles de représentation propres à l'appel en matière prud'homale

C. trav., art. R. 1461-1

Le délai d'appel est d'un mois.

À défaut d'être représentées par la personne mentionnée au 2° de l'article R. 1453-2, les parties sont tenues de constituer avocat.

Les actes de cette procédure d'appel qui sont mis à la charge de l'avocat sont valablement accomplis par la personne mentionnée au 2° de l'article R. 1453-2. De même, ceux destinés à l'avocat sont valablement accomplis auprès de la personne précitée.

> Procédure devant la chambre sociale de la cour d'appel

C. trav., art. R. 1461-2

L'appel est porté devant la chambre sociale de la cour d'appel.

Il est formé, instruit et jugé suivant la procédure avec représentation obligatoire.

C. pr. civ., art. 930-2

Les dispositions de l'article 930-1 ne sont pas applicables au défenseur syndical.

Les actes de procédure effectués par le défenseur syndical peuvent être établis sur support papier et remis au greffe. Dans ce cas, la déclaration d'appel est remise au greffe en autant d'exemplaires qu'il y a de parties destinataires, plus deux. La remise est constatée par la mention de sa date et le visa du greffier sur chaque exemplaire, dont l'un est immédiatement restitué.

237.02 **Jurisprudence de référence.**

> Procès équitable – Délai raisonnable – Obligation de l'État

• **CEDH 14 nov. 2000, Delgado c/France, req. n° 38437/97**

* V. s^s n° 237.09

Il incombe aux États contractants d'organiser leur système judiciaire de telle sorte que leurs juridictions puissent garantir à chacun le droit d'obtenir une décision définitive sur les contestations relatives à ses droits et obligations de caractère civil dans un délai raisonnable [...]. Tel est d'autant plus le cas en matière de conflits du travail, qui, portant sur des points qui sont d'une importance capitale pour la situation professionnelle d'une personne, doivent être résolus avec une célérité toute particulière.

> Pourvoi – Ouverture – Conditions – Décision entachée d'excès de pouvoir – Excès de pouvoir – Définition

• **Ch. mixte, 8 janv. 2005, n° 02-19.153,** *Bull. mixte,* n° 1

* V. s[s] n° 237.12

Sauf dans les cas spécifiés par la loi, les jugements en dernier ressort qui ne mettent pas fin à l'instance ne peuvent être frappés de pourvoi en cassation indépendamment des jugements sur le fond que s'ils tranchent dans leur dispositif tout ou partie du principal.

Il est, néanmoins, dérogé à cette règle, comme à toute autre règle interdisant ou différant un recours, en cas d'excès de pouvoir. Ne constitue pas un tel excès la violation du principe de la contradiction.

> Prud'hommes – Appel – Taux du ressort – Demande indéterminée – Demande tendant à l'annulation de sanctions disciplinaires.

• **Soc, 1er oct. 1996, n° 93-43.959,** *Bull. civ.* V, n° 309

* V. s[s] n° 237.14

Lorsque l'une des demandes initiales tend à obtenir l'annulation d'une mise à pied, elle présente un caractère indéterminé, quel que soit le montant de la restitution réclamée au titre du retrait de la sanction disciplinaire, et le jugement est susceptible d'appel.

> Prud'hommes – Appel – Taux du ressort – Demande indéterminée

• **Soc. 13 juill. 2004, n° 02-46.230,** *Bull. civ.* V, n° 216

* V. s[s] n° 237.14

N'est pas indéterminée, quel que soit son fondement allégué, une demande tendant à l'allocation d'une somme d'argent dont le montant est précisé. C'est dès lors à bon droit qu'une cour d'appel, ayant constaté que la demande de salariés portait sur une somme inférieure au taux de compétence en dernier ressort du conseil de prud'hommes, décide que, pour l'appréciation de la recevabilité de l'appel, il n'y avait lieu de prendre en considération que le montant de cette demande et qu'il était indifférent que, pour en apprécier le bien-fondé, le premier juge ait eu à se prononcer sur les dispositions d'un accord contesté.

> Appel – Recevabilité – Exclusion – Cas – Demande de rappel de salaires inférieure à 4 000 euros

• **Soc. 15 janv. 2014, n°s 12-25.404, 12-25.405, 12-25.408, 12-25.409,** *Bull. civ.* V, n° 13

* V. s[s] n° 237.14

Les juges doivent relever d'office les fins de non-recevoir d'ordre public lorsqu'elles résultent de l'absence d'ouverture d'une voie de recours.

N'est pas susceptible d'appel le jugement qui statue sur une demande, quel que soit le fondement allégué, tendant à l'allocation d'une somme d'argent dont le montant est inférieur au taux du dernier ressort.

Doit dès lors être déclaré irrecevable l'appel formé contre un jugement prud'homal faisant droit, par application du principe d'égalité de traitement, à une demande de rappel de salaires inférieure à 4 000 euros.

237.03 Bibliographie indicative.

Actualisables. *J.-Cl. Pr. civ.*, fasc. 436, B. Boubli – Rép. pr. civ., v° *Prud'hommes*, par C. Gaillard et A. Sybillin, déc. 2011 [actu. juill. 2014].

Ouvrages. S. Guinchard (dir.), Dalloz action *Droit et pratique de la procédure civile* 2017/2018, par D. d'Ambra, n°s 335.24 à 335.26 [à paraître]

Article. A. Bugada, « État des lieux des réformes », *JCP* S 2016. 1283 – A. Lacabarats, « La réforme de la procédure en droit du travail », *Procédures* 2015, Étude 2 – C. Morin, « Le nouveau défenseur syndical », *JCP* S 2016. 1284 – V. Orif, « Passé, présent et futur de la règle de l'unicité de l'instance », *JCP* S 2016.1286.

237.04 Questions essentielles.

> Quels sont les décisions des conseils de prud'hommes susceptibles d'appel ?

* V. s[s] n°s 237.11 s.

> Comment interjeter appel ?

* V. s[s] n°s 237.21 s

> Comment se déroule la procédure appel en matière sociale ?

* V. s[s] n°s 237.31 s.

> Quelles sont les spécificités de la procédure d'appel en matière sociale ?

* V. s[s] n°s 237.40 s.

237.09 Décret du 20 mai 2016. Une réforme était devenue indispensable. En effet, le rapport Lacabarats[1], remis à la garde des Sceaux en juillet 2014, a permis de pointer les dysfonctionnements de la justice prud'homale : 62,1 % des jugements rendus par les conseils de prud'hommes sont frappés d'appel, soit trois fois plus que les jugements des tribunaux de grande instance et dix fois plus que les décisions des tribunaux d'instance; les condamnations de l'État liées notamment aux délais excessifs en cette matière, sont en augmentation constante.

Or la dégradation de la durée moyenne des affaires en cette matière est d'autant moins acceptable que, comme la souligné la Cour européenne des droits de l'homme : « [...] *Il incombe aux États contractants d'organiser leur système judiciaire de telle sorte que leurs juridictions puissent garantir à chacun le droit d'obtenir une décision définitive sur les contestations relatives à ses droits et obligations de caractère civil dans un délai raisonnable* [...]. *Tel est d'autant plus le cas en matière de conflits du travail, qui, portant sur des points qui sont d'une importance capitale*

1. A. Lacabarats, *L'avenir des juridictions du travail : vers un tribunal prud'homal du XXIe siècle,* Rapport à Mme la garde des Sceaux, Ministre de la Justice, juillet 2014.

pour la situation professionnelle d'une personne, doivent entre résolus avec une célérité toute particulière [...]. »[1] Le tribunal de grande instance de Paris a été amené à rendre plusieurs jugements condamnant l'État à réparer le dommage causé à des salariés en raison du fonctionnement défectueux du service public de la justice pour ne pas avoir mis à disposition des juridictions les moyens nécessaires pour juger dans des délais raisonnables[2].

Le décret n° 2016-660 du 20 mai 2016[3] a notamment pour objet d'adopter les mesures nécessaires à la modernisation de la justice prud'homale. Il conserve la compétence du conseil de prud'hommes, tant dans son rôle de conciliation des parties que dans celui d'homologation des accords résultant d'autres modes amiables de résolution des différends et **l'oralité de la procédure est réaffirmée en première instance. Il supprime les règles spécifiques de l'unicité et de la péremption d'instance;** ces questions seront désormais régies par le droit commun. Il apporte une modification essentielle destinée à lutter contre l'engorgement des chambres sociales des cours d'appel : **l'appel sera régi par la procédure avec représentation obligatoire,** les parties étant ainsi tenues devant la juridiction de second degré de recourir à un **avocat** ou à un **défenseur syndical.** Les dispositions du décret relatives à la procédure d'appel sont entrées en vigueur le 1er août 2016, elles s'appliquent aux appels introduits à compter de cette date. Les procédures d'appel en cours au 1er août 2016 demeurent régies par les règles de la procédure sans représentation obligatoire auxquelles il convient de se reporter (v. ss nos 221.09 à 223.81), le nouveau décret ne s'appliquant qu'aux appels formés à compter du 1er août 2016. Le présent chapitre ne concerne que la nouvelle procédure d'appel en matière prud'homale qui est en principe soumises à la procédure avec représentation obligatoire mais avec quelques spécificités qui affectent l'exercice de l'appel (sect. 1) et le déroulement de la procédure d'appel (sect. 2).

SECTION 1
EXERCICE DE L'APPEL EN MATIÈRE PRUD'HOMALE

237.10 Division. Quelles décisions du conseil de prud'hommes sont susceptibles d'appel ? (§ 1) Comment interjeter cet appel ? (§ 2).

1. CEDH 14 nov. 2000, Delgado c/France, req. n° 38437/97, *D.* 2001. 2787, note Marguénaud et Mouly.
2. TGI Paris, 18 janv. 2012, RG n° 11/02506 et a.
3. Décr. n° 2016-660, 20 mai 2016, relatif à la justice prud'homale et au traitement judiciaire du contentieux du travail, *JO* 25 mai, texte n° 30.

§ 1
Décisions susceptibles d'appel

237.11 Division. Il faut distinguer selon les décisions des différentes formations du conseil de prud'hommes : bureau de conciliation et d'orientation, bureau de jugement et formation de référé.

237.12 Décisions du bureau de conciliation et d'orientation prises en application des articles R. 1454-14 et R. 1454-15 du Code du travail. Les décisions du bureau de conciliation et d'orientation prises en application des articles R. 1454-14[4] et et R. 1454-15[5] du Code du travail sont **provisoires, exécutoires par provision** et le cas échéant sur minute (C. trav., art. R. 1454-16). Elles n'ont pas autorité de chose jugée au principal. L'opposition est irrecevable et en principe l'appel et le pourvoi ne peuvent être formés qu'en même temps que le jugement sur le fond, sous réserve des règles propres à l'expertise.

4. C. trav., art. R. 1454-14 : « *Le bureau de conciliation et d'orientation peut, en dépit de toute exception de procédure et même si le défendeur ne comparaît pas, ordonner : 1° La délivrance, le cas échéant, sous peine d'astreinte, de certificats de travail, de bulletins de paie et de toute pièce que l'employeur est tenu légalement de délivrer; 2° Lorsque l'existence de l'obligation n'est pas sérieusement contestable : a) Le versement de provisions sur les salaires et accessoires du salaire ainsi que les commissions; b) Le versement de provisions sur les indemnités de congés payés, de préavis et de licenciement; c) Le versement de l'indemnité compensatrice et de l'indemnité spéciale de licenciement en cas d'inaptitude médicale consécutives à un accident du travail ou à une maladie professionnelle mentionnées à l'article L. 1226-14; e) Le versement de l'indemnité de fin de contrat prévue à l'article L. 1243-8 et de l'indemnité de fin de mission mentionnée à l'article L. 1251-32; 3° Toutes mesures d'instruction, même d'office; 4° Toutes mesures nécessaires à la conservation des preuves ou des objets litigieux.*
Au vu des pièces fournies par le salarié, il peut prendre une décision provisoire palliant l'absence de délivrance par l'employeur de l'attestation prévue à l'article R. 1234-9. Cette décision récapitule les éléments du modèle d'attestation prévu à l'article R. 1234-10, permettant au salarié d'exercer ses droits aux prestations mentionnées à l'article L. 5421-2.
Cette décision ne libère pas l'employeur de ses obligations résultant des dispositions des articles R. 1234-9 à R. 1234-12 relatives à l'attestation d'assurance chômage.
Elle est notifiée au Pôle emploi du lieu de domicile du salarié. Tierce opposition peut être formée par Pôle emploi dans le délai de deux mois. »
5. C. trav., art. R. 1454-15 : « *Le montant total des provisions allouées en application du 2° de l'article R. 1454-14 est chiffré par le bureau de conciliation et d'orientation. Il ne peut excéder six mois de salaire calculés sur la moyenne des trois derniers mois de salaire. Le bureau de conciliation et d'orientation peut liquider, à titre provisoire, les astreintes qu'il a ordonnées. Lorsqu'il est fait application de l'article mentionné au premier alinéa, les séances du bureau de conciliation et d'orientation sont publiques.* »

L'appel immédiat est cependant possible lorsque les conditions de l'appel-nullité sont remplies (v. s[s] n°s 111.61 s.). Il s'agit d'une voie de recours exceptionnelle ouverte lorsqu'un texte interdit provisoirement ou définitivement l'exercice d'une voie de recours de droit commun et qui ne peut être utilisée que de manière restrictive pour sanctionner les violations les plus graves des règles de procédure. Au fil des décisions, il est apparu que l'appel-nullité était subordonné soit à la commission d'un excès de pouvoir, soit à la violation d'un principe essentiel de procédure[1].

Ainsi en matière prud'homale, la jurisprudence avait admis l'appel-nullité lorsque l'employeur n'avait pas été régulièrement convoqué[2], ou encore quand le bureau de conciliation avait accordé une provision sur salaire dépassant les limites légales[3] ou sur une somme non prévue par les textes[4]. La cour d'appel de Paris avait reçu immédiatement l'appel interjeté contre une décision ordonnant une provision sur indemnité de préavis à la charge du salarié au motif que le juge avait excédé ses pouvoirs car l'indemnité de préavis visée à l'ancien article R. 516-18 (devenu C. trav., art. R. 1454-14) du Code du travail est uniquement celle à laquelle le salarié a droit[5]. En effet lorsqu'elle est demandée par l'employeur, l'indemnité de préavis n'est qu'une indemnité en dommages-intérêts qui n'entre pas dans les limites de cet article[6]. Le bureau de conciliation n'a pas le pouvoir d'ordonner une provision sur frais professionnels[7], ni la réintégration d'un salarié[8].

Il avait été jugé que le bureau de conciliation qui néglige le caractère sérieux de la contestation commet un excès de pouvoir. Il y a contestation sérieuse « *dès lors que l'un des moyens de défense opposé à la prétention du demandeur n'est pas manifestement vain et qu'il existe une incertitude sur le sens dans lequel trancherait le juge du fond* »[9]. Il en est ainsi lorsque la contestation porte sur l'existence d'une faute grave pour s'opposer à l'allocation d'une provision[10] ou sur l'existence du contrat de travail[11]. **L'appel immédiat** avait été jugé recevable lorsqu'il n'avait n'a pas été répondu aux conclusions de l'employeur[12]. Et la cour d'appel de Paris avait estimé que commet un excès de pouvoir le bureau de conciliation qui justifie l'octroi d'une provision sur complément de préavis par le seul motif que l'existence de l'obligation ne paraissait pas sérieusement contestable, car « *le recours à cette formule banale, préimprimée, sans aucune référence aux faits de la cause ne permettait pas de dire que le bureau de conciliation avait procédé à la vérification et porté l'appréciation nécessaire pour lui permettre de disposer des pouvoirs exceptionnels prévus à l'ancien article R. 516-18* [devenu C. trav., art. R. 1454-14] *du Code du travail* »[13].

Mais la violation du principe de la contradiction n'a pas été retenue par toutes les chambres de la Cour de cassation comme cause d'ouverture de l'appel-nullité. Aussi pour mettre un terme à ces divergences, **la chambre mixte de la Cour de cassation a jugé, dans un arrêt du 28 janvier 2005**, que lorsqu'un recours immédiat est interdit par la loi, « *il n'est dérogé à cette règle, comme à toute règle interdisant ou différant un recours, qu'en cas d'excès de pouvoir* ». Et elle poursuit en indiquant, comme l'avait fait auparavant la première chambre civile, que « *ne constitue pas un excès de pouvoir la violation du principe de la contradiction* ». Depuis cet arrêt de la chambre mixte, la violation d'un principe essentiel de procédure ne devrait plus pouvoir fonder un recours nullité.

Seul l'excès de pouvoir est susceptible de constituer le grief rendant recevable l'appel-nullité. Cet excès peut être **positif**, lorsque le juge use de prérogatives que la loi ne lui attribue pas[14] ou il peut être **négatif** quand le juge n'exerce pas son pouvoir[15].

Il existe différentes hypothèses d'excès de pouvoir[16]. Il y a tout d'abord excès de pouvoir lorsqu'une atteinte est portée à la séparation des pouvoirs, lorsque le juge empiète sur le domaine de compétence du législateur ou du pouvoir exécutif[17]. Il y a encore excès de pouvoir lorsque le juge judiciaire méconnaît le principe de la séparation des autorités judiciaires et administratives[18]. Constitue une dernière catégorie d'excès de pouvoir, le fait pour le juge

1. Soc. 3 oct. 1985, n° 83-40.960, *Bull. civ.* V, n° 440; *JCP* 1985. IV. 353.
2. Soc. 3 oct. 1985, n° 83-40.960, P, préc. s[s] prés[t] n°.
3. Soc. 3 oct. 1985, n° 83-40.960, P, préc. s[s] prés[t] n°.
4. Soc. 29 janv. 1981, n° 79-40.818, *Bull. civ.* V, n° 91; *D.* 1981. IR 435, obs. Langlois; *JCP* 1981. IV. 121; *RTD civ.* 1982. 207, n° 5, obs. Perrot.
5. Paris, 7 mars 1984, *D.* 1984. IR 366; *RTD civ.* 1985. 213, n° 5, obs. Perrot.
6. V. R. Perrot, *RTD civ.* 1982. 207, n° 5.
7. Paris, 8 avr. 1986, *Cah. prud'h.* 1986. 575.
8. Paris, 20 mars 1975, *Gaz. Pal.* 1975. 1. 376.
9. Versailles, 6 févr. 1986, *Cah. prud'h.* 1986. 41.
10. Soc. 22 mars 2007, n° 05-42.488, NP.
11. Soc. 15 mars 1983, n° 80-41.832, *Bull. civ.* V, n° 161; *Cah. prud'h.* 1983. 116.
12. Soc. 5 oct. 1978, n° 77-40.446, *Bull. civ.* V, n° 642; *JCP* 1978. IV. 335; *Gaz. Pal.* 1979. 151, note Loyer-Lahrer; *RTD civ.* 1979. 196, n° 6, obs. Perrot.
13. Paris, 10 janv. 1990, *Cah. prud'h.* 1990. 86.
14. Soc. 3 oct. 1985, n° 83-41.084, *Bull. civ.* V, n° 439; *JCP* 1985. IV. 354.
15. V. PAR EX. : Civ. 1re, 1er févr. 2005, n° 01-13.742, *Bull. civ.* I, n° 53; *D.* 2005. 2727, note Hotte; *JCP* 2005. I. 134, p. 780, note Beguin.
16. V. rapp. Charruault s[s] Cass., ch. mixte, 28 janv. 2005, n° 02-19.153, *Bull. ch. mixte,* n° 1; *BICC* 15 avr. 2005, n° 617.
17. Civ. 1re, 30 mai 1967, *Bull. civ.* I, n° 188 (le juge critique un décret dans les motifs de son jugement).
18. Civ. 1re, 6 mai 1985, n° 84-12.869, *Bull. civ.* I, n° 143.

d'user de prérogatives que la loi ne lui a pas attribuées. C'est classiquement le cas du bureau de conciliation et d'orientation qui alloue des provisions d'un montant supérieur au plafond prévu par l'article R. 1454-14 du Code du travail[1].

La chambre sociale de la Cour de cassation retient la conception restrictive de la chambre mixte et considère que ne constitue pas un excès de pouvoir la violation du principe de la contradiction en sorte que l'appel immédiat n'est pas recevable[2] et elle a jugé que si l'absence de motivation constitue un vice de forme, elle ne caractérise pas, à elle seule, un excès de pouvoir justifiant, par dérogation aux dispositions de l'article R. 516-19 (devenu C. trav., art. R. 1454-16) du Code du travail, un appel immédiat[3].

En cas d'appel, l'exécution provisoire peut être arrêtée par le premier président si les conditions de l'article 524 *in fine* du Code de procédure civile sont remplies : il faut, d'une part, une violation manifeste du principe du contradictoire ou de l'article 12 et, d'autre part, que l'exécution risque d'entraîner des conséquences manifestement excessives[4].

237.13 Décisions au fond du bureau de conciliation et d'orientation. Si une partie ne comparaît pas, personnellement ou représentée, sans motif légitime, le bureau de conciliation et d'orientation peut juger l'affaire, en l'état des pièces et moyens que la partie comparante a contradictoirement communiqués. Dans ce cas, le bureau de conciliation et d'orientation statue en tant que bureau de jugement dans sa composition restreinte (C. trav., art. R. 1454-1-3). Sa décision pourra être frappée d'appel dans les mêmes conditions qu'une décision du bureau de jugement.

237.14 Décisions du bureau de jugement. Les conseils de prud'hommes sont compétents en premier et dernier ressort jusqu'à 4 000 euros (C. trav., art. D. 1462-3). L'obligation de révision annuelle de ce taux de compétence a été supprimée par l'article 58 de la loi n° 2004-1343 du 9 décembre 2004 sur la simplification du droit[5].

Le jugement était rendu en premier et dernier ressort lorsqu'aucun des chefs des demandes initiales ou incidentes ne dépassait à lui seul le taux de l'appel. Si un des chefs de la demande était susceptible d'appel, le bureau de jugement se prononçait en premier ressort sur le tout. Revenant sur la jurisprudence antérieure, **la chambre sociale de la Cour de cassation** a précisé par **deux arrêts en date du 17 juillet 1996** que constituent un seul chef de la demande, les prétentions qui présentent un caractère salarial (salaires, primes, repos compensatoire, heures supplémentaires et indemnités de congés payés à l'exception des indemnités compensatrices de congés payés et de préavis) ou celles qui présentent un caractère indemnitaire lié à la rupture du contrat de travail (indemnité légale ou conventionnelle de licenciement, indemnité compensatrice de congés payés et l'indemnité compensatrice de préavis)[6]. La Cour de cassation a confirmé ce revirement de jurisprudence[7].

L'article R. 1462-1 du Code du travail prévoit désormais que le jugement est rendu en dernier ressort lorsque la valeur totale des prétentions d'aucune des parties ne dépasse le taux de compétence fixé par décret. Et l'appel n'est pas recevable si la seule demande reconventionnelle en dommages-intérêts, fondée exclusivement sur la demande initiale, dépasse le taux de compétence en dernier ressort (C. trav., art. R. 1462-2). Le conseil de prud'hommes était la seule juridiction devant laquelle le montant de la demande était calculé par chef de demande et non en totalisant les sommes réclamées. Cette particularité a été supprimée.

Il ne peut être interjeté appel d'un jugement qui a statué sur une demande tendant à la remise d'un certificat de travail, de bulletins de paye ou de toutes pièces que l'employeur est tenu de délivrer, même sous astreinte, comme l'attestation destinée à l'Assedic, à moins que le jugement ne soit susceptible d'appel en raison du montant des autres demandes (C. trav., art. R. 1462-1).

Ce texte doit être interprété strictement et la Cour de cassation a jugé que présente un caractère indéterminé, qui rend l'appel recevable, la demande d'un salarié tendant à ce que son employeur soit condamné à lui établir de nouveaux bulletins de paye ne faisant plus état de son activité de représentation des salariés[8]. Mais la demande tendant à la rectification d'un bulletin de paye est sans incidence sur l'ouverture des voies de recours lorsqu'elle constitue la conséquence nécessaire d'une demande chiffrée dont le montant est inférieur au taux du dernier ressort[9]. Ainsi la demande en rectification

1. Soc. 3 oct. 1985, préc.
2. Soc. 21 févr. 2007, n° 04-48.255, NP.
3. Soc. 7 juin 1995, n° 91-42.604, *Bull. civ.* V, n° 187 ; *JCP* 1995. IV. 1899, p. 240 ; *Dr. soc.* 1995. 838, obs. Desdevises.
4. Soc. 13 sept. 2012, n° 11-20.348, *Bull. civ.* V, n° 227 ; *Procédures* 2012, n° 329, note Bugada.
5. L. n° 2004-1343, 9 déc. 2004, de simplification du droit, *JO* 10 déc., p. 20857.
6. Soc. 17 juill. 1996, n° 93-40.942, *Bull. civ.* V, n° 285 ; *D.* 1996. 206 ; *Cah. soc.* 1996, n° 84, A 58, p. 281.
7. Soc. 5 mars 1997, n° 95-45.049, *Bull. civ.* V, n° 98 – Soc. 12 mars 1997, n° 94-42.771, *Bull. civ.* V, n° 106 ; *D.* 1997. 84.
8. Soc. 9 oct. 1996, n° 93-42.848, *Bull. civ.* V, n° 320 ; *Cah. soc.* 1996, n° 85, A. 63.
9. Soc. 23 mars 2011, n° 09-70.827, *Bull. civ.* V, n° 78 ; *Procédures* 2011, n° 204, note Bugada ; *D.* 2011. 1022.

de bulletins de paye ne suit pas le régime de la demande indéterminée lorsqu'elle n'est que la conséquence de la demande chiffrée.

Constitue une demande dont l'objet est indéterminé : la demande tendant à obtenir l'annulation d'une mise à pied quel que soit le montant de la restitution réclamé par le salarié au titre du retrait de la sanction disciplinaire [1], plus généralement la demande d'annulation d'une sanction [2], la demande tendant à l'annulation d'une clause de non-concurrence [3], la demande de résiliation d'un contrat d'apprentissage [4], la demande de publication de décision dans la presse [5], la demande du salarié en paiement d'une prime mensuelle de 900 francs du 11 décembre 1983 au jour du jugement [6]. La demande qui a pour objet le paiement de sommes d'argent, même chiffrée, revêt un caractère indéterminé dès qu'elle impose à la juridiction saisie de se prononcer sur l'existence d'avantages individuels acquis [7].

Mais le fait que certaines demandes de chacun des salariés ne soient pas chiffrées ne leur confère par un caractère indéterminé si le montant des demandes est aisément déterminable [8]. Et une demande n'est pas indéterminée quel que soit son fondement, lorsqu'elle tend à l'allocation d'une somme d'argent dont le montant est précisé [9].

L'irrecevabilité de l'appel à l'encontre d'un jugement qui statue sur une demande tendant à l'allocation d'une somme d'argent dont le montant est inférieur au taux du ressort doit être relevée d'office [10].

237.15 Décisions de la formation des référés. **L'appel est soumis au droit commun**, il peut être interjeté dans les quinze jours (C. trav., art. R. 1455-11) à moins que la demande n'excède pas le taux de compétence en dernier ressort du conseil de prud'hommes. Il est formé, instruit et jugé conformément aux articles R. 1461-1 et R. 1461-2.

1. Soc. 1er oct. 1996, n° 93-43.959, *Bull. civ.* V, n° 409; *Cah. soc.* 1996, n° 85, A 63; *D.* 1996. 227; *Dr. soc.* 1997. 170, note Savatier – Soc. 26 oct. 1999, n° 97-44.304, *Bull. civ.* V, n° 413; *Procédures* 2000, n° 6.
2. Soc. 7 mai 1981, n° 79-40.571, *Bull. civ.* V, n° 397.
3. Soc. 15 mars 1978, n° 77-40.334, *Bull. civ.* V, n° 186.
4. Soc. 20 juill. 1978, n° 77-40.650, *Bull. civ.* V, n° 608.
5. Soc. 5 mars 1980, n° 79-40.102, *Bull. civ.* V, n° 227.
6. Soc. 1er oct. 1996, n° 93-44.762, NP; *Cah. soc.* 1996, n° 85, A 63.
7. Soc. 13 mars 2001, n° 00-40.944, *Bull. civ.* V, n° 92; *D.* 2002. 241, note Puigelier; *Dr. soc.* 2001. 681, obs. Savatier.
8. Soc. 22 mars 1995, n° 93-41.534, NP; *Cah. soc.* 1995, n° 70, B 97.
9. Soc. 13 juill. 2004, n° 02-46.230, *Bull. civ.* V, n° 216; *Procédures* 2004, n° 229; *D.* 2004. 2478, et obs.; *Dr. soc.* 2005. 114, obs. Keller.
10. Soc. 14 janv. 2014, nos 12-25.404, 12-25.405, 12-25.408, 12-25.409, *Bull. civ.* V, n° 13.

§ 2
Acte d'appel

237.21 Principe. Le délai d'appel est d'**un mois** (C. trav., art. R. 1461-1, al. 1er) et de **quinze jours** contre les ordonnances de référé (C. trav., art. R. 1455-11). Il court à compter de la notification de la décision. Les appels contre les décisions rendues par les différentes formations des conseils de prud'hommes, interjetés à compter du 1er août 2016, sont soumis aux règles de la procédure avec représentation obligatoire. L'acte d'appel, qu'il s'agisse d'un appel principal ou d'un appel incident, doit en conséquence respecter les formes et les délais de la procédure d'appel avec représentation obligatoire (v. ss nos 211.10 s.). Toutefois il existe une particularité s'agissant de la représentation des parties.

237.22 Particularité des règles de représentation. Puisque l'appel contre une décision d'un conseil de prud'hommes doit, depuis le 1er août 2016, être formé selon les règles de la procédure avec représentation obligatoire (C. trav., art. R. 1461-2, al. 2), la partie qui n'était pas représentée par un défenseur syndical ou par un avocat doit constituer avocat pour former appel (C. trav., art. R. 1461-1, al. 2). Mais l'article R. 1461-1 alinéa 3 ajoute : « *Les actes de cette procédure d'appel qui sont mis à la charge de l'avocat sont valablement accomplis par la personne mentionnée au 2° de l'article R. 1453-2. De même, ceux destinés à l'avocat sont valablement accomplis auprès de la personne précitée.* » Ce texte signifie que si la représentation est obligatoire, l'avocat n'en a pas le monopole en cette matière. Le défenseur syndical peut également représenter une partie en appel, il peut en conséquence interjeter appel pour le compte d'une partie. Lorsque le représentant est avocat, il n'a pas à justifier d'un mandat mais il devra respecter toutes les règles régissant l'acte d'appel de la procédure avec représentation obligatoire (v. ss nos 211.10 s.) et notamment il devra remettre l'acte d'appel à la juridiction d'appel par voie électronique à peine d'irrecevabilité relevée d'office (v. ss n° 211.41). En revanche, le nouvel article 930-2 du Code de procédure civile, ajouté par le décret du 20 mai 2016, précise que **les règles relatives à la communication électronique ne s'appliquent pas au défenseur syndical** qui pourra établir ses actes sur support papier et les remettre au greffe en autant d'exemplaires qu'il y a de parties destinataires plus deux. Ainsi le défenseur syndical pourra interjeter appel sur support papier en remettant ou en envoyant les exemplaires de la déclaration d'appel au greffe de la chambre sociale de la cour d'appel.

SECTION 2
DÉROULEMENT DE L'INSTANCE D'APPEL EN MATIÈRE PRUD'HOMALE

237.30 Division. La procédure d'appel en matière prud'homale doit respecter les règles de la procédure avec représentation obligatoire (§ 1) mais elle comporte quelques spécificités (§ 2).

§ 1
Application de la procédure avec représentation obligatoire

237.31 Procédures d'urgence. Si les droits d'une partie sont en **péril**, il lui appartient désormais de recourir à la **procédure à jour fixe**, régie par les articles 917 à 925 du Code de procédure civile (v. s^s^ n°s 231.01 s.) et non plus à la fixation prioritaire de l'affaire prévue à l'article 948 du Code de procédure civile pour les procédures sans représentation obligatoire.

En cas **d'urgence**, il faudra appliquer aux procédures d'appel introduites à compter du 1er août 2016 les dispositions de l'article 905 du Code de procédure civile (v. s^s^ n°s 212.12 s.) qui prévoient la **fixation de l'audience à bref délai** par le président de la chambre à laquelle l'affaire a été distribuée, en l'occurrence par le président de la chambre sociale, soit d'office soit à la demande d'une partie. Le recours à cette procédure est prévu lorsque l'affaire semble présenter un caractère d'urgence ou être en état d'être jugée ou lorsque l'appel est relatif à une ordonnance de référé, à une ordonnance statuant sur une exception de procédure ou à une ordonnance relative à une provision accordée au créancier lorsque l'existence de l'obligation n'est pas sérieusement contestable, à condition que l'appel soit possible.

237.32 Procédure avec mise en état. Désormais la procédure d'appel en matière prud'homale est régie par les articles 900 à 930-2 du Code de procédure civile (v. s^s^ n°s 212.20 s.). Rappelons brièvement le déroulement de cette procédure, parfois qualifiée d'anxiogène.

Lorsque l'intimé n'a pas constitué avocat, l'appelant doit l'assigner dans le mois de l'avis du greffier l'informant qu'il doit signifier la déclaration d'appel à l'intimé (C. pr. civ., art. 902). L'appelant dispose d'un **délai de trois mois** à compter de la déclaration d'appel pour conclure (C. pr. civ., art. 908). Si l'intimé n'a pas constitué avocat après avoir reçu la signification de la déclaration d'appel, l'appelant doit lui signifier ses conclusions dans le délai d'un mois à compter de l'expiration du délai pour conclure (C. pr. civ., art. 911). Si l'intimé a constitué avocat devant la cour d'appel avant la signification des conclusions, il est procédé par voie de notification à cet avocat. Si l'appelant n'a pas assigné l'intimé dans le délai d'un mois à compter de l'avis du greffe ou du dépôt des conclusions d'appel lorsque l'intimé n'est pas représenté devant la cour, ou encore s'il n'a pas conclu dans les trois mois, sa déclaration d'appel est caduque.

De manière générale, sous peine de caducité, les conclusions d'appel doivent être notifiées, dans le délai de leur remise au greffe, aux représentants des autres parties et doivent être signifiées dans le délai d'un mois suivant l'expiration de ce même délai lorsque la partie adverse n'a pas constitué avocat devant la cour d'appel (C. pr. civ., art. 911). L'intimé dispose, à peine d'irrecevabilité relevée d'office, d'un **délai de deux mois** à compter de la notification des conclusions d'appel pour répliquer et former le cas échéant appel incident (C. pr. civ., art. 909) ou provoqué. Même si l'appelant a conclu avant l'expiration du délai de trois mois, prévu à l'article 908 du Code de procédure civile, le **délai de deux mois**, accordé à l'intimé par l'article 909 pour répliquer, a pour point de départ la notification des conclusions d'appel[1]. L'intimé doit non seulement conclure mais également notifier ses conclusions aux autres parties dans ce délai de deux mois.

L'intimé à un appel incident ou provoqué dispose du même délai pour conclure et est soumis aux mêmes sanctions (C. pr. civ., art. 910 al. 1er). Quant à l'intervenant forcé il dispose pour conclure, à peine d'irrecevabilité relevée d'office, d'un **délai de trois mois** à compter de la notification de la demande d'intervention formée à son encontre (C. pr. civ., art. 910, al. 2). Toujours à peine d'irrecevabilité les conclusions doivent être notifiées, dans le délai de leur remise au greffe, au représentant des autres parties (C. pr. civ., art. 911).

Le conseiller de la mise en état examine l'affaire dans les **quinze jours** suivant l'expiration des délais pour conclure et communiquer les pièces et il arrête la date de clôture et celle des plaidoiries; il peut fixer un calendrier de procédure s'il autorise un nouvel échange de conclusions.

Le conseiller de la mise en état a des pouvoirs plus étendus que ceux attribués au magistrat chargé d'instruire l'affaire par les articles 939 à 946 du Code de procédure civile (v. s^s^ n°s 222.30 s.).

237.33 Interdiction des demandes nouvelles en appel. En contrepartie du principe de l'unicité de l'instance, les demandes nouvelles étaient recevables en tout état de la cause, même en appel, sans

1. Cass. avis, 6 oct. 2014, n° 14-70.008, *Bull. avis*, n° 8; *Procédures* 2014, comm. 313, obs. Croze; *D.* 2014. 2057; *D.* 2015. 287, obs. Fricero; *RTD civ.* 2015. 198, obs. Cayrol.

que l'adversaire puisse opposer l'absence de tentative de conciliation (C. trav., anc. art. R. 1452-7, abrog. par Décr. 20 mai 2016). En effet, selon le principe de l'unicité de l'instance toutes les demandes dérivant d'un même contrat de travail entre les mêmes parties devaient être présentées dans une seule instance, qu'elles émanent du demandeur ou du défendeur, à moins que le fondement des prétentions ne soit né ou ne se soit révélé qu'après la saisine du conseil (C. trav., anc. art. R. 1452-6, abrog. par Décr. 20 mai 2016). Pour être recevable, il était inutile que la demande nouvelle soit l'accessoire ou le complément de la demande initiale[1]. Ainsi un salarié avait pu former une demande nouvelle pour la première fois en appel contre le nouvel employeur cessionnaire car elle dérivait du même contrat de travail que celles formées en première instance à l'encontre de l'ancien employeur[2].

Le décret du 20 mai 2016 a supprimé le principe de l'unicité de l'instance pour soumettre la procédure prud'homale aux règles du droit commun du procès. La suppression ne s'applique qu'aux instances introduites devant les conseils de prud'hommes à compter du 1er août 2016. La suppression du principe de l'unicité de l'instance entraîne la disparition de sa contrepartie et **le principe de l'irrecevabilité des demandes nouvelles en appel s'applique désormais à la procédure d'appel en matière prud'homale.** Le juge a la faculté de relever d'office cette irrecevabilité. C'est un retour au droit commun énoncé aux articles 562 à 567 du Code de procédure civile qui interdisent, avec quelques exceptions, les demandes nouvelles en appel (v. ss nos 122.12 s.).

237.34 Péremption d'instance (suppression). En matière prud'homale, l'instance ne pouvait faire l'objet d'une péremption que lorsque les parties s'étaient abstenues d'accomplir, pendant un délai de **deux ans**, les diligences mises expressément à leur charge par la juridiction (C. trav., anc. art. R. 1452-8., abrog. par Décr. 20 mai 2016). Le décret du 20 mai 2016 a supprimé ces règles spécifiques. Cette suppression s'applique aux instances introduites devant les conseils de prud'hommes à compter du 1er août 2016 qui sont désormais soumises aux règles du droit commun. Pour les procédures antérieures, l'instance ne peut faire l'objet d'une péremption que lorsque les parties se sont abstenues d'accomplir pendant un délai de deux ans les diligences mises expressément à leur charge par la juridiction.

1. Soc. 25 juin 1987, nos 84-44.874, NP; *Cah. prud'h.* 1988. 164.
2. Soc. 23 mars 1994, no 92-42.359, *Bull. civ.* V, no 103.

§ 2
Spécificités de la procédure prud'homale

237.40 Division. Les spécificités de la procédure d'appel en matière prud'homale concernent les représentants des parties qu'il s'agisse des avocats (A) ou des défenseurs syndicaux (B).

A.
Représentation par un avocat

237.41 Absence de monopole de représentation et d'assistance. Si l'article R. 1461-1 du Code du travail énonce qu'à défaut d'être représentée par un défenseur syndical les parties en appel sont tenues de constituer avocat, il ajoute que les actes mis à la charge de l'avocat sont valablement accomplis par un défenseur syndical et que ceux destinés à l'avocat sont valablement accomplis auprès du défenseur syndical. L'avocat n'a pas le monopole de l'assistance et de la représentation devant la cour d'appel en matière prud'homale, les parties pourront être valablement représentées soit par un avocat soit par un défenseur syndical.

237.42 Absence de territorialité. En application de la loi Macron[3], depuis le 1er août 2016 les avocats peuvent postuler devant l'ensemble des tribunaux de grande instance du ressort de la cour d'appel dans lequel ils ont établi leur résidence sous réserve de quelques dérogations posées par les articles 5 et 5-1 de la loi du 31 décembre 1971[4] modifiée et étant précisé que ces dispositions ne s'appliquent pas en Alsace-Moselle. Mais **ce régime de postulation territoriale ne s'applique pas devant les cours d'appel statuant en matière prud'homale** y compris dans les départements du Rhin et de la Moselle. La circulaire du 27 juillet 2016[5] (v. ss no 45.01) explique cette solution par le caractère spécifique de la représentation obligatoire en matière prud'homale et par le souci de ne pas créer un monopole territorial de représentation où il n'y en avait pas. Aussi, comme lorsque l'appel des décisions des conseils de prud'hommes était régi par la procédure sans représentation obligatoire, tout avocat peut assurer la représentation des parties devant les cours d'appel statuant en cette matière. Mais les parties doivent obligatoirement être représentées devant la cour par un avocat ou un défenseur syndical.

3. L. no 2015-990, 6 août 2015, pour la croissance, l'activité et l'égalité des chances économiques, *JO* 7 août, p. 13537.
4. L. no 71-1130, 31 déc. 1971, portant réforme de certaines professions judiciaires et juridiques, *JO* 5 janv., p. 131.
5. Circ. 27 juill. 2016, sur le nouveau régime de postulation territoriale et les nouvelles modalités de représentation devant les cours d'appel statuant en matière prud'homale à compter du 1er août 2016 (v. ss no 45.01).

B.
Représentation par un défenseur syndical

237.51 Dispense de communication électronique. Bien que la représentation obligatoire devant la cour d'appel en matière prud'homale comporte des spécificités, les formes régissant le déroulement de la procédure doivent être scrupuleusement respectées sous peine de sanctions graves. C'est ainsi que les défenseurs syndicaux, comme les avocats, devront respecter les délais pour assigner, conclure, notifier leurs écrits... et les avocats devront obligatoirement recourir à la communication électronique. Toutefois le nouvel article 930-2 du Code de procédure civile précise que les règles relatives à la communication électronique ne s'appliquent pas au défenseur syndical qui pourra établir ses actes sur support papier et les remettre au greffe en autant d'exemplaires qu'il y a de parties destinataires plus deux.

LIVRE

3. LES POUVOIRS DU PREMIER PRÉSIDENT

SECTION 0
ORIENTEUR

3.00 Plan du livre.

Titre	31	Les pouvoirs juridictionnels
Chap.	311	Référé
Chap.	312	Ordonnances sur requête
Chap.	313	Autres pouvoirs juridictionnels du premier président
Titre	32	Les mesures d'administration judiciaire
Chap.	321	Mesures relatives au bon fonctionnement du service judiciaire
Chap.	322	Actes processuels non juridictionnels

3.01 Division. L'article L. 311-7-1 du Code de l'organisation judiciaire indique qu'en matière civile le premier président de la cour d'appel statue en référé ou sur requête. Ce texte concerne les pouvoirs juridictionnels (titre 31) de ce chef de juridiction. Mais à côté de ses pouvoirs juridictionnels spécifiques, le premier président doit prendre des actes d'administration judiciaire (titre 32) pour assurer le fonctionnement du service des juridictions du ressort de la cour d'appel qu'il préside ou pour le bon déroulement de certaines instances.

CHAPITRE

311. Référé

SECTION 0
ORIENTEUR

311.00 Plan du chapitre.

311.01 Textes applicables.

TEXTES CITÉS

> Ordonnances de référé
C. pr. civ., art. 484 à 492

> Exécution provisoire
C. pr. civ., art. 517 à 526

> Ordonnances de référé du premier président
C. pr. civ., art. 956, 957

TEXTES CITÉS REPRODUITS *IN EXTENSO*

> Ordonnances de référé
[C. pr. civ., art. 484 à 492]

C. pr. civ., art. 484

L'ordonnance de référé est une décision provisoire rendue à la demande d'une partie, l'autre présente ou appelée, dans les cas où la loi confère à un juge qui n'est pas saisi du principal le pouvoir d'ordonner immédiatement les mesures nécessaires.

C. pr. civ., art. 485

La demande est portée par voie d'assignation à une audience tenue à cet effet aux jour et heure habituels des référés.

Si, néanmoins, le cas requiert célérité, le juge des référés peut permettre d'assigner, à heure indiquée, même les jours fériés ou chômés.

C. pr. civ., art. 486

Le juge s'assure qu'il s'est écoulé un temps suffisant entre l'assignation et l'audience pour que la partie assignée ait pu préparer sa défense.

C. pr. civ., art. 487

Le juge des référés a la faculté de renvoyer l'affaire en état de référé devant la formation collégiale de la juridiction à une audience dont il fixe la date.

C. pr. civ., art. 488

L'ordonnance de référé n'a pas, au principal, l'autorité de la chose jugée.

Elle ne peut être modifiée ou rapportée en référé qu'en cas de circonstances nouvelles.

C. pr. civ., art. 489

L'ordonnance de référé est exécutoire à titre provisoire. Le juge peut toutefois subordonner l'exécution provisoire à la constitution d'une garantie dans les conditions prévues aux articles 517 à 522.

En cas de nécessité, le juge peut ordonner que l'exécution aura lieu au seul vu de la minute.

C. pr. civ., art. 490

L'ordonnance de référé peut être frappée d'appel à moins qu'elle n'émane du premier président de la cour d'appel ou qu'elle n'ait été rendue en dernier ressort en raison du montant ou de l'objet de la demande.

L'ordonnance rendue en dernier ressort par défaut est susceptible d'opposition.

Le délai d'appel ou d'opposition est de quinze jours.

C. pr. civ., art. 491

Le juge statuant en référé peut prononcer des condamnations à des astreintes. Il peut les liquider, à titre provisoire.

Il statue sur les dépens.

C. pr. civ., art. 492

Les minutes des ordonnances de référé sont conservées au secrétariat de la juridiction.

> Exécution provisoire
[C. pr. civ., art. 517 à 526]

C. pr. civ., art. 517

L'exécution provisoire peut être subordonnée à la constitution d'une garantie, réelle ou personnelle, suffisante pour répondre de toutes restitutions ou réparations.

C. pr. civ., art. 518

La nature, l'étendue et les modalités de la garantie sont précisées par la décision qui en prescrit la constitution.

C. pr. civ., art. 519

Lorsque la garantie consiste en une somme d'argent, celle-ci est déposée à la Caisse des dépôts et consignations; elle peut aussi l'être, à la demande de l'une des parties, entre les mains d'un tiers commis à cet effet.

Dans ce dernier cas, le juge, s'il fait droit à cette demande, constate dans sa décision les modalités du dépôt.

Si le tiers refuse le dépôt, la somme est déposée, sans nouvelle décision, à la Caisse des dépôts et consignations.

C. pr. civ., art. 520

Si la valeur de la garantie ne peut être immédiatement appréciée, le juge invite les parties à se présenter devant lui à la date qu'il fixe, avec leurs justifications.

Il est alors statué sans recours.

La décision est mentionnée sur la minute et sur les expéditions du jugement.

C. pr. civ., art. 521

La partie condamnée au paiement de sommes autres que des aliments, des rentes indemnitaires ou des provisions peut éviter que l'exécution provisoire soit poursuivie en consignant, sur autorisation du juge, les espèces ou les valeurs suffisantes pour garantir, en principal, intérêts et frais, le montant de la condamnation.

En cas de condamnation au versement d'un capital en réparation d'un dommage corporel, le juge peut aussi ordonner que ce capital sera confié à un séquestre à charge d'en verser périodiquement à la victime la part que le juge détermine.

C. pr. civ., art. 522

Le juge peut, à tout moment, autoriser la substitution à la garantie primitive d'une garantie équivalente.

C. pr. civ., art. 523 *(mod. par Décr. n° 2014-1338, 6 nov. 2014, art. 3)*

Les demandes relatives à l'application des articles 517 à 522 ne peuvent être portées, en cas d'appel, que devant le premier président statuant en référé ou, dans les cas prévus aux articles 525 ou 525-1, devant le magistrat chargé de la mise en état dès lors qu'il est saisi.

C. pr. civ., art. 524 *(mod. par Décr. n° 2014-1338, 6 nov. 2014, art. 3)*

Lorsque l'exécution provisoire a été ordonnée, elle ne peut être arrêtée, en cas d'appel, que par le premier président et dans les cas suivants :

1° Si elle est interdite par la loi;

2° Si elle risque d'entraîner des conséquences manifestement excessives; dans ce dernier cas, le premier président peut aussi prendre les mesures prévues aux articles 517 à 522.

Le même pouvoir appartient, en cas d'opposition, au juge qui a rendu la décision.

Lorsque l'exécution provisoire est de droit, le premier président peut prendre les mesures prévues au deuxième alinéa de l'article 521 et à l'article 522.

Le premier président peut arrêter l'exécution provisoire de droit en cas de violation manifeste du principe du contradictoire ou de l'article 12 et lorsque l'exécution risque d'entraîner des conséquences manifestement excessives.

C. pr. civ., art. 525 *(mod. par Décr. n° 2014-1338, 6 nov. 2014, art. 3)*

Lorsque l'exécution provisoire a été refusée, elle ne peut être demandée, en cas d'appel, qu'au premier président ou, dès lors qu'il est saisi, au magistrat chargé de la mise en état et à condition qu'il y ait urgence.

C. pr. civ., art. 525-1 *(mod. par Décr. n° 2014-1338, 6 nov. 2014, art. 3)*

Lorsque l'exécution provisoire n'a pas été demandée, ou si, l'ayant été, le juge a omis de statuer, elle ne peut être demandée, en cas d'appel, qu'au premier président ou, dès lors qu'il est saisi, au magistrat chargé de la mise en état.

C. pr. civ., art. 525-2 *(créé par Décr. n° 2014-1338, 6 nov. 2014, art. 4)*

Lorsqu'il est saisi en application des articles 254, 525, 525-1, le premier président statue en référé, par une décision non susceptible de pourvoi.

C. pr. civ., art. 526

Lorsque l'exécution provisoire est de droit ou a été ordonnée, le premier président ou, dès qu'il est saisi, le conseiller de la mise en état peut, en cas d'appel, décider, à la demande de l'intimé et après avoir recueilli les observations des parties, la radiation du rôle de l'affaire lorsque l'appelant ne justifie pas avoir exécuté la décision frappée d'appel ou avoir procédé à la consignation autorisée dans les conditions prévues à l'article 521, à moins qu'il lui apparaisse que l'exécution serait de nature à entraîner des conséquences manifestement excessives ou que l'appelant est dans l'impossibilité d'exécuter la décision.

Le premier président ou le conseiller chargé de la mise en état autorise, sauf s'il constate la péremption, la réinscription de l'affaire au rôle de la cour sur justification de l'exécution de la décision attaquée.

> Ordonnances de référé du premier président
[C. pr. civ., art. 956, 957]

C. pr. civ., art. 956

Dans tous les cas d'urgence, le premier président peut ordonner en référé, en cas d'appel, toutes les mesures qui ne se heurtent à aucune contestation sérieuse ou que justifie l'existence d'un différend.

C. pr. civ., art. 957

Le premier président peut également, en cas d'appel, suspendre l'exécution des jugements improprement qualifiés en dernier ressort, ou exercer les pouvoirs qui lui sont conférés en matière d'exécution provisoire.

311.02 Jurisprudence de référence.

> Moment d'appréciation de l'urgence, condition du référé ordinaire

• **Civ. 3e, 10 mai 1977, no 76-11.012,** *Bull. civ.* III, no 199

* V. ss no 311.13

En appel comme en première instance, la juridiction des référés doit se placer, pour apprécier l'urgence attributive de sa compétence, à la date où elle prononce sa décision.

> Condition de l'aménagement de l'exécution provisoire

• **Civ. 2e, 23 janv. 1991, no 89-18.925,** *Bull. civ.* II, no 26

* V. ss no 311.51

La possibilité d'aménagement de l'exécution provisoire prévue par l'article 521 du Code de procédure civile n'est pas subordonnée à la condition, prévue par l'article 524, 2o du même code, que cette exécution risque d'entraîner des conséquences manifestement excessives.

> Pouvoirs du premier président saisi d'une demande d'arrêt de l'exécution provisoire

• **Civ. 2e, 6 déc. 2007, no 06-19.134,** *Bull. civ.* II, no 262

* V. ss no 311.51

Saisi d'une demande tendant à l'arrêt de l'exécution provisoire, le premier président d'une cour d'appel n'a pas le pouvoir d'apprécier la régularité ou le bien-fondé de la décision rendue par le premier juge pour en suspendre les effets. En revanche, il relève de l'exercice de son pouvoir souverain d'appréciation des éléments de la cause de cantonner l'arrêt de l'exécution provisoire à un montant déterminé et de son pouvoir discrétionnaire d'en ordonner la consignation sur le fondement des articles 521 et 524, 2o du Code de procédure civile.

> Radiation de l'article 526 du Code de procédure civile et arrêt de l'exécution provisoire par le premier président

• **Civ. 2e, 9 juill. 2009, nos 08-13.451 et 08-15.176,** *Bull. civ.* II, no 192

* V. ss no 311.62

La radiation du rôle de l'affaire ordonnée par un conseiller de la mise en état sur le fondement de l'article 526 du Code de procédure civile ne fait pas obstacle à l'application de l'article 524 du même code.

> Condition de l'arrêt de l'exécution provisoire de droit

• **Soc. 18 déc. 2007, no 06-44.548,** *Bull. civ.* V, no 213

* V. ss no 311.65

« L'erreur commise par un juge dans l'application ou l'interprétation d'une règle de droit ne constitue pas une violation manifeste de l'article 12 [du Code de procédure civile] au sens de l'article 524 du même code ».

311.03 Bibliographie indicative.

Actualisables. *J.-Cl. Pr. civ.*, fasc. 726 [Appel. Procédure devant le premier président], par H. Ouaissi, actualisé par M. Douchy-Oudot et N. Gerbay – Rép. pr. civ., Vo *Référés du premier président*, par Y. Strickler, sept 2012 [actu. janv. 2015].

Ouvrages. C. Brenner et N. Fricero, *La nouvelle procédure d'appel*, 2e éd., Lamy, 2011, p. 235 – J.-L. Gallet, *La procédure devant la cour d'appel*, 3e éd., LexisNexis, 2014, p. 273 s. – P. et N. Gerbay, *Guide du procès civil en appel*, LexisNexis, 2015, fiches 43, 44, 64 – S. Guinchard (dir.), Dalloz action *Droit et pratique de la procédure civile*, 2014/2015, par D. Cholet, no 123.100; A. Lacabarats, no 323.191; Ph. Hoonakker, nos 432.00 s.; J. Pellerin, nos 544.241 s.

Articles. P. Bertin, « Les pouvoirs respectifs du premier président et du magistrat de la mise en état en matière d'exécution provisoire », *Gaz. Pal.* 1978. 1. Doctr. 83 – A. Blaisse, « Arrêt et aménagement de l'exécution provisoire par le premier président », *JCP* 1985. I. 3183 – M. Cosnard, note au *D.* 1975. 190 – M. Foulon et Y. Strickler, « De l'hybridation en procédure civile. La forme des référés et des requêtes des articles 1379 et 1380 du Code de procédure civile », *D.* 2009. Chron. 2693 – Fusil, « La juridiction du premier président de la cour d'appel », *Gaz. Pal.* 1975. 1. Doctr. 346 – Ph. Gerbay, « Réflexions sur la juridiction du premier président de la cour d'appel », *D.* 1980. Chron. 65 – C. Giverdon, « Premières applications de la juridiction des référés du premier président de la cour d'appel », *D.* 1973. Chron. 285 – C. Giverdon et Me Gassiot, « La juridiction du premier président », Rapport aux journées d'études des avoués, Dijon, 1973, *Gaz. Pal.* 1974. 1. Doctr. 416 – C. Loyer-Lahrer, « La réforme de l'exécution provisoire », *Gaz. Pal.* 1976. 2. Doctr. 587; « L'exécution provisoire : analyse de la jurisprudence des cours d'appel d'Angers et de Rennes », *Gaz. Pal.* 1982. 1. Doctr. 151 – G. Rives, « La juridiction du conseiller de la mise en état », *RTD civ.* 1984. 645 – E. du Rusquec, « Les conditions de la compétence générale du premier président statuant en référé », *Gaz. Pal.* 1976. 1. Doctr. 84 – Verdun, Perrot, Garabos et Garnerie, « Les incidents de provision », Journées d'études des avoués, Limoges, 1979, *Gaz. Pal.* 1980. 1. Doctr. 314 – J. Viatte, « Les référés du premier président », *Gaz. Pal.* 1973. 2. Doctr. 570 – J. Vincent, « Les dimensions nouvelles de l'appel en matière civile », *D.* 1973. Chron. 179; « Juridiction collégiale ou juge unique dans la procédure civile française », *in Mél. offerts au professeur Louis Falletti*, Ann. Fac. Lyon, t. II, 1971, Dalloz, p. 561; in *Études offertes à Pierre Kayser*, t. II, PUAM, 1979.

311.04 Questions essentielles.

> Quels sont les pouvoirs du premier président pour aménager ou arrêter l'exécution provisoire du jugement frappé d'appel ?

* V. ss no 311.30

> Qui peut accorder l'exécution provisoire du jugement frappé d'appel lorsqu'elle n'a pas été ordonnée en première instance ?

* V. ss no 311.91

311.05 Formulaire de procédure civile (renvois).

Appel – Référé (Assignation afin d'arrêter l'exécution provisoire) [avr. 2012]

311.06 Exemple d'acte (renvoi).

• Référé tendant au sursis à l'exécution provisoire (v. ss no 46.07).

311.09 Généralités. En qualité du chef de juridiction, le premier président est juge des référés. Sa compétence est limitée par rapport à celle du président du tribunal de grande instance. En effet, il ne peut être saisi qu'en cas d'appel et ses pouvoirs sont plus limités que ceux du président du tribunal de grande instance; ils sont prévus par deux textes, les articles 956 et 957 du Code de procédure civile. Le premier est relatif au référé ordinaire (sect. 1) et le second concerne les pouvoirs importants du premier président en matière d'exécution des jugements (sect. 2). Les ordonnances de référé prononcées par le premier président de la cour d'appel suivent les règles du droit commun énoncées par les articles 484 à 492 du Code de procédure civile, sous réserve des dispositions relatives à l'appel de l'ordonnance de référé. En effet, l'ordonnance du premier président de la cour d'appel est susceptible d'un pourvoi en cassation, sauf en matière d'exécution provisoire (C. pr. civ., art. 525-2) et non d'un appel ou d'un déféré devant la cour d'appel. Il convient également de rappeler que c'est la cour d'appel et non le premier président qui statue sur l'appel à l'encontre des ordonnances de référé rendues en première instance.

SECTION 1
RÉFÉRÉ ORDINAIRE

§ 1
Conditions

311.11 Règle de l'article 956 du Code de procédure civile. Les conditions sont posées à l'article 956 du Code de procédure civile qui dispose : « *Dans tous les cas d'urgence, le premier président peut ordonner en référé, en cas d'appel, toutes les mesures qui ne se heurtent à aucune contestation sérieuse ou que justifie l'existence d'un différend* ». Notons immédiatement que la compétence du premier président est analogue à celle accordée au président du tribunal de grande instance par l'article 808 du Code de procédure civile mais qu'il ne semble pas avoir les pouvoirs accordés au président du tribunal de grande instance sur le fondement de l'article 809. Pour mieux cerner ses pouvoirs, il faut préciser les limites de sa compétence, les notions d'urgence, de contestation sérieuse et d'existence d'un différend.

311.12 Limites de la compétence. Il résulte de la lettre de l'article 956 que le premier président est compétent pour statuer en référé « *en cas d'appel* » : il ne peut être saisi que si un appel a été interjeté. La question de savoir s'il était compétent pour statuer en référé avant le placement de l'affaire au rôle de la cour avait été discutée mais le décret du 20 août 2004[1] a supprimé la formalité de l'inscription au rôle. Depuis, la déclaration d'appel vaut demande d'inscription au rôle (C. pr. civ., art. 901 *in fine*) aussi la discussion n'a plus lieu d'être et le premier président peut, en toute occurrence, être saisi à compter de la déclaration d'appel. Il a également été jugé que la compétence du premier président cessait au jour du dessaisissement de la cour par le prononcé de l'arrêt sur le fond[2].

La compétence du premier président est également limitée par les pouvoirs accordés au conseiller de la mise en état, seul compétent jusqu'à son dessaisissement pour prendre toutes les mesures provisoires[3]. Ainsi seul le conseiller chargé de la mise en état peut prendre les mesures prévues à l'article 771 si la demande est présentée après sa désignation[4] et le premier président n'est plus compétent dès l'instant où le magistrat de la mise en état a été désigné[5]. Faute d'acte permettant de connaître avec précision le moment de désignation du conseiller de la mise en état, il a été jugé qu'il convient de retenir la date de l'avis adressé par le greffe au représentant de l'appelant pour l'informer de la distribution de l'affaire au rôle particulier d'une chambre et de la désignation du magistrat de la mise en état[6]. Mais la désignation d'un conseiller de la mise en état ne dessaisit pas le premier président statuant en référé si ledit conseiller ne peut statuer sur les mesures urgentes en cause dans un délai raisonnable par rapport à cette urgence, notamment lorsque l'assignation a été délivrée après l'ouverture du service allégé[7]. Le conseiller de la mise en état demeure compétent jusqu'à la date d'ouverture des débats ou jusqu'à la date fixée pour le dépôt des dossiers des avocats lorsque l'affaire ne requiert pas de plaidoirie (C. pr. civ., art. 779 *in fine*). À compter du dessaisissement du conseiller de la mise en état le premier président retrouve sa compétence et il la conserve pendant le délibéré[8]. Lorsque la procédure suivie ne comporte pas de magistrat de la mise en état, notamment quand il est fait application de l'article 905 du Code de procédure civile, le premier président conserve sa compétence pendant toute l'instance d'appel.

311.13 L'urgence. La notion d'urgence relève de l'appréciation souveraine du premier président. Elle est identique à celle qui conditionne la compétence du président du tribunal de grande instance, saisi sur le fondement de l'article 808 du Code de procé-

1. Décr. n° 2004-836, 20 août 2004, portant modification de la procédure civile, *JO* 22 août, p. 15032.

2. Paris, 2 févr. 1973, *Gaz. Pal.* 1974. 1. Doctr. 417.
3. Rennes, 19 févr. 1979, *Gaz. Pal.* 1981. 1. 60, note Loyer-Larcher.
4. Civ. 2e, 18 juin 1986, n° 84-17.649, *Bull. civ.* II, n° 96.
5. Civ. 2e, 9 déc. 1976, n° 76-10.130, *Bull. civ.* II, n° 329; *D.* 1978. 329, note Donnier; *RTD civ.* 1977. 360, obs. Normand.
6. Paris, ord., 10 oct. 1980, *Gaz. Pal.* 1980. 2. 656; *RTD civ.* 1980. 812, obs. Perrot.
7. Paris, 5 avr. 1989, *Bull. ch. avoués* 1989, n° 111, p. 95.
8. Rennes, ord., 6 août 1999, RG n° 99/05361.

dure civile. Tant en première instance qu'en appel, la juridiction des référés doit se placer, pour ordonner ou refuser des mesures urgentes, à la date à laquelle elle se prononce[1] et non à la date à laquelle l'ordonnance attaquée a été rendue[2]. La condition de l'urgence a été jugée remplie lorsqu'il s'est agi de désigner un expert, les travaux devant être exécutés dans un très bref laps de temps[3]. Il a également été jugé qu'à la suite de faits nouveaux, ignorés des premiers juges, la menace d'une exécution immédiate de la décision déférée à la cour rend nécessaire que soit prise, sur la garde des enfants, par le premier président statuant en référé, une mesure urgente contraire à la décision frappée d'appel[4]. Il a été remarqué que bien que le texte n'exige pas la survenance de faits nouveaux, les premiers présidents font fréquemment état de circonstances nouvelles lorsqu'ils interviennent sur le fondement de l'article 956 du Code de procédure civile afin de ne pas apparaître comme les censeurs des décisions de première instance[5].

311.14 Absence de contestation sérieuse ou existence d'un différend. L'absence de contestation sérieuse implique l'évidence de la solution qu'appelle le point contesté[6]. Le juge des référés peut ordonner les mesures nécessaires s'il n'est pas amené à prendre parti sur l'existence du droit invoqué qu'il appartient au juge du fond d'apprécier[7]. La contestation sérieuse peut porter sur les faits, sur l'existence d'un acte juridique, sur l'existence d'un droit, sur l'appréciation des éléments de preuve et parfois même sur la portée de la règle de droit[8]. Le premier président peut cependant, même en présence d'une contestation sérieuse, ordonner les mesures justifiées par l'existence d'un différend[9]. Dans ce cas, l'existence d'une contestation sérieuse ne constitue pas un obstacle à prévenir les dommages inhérents à la situation soumise au juge, mais en constitue le fondement[10]. Le premier président apprécie souverainement la nécessité de la mesure sollicitée.

§ 2 Mesures

311.21 Mesures strictement nécessaires. Les pouvoirs conférés par l'article 956 du Code de procédure civile ont pour objet, s'il y a urgence et lorsque des faits nouveaux se sont révélés après la décision attaquée, de permettre au premier président de prendre les mesures strictement nécessaires dans le cadre du différend et sans remettre en question la chose jugée dans l'attente de la décision à intervenir en appel[11].

311.22 Exclusions. Faute de dispositions semblables à celles de l'article 809 alinéa 1er du Code de procédure civile aucun texte n'attribue compétence au premier président pour prendre les mesures énoncées par cet article[12], c'est-à-dire prescrire, « *même en présence d'une contestation sérieuse, les mesures conservatoires ou de remise en état qui s'imposent soit pour prévenir un dommage imminent soit pour faire cesser un trouble manifestement illicite* ».

311.23 Provision sur une obligation non sérieusement contestable. La question est également discutée de savoir si le premier président a le pouvoir d'ordonner le versement d'une provision lorsque l'obligation n'est pas sérieusement contestable.

Un *premier courant* a répondu par la négative au motif que l'article 956 était une transposition de l'article 808 du Code de procédure civile et non de l'article 809[13].

Un *second courant* soutient que l'article 956 du Code de procédure civile donne un pouvoir général au premier président, que celui-ci peut ordonner toute mesure qui ne se heurte à aucune contestation sérieuse, ce qui englobe le pouvoir d'allouer une provision ou d'ordonner l'exécution d'une obligation[14].

Il paraît effectivement logique de considérer que ces mesures peuvent être ordonnées par le premier président si elles ne se heurtent à aucune contestation sérieuse. Cependant il faut que les conditions de l'article 956 soient remplies, en particulier la

1. Civ. 3e, 10 mai 1977, n° 76-11.012, *Bull. civ.* III, n° 199 – Civ. 1re, 3 janv. 1979, 77-10.288, *Bull. civ.* I, n° 2 ; *RTD civ.* 1980, 152, obs. Normand.
2. Civ. 3e, 5 oct. 1976, n° 75-13.645, *Bull. civ.* III, n° 330.
3. Lyon, ord., 11 juill. 1973, *D.* 1973. 649 ; *RTD civ.* 1973. 805, obs. Hébraud.
4. Paris, ord., 13 févr. 1973, *Gaz. Pal.* 1973. 1. 233 ; *RTD civ.* 1973. 382, obs. Hébraud – Civ. 2e, 11 déc. 1974, n° 73-14.753, *Bull. civ.* II, n° 330.
5. C. Brenner et N. Fricero, *La nouvelle procédure d'appel*, « Axe droit », Lamy, 2011, n° 335.
6. Civ. 1re, 28 juin 1965, *Bull. civ.* I, n° 429.
7. Com. 6 mars 1985, n° 83-17.039, *Bull. civ.* IV, n° 91 ; *Gaz. Pal.* 1985. 2. Pan. 206, obs. Guinchard et Moussa.
8. Soc. 4 mars 1987, n° 84-41.052, *Bull. civ.* V, n° 101.
9. À propos de l'article 808 C. pr. civ. : Civ. 1re, 20 mars 1978, n° 77-10.662, *Bull. civ.* I, n° 116.
10. Civ. 1re, 20 janv. 1976, n° 74-14.753, *Bull. civ.* I, n° 24 – V. obs. J. Normand s^s^ TGI Créteil, ord., 11 mars 1980, *RTD civ.* 1980. 601 s.
11. Paris, ord., 23 nov. 1992, *Bull. ch. avoués* 1992. 4. 143.
12. TGI Paris, ord., 21 déc. 1990, *Gaz. Pal.* 1991. 1. Somm. 227 – EN CE SENS, v. J.-L. Gallet, *La procédure civile devant la cour d'appel*, 3e éd., Litec, 2014, n° 509.
13. Lyon, ord., 12 févr. 1980, *JCP* 1980. II. 19386, obs. J. A. ; *Gaz. Pal.* 1980. 1. 234 ; *RTD civ.* 1980. 604, obs. Normand – En doctrine, v. J.-L. Gallet, *La procédure civile devant la cour d'appel*, *op. et loc. cit.*
14. J. Normand, *RTD civ.* 1981. 605 – J. Héron et T. Le Bars, *Droit judiciaire privé*, 5e éd., Montchrestien, 2012, n° 762, note 77 – C. Brenner et N. Fricero, *La nouvelle procédure d'appel*, Lamy « Axe droit », 2011, n° 337.

condition d'urgence qui n'est pas mentionnée à l'article 809 du Code de procédure civile[1]. Il existe toutefois une limite aux mesures que peut ordonner le premier président sur le fondement de l'article 956, il s'agit des mesures en matière d'exécution provisoire.

SECTION 2
RÉFÉRÉS EN MATIÈRE D'EXÉCUTION PROVISOIRE

311.30 **Autonomie.** L'article 957 du Code de procédure civile accorde des pouvoirs de référé au premier président pour suspendre l'exécution du jugement improprement qualifié en dernier ressort ou pour exercer les pouvoirs qui lui sont conférés en matière d'exécution provisoire. Dans ces hypothèses il faut se référer aux dispositions spécifiques et non aux conditions du référé ordinaire de l'article 956 du Code de procédure civile. Ces dispositions particulières sont contenues aux articles 957 et 517 à 526 du Code de procédure civile. Les ordonnances de référé rendues par le premier président en matière d'exécution provisoire ne sont plus susceptibles d'un pourvoi en cassation depuis l'entrée en vigueur du décret du 6 novembre 2014[2] (C. pr. civ., art. 525-2). Le nouveau texte étant relatif aux voies de recours, il s'applique aux ordonnances rendues après le 9 novembre 2014[3]. Le premier président peut subordonner l'exécution provisoire à la constitution de garanties (§ 1); il peut l'arrêter (§ 2), ou l'octroyer lorsqu'elle n'a pas été ordonnée (§ 3).

§ 1
Constitution de garanties

311.40 **Compétence du premier président.** Lorsque l'exécution provisoire a été ordonnée par la décision frappée d'appel, le premier président peut subordonner cette exécution provisoire à la constitution d'une **garantie réelle ou personnelle.** Il a une compétence exclusive en la matière (C. pr. civ., art. 523). En revanche, il partage cette compétence avec le conseiller de la mise en état lorsqu'il s'agit d'accorder l'exécution provisoire dont la décision frappée d'appel n'est pas assortie. La garantie peut être mise à la charge de la partie gagnante (A) ou de la partie perdante (B).

A.
Par la partie gagnante

311.41 **Modalités.** L'exécution provisoire peut être subordonnée à la constitution d'une garantie réelle ou personnelle suffisante pour répondre de toutes les restitutions ou réparations conformément à l'article 517 du Code de procédure civile. La nature, l'étendue, les modalités de la garantie doivent être précisées par l'ordonnance du premier président (C. pr. civ., art. 518). L'article 519 du Code de procédure civile apporte quelques précisions lorsque la garantie consiste en une **somme d'argent.** Elle est en principe déposée à la Caisse des dépôts et consignations mais elle peut l'être, à la demande d'une des parties, entre les mains d'un tiers commis à cet effet. Dans ce cas, si le juge fait droit à cette demande, il doit constater dans sa décision les modalités du dépôt. Si le tiers refuse le dépôt, la somme sera déposée sans nouvelle décision à la Caisse des dépôts et consignations. Si la valeur de la garantie ne peut être immédiatement appréciée, le juge invite les parties à se présenter devant lui à la date qu'il fixe avec leurs justifications. Il est statué sans recours (C. pr. civ., art. 519).

311.42 **Cas particulier de la créance contre une personne morale de droit public.** L'article 2 du décret du 19 mai 1980[4] dispose que : « *Lorsqu'une personne morale de droit public se pourvoit en cassation contre une décision la condamnant à verser une indemnité à une personne privée, le premier président de la cour d'appel, statuant en référé, peut, à la demande de la personne de droit public, subordonner l'exécution de la décision à la constitution d'une garantie, réelle ou personnelle, suffisante pour répondre de toutes restitutions ou réparations. La nature, l'étendue et les modalités de la garantie sont précisées par la décision qui en prescrit la constitution. La décision du premier président ne peut faire l'objet d'un recours. Les frais de garantie incomberont à la partie qui aura été condamnée aux dépens par la décision devenue irrévocable* ». Cette disposition s'explique par le souci de préserver les finances publiques.

B.
Par la partie condamnée

311.51 **Consignation.** L'article 521 du Code de procédure civile dispose que « *la partie condamnée*

1. DANS LE MÊME SENS, v. C. Brenner et N. Fricero, *La nouvelle procédure d'appel,* « Axe droit », Lamy, 2011, n° 337.
2. Décr. n° 2014-1338, 6 nov. 2014, relatif à la procédure civile applicable devant la Cour de cassation, *JO* 8 nov., p. 18901.
3. Civ. 2e, 24 sept. 2015, n° 14-25.496, NP; *Procédures* 2016. Comm. 5, obs. Croze.
4. Décr. n° 80-367, 19 mai 1980, relatif aux constitutions de garantie auxquelles peut être subordonnées l'exécution de certaines décisions de justice prononcées contre les personnes morales de droit public; lorsqu'elle se pourvoit en cassation contre une décision la condamnant à verser une indemnité à une personne privée, *JO* 23 mai, p. 1276.

au paiement de sommes autres que des aliments, des rentes indemnitaires ou des provisions, peut éviter que l'exécution provisoire soit poursuivie en consignant, sur autorisation du juge, les espèces ou les valeurs suffisantes pour garantir en principal, intérêts et frais, le montant de la condamnation ». Il a été jugé que la possibilité d'aménagement de l'exécution provisoire prévue à l'article 521 du Code de procédure civile n'est pas subordonnée à la condition posée par l'article 524, 2° que cette exécution risque d'entraîner des conséquences manifestement excessives[1]. En revanche il relève du pouvoir discrétionnaire du premier président d'ordonner la consignation des condamnations[2]. La chambre sociale de la Cour de cassation a approuvé la décision de rejet rendue par un premier président, saisi d'une demande tendant à faire ordonner la consignation d'une indemnité de préavis, au motif que la condamnation à une indemnité de préavis présente, comme le salaire, un caractère alimentaire et qu'en conséquence la consignation excède ses pouvoirs[3].

311.52 Séquestre. L'alinéa 2 de l'article 521 précise qu'en cas de condamnation au versement d'un capital en réparation d'un dommage corporel, le juge peut ordonner que ce capital sera confié à un séquestre, à charge de verser périodiquement à la victime la part qu'il détermine. Même lorsque l'exécution provisoire est de droit, le premier président peut ordonner la mesure de séquestre prévue par l'article 521 alinéa 2, sans avoir à rechercher si l'exécution aurait des conséquences manifestement excessives[4]. Cependant il ne suffit pas que le premier président ordonne la consignation entre les mains d'un séquestre, il doit déterminer la part que ce dernier doit verser périodiquement à la partie gagnante[5].

311.53 Substitution d'une garantie à une autre garantie. L'article 522 du Code de procédure civile prévoit que le juge peut, à tout moment, autoriser la substitution à la **garantie primitive** d'une **garantie équivalente**. Cette substitution suppose qu'une garantie ait été initialement imposée[6]. Elle est subordonnée par la jurisprudence à la justification d'une **modification survenue dans la situation du débiteur** depuis la décision[7]. La substitution de garantie est bien évidemment possible lorsque la garantie primitive avait été ordonnée par la décision frappée d'appel. Mais l'on a déduit de la rédaction du texte et de l'expression « *à tout moment* » que l'on doit également admettre que le premier président puisse substituer une garantie à la garantie initiale qu'il avait lui-même retenue, à condition qu'il soit justifié d'un élément nouveau depuis sa décision précédente[8].

1. Civ. 2e, 23 janv. 1991, n° 89-18.925, *Bull. civ.* II, n° 26.
2. Civ. 2e, 6 déc. 2007, n° 06-19.134, *Bull. civ.* II, n° 262; *D.* 2008. AJ 96; *D.* 2008. 648, Chron. Sommer et Nicoletis; *Dr. et proc.* 2008, supplément droit du recouvrement n° 4, obs. Putman; *RTD civ.* 2008. 158, obs. Perrot.
3. Soc. 11 déc. 1990, n° 86-45.377, *Bull. civ.* V, n° 641.
4. Civ. 2e, 16 juill. 1992, n° 91-11.280, *Bull. civ.* II, n° 215 (provision à valoir sur le dommage subi par un pépiniériste en raison de l'impropriété de la marchandise acquise).
5. Soc. 11 déc. 1990, n° 89-13.249, *Bull. civ.* V, n° 642.
6. Versailles, 25 févr. 1982, *Gaz. Pal.* 1982. 2. 522, note Etivant.
7. Rennes, 31 mars 1983, *RTD civ.* 1984. 368, obs. (crit.) Perrot.

§ 2
Arrêt de l'exécution provisoire

311.60 Division. Il existe des dispositions particulières pour arrêter ou aménager l'exécution provisoire en matière de sauvegarde, de redressement et de liquidation judiciaire ou encore en cas d'appel à l'encontre d'une décision du juge de l'exécution (B). Ces dispositions sont dérogatoires par rapport au droit commun, régies par les articles 957 et 524 du Code de procédure civile (A).

A.
Droit commun

1°
Domaine

311.61 Jugements improprement qualifiés en premier ressort. L'article 957 du Code de procédure civile prévoit que le premier président peut, en cas d'appel, suspendre l'exécution des jugements improprement qualifiés en dernier ressort. L'exécution visée par cette disposition est une **exécution définitive** et non une exécution provisoire compte tenu de la qualification erronée donnée par les premiers juges à la décision. Du fait de cette erreur de qualification, il appartient au premier président de suspendre cette exécution « définitive ». L'application de ce texte n'a pas donné lieu à beaucoup de jurisprudence.

311.62 Jugements ordonnant l'exécution provisoire. Le texte de référence en la matière est l'article 524 du Code de procédure civile. Il est à l'origine d'une abondante jurisprudence. Il précise que : « *Lorsque l'exécution provisoire a été ordonnée, elle ne peut être arrêtée, en cas d'appel, que par le premier président statuant en référé dans les cas suivants : 1° si elle est interdite par la loi; 2° si elle risque d'entraîner des conséquences manifestement excessives...* ». La compétence du premier président en la matière est exclu-

8. J.-L. Gallet, *La procédure civile devant la cour d'appel*, 3e éd., LexisNexis, 2014, n° 336, p. 287.

sive[1]. L'exécution provisoire doit avoir été **ordonnée**, l'arrêt de l'exécution provisoire de droit est soumis à un autre régime (v. s^s^ n° 311.65). Et elle doit avoir été **ordonnée par la juridiction de première instance** et non par le conseiller de la mise en état car le premier président n'est pas la juridiction de recours des ordonnances du conseiller de la mise en état[2]. La compétence du premier président est subordonnée à l'existence d'un appel mais il ne lui appartient pas d'en apprécier la recevabilité ou le bien-fondé[3]. Le demandeur au référé doit démontrer que l'exécution provisoire risquerait d'entraîner pour lui des conséquences manifestement excessives et il a été rappelé par la Cour de cassation qu'il n'entre pas dans les pouvoirs du premier président, saisi sur le fondement de l'article 524, de se prononcer sur le moyen tiré du fond du droit pris par exemple des effets d'une décision du Conseil constitutionnel[4]. Toute personne représentée à l'instance d'appel et à qui l'exécution de la décision de première instance fait grief est recevable à en demander l'arrêt[5]. Le sursis à exécution provisoire ne peut être demandé que par une **partie au litige** dévolu à la cour d'appel qui a **intérêt à la demande.** Ainsi, en cas de condamnation solidaire contre deux parties dont une seule a interjeté appel, la demande de suspension formée par l'autre partie est irrecevable[6]. Le premier président de la cour de renvoi est compétent pour statuer sur une demande d'arrêt d'exécution provisoire du jugement de première instance[7] et la radiation ordonnée par le conseiller de la mise en état sur le fondement de l'article 526 du Code de procédure civile ne fait pas obstacle à l'application de l'article 524 du Code de procédure civile; la Cour de cassation a censuré l'ordonnance du premier président qui avait déclaré irrecevable la demande d'arrêt d'exécution provisoire de la décision de première instance formée par l'appelant qui n'avait pas justifié l'avoir exécutée[8].

311.63 Exécution provisoire interdite par la loi. Le premier président peut arrêter l'exécution provisoire lorsqu'elle est interdite par la loi. Dans cette hypothèse le premier président ne peut qu'arrêter l'exécution provisoire, il ne peut pas l'aménager, ni l'assortir de garanties[9].

Un premier président a, par exemple, arrêté l'exécution provisoire d'une mesure d'instruction assortie d'exécution provisoire ordonnée par une décision frappée de contredit, alors que l'article 81 du Code de procédure civile prévoit que l'instance est suspendue jusqu'à l'expiration du délai pour former contredit et en cas de contredit jusqu'à ce que la cour d'appel ait rendu sa décision[10]. Il convient de relever que toute la jurisprudence relative à l'interdiction de l'exécution provisoire de la condamnation aux dépens est obsolète depuis que le décret du 28 décembre 2005[11] a modifié l'article 515 du Code de procédure civile et a abrogé la disposition qui interdisait de prononcer l'exécution provisoire pour les dépens.

311.64 Conséquences manifestement excessives. Le premier président a également le pouvoir d'arrêter l'exécution provisoire lorsque celle-ci est susceptible d'entraîner des conséquences manifestement excessives. L'appréciation du premier président doit porter exclusivement sur les conséquences de l'exécution provisoire et sur leur caractère manifestement excessif. Elles doivent être appréciées au regard de la **situation personnelle du débiteur**, de ses facultés de remboursement et des facultés de remboursement de l'adversaire. Le premier président apprécie souverainement les éléments de preuves qui lui sont soumis[12]. Il a été jugé que viole l'article 524 en imposant des conditions que la loi ne prévoit pas, le premier président qui, pour rejeter une demande d'arrêt d'exécution provisoire, juge que celle-ci ne peut être considérée comme entraînant des conséquences manifestement excessives qu'à la double condition de mettre en péril la situation de la partie condamnée et d'avoir été prononcée par une décision entachée d'une erreur évidente et grossière, de forme ou de fond[13]. Le premier pré-

1. Sous réserve de l'arrêt ou de l'aménagement de l'exécution provisoire d'une sentence arbitrale (C. pr. civ., art. 1497, 1°).
2. Civ. 2e, 9 oct. 1991, n° 90-16.021, *Bull. civ.* II, n° 247; *JCP* 1991. II. 427 – Paris 30 juill. 1976, *JCP* 1977. II. 18621, note J. H. – Paris, 19 déc. 1990, *Bull. ch. avoués* 1991, n° 1, p. 35 – Paris, 25 févr. 1991, *Bull. ch. avoués* 1991, n° 1, p. 35.
3. Civ. 3e, 4 nov. 1987, n° 86-13.189, *Bull. civ.* III, n° 179.
4. Soc. 17 juin 2015, n° 13-28.023, NP.
5. Paris, ord., 5 oct. 1987, *Bull. ch. avoués* 1987, n° 104, p. 190.
6. Versailles, ord. 10 févr. 1989, *Gaz. Pal.* 1989. 2. Somm. 422.
7. Soc. 13 juill. 1999, n° 98-43.288, NP – Civ. 2e, 13 juin 2002, n° 00-15.852, *Bull. civ.* II, n° 132; *D.* 2002. 2656.
8. Civ. 2e, 9 juill. 2009, n°s 08-13.451 et 08-15.176, *Bull. civ.* II, n° 192; *D.* 2009. AJ 44; *D.* 2010. Chron. 535, obs. Sommer et Leroy-Giessinger; *JCP* 2009. 260, obs. Chollet; *JCP* 2010. 546, obs. Sérinet; *Procédures* 2009. Comm. 303, obs. Perrot – Civ. 2e, 11 févr. 2011, n° 10-15.115, *Bull. civ.* II, n° 45; *Procédures* 2011. Comm. 167, obs. Perrot; *RTD civ.* 2011. 389, obs. Perrot.
9. Civ. 2e, 31 janv. 1985, n° 83-13.888, *Bull. civ.* II, n° 27; *Gaz. Pal.* 1985. 1. Pan. 12, obs. Guinchard et Moussa.
10. Lyon, ord., 17 févr. 1981, *JCP* 1981. II. 19690, note J. A.
11. Décr. n° 2005-1678, 28 déc. 2005, relatif à la procédure civile, à certaines procédures d'exécution et à la procédure de changement de nom, *JO* 29 déc., p. 20350.
12. Civ. 2e, 5 févr. 1997, n° 94-21.070, *Bull. civ.* II, n° 36; *D.* 1997. IR 71.
13. Civ. 2e, 13 juin 2002, n° 01-14.814, *Bull. civ.* II, n° 131; *Dr. et proc.* 2002. 361, note Hoonakker – Civ. 2e, 25 mars 1992, n° 90-21.962, *Bull. civ.* II, n° 108; *D.* 1992. IR 156; *JCP* 1992, IV. n° 1565.

sident n'a pas le pouvoir de déduire une interdiction légale de l'exécution provisoire de la prétendue irrégularité du jugement [1].

311.65 Décisions assorties de l'exécution provisoire de droit. Le décret du 20 août 2004 [2] autorise désormais le premier président à arrêter l'exécution provisoire d'un jugement même lorsqu'elle est attachée de plein droit à la décision, en cas de violation manifeste du principe du contradictoire ou de l'article 12 et lorsque l'exécution risque d'entraîner des conséquences manifestement excessives. Les deux conditions posées par le texte sont cumulatives [3]. La Cour de cassation a eu l'occasion de préciser que l'erreur commise par un juge dans l'application ou l'interprétation d'une règle de droit ne constitue pas la violation manifeste de l'article 12 du Code de procédure civile [4]; **il faut que le juge méconnaisse les devoirs de son office.** Ont été retenues la violation de la règle selon laquelle le criminel tient le civil en état, posée par l'article 4 du Code de procédure pénale [5] ou l'absence de motivation [6].

2° Pouvoirs

311.71 Arrêt ou aménagement de l'exécution provisoire. Lorsque l'exécution provisoire est interdite par la loi le premier président ordonnera son arrêt. Il peut également ordonner **l'arrêt pur et simple** de l'exécution provisoire lorsqu'elle est de nature à entraîner des conséquences manifestement excessives et, dans ce cas, subordonner l'arrêt de l'exécution provisoire à la constitution d'une garantie réelle ou personnelle. En effet, l'article 524, 2° alinéa 1er prévoit que lorsque l'exécution provisoire a été ordonnée en première instance et qu'elle risque d'entraîner des conséquences manifestement excessives, le premier président peut prendre les mesures prévues aux articles 517 à 522.

Ainsi l'exécution provisoire peut être subordonnée à la constitution d'une **garantie réelle ou personnelle** suffisante pour répondre de toutes les restitutions ou réparations. Lorsque la garantie consiste en une somme d'argent, celle-ci peut être consignée ou séquestrée en cas de condamnation du versement d'un capital en réparation d'un dommage corporel (v. ss nos 311.42 à 311.52).

Enfin, l'article 524, 2° alinéa 3 ajoute que lorsque l'exécution provisoire est de droit, le premier président peut prendre les mesures prévues au deuxième alinéa de l'article 521 et à l'article 522. Le deuxième alinéa de l'article 521 précise qu'en cas de condamnation au **versement d'un capital en réparation d'un dommage corporel**, le juge peut aussi ordonner que ce capital soit confié à un séquestre à charge d'en verser périodiquement à la victime la part que le juge détermine et l'article 522 prévoit que le juge peut à tout moment autoriser la substitution à la garantie primitive d'une garantie équivalente. Il a été jugé que c'est dans l'exercice des pouvoirs laissés à sa discrétion que le premier président décide qu'il n'y a pas lieu de prendre les **mesures d'aménagement de l'exécution provisoire** prévues aux articles 521 alinéa 2 et 522 [7]. L'opportunité de la constitution ou de la substitution d'une garantie dépend des **éléments de fait** qui sont soumis au premier président et non de la justification d'un risque de conséquences manifestement excessives [8].

La question se pose de savoir si l'article 524 doit être interprété strictement dans l'hypothèse de **l'aménagement d'une exécution provisoire de droit** auquel cas le recours au séquestre ne serait possible qu'en cas de réparation d'un dommage corporel ou si l'on doit retenir une interprétation large qui permet de recourir au séquestre quelle que soit la nature de la réparation ordonnée. La seconde solution est préférable (v. ss n° 311.51). Dans tous les cas, l'aménagement de l'exécution provisoire prévue aux articles 521, 522 et 524 du Code de procédure civile ne concerne que **les mesures pécuniaires**, les textes ne prévoyant que des mesures de séquestre et de consignation [9].

Enfin, en cas d'**arrêt de l'exécution provisoire**, les mesures déjà exécutées à la date à laquelle est rendue l'ordonnance du premier président et les actes accomplis restent valables et ne donnent pas lieu à remise en état ou à répétition en attendant l'arrêt de la cour d'appel [10]; **la décision du premier président ne vaut que pour l'avenir.**

1. Civ. 2e, 12 mars 1997, n° 96-14.326, *Bull. civ.* II, n° 75; *D.* 1997. 113.
2. Décr. n° 2004-836, 20 août 2004, portant modification de la procédure civile, *JO* 22 août, p. 15032.
3. Colmar, 28 juin 2007, *JCP* 2007. IV. 2806.
4. Soc. 18 déc. 2007, n° 06-44.548, *Bull. civ.* V, n° 213; *D.* 2008. 165, obs. Maillard; *RTD civ.* 2008. 158, obs. Perrot; *Dr. et proc.* 2008. 149, obs. Lefort; *JCP* 2008. II. 10030, note Croze; *RDT* 2008. 121, obs. Guiomard.
5. Grenoble, ord., 16 févr. 2005, *RTD civ.* 2005. 453, obs. (crit.) Perrot.
6. Paris, ord., 21 avr. 2005, *JCP* 2005. II. 10141, 1re esp., note Schmitt et Tabouis.
7. Civ. 2e, 15 oct. 2009, n° 08-15.489, *Bull. civ.* II, n° 246; *D.* 2009. AJ 2692; *Procédures* 2009. Comm. 388, obs. Perrot; *Dr. et proc.* 2010. 59, note Hoonakker.
8. Civ. 2e, 23 janv. 1991, n° 89-18.925, *Bull. civ.* II, n° 26 – Civ. 2e, 16 juill. 1992, n° 91-11.280, *Bull. civ.* II, n° 215; *JCP* 1992. IV. 2700.
9. Versailles, 26 juill. 1988, *D.* 1989. Somm. 179, obs. Julien.
10. Civ. 2e, 31 janv. 2002, n° 00-11.881, *Bull. civ.* II, n° 11; *D.* 2002. 866 – Civ. 2e, 24 sept. 1997, n° 94-19.485, *Bull. civ.* II, n° 238; *D.* 1997. 216; *RTD civ.* 1997. 994, obs. Perrot; *Procédures* 1997. Comm. 258, obs. Perrot.

B.
Cas particuliers

311.81 Division. Certains textes reconnaissent au premier président un pouvoir d'arrêter l'exécution provisoire de droit. Il s'agit des textes relatifs à la sauvegarde, au redressement et à la liquidation judiciaire des entreprises, à l'appel de certaines décisions du juge de l'exécution et enfin de textes particuliers dans différents domaines.

311.82 1°) Redressement et liquidation judiciaires. L'article R. 661-1 du Code de commerce prévoit que les jugements rendus en matière de mandat *ad hoc*, de conciliation, de sauvegarde, de redressement et de liquidation judiciaires sont exécutoires de plein droit à titre provisoire, à l'exception des décisions rendues en application des articles L. 622-8, L. 626-22, de l'article L. 642-20-1 alinéa 1er, de l'article L. 651-2, des articles L. 663-1 à L. 663-4 ainsi que les décisions prises sur le fondement de l'article L. 663-1-1 et des jugements qui prononcent la faillite personnelle ou l'interdiction prévue à l'article L. 653-8 du Code de commerce. Il ajoute que par dérogation aux dispositions de l'article 524 du Code de procédure civile, le premier président de la cour d'appel, statuant en référé, ne peut arrêter l'exécution provisoire des décisions mentionnées précédemment, exécutoires de plein droit ou pas, que lorsque les moyens à l'appui de l'appel paraissent sérieux. Il lui appartient, dans ce cas, d'apprécier les moyens de fond de l'appel et non le risque de conséquences manifestement excessives. Puisqu'il doit apprécier les moyens de fond, peut-il apprécier la recevabilité de l'appel ? Un premier président a déclaré qu'il suffit qu'un appel ait été interjeté contre un des jugements visés pour que la demande d'arrêt d'exécution provisoire soit recevable, le premier président n'ayant pas à juger de la régularité ou de la recevabilité de l'appel, question qui échappe à sa compétence[1]. Cette solution a été critiquée car elle conduit à voir arrêter l'exécution provisoire d'une décision frappée d'appel manifestement hors délai ou par une personne qui n'a pas qualité pour le faire[2].

Il faut encore préciser que l'exécution provisoire des décisions prises sur le fondement de l'article L. 663-1-1[3] du Code de commerce peut être arrêtée par le premier président statuant en référé lorsque l'exécution risque d'entraîner des conséquences manifestement excessives.

Dès le prononcé de la décision du premier président arrêtant l'exécution provisoire, le greffier de la cour d'appel en informe le greffier du tribunal.

Enfin, en cas d'**appel du ministère public** d'un jugement mentionné aux articles L. 645-11[4], L. 661-1, à l'exception du jugement statuant sur l'ouverture de la procédure de sauvegarde ou de redressement judiciaire, L. 661-6[5] et L. 661-11[6], l'exécution provisoire est arrêtée de plein droit à compter du jour de cet appel. Le premier président peut, sur requête du procureur général, prendre toute mesure conservatoire pour la durée de l'instance d'appel (C. com., art. R. 661-1).

311.83 2°) Sursis des décisions du juge de l'exécution. Il résulte des dispositions de l'article R. 121-22 du Code des procédures civiles d'exécution qu'en cas d'appel un sursis à exécution des décisions prises par le juge de l'exécution, en principe exécutoires de plein droit, peut être demandé au premier président de la cour d'appel, sous réserve de l'astreinte[7]. La demande doit être formée par **voie d'assignation en référé**, délivrée à la partie adverse et dénoncée, s'il y a lieu, au tiers entre les mains de qui la saisie a été pratiquée. Jusqu'au jour du prononcé de l'ordonnance par le premier président, la demande de sursis à exécution suspend les poursuites si la décision attaquée n'a pas remis en cause leur continuation; elle proroge les effets attachés à la saisie et aux mesures conservatoires si la décision attaquée a ordonné la mainlevée de la mesure. Le sursis à exécution n'est accordé que s'il existe des **moyens sérieux d'annulation ou de réformation** de la décision déférée à la cour. L'appréciation

1. Aix-en-Provence, ord., 13 janv. 1994, *Gaz. Pal.* 1994. 1. 384, obs. Latil.
2. Obs. F. Derrida s[s] Limoges, ord., 2 juill. 1986, *D.* 1987. Somm. 7.
3. Il s'agit des décisions qui interviennent au cours de la procédure de sauvegarde, de redressement judiciaire ou de liquidation judiciaire rendues dans l'intérêt collectif des créanciers ou du débiteur.
4. Il s'agit du jugement de clôture de la procédure de rétablissement professionnel qui entraîne effacement des dettes à l'égard des créanciers dont la créance est née antérieurement au jugement d'ouverture de la procédure.
5. Sont concernés : 1° les jugements ou ordonnances relatifs à la nomination ou au remplacement de l'administrateur, du mandataire judiciaire, du commissaire à l'exécution du plan, du liquidateur, des contrôleurs, du ou des experts, 2° les jugements statuant sur la durée de la période d'observation, sur la poursuite ou la cessation de l'activité, 3° les jugements relatifs à la modification de la mission de l'administrateur, 4° les jugements qui arrêtent ou rejettent le plan de cession de l'entreprise, 5° les jugements modifiant le plan de cession, 6° les jugements statuant sur la résolution du plan de cession.
6. Il s'agit des décisions relatives à la responsabilité pour insuffisance d'actif et aux sanctions.
7. Civ. 2e, 10 févr. 2000, n° 98-13.354, *Bull. civ.* II, n° 28; *D.* 2000. 77 – Civ. 2e, 14 juin 2001, n° 99-18.082, *Bull. civ.* II, n° 119; *D.* 2001. 2719, obs. Julien.

du premier président est souveraine[1], il lui appartient cependant de **motiver sa décision**[2]. L'auteur d'une demande de sursis à exécution manifestement abusive peut être condamné par le premier président à une **amende civile** d'un montant maximum de 3 000 euros, sans préjudice des **dommages-intérêts** qui pourraient être réclamés. La décision du premier président n'est plus susceptible de pourvoi en cassation.

311.84 3°) Autres cas. L'article 64[3] de la loi du 29 juillet 1881 sur la **presse** permet au premier président d'arrêter l'exécution provisoire de la décision, rendue en matière de référé, limitant la **diffusion de l'information** lorsque l'exécution provisoire risque d'entraîner des conséquences manifestement excessives.

L'article R. 202-5 du Livre des procédures fiscales autorise également le premier président à suspendre l'exécution provisoire de droit en matière de **recouvrement** dans l'hypothèse où l'exécution provisoire risque d'entraîner des conséquences manifestement excessives ou à l'aménager, dans les conditions prévues aux articles 517 à 524 du Code de procédure civile.

L'article 515-1 du Code de procédure pénale dispose : « *Lorsque le tribunal, statuant sur l'action civile, a ordonné le versement provisoire, en tout ou en partie, des dommages-intérêts alloués, cette exécution provisoire peut être arrêtée, en cause d'appel, par le premier président statuant en référé si elle risque d'entraîner des conséquences manifestement excessives. Le premier président peut subordonner la suspension de l'exécution provisoire à la constitution d'une garantie, réelle ou personnelle, suffisante pour répondre de toutes restitutions ou réparations* ». Ainsi ce texte donne au premier président le pouvoir d'arrêter l'exécution provisoire d'une **condamnation à des dommages-intérêts prononcée par le juge pénal.** Un pourvoi en cassation contre la décision du premier président n'est pas recevable[4].

§ 3
Octroi de l'exécution provisoire

311.91 Une compétence partagée. Il résulte des dispositions de l'article 525 du Code de procédure civile que « *lorsque l'exécution provisoire a été refusée, elle ne peut être demandée en cas d'appel qu'au premier président ou, dès lors qu'il est saisi, au magistrat chargé de la mise en état et à condition qu'il y ait urgence* ». L'article 525-1 du Code de procédure civile poursuit « *lorsque l'exécution provisoire n'a pas été demandée, ou si, l'ayant été, le juge a omis de statuer, elle ne peut être demandée, en cas d'appel, qu'au premier président ou, dès lors qu'il est saisi, au magistrat chargé de la mise en état* ». Le premier président cesse d'être compétent dès la désignation du conseiller de la mise en état (sur la date de cette désignation, v. s[s] n° 212.163) mais il peut valablement statuer sur cette demande s'il a été régulièrement saisi avant cette désignation[5]. Dans le cadre de l'article 525 du Code de procédure civile, il lui appartient de caractériser l'urgence dans la motivation de son ordonnance. Il résulte des dispositions de l'article 515 que « *hors les cas où elle est de droit, l'exécution provisoire peut être ordonnée à la demande des parties ou d'office, chaque fois que le juge l'estime nécessaire et compatible avec la nature de l'affaire, à condition qu'elle ne soit pas interdite par la loi. Elle peut être ordonnée pour tout ou partie de la condamnation* ». En cas d'appel ou de recours en annulation contre une sentence arbitrale, le premier président statuant en référé puis, dès qu'il est saisi, le conseiller de la mise en état, peuvent ordonner l'exécution provisoire conformément aux dispositions des articles 525 et 526 du Code de procédure civile de tout ou partie de la sentence et ils peuvent lui conférer l'*exequatur* (C. pr. civ., art. 1497, al. 2).

En revanche le premier président a une **compétence exclusive pour accorder en référé l'exécution provisoire** lorsqu'elle a été refusée par le juge répressif statuant sur l'action civile ou lorsqu'elle n'a pas été demandée, ou si, l'ayant été, le tribunal a omis de statuer (C. pr. pén., art. 515-1, al. 2). Le texte n'exige pas l'urgence.

1. Civ. 2e, 20 juin 1996, n°s 94-16.464 et 93-19.320, *Bull. civ.* II, n°s 176 et 177 ; *JCP* 1996. IV. 1879 ; *D.* 1996. IR 183 ; *RTD civ.* 1996. 989 – Civ. 2e, 22 janv. 1997, n° 95-11.039, *Bull. civ.* II, n° 20 ; *D.* 1997. 54.
2. Civ. 2e, 20 déc. 2001, n° 00-17.029, *Bull. civ.* II, n° 201 ; *D.* 2002. 622, et obs.
3. Créé par L. n° 2000-516, 15 juin 2000, renforçant la protection de la présomption d'innocence et les droits des victimes, *JO* 16 juin, p. 9038.
4. Crim. 13 avr. 1983, n° 82-91.662, *Bull. crim.*, n° 101.
5. Paris, 10 oct. 1980, *Gaz. Pal.* 1980. 2. 656, note Viatte ; *RTD civ.* 1980. 812, obs. Perrot.

CHAPITRE

312. Ordonnances sur requête

SECTION 0
ORIENTEUR

312.00 **Plan du chapitre.**

Sect. 1 Domaine

Sect. 2 Procédure

Sect. 3 Recours

312.01 **Textes applicables.**

TEXTES CITÉS

> Ordonnances sur requête du premier président

C. pr. civ., art. 958 et 959

TEXTES CITÉS REPRODUITS *IN EXTENSO*

> Ordonnances sur requête du premier président

[C. pr. civ., art. 958 et 959]

C. pr. civ., art. 958

Le premier président peut, au cours de l'instance d'appel, ordonner sur requête toutes mesures urgentes relatives à la sauvegarde des droits d'une partie ou d'un tiers lorsque les circonstances exigent qu'elles ne soient pas prises contradictoirement.

C. pr. civ., art. 959

La requête est présentée par un avocat dans le cas où l'instance devant la cour implique constitution d'avocat dans les conditions prévues à l'article 930-1.

312.02 **Jurisprudence de référence.**

> Compétence exclusive du premier président

• **Civ. 3e, 17 nov. 1981, nº 80-10.372,** *Bull. civ.* III, nº 191

* V. ss nº 312.11

Seul le premier président, peut, au cours de l'instance d'appel, ordonner sur requête toutes mesures urgentes relatives à la sauvegarde des droits d'une partie lorsque les circonstances exigent qu'elles ne soient pas prises contradictoirement.

> Respect du principe de la contradiction

• **Civ. 2e, 18 nov. 2004, nº 02-20.713,** *Bull. civ.* II, nº 499

* V. ss nº 312.22

En matière d'ordonnance sur requête, copie de cette requête comportant l'indication précise des pièces invoquées et de ladite ordonnance est laissée à la personne à laquelle elle est opposée. Une telle disposition, prescrite par l'article 495 du Code de procédure civile, vise à faire respecter le principe de la contradiction.

> Recours contre l'ordonnance

• **Civ. 1re, 15 mai 2008, nº 07-20.624,** *Bull. civ.* I, nº 129

* V. ss nº 312.31

Est irrecevable le pourvoi formé contre une ordonnance d'un président de chambre d'une cour d'appel ayant accueilli une requête tendant au remplacement du notaire désigné par un précédent arrêt pour procéder à la poursuite des opérations de compte, liquidation et partage d'une succession, dès lors que lorsqu'il est fait droit à la requête, tout intéressé peut en référer au juge qui a rendu l'ordonnance pour en demander la rétractation et que la voie du pourvoi en cassation n'est ouverte que lorsque les autres voies de recours sont fermées.

312.03 **Bibliographie indicative.**

Actualisables. *J.-Cl. Pr. civ.*, fasc. 726 [Appel. Procédure devant le premier président], par H. Ouaissi, actu. par M. Douchy-Oudot et N. Gerbay – Rép. pr. civ., Vº *Ordonnance sur requête*, par S. Pierre-Maurice, mars 2011 [actu. avr. 2015].

Ouvrages. C. Brenner et N. Fricero, *La nouvelle procédure d'appel*, 2e éd., Lamy, 2011, p. 277 – J.-L. Gallet, *La procédure devant la cour d'appel*, 3e éd., Litec, 2014, p. 275 – P. et N. Gerbay, *Guide du procès civil en appel*, LexisNexis, 2015, fiche 984 – S. Guinchard (dir.), Dalloz action *Droit et pratique de la procédure civile*, 2014/2015, par D. Cholet, nº 123.121; Ph. Hoonakker, nº 324.00; J. Pellerin, nº 544.261.

Articles. P. Bertin, « Les ordonnances sur requête et leurs nouveaux signataires », *Gaz. Pal.* 1979. 1. Doctr. 294 – M. Foulon et Y. Strickler, « De l'hybridation en procédure civile. La forme des référés et des requêtes des articles 1379 et 1380 du Code de procédure civile », *D.* 2009. Chron. 2693 – Fusil, « La juridiction du premier président de la cour d'appel », *Gaz. Pal.* 1975. 1. Doctr. 346 – Ph. Gerbay, « Réflexions sur la juridiction du premier président de la cour d'appel », *D.* 1980. Chron. 65 – C. Giverdon et Me Gassiot, « La juridiction du premier président », Rapport aux journées d'études des avoués, Dijon, 1973, *Gaz. Pal.* 1974. 1. Doctr. 416.

312.09 Division. L'article 958 du Code de procédure civile dispose que « *le premier président peut, au cours de l'instance d'appel, ordonner sur requête toutes mesures urgentes relatives à la sauvegarde des droits d'une partie ou d'un tiers lorsque les circonstances exigent qu'elles ne soient pas prises contradictoirement* ». Il pose les conditions dans lesquelles le premier président peut ordonner des mesures urgentes sur requête et en fixe ainsi le domaine (sect. 1). Si la procédure sur requête est calquée sur la procédure de première instance, elle comporte cependant quelques particularités (sect. 2), comme les recours contre l'ordonnance du premier président (sect. 3).

SECTION 1
DOMAINE

312.11 Compétence exclusive mais limitée. Seul le premier président peut, au cours de l'instance d'appel, ordonner les mesures commandées par l'urgence sans que l'adversaire soit appelé, le conseiller de la mise en état n'ayant pas le pouvoir de prendre une mesure non contradictoirement[1]. Cette compétence appartient au premier président pendant toute l'instance d'appel ce qui suppose qu'un appel ait été interjeté; il a été jugé que la compétence reconnue au premier président implique que la mesure sollicitée ait trait au litige dont la cour est saisie et ne peut s'étendre à la prescription d'une mesure d'instruction propre à justifier éventuellement une prétention qui n'a pas encore été portée devant la cour[2]. L'urgence s'entend comme en matière de référé. La mesure doit être relative à la **sauvegarde des droits d'une partie ou d'un tiers.** Aussi une cour d'appel a retenu que l'article 958 ne peut être utilisé pour obtenir l'autorisation de procéder à un constat d'adultère qui ne tend qu'à la constitution d'une preuve[3] mais la Cour de cassation a admis que l'on puisse y recourir pour une saisie contrefaçon[4]. Les articles 67 et suivants de la loi n° 91-650 du 9 juillet 1991 (devenus C. pr. exéc., art. L. 511-1 s.) et l'article 8 du décret d'application n° 92-755 du 31 juillet 1992 (devenu C. pr. exéc., art. R. 121-1) n'autorisent pas le premier président à ordonner sur requête des **mesures conservatoires** et ont mis fin à la controverse jurisprudentielle qui existait à propos de cette question. Il faut encore, selon le texte, que **les circonstances exigent que les mesures urgentes ne soient pas prises contradictoirement**[5]; ce sera le cas notamment lorsque des **documents risquent d'être détruits.** Le contradictoire étant un principe fondamental, il faut que les circonstances de l'espèce justifient le **recours à cette procédure unilatérale** et apparaissent dans la **motivation de l'ordonnance.**

SECTION 2
PROCÉDURE

312.21 Requête. Elle doit répondre aux exigences de l'article 58 du Code de procédure civile (v. s^s^ n° 211.32), c'est-à-dire comporter certaines **mentions à peine de nullité :** nom, prénoms, profession, domicile, nationalité date et lieu de naissance pour le demandeur personne physique et, pour les personnes morales, leur forme, leur dénomination, leur siège social et l'organe qui les représentent, puis l'indication des nom, prénoms et domicile de la personne contre laquelle la demande est formée ou, s'il s'agit d'une personne morale, de sa dénomination et de son siège social. Il faut encore préciser l'objet de la demande. La requête doit être **datée** et **signée.** Par application de l'article 494 elle doit être **motivée,** comporter l'indication précise des pièces invoquées, indiquer la juridiction saisie lorsqu'elle est présentée à l'occasion d'une instance. Le texte prévoit qu'elle est présentée **en double exemplaire.** L'article 959 indique que « *la requête est présentée par un avocat dans le cas où l'instance devant la cour implique constitution d'avocat dans les conditions prévues à l'article 930-1* ». Cela signifie que depuis le 1er janvier 2013 l'acte doit, à peine d'irrecevabilité relevée d'office, être remis à la juridiction par **voie électronique** (v. ss nos 211.101 s.). En pratique, il arrive souvent que le juge signe simplement, après l'avoir visée la requête préparée par le demandeur[6]. Celui-ci doit en conséquence veiller à rédiger avec soin la motivation (C. pr. civ., art. 495, al. 1er) et vérifier que figure bien sur l'ordonnance le nom du juge qui a statué[7] afin de respecter les dispositions des articles 456 et 458 du code. Toutefois l'ordonnance sur requête n'a pas à être signée par le greffier[8].

1. Civ. 3e, 17 nov. 1981, n° 80-10.372, *Bull. civ.* III, n° 191; *Gaz. Pal.* 1982. 106, note Viatte; *RTD civ.* 1982. 463, obs. Normand; *RTD civ.* 1982. 474, obs. Perrot.
2. Civ. 2e, 6 mai 1999, n° 95-21.430, *Bull. civ.* II, n° 84; *D.* 1999. IR 144; *JCP* 1999. IV. 2154.
3. Riom, 25 oct. 1990, *Bull. ch. avoués* 1990. 4. 149.
4. Com. 14 sept. 2010, n° 09-16.854, *Bull. civ.* IV, n° 137; *D.* 2010. 2152; *D.* 2011. 908, obs. Durrande; *Dr. et proc.* 2010. 321, obs. Hugon.
5. Civ. 2e, 13 mai 1987, n° 86-11.098, *Bull. civ.* II, n° 112; *JCP* 1987. IV. 244; *RTD civ.* 1988. 181, obs. Perrot – Civ. 2e, 24 févr. 2005, n° 03-10.442, NP.
6. Civ. 1re, 24 oct. 1978, n° 77-11.513, *Bull. civ.* I, n° 317 – Civ. 2e, 6 mai 1999, n° 95-21.430, P (préc. ss n° 312.11).
7. Civ. 2e, 5 avr. 1993, n° 91-19.151, *Bull. civ.* II, n° 149; *RTD civ.* 1993. 650, obs. Perrot.
8. Civ. 2e, 17 mars 2005, n° 02-14.514, *Bull. civ.* II, n° 72; *D.* 2005. 1051.

312.22 Suites de la requête. L'ordonnance sur requête est **motivée** (C. pr. civ., art. 495); les circonstances qui justifient une dérogation au principe de la contradiction doivent résulter de l'ordonnance sur requête et ne peuvent se justifier *a posteriori* lors de l'examen de la demande de rétractation [1]. L'ordonnance est **exécutoire** au seul vu de la minute. Pour informer la personne à laquelle la requête est opposée l'article 495 alinéa 3 précise que la copie de la requête et de l'ordonnance doit lui être laissée; le principe de la contradiction doit être respecté *a posteriori* [2]. La Cour de cassation a jugé que la copie de la requête comportant l'indication précise des pièces invoquées doit être remise à la personne à laquelle la décision est opposée même lorsque cette décision est un arrêt d'appel ayant infirmé une ordonnance de rejet [3].

SECTION 3
RECOURS

312.31 Rétractation. En première instance s'il n'est pas fait droit à la requête, appel peut être interjeté comme l'indique l'article 496 du Code de procédure civile mais ce même texte exclut expressément l'appel lorsque l'ordonnance émane du premier président. La solution est logique, la cour n'est pas la juridiction d'appel des décisions du premier président. Lorsqu'il est fait droit à la requête, le dernier alinéa de l'article 496 dispose que tout intéressé peut en référer au juge qui a rendu l'ordonnance. Il s'agit d'une application particulière du principe posé par l'article 17 : « *Lorsque la loi permet ou la nécessité commande qu'une mesure soit ordonnée à l'insu d'une partie, celle-ci dispose d'un recours approprié contre la décision qui lui fait grief* »; le principe de la contradiction est alors rétabli. Ainsi il a été jugé que lorsqu'il est fait droit à la requête, tout intéressé peut en référer au premier président qui a rendu l'ordonnance pour lui demander sa rétractation [4]. Le premier président est saisi en référé [5]; il peut modifier sa décision ou la rétracter [6] mais sa décision conserve un caractère provisoire [7].

312.32 Pourvoi en cassation. Tant qu'une autre voie de recours est ouverte, le pourvoi en cassation est fermé [8]. Aussi le pourvoi n'est pas possible tant que le premier président n'a pas statué sur la demande de rétractation mais dans l'hypothèse où le premier président rejette cette demande de rétractation, son ordonnance peut être frappée d'un pourvoi en cassation.

1. Paris, 14e ch. A, 22 oct. 2008, *JCP* 2008. IV. 3032.
2. Civ. 2e, 18 nov. 2004, no 02-20.713, *Bull. civ.* II, no 499; *D.* 2004. 3195, et obs.; *Procédures* 2005, no 5; *RTD civ.* 2005. 185, obs. Perrot.
3. Civ. 2e, 18 nov. 2004, no 02-20.713, P (préc. ss prést no).
4. Civ. 1re, 15 mai 2008, no 07-20.624, *Bull. civ.* I, no 129; *D.* 2009. 62, note Guez; *Procédures* 2008. Comm. 194, obs. Perrot; *AJ fam.* 2008. 261.
5. Civ. 2e, 28 oct. 1982, no 81-10.620, *Bull. civ.* II, no 137 – Com. 30 mai 2000, no 97-18.457, *Bull. civ.* IV, no 113; *D.* 2000. 320, obs. Boizard; *D.* 2001. 349, obs. Capoulade; *RDI* 2000. 392, obs. Capoulade; *RTD civ.* 2000. 858, obs. Gautier.
6. Civ. 3e, 3 mai 1983, no 81-14.617, *Bull. civ.* III, no 101 (à propos d'une autorisation d'assigner à jour fixe qui est plutôt analysée aujourd'hui comme une mesure d'administration judiciaire, v. ss no 231.42).
7. C. Brenner et N. Fricero, *La nouvelle procédure d'appel*, « Axe droit », Lamy, 2011, no 408.
8. Civ. 1re, 15 mai 2008, no 07-20.624, P (préc. ss no 312.31).

CHAPITRE

313. Autres pouvoirs juridictionnels du premier président

SECTION 0 ORIENTEUR

313.00 **Plan du chapitre.**

313.01 **Textes applicables.**

TEXTES CITÉS

> Pouvoir d'autoriser appel immédiat d'une décision ordonnant une expertise
C. pr. civ., art. 272

> Pouvoir d'autoriser appel immédiat d'une décision de sursis à statuer
C. pr. civ., art. 380

> Pouvoir de relever forclusion
C. pr. civ., art. 540 et 541

> Compétence exclusive : recouvrement des dépens
C. pr. civ., art. 714

> Compétence exclusive : contestation de la rémunération d'auxiliaires de justice
C. pr. civ., art. 724 et 725

> Compétence exclusive : contestation des honoraires de l'avocat ou du bâtonnier
Décr. n° 91-1197, 27 nov. 1991, organisant la profession d'avocat, art. 176 et 179, *JO* 28 nov., p. 15502

> Compétence partagée avec le conseiller de la mise en état : en matière de funérailles, divorce, mesures provisoires
C. pr. civ., art. 1061-1, 1083 et 1119

TEXTES CITÉS REPRODUITS *IN EXTENSO*

> Pouvoir d'autoriser appel immédiat d'une décision ordonnant une expertise

C. pr. civ., art. 272

La décision ordonnant l'expertise peut être frappée d'appel indépendamment du jugement sur le fond sur autorisation du premier président de la cour d'appel s'il est justifié d'un motif grave et légitime.

La partie qui veut faire appel saisit le premier président qui statue en la forme des référés. L'assignation doit être délivrée dans le mois de la décision.

S'il fait droit à la demande, le premier président fixe le jour où l'affaire sera examinée par la cour, laquelle est saisie et statue comme en matière de procédure à jour fixe ou comme il est dit à l'article 948 selon le cas.

Si le jugement ordonnant l'expertise s'est également prononcé sur la compétence, la cour peut être saisie de la contestation sur la compétence alors même que les parties n'auraient pas formé contredit.

> Pouvoir d'autoriser appel immédiat d'une décision de sursis à statuer

C. pr. civ., art. 380 *(mod. par Décr. n° 2014-1338, 6 nov. 2014, art. 2)*

La décision de sursis peut être frappée d'appel sur autorisation du premier président de la cour d'appel s'il est justifié d'un motif grave et légitime.

La partie qui veut faire appel saisit le premier président, qui statue dans la forme des référés. L'assignation doit être délivrée dans le mois de la décision.

S'il accueille la demande, le premier président fixe, par une décision insusceptible de pourvoi, le jour où l'affaire sera examinée par la cour, laquelle est saisie et statue comme en matière de procédure à jour fixe ou comme il est dit à l'article 948, selon le cas.

> Pouvoir de relever forclusion

[C. pr. civ., art. 540 et 541]

C. pr. civ., art. 540

Si le jugement a été rendu par défaut ou s'il est réputé contradictoire, le juge a la faculté de relever le défendeur de la forclusion résultant de l'expiration du délai si le défendeur, sans qu'il y ait eu faute de sa part, n'a pas eu connaissance du jugement en temps utile pour exercer son recours, ou s'il s'est trouvé dans l'impossibilité d'agir.

Le relevé de forclusion est demandé au président de la juridiction compétente pour connaître de l'opposition ou de l'appel. Le président est saisi comme en matière de référé.

La demande est recevable jusqu'à l'expiration d'un délai de deux mois suivant le premier acte signifié à personne ou, à défaut, suivant la première mesure d'exécution ayant pour effet de rendre indisponibles en tout ou partie les biens du débiteur.

Le président se prononce sans recours.

S'il fait droit à la requête, le délai d'opposition ou d'appel court à compter de la date de sa décision, sauf au président à réduire le délai ou à ordonner que la citation sera faite pour le jour qu'il fixe.

Par exception aux dispositions qui précèdent, le droit au réexamen prévu à l'article 19 du règlement (CE) du Conseil n° 4/2009 du 18 décembre 2008 relatif à la compétence, la loi applicable, la reconnaissance et l'exécution des décisions et la coopération en matière d'obligations alimentaires s'exerce par la voie de l'appel.

C. pr. civ., art. 541

Lorsqu'un intéressé n'a pu, sans faute de sa part, exercer dans le délai prescrit le recours ouvert contre une décision gracieuse, il peut être relevé de la forclusion dans les conditions prévues à l'article précédent.

> Compétence exclusive : recouvrement des dépens

C. pr. civ., art. 714

L'ordonnance de taxe rendue par le président d'une juridiction de première instance peut être frappée par tout intéressé d'un recours devant le premier président de la cour d'appel.

Le délai de recours est d'un mois : il n'est pas augmenté en raison des distances.

Le délai de recours et l'exercice du recours dans le délai sont suspensifs d'exécution.

> Compétence exclusive : contestation de la rémunération d'auxiliaires de justice

[C. pr. civ., art. 724 et 725]

C. pr. civ., art. 724

Les décisions mentionnées aux articles 255, 262 et 284, émanant d'un magistrat d'une juridiction de première instance ou de la cour d'appel, peuvent être frappées de recours devant le premier président de la cour d'appel dans les conditions prévues aux articles 714 (alinéa 2) et 715 à 718. Si la décision émane du premier président de la cour d'appel, elle peut être modifiée dans les mêmes conditions par celui-ci.

Le délai court, à l'égard de chacune des parties, du jour de la notification qui lui est faite par le technicien.

Le recours et le délai pour l'exercer ne sont pas suspensifs d'exécution. Le recours doit, à peine d'irrecevabilité, être dirigé contre toutes les parties et contre le technicien s'il n'est pas formé par celui-ci.

C. pr. civ., art. 725

La notification doit mentionner, à peine de nullité, la teneur de l'article précédent ainsi que celle des articles 714 (alinéa 2) et 715.

> Compétence exclusive : contestation des honoraires de l'avocat ou du bâtonnier

[Décr. n° 91-1197, 27 nov. 1991, art. 176 et 179]

Art. 176

La décision du bâtonnier est susceptible de recours devant le premier président de la cour d'appel, qui est saisi par l'avocat ou la partie, par lettre recommandée avec demande d'avis de réception. Le délai de recours est d'un mois.

Lorsque le bâtonnier n'a pas pris de décision dans les délais prévus à l'article 175, le premier président doit être saisi dans le mois qui suit.

Art. 179

Lorsque la contestation est relative aux honoraires du bâtonnier, celle-ci est portée devant le président du tribunal de grande instance.

Le président est saisi et statue dans les conditions prévues aux articles 175 et 176.

> Compétence partagée avec le conseiller de la mise en état : en matière de funérailles, divorce, mesures provisoires

[C. pr. civ., art. 1061-1, 1083 et 1119]

C. pr. civ., art. 1061-1

En matière de contestation sur les conditions des funérailles, le tribunal d'instance est saisi à la requête de la partie la plus diligente selon un des modes prévus à l'article 829.

Il statue dans les vingt-quatre heures.

Appel peut être interjeté dans les vingt-quatre heures de la décision devant le premier président de la cour d'appel. Celui-ci ou son délégué est saisi sans forme et doit statuer immédiatement. Les parties ne sont pas tenues de constituer avocat.

La décision exécutoire sur minute est notifiée au maire chargé de l'exécution.

C. pr. civ., art. 1083

Lorsque le jugement prononçant le divorce est frappé d'appel, la modification des mesures accessoires exécutoires par provision en application de l'article 1074-1, en cas de survenance d'un fait nouveau, ne peut être demandée, selon le cas, qu'au premier président de la cour d'appel ou au conseiller de la mise en état.

C. pr. civ., art. 1119

La décision relative aux mesures provisoires est susceptible d'appel dans les quinze jours de sa notification.

En cas d'appel, les modifications des mesures provisoires, s'il y a survenance d'un fait nouveau, ne peuvent être demandées, selon le cas, qu'au premier président de la cour d'appel ou au conseiller de la mise en état.

313.02 Jurisprudence de référence.

> Décisions susceptibles d'appel

• **Cass., ch. mixte, 25 oct. 2004, n° 03-14.219,** *Bull. ch. mixte*, n° 3

* V. s[s] n° 313.43

« Sauf dans les cas spécifiés par la loi, les jugements qui ordonnent une mesure d'instruction ou une mesure provisoire ne peuvent être frappés d'appel indépendamment des jugements sur le fond que s'ils tranchent dans leur dispositif une partie du principal. »

> Décisions de sursis à statuer, conditions de l'appel

• **Civ. 2e, 19 nov. 2008, n° 07-17.358,** *Bull. civ.* II, n° 252

* V. s[s] n° 313.61

« Mais attendu que l'appel d'un jugement de sursis à statuer ne pouvant être interjeté qu'après autorisation du premier président qui ouvre la voie de l'appel immédiat selon la procédure à jour fixe, laquelle impose que la déclaration d'appel vise cette autorisation, et dans le délai d'un mois ouvert par l'ordonnance, la cour d'appel a justement décidé qu'en l'absence de déclaration d'appel dans ce délai, le recours, qui ne pouvait pas être régularisé, était irrecevable. »

> Pluralité de parties

• **Civ. 2e, 18 déc. 2003, n° 02-12.925,** *Bull. civ.* II, n° 392

* V. s[s] n° 313.72

« Selon les articles 380, alinéa 1er, 544 et 545 du Code de procédure civile, le jugement qui, sans trancher une partie du principal, ordonne une expertise ou prononce le sursis à statuer ne peut être frappé d'appel qu'avec l'autorisation du premier président de la cour d'appel s'il est justifié d'un motif grave et légitime; pour chaque partie, le principal s'entend de l'objet du litige la concernant. »

> Recevabilité du pourvoi en cassation contre la décision du premier président saisi sur le fondement de l'article 380

• **Com. 16 févr. 1993, n° 90-19.979,** *Bull. civ.* IV, n° 58

* V. s[s] n° 313.91

« L'ordonnance du premier président d'une cour d'appel, qui statue dans la forme des référés, en vertu des pouvoirs propres que lui confère l'article 380 du Code de procédure civile, sur une demande d'autorisation d'appel à l'encontre d'une décision de sursis à statuer, met fin à l'instance autonome introduite devant ce magistrat. Le pourvoi formé contre une telle ordonnance est, dès lors, recevable. »

> Relevé de forclusion – Acte d'appel – Réitération – Nécessité

• **Cass. ass. plén., 20 nov. 1981, n° 80-10.549,** *Bull. ass. plén.*, n° 6

* V. s[s] n° 313.141

« Lorsqu'une partie ayant déjà formé un appel tardif est relevée de la forclusion, elle doit le réitérer. »

> Ordonnance de taxe – Recours – Recours devant le premier président – Délai – Point de départ

• **Civ. 2e, 10 mars 1988, n° 87-10.793,** *Bull. civ.* II, n° 61

* V. s[s] n° 313.151

« Le délai de recours contre une ordonnance de taxe rendue par le président d'une juridiction de première instance court, à défaut de disposition légale contraire, à compter de la notification de l'ordonnance. »

> Vérification des frais et dépens – Ordonnance de taxe – Recours – Recours devant le premier président

• **Civ. 2e, 7 juill. 2005, n° 03-14.520,** *Bull. civ.* II, n° 180

* V. s[s] n° 313.151

« L'ordonnance de taxe rendue par le président d'une juridiction de première instance peut être frappée, par tout intéressé, d'un recours devant le premier président, indépendamment du montant de la demande. »

> Rémunération de l'expert judiciaire – Recours devant le premier président – Recevabilité – Note exposant les motifs du recours – Envoi simultané à toutes les parties – Nécessité

• **Civ. 2e, 20 oct. 2005, n° 04-12.801,** *Bull. civ.* II, n° 262

* V. s[s] n° 313.152

« En application de l'article 715, alinéas 1er et 2, du Code de procédure civile, auquel renvoie l'article 724 du même Code et dont les dispositions sont d'ordre public, le recours contre une ordonnance de taxe rendue par le président d'une juridiction de première instance fixant les honoraires d'un technicien est formé par la remise ou l'envoi au greffe de la cour d'appel d'une note exposant les motifs du recours dont copie est, à peine d'irrecevabilité, simultanément envoyée aux parties au litige principal.

Ce recours introduisant une procédure sans représentation obligatoire, ladite note doit être envoyée aux parties elles-mêmes et non aux avocats ayant pu les représenter et les assister dans le litige principal (arrêt n° 1).

Viole l'article 715 du Code de procédure civile, selon lequel le recours contre une ordonnance de taxe, formé sur le fondement de l'article 714 du même Code, n'est recevable que si une copie de la note exposant les motifs de ce recours est simultanément renvoyée à toutes les parties au litige principal, une cour d'appel qui accueille un tel recours, sans constater qu'il avait été envoyé simultanément à toutes les parties » (arrêt n° 2).

> Rémunération de l'expert judiciaire – Recours devant le premier président – Pouvoirs – Étendue – Portée

• **Civ. 2e, 5 avr. 2007, n° 06-13.063,** *Bull. civ.* II, n° 82

* V s[s] n° 313.52

« Dès lors que la partie, à laquelle l'ordonnance du juge chargé du contrôle des expertises fixant la rémunération du technicien a été notifiée, est en mesure de faire valoir ses observations au cours d'une phase ultérieure qui se déroule devant le premier président de la cour d'appel, la procédure prévue à l'article 724 du Code de procédure civile ne méconnaît pas le principe de la contradiction et les dispositions de l'article 6 § 1 de la Convention de sauvegarde des droits de l'homme et des libertés fondamentales. »

313.03 Bibliographie indicative.

Actualisables. Rép. pr. civ., V° *Appel*, par F. Ferrand, mars 2012 [actu. janv. 2016], n°s 818 à 834.

Ouvrages. C. Brenner et N. Fricero, *La nouvelle procédure d'appel*, 2e éd., Lamy, 2011, p. 247 – M. Foulon et Y. Strickler, *Les référés en la forme*, Dalloz, 2013, nos 21.01 s. – J.-L. Gallet, *La procédure devant la cour d'appel*, 3e éd., LexisNexis, 2014, p. 291 s. – P. et N. Gerbay, *Guide du procès civil en appel*, LexisNexis, 2015, fiches 3, 33, § 447 s. – S. Guinchard (dir.), Dalloz action *Droit et pratique de la procédure civile*, 2014/2015, par D. Cholet, nos 123.100 s.; A. Lacabarats, n° 323.191; J. Pellerin, nos 542.295 et 544.231 s.

Articles. M. Caratini, « Les décisions des magistrats de la cour d'appel relatives à l'évaluation de la rémunération des techniciens sont-elles susceptibles de recours ? », *Gaz. Pal.* 1983. 2. Doctr. 482 – M. Foulon et Y. Strickler, « Le décret n° 2011-1043 et la procédure en la forme des référés », *D.* 2011. Chron. 2668; « De l'hybridation en procédure civile. La forme des référés et des requêtes des articles 1379 et 1380 du Code de procédure civile », *D.* 2009. Chron. 2693 – Fusil, « La juridiction du premier président de la cour d'appel », *Gaz. Pal.* 1975. 1. Doctr. 346 – Ph. Gerbay, « Réflexions sur la juridiction du premier président de la cour d'appel », *D.* 1980. Chron. 65 – C. Giverdon, « Premières applications de la juridiction des référés du premier président de la cour d'appel », *D.* 1973. Chron. 285 – C. Giverdon et Me Gassiot, « La juridiction du premier président », Rapport aux journées d'études des avoués, Dijon, 1973, *Gaz. Pal.* 1974. 1. Doctr. 416 – C. Larher, « L'appel d'une ordonnance de taxe », *Gaz. Pal.* 1979. 2. Doctr. 505 – M. Olivier, « La décisions de fixation de la rémunération des techniciens », *Gaz. Pal.* 1982. 1. Doctr. 92 – G. Rives, « La juridiction du conseiller de la mise en état », *RTD civ.* 1984. 645 – G. Sellon, « De quelques problèmes concernant les honoraires des experts judiciaires », *Gaz. Pal.* 1985. 2. Doctr. 627 – J. Viatte, « Les référés du premier président », *Gaz. Pal.* 1973. 2. Doctr. 570.

313.04 Questions essentielles.

> Quelles sont les décisions du premier président, rendues « en la forme des référés » ?

* V. ss nos 313.11 s.

> Quelles sont les décisions du premier président, rendues « comme en matière de référé » ?

* V. ss nos 313.120 s.

> Quelles matières relèvent de la juridiction définitive du premier président ?

* V. ss nos 313.151 à 313.161

313.05 Formulaire de procédure civile (renvois).

Appel – Référé (cour d'appel), (Assignation afin d'interjeter appel d'une décision ordonnant une expertise)

Appel – Référé (cour d'appel), (Assignation afin d'autorisation d'interjeter appel d'une décision de sursis à statuer)

Appel – Référé (cour d'appel), (Assignation à fin de relevé de forclusion)

313.09 Division. Le premier président de la cour d'appel a, outre ses pouvoirs de juge des référés et de juge des requêtes, des pouvoirs juridictionnels dans des domaines variés. Il peut tout d'abord rendre des décisions « *en la forme des référés* » pour autoriser un appel immédiat d'une décision avant dire droit (sect. 1) ou « *comme en matière de référés* » quand il s'agit de relever une partie de la forclusion (sect. 2). Le premier président a encore des pouvoirs dans des domaines spécifiques (sect. 3). Il a tantôt une **compétence exclusive** (recouvrement des dépens, contestation de la rémunération de certains auxiliaires de justice, litiges en matière de funérailles) et statue alors généralement comme juge d'appel d'une décision rendue en première instance, tantôt une **compétence partagée** avec le conseiller de la mise en état pour modifier, en matière de divorce, des mesures accessoires ou provisoires, en cas de survenance d'un fait nouveau.

SECTION 1
AUTORISATION DE FORMER IMMÉDIATEMENT APPEL

313.11 Généralités. En principe les jugements avant dire droit ne peuvent être frappés d'appel indépendamment des jugements sur le fond (C. pr. civ., art. 545). Toutefois, lorsque le juge ordonne une expertise ou lorsqu'il prononce un sursis à statuer, il a paru préférable, compte tenu des conséquences graves de telles décisions, de permettre, dans un souci de bonne administration de la justice, un appel immédiat avec autorisation du premier président s'il est justifié d'un motif grave et légitime. Dans les deux cas la décision est rendue en la forme des référés.

§ 1
Conditions

A.
Décisions ordonnant une expertise

313.21 Article 272 alinéa 1er du Code de procédure civile. Cet article dispose que « *la décision ordonnant l'expertise peut être frappée d'appel indépendamment du jugement sur le fond sur autorisation du premier président de la cour d'appel s'il est justifié d'un motif grave et légitime* ».

1°
Domaine

a)
Décisions visées

313.31 Types de décisions. Toutes les décisions avant dire droit qui ordonnent une mesure d'expertise, qu'elles aient été rendues en formation collégiale ou à juge unique, par le juge du fond ou par le juge des référés, par la formation de jugement ou par le juge de la mise en état, sont visées par l'article 272 du Code de procédure civile.

313.32 Mesures ordonnées. Sont concernées par l'article 272 du Code de procédure civile les décisions qui ordonnent des expertises, des contre-expertises, des compléments d'expertises ou encore qui étendent une mesure d'expertise à une partie qui n'était pas auparavant présente dans l'instance[1].

b) Décisions exclues

313.41 Refus d'ordonner une expertise. Les dispositions de l'article 272 du Code de procédure civile sont inapplicables aux décisions qui refusent d'ordonner une expertise[2]. Le jugement qui se borne à refuser une expertise est un jugement avant dire droit qui ne peut être frappé d'appel indépendamment du jugement sur le fond[3]. La solution s'applique également aux décisions qui ont refusé une contre-expertise[4]. Une telle décision ne pourra être frappée d'appel qu'en même temps que le jugement sur le fond. Toutefois, si la mesure de contre-expertise a été refusée par une ordonnance du juge de la mise en état, il ne faudra pas oublier de frapper d'appel la décision avant dire droit rendue par le juge de la mise en état en même temps que le jugement sur le fond si l'on veut pouvoir remettre en cause cette ordonnance devant la cour d'appel[5], sinon le rejet de la contre-expertise par la décision avant dire droit aura autorité de chose jugée et deviendra définitif.

313.42 Mesures qui ne sont pas des expertises. N'entrent pas dans le champ d'application de l'article 272 du Code de procédure civile la décision du juge de la mise en état d'ordonner l'exécution de travaux sous le contrôle d'un expert précédemment désigné[6], les décisions qui ordonnent une constatation[7], une consultation[8], une enquête sociale[9]. Enfin le jugement qui ordonne une prorogation de la mission de l'expert et enjoint à une partie de communiquer diverses pièces n'est pas une décision qui ordonne une expertise[10].

313.43 Jugements mixtes. La subordination de l'appel immédiat à l'autorisation du premier président ne s'applique pas aux décisions qui tout en ordonnant une expertise tranchent dans leur dispositif une partie du principal. Ces jugements peuvent être immédiatement frappés d'appel comme les jugements qui tranchent tout le principal (C. pr. civ., art. 544). Pour apprécier la qualification de jugement mixte, la Cour de cassation exige que le principal soit tranché dans le dispositif et non dans les motifs. Aussi, une décision qui se borne à accorder une provision et à ordonner une expertise ne tranche pas une partie du principal et la cour d'appel doit déclarer d'office l'appel irrecevable[11]. Le jugement qui ordonne une expertise et statue sur une fin de non-recevoir ne peut être frappé immédiatement d'appel, sans autorisation du premier président, que si la fin de non-recevoir met fin à l'instance[12]. Il a également été jugé que ne tranche pas une partie du principal, le jugement qui statue sur les dépens ou l'article 700 et ordonne une mesure avant dire droit[13].

313.44 Ordonnances de référé. Est immédiatement recevable, sans qu'il soit nécessaire d'obtenir l'autorisation du premier président, l'appel à l'encontre d'une ordonnance du juge des référés qui, vidant sa saisine, a ordonné une expertise[14]. Il en va différemment lorsque le juge des référés ordonne une expertise avant dire droit sans vider sa saisine, il faut alors être autorisé par le premier président pour pouvoir interjeter immédiatement appel.

313.45 Pluralité de parties. Lorsque certaines parties sont condamnées et que le jugement se borne à ordonner une expertise à l'encontre des autres parties et sursoit à statuer à leur égard jusqu'au dépôt du rapport d'expertise, ces dernières sont soumises aux dispositions de l'article 272 du Code de procédure civile[15], chaque rapport d'ins-

1. Paris, ord., 31 oct. 2002, *Bull. ch. avoués* 2002, n° 163, p. 27.
2. Paris, 11 mars 1989, *Bull. ch. avoués* 1989. 2. 58 – Dijon, 21 mars 1989, *Gaz. Pal.* 1990. 1. 11, note Renard – CONTRA : Aix en Provence, 14 avr. 1984, *Bull. ch. avoués* 1985. 2. 46.
3. Amiens, 19 sept. 1995, *Procédures* 1996, n° 35.
4. Lyon, ord., 11 déc. 1996, *Gaz. Pal.* 1998. 1. Somm. 76, note Vray.
5. Civ. 2e, 21 janv. 1998, n° 95-18.728, *Bull. civ.* II, n° 18; *Procédures* 1998. Comm. 110, Perrot.
6. Civ. 2e, 5 mai 1978, n° 77-11.254, *Bull. civ.* II, n° 118.
7. Civ. 2e, 9 nov. 1983, n° 81-13.696, *Bull. civ.* II, n° 172; *Gaz. Pal.* 1984. 1. Pan. 66, obs. Guinchard.
8. Aix-en-Provence, 8 avr. 1977, *Gaz. Pal.* 1978. 1. 178; *RTD civ.* 1978. 190, obs. Perrot.
9. Versailles, 20 mars 1989, *Gaz. Pal.* 1989. 2. Somm. 527.
10. Paris, ord., 14 févr. 1997, *Bull. ch. avoués*, n° 142, p. 66.
11. Cass., ch. mixte, 25 oct. 2004, n° 03-14.219, *Bull. ch. mixte*, n° 3; *D.* 2005. 757, et obs., note Serinet; *RTD civ.* 2005. 187, obs. Perrot – Civ. 2e, 14 déc. 2006, n° 05-20.071, NP.
12. Paris, ord., 1er févr. 1990, *Bull. ch. avoués* 1990, n° 113, p. 22.
13. Civ. 2e, 16 mars 2000, n° 97-13.889, NP.
14. Versailles, 8 juill. 1987, *JCP* 1988. II. 20972, note Estoup.
15. Civ. 2e, 24 mai 1984, n° 83-11.781, *Bull. civ.* II n° 91; *RTD civ.* 1985. 216, obs. Perrot.

tance conserve son autonomie à moins qu'il y ait indivisibilité et que le litige forme un tout[1].

2°
Motif grave et légitime

313.51 Définition. Le premier président apprécie souverainement la gravité, la légitimité des motifs invoqués par l'auteur de la demande d'autorisation d'interjeter appel[2].

Il a été jugé que constitue un motif grave et légitime la méconnaissance du principe de la contradiction[3]. Plusieurs décisions ont également retenu que constitue un motif grave et légitime le fait que la mission de l'expert emporte délégation du pouvoir juridictionnel. C'est le cas lorsque le juge demande à l'expert, en dehors des questions techniques, de vérifier s'il a existé une société de fait entre une société et une banque[4] ou encore demande à l'expert de donner son avis sur la recevabilité, le mérite des différents chefs de demande et de contestation formulés par les parties[5]. Il a été jugé que le motif était grave et légitime lorsque l'expertise était manifestement inutile[6]. Mais il n'entre pas dans les attributions du premier président d'apprécier l'opportunité de la mesure d'expertise[7] notamment lorsque l'avance des frais n'est pas à la charge de la demanderesse. Constitue un motif grave et légitime le fait de ne pas motiver suffisamment la décision ordonnant l'expertise[8] ou de pallier la carence d'une partie dans l'administration de la preuve[9].

N'ont pas été jugés comme des motifs graves et légitimes le fait pour un juge d'ordonner d'office une expertise car toute juridiction dispose du pouvoir d'apprécier librement l'opportunité d'une mesure d'instruction[10] ou le coût de la mesure et l'effet d'allongement de la procédure induit par la décision qui ordonne une nouvelle expertise après cinq années de procédure et une première mesure d'instruction[11].

1. Paris, 1er févr. 1982, *Bull. ch. avoués* 1982, n° 83, p. 85.
2. Civ. 2e, 3 avr. 1978, n° 77-11.934, *Bull. civ.* II, n° 107; *RTD civ.* 1978. 926, obs. Perrot.
3. Civ. 2e, 28 oct. 1999, n° 97-14.199, NP.
4. Paris, 15e ch. B, 28 juin 1996, *Bull. ch. avoués* 1996, n° 140, p. 182.
5. Paris, ord., 7 juill. 2000, *Bull. ch. avoués* 2000, n° 156, p. 142.
6. Paris, 27 oct. 1985, *Bull. ch. avoués* 1985, n° 98, p. 72.
7. Paris, 1re ch., 14 juin 2005, *Bull. ch. avoués* 2005, n° 173, p. 25.
8. Paris, ord., 1er avr. 1996, *Bull. ch. avoués* 1996, n° 138, p. 60.
9. Paris, 23 janv. 1987, *Bull. ch. avoués* 1987. 1. 27.
10. Paris, ord., 24 mars 2003, *Bull. ch. avoués* 2003, n° 164, p. 68.
11. Paris, 9 avr. 1999, *Bull. ch. avoués* 1999, n° 152, p. 153.

B.
Décisions ordonnant un sursis à statuer

313.61 Division. Il résulte de l'alinéa 2 de l'article 544 du Code de procédure civile que lorsqu'un jugement statue sur une exception de procédure, une fin de non-recevoir ou tout autre incident mettant fin à l'instance, il peut être frappé immédiatement d'appel. Le sursis à statuer, par définition, est un incident qui ne met pas fin à l'instance. Aussi, est irrecevable l'appel immédiat formé sans autorisation du premier président contre une telle décision[12]. Cette irrecevabilité est d'ordre public et doit être relevée d'office[13]. Toutefois l'article 380 prévoit qu'une décision de sursis peut être frappée d'appel immédiatement sur autorisation du premier président s'il est justifié d'un motif grave et légitime.

1°
Domaine

313.71 Décisions visées. Toute décision qui ne tranche pas une partie du principal et ordonne un sursis à statuer relève du domaine de l'article 380 du Code de procédure civile. Ainsi, la décision qui ordonne un sursis à statuer et contient une condamnation à payer des dommages et intérêts pour procédure abusive, cette condamnation n'étant pas afférente au fond du litige, ne tranche pas une partie du principal et ne peut faire l'objet d'un appel immédiat qu'avec l'autorisation du premier président[14]. L'article 380 est applicable aux ordonnances de sursis à statuer rendues en référé[15] et aux ordonnances du juge de la mise en état[16]. L'article 380 s'applique aux jugements qui ordonnent le sursis à statuer dans les cas prévus par la loi[17].

12. Civ. 1re, 18 janv. 1983, n° 81-16.240, *Bull. civ.* I, n° 24 – Civ. 2e, 19 nov. 2008, n° 07-17.358, *Bull. civ.* II, n° 252; *D.* 2008. AJ 3092; *D.* 2009. 761, obs. Sommer; *JCP* 2008. IV. 30034; *Procédures* 2009. Comm. 8, obs. Perrot.
13. Civ. 3e, 15 janv. 1985, n° 83-16.164, *Bull. civ.* III, n° 10; *Gaz. Pal.* 1985. 2. Somm. 146, obs. Croze et Morel – Soc. 2 mai 1989, n° 86-42.048, *Bull. civ.* V, n° 316 – Soc. 17 févr. 1993, n° 89-45.744, *Bull. civ.* V, n° 60; *D.* 1993. IR 65.
14. Civ. 2e, 26 oct. 2006, n° 05-14.489, *Bull. civ.* II, n° 289; *D.* 2006. 2872; *Procédures* 2007. Comm. 4, obs. Perrot.
15. Angers, 17 mars 1977, *Gaz. Pal.* 1977. 2. 447, note Barbier; *RTD civ.* 1977. 821, obs. Perrot – Paris, 23 mars 1982, *Bull. ch. avoués* 1982. 4. 132 – CONTRA : Montpellier, 5 juill. 1984, *D.* 1985. IR 262.
16. Civ. 2e, 25 juin 2015, n° 14-18.288, *Bull. civ.* II, [à paraître]; *Procédures* 2015, comm. 288, obs. Croze.
17. Civ. 2e, 5 juill. 1982, *Gaz. Pal.* 1982. 2. Pan. 338 (C. pr. pén., art 4.) – Com. 2 mars 1984, n° 83-12.447, *Bull. civ.* IV, n° 144 (question préjudicielle de droit administratif) – Paris, 4 mai 1988, *D.* 1988. 519, note Prévault (question préjudicielle de droit administratif).

313.72 Pluralité de parties. En cas de pluralité de parties, la recevabilité de la demande s'apprécie pour chacune des parties prise isolément. En effet, pour chaque partie le principal s'entend de l'objet du litige la concernant[1]. Ainsi, dans une affaire où un tribunal avait déclaré le demandeur recevable à agir contre deux sociétés et avait décidé de surseoir à statuer dans l'attente de la décision définitive sur les redressements fiscaux et déclaré irrecevable la demande contre deux autres sociétés, il a été jugé que le demandeur pouvait solliciter l'autorisation d'interjeter immédiatement appel de la décision en ce qui concerne le chef du jugement relatif aux deux premières sociétés[2] à l'égard des deux autres sociétés, le tribunal ayant mis fin à l'instance, sa décision pouvait être frappée immédiatement d'appel sans autorisation du premier président.

313.73 Décisions exclues. Le jugement qui rejette une demande de sursis à statuer et statue sur le fond, n'entre pas dans le domaine d'application de l'article 380 du Code de procédure civile[3]. Est susceptible d'un appel immédiat le jugement qui tranche une partie du principal dans son dispositif et pour le surplus ordonne le sursis[4]. Un tel jugement est un jugement mixte et il peut être frappé d'appel immédiatement par application de l'article 544 du Code de procédure civile.

2°
Motif grave et légitime

313.81 Définition. Le premier président doit vérifier s'il existe un motif grave et légitime de nature à justifier l'autorisation d'interjeter immédiatement appel. Ont été considérés comme des motifs graves et légitimes le risque pour le demandeur de ne pas trouver d'emploi et l'expiration prochaine de l'indemnité de chômage[5] et le fait pour un créancier de n'avoir pas été payé d'un arriéré important de loyer et qu'il n'y ait aucune proposition de consigner un paiement partiel[6]. De manière générale, la situation du demandeur est susceptible de justifier le motif grave et légitime. Ainsi, la longueur vraisemblable d'une procédure pénale et le caractère alimentaire des créances litigieuses ont été retenus par un premier président[7]. Le motif grave et légitime a été admis lorsque le juge de première instance a commis un excès de pouvoir[8]. Le premier président apprécie souverainement la gravité et la légitimité du motif invoqué[9] et il ne lui appartient pas pour cette appréciation de se prononcer sur l'opportunité d'un sursis à statuer relevant du pouvoir discrétionnaire des juges du fond, hors le cas où cette mesure est prévue par la loi[10].

§ 2
Procédure

313.90 Division. La procédure mise en place par les articles 272 et 380 du Code de procédure civile est sensiblement la même. Le premier président statue en la forme des référés (A), aussi il est saisi par la voie de l'assignation (B) et, s'il est fait droit à la demande, la cour est saisie et statue comme en matière de procédure à jour fixe (C).

A.
Décision du premier président

313.91 Décision en la forme des référés. Les articles 272 et 380 du Code de procédure civile précisent que le premier président « *statue en la forme des référés* ». Le référé en la forme obéit aux règles de procédure qui gouvernent le référé ordinaire énoncées par les articles 484 et suivants du Code de procédure civile mais la décision n'a pas de caractère provisoire, le juge statue comme le ferait un juge du principal[11]. Sa décision a en conséquence autorité de chose jugée au principal[12]. Il en résulte que la formation collégiale de la cour ne pourra pas remettre en cause la décision du premier président. L'ordonnance par laquelle le premier président statue sur la demande d'autorisation de relever immédiatement appel d'une décision ordonnant une expertise ne peut être frappée d'un pourvoi en cassation que le premier président ait ou pas autorisé l'appel immédiat[13]. Mais le pourvoi en cassation contre l'ordonnance présidentielle est possible en

1. Civ. 2e, 18 déc. 2003, n° 02-12.925, *Bull. civ.* II, n° 392; *D.* 2004. IR 185; *Dr. et proc.* 2004. 153, note Junillon.
2. Paris, ord., 26 janv. 1996, *Bull. ch. avoués* 1996, n° 138, p. 63.
3. Paris, 1re ch., 8 juill. 1977, *Gaz. Pal.* 1978. 1. Somm. 40 – Reims, 8 mars 1979, *Gaz. Pal.* 1980. 1. Somm. 175.
4. Civ. 2e, 14 déc. 1981, n° 80-15.882, *Bull. civ.* II, n° 217; *Gaz. Pal.* 1982. 1. 210, note Viatte – Com. 14 févr. 1983, n° 81-12.740, *Bull. civ.* IV, n° 55.
5. Lyon, 23 nov. 1976, *JCP* 1977. II. 18552; *D.* 1977. IR 66, obs. Julien.
6. Paris, 27 févr. 1979, *Bull. ch. avoués* 1979. 2. 43.
7. Paris, 20 mai 1988, *Bull. ch. avoués* 1988. 3. 110.
8. Com. 11 juill. 2006, n° 05-15.527, NP.
9. Com. 2 mai 1984, n° 83-12.447, *Bull. civ.* IV, n° 144.
10. Civ. 2e, 24 nov. 1993, n° 92-16.588, *Bull. civ.* II, n° 138.
11. M. Foulon et Y. Strickler, « De l'hybridation en procédure civile. La forme des référés et des requêtes des articles 1379 et 1380 du Code de procédure civile », *D.* 2009. 2693.
12. M. Foulon et Y. Strickler, *Les référés en la forme*, Dalloz, 2013, nos 12.31 s.
13. Civ. 1re, 5 avr. 1993, n° 90-19.688, *Bull. civ.* I, n° 135 – Civ. 2e, 26 févr. 1997, n° 96-13.289, *Bull. civ.* II, n° 58; *D.* 1997. 74; *RTD civ.* 1997. 748, obs. Perrot – Civ. 2e, 11 juin 1980, n° 79-12.826, *Bull. civ.* II, n° 137; *D.* 1981. IR 145, obs. Julien.

cas d'excès de pouvoir commis par le premier président[1]. Et le recours en cassation contre l'ordonnance du premier président refusant l'autorisation d'interjeter appel d'une décision de sursis à statuer a été jugé recevable car l'ordonnance du premier président « *met fin à l'instance autonome introduite devant ce magistrat* »[2]. La troisième chambre civile de la Cour de cassation, dans un premier temps, avait retenu la solution contraire[3]. Si l'on peut approuver l'analyse selon laquelle la demande tendant à obtenir du premier président l'autorisation de relever appel contre un jugement de sursis à statuer ouvre une instance distincte de l'instance au fond à laquelle l'ordonnance présidentielle met fin, en revanche il est difficile de comprendre pourquoi cette solution n'est pas étendue à la matière de l'expertise. Or la Cour de cassation continue à déclarer dans ce cas le pourvoi en cassation irrecevable[4]. Aujourd'hui l'article 380 dernier alinéa du Code de procédure civile, modifié par le décret du 6 novembre 2014[5], précise que la décision du premier président qui accueille la demande d'autorisation d'interjeter appel d'une décision de sursis à statuer est insusceptible de pourvoi en cassation.

B. Assignation

313.101 Délai. Les articles 272 et 380 prévoient que l'assignation doit être délivrée dans le mois à compter de la décision dont il est demandé l'autorisation de faire appel. Il résulte de la formulation des textes que le délai d'un mois commence à courir à compter de la décision et non de la notification de cette décision[6]. Encore faut-il que la date à laquelle le jugement devait être rendu ait été portée à la connaissance des parties par le président de la juridiction. La preuve peut être rapportée par les mentions de la décision[7]. À défaut de mention dans la décision, il faudra établir que les parties ont bien été informées de la date du jugement. Sinon il a été jugé que l'assignation devant le premier président pouvait être faite dans le délai d'un mois à compter de la connaissance effective du jugement par les parties[8]. Dans ce cas c'est la date de la notification de la décision aux parties qui est généralement retenue. La règle selon laquelle le point de départ du délai est le jour de la décision s'applique également à la partie défaillante[9]. Le délai peut être augmenté conformément aux dispositions de l'article 642 alinéa 2 : lorsqu'il expire un samedi, un dimanche ou un jour férié ou chômé, il est prorogé jusqu'au premier jour ouvrable suivant. Si le demandeur demeure à l'étranger, il bénéficie de l'augmentation de délai de deux mois pour demander l'autorisation de faire appel[10]. Mais aucun texte ne fixant un délai de comparution devant le juge des référés, les dispositions des articles 643 à 645 du Code de procédure civile ne sont pas applicables devant lui[11]. Le non-respect du délai d'un mois est sanctionné par une déchéance. Cette fin de non-recevoir est d'ordre public et elle doit être relevée d'office[12].

C. Saisine de la cour

313.111 La cour est saisie et statue comme en matière d'assignation à jour fixe. Si le premier président autorise l'appel immédiat, il fixe la date à laquelle la cour examinera l'affaire. Les dispositions du Code de procédure civile indiquent que la cour est saisie et statue comme en matière de procédure à jour fixe ou comme en matière de fixation prioritaire dans les procédures sans représentation obligatoire. Cela signifie que l'ordonnance du premier président ne saisit pas la cour. Il appartient au demandeur de former une déclaration d'appel dans le délai d'un mois à compter de l'ordonnance présidentielle et non à compter de sa notification[13]. L'autorisation du premier président doit être antérieure à la déclaration d'appel qui doit la viser sous peine d'irrecevabilité[14]. La cour d'appel, saisie comme en matière de procédure à jour fixe, a la faculté d'évoquer les points non jugés si elle estime de bonne justice de donner à l'affaire une solution définitive[15]. Mais conformément aux dispositions

1. Civ. 2e, 8 nov. 1983, *JCP* 1984. IV. 18.
2. Com. 16 févr. 1993, n° 90-19.979, *Bull. civ.* IV, n° 58; *D.* 1993. 310, obs. L. Aynès – Com. 24 janv. 1995, n° 93-13.272, NP; *RTD civ.* 1995. 682, obs. Perrot.
3. Civ. 3e, 19 févr. 1985, n° 83-15.761, *Bull. civ.* III, n° 36; *Gaz. Pal.* 1985. 2. Pan. 182, note (crit.) Guinchard et Moussa.
4. Civ. 2e, 4 mars 1999, n° 96-20.389, NP.
5. Décr. n° 2014-1338, 6 nov. 2014, relatif à la procédure civile applicable devant la Cour de cassation, *JO* 8 nov. 2014, p. 18901.
6. Paris, 24 oct. 1977, *D.* 1978. IR 153, obs. Julien – Paris, 26 nov. 1985, *D.* 1986. IR 222, obs. Julien – Soc. 2 févr. 2005, n° 02-46.337, NP.
7. Paris, 26 nov. 1985, *Bull. ch. avoués* 1985, n° 99, p. 127 – Paris, 14 déc. 1988, *D.* 1989. Somm. 177, note Julien.
8. Rouen, 27 févr. 1979, *Gaz. Pal.* 1979. 2. Somm. 363.
9. Paris, 24 sept. 1996, *Bull. ch. avoués* 1996, n° 140, p. 189.
10. Paris, ord., 20 févr. 1995, *D.* 1996. Somm. 360, note Julien.
11. Civ. 2e, 9 nov. 2006, n° 06-10.714, *Bull. civ.* II, n° 311; *D.* 2006. 2874.
12. Paris, 27 oct. 1977, *D.* 1978. IR 153, obs. Julien.
13. Civ. 2e, 13 févr. 2003, n° 01-02.423, *Bull. civ.* II, n° 35.
14. Civ. 2e, 19 nov. 2008, n° 07-17.358, *Bull. civ.* II, n° 252; *D.* 2008. 3092; *D.* 2009. 757, chron. Sommer et Nicolétis; *Procédures* 2009, n° 8, obs. Perrot.
15. Civ. 2e, 12 mars 1997, n° 95-11.441, *Bull. civ.* II, n° 69 – Civ. 2e, 25 mars 1985, n° 80-40.788, *Bull. civ.* II, n° 73.

de l'article 568 du Code de procédure civile la cour d'appel ne pourra évoquer les points non jugés que si elle est saisie d'un jugement qui a ordonné une mesure d'instruction ou qui, statuant sur une exception de procédure, a mis fin à l'instance (C. pr. civ., art. 568).

SECTION 2
RELEVÉ DE FORCLUSION

313.120 Division. Les articles 540 et 541 du Code de procédure civile donnent compétence au premier président, saisi comme en matière de référé, pour relever de la forclusion. Il convient de préciser le champ d'application (§ 1), les conditions (§ 2) et la procédure (§ 3) du relevé de forclusion.

§ 1
Champ d'application

313.121 Jugements concernés. L'article 540 du Code de procédure civile est relatif à la matière contentieuse et l'article 541 à la matière gracieuse. L'article 540 vise les jugements par défaut et les jugements réputés contradictoires. Cependant le jugement rendu par défaut est en principe susceptible d'opposition (C. pr. civ., art. 476) de sorte que le premier président de la cour d'appel n'a à connaître que des relevés de forclusion résultant de l'expiration du délai d'appel des jugements réputés contradictoires. Aucune disposition légale ne permet de relever un défendeur de la forclusion résultant de l'expiration du délai pour interjeter appel d'un jugement contradictoire rendu en matière contentieuse[1]. Le décret du 1er septembre 2011[2] a complété l'article 540 et a précisé que « *par exception aux alinéas qui précèdent, le droit au réexamen prévu par l'article 19 du règlement (CE) du Conseil n° 4/2009 du 18 décembre 2008 relatif à la compétence, la loi applicable, la reconnaissance à l'exécution des décisions et la coopération en matière d'obligations alimentaires s'exerce par la voie de l'appel* ».

313.122 Requérant. En matière contentieuse, seul le défendeur défaillant est autorisé à solliciter le relevé de forclusion à l'exclusion du demandeur[3]. En matière gracieuse, l'article 541 du Code de procédure civile ouvre le relevé de forclusion à l'intéressé qui n'a pu exercer, dans le délai prescrit, le recours ouvert contre une décision gracieuse.

313.123 Régularité de la notification. Lorsqu'un défendeur prétend que la notification de l'arrêt rendu par défaut était irrégulière, il interjette appel sans solliciter un relevé de forclusion puisque la signification entachée de nullité ne fait pas courir le délai d'appel. L'article 540 du Code de procédure civile est alors inapplicable[4]. On ne peut dans ce cas reprocher à l'appelant de ne pas avoir saisi le premier président en relevé de forclusion. Et le fait de saisir le premier président d'une requête en relevé de forclusion, fondée sur un vice de signification du jugement, n'emporte pas renonciation à se prévaloir de la nullité de l'assignation devant la cour[5]. Enfin, le rejet d'une demande de relevé de forclusion n'interdit pas à la cour d'appel d'examiner la recevabilité du recours[6]. Mais le fait d'interjeter appel, après avoir vu sa requête en relevé de forclusion rejetée, peut être considéré comme un abus[7].

§ 2
Conditions

313.131 Ignorance non fautive. Le requérant ne sera fondé à solliciter le relevé de forclusion s'il n'a pas eu connaissance du jugement en temps utile pour exercer son recours, sans qu'il y ait faute de sa part. Il a ainsi été jugé qu'un défendeur devait être relevé de la forclusion encourue lorsque la signification avait été faite sans recherches suffisantes de la part de l'huissier instrumentaire[8]. Lorsque les boîtes aux lettres d'un immeuble collectif sont dans un mauvais état en raison des négligences et des dégradations qui ne sont pas le fait du défendeur, celui-ci a été relevé de la forclusion[9]. Un premier président a relevé de la forclusion une société alors que la signification avait été opérée à une société dépendant d'un même groupe mais non au siège social de l'entreprise qui était connue de l'auteur de la signification[10]. En revanche, n'a pas été relevée de la forclusion la partie qui n'a pas eu connaissance en temps utile du jugement parce qu'elle avait négligé de prendre les dispositions nécessaires

1. Versailles, 1er févr. 1978, *D.* 1978. IR 365 – Paris, 20 juin 1989, *Bull. ch. avoués* 1989. 3. 96.
2. Décr. n° 2011-1043, 1er sept. 2011, relatif aux mesures conservatoires prises après l'ouverture d'une succession et à la procédure en la forme des référés, *JO* 2 sept., p. 14884.
3. Paris, 17 févr. 1992, *Bull. ch. avoués* 1992. 1. 31.
4. Civ. 2e, 3 mai 2007, n° 06-10.949, *Bull. civ.* II, n° 119; *D.* 2007. 1435.
5. Civ. 3e, 6 déc. 2000, n° 99-13.141, NP.
6. Civ. 2e, 20 juin 1984, n° 82-16.379, *Bull. civ.* II, n° 110.
7. Civ. 2e, 31 mai 2000, n° 98-19.936, NP.
8. Paris, 28 nov. 1985, *Bull. ch. avoués* 1986. 2. 80 – Paris, 5 déc. 1985, *Bull. ch. avoués* 1985. 2. 81.
9. Paris, 27 mai 1974, *RTD civ.* 1974. 855; *Gaz. Pal.* 1974. 2. 696 – Paris, 28 mai 1991, *Bull. ch. avoués* 1991. 2. 79.
10. Versailles, 2 mars 1978, *D.* 1978. IR 365, obs. Julien.

pour faire suivre son courrier[1] ou encore la partie qui, durant le délai d'appel, a fait un recours en des formes inadéquates[2], celle qui se contente d'affirmer que l'acte de signification s'est égaré dans ses services[3] ou qui affirme que l'acte a été remis à son fils âgé de douze ans[4]. Un défendeur n'a pas été relevé de la forclusion parce que la faute émanait de son conseil[5].

313.132 Impossibilité d'agir. L'article 540 du Code de procédure civile précise également que le défendeur peut être relevé de la forclusion s'il s'est trouvé dans l'impossibilité d'agir. Il a été jugé que se trouvait dans cette situation une partie à laquelle le bénéfice de l'aide judiciaire, demandé en temps utile, n'a été accordé qu'après l'expiration du délai d'appel[6]. Il a été retenu également qu'était dans l'impossibilité d'agir une partie qui s'était d'abord pourvue en cassation contre un jugement qui avait été déclaré à tort rendu en premier ressort puis s'était trouvée par la suite hors délai pour interjeter appel[7] ou encore lorsque l'assassinat d'un avocat a aggravé le désordre de ses dossiers[8]. Mais des défendeurs qui se sont désintéressés de l'instance et qui ne justifient d'aucune impossibilité à agir n'ont pas été autorisés à invoquer le bénéfice de l'article 540[9].

§ 3
Procédure

313.141 Saisine du premier président par requête. L'article 540 alinéa 2 du Code de procédure civile prévoit que le relevé de forclusion doit être demandé au président de la juridiction compétente pour connaître de l'opposition ou de l'appel et que le président est saisi comme en matière de référé. Aussi, pour être autorisé à interjeter appel, le défendeur doit présenter sa requête dans les formes prévues par les articles 484 et 485 du Code de procédure civile. Est irrecevable la demande formulée par simples conclusions déposées devant le président de la chambre à laquelle l'affaire a été distribuée[10]. Le premier président est saisi par requête déposée au greffe et placée au rôle de cette juridiction, avant que la demande ne soit, conformément à l'article 485, portée à l'audience par voie d'assignation[11]. L'article 540 n'apportant aucune distinction, il est indifférent qu'un acte d'appel ait été interjeté ou pas avant la requête en relevé de forclusion[12]. Toutefois si une partie qui a interjeté appel est relevée par la suite de la forclusion, elle doit réitérer son appel[13]. Le premier président est seul compétent pour connaître de la demande de relevé de forclusion en raison de l'expiration du délai pour interjeter appel. Il n'a pas à apprécier la validité de la signification du jugement[14].

313.142 Délai de saisine du premier président. Conformément aux dispositions de l'article 540 du Code de procédure civile la requête doit être présentée au premier président dans un **délai de deux mois** suivant le premier acte signifié à personne ou, à défaut, suivant la première mesure d'exécution ayant pour effet de rendre indisponibles en tout ou en partie les biens du débiteur. C'est le dépôt de la requête au greffe qui interrompt le délai de deux mois.

313.143 Suites de l'ordonnance. Il résulte de l'article 540 que le président se prononce sans recours et il a été jugé que cette disposition, par sa généralité et son caractère absolu, s'applique à toute voie de recours notamment au pourvoi en cassation[15]. S'il est fait droit à la requête, le délai d'appel court à compter de la date de l'ordonnance du premier président. Le premier président a également la possibilité de réduire le délai de recours ou de fixer le jour pour lequel l'appelant devra citer son adversaire devant la cour mais il n'a pas le pouvoir de prolonger le délai légal de recours[16].

SECTION 3
AUTRES DOMAINES DE COMPÉTENCES

313.150 Division. Les domaines de compétences du premier président sont variés. Certains relèvent de sa compétence exclusive et définitive, c'est le cas du recouvrement des dépens et des contestations de

1. Paris, 28 sept. 1990, *Bull. ch. avoués* 1990. 4. 150.
2. Paris, 27 févr. 1992, *Bull. ch. avoués* 1992. 1. 32.
3. Paris, 17 juin 1985, *Bull. ch. avoués* 1985. 4. 123.
4. Paris, 29 juin 1990, *Bull. ch. avoués* 1990. 3. 103.
5. Dijon, ord., 28 nov. 1991, *Bull. ch. avoués* 1991, n° 122 – *CONTRA* : Paris, ord., 10 juill. 1992, *Bull. ch. avoués* 1992, n° 123.
6. Paris, 30 avr. 1980, *Bull. ch. avoués* 1980. 3. 31 – Paris, 24 nov. 1988, *Bull. ch. avoués* 1988. 4. 167 – Paris, 17 avr. 1991, *Bull. ch. avoués* 1991. 2. 78.
7. Paris, 8 févr. 1991, *Bull. ch. avoués* 1991. 1. 39.
8. Paris, 2 déc. 1987, *JCP* 1988. II. 21106, note Assouline.
9. Bordeaux, 5 juill. 1974, *Gaz. Pal.* 1974. 2. 852; *RTD civ.* 1974. 855, obs. Perrot.
10. Paris, 17 mars 1987, *D.* 1987. IR 89.
11. Paris, 4 juill. 1990, *Bull. ch. avoués* 1990. 3. 104.
12. Cass. ass. plén., 20 nov. 1981, n° 80-10.549, *Bull. ass. plén.*, n° 6; *D.* 1982. 121, concl. Cabannes, note Boyer; *JCP* 1982. II. 19731, note Giverdon; *RTD civ.* 1982. 213, obs. Perrot.
13. Cass., ass. plén., 20 nov. 1981, n° 80-10.549, P (préc. s[s] prés[t] n°).
14. Paris, 2 juill. 1974, *Gaz. Pal.* 1974. 2. 692.
15. Civ. 2e, 6 déc. 2007, n° 07-13.201, NP – Civ. 2e, 1er févr. 2006, n° 05-13.964, NP.
16. Paris, 6 juin 1988, *Bull. ch. avoués* 1988, n° 107.

la rémunération de certains auxiliaires de justice (§ 1) et des litiges en matière de funérailles (§ 2). Dans ces cas, la plupart du temps il statue comme juge d'appel d'une décision rendue en première instance. En revanche en matière de divorce, le premier président partage sa compétence avec le conseiller de la mise en état, il modifie, en cas de fait nouveau, des mesures accessoires ou provisoires (§ 3).

§ 1
Recouvrement des dépens et contestations de la rémunération de certains auxiliaires de justice

313.151 **Recouvrement des dépens.** L'article 714 du Code de procédure civile dispose que « *l'ordonnance de taxe rendue par le président d'une juridiction de première instance peut être frappée par tout intéressé d'un recours devant le premier président de la cour d'appel.* » Ce recours peut être fait dans un délai d'un mois à compter de la notification de l'ordonnance du président de la juridiction de première instance[1]. Le délai n'est pas augmenté en raison de la distance. Le recours est formé par la remise ou l'envoi au greffe de la cour d'appel d'une note exposant les motifs du recours. À peine d'irrecevabilité du recours, copie de ce recours est simultanément envoyé à toutes les parties au litige principal (C. pr. civ., art. 715, al. 2). Cette fin de non-recevoir est d'ordre public[2]. Le délai de recours et l'exercice du recours dans le délai sont suspensifs d'exécution (C. pr. civ., art. 714). L'ordonnance de taxe rendue par le président d'une juridiction de première instance peut être frappée, par tout intéressé, d'un recours devant le premier président de la cour d'appel indépendamment du montant de la demande[3]. Le premier président, saisi sur ce recours, dispose des mêmes pouvoirs que le juge taxateur et ne peut se contenter de renvoyer les parties devant le greffier en chef pour l'établissement d'un nouveau certificat de vérification[4].

313.152 **Contestation de la rémunération des techniciens.** L'article 724 du Code de procédure civile dispose : « *Les décisions mentionnées aux articles 255, 262 et 284 émanant d'un magistrat d'une juridiction de première instance ou de la cour d'appel, peuvent être frappées de recours devant le premier président de la cour d'appel dans les conditions prévues aux articles 714 alinéa 2 et 715 à 718. Si la décision émane du premier président de la cour d'appel, elle peut être modifiée dans les mêmes conditions par celui-ci* ». Ce texte est relatif à la contestation de la rémunération des techniciens, il ne s'applique pas à la décision qui alloue une provision ou un complément de provision à l'expert[5]. Ce recours n'est pas ouvert pour la contestation de la validité des opérations d'expertise[6]. Seules peuvent donner lieu au recours prévu à l'article 724 du Code de procédure civile les décisions prises par le juge pour fixer la rémunération d'un technicien qu'il a commis pour l'éclairer par des constatations, une consultation ou une expertise; il n'en est pas ainsi lorsque le technicien a été désigné pour assister un administrateur judiciaire[7]. Le recours doit être formé contre toutes les parties et contre le technicien lorsque celui-ci ne l'a pas formé lui-même et ce à peine d'irrecevabilité. Mais le recours n'a pas à être dirigé contre une partie qui n'est plus susceptible d'être condamnée aux dépens et donc d'avoir à supporter des frais d'expertise[8]. La note exposant le motif du recours doit être envoyée aux parties elles-mêmes et non aux avocats ayant pu les représenter ou les assister dans le cadre du litige car le recours contre une ordonnance de taxe fixant les honoraires d'un technicien donne naissance à une procédure sans représentation obligatoire[9]. Il n'est pas exigé que le recours soit formulé par lettre recommandée avec avis de réception[10]. Le délai pour exercer le recours court, à l'égard des parties et du technicien, du jour de la notification de la décision[11]. Le recours contre les décisions relatives à la rémunération des techniciens et le délai pour l'exercer ne sont pas suspensifs d'exécution (C. pr. civ., art. 724, al. 3). Le premier président apprécie souverainement la rémunération du technicien[12]. Il a été jugé que dès lors qu'une partie, à laquelle l'ordonnance du juge chargé du contrôle des expertises fixant la rémunération du technicien a été notifiée, est en mesure de faire valoir ses observations au cours d'une phase ulté-

1. Civ. 2e, 10 mars 1988, n° 87-10.793, *Bull. civ.* II, n° 61; *Gaz. Pal.* 1988. 1. Pan. 101, obs. Guinchard et Moussa.
2. Civ. 2e, 20 nov. 2003, n° 01-14.910, *Bull. civ.* II, n° 348; *D.* 2003. 3009; *JCP* 2004. IV. 1064.
3. Civ. 2e, 7 juill. 2005, n° 03-14.520, *Bull. civ.* II, n° 180; *D.* 2005. 1964; *JCP* 2005. IV. 2986.
4. Civ. 2e, 18 janv. 2007, nos 05-21.415 et 05-21.513, *Bull. civ.* II, n° 12.
5. Paris, 3 déc. 1979, *Gaz. Pal.* 1980. 1. 254, note Viatte – Paris, 2 mai 1988, *Bull. ch. avoués* 1988. 2. 75.
6. Paris, 16 nov. 1987, *Bull. ch. avoués* 1987. 4. 176.
7. Civ. 2e, 29 oct. 1980, n° 79-11.322, *Bull. civ.* II, n° 228; *Gaz. Pal.* 1981. 1. 140, note Viatte.
8. Civ. 2e, 31 mai 1989, n° 88-12.256, *Bull. civ.* II, n° 119; *Gaz. Pal.* 1990. 1. Somm. 17, note Guinchard et Moussa.
9. Civ. 2e, 20 oct. 2005, n° 04-12.801, *Bull. civ.* II, n° 262; *D.* 2005. 2224.
10. Civ. 2e, 21 mai 2015, n° 14-18.767, *Bull. civ.* II, [à paraître]; *Procédures* 2015. Comm. 216, obs. Croze.
11. Civ. 2e, 26 mars 2015, n° 14-14.644, *Bull. civ.* II, [à paraître]; *Procédures* 2015. Comm. 216, obs. Croze.
12. Civ. 2e, 17 nov. 1982, n° 81-15.832, *Bull. civ.* II, n° 146; *Gaz. Pal.* 1983. 1. Pan. 101, obs. Guinchard.

rieure qui se déroule devant le premier président de la cour d'appel, la procédure prévue à l'article 724 ne méconnaît pas le principe de la contradiction et les dispositions de l'article 6 § 1 de la Convention européenne des droits de l'homme[1]. La notification doit mentionner la peine de nullité, la teneur de l'article 724 ainsi que celle des articles 714 alinéa 2 et 715 (C. pr. civ., art. 725).

313.153 Rémunération de l'avocat. Les articles 176 et 179 du décret du 27 novembre 1991 prévoient un recours contre les décisions du bâtonnier lorsque la contestation concerne les avocats et contre les décisions du président du tribunal de grande instance lorsque la contestation porte sur les honoraires du bâtonnier. Le premier président doit être saisi par l'avocat ou la partie, par lettre recommandée avec avis de réception, dans le délai d'un mois à compter de la décision.

§ 2
Litiges en matière de funérailles

313.161 Contestation sur les conditions des funérailles. L'article 1061-1 du Code de procédure civile précise qu'un appel peut être interjeté dans les 24 heures de la décision rendue par le juge d'instance en matière de contestation sur les conditions des funérailles, devant le premier président de la cour d'appel. Celui-ci ou son délégué est saisi sans forme et doit statuer immédiatement. Les parties ne sont pas tenues de constituer avocat. La décision rendue par le premier président est exécutoire sur minute et notifiée au maire chargé de l'exécution.

§ 3
Litiges en matière de divorce

313.171 Mesures accessoires. L'article 1083 du Code de procédure civile donne compétence au premier président puis au conseiller de la mise en état, une fois qu'il est désigné, pour modifier les mesures accessoires assorties de l'exécution provisoire d'un jugement de divorce frappé d'appel, en cas de survenance d'un fait nouveau. En effet, il ne peut être sursis à l'exécution provisoire de ces mesures accessoires sur le fondement de l'article 524 du Code de procédure civile[2]. Constitue une mesure accessoire la disposition du jugement de divorce fixant la contribution alimentaire de l'époux n'exerçant pas l'autorité parentale sur les enfants mineurs[3] ou encore les mesures concernant les enfants dans une décision de divorce rendue sur le fond[4]. La compétence dévolue au premier président de la cour d'appel suppose la survenance d'un fait nouveau, suffisamment grave et déterminant pour autoriser une modification des mesures accessoires prises par les premiers juges[5].

313.172 Mesures provisoires. L'article 1119 alinéa 2 du Code de procédure civile prévoit qu'en cas d'appel il peut être demandé au premier président de la cour d'appel, tant que le conseiller de la mise en état n'est pas désigné, de modifier des mesures provisoires en cas de survenance d'un fait nouveau.

1. Civ. 2e, 5 avr. 2007, n° 06-13.063, *Bull. civ.* II, n° 82; *Dr. et proc.* 2007. 272, note Putmann.

2. Civ. 2e, 28 janv. 1998, n° 96-19.799, *Bull. civ.* II, n° 34; *D.* 1998. 75; *RTD civ.* 1998. 350, obs. Hauser.
3. Paris, ord., 10 nov. 1989, *Bull. ch. avoués* 1989. 131.
4. Pau, 17 juill. 2001, RG n° 99/00906.
5. Paris, ord., 14 août 1986, *Gaz. Pal.* 1986. 2. 653, note Brazier.

TITRE

32. Les mesures d'administration judiciaire

SECTION 0
ORIENTEUR

32.00 Plan du titre.

32.09 Généralités. Le Code de procédure civile consacre quelques articles à ce qu'il nomme des mesures d'administration judiciaire. Comme l'a écrit Tissier, ce sont des actes qui ne se rattachent ni à la juridiction gracieuse, ni à la juridiction contentieuse. Ils ont un caractère administratif très marqué. Ils concrétisent l'activité administrative exercée par le juge. L'article 537 du Code de procédure civile rappelle que les mesures d'administration judiciaire ne sont sujettes à aucun recours et l'article 499 que les dispositions régissant les jugements ne sont pas applicables à ces mesures. Classiquement on distingue entre les mesures qui ont pour objet d'assurer le fonctionnement du service dans une juridiction (chap. 321) et celles qui concernent le bon déroulement de l'instance (jonction et disjonction de l'instance, décisions relatives à la fixation des délais, clôture de l'instruction) que l'on qualifie parfois d'actes processuels non juridictionnels (chap. 322). Tous les juges prennent des mesures d'administration judiciaire mais nous ne nous intéresserons ici qu'aux actes judiciaires administratifs pris par le premier président en reprenant la distinction classique.

CHAPITRE

321. Mesures relatives au bon fonctionnement du service judiciaire

SECTION 0 ORIENTEUR

321.00 **Plan du chapitre.**
Sect. unique

321.01 **Textes applicables.**

TEXTES CITÉS

> **Répartition des juges dans les services de la juridiction**
COJ, art. L. 121-3

> **Répartition du personnel assurant le service du greffe**
COJ, art. R. 553-3 et R. 553-4

> **Délégation des magistrats**
COJ, art. L. 121-4

> **Délégation des agents des greffes**
COJ, art. R. 123-17

> **Fixation des heures d'ouverture au public des greffes**
COJ, art. R. 123-18

> **Décision de transfert d'une juridiction**
COJ, art. R. 124-1

> **Désignation des juges d'instruction chargés des affaires relatives aux mineurs**
COJ, art. R. 213-13

> **Fonctions administratives confiées à des auxiliaires de justice**
COJ, art. R. 222-4

> **Désignation des conseillers chargés de missions de coordination**
COJ, art. R. 312-13-2

> **Mesures propres à assurer la continuité du service**
COJ, art. R. 312-36

> **Administration des services judiciaires dans le ressort de la cour d'appel**
COJ, art. R. 312-65

> **Comité de gestion**
COJ, art. R. 312-69-1, R. 312-69-2

TEXTES CITÉS REPRODUITS *IN EXTENSO*

> **Répartition des juges dans les services de la juridiction**

COJ, art. L. 121-3
Chaque année, le premier président de la Cour de cassation, le premier président de la cour d'appel, le président du tribunal de grande instance, et le magistrat chargé de la direction et de l'administration du tribunal d'instance répartissent les juges dans les différents services de la juridiction.

Un décret en Conseil d'État fixe les modalités d'application du présent article. Il précise notamment les conditions dans lesquelles la répartition des juges peut être modifiée en cours d'année.

> **Répartition du personnel assurant le service du greffe**
[COJ, art. R. 553-3 et R. 553-4]

COJ, art. R. 553-3
Le premier président de la cour d'appel et le procureur général près cette cour, après avis du président du tribunal de première instance, du procureur de la République près ce tribunal et du directeur de greffe de la cour d'appel, répartissent le personnel assurant le service des greffes entre le greffe de la cour d'appel et celui du tribunal de première instance et désignent un fonctionnaire responsable du greffe du tribunal de première instance.

COJ, art. R. 553-4
Le premier président de la cour d'appel et le procureur général près cette cour, après avis du directeur de greffe de cette cour, ainsi que le président du tribunal de première instance et le procureur de la République près ce tribunal, après avis du fonctionnaire responsable du greffe de ce tribunal, décident de la répartition du personnel assurant le service du greffe entre les services du siège et ceux du parquet.

> Délégation des magistrats

COJ, art. L. 121-4

En cas de vacance d'emploi ou d'empêchement d'un ou plusieurs magistrats ou lorsque le renforcement temporaire et immédiat des juridictions du premier degré apparaît indispensable pour assurer le traitement du contentieux dans un délai raisonnable, le premier président peut, par ordonnance, déléguer les présidents de chambre et les conseillers de la cour d'appel, les juges des tribunaux d'instance et de grande instance, pour exercer des fonctions judiciaires dans les tribunaux du ressort de la cour d'appel dont le service est assuré par des magistrats du corps judiciaire.

Un magistrat ne peut être délégué plus de cinq fois au cours de la même année judiciaire. Ses délégations ne peuvent excéder une durée totale de trois mois.

En ce qui concerne les magistrats désignés pour exercer les fonctions de juge de l'expropriation, la durée de la délégation prévue à l'alinéa précédent peut être portée à six mois.

L'ordonnance mentionnée au premier alinéa précise le motif et la durée de la délégation ainsi que la nature des fonctions qui seront exercées par le magistrat délégué.

> Délégation des agents des greffes

COJ, art. R. 123-17

Selon les besoins du service, les agents des greffes peuvent être délégués dans les services d'une autre juridiction du ressort de la même cour d'appel.

Cette délégation est prononcée par décision du premier président de la cour d'appel et du procureur général près cette cour. Elle ne peut excéder une durée de deux mois. Toutefois, le garde des Sceaux, ministre de la justice, peut la renouveler dans la limite d'une durée totale de huit mois. Dans les départements d'outre-mer, elle ne peut excéder une durée de six mois. Toutefois, le garde des Sceaux, ministre de la justice, peut la renouveler ou lui assigner une durée supérieure.

Les agents délégués dans une autre juridiction perçoivent les indemnités dans les mêmes conditions que les fonctionnaires de leur catégorie et suivant les mêmes taux.

> Fixation des heures d'ouverture au public des greffes

COJ, art. R. 123-18

Les heures d'ouverture et de fermeture au public des greffes sont fixées par le premier président de la cour d'appel, après avis de l'assemblée des magistrats du siège et du parquet et de l'assemblée des fonctionnaires. La détermination de ces horaires tient compte, le cas échéant, des particularités locales.

> Décision de transfert d'une juridiction

COJ, art. R. 124-1 *(mod. par Décr. n° 2014-1458, 8 déc. 2014, art. 15)*

Lorsque la continuité du service de la justice ne peut plus être assurée au sein du bâtiment où siège la juridiction, dans les conditions offrant les garanties nécessaires au maintien de la sécurité des personnes et des biens, tout ou partie des services de la juridiction peut, à titre provisoire, être transféré dans une autre commune du ressort.

Lorsque l'ensemble des services de la juridiction est transféré, le siège de la juridiction est le lieu dans lequel elle est transférée.

Lorsque certains services sont transférés, le siège de la juridiction est, pour chaque service, le lieu dans lequel son activité se déroule.

Dans tous les cas, la dénomination de la juridiction demeure celle du siège initial fixé par décret.

La commission plénière de la juridiction, ou, pour les juridictions ne comportant pas de commission plénière, l'assemblée plénière ou l'assemblée générale est convoquée sans délai afin d'émettre un avis sur le projet de transfert.

Le premier président de la cour d'appel, après avis du procureur général près cette cour, prend, par ordonnance, la décision portant transfert total ou partiel des services de la juridiction. L'ordonnance indique le motif du transfert, la date à laquelle il sera effectif, la durée prévisible, l'adresse du ou des services transférés.

Elle fait l'objet d'une publication dans deux journaux diffusés dans le ressort et de toute autre mesure de publicité dans tout lieu jugé utile.

La durée du transfert ne peut excéder trois ans. Cependant, si la situation l'exige, elle peut faire l'objet d'une première prorogation pour une durée égale dans les conditions définies ci-dessus. Toute autre prorogation ne peut être décidée que par arrêté du garde des Sceaux, ministre de la justice, pour la durée qu'il détermine et après avoir recueilli l'avis prévu au cinquième alinéa ainsi que celui du premier président et du procureur général.

> Désignation des juges d'instruction chargés des affaires relatives aux mineurs

COJ, art. R. 213-13

Au sein de chaque tribunal de grande instance dans le ressort duquel un tribunal pour enfant a son siège, un ou plusieurs juges d'instruction désignés par le premier président sont chargés spécialement des affaires concernant les mineurs.

> Fonctions administratives confiées à des auxiliaires de justice

COJ, art. R. 222-4

Certaines fonctions administratives ainsi que la présidence de commissions administratives dévolues aux magistrats du siège chargés du service des tribunaux d'instance peuvent être confiées, par ordonnance du premier président de la cour d'appel après avis du procureur général près cette cour, à des auxiliaires de justice ou à des personnalités locales, non pourvus d'un mandat électif et réunissant des garanties de compétence et d'impartialité.

> Désignation des conseillers chargés de missions de coordination

COJ, art. R. 312-13-2

Le premier président désigne, après avis de l'assemblée générale des magistrats du siège, un conseiller qui assure la coordination de l'activité des magistrats du siège du ressort de la cour en matière de droit de la famille et des personnes.

Il est mis fin à ses fonctions et pourvu à son remplacement dans les mêmes formes.

Le conseiller désigné établit un rapport annuel sur l'activité des magistrats du siège en matière de droit de la famille et des personnes, qu'il transmet au premier président. Ce dernier communique ce rapport, avec ses observations, au garde des Sceaux, ministre de la justice. Il le communique également aux présidents des tribunaux de grande instance du ressort de la cour d'appel ainsi qu'au procureur général et à toute personne à laquelle il estime cette communication utile.

> Mesures propres à assurer la continuité du service

COJ, art. R. 312-36

En cas d'urgence, le premier président de la cour d'appel peut, dans les matières entrant dans la compétence de l'assemblée générale, prendre, après avis du procureur général près cette cour, du directeur de greffe et de la commission compétente, les mesures propres à assurer la continuité du service jusqu'à la réunion de l'assemblée compétente.

> Administration des services judiciaires dans le ressort de la cour d'appel

COJ, art. R. 312-65

Par délégation du garde des Sceaux, ministre de la Justice, le premier président de la cour d'appel et le procureur général près cette cour assurent conjointement l'administration des services judiciaires dans le ressort de la cour d'appel. Ils sont assistés dans cette mission par le service administratif régional, placé sous leur autorité.

> Comité de gestion

COJ, art. R. 312-69-1 *(Créé par Décr. n° 2014-1458, 8 déc. 2014, art. 5)*

Le comité de gestion est composé du premier président, du procureur général et du directeur de greffe.

COJ, art. R. 312-69-2 *(Créé par Décr. n° 2014-1458, 8 déc. 2014, art. 5)*

Le comité de gestion se réunit aux dates arrêtées conjointement par ses membres en début de semestre, selon une fréquence au moins mensuelle.

L'ordre du jour, arrêté par le premier président, est composé des questions proposées par ses membres.

Le comité débat des questions de gestion et de fonctionnement de la juridiction et, éventuellement, d'autres questions proposées par ses membres.

Les orientations arrêtées lors des réunions du comité sont consignées par le premier président sur un registre de délibérations et sont communiquées aux membres de la commission plénière.

321.03 Bibliographie indicative.

Actualisables. *J.-Cl. Pr. civ.*, fasc. 712 [Appel. Jugement susceptibles ou non d'appel], par Ph. Gerbay, V. Parenty Baut et Y. Desdevises – Rép. pr. civ., V° *Appel*, par F. Ferrand, mars 2012 [actu. janv. 2016], n° 77 s.

Ouvrage. J.-P. Jean et D. Salas (dir.), *Une administration pour la justice*, *RFAP*, n° 125, ENA éd., 2008.

Articles. D. Cholet, « Le contrôle de l'activité non juridictionnelle des juridictions », *Gaz. Pal.* 12-13 oct. 2007, p. 8 – J. Théron, « Mesure d'administration judiciaire, proposition d'un critère de qualification », *D.* 2010. 2246.

SECTION UNIQUE

321.06 Différentes mesures. Ces mesures sont nombreuses et variées, nous ne rappellerons que les principales. Souvent avec l'avis de l'assemblée des magistrats du siège (COJ., art. R. 312-42) qu'il préside[1] ou du directeur du greffe, et, selon le cas, avec l'aide ou l'avis du procureur général, le premier président de la cour d'appel répartit les juges dans les différents services de la juridiction (COJ, art. L. 121-3) et le personnel assurant le service des greffes entre le greffe de la cour d'appel et celui de première instance (COJ, art. R. 553-3) puis entre les services du siège et ceux du parquet (COJ, art. R. 553-4). Il fixe, par ordonnance, le lieu, le jour et la nature des audiences foraines (COJ, art. R. 124-2) et les heures d'ouverture et de fermeture des greffes au public (COJ, art. R. 123-18). Il procède à la délégation des magistrats (COJ, art. L. 121-4) ou des agents du greffe (COJ, art. R. 123-17) dans le ressort de la cour d'appel. Il désigne également au sein de chaque tribunal de grande instance dans le ressort duquel un tribunal pour enfant a son siège un ou plusieurs juges d'instruction chargés spécialement des affaires concernant les mineurs (COJ, art. R. 213-13). Il peut confier des fonctions administratives et la présidence de commissions administratives, dévolues aux magistrats du siège chargés du service du tribunal d'instance, à des auxiliaires de justice ou à des personnalités locales non pourvues d'un mandat électif et réunissant des garanties de compétence et d'impartialité (COJ, art. R. 222-4). Il désigne les conseillers qui sont chargés des différentes missions de coordination (COJ, art. R. 312-13-2). En cas d'urgence, après avis du procureur général, du directeur du greffe et de la commission, il prend, dans les matières entrant dans la compétence de l'assem-blée compétente (COJ, art. R. 312-36). Lorsque les conditions sont réunies, il peut prendre la décision de transfert d'une juridiction (COJ, art. R. 124-1). Par délégation du garde des Sceaux, il assure avec le procureur général l'administration des services judiciaires dans le ressort de la cour d'appel (COJ, art. R. 312-65). Il arrête l'ordre du jour du comité de gestion, créé par le décret du 8 décembre 2014[2] qui débat des questions de gestion et de fonctionnement de la juridiction (COJ, art. R. 312-69-2).

1. Il peut la consulter par écrit.
2. Décr. n° 2014-1458, 8 déc. 2014, relatif à l'organisation et au fonctionnement des juridictions de l'ordre judiciaire, *JO* 9 déc., p. 20496.

CHAPITRE

322. Actes processuels non juridictionnels

SECTION 0 ORIENTEUR

322.00 **Plan du chapitre.**

322.01 **Textes applicables.**

TEXTES CITÉS

> Absence de recours contre les mesures d'administration judiciaire

C. pr. civ., art. 499 et 537

> Mesure d'administration judiciaire : radiation de l'article 526 du Code de procédure civile

C. pr. civ., art. 526

> Mesure d'administration judiciaire : autorisation d'assigner à jour fixe

C. pr. civ., art. 917 et 948

> Mesure d'administration judiciaire : renvoi en audience solennelle

COJ, art. R. 312-9

> Mesure d'administration judiciaire : renvoi devant les chambres réunies

COJ, art. R. 312-11-1

TEXTES CITÉS REPRODUITS *IN EXTENSO*

> Absence de recours contre les mesures d'administration judiciaire

[C. pr. civ., art. 499 et 537]

C. pr. civ., art. 499

Les dispositions du présent titre [*sur les jugements*] ne sont pas applicables aux mesures d'administration judiciaire.

C. pr. civ., art. 537

Les mesures d'administration judiciaire ne sont sujettes à aucun recours.

> Mesure d'administration judiciaire : radiation de l'article 526 du Code de procédure civile

C. pr. civ., art. 526

Lorsque l'exécution provisoire est de droit ou a été ordonnée, le premier président ou, dès qu'il est saisi, le conseiller de la mise en état peut, en cas d'appel, décider, à la demande de l'intimé et après avoir recueilli les observations des parties, la radiation du rôle de l'affaire lorsque l'appelant ne justifie pas avoir exécuté la décision frappée d'appel ou avoir procédé à la consignation autorisée dans les conditions prévues à l'article 521, à moins qu'il lui apparaisse que l'exécution serait de nature à entraîner des conséquences manifestement excessives ou que l'appelant est dans l'impossibilité d'exécuter la décision.

Le premier président ou le conseiller chargé de la mise en état autorise, sauf s'il constate la péremption, la réinscription de l'affaire au rôle de la cour sur justification de l'exécution de la décision attaquée.

> Mesure d'administration judiciaire : autorisation d'assigner à jour fixe

[C. pr. civ., art. 917 et 948]

C. pr. civ., art. 917

Si les droits d'une partie sont en péril, le premier président peut, sur requête, fixer le jour auquel l'affaire sera appelée par priorité. Il désigne la chambre à laquelle l'affaire est distribuée.

Les dispositions de l'alinéa qui précède peuvent également être mises en œuvre par le premier président de la cour d'appel ou par le conseiller de la mise en état à l'occasion de l'exercice des pouvoirs qui leur sont conférés en matière de référé ou d'exécution provisoire.

C. pr. civ., art. 948 *(mod. par Décr. n° 2015-282, 11 mars 2015, art. 8)*

La partie dont les droits sont en péril peut, même si une date d'audience a déjà été fixée, demander au premier président de la cour de retenir l'affaire, par priorité, à une prochaine audience.

S'il est fait droit à sa demande, le requérant est aussitôt avisé par tous moyens de la date fixée.

À moins que le premier président n'ait décidé qu'elle le serait par acte d'huissier de justice à l'initiative du requérant, le greffier convoque la partie adverse par lettre recommandée avec demande d'avis de réception.

La cour s'assure qu'il s'est écoulé un temps suffisant entre la convocation et l'audience pour que la partie convoquée ait pu préparer sa défense.

> Mesure d'administration judiciaire : renvoi en audience solennelle

COJ, art. R. 312-9

Les audiences solennelles se tiennent devant deux chambres de la cour d'appel sous la présidence du premier président. Les assesseurs sont au nombre de quatre.

Après cassation d'un arrêt en matière civile, le premier président, d'office ou à la demande des parties, renvoie l'affaire à l'audience solennelle si la nature ou la complexité de celle-ci le justifie. Cette décision est une mesure d'administration judiciaire.

Le contentieux des élections au Conseil national des barreaux et aux conseils de l'ordre et des élections des bâtonniers ainsi que les recours dirigés contre les décisions ou les délibérations de ces conseils sont portés aux audiences solennelles.

> Mesure d'administration judiciaire : renvoi devant les chambres réunies

COJ, art. R. 312-11-1 *(Créé par Décr. n° 2014-1458, 8 déc. 2014, art. 3)*

Les arrêts peuvent être rendus par une formation de deux chambres réunies présidée par le premier président et comprenant, outre les présidents de ces chambres, deux conseillers assesseurs affectés dans chacune de ces chambres. Elle siège au nombre de sept.

La formation de chambres réunies peut être saisie lorsqu'une affaire est d'une particulière complexité ou est susceptible de recevoir devant les chambres des solutions divergentes.

Lorsque l'affaire n'est pas distribuée, le premier président peut saisir cette formation après avoir recueilli l'avis du président de la chambre à laquelle l'affaire doit être distribuée selon les dispositions de l'ordonnance portant sur le service de la juridiction.

Une fois l'affaire distribuée, le premier président ne peut prendre cette décision qu'avec l'accord du président de la chambre à laquelle l'affaire a été distribuée ou à la demande de celui-ci, de la chambre, du ministère public ou de l'une des parties.

La décision de saisine de cette formation est une mesure d'administration judiciaire.

322.02 Jurisprudence de référence.

> Radiation de l'article 526 du Code de procédure civile et Convention européenne des droits de l'homme

• **Civ. 2e, 18 juin 2009, n° 08-15.424,** *Bull. civ.* II, n° 167

* V. s[s] n° 322.11

« La décision de radiation prise par le conseiller de la mise en état, sur le fondement de l'article 526 du Code de procédure civile, constituant une mesure d'administration judiciaire, une cour d'appel en déduit exactement, sans violer l'article 6 § 1 de la Convention de sauvegarde des droits de l'homme et des libertés fondamentales, que cette décision n'est pas susceptible de recours et ne peut lui être déférée. »

• **CEDH 31 mars 2011, *Chatellier c/France*, req. n° 34658/07**

* V. s[s] n° 322.12

« Si les buts poursuivis par l'obligation d'exécution d'une décision, notamment de protéger le créancier, d'éviter les appels dilatoires, d'assurer une bonne administration de la justice en désengorgeant les tribunaux, la disproportion (de 1 à 240) entre la situation matérielle du requérant et les sommes dues au titre de la décision frappée d'appel est évidente, de sorte que la décision de radiation a constitué en l'espèce une mesure disproportionnée au regard des buts visés et l'accès effectif du requérant au tribunal s'en est trouvé entravé dans sa substance même, en violation de l'article 6 § 1 de la Convention européenne des droits de l'homme. »

> L'ordonnance sur requête autorisant une partie à assigner à jour fixe est insusceptible de recours

• **Civ. 2e, 24 juin 2004, n° 02-14.886,** *Bull. civ.* II, n° 321

* V. s[s] n° 322.21

« L'ordonnance sur requête autorisant une partie à assigner à jour fixe constitue une mesure d'administration judiciaire qui, comme telle, est insusceptible de tout recours et ne peut donner lieu à référé à fin de rétractation. »

322.03 Bibliographie indicative.

Actualisables. *J.-Cl. Pr. civ.*, fasc. 712 [Appel. Jugement susceptibles ou non d'appel], par Ph. Gerbay, V. Parenty Baut et Y. Desdevises – Rép. pr. civ., V° *Appel*, par F. Ferrand, mars 2012 [actu. janv. 2016], n° 77.

Ouvrages. C. Brenner et N. Fricero, *La nouvelle procédure d'appel*, 2e éd., Lamy, 2011, p. 349 – P. et N. Gerbay, *Guide du procès civil en appel*, LexisNexis, 2015, § 653 – S. Guinchard (dir.), Dalloz action *Droit et pratique de la procédure civile*, 2014/2015, par J. Pellerin, n°s 544.271, 544.231 s.

Articles. D. Cholet, « Le contrôle de l'activité non juridictionnelle des juridictions », *Gaz. Pal.* 12-13 oct. 2007, p. 8 – M. Degoffe et E. Jeuland, « Les mesures d'administration judiciaire en droit processuel : problèmes de qualification », *Mél. J. Normand*, Litec, 2003, p. 141 – Ph. Gerbay, « L'article 526 du Nouveau Code de procédure civile : premières approches », *Gaz. Pal.* 14 févr. 2006, n° 45, p. 3 – Ph. Hoonakker, « Dernières réformes de la procédure civile : raison et déraison », *D.* 2006. 754 – C. Hugon, « La radiation du rôle sanctionnant l'inexécution d'une décision judiciaire : un nouveau miroir aux alouettes ? », *D.* 2006. 1640 – A. Perdriau, « Les mesures d'administration judiciaire au regard du juge de cassation », *Gaz. Pal.* 6-7 mars 2002, p. 2 – J. Théron, « Mesure d'administration judiciaire, proposition d'un critère de qualification », *D.* 2010. 2246.

322.04 Questions essentielles.

> Quels sont les recours contre la décision prononçant la radiation lorsque l'appelant n'a pas exécuté par provision la décision qu'il a frappée d'appel ?

* V. s[s] n°s 322.11 s.

> Quelle est la nature de l'ordonnance du premier président autorisant à assigner à jour fixe ?
* V. s[s] n° 322.21

322.05 **Formulaire de procédure civile (renvois).**
Appel – Jour fixe (cour d'appel), (Requête afin d'assigner à jour fixe)

322.06 **Exemple d'acte (renvoi).**
• Requête aux fins d'être autorisé à assigner à jour fixe (v. s[s] n° 46.06).

322.09 **Une qualification parfois critiquée.** La qualification de mesures d'administration judiciaire de certains des actes concernant le déroulement de l'instance a été très critiquée car elle permet de les faire échapper à tout recours (C. pr. civ., art. 537) et offre par conséquent au juge un **pouvoir discrétionnaire** alors que les conséquences peuvent parfois être graves pour le justiciable. Rappelons que les dispositions régissant les jugements ne sont pas applicables à ces mesures (C. pr. civ., art. 499).

SECTION 1
RADIATION DE L'ARTICLE 526 DU CODE DE PROCÉDURE CIVILE

322.11 **Mécanisme.** L'article 526 du Code de procédure civile prévoit que :

« *Lorsque l'exécution provisoire est de droit ou a été ordonnée, le premier président ou, dès qu'il est saisi, le conseiller de la mise en état peut, en cas d'appel, décider, à la demande de l'intimé et après avoir recueilli les observations des parties, la radiation du rôle de l'affaire lorsque l'appelant ne justifie pas avoir exécuté la décision frappée d'appel ou avoir procédé à la consignation autorisée dans les conditions prévues à l'article 521, à moins qu'il lui apparaisse que l'exécution serait de nature à entraîner des conséquences manifestement excessives ou que l'appelant est dans l'impossibilité d'exécuter la décision.*

Le premier président ou le conseiller chargé de la mise en état autorise, sauf s'il constate la péremption, la réinscription de l'affaire au rôle sur justification de l'exécution de la décision attaquée. »

L'article 383 du Code de procédure civile précise que la radiation et le retrait du rôle sont des mesures d'administration judiciaire. Et la Cour de cassation a jugé que la décision de radiation, prise par le conseiller de la mise en état, sur le fondement de l'article 526, constituant une mesure d'administration judiciaire, une cour d'appel en déduit exactement, sans violer l'article 6 § 1 de la Convention européenne des droits de l'homme, que cette décision n'est pas susceptible de recours et ne peut lui être déférée[1]. Comme le fait remarquer Perrot, « *il est difficile de soutenir que le conseiller de la mise en état qui statue sur une demande de radiation formulée par l'intimé pour défaut d'exécution du jugement attaqué, n'exerce pas un pouvoir juridictionnel destiné à départager des intérêts rivaux en conflit, puisque par hypothèse la radiation doit avoir été demandée par l'intimé. Qu'on le veuille ou non, la décision qui sera prise aura une densité contentieuse, avec pour enjeu le sort d'une voie de recours qui est une voie de recours ordinaire* »[2].

322.12 **L'article 526 du Code de procédure civile et la Convention européenne des droits de l'homme.** La Cour européenne des droits de l'homme a retenu une position plus nuancée que la Cour de cassation en jugeant, dans l'affaire *Chatellier c/ France*, que la mesure de radiation décidée sur le fondement de l'article 526 a privé le requérant du **double degré de juridiction** et que compte tenu de la gravité de l'atteinte au droit à un tribunal à ce stade de la procédure, l'État dispose d'une marque d'appréciation plus restreinte que dans le cas de l'article 1009-1 du Code de procédure civile. Pour la Cour de Strasbourg, si les buts poursuivis par l'obligation d'exécution d'une décision, notamment de protéger le créancier, d'éviter les appels dilatoires, d'assurer une bonne administration de la justice en désengorgeant les tribunaux, la disproportion (de 1 à 240) entre la situation matérielle du requérant et les sommes dues au titre de la décision frappée d'appel est évidente, de sorte que la décision de radiation a constitué en l'espèce une mesure disproportionnée au regard des buts visés et l'accès effectif du requérant au tribunal s'en est trouvé entravé dans sa substance même, en violation de l'article 6 § 1 de la Convention européenne des droits de l'homme[3]. Certes, l'article 526 apporte des limites afin de protéger le droit d'accès à la justice de l'appelant en prévoyant que la radiation ne doit pas être ordonnée « *si l'exécution est de nature à entraîner des conséquences manifestement excessives ou si l'appelant est dans l'impossibilité d'exécuter la décision* ».

Cette réserve devrait permettre au juge national d'exercer le **contrôle de proportionnalité** imposé par la Cour européenne. Cependant, en l'absence de voie de recours en droit interne, la Cour de

1. Civ. 2e, 18 juin 2009, n° 08-15.424, *Bull. civ.* II, n° 167 ; *D.* 2009. AJ 1768 ; *D.* 2009. 2073, obs. Sommer et Nicolétis ; *D.* 2009. 2532, note Norguin ; *D.* 2010. 169, obs. Fricero ; *JCP* 2009. 269, n° 19, obs. Amrani-Mekki ; *Procédures* 2009. Comm. 265, note Perrot ; *Dr. et proc.* 2009. 349, note Douchy-Oudot ; *RTD civ.* 2009. 574, obs. Perrot.
2. R. Perrot, *RTD civ.* 2009. 574.
3. CEDH 31 mars 2011, Chatellier c/France, req. n° 34658/07, *D.* 2011. 1089, et obs. ; *D.* 2012. 244, obs. Fricero ; *RTD civ.* 2011. 313, obs. Marguénaud ; *Procédures* 2011. Comm. 17, note Fricero ; *JCP* 2011. 735, note Milaneau.

ANNEXE

41. Compétence

41.01 **Carte géographique des cours et des tribunaux supérieurs d'appel sur le territoire français.**

— *Cf.* page suivante —

41.02 **Compétence des cours d'appel interrégionales : compétence exclusive en matière de propriété intellectuelle.**

Siège et ressort des cours d'appel mentionnées à l'article R. 411-19 du Code de la propriété intellectuelle compétentes pour connaître directement des recours formés contre les décisions du directeur de l'Institut national de la propriété industrielle en matière de délivrance, rejet ou maintien des dessins et modèles et des marques (COJ, art. D. 311-8 annexe) :

Siège	Ressort
Aix-en-Provence	Ressort des cours d'appel d'Aix-en-Provence, Bastia, Montpellier et Nîmes.
Bordeaux	Ressort des cours d'appel d'Agen, Bordeaux, Limoges, Pau et Toulouse.
Colmar	Ressort de la cour d'appel de Colmar.
Douai	Ressort des cours d'appel d'Amiens, Douai, Reims et Rouen.
Fort-de-France	Ressort des cours d'appel de Basse-Terre, Cayenne et Fort-de-France.
Lyon	Ressort des cours d'appel de Chambéry, Grenoble, Lyon et Riom.
Nancy	Ressort des cours d'appel de Besançon, Dijon, Metz et Nancy.
Paris	Ressort des cours d'appel de Bourges, Paris, Orléans, Nouméa, Papeete, Saint-Denis et du tribunal supérieur d'appel de Saint-Pierre.
Rennes	Ressort des cours d'appel d'Angers, Caen, Poitiers et Rennes.
Versailles	Ressort de la cour d'appel de Versailles.

« *Toutefois, la cour d'appel de Paris est seule compétente pour connaître directement des recours formés contre les décisions du directeur de l'Institut national de la propriété industrielle en matière de délivrance, rejet ou maintien de brevets d'invention, de certificats d'utilité, de certificats complémentaires de protection et de topographies de produits semi-conducteurs* ». (CPI, art. D. 411-19-1, al. 3).

Les juridictions du second degré de droit commun

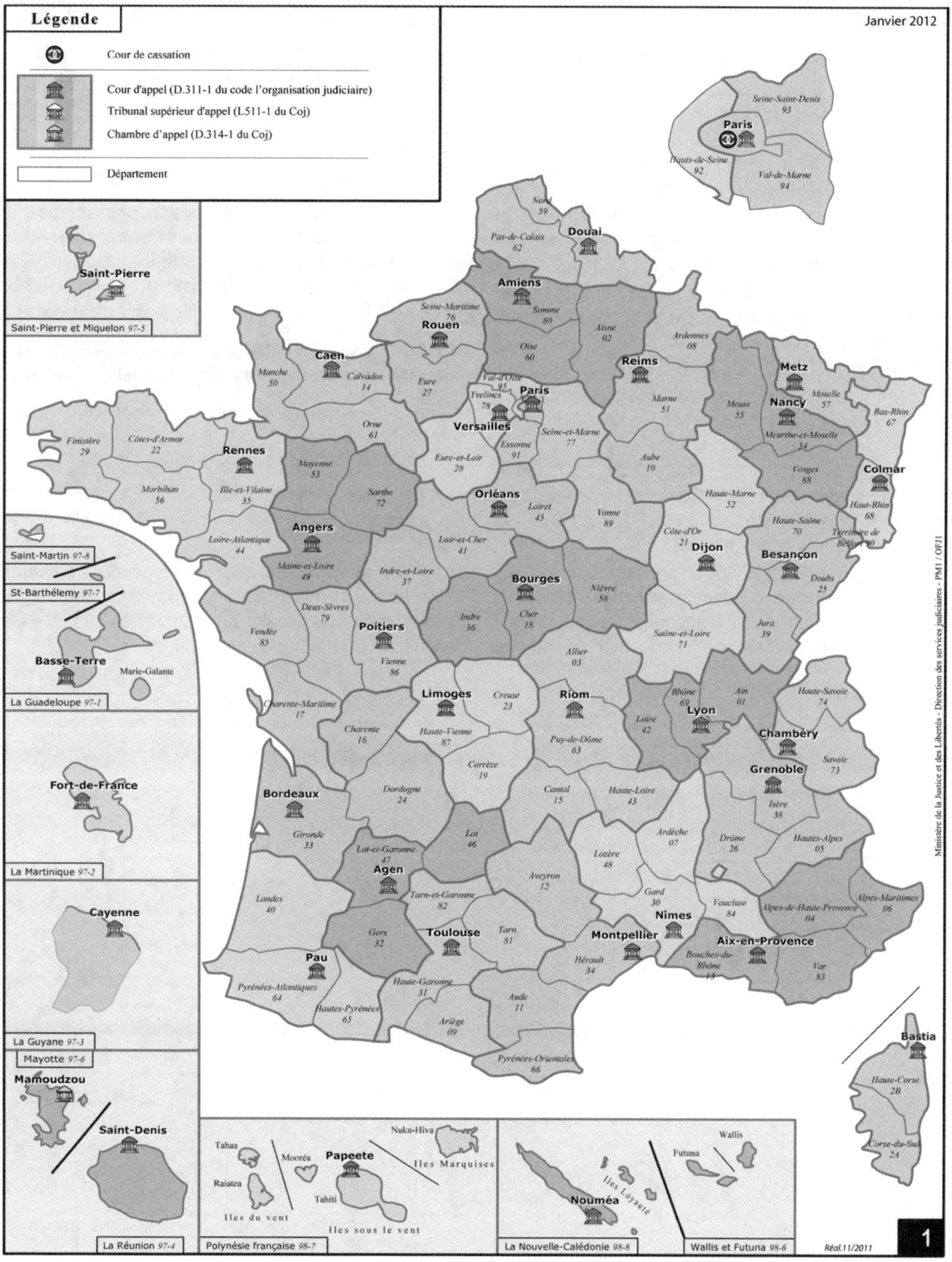

(source : ministère de la Justice)

41.03 Compétence des cours d'appel interrégionales : compétences exclusives de la Cour d'appel de Paris.

Outre les compétences exclusives en matière de propriété intellectuelle (v. s[s] n° 41.02), la Cour d'appel de Paris est compétente :

– (COJ, art. D. 311-9) pour connaître des recours contre

1° Les décisions de l'Autorité de la concurrence, dans les cas et conditions prévus par le code de commerce;

2° Les décisions de portée individuelle de l'Autorité des marchés financiers, dans les cas et conditions prévus par le code monétaire et financier;

3° Les décisions du Comité de la protection des obtentions végétales, dans les cas et conditions prévus par le Code de la propriété intellectuelle;

4° Les décisions prises par l'Autorité de régulation des communications électroniques et des postes, dans les cas et conditions prévus par le Code des postes et des communications électroniques;

5° Les décisions prises par l'Autorité de régulation de la distribution de la presse et le Conseil supérieur des messageries de presse au titre des articles 18-12, 18-12-1 et 18-13 de la loi n° 47-585 du 2 avril 1947.

– (COJ, art. D. 311-10) pour connaître des actions engagées en matière d'indemnisation des victimes de préjudices résultant de la contamination par le virus d'immunodéficience humaine contre l'Office national d'indemnisation des accidents médicaux, des affections iatrogènes et des infections nosocomiales, dans les cas et conditions prévus par le Code de la santé publique.

– (COJ, art. D. 311-11) pour connaître :

1° Des contestations relatives à l'élection des membres du Conseil national des barreaux et des membres du bureau de ce conseil;

2° Des recours contre les décisions individuelles prises par le Conseil national des barreaux;

3° Des recours contre les décisions prises par les commissions nationales en matière d'inscription, de retrait ou de discipline des administrateurs judiciaires, des mandataires judiciaires au redressement et à la liquidation des entreprises et des experts en diagnostic d'entreprise.

41.04 Compétence des cours d'appel interrégionales : compétences exclusives de la Cour d'appel de Colmar.

Outre sa compétence exclusive en matière de propriété intellectuelle (v. s[s] n° 41.02), la Cour d'appel de Colmar :

– (COJ, art. D. 313-1) exerce les fonctions de tribunal d'appel pour la navigation du Rhin et connaît des recours contre les décisions du tribunal pour la navigation du Rhin.

– (COJ, art. D. 313-2) exerce les fonctions de tribunal d'appel pour la navigation de la Moselle et connaît des recours contre les décisions du tribunal de première instance pour la navigation de la Moselle.

ANNEXE

42. Liens utiles

42.01 Lien utile pour des exemples d'actes dématérialisés.

e-barreau : Réseau Privé Virtuel des Avocats (RPVA)
www.ebarreau.fr

42.02 Lien utile pour des timbres fiscaux dématérialisés.

Achat de timbres fiscaux dématérialisés : ministère de la Justice
www.timbre.justice.gouv.fr

ANNEXE

43. Tableaux de synthèse

43.01 **Diligences, délais et sanctions dans la procédure avec représentation obligatoire et mise en état[1].**

Diligences	Délais	Sanctions
Assignation de l'intimé	1 mois à compter de l'avis du greffe adressé à l'avocat de l'appelant (C. pr. civ., art. 902)	Caducité de la déclaration d'appel (C. pr. civ., art. 902)
Paiement par les parties du droit affecté au fonds d'indemnisation de la profession d'avoué (225 €)	À compter de la déclaration d'appel ou de la constitution et avant que le juge ne statue sur la fin de non-recevoir tirée du non-paiement du droit (CGI, art. 1635 *bis* P)	Fin de non-recevoir soulevée d'office (CGI, art. 1635 *bis* P)
Dépôt des conclusions d'appel avec justification de leur notification	3 mois à compter de la déclaration d'appel (C. pr. civ., art. 908 et 911)	Caducité de la déclaration d'appel relevée d'office (C. pr. civ., art. 908 et 911)
Signification des conclusions aux parties qui n'ont pas encore constitué avocat	4 mois à compter de la déclaration d'appel (C. pr. civ., art. 911)	Caducité de la déclaration d'appel ou irrecevabilité des conclusions (C. pr. civ., art. 911)
Conclusions de l'intimé + éventuel appel incident ou provoqué	2 mois à compter de la notification des conclusions d'appel (C. pr. civ., art. 909)	Irrecevabilité relevée d'office (C. pr. civ., art. 909)
Conclusions de l'intimé sur appel incident ou sur provocation	2 mois à compter de la notification des conclusions (C. pr. civ., art. 910, al. 1er)	Irrecevabilité relevée d'office (C. pr. civ., art. 910, al. 1er)
Conclusions de l'intervenant forcé	3 mois à compter de la notification de la demande d'intervention forcée (C. pr. civ., art. 910, al. 2)	Irrecevabilité relevée d'office (C. pr. civ., art. 910, al. 2)
Le conseiller de la mise en état examine l'affaire et clôture la procédure ou fixe un calendrier après avoir pris l'avis des parties	15 jours après l'expiration des délais pour conclure (C. pr. civ., art. 912)	
Dépôt des dossiers au greffe, comprenant copie des pièces visées dans les conclusions et numérotées dans l'ordre du bordereau récapitulatif	15 jours avant l'audience des plaidoiries (C. pr. civ., art. 912, al. 3)	

1. *Nota bene* : ce tableau correspond à l'état du droit au 15 septembre 2016. ▶ Pour les évolutions annoncées, v. s^s^ nº 21.01.

43.02 Dates d'entrée en vigueur des principales dispositions nouvelles régissant les procédures d'appel.

Dates d'entrée en vigueur	Textes	Contenu
Application **à compter du 10 décembre 2009**	C. pr. civ., art. 748-7	Prorogation du délai lorsqu'un acte qui doit être accompli par voie électronique ne peut l'être pour une cause étrangère
Application aux **procédures en cours à compter du 1er décembre 2010**	C. pr. civ., art. 939, 940 et art. 446-1 à 446-4	Création d'une mise en état dans les procédures orales
Application aux **appels formés à compter du 1er janvier 2011**	C. pr. civ., art. 901 à 916	Nouvelle procédure d'appel avec représentation obligatoire
Application aux **appels formés à compter du 1er janvier 2011**	C. pr. civ., art. 954	Forme des conclusions devant la cour d'appel
Application aux **procédures en cours à compter du 1er janvier 2011**	C. pr. civ., art. 564	Possibilité de soulever d'office l'irrecevabilité des demandes nouvelles en appel
Application aux procédures introduites par un appel formé à compter du 1er septembre 2011	C. pr. civ., art. 930-1	Les déclarations d'appel, constitutions et pièces qui leur sont associées doivent être remises par voie électronique dans les procédures avec représentation obligatoire
Au 1er janvier 2012	L. n° 2011-94, 25 janv. 2011	Suppression de la profession d'avoué
Application aux **procédures d'appel introduites à compter du 1er janvier 2012** et jusqu'au 31 décembre 2020	CGI, art. 1635 *bis* P	Paiement du droit affecté au fonds d'indemnisation de la profession d'avoué de 150 € par toutes les parties à l'instance d'appel dans les procédures avec représentation obligatoire quel que soit le mode de saisine. À compter du 1er janvier 2015, le droit a été porté à 225 €
Applicable aux **procédures en cours à compter du 1er janvier 2013**	C. pr. civ., art. 930-1	Dématérialisation de tous les actes de la procédure d'appel avec représentation obligatoire
Au 1er août 2016	L. n° 2015-990, 6 août 2015	Territorialité de la postulation par ressort de cour d'appel
Applicable aux appels formés en matière prud'homale à compter du **1er août 2016**	C. trav., art. R. 1461-2, al. 2	Application des règles de la procédure avec représentation obligatoire à la procédure d'appel en matière prud'homale

ANNEXE

44. Schémas de procédure

44.01 **Liaison de l'instance d'appel.**

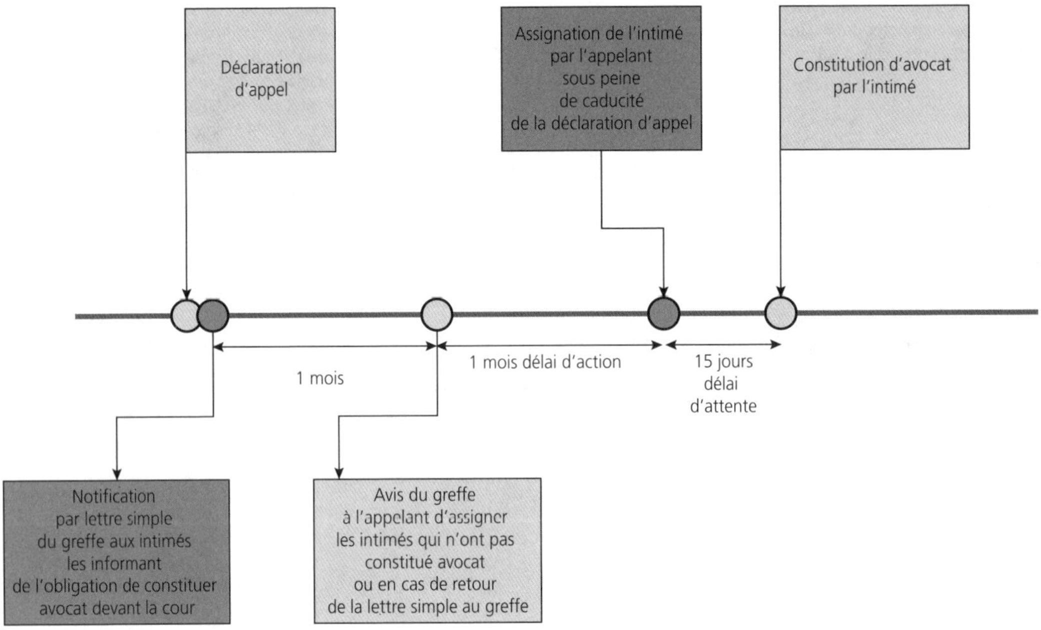

44.02 **Mise en état**[1].

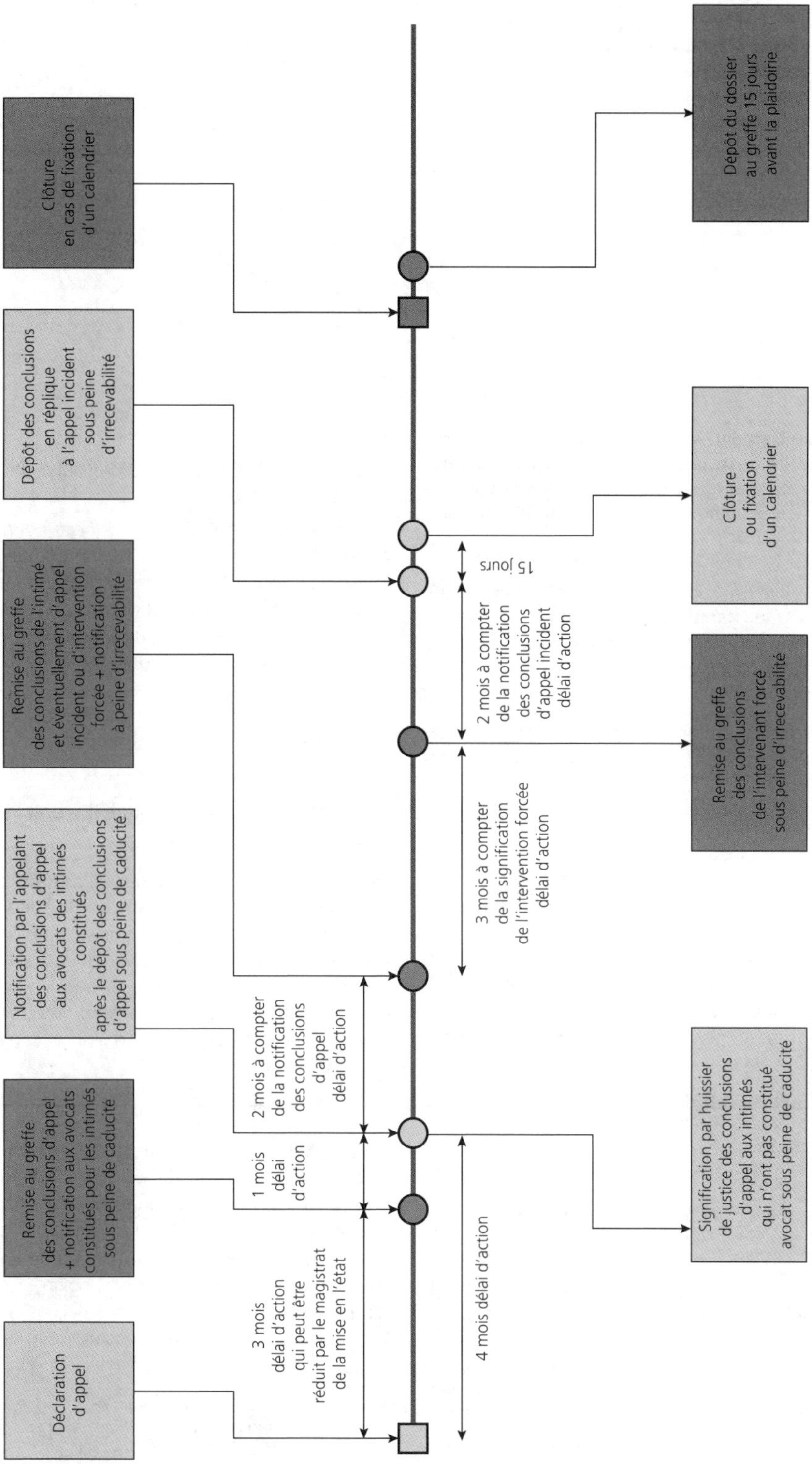

1. *Nota bene* : ce schéma correspond à l'état du droit au 15 septembre 2016. ▶ Pour les évolutions annoncées, v. s[5] n° 21.01.

Annexe

45. Circulaires

45.01 **Circulaire du 27 juillet 2016, concernant le nouveau régime de postulation territoriale et nouvelles modalités de représentation devant les cours d'appel statuant en matière prud'homale à compter du 1er août 2016**

L'article 51 de la loi n° 2015-990 du 6 août 2015 pour la croissance, l'activité et l'égalité des chances économiques a élargi le champ de la postulation des avocats au ressort de la cour d'appel et supprimé le tarif de la postulation. Ces dispositions entrent en vigueur le 1er août 2016. (I)

Ces nouvelles dispositions n'ont toutefois pas vocation à s'appliquer devant les cours d'appel en matière prud'homale. (II)

I.
Le nouveau régime de postulation territoriale

Le nouvel article 5 de la loi n° 71-1130 du 31 décembre 1971 portant réforme de certaines professions judiciaires et juridiques issu de la loi du 6 août 2015 pose un principe de postulation territoriale correspondant au ressort de la cour d'appel[1]. Ce principe comporte deux types d'exceptions. Le non-respect des règles de postulation est par ailleurs sanctionné au niveau procédural.

1. *« Les avocats exercent leur ministère et peuvent plaider sans limitation territoriale devant toutes les juridictions et organismes juridictionnels ou disciplinaires, sous les réserves prévues à l'article 4.*
Ils peuvent postuler devant l'ensemble des tribunaux de grande instance du ressort de cour d'appel dans lequel ils ont établi leur résidence professionnelle et devant ladite cour d'appel.
Par dérogation au deuxième alinéa, les avocats ne peuvent postuler devant un autre tribunal que celui auprès duquel est établie leur résidence professionnelle ni dans le cadre des procédures de saisie immobilière, de partage et de licitation, ni au titre de l'aide juridictionnelle, ni dans des instances dans lesquelles ils ne seraient pas maîtres de l'affaire chargés également d'assurer la plaidoirie. »

A.
Le principe : la territorialité correspond au ressort de la cour d'appel

À compter du 1er août 2016, les avocats pourront postuler devant l'ensemble des tribunaux de grande instance du ressort de cour d'appel dans lequel ils ont établi leur résidence professionnelle et devant ladite cour d'appel.

Le champ de la postulation des avocats est donc élargi au ressort de la cour d'appel.

B.
Les exceptions

a)
Les exceptions tenant à la nature du contentieux ou aux modalités d'intervention de l'avocat

Le champ de la postulation reste limité au ressort du tribunal de grande instance dans les cas suivants : dans le cadre des procédures de saisie immobilière, dans le cadre des procédures de partage et de licitation, lorsque l'avocat intervient au titre de l'aide juridictionnelle et dans les instances dans lesquelles il ne serait pas maître de l'affaire chargé également d'assurer la plaidoirie.

b)
L'exception propre à la région parisienne

L'article 5-1 nouveau de la loi du 31 décembre 1971 issu de la loi du 6 août 2015 conserve l'aménagement de la postulation propre à la région parisienne (« multipostulation parisienne »)[2] qui existait antérieurement.

Ainsi les avocats inscrits au barreau de l'un des tribunaux de grande instance de Paris, Bobigny, Créteil et Nanterre peuvent postuler auprès de chacune de ces juridictions. En outre, ils peuvent postuler auprès de la cour

2. *« Par dérogation au deuxième alinéa de l'article 5, les avocats inscrits au barreau de l'un des tribunaux de grande instance de Paris, Bobigny, Créteil et Nanterre peuvent postuler auprès de chacune de ces juridictions. Ils peuvent postuler auprès de la cour d'appel de Paris quand ils ont postulé* ▶

d'appel de Paris quand ils ont postulé devant l'un des tribunaux de grande instance de Paris, Bobigny et Créteil, et auprès de la cour d'appel de Versailles quand ils ont postulé devant le tribunal de grande instance de Nanterre.

Il est dérogé à cet aménagement dans le cadre des procédures de saisie immobilière et des procédures de partage et de licitation, dans les cas où l'avocat intervient au titre de l'aide juridictionnelle et dans les instances dans lesquelles il ne serait pas maître de l'affaire chargé également d'assurer la plaidoirie.

C.
La sanction procédurale du non-respect des règles de postulation

Selon l'article 117 du code de procédure civile, constitue une irrégularité de fond affectant la validité de l'acte, le défaut de capacité ou de pouvoir d'une personne assurant la représentation d'une partie en justice.

Ainsi l'irrégularité tenant à la méconnaissance des règles relatives à la postulation s'analyse en un défaut de capacité d'une personne assurant la représentation en justice. C'est en ce sens qu'a statué la Cour de cassation (Civ. 2e, 9 janvier 1991 ; Civ. 2e, 24 février 2005).

En conséquence, les parties peuvent soulever cette irrégularité à tout stade de la procédure (article 118 du code de procédure civile). De plus, la nullité ne sera pas prononcée si sa cause a disparu au moment où le juge statue, sous réserve que l'irrégularité puisse être couverte (article 121 du code de procédure civile).

Par ailleurs, dans un arrêt du 16 octobre 2014, la deuxième chambre civile de la Cour de cassation a admis que l'article 2241 alinéa 2 du code civil, selon lequel l'annulation par l'effet d'un vice de procédure de l'acte de saisine de la juridiction interrompt les délais de prescription et de forclusion, s'applique à la décision d'annulation d'une déclaration d'appel fondée sur l'article 117 du code de procédure civile. Dès lors, une régularisation de l'acte d'appel pourrait être envisagée après l'annulation de la déclaration d'appel résultant de la méconnaissance des règles relatives à la postulation.

II.
L'inapplicabilité du régime de postulation territoriale devant les cours d'appel statuant en matière prud'homale

Le régime de la postulation territoriale n'est pas applicable devant les cours d'appel statuant en matière prud'homale y compris en Alsace-Moselle.

▶ *devant l'un des tribunaux de grande instance de Paris, Bobigny et Créteil, et auprès de la cour d'appel de Versailles quand ils ont postulé devant le tribunal de grande instance de Nanterre. La dérogation prévue au dernier alinéa du même article 5 leur est applicable. »*

A.
L'exclusion des procédures d'appel en matière prud'homale

Le décret n° 2016-660 du 20 mai 2016 relatif à la justice prud'homale et au traitement judiciaire du contentieux du travail prévoit en ses articles 29 et 46 que la procédure avec représentation obligatoire est applicable aux appels introduits en matière prud'homale à compter du 1er août 2016.

Néanmoins, ce décret n'a pas pour conséquence de rendre applicables les règles de la postulation.

Tout d'abord, l'appel en matière prud'homale échappe au monopole général d'assistance et de représentation par avocat. Selon l'article L. 1453-4 du code du travail issu du 19° de l'article 258 de la loi du 6 août 2015, « *Un défenseur syndical exerce des fonctions d'assistance ou de représentation devant les conseils de prud'hommes et les cours d'appel en matière pud'homale* ». La règle fait ainsi exception au monopole d'assistance et de représentation des avocats prévu à l'article 4 de la loi du 31 décembre 1971.

En l'absence d'application de ce monopole général, l'article 5 de cette même loi, qui y déroge, n'a pas vocation à s'appliquer. L'article 5 consacre en effet un monopole territorial de représentation (postulation) au sein du monopole général d'assistance et de représentation conféré aux avocats. C'est ainsi que l'alinéa 1er de l'article 5 renvoie à l'article 4.

En outre, selon les termes mêmes de l'alinéa 2 de l'article 5 dans sa rédaction antérieure à l'entrée en vigueur de la loi du 6 août 2015, cette dérogation ne visait que les « *activités antérieurement dévolues au ministère d'avocat obligatoire des avoués près (...) les cours d'appels* », soit la postulation. Or, les avoués n'ont jamais eu de monopole de la représentation en matière d'appel prud'homale. La nouvelle rédaction de l'article 5 issue de la loi du 6 août 2015, qui emploie le terme « postuler » pour désigner le contenu du monopole territorial conféré aux avocats, n'a pu avoir pour objet d'inclure dans ce monopole des activités qui n'y entraient pas antérieurement.

En effet, l'esprit de la réforme issue de la loi du 6 août 2015 et de ses décrets d'application va dans le sens de l'exclusion de la postulation devant les cours d'appel en matière prud'homale. Elle s'oriente ainsi vers une disparition des monopoles dans un but d'ouverture et de simplification des secteurs économiques et non vers leur extension. C'est dans ces conditions que de nombreux rapports à l'origine de cette réforme (rapport Darrois sur les professions du droit, mars 2009; rapport de l'Inspection générale des Finances, n° 2012-M-057-03 sur les professions réglementées; rapport issu de la mission parlementaire confiée à M. Richard Ferrand, Professions réglementées : pour une nouvelle jeunesse, novembre 2014) ont préconisé d'élargir le champ territorial du monopole de la postulation voire de le supprimer. Le législateur a choisi l'élargissement ainsi qu'il résulte de l'article 51 de la loi précitée sans qu'il puisse en être déduit, ainsi qu'il vient d'être dit, qu'il souhaitait y inclure de nouvelles procédures qui ne s'y trouvaient pas antérieurement soumises.

Enfin, la procédure instituée par le décret du 20 mai 2016 ne constitue pas une simple extension du champ de la procédure avec représentation obligatoire mais instaure une procédure spécifique de représentation obligatoire propre à la matière prud'homale. En effet, il adapte les règles de la représentation obligatoire par avocat pour permettre aussi une représentation obligatoire par un défenseur syndical. Ainsi les règles relatives à la communication électronique ne s'appliquent qu'à l'avocat et le défenseur syndical en est dispensé par l'article 930-2 du code de procédure civile issu de l'article 30 du décret du 20 mai 2016 précité.

En conséquence, la représentation devant les cours d'appel statuant en matière prud'homale demeure ouverte à partir du premier août prochain à tout avocat, sans postulation.

Ainsi qu'il l'a été indiqué, les règles relatives à la communication électronique s'appliquent aux avocats intervenant devant les cours d'appel en matière prud'homale. Ceux-ci devront donc, à peine d'irrecevabilité, transmettre par cette voie les actes de procédure à la juridiction.

Il sera néanmoins rappelé qu'en cas d'impossibilité de communication électronique avec le greffe, les dispositions de l'article 930-1 du code de procédure civile permettent aux avocats de transmettre leurs actes de procédure à la juridiction sur support papier.

Il appartiendra dans ces conditions aux greffes de viser les actes ainsi transmis et d'indiquer leur date de réception, situation qui par hypothèse ne pourra pas concerner les avocats du ressort de leur cour.

B.

Une exclusion identique dans le ressort des cours d'appel de Colmar et de Metz

L'article 8 de la loi du 20 février 1922[1] sur l'exercice de la profession d'avocat et la discipline du barreau en Alsace-Lorraine, non abrogé par l'article 51 de la loi du 6 août 2015, a instauré un régime spécifique de postulation devant les cours d'appel de Metz et de Colmar ne faisant pas appel à des avoués.

Devant les cours d'appel de Colmar et de Metz, le droit de représentation et de postulation appartient ainsi aux avocats du barreau de la ville où siège la cour et inscrits au tableau particulier des avocats de cette cour. La suppression des avoués près les cours d'appel par la loi n° 2011-94 du 25 janvier 2011 portant réforme de la représentation devant les cours d'appel n'a pas modifié ce régime spécifique.

Dans la mesure où ce régime était destiné à suppléer l'absence d'avoués, les termes « droit de représentation et de postulation » employés à l'article 8 de la loi du 20 février 1922 visent nécessairement les attributions dévolues exclusivement à ces derniers et font donc référence à une représentation obligatoire par un avocat ou un avoué (postulation).

Malgré ce régime spécifique de postulation, de nombreuses dispositions de droit commun sont applicables en Alsace-Moselle.

Tout d'abord, en vertu de l'article 80 de la loi du 31 décembre 1971, les dispositions de cette loi, et notamment son article 4 concernant le monopole d'assistance et de représentation des avocats, sont applicables aux départements du Bas-Rhin, du Haut-Rhin et de la Moselle sous réserve du maintien des règles de procédure civile et d'organisation judiciaire locales.

Ensuite, les dispositions de l'article 258, 19° de la loi du 6 août 2015 modifiant l'article L. 1453-4 du code du travail, qui permettent à un défenseur syndical d'exercer des fonctions d'assistance ou de représentation devant les conseils de prud'hommes et les cours d'appel en matière prud'homale, s'appliquent en Alsace-Moselle.

En outre, les dispositions du titre 1er du livre V du code du travail (ancien), qui concernent les conflits individuels du travail et notamment la procédure devant les conseils de prud'hommes et les voies de recours contre leurs décisions, ont été rendues applicables dans les départements de la Moselle, du Bas-Rhin et du Haut-Rhin à compter du 1er janvier 1983 par l'article 41 de la loi n° 82-372 du 6 mai 1982 portant modification de certaines dispositions du titre 1er du livre V du code du travail relatives aux conseils de prud'hommes et son décret d'application. Ce sont ces dispositions qui ont été modifiées par le décret du 20 mai 2016 et qui offrent aux parties en appel une alternative entre la représentation par un défenseur syndical ou par un avocat.

Dans ces conditions, le décret du 20 mai 2016 n'a pas pour conséquence de rendre applicables les règles de la postulation devant les cours d'appel de Colmar et de Metz statuant en matière prud'homale.

En premier lieu, les dispositions de l'article 258, 19° de la loi du 6 août 2015 modifiant l'article L. 1453-4 du code du travail, en ce qu'elles dérogent au monopole de représentation par avocat, font exception au monopole de représentation institué en faveur des avocats inscrits au tableau particulier des avocats des cours d'appel de Colmar et Metz.

1. *« Devant les tribunaux des départements de la Moselle, du Bas-Rhin et du Haut-Rhin, les avocats inscrits au tableau près ces tribunaux sont admis, à l'exclusion des stagiaires, à représenter les parties, à postuler, à conclure, et, d'une manière générale, faire tous les actes de procédure. Ils exerceront ce droit de représentation dans les conditions prévues par les lois locales dont les dispositions en cette matière sont maintenues en vigueur.*
Les avocats inscrits au tableau des avocats de Colmar devront faire connaître, par une déclaration qui sera portée par le bâtonnier à la connaissance du procureur général, s'ils entendent exercer le droit de représenter et de postuler devant la Cour d'appel ou devant le tribunal de première instance.
Les avocats inscrits pourront être autorisés, par le conseil de l'ordre, ou, sur appel, par la Cour d'appel, à résider au siège d'un tribunal de bailliage dans le ressort du tribunal de première instance où ils sont inscrits ».

En deuxième lieu, le décret du 20 mai 2016 instaure une procédure spécifique pour permettre aussi une représentation obligatoire par un défenseur syndical. De surcroît, il y a lieu de relever que les appels formés en matière prud'homale devant les cours d'appel de Colmar et Metz n'étaient pas régis par la loi du 20 février 1922, dès lors qu'aux termes de l'article R. 1461-2 du code du travail la représentation n'était pas obligatoire et qu'en application de l'article R. 1453-2 du même code, tout avocat pouvait représenter les parties et pas seulement les avocats inscrits au tableau particulier des avocats des cours d'appel de Colmar et Metz.

Dans ces conditions, une autre interprétation des dispositions du décret du 20 mai 2016 relatives à la représentation devant les cours d'appel de Colmar et de Metz statuant en matière prud'homale aurait pour effet d'élargir le champ d'application de l'article 8 de la loi de 1922 à un contentieux qu'il ne régissait pas jusqu'alors, ce qui serait contraire au principe fondamental reconnu par les lois de la République dégagé par le Conseil constitutionnel dans sa décision n° 2011-157 QPC du 5 août 2011. En effet, dans cette décision, le Conseil constitutionnel a consacré le principe selon lequel les dispositions législatives et réglementaires particulières aux départements du Bas-Rhin, du Haut-Rhin et de la Moselle peuvent demeurer en vigueur tant qu'elles n'ont pas été remplacées par les dispositions de droit commun ou harmonisées avec elles. Il ressort néanmoins de cette décision et du commentaire qui lui est attaché que la faculté donnée au législateur de maintenir en vigueur le droit alsacien-mosellan est subordonnée à l'absence d'élargissement de son champ d'application.

Aussi, la représentation devant les cours précitées reste-t-elle ouverte à partir du premier août prochain à tout avocat, sans postulation.

*

* *

Nous vous saurions gré de bien vouloir assurer la diffusion de la présente dépêche auprès de l'ensemble des juridictions concernées et de nous tenir informés de toute difficulté qui pourrait survenir dans sa mise en œuvre sous le timbre de la direction des affaires civiles et du sceau – sous-direction des affaires civiles – bureau du droit processuel et du droit social – courriel : dacs-c3@justice.gouv.fr et de la direction des services judiciaires – sous-direction de l'organisation judiciaire et de l'innovation – bureau des applications informatiques civiles – courriel : oji5.dsj-sdoji@justice.gouv.fr.

45.02 Circulaire n° CIV/16/10 du 31 janvier 2011, concernant l'application des décrets n° 2009-1524, du 9 décembre 2009, et n° 2010-1647, du 28 décembre 2010, relatifs à la procédure d'appel avec représentation obligatoire (n° NOR JUSC1033672C).

Objet :

Application du décret n° 2009-1524 du 9 décembre 2009 relatif à la procédure d'appel avec représentation obligatoire en matière civile et du décret n° 2010-1647 du 28 décembre 2010 modifiant la procédure d'appel avec représentation obligatoire

Mots clés :

- appel; représentation obligatoire; procédure ordinaire; conseiller de la mise en état; aide juridictionnelle;
- communication électronique;
- structuration des conclusions.

[...]

1. Objet

Dans le prolongement du rapport « célérité et qualité de la justice devant la cour d'appel », remis au Garde des Sceaux par le Premier Président Magendie le 25 juin 2008, le décret du 9 décembre 2009 a pour objectif de donner à la justice du second degré une plus grande efficacité, et de garantir au justiciable qu'une décision effective soit rendue dans un délai raisonnable, conformément aux exigences européennes de célérité.

La modernisation de la procédure se traduit principalement dans le décret par des exigences de délais dans la mise en état des procédures ordinaires avec représentation obligatoire. Le texte vise à en éliminer « les temps morts », pour une meilleure gestion du temps du procès. À cette fin, il refond entièrement les dispositions applicables à la procédure ordinaire. Il impose en particulier aux parties des délais précis, et prévoit de nouvelles sanctions s'ils ne sont pas respectés.

Au cœur de ce nouveau schéma procédural, le magistrat chargé de la mise en état est le garant du temps du procès. Le décret renforce d'ailleurs ses compétences pour lui permettre de mener à bien cette mission.

Toujours dans un souci de célérité et de qualité, le décret impose la transmission des actes de procédure par voie électronique et la structuration des conclusions.

2. Champ d'application

Le décret concerne pour l'essentiel les procédures d'appel avec représentation obligatoire.

Il refond entièrement les dispositions applicables à la procédure ordinaire.

Il introduit progressivement pour toutes les procédures avec représentation obligatoire (procédure ordinaire, procédure à jour fixe, appel sur requête conjointe) l'obligation de transmettre à la juridiction les actes de procédure par voie électronique, tout en prévoyant l'utilisation du support papier lorsque la transmission électronique des actes à la cour d'appel s'avère impossible pour une cause étrangère à celui qui accomplit l'acte.

En complément, le décret prévoit dans toutes les procédures contentieuses ou gracieuses avec représentation obligatoire, une exigence de structuration des écritures.

De même, ont vocation à s'appliquer à toutes les procédures d'appel les dispositions relatives à la communication des pièces, à l'irrecevabilité des nouvelles demandes et aux conséquences du dépôt d'une demande d'aide juridictionnelle sur le délai d'appel.

3. Procédure ordinaire avec représentation obligatoire

Les dispositions relatives à la procédure ordinaire (article 901 à 916 du code de procédure civile), de même que celles relatives à la structuration des écritures (article 954) sont applicables aux appels donnés à compter du 1er janvier 2011.

3.1. Déclaration d'appel, constitution de l'intimé et orientation de l'affaire

3.1.1. Déclaration d'appel

L'article 901 du code de procédure civile est presque inchangé dans sa nouvelle rédaction. Le contenu de la déclaration d'appel, faite par voie électronique, n'est donc pas modifié. L'article prévoit comme auparavant les mentions obligatoires exigées, à peine de nullité; il est toutefois requis d'indiquer « la décision attaquée », au lieu du « jugement », ce qui est plus explicite. Il est précisé que la déclaration d'appel est remise au greffe et vaut inscription au rôle.

L'article 902 du code de procédure civile prévoit l'envoi par le greffe à chacun des intimés par lettre simple d'un exemplaire de la déclaration d'appel avec indication de l'obligation de constituer avoué. En cas de retour au greffe de la lettre simple, ou lorsque l'intimé n'a pas constitué avoué dans un délai d'un mois à compter de l'envoi de la lettre de notification, le greffier en avise aussitôt l'avoué de l'appelant afin que celui-ci procède par voie de signification de la déclaration d'appel dans le mois de l'avis adressé par le greffe.

Le dernier alinéa de l'article 902 du code de procédure civile, reprenant les dispositions de l'ancien article 908, prévoit que l'acte de signification doit indiquer, à peine de nullité, que l'intimé dispose d'un délai de quinze jours pour constituer avoué; l'acte devra en outre préciser que faute de conclure dans le délai mentionné à l'article 909 du code de procédure civile, le défendeur s'expose à ce que ses écritures soient déclarées d'office irrecevables.

L'exigence de signification est prescrite à peine de caducité de la déclaration d'appel. Cette caducité, qui emporte extinction de l'instance, est plus rigoureuse que la radiation actuellement applicable. Toutefois, si la décision de première instance n'a pas été signifiée ou si le délai d'appel n'est pas expiré, une nouvelle déclaration d'appel sera possible.

La caducité est prononcée par ordonnance du conseiller de la mise en état, dans les conditions prévues par l'article 911-1, tel que complété par le décret du 28 décembre 2010 (*infra* 3.2.).

Il convient en outre de noter qu'en cas de signification de la déclaration d'appel à l'étranger et outre-mer, l'article 647-1 du code de procédure civile trouvera à s'appliquer en sorte que la date de la notification sera, à l'égard de l'appelant, la date de l'expédition de l'acte par l'huissier de justice.

Dans le décret du 28 décembre 2010, il est prévu, en complément, d'allonger le délai imparti à l'appelant par l'article 902 dans les mêmes conditions que celles prévues par l'article 911-2. lorsqu'il demeure à l'étranger (*infra* 3.2.5).

Par ailleurs, un projet de décret en cours d'adoption, prévoit que le délai imparti à l'appelant pour signifier la déclaration d'appel est interrompu par une demande d'aide juridictionnelle.

On peut enfin remarquer qu'en cas de pluralité d'intimés, le non-respect à l'égard de l'un d'entre eux des prescriptions de l'article 902 ne pourra être invoqué par les autres intimés, en application de l'article 324 du code de procédure civile, en sorte que la caducité de la déclaration d'appel n'aura pas d'effet sur les intimés constitués. Il n'en ira autrement qu'en cas d'indivisibilité à l'égard de plusieurs intimés : dans ce cas, en application de l'article 553 du même code, la caducité de la déclaration d'appel à l'égard de l'un des intimés entraînera l'irrecevabilité de l'appel dans son ensemble.

3.1.2.
Constitution de l'intimé

L'article 903 du code de procédure civile, dans sa rédaction issue du décret du 9 décembre 2009, précisait que dès qu'il est constitué, l'avoué de l'intimé notifie l'acte de constitution à celui de l'appelant qui en remet aussitôt la copie au greffe.

Cette disposition est modifiée par le décret du 28 décembre 2010 en sorte de prévoir que la copie de la constitution de l'avoué de l'intimé est remise au greffe par celui-ci et non par celui de l'appelant. Celte modification tient compte non seulement des difficultés techniques d'application du texte en cas de communication par voie électronique, mais vise également à éviter que l'intimé ne dépende des diligences de son adversaire.

3.1.3.
Orientation de l'affaire

L'article 904 du code de procédure civile reprend l'article 907 relatif à la désignation par le premier président de la chambre à laquelle l'affaire est distribuée.

L'article 905 du code de procédure civile est également une reprise de l'article 910 alinéa 2 du même code. Il autorise le président de la chambre saisie, lorsque l'affaire relève d'une procédure rapide ou de l'urgence, à fixer à bref délai la date de l'audience.

3.2.
Délais pour conclure et sanctions

L'article 906 (ancien article 909) du code de procédure civile précise que les conclusions et les pièces sont communiquées et notifiées **simultanément**.

L'article 907 du code de procédure civile prévoit qu'à moins qu'il ne soit fait application de la procédure d'urgence, l'affaire est instruite par un conseiller de la mise en état, dans les conditions prévues aux articles 763 à 787, applicables aux procédures devant le tribunal de grande instance. Ces articles pourront donc s'appliquer, comme auparavant, sous réserve toutefois des dispositions contraires prévues aux articles 908 et suivants.

Les articles 908 à 910 du code de procédure civile déclinent les différents délais impartis à l'appelant et à l'intimé pour conclure, sanctionnés respectivement par la caducité de la déclaration d'appel ou l'irrecevabilité des conclusions.

En application de l'article 911, l'avoué notifie les conclusions aux avoués des autres parties préalablement à leur remise au greffe ou les signifie dans le mois suivant l'expiration du délai de remise au greffe aux parties qui n'ont pas constitué avoué, sous les sanctions prévues aux articles 908 à 910. En effet, cette règle doit être mise en œuvre dans les conditions prévues à l'article 906 du code de procédure civile, selon lequel les conclusions doivent être notifiées et remises au greffe avec la justification de leur notification.

Est par ailleurs précisé que si un avoué est désigné par l'intimé pendant le délai imparti à l'appelant pour signifier, il est procédé par voie de notification des conclusions à l'avoué et non par voie de signification au défendeur. Il convient de noter que dans l'hypothèse où la constitution d'avoué interviendrait parallèlement à la signification par l'appelant de ses conclusions, cette signification n'en demeurerait pas moins valable, en application de l'article 651 du code de procédure civile selon lequel la notification peut toujours être faite par voie de signification alors même que la loi l'aurait prévue sous une autre forme.

3.2.1.
Pour l'appelant

L'article 908 du code de procédure civile dispose qu'à peine de caducité de la déclaration d'appel l'appelant dispose de trois mois (anciennement quatre mois en application de l'article 915), à compter de la déclaration d'appel pour conclure. Les délais d'envoi de la lettre simple et de l'éventuelle signification de la déclaration d'appel, prévus par l'article 902, s'imputent sur ce délai.

Ce dispositif manifeste le souci d'accélérer la procédure d'appel en évitant que les affaires ne « sommeillent » après leur inscription au rôle, l'appelant devant faire connaître rapidement ses moyens et prétentions dans un acte distinct de l'acte de saisine de la cour. La caducité, qui emporte extinction de l'instance et peut seulement faire l'objet d'un déféré dans les quinze jours de sa date (article 916, *infra* 3.5.), s'avère plus rigoureuse que le précédent dispositif de radiation.

Le second alinéa de l'article 911-1, inséré par le décret du 28 décembre 2010, prévoit que la caducité de la déclaration d'appel est prononcée par ordonnance du conseiller de la mise en état, qui statue après avoir sollicité les observations écrites des parties ayant constitué avoué. Le recueil des observations des parties est donc prévu, sans que la tenue d'une audience ne soit en revanche nécessaire et sans que cet échange ne concerne les parties n'ayant pas constitué. Il permettra au conseiller de s'assurer que le délai pour conclure a bien expiré, notamment au regard des délais de distance (art. 911-2), de la détermination de la date de la notification en matière de signification internationale (art. 647-1) ou du point de départ différé du délai pour conclure en cas de demande d'aide juridictionnelle (art. 38-1 du décret n° 91-1266 du 19 décembre 1991, voir n° 3.3).

Il est prévu que la décision du conseiller de la mise en état n'est pas susceptible d'être rapportée pour erreur, par exception aux dispositions de l'article 407. En revanche, elle peut faire l'objet d'un déféré devant la cour (n° 3.5).

3.2.2.
Pour l'intimé

Les articles 909 et 910 du code de procédure civile exposent respectivement que l'intimé, l'intimé à un appel incident et l'intimé à un appel provoqué disposent d'un délai de deux mois pour conclure à compter de la notification qui leur est faite, à peine d'irrecevabilité des conclusions pouvant être relevée d'office.

L'intimé doit former, le cas échéant, appel incident dans le même délai.

Ces dispositions dérogent à l'article 550 du code de procédure civile qui prévoit que l'appel incident, ou l'appel provoqué, peut être formé en tout état de cause, alors même que celui qui l'interjetterait serait forclos pour agir à titre principal. Cet article ne sera donc plus applicable dans la procédure ordinaire avec représentation obligatoire. Il est d'ailleurs complété par la précision de cette exception.

Il est par ailleurs prévu par l'article 911-2 que l'irrecevabilité est prononcée dans les mêmes conditions que la caducité prévue par l'article 908.

3.2.3.
Pour l'intervenant forcé

L'intervenant forcé bénéficie d'un délai de trois mois à compter de la date à laquelle la demande d'intervention formée à son encontre lui a été notifiée pour conclure, également à peine d'irrecevabilité pouvant être relevée d'office.

Il est là aussi précisé par l'article 911-2 que l'irrecevabilité est prononcée dans les mêmes conditions que la caducité prévue par l'article 908.

3.2.4.
Réduction des délais par décision du conseiller de la mise en état

L'article 911-1 du code de procédure civile permet au conseiller de la mise en état d'office et en raison de la nature de l'affaire, de réduire les délais impartis pour conclure (*supra* 3.2.1., 3.2.2. et 3.2.3.). En revanche, ces délais ne peuvent plus être prorogés par le conseiller de la mise en état.

3.2.5.
Délais de distance

L'article 911-2 du code de procédure civile indique que les délais impartis pour conclure sont augmentés lorsque la demande est portée devant une juridiction métropolitaine pour les parties qui résident outre-mer ou à l'étranger.

Les délais sont augmentés d'un mois lorsque la demande est portée devant une cour qui a son siège en France métropolitaine alors que l'auteur de l'acte demeure outre-mer; il en va de même si la demande est portée devant une juridiction située dans un département ou une collectivité d'outre-mer dans laquelle la partie ne demeure pas.

Les délais sont augmentés de deux mois lorsque l'auteur de l'acte réside à l'étranger.

3.2.6.
Détermination de la date de plaidoirie et calendrier de procédure

L'article 912 du code de procédure civile dispose que, dans les quinze jours suivant l'expiration des délais pour conclure et communiquer les pièces, le conseiller de la mise en état fixe la date des plaidoiries, si l'affaire est en état d'être plaidée; à défaut, il fixe un calendrier en recueillant l'avis des avoués si de nouveaux échanges s'avèrent nécessaires.

3.2.7.
Remise physique des dossiers au greffe au plus tard quinze jours avant la date des plaidoiries

Dans tous les cas, les dossiers « papier », comprenant les pièces numérotées et visées dans les conclusions et numérotées dans l'ordre du bordereau récapitulatif, sont déposés au greffe quinze jours avant la date des plaidoiries pour permettre au conseiller rapporteur de préparer utilement l'audience de plaidoiries (article 912).

3.3.
Aide juridictionnelle et délai pour conclure

Si la demande d'aide juridictionnelle n'interrompt pas le délai d'appel (*cf. infra*, § 5.3. Aide juridictionnelle et délai d'appel), l'article 38-1 du décret n° 91-1266 du 19 décembre 1991 portant application de la loi n° 91-647 du 10 juillet 1991 relative à l'aide juridique, inséré par l'article 14 du décret, prévoit que le point de départ du délai imparti pour conclure, si une demande au titre de l'aide juridictionnelle a été faite dans le délai utile, court à compter soit :

– de la notification de la décision constatant la caducité de la demande d'aide juridictionnelle,

– de la date à laquelle la décision d'admission ou de rejet de la demande d'aide est devenue définitive,

– en cas d'admission à l'aide juridictionnelle, de la date, si elle est plus tardive, à laquelle un auxiliaire de justice a été désigné.

La fixation de ces délais est automatique et ne relève plus de l'appréciation du conseiller de la mise en état. Cette disposition est applicable à compter du 1er janvier 2011.

3.4.
Pouvoirs du conseiller de la mise en état

L'autonomie de la phase de la mise en état est renforcée.

Les attributions du conseiller de la mise en état sont également renforcées afin de mieux encadrer le déroulement de la procédure d'appel. En vertu du nouvel article 907 du code de procédure civile et des articles suivants, le conseiller de la mise en état dispose, en sus des pouvoirs du juge de la mise en état prévus aux articles 763 à 787 du code précité, d'autres prérogatives qui sont examinées ci-après.

3.4.1.
Clôture partielle

L'irrecevabilité des conclusions prévues par les articles 909 et 910 exclut le mécanisme de la clôture partielle de l'instruction de l'affaire lors de la première phase de mise en état réglé par les délais impératifs.

En revanche, au cours de la seconde phase de mise en état. le conseiller de la mise en état conserve le pouvoir de prononcer une telle clôture partielle pour sanctionner le non-respect des délais qu'il a impartis, en application des articles 780 et 907 du code de procédure civile.

3.4.2.
Injonction de mise en conformité des écritures avec les dispositions de l'article 954 du code de procédure civile

L'article 913 du code de procédure civile donne au conseiller de la mise en état la faculté d'enjoindre aux avoués de mettre leurs conclusions en conformité avec les dispositions de l'article 954 du même code (*infra* 4.2) qui fixe des règles de présentation plus strictes qu'auparavant. Ce pouvoir donné au juge d'inviter les parties à régulariser leurs écritures n'est qu'une faculté et celui-ci apprécie discrétionnairement l'opportunité d'en faire usage.

3.4.3.
Renforcement de l'autonomie de la phase de la mise en état

Le conseiller de la mise en état est d'ores et déjà compétent pour statuer sur les exceptions de procédure (articles 73 et 771 actuels du code de procédure civile) et les incidents mettant fin à l'instance (entendus limitativement au sens des articles 384 et 385 actuels du même code). Ses décisions ont alors autorité de la chose jugée en application de l'article 775 du même code.

L'article 914 du code de procédure civile reprend et complète les dispositions figurant à l'ancien article 911 du code précité et précise qu'il est désormais seul compétent pour statuer sur la fin de non-recevoir tirée de l'irrecevabilité de l'appel ou pour prononcer la caducité de rappel.

Il est par ailleurs prévu que toutes les ordonnances statuant sur une question relative à l'irrecevabilité de l'appel, la caducité de celui-ci ou l'irrecevabilité des conclusions ont autorité de la chose jugée. L'autonomie de la phase de la mise en état est ainsi renforcée, les parties n'étant plus recevables à invoquer la caducité ou l'irrecevabilité pour la première fois devant la formation de jugement, à moins que leur cause ne survienne ou ne soit révélée postérieurement au dessaisissement du conseiller de la mise en état.

3.4.4.
Compétence exclusive du conseiller de la mise en état en matière de suspension de l'exécution des décisions attaquées

L'article 915 du code de procédure civile, dans sa rédaction issue du décret du 28 décembre 2010, reprend les dispositions de l'ancien article 912 du même code : le conseiller de la mise en état dispose d'une compétence exclusive pour suspendre l'exécution de jugements improprement qualifiés en dernier ressort ou pour exercer les pouvoirs qui lui sont conférés en matière d'exécution provisoire.

3.5. Voie de recours

Les ordonnances du conseiller de la mise en état ne sont pas susceptibles de recours indépendamment de l'arrêt au fond, sauf possibilité de déférer certaines de ses décisions devant la cour d'appel. La liste des décisions susceptibles de déféré, qui était prévue par l'ancien article 914, est reprise et complétée par le nouvel article 916. Sont ainsi susceptibles de déféré les décisions :

– qui constatent l'extinction de l'instance;

– qui ont trait à des mesures provisoires en matière de divorce ou de séparation de corps;

– qui statuent sur une exception de procédure;

– qui statuent sur un incident mettant fin à l'instance;

– qui statuent sur la fin de non-recevoir tirée de l'irrecevabilité de l'appel;

– qui statuent sur la caducité de l'appel;

– qui prononcent l'irrecevabilité des conclusions en application des articles 909 et 910.

La procédure de déféré n'est pas modifiée : comme auparavant, le déféré doit être formé par requête dans les quinze jours de la date de l'ordonnance du conseiller de la mise en état.

4. Dispositions applicables à l'ensemble des procédures d'appel avec représentation obligatoire

La transmission obligatoire des actes de procédure par voie électronique et la structuration des écritures s'appliquent à l'ensemble des procédures d'appel à l'exclusion de la procédure sans représentation obligatoire prévue aux articles 931 à 949 du code de procédure civile.

4.1. Dispositions relatives à la communication électronique

En application du nouvel article 930-1 du code de procédure civile, les actes de procédure devront être remis à la juridiction par voie électronique.

La réforme va sur ce point au-delà du droit commun (article 748-1 du code de procédure civile) qui ne prévoit qu'une simple faculté, de sorte que ces dispositions communes du code sont modifiées pour réserver les cas dans lesquels la communication par voie électronique des actes de procédure est obligatoire.

Cette dérogation ne s'appliquera toutefois qu'à compter de la date et suivant les conditions fixées par un arrêté qui sera pris en application de l'article 930-1 du code (article 15 du décret du 9 décembre 2009, tel que modifié par le décret du 28 décembre 2010). Cet arrêté définira également les modalités des échanges (dernier alinéa de l'article 930-1).

L'article 930-1 sanctionne par l'irrecevabilité, pouvant être relevée d'office, le défaut de transmission des actes de procédure au greffe par voie électronique.

Lorsqu'un acte de procédure ne peut être transmis par voie électronique pour une cause étrangère à celui qui l'accomplit, il est remis au greffe sur support papier. Le texte tend ainsi à prévoir une solution alternative à la communication électronique en cas d'incident survenu le dernier jour du délai exigé pour accomplir un acte de procédure. Il ne s'agit toutefois pas de pallier une négligence imputable à l'auteur de l'acte, mais un dysfonctionnement dans le dispositif d'émission, de transmission ou de réception. C'est pourquoi a été retenue la notion de cause étrangère, afin de prendre en compte l'ensemble des situations de défaillance technique présentant pour les parties un caractère d'imprévisibilité. Dans ce cas, la déclaration d'appel est remise en autant d'exemplaires qu'il y a d'intimés, plus deux. La remise est constatée par la mention de sa date et le visa du greffier sur chaque exemplaire dont l'un est immédiatement restitué.

Les articles 955-1, 955-2 et 959 modifiés du code de procédure civile tirent les conséquences matérielles de l'instauration de la communication par voie électronique sur l'ensemble des procédures avec représentation obligatoire, en particulier sur la procédure en matière gracieuse et les ordonnances sur requête du premier président, lorsqu'elles concernent une instance dans laquelle les parties doivent constituer avoué.

4.2. Structuration des conclusions

Les dispositions de l'article 954 du code de procédure civile, dans sa rédaction issue du décret, prévoient que les conclusions des parties devront comporter un « dispositif » qui récapitule les prétentions. Ces dispositions, quoique insérées dans un chapitre consacré aux dispositions communes à la procédure avec et sans représentation obligatoire, ne s'appliquent pas lorsque la procédure est orale (Cass. Civ. 1, 24 septembre 2002) et n'auront pas d'incidence sur la procédure sans représentation obligatoire.

Lorsque la cour aura à statuer sur des conclusions déposées à l'occasion d'un appel formé après le 1er janvier 2011, elle ne statuera que sur les prétentions énoncées au dispositif. Il ne sera plus possible pour les parties de présenter une requête en omission de statuer si la cour ne statue pas sur une demande non reprise au dispositif. Par ailleurs, pour chaque prétention, les pièces invoquées doivent être indiquées.

5.
Dispositions applicables à l'ensemble des procédures d'appel

5.1.
Communication des pièces

L'article 132 du code de procédure civile rend obligatoire la communication des pièces, même produites en première instance, à compter de la date fixée par l'arrêté prévu à l'article 930-1 du code, et au plus tard le 1er janvier 2013. Cette généralisation en appel de la communication des pièces vise à simplifier la procédure. En application de l'article 906 du code, les pièces doivent être communiquées simultanément par l'avoué de chacune des parties à celui de l'autre partie.

5.2.
Irrecevabilité des nouvelles demandes

Les dispositions de l'ancien article 564 du code de procédure civile interdisaient aux parties de soumettre de nouvelles demandes à la cour. Ce texte prévoyait un nombre limité de dérogations à ce principe. La jurisprudence considérait que le juge d'appel était tenu de trancher le litige soumis à son examen et lui déniait en conséquence le droit de relever d'office l'exception de demande nouvelle (Cass. civ. 3, 22 février 1989).

En vertu de l'article 564 modifié, le juge peut, à compter du 1er janvier 2011, relever d'office cette exception. Cette mesure, en obligeant les parties à présenter dès la première instance l'ensemble des demandes, rationalise la procédure d'appel. Elle ne sera pas de nature à faire obstacle à l'évolution légitime d'un litige entre la première instance et l'appel. En effet, les dérogations au principe de prohibition des prétentions nouvelles, notamment en cas de survenance ou révélation d'un fait nouveau, sont maintenues. Pour mémoire, il est en outre fait exception à cette règle en matière prud'homale.

5.3.
Aide juridictionnelle et délai d'appel

Le décret consacre la solution dégagée par la jurisprudence (Cass. Civ. 2, 2 février 1986) selon laquelle la demande d'aide juridictionnelle n'interrompt pas le délai d'appel (article 14 du décret modifiant l'article 38-1 du décret du 19 décembre 1991).

6.
Dispositions diverses

6.1.
Sécurisation des échanges par voie électronique devant l'ensemble des juridictions

Le développement des échanges par voie électronique devant les juridictions en a rendu nécessaire la sécurisation. Ainsi, l'article 4 du décret insère un nouvel article 748-7 au code de procédure civile, pour prévoir la prorogation du délai de transmission d'un acte jusqu'au premier jour ouvrable suivant lorsqu'une cause étrangère à celui qui le forme en empêche la transmission par voie électronique. Celte disposition s'applique immédiatement à l'ensemble des juridictions.

6.2.
Dispositions de coordination

Des dispositions de coordination modifient le renvoi fait par les articles R. 661-6 du code du commerce et 8 du décret du 27 juillet 2006 relatif à la procédure de saisie-immobilière aux dispositions de l'article 910 ancien, devenu l'article 905 (article 13 du décret).

6.3.
Départements du Bas-Rhin, du Haut-Rhin et de la Moselle

Des dispositions de coordination modifient le renvoi aux dispositions de l'article 902 ancien tel que prévu à l'article 42 de l'annexe du code de procédure civile relative à son application dans les départements du Bas-Rhin, du Haut-Rhin et de la Moselle. Désormais, lorsqu'en application du deuxième alinéa de l'article 930-1 la déclaration est remise par voie papier, il est prévu que l'appelant remet au greffe autant d'exemplaires de la déclaration d'appel qu'il y a d'intimés et de représentants, plus deux.

6.4.
Outre-mer

En vertu du principe d'identité législative, le décret est applicable de plein droit dans les quatre départements d'outre-mer (Guadeloupe, Guyane, Réunion et Martinique), à Saint-Barthélemy et à Saint-Martin.

Si en vertu du même principe, il s'applique à Mayotte et à Saint-Pierre et Miquelon, les règles de procédure spéciales dans ces collectivités (notamment l'absence de représentation obligatoire) en rend l'application marginale. On peut déduire de l'absence de représentation obligatoire dans ces deux collectivités, l'absence d'obligation de communiquer par la voie électronique.

Faute de mention spéciale, le décret n'est pas applicable aux îles Wallis et Futuna dans lesquelles il n'y a de toute façon pas de cour d'appel ni de tribunal supérieur d'appel.

Il n'est pas applicable, comme l'ensemble des règles de procédure, à la Nouvelle-Calédonie, à la Polynésie Française.

6.5.
Entrée en vigueur et dispositions transitoires

À l'exception de l'article 4 du décret du 9 décembre 2009 (créant l'article 748-7 du code de procédure civile, *supra* 6.1.), qui est immédiatement entré en vigueur, les autres dispositions s'appliquent aux procédures en cours à compter du 1er janvier 2011 (article 132, article 564 relatif à l'irrecevabilité des demandes nouvelles, article 38-1 relatif aux demandes d'aide juridictionnelle). L'ensemble des dispositions relatives à la seule procédure ordinaire avec représentation obligatoire ainsi que l'article 954 du code de procédure civile, seront toutefois applicables aux appels formés à compter du 1er janvier 2011 (articles 901 et suivants).

Les dispositions imposant le recours à la communication électronique entreront en vigueur, pour les actes de procédure mentionnés à l'article 930-1, à la date fixée par l'arrêté prévu à cet article et au plus tard au 1er janvier 2013. Les dispositions modifiant les articles 955-1 et 955-2 du code de procédure civile entreront en vigueur à la même date.

[...]

45.03 Extraits de la circulaire du 24 janvier 2011, concernant le décret n° 2010-1165 du 1er octobre 2010, relatif à la conciliation et à la procédure orale en matière civile commerciale et sociale (n° NOR JUSC1033666C).

[...]

2. Les dispositions générales réformant la procédure orale

Le décret instaure un cadre général à la procédure orale et permet, sous certaines conditions, l'organisation d'une véritable mise en état des affaires et une comparution des parties selon des modalités assouplies.

2.1. La présentation du cadre général de la procédure orale

L'absence dans le Code de procédure civile de définition et de régime de la procédure orale était généralement critiquée, notamment par la doctrine, d'autant que face au silence du code, il est revenu à la jurisprudence d'en préciser le régime. Il en est résulté des règles manquant de lisibilité pour les justiciables et présentant une certaine rigidité, peu en phase avec la nature des affaires jugées suivant une telle procédure.

Pour y remédier, le décret crée un ensemble de règles générales régissant l'ensemble des procédures orales. Ces règles sont insérées au sein du livre premier du code de procédure civile, dans un paragraphe intitulé « dispositions propres à la procédure orale », venant compléter une sous-section 1 consacrée aux débats (livre Ier, dispositions communes, titre XIVe, le jugement, chapitre 1er, dispositions générales, section 1, les débats, le délibéré et le jugement).

Ce paragraphe contient les articles 446-1 à 446-4 nouveaux.

Le premier alinéa de l'article 446-1 donne une définition de l'oralité de la procédure. Il prévoit en effet que les parties présentent oralement leurs prétentions et moyens à l'audience, ce qui implique qu'elles peuvent oralement se référer à ceux qu'elles auraient formulées par écrit, le tout étant consigné dans un procès-verbal ou noté au dossier. Cette définition est conforme à celle qui en est donnée par la jurisprudence de la Cour de cassation. Ainsi, le régime de la procédure orale tel qu'il a été fixé par la jurisprudence demeurera applicable chaque fois que les nouvelles possibilités d'échanges procéduraux ouverts par la réforme (*cf. infra*) ne seront pas utilisées par le juge et/ou les parties.

Les dispositions qui suivent organisent le régime des échanges entre les parties et entre la juridiction et les parties.

Ce régime présente un caractère général, applicable à l'ensemble des juridictions qui connaissent d'une procédure orale. Pour mémoire, toutes les juridictions du fond appliquent une procédure orale, à l'exception du tribunal de grande instance lorsqu'il statue suivant la procédure ordinaire, de la cour d'appel lorsque la représentation est obligatoire et de certaines procédures ponctuelles disposant d'un régime *ad hoc*. Ainsi, les dispositions des articles 446-1 à 446-4 du Code régiront-elles les procédures par ailleurs modifiées par le décret du 1er octobre 2010 (tribunal d'instance et juridiction de proximité, tribunal de commerce, tribunal paritaire des baux ruraux, procédure de la cour d'appel sans représentation obligatoire, juge de l'exécution, juridictions de sécurité sociale), comme les autres procédures orales (les procédures orales du juge aux affaires familiales, les procédures de référé, *etc*.), quoique pour ces dernières l'impact de la réforme soit en pratique résiduel, notamment pour le conseil de prud'hommes doté d'un régime procédural particulier, essentiellement régi par le code du travail.

En outre, le champ d'application pratique du second alinéa de l'article 446-1 est plus restreint. Cette disposition définit en effet le régime de la procédure orale lorsqu'une disposition particulière autorise des modalités assouplies de comparution des parties (*infra*, n° 2.3). Elle nécessite donc, pour son application, qu'une disposition propre à une juridiction autorise une comparution assouplie; dans un souci de lisibilité, lorsqu'une telle disposition est insérée par le décret du 1er octobre 2010 dans une procédure particulière, elle renvoie alors expressément au régime du second alinéa de l'article 446-1.

2.2. La création d'une mise en état dans les procédures orales

Les principes directeurs du procès civil confient aux parties le soin de conduire l'instance et au juge de veiller à son bon déroulement et au respect de la contradiction, en vue de trancher le litige conformément aux règles de droit.

Ces règles imposent donc aux juridictions de mettre l'affaire en état d'être jugée, même lorsqu'elles ne sont pas dotées d'une phase préalable autonome d'instruction de l'affaire. C'est ce que rappelle le premier alinéa de l'article 446-2, qui précise que le juge peut organiser les échanges entre les parties comparantes. Pour le surplus, les articles 446-2 et 446-3 du Code de procédure civile instaurent un cadre permettant aux juridictions d'organiser une mise en état des procédures orales. La première disposition confère au juge la faculté d'organiser les échanges des parties, suivant un calendrier et des modalités définis avec les parties, que l'on peut qualifier de « mise en état matérielle ». La seconde lui permet d'instruire le fond de l'affaire, conformément à son office dit de « mise en état intellectuelle » de l'affaire.

Il sera rappelé que la notion de « juge », dans le contexte du livre premier du code de procédure civile, renvoie à la formation de la juridiction compétente pour statuer sur la demande. Lorsqu'il s'agit d'une formation collégiale, le juge désigne ainsi la formation dans son ensemble et non son président ou tout autre juge de la formation. Toutefois, plusieurs dispositions du décret qui modifient la procédure propre à certaines juridictions confèrent spécialement compétence au président ou à un juge de la formation pour organiser la mise en état (par exemple le juge rapporteur devant le tribunal de commerce, le magistrat chargé d'instruire l'affaire devant la cour d'appel, le président du tribunal des affaires de sécurité sociale, *etc.*; voir ci-après, 3e partie).

2.2.1. Le nouveau dispositif de mise en état matérielle des affaires

2.2.1.1. Généralités

L'article 446-2 du Code de procédure civile permet d'organiser une phase de mise en état inspirée de la procédure écrite devant le tribunal de grande instance. En substance, elle permet, lorsque la nature de l'affaire le justifie, de basculer, avec l'accord des parties, dans une procédure écrite simplifiée.

Si le tribunal n'estime pas nécessaire d'utiliser ce nouveau dispositif ou les parties ne manifestent pas leur accord pour y recourir, l'affaire sera jugée conformément aux règles ordinaires de la procédure, telles qu'elles ont été précisées par la jurisprudence de la Cour de cassation. À cet égard, on notera que l'article 446-2 dispose que, de façon générale, lorsque les débats sont renvoyés à une audience ultérieure, le juge peut organiser les échanges entre les parties comparantes : l'office du juge dans la direction du procès est ainsi rappelé de façon générale. C'est ainsi par exemple que les écritures des parties saisiront la juridiction dans les conditions qui ont été définies par la jurisprudence, ou encore que le juge appréciera de façon discrétionnaire, à chaque audience, si une affaire peut être retenue en vue d'être jugée, ou si elle nécessite d'être renvoyée à une audience ultérieure pour permettre aux parties d'être en état d'en débattre.

Le décret n'exclut donc pas le maintien des pratiques des juridictions en matière de mise en état. Il n'a au surplus pas vocation à régir l'ensemble des instructions des affaires devant les juridictions qui connaissent d'une procédure orale, mais de permettre, pour les affaires qui le justifient, d'organiser une mise en état structurée par échanges d'écritures.

Le recours à celle-ci se faisant sur une base volontaire, c'est essentiellement l'attractivité du nouveau dispositif qui pourra conduire les juridictions et les parties à y recourir.

À cet égard, on peut relever en substance que cette mise en état conférera aux parties un cadre sécurisé et assoupli pour le jugement de l'affaire :

– un cadre sécurisé quant à la durée des échanges, à la valeur de leurs écritures et à l'assurance d'un jugement de l'affaire dans des délais prévisibles;

– un cadre assoupli lorsque ces échanges ont lieu en dehors d'une audience, ou lorsque les parties sont, en vertu d'une disposition particulière, dispensées de se déplacer à l'audience, évitant aux parties ou à leur mandataire de multiples déplacements.

Du côté de la juridiction, ce nouveau cadre permet au juge de respecter au mieux les exigences résultant des principes directeurs du procès civil et du droit européen du procès équitable, sans alourdir le traitement des procédures. Des moyens procéduraux sont notamment conférés au juge pour lui permettre de faire respecter le calendrier convenu avec les parties.

À défaut pour les parties de solliciter la mise en place d'un calendrier de procédure, il appartiendra au juge qui l'estime opportun de le leur proposer, conformément à son office de direction du procès.

Le recours à ce type de calendrier de procédure pourra également être discuté, voire modélisé, dans le cadre des démarches partenariales conduites par la juridiction, que celles-ci prennent la forme d'« accords-cadres » conclus avec le barreau ou d'échanges informels avec ce dernier. Si ces démarches partenariales, dont les exemples sont nombreux, ne débouchent bien évidemment sur aucun cadre normatif, elles permettent, par un dialogue constructif, d'envisager à l'avance des schémas de procédure consensuels, facilitant et accélérant le jugement des affaires. Pour les juridictions dotées d'un tel schéma, il sera opportun de le réévaluer à la lumière des nouvelles dispositions.

2.2.1.2.

LE RECOURS AU NOUVEAU DISPOSITIF DE MISE EN ÉTAT

1° Les conditions permettant de recourir au dispositif.

La procédure étant orale, il est prévu que c'est à l'audience que la juridiction peut décider de recourir au nouveau dispositif de mise en état. Cette audience se rapproche ainsi de la conférence du président en procédure écrite. Si, à l'instar de cette conférence, il s'agira souvent de la première audience à laquelle l'affaire sera appelée, rien n'interdira à la juridiction d'y recourir au cours d'une audience ultérieure, voire après un précédent calendrier fixé avec les parties.

En prévoyant que le recours au nouveau dispositif a lieu au cours d'une audience, l'article 446-2 permet de maintenir le principe suivant lequel l'affaire est susceptible d'être jugée dès le premier appel de l'affaire et qu'il n'en va autrement que dans le cas où l'affaire n'est pas en état d'être conciliée ou jugée immédiatement.

En outre, il est prévu que l'organisation des échanges ne peut intervenir qu'entre des parties comparantes, c'est-à-dire, dans le contexte d'une procédure orale, présentes ou représentées à l'audience (sur le cas particulier de la CNITAAT, voir n° 3.6.2.2.). Cette condition s'explique logiquement par l'exigence d'un accord des parties. Elle permet en outre un exercice effectif par la juridiction de sa mission de conciliation : la première audience pourra être l'occasion pour la juridiction d'identifier la possibilité d'une solution amiable et de recourir à cette fin à l'une des voies possibles de résolution amiable du litige : conciliation par le juge, médiation, ou, lorsqu'elle est possible, délégation d'une tentative de conciliation à un conciliateur de justice.

2° Le contenu du calendrier.

Le juge peut fixer les délais et les conditions de communication des prétentions, moyens et pièces des parties.

Ce cadre réglementaire est particulièrement souple : si le juge peut fixer un véritable calendrier des échanges successifs entre les parties, il peut également prévoir, après chaque audience, la diligence attendue des parties pour la prochaine audience ou toute autre date qu'il aura fixée.

La juridiction qui fixera les délais de communication des parties précisera les modalités selon lesquelles ces échanges interviendront. En pratique, ce dispositif a pour objet de permettre que la mise en état de l'affaire s'accomplisse suivant des échanges écrits, sur support papier ou électronique.

Sous réserve des règles particulières, prévues pour certaines juridictions, aucun formalisme n'est requis pour ces échanges. Il appartient au juge de déterminer les modalités selon lesquelles ils interviendront.

Lorsque le juge prévoit que les parties formulent leurs prétentions et moyens par écrit, il peut décider qu'elles seront réputées avoir abandonné les prétentions et moyens non repris dans leurs dernières écritures communiquées. Cette règle est directement inspirée de la procédure écrite, dans laquelle les conclusions sont dites « récapitulatives » (C. pr. civ., art. 753 et 954 issus du décret n° 98-1251 du 28 décembre 1998).

Il convient d'insister sur l'intérêt de recourir à ces conclusions récapitulatives dans le cadre du nouveau dispositif de mise en état.

Dans la procédure orale de droit commun, la juridiction n'est saisie que des observations que les parties formulent ou des écritures auxquelles elles se réfèrent lors de l'audience de plaidoirie; de la sorte, le débat est déjà, de fait, « récapitulatif ». Au contraire, lorsqu'il sera recouru au nouveau dispositif de mise en état, chaque écriture prend effet au jour de sa communication entre parties (C. pr. civ., art. 446-4 nouveau). En l'absence d'écritures récapitulatives, chacune des notes successives d'une partie s'ajoutera donc aux précédentes plutôt qu'elle ne s'y substituera, à l'instar de la procédure écrite avant l'entrée en vigueur du décret n° 98-1251 du 28 décembre 1998 instaurant les conclusions récapitulatives. Cette situation est source de difficultés, de lenteurs et d'erreurs, qui militent, dans l'intérêt des parties et pour la célérité et la sécurité des procédures, en faveur d'écritures récapitulatives. Il sera donc utile de convenir avec les parties de l'établissement de conclusions récapitulatives.

Ce dispositif sera évidemment à privilégier dans le cas de parties assistées par un professionnel du droit, parfaitement au fait de ce dispositif et qui recourent bien souvent spontanément à des « conclusions récapitulatives ». Lorsqu'une juridiction souhaitera convenir d'écritures récapitulatives avec des parties non représentées par un tel professionnel, il importera qu'elle attire spécialement leur attention sur les contraintes liées à ces écritures et les conséquences susceptibles d'être tirées de leur irrespect.

3° La forme du calendrier.

La décision du juge n'est soumise à aucun formalisme et ne peut faire l'objet d'aucun recours immédiat : elle s'inscrit en effet dans le cadre traditionnel du pouvoir discrétionnaire dont dispose le juge en vue de veiller au bon déroulement de l'instance.

En revanche, elle nécessite au préalable qu'ait été recueilli l'accord des parties. Le recueil de ce consentement n'est pas non plus soumis à un formalisme particulier : conformément aux règles régissant la procédure orale, il sera indiqué dans les notes d'audience et, à défaut, les mentions du jugement feront foi.

De même, le calendrier comme les conditions d'échanges convenus avec les parties – recours à l'écrit, écritures récapitulatives, modalités de communication entre les parties, délais et modalités de justification de cette communication auprès de la juridiction, *etc.* – seront mentionnés dans les notes d'audience ou seront récapitulés dans un document séparé établi par le greffier ou le président. L'usage de tels documents permettra de faciliter la tâche de la juridiction et de ne pas ralentir le cours des audiences, dès lors qu'ils seront établis sur la base d'un formulaire préparé en amont puis renseigné à l'audience.

2.2.1.3.
Le déroulement des échanges

Les échanges doivent se dérouler conformément à la décision du juge, prise en accord avec les parties. La juridiction contrôlera l'accomplissement des diligences attendues au fur et à mesure des délais impartis.

Ce contrôle est le plus souvent effectué à une audience selon des modalités qui sont déterminées par la juridiction. Celle-ci peut ainsi décider, en tant que de besoin, de dédier des audiences au suivi de la mise en état.

En application du troisième alinéa de l'article 446-2, à défaut pour les parties de respecter les modalités de communication fixées par le juge, celui-ci peut rappeler l'affaire à l'audience, en vue de la juger – ce qui correspond à l'hypothèse d'un défaut de diligence du défendeur – ou de la radier – ce qui correspond à un défaut de diligence du demandeur, seul ou conjointement avec le défendeur.

Ainsi qu'il a été précisé, les modalités possibles de ces échanges peuvent être de trois ordres :

– Le calendrier des échanges peut en premier lieu avoir prévu l'ensemble des audiences successives au cours desquelles sont accomplies ou contrôlées les diligences attendues des parties. Dans ce cas, à l'audience, le juge constate l'accomplissement de la diligence et renvoie l'affaire à l'audience suivante prévue par le calendrier, en vue de l'accomplissement de la diligence suivante prévue pour cette audience. En accord avec les parties, le calendrier peut également être modifié; cette modification du calendrier obéit aux mêmes règles que son établissement.

Il convient de rappeler que dès lors que le calendrier s'accompagnera, en application d'une disposition propre à une juridiction, d'une dispense accordée aux parties de se déplacer à l'audience, ces échanges interviendront par lettre recommandée avec demande d'avis de réception ou par notification entre avocats, éventuellement par communication électronique; il en sera justifié auprès de la juridiction dans les délais qu'elle impartit (infra, n° 3.1.2.2,2° pour le tribunal d'instance et la juridiction de proximité, 3.2.3 pour le tribunal de commerce, 3.3.2.1 pour le tribunal paritaire des baux ruraux, 3.4 pour le juge de l'exécution, 3.5 pour la cour d'appel, 3.6.1.2, 3.6.2.1 et 3.6.2.2 pour les juridictions de sécurité sociale). Il sera nécessaire que cette justification intervienne au fur et à mesure des échanges des parties, de façon à permettre à la juridiction d'assurer sa mission de contrôle du bon déroulement de la mise en état. À l'issue des échanges, il convient de prévoir, en tant que de besoin, l'envoi ou la remise du dossier de plaidoirie à la juridiction.

S'il constate à l'audience l'inaccomplissement d'une diligence, le juge peut décider d'appeler l'affaire à une audience (qui ne sera pas forcément celle fixée dans le calendrier) en vue de la juger ou de la radier.

– En deuxième lieu, le juge peut fixer les diligences attendues au fur et à mesure de la procédure. S'il ne s'agit alors plus à proprement parler d'un calendrier, cette méthode n'en demeure pas moins intéressante pour permettre de conférer aux écritures des parties une valeur procédurale autonome.

Le juge qui constate l'inaccomplissement d'une diligence peut trancher la difficulté à l'audience, le cas échéant en faisant application du dernier alinéa de l'article 446-2, l'autorisant à écarter des débats les conclusions d'une partie communiquées après la date qui lui était impartie (infra, n° 2.2.1.4.). Il peut également renvoyer l'affaire à une audience ultérieure aux fins de jugement ou d'accomplissement d'une diligence et assortir ce renvoi d'un dernier avis avant radiation.

– En troisième lieu, le calendrier peut également reposer sur des échanges devant intervenir en dehors de toute audience. En pratique, ce dispositif repose sur un renvoi de l'affaire à une audience suffisamment lointaine pour permettre en amont les échanges prévus par le calendrier à des dates intermédiaires, fixées à l'avance; il peut s'agir d'une audience destinée aux débats de l'affaire, ou d'une audience intermédiaire, destinée à faire le point sur l'avancement de l'affaire. Faute de permettre un examen régulier de l'affaire à l'audience, ce dispositif repose toutefois sur une grande discipline des parties ou de leur représentant et nécessite pour la juridiction de pouvoir contrôler l'accomplissement des diligences dans les délais impartis. En pratique, un tel dispositif est donc surtout envisageable pour les juridictions dont la « chaîne métier » dispose d'un outil de suivi informatique des diligences procédurales des parties, le contrôle du bon déroulement des échanges pouvant alors être assuré de la sorte. S'il est prévu de tels échanges en dehors d'une audience, il sera nécessaire que la juridiction invite les parties à justifier auprès du greffe de l'accomplissement des diligences, par tout moyen que la juridiction aura préalablement fixé.

S'il constate qu'une partie n'accomplit pas les diligences attendues, le juge peut appeler l'affaire à une audience de façon anticipée, en vue de la juger ou de la radier.

2.2.1.4.
Le dénouement des échanges

À l'issue des échanges, l'affaire est examinée par la juridiction à l'audience. Si les parties sont dispensées par la juridiction, en vertu d'une disposition particulière, de se présenter à cette audience, les débats ont lieu au vu des écritures et des pièces régulièrement communiquées par ces parties en amont. La dispense peut concerner l'ensemble des parties ou l'une d'entre elles seulement. Dans tous les cas, une audience consacrée aux débats devra avoir lieu, le cas échéant en l'absence de partie, absence qui sera alors notée; la date du délibéré sera fixée à cette occasion et les parties dispensées de comparaître en seront averties selon les modalités arrêtées avec elles dans le calendrier.

Au cours de l'audience ou après celle-ci, la juridiction peut écarter des débats les prétentions, moyens et pièces communiqués après les délais impartis par le calendrier de procédure à une double condition : d'une part, que cette communication tardive ne soit pas justifiée par un motif légitime que la juridiction appréciera souverainement; d'autre part, qu'elle ait eu pour effet de porter atteinte aux droits de la défense. Sur l'un et l'autre de ces points, il sera utile de s'appuyer sur les solutions retenues par la jurisprudence dans le champ des procédures écrites. La nécessité d'apprécier les deux conditions rappelées imposera à la juridiction de motiver, même succinctement, sa décision.

Lorsque seule une partie est dispensée de se présenter à l'audience, l'interdiction pour les autres parties de communiquer des prétentions, des pièces ou des moyens nouveaux évitera que la dispense de comparution puisse perturber les débats : les observations orales des parties présentées ou représentées ne pourront porter que sur les prétentions et les moyens et ne pourront s'appuyer que sur les pièces précédemment communiquées. Toutefois, si la communication d'éléments nouveaux est considérée par la juridiction comme justifiée par un motif légitime, cela pourra conduire la juridiction à renvoyer les débats pour assurer le respect du principe de la contradiction.

2.2.2.
Les pouvoirs d'instruction du juge (art. 446-3)

L'article 446-3 prévoit que le juge peut inviter, à tout moment, les parties à fournir les explications de fait et de droit qu'il estime nécessaires à la solution du litige et les mettre en demeure de produire dans le délai qu'il détermine tous les documents ou justifications propres à l'éclairer faute de quoi il peut passer outre et statuer, en tirant toute conséquence de l'abstention de la partie ou de son refus. Cet article étend à toutes les juridictions qui connaissent d'une procédure orale une règle qui ne concernait jusqu'alors que certaines juridictions.

Par coordination avec l'article 446-2, il est précisé que lorsque les échanges ont lieu en dehors d'une audience en application de cet article, les parties sont avisées par tout moyen de la demande faite par le juge. Les moyens sont ainsi conférés à la juridiction pour lui permettre de mener son office même dans le cadre d'un calendrier des échanges.

2.3.
La création d'un cadre dispensant une partie de se déplacer à l'audience

En application du second alinéa de l'article 446-1, lorsqu'une disposition particulière le prévoit, les parties peuvent être autorisées à formuler leurs prétentions et leurs moyens par écrit sans se présenter à l'audience.

Cette règle nécessite donc, pour son application, d'être complétée par une disposition particulière. Tel est par exemple le cas de l'article 446-2 lorsque le calendrier des échanges prévoit la communication d'écritures et de pièces en amont de l'audience de plaidoirie. Tel est également le cas, prévu devant plusieurs juridictions, des dispenses que le tribunal peut accorder à une partie comparante de se présenter à une audience ultérieure, ou encore de l'autorisation devant le tribunal d'instance, la juridiction de proximité et le tribunal de commerce de présenter une demande de délai de paiement par courrier.

Il résulte du second alinéa de l'article 446-1 que, dans l'un quelconque de ces cas, le jugement rendu est contradictoire. Toutefois, cette règle ne vaut bien évidemment que dans le cas où l'ensemble des parties se sont déplacées à l'audience ou en étaient dispensées en vertu d'une disposition particulière. Au contraire, le juge devant statuer par un seul jugement sur une affaire, si une partie à l'instance n'a pas régulièrement comparu, la décision recevra une autre qualification : conformément au droit commun, selon que cette partie non comparante aura ou non été citée à personne et que la décision sera ou non rendue en dernier ressort, le jugement sera rendu de façon réputée contradictoire ou par défaut.

En outre, il est prévu que, lorsqu'une partie ne se déplace pas à l'audience, le juge a toujours la faculté d'ordonner qu'elle se présente devant lui. Cette règle se rattache au pouvoir général dont dispose le juge de solliciter la comparution personnelle d'une partie lorsqu'il l'estime nécessaire pour être éclairé sur le litige. Si elle était ordonnée dans le cadre d'un calendrier de procédure, cette comparution personnelle n'aurait en revanche pas vocation à déroger à l'interdiction posée par le dernier alinéa de l'article 446-2 de présenter des prétentions ou des moyens nouveaux ou de communiquer des pièces nouvelles le jour de la comparution personnelle de la partie, sauf motif légitime et absence d'atteinte aux droits de la défense.

[...]

3.5. La procédure devant la cour d'appel

L'article 9 du décret du 1er octobre 2010 apporte des ajustements à la procédure sans représentation obligatoire devant la cour d'appel. Ces ajustements sont strictement limités à la déclinaison des articles 446-1 et 446-2 du Code de procédure civile.

D'une part, il est conféré au magistrat chargé d'instruire l'affaire la compétence pour organiser les échanges entre parties comparantes dans les conditions et sous les sanctions prévues à l'article 446-2.

D'autre part, une modification de pure coordination est apportée au second alinéa de l'article 940. Les pouvoirs conférés à ce magistrat étant désormais prévus de façon générale par l'article 446-3, il dispose des pouvoirs de mise en état mentionnés à cet article. Le magistrat chargé d'instruire l'affaire peut donc inviter, à tout moment, les parties à fournir les explications de fait et de droit qu'il estime nécessaires à la solution du litige et les mettre en demeure de produire dans le délai qu'il détermine tous les documents ou justifications propres à l'éclairer faute de quoi la formation de jugement de la cour pourra passer outre et statuer, en tirant toute conséquence de l'abstention de la partie ou de son refus. Lorsque les échanges ont lieu en dehors d'une audience en application de l'article 446-2, les parties sont avisées par le greffier de la demande faite par le magistrat, par tout moyen.

Enfin, il confère à la cour comme au magistrat chargé d'instruire l'affaire la compétence pour dispenser une partie de se déplacer à l'audience lorsque les échanges entre les parties comparantes sont organisés dans les conditions prévues par l'article 446-2. Dans ce cas, il est précisé que la communication entre les parties est faite par lettre recommandée avec demande d'avis de réception ou par notification entre avocats et qu'il en est justifié auprès de la juridiction dans les délais qu'elle impartit.

45.04 Extraits de la circulaire du 11 avril 2011, concernant la présentation des dispositions de la loi de finances pour 2011 et du décret du 15 mars 2011 relatives à l'aide juridictionnelle (n° NOR JUST1110193C).

[...]

IV. Effet interruptif de la demande d'aide juridictionnelle sur le délai de signification de la déclaration d'appel (C. pr. civ., art. 902)

En matière d'appel, l'article 902 du Code de procédure civile, dans sa rédaction issue du décret du 9 décembre 2009 relatif à la procédure d'appel avec représentation obligatoire, prévoit que dès la remise d'une déclaration d'appel, le greffe en adresse aussitôt un exemplaire à l'intimé avec obligation de constituer avoué. Si dans le mois suivant, l'intimé n'a pas constitué ou si la lettre revient au greffe, celui-ci doit aviser l'appelant de la nécessité de signifier la déclaration d'appel. Cette signification doit intervenir dans le mois suivant l'avis adressé par le greffe, à peine de caducité de la déclaration d'appel.

Dans le cas où l'appelant aurait déposé une demande d'aide juridictionnelle sur laquelle il n'aurait pas encore été statué, le délai d'un mois imparti à l'appelant est interrompu. En effet, l'article 38-1 du décret d'application de la loi relative à l'aide juridique, dans sa rédaction issue du décret du 15 mars 2011, dispose que ce délai court à compter :

– de la notification de la décision constatant la caducité de la demande,

– de la date à laquelle la décision d'admission ou de rejet est devenue définitive,

– ou, en cas d'admission, de la date, si elle est plus tardive, à laquelle un auxiliaire de justice a été désigné.

Cette interruption permet d'attendre la décision du bureau d'aide juridictionnelle désignant, en cas d'admission, l'huissier de justice chargé de signifier la déclaration d'appel.

Rappel : La demande d'aide juridictionnelle n'interrompt pas le délai d'appel. Cette règle, définie par la jurisprudence, a été consacrée à l'article 38-1 du décret du 19 décembre 1991 par le décret du 9 décembre 2009 relatif à la procédure d'appel avec représentation obligatoire en matière civile (cf. circulaire NORJUSC1033672C de la Direction des affaires civiles et du Sceau du 3 janvier 2011) accessible depuis le lien suivant : http://intranet.justice.gouv.fr/site/dacs/art_pix/7_Circulaire.pdf).

V. Réduction du délai de recours pour contester les décisions des bureaux d'aide juridictionnelle

L'article 56 du décret d'application de la loi relative à l'aide juridique, dans sa rédaction du décret du 15 mars

2011, réduit le délai de contestation des décisions de rejet, de retrait ou d'admission partielle prononcées par les bureaux d'aide juridictionnelle ouvert au demandeur à l'aide. Ce délai, qui était d'un mois à compter du jour de la notification de la décision à l'intéressé, est fixé à quinze jours.

En revanche, le délai de contestation des décisions du bureau d'aide juridictionnelle de la Cour nationale du droit d'asile n'est pas modifié (8 jours).

Le nouveau délai de recours est applicable aux décisions de rejet, de retrait ou d'admission partielle des bureaux d'aide juridictionnelle notifiées à compter du 18 mars 2011, date d'entrée en vigueur du décret du 15 mars 2011.

Les formulaires de notification de la décision du bureau d'aide juridictionnelle, édités depuis le logiciel AJWIN, ont été modifiés afin de préciser le nouveau délai de recours et les modifications apportées à l'article 51 de la loi du 10 juillet 1991 (*cf.* annexes 3 et 4).

Le délai de recours de deux mois ouvert :

– au garde des Sceaux, ministre de la justice, pour ceux qui sont intentés contre les décisions du bureau institué prés le Conseil d'État;

– au ministère public pour ceux qui sont intentés contre les décisions des autres bureaux;

– le président de l'ordre des avocats au Conseil d'État et à la Cour de cassation pour ceux qui sont intentés contre les décisions des bureaux institués près ces juridictions et le bâtonnier pour ceux qui sont intentés contre les décisions des autres bureaux est inchangé ainsi que le point de départ de ce délai. Ce dernier court à compter de la décision.

ANNEXE

46. Exemples d'actes

46.01 Déclaration d'appel faite par une personne qui n'est pas avocat dans les procédures sans représentation obligatoire.

[*Lieu*], le [*date*]
COUR D'APPEL
de
adresse

Lettre recommandée avec accusé de réception
[La déclaration d'appel peut également être déposée au greffe de la cour]

DÉCLARATION D'APPEL

DE : *Pour les personnes physiques : nom, prénoms, profession, domicile, nationalité, date et lieu de naissance*

Pour les personnes morales : forme, dénomination, siège social, organe qui les représente

Demandeur [*ou défendeur*] et appelant

CONTRE : *Pour les personnes physiques : nom, prénoms, profession, domicile, nationalité, date et lieu de naissance*

Pour les personnes morales : forme, dénomination, siège social, organe qui les représente

Défendeur [*ou demandeur*] et intimé

J'ai l'honneur par la présente d'interjeter appel du jugement rendu le [*date du jugement*], par [*juridiction dont émane la décision*], dont je sollicite l'annulation, l'infirmation ou à tout le moins la réformation.

CONCLUSIONS RÉSERVÉES

Signature

P.J. : copie de la décision frappée d'appel

46.02 Déclaration d'appel faite par un avocat dans les procédures sans représentation obligatoire.

[*Lieu*], le [*date*]
COUR D'APPEL
de
adresse

Lettre recommandée avec accusé de réception
[*La déclaration peut également être déposé au greffe de la cour*]

DÉCLARATION D'APPEL

DE : *Pour les personnes physiques : nom, prénoms, profession, domicile, nationalité, date et lieu de naissance*

Pour les personnes morales : forme, dénomination, siège social, organe qui les représente

Demandeur [*ou défendeur*] et appelant
Représenté par
Maître X

CONTRE : *Pour les personnes physiques : nom, prénoms, profession, domicile, nationalité, date et lieu de naissance*

Pour les personnes morales : forme, dénomination, siège social, organe qui les représente

Défendeur [*ou demandeur*] et intimé

L'Avocat soussigné déclare par les présentes se constituer et occuper pour la défense des intérêts de [*identité de l'appelant*] et en son nom interjeter appel du jugement rendu le [*date du jugement*] par [*juridiction dont émane la décision*], dont il sollicite l'annulation, l'infirmation ou à tout le moins la réformation.

CONCLUSIONS RÉSERVÉES

Avocat

P.J. : copie de la décision frappée d'appel

46.03 **Requête au conseiller de la mise en état aux fins de caducité ou d'irrecevabilité d'appel (C. pr. civ., art. 914).**

[*Lieu*], le [*date*]
Monsieur
le conseiller de la mise en état
... Chambre
COUR D'APPEL
Adresse de la Cour

RG n° [références de la procédure]

REQUÊTE
Sur le fondement de l'article 914
du Code de procédure civile

POUR : *Pour les personnes physiques : nom, prénoms, profession, domicile, nationalité, date et lieu de naissance*

Pour les personnes morales : forme, dénomination, siège social, organe qui les représente

Intimé
Requérant
Représenté par
Maître ... avocat au barreau de ...

CONTRE : *Pour les personnes physiques : nom, prénoms, profession, domicile, nationalité, date et lieu de naissance*

Pour les personnes morales : forme, dénomination, siège social, organe qui les représente

Appelant
Requis
Représenté par
Maître ... avocat au barreau de ...

Au nom de [*nom du requérant*], l'avocat soussigné a l'honneur de présenter les observations suivantes et de conclure :

Le présent acte est notifié
à Maître...
à [*lieu*], le [*date*]
Avocat

PLAISE À MONSIEUR LE CONSEILLER
DE LA MISE EN ÉTAT

Exposer les motifs de la caducité ou de l'irrecevabilité de l'appel

Justifier la condamnation sur le fondement de l'article 700 du Code de procédure civile

PAR CES MOTIFS

Vu les articles 914 et 902 [ou 908 ou l'article fondant l'irrecevabilité de l'appel] du Code de procédure civile,

DÉCLARER l'appel caduc [ou irrecevable]

CONDAMNER l'appelant aux dépens [*lesquels pourront être directement recouvrés par* ...] et au versement d'une somme de ... € au titre de l'article 700 du Code de procédure civile.

Avocat

46.04 **Requête afin de déférer.**

[*Lieu*], le [*date*]
COUR D'APPEL
Chambre...
Adresse de la Cour

RG n° [références de la procédure]
Référence de la décision déférée

REQUÊTE AFIN DE DÉFÉRER

POUR : *Pour les personnes physiques : nom, prénoms, profession, domicile, nationalité, date et lieu de naissance*

Pour les personnes morales : forme, dénomination, siège social, organe qui les représente

Appelant [*ou intimé*]
Requérant
Représenté par
Maître ... avocat au barreau de ...

CONTRE : *Pour les personnes physiques : nom, prénoms, profession, domicile, nationalité, date et lieu de naissance*

Pour les personnes morales : forme, dénomination, siège social, organe qui les représente

Intimé [*ou appelant*]
Requis
Représenté par
Maître ... avocat au barreau de ...

Au nom de [*nom du requérant*], l'avocat soussigné a l'honneur de présenter les observations suivantes et de conclure à l'appui de sa requête afin de déférer :

Le présent acte est notifié
à Maître...
à [*lieu*], le [*date*]
Avocat

PLAISE À LA COUR

Par ordonnance en date du ..., Monsieur le conseiller de la mise en état a [*exposer la teneur de la décision déférée*].

Cette décision mérite d'être réformée car [*développer les moyens critiquant l'ordonnance*]

PAR CES MOTIFS

Vu l'article 916 du Code de procédure civile,

RÉFORMER l'ordonnance du conseiller de la mise en état en date du ...

CONDAMNER X ... à une somme de ... par application de l'article 700 du Code de procédure civile,

CONDAMNER X... aux dépens lesquels pourront être directement recouvrés par...

Avocat

46.05 **Requête aux fins de fixation à bref délai (C. pr. civ., art. 905).**

[*Lieu*], le [*date*]

Monsieur
le Président
de la ... Chambre...
COUR D'APPEL
Adresse de la Cour

RG n° [références de la procédure]

REQUÊTE
Sur le fondement de l'article 905
du Code de procédure civile

POUR : *Pour les personnes physiques : nom, prénoms, profession, domicile, nationalité, date et lieu de naissance*

Pour les personnes morales : forme, dénomination, siège social, organe qui les représente

Appelant [*ou intimé*]
Requérant
Représenté par
Maître ... avocat au barreau de ...

CONTRE : *Pour les personnes physiques : nom, prénoms, profession, domicile, nationalité, date et lieu de naissance*

Pour les personnes morales : forme, dénomination, siège social, organe qui les représente

Intimé [*ou appelant*]
Requis
Représenté par
Maître ... avocat au barreau de ...

Au nom de [*nom du requérant*], l'avocat soussigné a l'honneur de présenter les observations suivantes et de conclure :

PLAISE À MONSIEUR LE PRÉSIDENT

Exposer pourquoi l'affaire présente un caractère d'urgence ou qu'elle est en état d'être jugée et qu'elle doit être appelée à bref délai pour être plaidée

PAR CES MOTIFS

Vu l'article 905 du Code de procédure civile,

FIXER date et heure à laquelle cette affaire sera appelée par priorité

Avocat

46.06 **Requête aux fins d'être autorisé à assigner à jour fixe (C. pr. civ., art. 919, al. 3).**

[*Lieu*], le [*date*]

COUR D'APPEL
de...
[*Adresse de la Cour*]

REQUÊTE À MONSIEUR LE PREMIER PRÉSIDENT
ET CONCLUSIONS
(Conformément à l'article 919 alinéa 3 du Code de procédure civile)

POUR : *Pour les personnes physiques : nom, prénoms, profession, domicile, nationalité, date et lieu de naissance*

Pour les personnes morales : forme, dénomination, siège social, organe qui les représente

Demandeur [*ou défendeur*]
Représenté par
Maître ... avocat au barreau de ...

CONTRE : *Pour les personnes physiques : nom, prénoms, profession, domicile, nationalité, date et lieu de naissance*

Pour les personnes morales : forme, dénomination, siège social, organe qui les représente

Défenderesse et intimée

Au nom de ..., il est formé par les présentes requêtes à Monsieur le premier président afin de voir fixer jour auquel l'affaire sera appelée par priorité pour être débattue à la suite de la déclaration d'appel formée le [*date*] à l'encontre du jugement rendu le [*date*] par le tribunal de ....
Les conclusions tendent à ce qu'il :

PLAISE À LA COUR

I. – FAITS ET PROCÉDURE

II. – DISCUSSION

[*Exposé des moyens avancés au soutien de l'appel*]

III. – SUR LE PÉRIL

Les droits de la partie appelante sont en péril comme il résulte des conclusions d'appel ci-dessus et plus particulièrement en raison des circonstances suivantes :

.../...

[*Exposé pourquoi les droits de la partie appelante sont en péril*]

PAR CES MOTIFS

DÉCLARER la partie appelante recevable en son appel,

L'y DIRE bien fondée,

En conséquence,

INFIRMER le jugement rendu le [*date*], par le tribunal de ...

Et statuant à nouveau

CONDAMNER ...

[ou DÉBOUTER ....]

CONDAMNER au paiement d'une somme de ... € par application de l'article 700 du Code de procédure civile,

CONDAMNER l'intimé aux frais de première instance et d'appel lesquels pourront être recouvrés directement par ...., conformément aux dispositions de l'article 699 du Code de procédure civile.

Pour la partie appelante
Avocat

.../...

REQUÊTE À MONSIEUR LE PREMIER PRÉSIDENT

VU l'appel interjeté par [nom de l'appelant] en date du [date de l'appel]

VU les conclusions d'appel ci-dessus,

VU la copie certifiée conforme par l'avocat soussigné du jugement entrepris,

VU les pièces justificatives dont la liste figure ci-dessous,

VU les motifs établissant que les droits de [nom de l'appelant] sont en péril,

PLAISE À MONSIEUR LE PREMIER PRÉSIDENT

FIXER date rapprochée à laquelle l'affaire sera appelée en priorité pour être débattue à la suite de la déclaration d'appel et sur les conclusions qui précèdent.

Avocat

Pièces jointes :

A - Photocopie certifiée conforme du jugement

- Photocopie certifiée conforme de la déclaration d'appel en date du [*date de la déclaration d'appel*]

B - Pièces justificatives

1) ...

2) ...

....

46.07 Référé tendant au sursis à l'exécution provisoire (C. pr. civ., art. 524).

ASSIGNATION EN RÉFÉRÉ DEVANT MONSIEUR LE PREMIER PRÉSIDENT DE LA COUR D'APPEL DE [*à compléter*]

L'an deux mil treize, le

À la demande de :

Défendeur et appelant
Demandeur au référé
Ayant pour avocat Maître ...,
avocat au barreau de ...,

Je soussigné,

donne assignation par devant Monsieur le Premier Président de la Cour d'appel de ..., statuant en la forme des référés conformément à l'article 524 du Code de procédure civile à :

Pour les personnes physiques : nom, prénoms, profession, domicile, nationalité, date et lieu de naissance

Pour les personnes morales : forme, dénomination, siège social, organe qui les représente

Demandeur et intimé
Défendeur au référé

Où étant et parlant à :

avec l'indication à la partie destinataire qu'elle est tenue de comparaître ou de se faire dûment représenter par un avocat admis à postuler devant la Cour d'appel de ... à l'audience fixée devant Monsieur le Premier Président

le [*jour et heure de l'audience*]
à [*adresse de la cour d'appel*]

en lui précisant qu'à défaut elle s'expose à ce qu'une ordonnance soit rendue à son encontre sur les seuls éléments fournis par la partie demanderesse et que les ordonnances du premier président ne sont pas susceptibles d'opposition

et j'ai indiqué à la partie destinataire l'objet et les motifs des conclusions de la demande suivante :

PLAISE À MONSIEUR LE PREMIER PRÉSIDENT

Attendu que par jugement en date du ..., il a été jugé que [*exposer la teneur du jugement frappé d'appel*]

Que ce jugement est exécutoire de plein droit [*ou que l'exécution provisoire a été ordonnée*].

Que .... a frappé ce jugement d'appel.

[*Indiquer le cas échéant les mentions relatives à la désignation des immeubles exigées pour la publication au fichier immobilier*]

Attendu qu'il y a des conséquences manifestement excessives à l'exécution immédiate du jugement entrepris.

Qu'en effet ...[*exposer pourquoi il y a des conséquences manifestement excessives*]

[*En cas d'exécution provisoire de droit ajouter*

Que le principe du contradictoire n'a manifestement pas été respecté

Qu'en effet...

Qu'il résulte de ce qui précède une violation manifeste de ce principe.

Ou

Qu'il y a violation manifeste de l'article 12 du Code de procédure civile

Qu'en effet...

Qu'il résulte de ce qui précède une violation manifeste de l'article 12.]

Que dans ces conditions l'arrêt de l'exécution provisoire s'impose.

PAR CES MOTIFS

ORDONNER l'arrêt de l'exécution provisoire du jugement rendu par le Tribunal de ...

DIRE que les frais et dépens suivront le sort de l'instance principale [ou CONDAMNER le défendeur au référé aux dépens de l'instance de référé et à une somme de ... € sur le fondement de l'article 700 du Code de procédure civile].

Sous toutes réserves

P.J. : Bordereau des pièces sur lesquelles la demande est fondée

Principales abréviations utilisées

	signifie
A.	arrêté
a. (et)	et autres
ACPC	[Ancien] Code de procédure civile
aff.	affaire(s)
AJDA	*Actualité juridique de droit administratif*
AJDI	*Actualité juridique de droit immobilier*
AJ fam.	*Actualité juridique de droit de la famille*
AJ pénal	*Actualité juridique de droit pénal*
al.	alinéa
AMF	Autorité des marchés financiers
AN	Assemblée nationale
anc.	ancien, ancienne
anc^{t}	anciennement
art.	article
ass.	assemblée
Ass. plén.	Cour de cassation, assemblée plénière
av. gén.	avocat général
Avis	Cour de cassation, avis
BICC	Bulletin d'information de la Cour de cassation
BLD	*Bulletin législatif Dalloz*
Bodacc	*Bulletin officiel des annonces civiles et commerciales*
Bull. ass. plén.	*Bulletin des arrêts de la Cour de cassation (assemblée plénière)*
Bull. avoués	*Bulletin des avoués de la cour d'appel de Paris*
Bull. ch. mixte	*Bulletin des arrêts de la Cour de cassation* (ch. mixte)
Bull. civ.	*Bulletin des arrêts de la Cour de cassation* (chambres civiles)
Bull. crim.	*Bulletin des arrêts de la Cour de cassation* (chambre criminelle)
Bull. ord.	*Bulletin des arrêts de la Cour de cassation* (ordonnances du 1er président)
c/	contre (Dupont c/Durand)
CASF	Code de l'action sociale et des familles
C. assur.	Code des assurances
CCH	Code de la construction et de l'habitation
C. civ.	Code civil
C. com.	Code de commerce
C. consom.	Code de la consommation
C. dom. Ét.	Code du domaine de l'État
C. douanes	Code des douanes
CE	Conseil d'État
CEDH	Cour européenne des droits de l'Homme
cep.	cependant
C. expr.	Code de l'expropriation
CGCT	Code général des collectivités territoriales
CGI	Code général des impôts
CGPPP	Code général de la propriété des personnes publiques
Ch. mixte	Cour de cassation, chambre mixte
Ch. réunies	Cour de cassation, chambres réunies
ch.	chambre
chron.	Chronique, aussi partie « Chronique » (dans divers recueils et revues)
circ.	circulaire
Civ. 1re	Cour de cassation, première chambre civile
Civ. 2^{e}	Cour de cassation, deuxième chambre civile

Civ. 3^{e}	Cour de cassation, troisième chambre civile
CJA	Code de justice administrative
CJCE	Cour de justice des Communautés européennes
CME	conseiller de la mise en état
C. mon. fin.	Code monétaire et financier
COJ	Code de l'organisation judiciaire
Com.	Cour de cassation, chambre commerciale
comp.	comparer
Cons. const.	Conseil constitutionnel
Cons. prud'h.	conseil de prud'hommes
CONTRA	solution contraire
Conv. EDH	Convention européenne des droits de l'Homme
conv.	convention
C. pén.	Code pénal
CPI	Code de la propriété intellectuelle
C. pr. civ.	Code de procédure civile
C. pr. civ. loc.	Code de procédure civile local
C. pr. exéc.	Code des procédures civiles d'exécution
C. pr. pén.	Code de procédure pénale
Crim.	Cour de cassation, chambre criminelle
C. rur.	Code rural
CSP	Code de la santé publique
CSS	Code de la sécurité sociale
C. trav.	Code du travail
C. urb.	Code de l'urbanisme
D.	*Dalloz-Sirey (Recueil)*
D.	décret
D. actualité	*Dalloz actualité sur Dalloz.fr*
D. Affaires	*Dalloz Affaires*
DA	*Dalloz analytique*
Defrénois	*Répertoire du notariat Defrénois*
DH	*Dalloz hebdomadaire*
dir.	sous la direction de
Dir.	Directive communautaire
Doc. fr.	Documentation française
doctr.	Doctrine, aussi partie aussi partie « Doctrine » (dans divers recueils et revues)
DP	*Dalloz périodique*
Dr. adm.	*Droit administratif*
Dr. et patr.	*Droit et patrimoine*
Dr. et proc.	*Droit et procédures – La revue des huissiers* (ancienne *Revue des huissiers*), depuis le 1er janvier 2001
Dr. pénal	*Droit pénal*
Dr. soc.	*Droit social*
Dr. sociétés	*Droit des sociétés*
éd.	édition
esp.	espèce
Europe	*Revue Europe*
fasc.	fascicule
Form. pr. civ.	*Formulaire de procédure civile*
Gaz. Pal.	*Gazette du Palais*
ibid.	*ibidem*
Inpi	Institut national de la propriété industrielle
IR	partie « Informations rapides » (dans le *Recueil Dalloz*)
J.	jurisprudence
J.-Cl. (civ., pr. civ., *etc.)*	*Juris-Classeur (Civil, Procédure civile, Pénal, etc.)*
JAF	juge aux affaires familiales
JCP	*Juris-Classeur périodique (La Semaine juridique)*, édition générale
JCP A	*Juris-Classeur périodique (La Semaine juridique)*, édition avoués
JCP E (anc^{t} *CI*)	*Juris-Classeur périodique (La Semaine juridique)*, édition entreprises (anc. édition commerce et industrie)
JCP N	*Juris-Classeur périodique (La Semaine juridique)*, édition notariale et immobilière
JDI	*Journal du droit international (Clunet)*
JEX	juge de l'exécution
JME	juge de la mise en état
JO	*Journal officiel* (lois et décrets)
JOAN Q / JO Sénat Q	*Journal officiel* (réponses ministérielles à questions écrites)
JOCE	*Journal officiel des Communautés européennes*
JOUE	*Journal officiel de l'Union européenne*
Juris-Data	*Juris-Data* (banque de données juridiques)
Justices	*Revue Justices*
L.	loi

Lebon	*Recueil des arrêts du Conseil d'État*
LPA	*Les Petites Affiches*
Loyers et copr.	*Loyers et copropriété*
LPF	Livre des procédures fiscales
Mél.	*Mélanges*
min.	ministre, ministère, ministériel(le)
mod. par	modifié par
NCPC	[Nouveau] Code de procédure civile
NJW	*Neue Juristische Wochenschrift*
n$^{o(s)}$	numéro(s)
not.	notamment
NP	non publié (au *Bulletin civil,* pour les arrêts de la Cour de cassation ; au *Lebon* pour les arrêts du Conseil d'État)
obs.	observation
Ord.	ordonnance
p.	page(s)
pan.	partie « Panorama » (dans divers recueils et revues)
préc.	précité
prés.	président
Procédures	*Procédures*
prop.	*proposition*
QPC	*question prioritaire de constitutionnalité*
R.	*Rapport annuel de la Cour de cassation*
rapp.	rapport
rappr.	rapprocher
RDI	*Revue de droit immobilier*
RDIP	*Revue de droit international privé*
RDL	*Revue de droit local*
RDSS	*Revue de droit sanitaire et social*
Rec. CJCE	*Recueil de la Cour de justice des Communautés européennes*
Rec. jur. Est	*Recueil juridique de l'Est*
réd.	rédaction
réf.	référé
règl.	règlement
Rép. civ.	*Répertoire civil* (Encyclopédie Dalloz)
Rép. min.	réponse ministérielle (à question écrite)
Rép. pr. civ.	*Répertoire de procédure civile* (Encyclopédie Dalloz)
Req.	Cour de cassation, chambre des requêtes
req.	requête
Rev. crit. DIP	*Revue critique de droit international privé*
Rev. huissiers	*Revue des huissiers* (jusqu'en décembre 2000)
Rev. loyers	*Revue des loyers*
Rev. proc. coll.	*Revue des procédures collectives*
Rev. sociétés	*Revue des sociétés*
RG n°	numéro de registre du greffe
RGDP	*Revue générale des procédures*
RJAL	*Revue juridique d'Alsace et de Lorraine* (devenue *Revue juridique d'Alsace-Moselle*)
RJAM	*Revue juridique d'Alsace-Moselle*
RTD civ.	*Revue trimestrielle de droit civil*
RTDH	*Revue trimestrielle des droits de l'Homme*
RUDH	*Revue universelle des droits de l'Homme*
S.	*Sirey (Recueil)*
s.	suivant(s)
Soc.	Cour de cassation, chambre sociale
sol. impl.	solution implicite
somm.	sommaire
s^{s}	sous
t.	tome
TA	tribunal administratif
T. civ.	tribunal civil
T. com.	tribunal de commerce
T. confl.	tribunal des conflits
TGI	tribunal de grande instance
TI	tribunal d'instance
TPBR	tribunal paritaire des baux ruraux
th.	thèse
v.	voir
V^{o} (pluriel *V*^{is})	*Verbo* (pluriel *Verbis*)
vol.	volume

Index thématique alphabétique

- Les chiffres renvoient aux numéros de paragraphes des développements de l'ouvrage
- Le signe « + » qui précède une entrée secondaire indique un renvoi à une entrée principale identique plus riche
- Le signe « ▶ » qui précède une entrée secondaire indique un renvoi

PHOTOCOMPOSITION
SCM • Toulouse

715875 - (I) - OSB-A 80g - SCM - (FLE)
Achevé d'imprimer en octobre 2016 sur les presses de l'Imprimerie CHIRAT
42540 Saint-Just-la-Pendue
Dépôt légal : octobre 2016 - N° 201609.0351

Imprimé en France